test
Jahrbuch 2013

Über 100 Tests und Reports

Editorial

Was hipp und trendy ist, heißt heute Top. Die Top 40 der Stiftung Warentest sind mitnichten kurzlebige Modehits, sondern der aus über 45-jähriger Erfahrung gesammelte Schatz meistgefragter Waren und Dienstleistungen. Alle Ergebnisse von Camcorder bis Wäschetrockner, von Bügeleisen bis Matratzen, von Speiseölen bis Zahncremes finden Sie in diesem Jahrbuch. Die Top-Themen sind Ihre Garantie, dass wir nichts Wichtiges vergessen in unserem alljährlichen Repertoire der mehr als 100 Tests und Reports.

Um auch dem stetigen Warenstrom bei kurzlebigen Produktgruppen gerecht zu werden, kaufen und prüfen wir vieles übers Jahr kontinuierlich. Das heißt für Sie: mehr und aktuellere Ergebnisse. Vier Beispiele: Wir zeigen, welche die besten von fast 70 Handys sind *(S. 100)*, stellen die Testergebnisse von 67 Digitalkameras vor *(S. 114)*, haben für Sie 66 Fernseher mit 80 bis über 150 Zentimeter Bilddiagonale unter die Lupe genommen *(S. 121)*. Bei 39 energiesparenden Lampen *(S. 149)* fanden wir Licht und Schatten.

Was leisten neue, spannende Produkte wie zum Beispiel die Tablet-PCs *(S. 88)*? Erkenntnis: Es muss nicht unbedingt ein Apple iPad sein. Dass ein Glas Bubble-Tea, das Trendgetränk im Sommer, mehr als 30 Stück Zucker enthält, enthüllt der Schnelltest *(S. 16)*. Welche Apps, smarte kleine Programme für Smartphones und Tablets, uns ausspähen und den Datenschutz verletzen, lesen Sie auf Seite 92.

Zwei Flops des Jahres: Gift im Griff bei Koffern *(S. 205)*. Farbschutzshampoos, die scheitern *(S. 55)*. Positiv überrascht waren wir von einer sehr guten Bolognese-Soße aus dem Glas *(S. 17)* und von Tiefkühlnudelgerichten, die wie selbstgekocht schmecken *(S. 49)*. Beim Erkunden der Sieger und Verlierer wünsche ich Ihnen viel Spaß.

Ihr
Peter Gurr
Stellvertretender Chefredakteur test

Inhalt 2013

1 Geld und Recht
Altersvorsorge.................................6
Betriebskostenabrechnung....................7
Einlagensicherung.............................8
Elektrofahrräder-Haftpflicht...................9
Elterngeld....................................10
Entfernungspauschale........................11
Hamburger Modell............................12
Kindergeld für Volljährige....................13
Urheberrecht/Abmahnungen................14
Zahnersatz...................................15

2 Ernährung
Bubble Tea...................................16
Bolognese-Soßen............................17
Erdbeerkonfitüre und -fruchtaufstrich...20
Fleischsalat..................................23
Kinderlebensmittel...........................26
Lachs + CSR.................................27
Mineralwasser...............................30
Multivitaminsaft..............................34
Orangensaft aus Saftbars...................37
Rohschinken.................................38
Rückstände in Küchenkräutern.............42
Sonnenblumenöle............................46
Tiefkühl-Nudelgerichte.......................49
Toastbrot....................................52

3 Kosmetik
Farbschutzshampoos........................55
Lippenstifte..................................57
Mascara.....................................59
Nagellacke..................................61
Nassrasierer für Damen.....................64
Sonnenschutz im Winter....................67

Sonnenschutzmittel..........................69
Zahnseide & Co.............................72

4 Computer
Drucker......................................74
Drucker-Scanner-Kombis....................76
Druckertinten und -toner....................79
E-Books.....................................83
Internet-Sicherheitssoftware................84
Notebooks und Ultrabooks..................86
Tablet-PCs...................................88
WLan-Router................................90

5 Telefon
Apps zum Online-Einkaufen.................92
Datenschutz bei Apps.......................96
Handys + Smartphones....................100
Handytarife.................................105
Handytarife im Ausland....................106
Schnurlose Telefone.......................107

6 Bild
Blu-ray-Spieler..............................110
Camcorder..................................112
Digitalkameras (Kompakt)..................114
Digitalkameras (Universal).................117
Digitalkameras (System)...................119
Fernseher...................................121
Fotokalender................................127
Ikea-TV-Kombination (Uppleva)...........129
Online-Videotheken........................130
Sat-Empfänger.............................132

7 Ton
Blu-ray-Heimkinoanlagen..................134
Bluetooth-Headsets........................136

Digitale Audiorekorder......................... 138	Reisekoffer... 205
Stereoanlage am Fernseher................ 139	Schnäppchenreisen............................ 207
	Seminare gegen Flugangst................ 208

8 Haushalt

Dachdämmsysteme............................ 140
Dampfbügeleisen................................ 142
Dampfgarer... 144
Einbaubacköfen.................................. 146
Energieberatung................................. 148
Energiesparende Lampen................... 149
Espressomaschinen............................ 154
Fleckentferner..................................... 157
Geschirrspüler.................................... 160
Handrührer... 163
Kühl-Gefrier-Kombis........................... 165
Matratzen.. 167
Mikro-Heizkraftwerke.......................... 171
Ökostromtarife.................................... 173
Staubsauger....................................... 175
Vollwaschmittel (flüssige).................... 177
Wandfarben.. 179
Wäschetrockner.................................. 182
Waschtrockner.................................... 184

9 Garten

Heckenscheren................................... 186
Vertikutierer.. 188

10 Freizeit

Alpinski (Damen)................................ 190
City-Fahrradhelme + Kinderhelme...... 192
Flugbuchung im Internet..................... 195
Funktionsjacken + CSR....................... 196
Hotelbuchung im Internet.................... 200
Mietgärten... 202
Online-Reisebüros.............................. 203

Shoppingclubs.................................... 209
Skihelme... 211
Sprachspiele....................................... 213

11 Verkehr

Autokindersitze................................... 215
Bahnfahrkarten................................... 219
Carsharing.. 220
Navigationsgeräte............................... 223
Navigationsgeräte + Navi-Apps.......... 225
Sommerreifen..................................... 228
Starterbatterien................................... 231
Winterreifen.. 233

12 Journal Gesundheit

Augenentzündungen.......................... 236
Barrierefrei wohnen............................ 237
Blutzuckermessgeräte........................ 239
Diagnoseportal im Internet.................. 241
Hautkrebsvorsorge............................. 242
Hörgeräteakustiker.............................. 243
Hospizdienste..................................... 245
Impfen... 246
Online-Praxis DrEd............................. 250
Pillendosen... 251
Schwindel... 253
Verhaltenssüchte................................ 255

Adressen und Impressum

Anbieteradressen................................ 256
Serviceadressen................................. 273
Impressum.. 288

test Jahrbuch 2013   Inhalt 5

1 Altersvorsorge

> **✠ Unser Rat**
>
> Automatisch kommt der **Riester-Erfolg** nicht. Sparer, die aus Riester ein lohnendes Investment machen wollen, sollten unbedingt diese sechs Punkte einhalten: Die Zulagen beantragen, den Steuervorteil nutzen, den passenden Produkttyp wählen, einen Vertrag für ein günstiges Produkt abschließen, möglichst langfristig anlegen und den Vertrag nicht vorzeitig kündigen.

Riestern – ja oder nein?

2/2012 Trotz Kritik: Riester ist anderen Altersvorsorgeprodukten aufgrund der steuerlichen Förderung meist überlegen.

Die Riester-Rente steht in der Kritik. Vieles davon ist berechtigt. Weniger Menschen als erwartet nutzen die Angebote. Sie sind unübersichtlich, die Produkte sind oft wenig transparent, einige viel zu teuer. Und Riestern lohnt sich nur, wenn Sparer die staatliche Förderung auch in vollem Umfang nutzen. Viele der Kritikpunkte wie hohe Kosten und Intransparenz treffen allerdings nicht nur auf Riester-Produkte zu, sondern auch auf andere Finanzprodukte.

Wer heute langfristig für sein Alter vorsorgen will, kann finanziell mit Riester deutlich besser fahren als mit anderen Altersvorsorgeprodukten oder konventionellen Baukrediten. Das liegt an der kombinierten Förderung aus Zulagen und Steuervorteilen, die es für konventionelle Produkte nicht gibt. Eine Familie mit zwei kleinen Kindern kann jedes Jahr 908 Euro allein an staatlichen Zulagen bekommen.

Wie bei allen Produkten gibt es auch bei den Riester-Angeboten gute und schlechte, passende und unpassende. Ebenso ist es für den Anleger wichtig, ein Produkt zu finden, das günstig ist und auch längerfristig zur individuellen Lebenssituation passt.

Derzeit gibt es sechs Arten von Riester-Verträgen: Banksparplan, Fondssparplan, Rentenversicherung, Fondspolice, Wohn-Riester mit Bausparvertrag sowie Wohn-Riester mit Baudarlehen oder Bauspar-Kombikredit. Jeder Anleger sollte sich vor Abschluss eines Riester-Vertrags genau informieren, welches Produkt für ihn das richtige ist. ∎

> **So viel schießt der Staat jährlich zu**
>
> Die Grundzulage für jeden Riester-Sparer beträgt bis zu 154 Euro. Wer Kindergeld bekommt, erhält auch die Kinderzulage von bis zu 185 Euro für jedes vor 2008 geborene Kind und bis zu 300 Euro für jeden später geborenen Sprössling. Für die volle Zulage müssen Sparer 4 Prozent ihres rentenversicherungspflichtigen Vorjahreseinkommens einzahlen. Die Förderobergrenze liegt bei 2 100 Euro.

Betriebskostenabrechnung 1

✠ Unser Rat

Rechnung prüfen. Bezweifeln Sie, dass Ihre Betriebskostenabrechnung korrekt ist, lassen Sie sich die Rechnungen und Verträge Ihres Vermieters zeigen. Holen Sie sich gegebenenfalls Hilfe beim Mieterverein. Stellt sich eine schon geleistete Nachzahlung erst später als falsch heraus, können Sie den Betrag – nach schriftlicher Ankündigung – direkt von der Warmmiete abziehen.

Zeit der Abrechnung

4/2012 Viele Vermieter rechnen in der Betriebskostenabrechnung Posten mit ihren Mietern ab, die nicht hineingehören.

Die Heizung bollert im Winter kuschelig warm, der Hausflur ist blitzblank – umsonst gibt es diesen Service nicht. Einmal jährlich ziehen Vermieter einen Strich unter die Betriebskosten und rechnen mit ihren Mietern ab, oft im Frühjahr. Laut Mieterbund ist jede zweite Abrechnung falsch. Die häufigsten Fehler sind:
- Reparaturen, die keine Betriebskosten sind, verstecken sich in Wartungskosten, etwa wenn der Handwerker beim Warten der Heizanlage einen defekten Brenner austauscht. Dann heißt es aufpassen und eine neue Abrechnung verlangen.
- Kosten für die Hausverwaltung wie Bankgebühren, Porto, Zinsen oder Telefonkosten sind Sache des Eigentümers und dürfen nicht auf die Mieter abgewälzt werden.
- Der Abrechnungszeitraum für die Heizkosten ist oft nicht korrekt. Eigentümer dürfen nur Kosten während der Abrechnungsperiode aufführen. Den Tankstand der Ölheizung zum Beispiel muss der Hausmeister zu Beginn und Ende des Zeitraums ermitteln und zwischendurch gekauftes Öl anteilig am Verbrauch abrechnen. Mindestens 50 Prozent der Kosten trägt der Mieter nach eigenem Verbrauch, den Rest darf der Vermieter nach Wohnfläche umlegen. Vorsicht beim Hausmeisterposten. Putzt ein Hausmeister regelmäßig das Treppenhaus, muss der Vermieter diese Kosten unter „Gartenpflege/Hausreinigung", nicht unter „Hauswart/Hausmeister" nennen. Gern stehen sie zweimal in der Rechnung. ∎

Wann muss die Rechnung da sein?
Hausherr oder Verwalter erstellen die Betriebskostenabrechnung immer über einen Zeitraum von zwölf Monaten. Meist gilt das Kalenderjahr, aber nicht immer. Braucht ein Vermieter länger als ein Jahr, muss der Mieter nicht zahlen. Kommt die Rechnung pünktlich, sind oft einzelne Posten falsch ausgewiesen. Mieter sollten den Betrag dann kürzen und eine Korrektur der Abrechnung verlangen.

1 Einlagensicherung

Unser Rat

Direktbank wählen. Wenn Sie nicht wollen, dass die Inflation die Rendite für Ihr Spargeld auffrisst, sollten Sie Ihr Geld bei einer Direktbank anlegen. Dort gibt es noch Zinssätze, die über der derzeitigen Teuerungsrate in Deutschland liegen.
Sicherung erkunden. Wenn Sie mehr als 100 000 Euro sparen wollen, sollten Sie sich unbedingt nach der Einlagensicherung erkundigen.

Geld anlegen ohne Angst

9/2012 Internetbanken bieten mehr Zinsen als Filialbanken. Aber ist das Geld dort auch sicher? Und was passiert, wenn eine Bank pleitegeht?

Die anhaltende Finanzkrise verunsichert Sparer. Sie fragen sich, wo sie ihr Geld noch gefahrlos anlegen können. Ausgerechnet weitgehend unbekannte Direktbanken wie Amsterdam Trade Bank, Denizbank, NIBC Direct oder Rabodirect bieten attraktivere Zinsen für Tages- und Festgeld als deutsche Filialbanken. Ist das Geld dort sicher? Was, wenn sie pleitegehen?

Alle aufgezählten Banken haben ihren Hauptsitz in der Europäischen Union. Hier sind pro Sparer und Bank Guthaben in Höhe von 100 000 Euro gesetzlich geschützt. Außerdem: Nach einer Bankpleite sind Sparguthaben binnen sieben Tagen zurückzuzahlen, spätestens aber nach 20 Tagen.

Direktbanken können höhere Zinsen als Filialbanken und Sparkassen bieten, weil sie viel niedrigere Kosten haben als zum Beispiel Sparkassen.

In der Bundesrepublik sichern die meisten Institute Spargeld nicht nur in Höhe von 100 000 Euro durch die gesetzliche „Entschädigungseinrichtung deutscher Banken" ab. Sie sind zusätzlich Mitglied im freiwilligen Einlagensicherungsfonds des Bundesverbands deutscher Banken. Der schützt Guthaben in Millionenhöhe.

Würde eine große Bank in die Insolvenz gehen, wäre der Sicherungsfonds aber schnell am Ende. Dann kann nur noch die Regierung mit Geldspritzen in Milliardenhöhe helfen. Das hat sie zum Beispiel bereits im Fall der Commerzbank zu Beginn der Finanzkrise im Jahr 2008 getan. ∎

So sind Sparkonten gesichert
Bei Banken mit Sitz in der Europäischen Union sind 100 000 Euro pro Anleger und Bank geschützt. Bei vielen deutschen Privatbanken sind darüber hinaus Sparguthaben in Millionenhöhe über den Sicherungsfonds des Bundesverbandes deutscher Banken abgesichert. Sparkassen und Genossenschaftsbanken haben eigene Sicherungssysteme. Die sorgen dafür, dass kein Mitglied insolvent wird.

Elektrofahrräder Haftpflicht

✚ Unser Rat

Der Haftpflichtschutz ist unverzichtbar. Deshalb sollte jeder eine Privathaftpflichtpolice haben. Kunden sollten sich beim Versicherer vergewissern, dass auch ein Pedelec 25 mit Anfahrhilfe dort inklusive ist. Wer ein schnelleres E-Rad besitzt, zum Beispiel ein Pedelec 45, braucht ohnehin ein Mofakennzeichen. Sonst darf das Rad gar nicht auf die Straße. Darin ist der Haftpflichtschutz enthalten.

Nur mit Haftpflichtpolice

4/2012 Wer ein Elektrorad fährt, sollte unbedingt seinen Privathaftpflichtversicherer fragen, ob die Police auch das Elektrorad umfasst.

Wer einen Unfall baut, muss für die Folgen geradestehen. Und im Straßenverkehr kann es schnell um Beträge gehen, die den Radler Kopf und Kragen kosten. Doch die Privathaftpflichtpolice, die bei Unfällen mit herkömmlichen Rädern greift, springt bei Elektrorädern nicht immer ein. Es kommt darauf an, wie schnell der Motor das Elektrofahrrad macht.

Pedelec 25: Bei ihnen läuft der Motor nur, wenn der Fahrer in die Pedale tritt. Der elektrische Antrieb leistet bis zu 250 Watt. Bei 25 km/h schaltet er aus. Diese Räder sind wie herkömmliche Fahrräder in der Privathaftpflicht enthalten.

Pedelec 45: Sie heißen auch Speed-Pedelec, E-Bike oder S-Pedelec. Ihr Motor läuft auch, wenn niemand in die Pedale tritt. Je nach Modell leistet er bis 500 Watt und schaltet erst bei spätestens 45 km/h ab. Hier greift die Privathaftpflicht nicht, vielmehr ist ein Versicherungskennzeichen Pflicht. Dort ist der Haftpflichtschutz enthalten.

Es gibt aber viele Mischformen. So haben einige Pedelecs 25 eine Anfahrhilfe, die sie ohne Muskelkraft bis auf 6 km/h bringt. Bei diesen Modellen ist nicht immer sicher, dass die Privathaftpflicht greift. Zwar gaben alle von uns befragten Versicherer an, Pedelecs 25 mit Anfahrhilfe seien inklusive *(siehe Kasten)*. Sie folgen damit einer Empfehlung des Gesamtverbandes der Versicherer. Doch das muss nicht für alle gelten. E-Radler sollten daher, beim Versicherer fragen und um eine Bestätigung bitten. ■

Meistens mitversichert

Wir haben stichprobenartig bei den großen Anbietern am Markt gefragt: Aachen-Münchener, Allianz, Axa, Barmenia, DEVK, Ergo, Gothaer, HanseMerkur, Huk Coburg, Huk24, Interrisk, LVM, Signal Iduna, R+V, VGH, VHV versichern diese E-Bikes mit. Doch der Gesamtverband der Deutschen Versicherungswirtschaft kann nicht ausschließen, dass einige Gesellschaften ausscheren.

1 Elterngeld

Unser Rat

Viele Regeln beim Elterngeld ändern sich ab 2013. Grundsätzlich gibt es das Elterngeld aber auch ab dann nur für die ersten zwölf Lebensmonate eines Kindes. Zwei zusätzliche Monate gibt es für Alleinerziehende. Doch auch Paare können das **Elterngeld 14 Monate lang** nutzen, wenn Mutter und Vater für die Kinderbetreuung eine Auszeit nehmen. Bislang nutzt dies nur jeder vierte Vater.

Gut geplant

8/2012 Werdende Eltern, die clever planen, können das nach der Geburt bis zu 14 Monate lang gezahlte Elterngeld um einiges erhöhen.

Der Staat zahlt im Durchschnitt 964 Euro im Monat Elterngeld. Viele Väter und Mütter hätten mehr bekommen können. Der legale Trick heißt: das vorherige Nettogehalt optimieren. Ausschlaggebend für die Höhe des Elterngeldes ist der durchschnittliche Nettoverdienst in den zwölf Monaten vor Geburt des Kindes.

Als erstes sollten Ehepaare prüfen, ob sich vorübergehend ein Wechsel der Steuerklasse lohnt. Wer von der Stufe V in Steuerklasse III geht, erhöht das Netto – und damit das spätere Elterngeld – am stärksten. Allerdings müssen sich Ehepaare früh entscheiden: Die Steuerklassenkombination muss ab 2013 im Jahr vor der Geburt des Kindes sieben Monate lang bestanden haben.

Beim Steuerklassenwechsel steigen allerdings beim Partner die Lohnsteuerabzüge. Und die zu viel gezahlte Lohnsteuer bekommt er erst mit der nächsten Einkommensteuererklärung zurück. Wie sich der Wechsel der Steuerklasse genau auswirkt, können Eltern unter www.abgabenrechner.de detailliert ermitteln.

Bei der Berechnung des Elterngeldes zählen als Arbeitslohn auch variable Gehaltsbestandteile, die einige Arbeitnehmer zusätzlich zum monatlichen Grundgehalt bekommen, ein Minijob auf 400-Euro-Basis oder ein selbständiger Nebenjob. Einmalzahlungen wie Weihnachtsgeld oder Prämien wirken sich dagegen nicht aus. Das gilt auch für steuerfreie Einnahmen wie Trinkgelder oder Nachtzuschläge. ∎

Keine individuellen Freibeträge

Arbeitnehmer, die etwa wegen hoher Werbungskosten Geld vom Finanzamt zurückerhalten werden, können beim Finanzamt einen Freibetrag beantragen. Statt späterer Steuererstattung erhalten sie dann schon jetzt ein höheres Nettogehalt. Dieses Nettogehalt wird für Kinder, die im Jahr 2012 geboren werden, noch berücksichtigt. Ab 2013 zählt ein individueller Freibetrag nicht beim Elterngeld.

Entfernungspauschale 1

Unser Rat

Wer mal mit der Bahn, mal mit dem Auto zur Arbeit fährt, durfte früher taggenau abrechnen. Ab 2012 kann ein Steuerzahler für das gesamte Jahr nur noch entweder die **Entfernungspauschale oder die Ticketkosten** angeben. Steuerzahler sollten die Fahrkarten aufheben und am Jahresende vergleichen, welche Methode mehr Werbungskosten bringt.
Für Behinderte gelten Sonderregeln.

Günstige Urteile für Pendler

5/2012 Auf dem Weg zur Arbeit können Arbeitnehmer kilometerweise Steuern sparen. Sie müssen nicht den kürzesten Weg nehmen.

Die Entfernungspauschale gilt unabhängig davon, ob der Arbeitnehmer mit Bus, Bahn, Auto, Moped, Fahrrad oder zu Fuß von seiner Wohnung in den Betrieb kommt. Angerechnet werden 0,30 Euro je Entfernungskilometer zwischen Wohnung und Betrieb. Finanzbeamte berechnen für die Pauschale die vollen Kilometer der kürzesten Straßenverbindung. In Ausnahmefällen akzeptierten Finanzämter eine längere Straßenverbindung – vor allem, wenn diese die Fahrzeit um mindestens 20 Minuten verkürzte. Die bisher geltende Zeitvorgabe hat der Bundesfinanzhof gekippt (Az. VI R 46/10 und Az. VI R 19/11).

Wer nachweist, dass er regelmäßig eine „offensichtlich verkehrsgünstigere" Straßenverbindung nutzt, hat gute Chancen, dass das Finanzamt den längeren Weg auch ohne Zeitersparnis akzeptiert. Das kann der Fall sein, wenn Steuerzahler mit dem Umweg etwa die kürzeste Strecke quer durch die Innenstadt mit ihren vielen Ampeln und Staus meiden. Wichtig ist, dass die Vorteile logisch und klar nachvollziehbar sind.

Für Mitarbeiter, die an mehreren Orten arbeiten, zum Beispiel von Handelsketten, galt bisher: Sie haben mehrere „regelmäßige Arbeitsstätten", für jede gilt die Entfernungspauschale. Der Bundesfinanzhof entschied nun: Ein Arbeitnehmer kann maximal eine „regelmäßige Arbeitsstätte" haben. Muss er an andere Arbeitsorte, ist das eine Auswärtstätigkeit. Dafür darf er Kosten wie bei einer Dienstreise geltend machen.

Hilfe vom Arbeitgeber

Der Arbeitgeber kann Kosten für den Weg zur Arbeit sozialabgabenfrei erstatten – maximal 30 Cent pro Entfernungskilometer. Die sind für den Arbeitnehmer steuerfrei. Der Chef kann Ticketkosten für Bus und Bahn bis zu 44 Euro im Monat steuer- und sozialabgabenfrei übernehmen. Er kann auch einen Benzingutschein von maximal 44 Euro steuer- und sozialabgabenfrei schenken.

1 Hamburger Modell

Unser Rat

Vorgehensweise. Fragen Sie erst Ihren Arzt, ob das Modell für Sie infrage kommt. Wenn ja, legen Sie Ihrer Firma den von Ihnen und dem Arzt unterschriebenen Stufenplan vor. Ihre Firma muss zustimmen. Die Teilnahme am Hamburger Modell müssen Sie beantragen: bei der Krankenkasse, Rentenversicherung oder Berufsgenossenschaft, je nachdem, wer vorher für Ihre Erkrankung aufkam.

In Stufen zurück in den Job

1/2012 Das Hamburger Modell ermöglicht Menschen, die über eine lange Zeit erkrankt waren, einen Wiedereinstieg in den Beruf nach Maß.

Nach langer Krankheit brauchen Arbeitnehmer Zeit, um sich wieder an den Berufsalltag zu gewöhnen. Mit dem sogenannten Hamburger Modell erfolgt die Rückkehr schrittweise. Das Programm ist eine gesetzliche Leistung der Krankenkassen oder der Rentenversicherung.

Wie funktioniert die Wiedereingliederung? Der Versicherte wendet sich an seinen Arzt. Hält dieser eine stufenweise Rückkehr in den Beruf für sinnvoll, erstellt er einen Plan für seinen Patienten, der dessen Schritte in die Tätigkeit beschreibt. Arbeitgeber müssen dem Stufenplan zustimmen, damit das Projekt gelingt. In der Regel sind die Firmen einverstanden.

Der Ablaufplan setzt die Dauer der Wiedereingliederung mit wöchentlicher Arbeitszeit fest. Die Rückkehr kann auch tageweise erfolgen. Das ist sinnvoll, wenn der Erkrankte ein oder mehrmals pro Woche eine entfernte Rehabilitationsklinik aufsuchen muss. Dafür braucht er freie Tage.

Auch noch bestehende gesundheitliche Einschränkungen können formuliert werden. So darf, wer unter Schwindelgefühlen nach einer Herz-Kreislauf-Erkrankung leidet, verlangen, dass er nicht auf einer Leiter stehen muss. Bei Erkrankungen der Atemwege kann der Umgang mit bestimmten Stoffen die Heilung behindern.

Der Stufenplan ist kein fester Vertrag. Setzt die Genesung langsamer oder schneller als erwartet ein, kann er geändert oder ausgesetzt werden. ∎

Finanzielle Lücken

Firmen zahlen Rückkehrern in der Eingliederungszeit kein Gehalt. Sie erhalten aber Krankengeld von der gesetzlichen Krankenkasse, Übergangsgeld von der Rentenversicherung, Verletztengeld von der gesetzlichen Unfallversicherung und Beamte volle Dienstbezüge. Da die Leistungen der Sozialversicherungen das Netto nicht voll ersetzen, müssen Wiedereinsteiger meistens Einbußen verkraften.

Kindergeld für Volljährige 1

Unser Rat

18. bis 21. Geburtstag: Kinder ohne Beschäftigung erhalten Kindergeld, sofern sie sich alle drei Monate als arbeitsuchend melden.
18. bis 25. Geburtstag: Kinder in der Schul- und Berufsausbildung bekommen Kindergeld, ebenso in einer Übergangszeit von bis zu vier Monaten zwischen zwei Ausbildungsabschnitten. Ohne Ausbildungsplatz gibt es Kindergeld nur bei Jobsuche.

Sicherer Sponsor

1/2012 Kindergeld gibt es jetzt grundsätzlich bis zum Abschluss der ersten Ausbildung des Kindes, auch wenn es viel verdient.

Ab 2012 bekommen Eltern bis Abschluss der ersten Ausbildung des Kindes Kindergeld, egal wie viel ihr Sprössling hinzuverdient. Studenten und Auszubildende müssen jetzt keine Einkunftsgrenze mehr beachten. Tritt das Kind eine weitere Ausbildung an, ist weiterer Bezug des Kindergeldes möglich. Grundsätzlich gilt aber: Nach dem 25. Geburtstag ist Schluss mit Kindergeld.

Eltern, deren Kinder während der Ausbildung am Studienort wohnen, erhalten neben dem Kindergeld zusätzlich stets den vollen Ausbildungsfreibetrag von 924 Euro im Jahr. Bislang durfte der Nachwuchs lediglich 1 848 Euro pro Jahr an Zusatzeinkünften haben, damit der Freibetrag erhalten blieb.

Kosten für eine erste Berufsausbildung und ein erstes Studium unmittelbar nach dem Schulabschluss sind weder Betriebsausgaben noch Werbungskosten. Hierfür gibt es den Sonderausgabenabzug für Berufsausbildung von 6 000 Euro statt bisher auf 4 000 Euro pro Jahr. Davon profitieren aber nur gut verdienende Studenten und Azubis, denn Sonderausgaben lassen sich nur mit Steuern im selben Jahr verrechnen. Bekommen Schulabgänger keinen Studien- oder Ausbildungsplatz oder befinden sich zwischen zwei Ausbildungsabschnitten, können die Eltern weiter Kindergeld erhalten. Auch wenn das große Kind sich für den neuen Bundesfreiwilligendienst oder den Internationalen Jugendfreiwilligendienst entscheidet, bleibt der Anspruch auf Kindergeld erhalten. ■

Steuer und Kindergeld

Die Geld- und Sachbezüge der **freiwillig Wehrdienst Leistenden** sind steuerfrei, Eltern erhalten allerdings in dieser Zeit kein Kindergeld.
Beim **Bundesfreiwilligendienst** gibt es ein steuerfrei gestelltes Taschengeld, Eltern erhalten Kindergeld.
Beim **freiwilligen sozialen Jahr** sind die dabei erzielten Bezüge grundsätzlich steuerpflichtig. Eltern erhalten während dieser Zeit Kindergeld.

test Jahrbuch 2013   Geld + Recht 13

1 Urheberrecht/Abmahnungen

Unser Rat

Wenn Sie eine Abmahnung erhalten, sollten Sie reagieren. Unterschreiben Sie die Unterlassungserklärung nicht, droht eine einstweilige Verfügung. Die beigefügte Erklärung sollten Sie ändern und etwa eine geringere Vertragsstrafe vereinbaren. Zahlen Sie die geforderten Kosten nicht, da sie oft zu hoch bemessen sind. Handeln Sie mit der Gegenseite einen geringeren Betrag aus.

Teurer Klick

5/2012 Wer im Internet illegal Dateien herunterlädt, riskiert eine Abmahnung. Die wenigsten Nutzer ahnen, was alles verboten ist.

Die neusten Filme, Computerspiele und Lieder aus den Charts einfach kostenlos im Internet herunterladen – was für viele Nutzer verlockend klingt, ist meist verboten. Rechtsanwälte verschicken Abmahnungen im Namen der Rechteinhaber und fordern hohe Beträge für illegal heruntergeladene Dateien. Sie bitten aber auch jene zur Kasse, die unberechtigt Stadtplanausschnitte auf ihre Homepage stellen oder bei Ebay die Original-Fotos des Herstellers verwenden.

Wer das Urheberrecht eines anderen verletzt und erwischt wird, dem flattert eine Abmahnung ins Haus. Sie soll die zivilrechtlichen Ansprüche des Rechteinhabers durchsetzen: den auf Schadenersatz und den auf Unterlassung. Denn dem Inhaber des Rechts entsteht zum Beispiel ein Schaden, wenn die Leute seinen Film nicht im Kino ansehen oder auf DVD kaufen, sondern ihn kostenlos aus dem Internet herunterladen.

Verboten ist es deshalb, in Internet-Tauschbörsen urheberrechtlich geschützte Filme, Musik oder Computerspiele an andere weiterzugeben. Man spricht auch davon, dass die Dateien „geteilt" werden, auf Englisch „Filesharing". Die Nutzer tauschen die Dateien meist über sogenannte Peer-to-Peer-Netzwerke. Was viele nicht wissen: Wenn der Internetnutzer eine Datei herunterlädt, wird sie gleichzeitig hochgeladen und steht dann anderen Nutzern zur Verfügung. Er macht die Datei also anderen öffentlich zugänglich – eine Handlung, die nur der Rechteinhaber vornehmen darf. ■

Das Abmahnschreiben

Mit der Abmahnung erklären Rechtsanwälte, dass sich der Internetnutzer rechtswidrig verhalten hat. Das Abmahnschreiben besteht aus zwei Teilen: der Unterlassungserklärung und der Zahlungsaufforderung. Mit der Unterlassungserklärung verpflichtet sich der Nutzer, das vorgeworfene Verhalten in Zukunft bleibenzulassen. Hält er sich nicht daran, droht ihm eine Vertragsstrafe.

Zahnersatz 1

Unser Rat

Kostenplan kopieren. Kopieren Sie den Heil- und Kostenplan, bevor Sie ihn bei der Krankenkasse einreichen. Er enthält die geplanten Maßnahmen und die voraussichtlichen Kosten. Bei Problemen können Sie die Behandlung später besser nachvollziehen.
Zusatzpolicen. Nur sehr gute Zahnzusatzpolicen füllen die Lücke zwischen Rechnung und Kassenzuschuss (siehe www.test.de/zaehne).

Geld für schöne Zähne

8/2012 Seit Jahresbeginn sind Zahnarztbesuche teurer geworden. So können Kassenpatienten die Kosten begrenzen.

Irgendwann geht ein Zahn verloren. Ersatz muss her. Doch Brücken, Kronen, Implantate kosten schnell mehrere tausend Euro. Die Krankenkassen übernehmen nur einen Teil davon. Seit Januar 2012 gilt eine neue Gebührenordnung für Zahnärzte (GOZ). Für eine Teilkrone beispielsweise sind jetzt etwa 100 Euro mehr fällig. Kassen zahlen kaum mehr dazu als früher. Sie beteiligen sich nur mit einem festen Betrag an der zweckmäßigen günstigsten Behandlung. Wer Besseres will, zahlt selbst. Oder er hat eine gute Zahnzusatzversicherung, die zumindest einen größeren Teil übernimmt.

Beispiel: Für eine Vollkrone, die häufigste Form des Zahnersatzes, berechnet der Zahnarzt bei durchschnittlicher Schwierigkeit für sich etwa 217 Euro, rund 50 Euro mehr als 2011. Hinzu kommen die Laborkosten. Der Festzuschuss der gesetzlichen Krankenkasse beträgt 125,40 Euro inklusive Labor und Material. Bei stetiger Vorsorge des Patienten erhöht sich dieser Zuschuss noch etwas.

Vor einer größeren Behandlung muss jeder Zahnarzt einen Heil- und Kostenplan erstellen, den der Versicherte bei seiner Kasse einreicht. Die Behandlung darf erst nach deren Bewilligung des Kostenplans beginnen, sonst gibt es keinen Zuschuss.

Ein Patient kann auch Kostenvoranschläge bei anderen Zahnärzten einholen. Das empfiehlt sich bei teuren Behandlungen immer. Eine zentrale Anlaufstelle sind die Patientenberatungsstellen der Kassenzahnärztlichen Vereinigungen. ■

Wartezeit bei Zusatzpolicen
Hat der Zahnarzt schon diagnostiziert, dass eine teure Behandlung ansteht, hilft der Abschluss einer privaten Zahnzusatzversicherung nicht mehr. Für bereits festgestellte Probleme kommt der Versicherer nicht auf. Zudem zahlen Versicherer generell in den ersten acht Monaten ab Vertragsabschluss nichts. Selbst nach dieser Wartezeit begrenzen viele die Leistungen noch für eine gewisse Zeit.

2 Bubble Tea

✝ Unser Rat

Bubble Tea ist kein Getränk zum Durstlöschen für zwischendurch. Er steckt voller Kalorien und Zusatzstoffe, wie unser Schnelltest zeigte. Die farbenfrohen Trendgetränke sind alles andere als ein natürliches Teegetränk. Alle vier geprüften Sorten enthielten viel Zucker und synthetische Fantasie-Aromen. In den Bubble Teas mit Fruchtgeschmack steckten zudem Farb- und Konservierungsstoffe.

Dickmacher aus Fernost

7/2012 So viel Zucker wie Cola: Das quietschbunte Mode-Getränk Bubble Tea ist nichts für die schlanke Linie, wie unser Schnelltest zeigte.

Plötzlich waren sie da, die Bubble-Tea-Läden in deutschen Innenstädten. Das simple Prinzip des Getränks: Schwarze oder bunte Perlen werden zusammen mit einem Mixgetränk durch einen extradicken Strohhalm aufgesaugt. Aber was steckt genau drin im Modegetränk? Wir haben exemplarisch vier Sorten Bubble Tea der Ketten BoboQ und Boobuk ins Labor geschickt.

Viel Zucker, künstlicher Geschmack

Drei der vier Sorten im Test hatten in etwa den gleichen Zuckergehalt wie Cola. Der Mango-Milchtee im 0,5-Liter-Becher enthielt sogar 90 Gramm Zucker, das entspricht 30 Stück Würfelzucker. Und das schmeckt man auch. Als sehr süß und künstlich beschrieben die Tester die Bubble Teas. Die Aromaanalyse macht deutlich: Hauptsächlich bestehen die Mixgetränke aus einem synthetischen Fantasie-Aroma.

Farbenpracht durch Zusatzstoffe

Was den Bubble Tea so verführerisch macht, sind die bunten Farben. In drei der vier untersuchten Sorten fanden die Tester synthetische Azofarbstoffe, die im Verdacht stehen, bei Kindern zu Hyperaktivität und Aufmerksamkeitsdefiziten zu führen. Auch drin: Sorbinsäure. Der Konservierungsstoff konnte in drei der vier getesteten Bubble Teas nachgewiesen werden.

Wie jeder Trend hat auch Bubble Tea seinen Preis. Drei bis vier Euro zahlten wir für die 0,5-Liter Becher. ■

Eine asiatische Erfolgsgeschichte

Bubble Tea ist in den 1980ern in Taiwan erfunden worden; auch in den USA ist er seit Jahren bekannt. Das Getränk besteht aus Tee als Basis. Sirup gibt dem Ganzen die unterschiedlichen Geschmacksrichtungen von Apfel bis Vanille. Dritter Bestandteil sind die Garnierungen, Toppings genannt. Drei Sorten gibt es: schwarze Tapioka-Perlen sowie bunte Perlen aus Fruchtsirup oder Geleestückchen.

Bolognese-Soßen

✚ Unser Rat

Die besten Bolognese-Soßen werden ungekühlt im Glas angeboten. Sehr fruchtig und aromatisch schmecken die Hackfleischsoßen **Barilla** für 2,85 Euro und die Biosoße **Ökoland** für 4 Euro pro 400-Gramm-Glas, ebenso **Mirácoli** für 2,82 Euro je 528 Gramm. Gute Noten gibt es auch für **Birkel** (2,13 Euro) und **Lidl/Combino** und **Netto Marken-Discount/Mamma Gina** für nur je 79 Cent pro Glas.

Italienisch für Eilige

9/2012 Fertige Bolognese-Soßen sind praktisch: Glas oder Dose öffnen, Soße erhitzen, über Nudeln geben – basta. Doch schmecken sie auch?

Im Supermarkt finden Verbraucher unterschiedlichste Angebote an Bolognese: ungekühlt und gekühlt, mit Fleisch oder als „Veggie-Soßen" ohne Fleisch – sowie Tütenpulver, denen noch Hackfleisch und Wasser zugefügt werden muss. Im Test haben wir 27 verschiedene Produkte verglichen.

Marken liegen vorn
Am besten schmecken die Bolognese-Soßen der Markenhersteller Barilla, Mirácoli und des Bioanbieters Ökoland. Sie werden ungekühlt in Glas oder Dose angeboten. Keine andere Soße im Test reichte im Geschmack an diese drei heran. Vor allem die Soße von Testsieger Barilla zeigte, wie eine Bolognese idealerweise sein soll: Sie roch und schmeckte kräftig nach Tomate, geschmortem Fleisch und mediterranen Kräutern, war sehr fruchtig und aromatisch. Hinzu kommt: Barilla schafft das, ebenso wie Ökoland, ohne Zusatzstoffe und Aromen.

Als Reinfall entpuppte sich dagegen die Soße von Bernbacher. Sie heißt „Original italienische Nudelsauce Bolognaise", wird aber mit Hefeextrakt und dem Geschmacksverstärker Glutamat aufgepeppt. Ergebnis ist eine dunkle, extrem salzige Bratensoße, die kaum an Tomate erinnert. Das Urteil: mangelhaft. Genauso untypisch schmeckte eine Bolognese, die mit dem Soßen-Fix von Aldi (Nord) angerührt wird. Auch dieses Pulver fiel mit mangelhaft durch. Weitere Erkenntnis aus dem Test: Tütenpulver eignen sich wenig für Bolognese. ■ **Anbieter Seite 256**

Vegetarische Soßen im Test
Auch Vegetarier haben manchmal Appetit auf ein Geschmackserlebnis à la Bolognese. Im Handel gibt es „Veggie-Soßen" mit Soja. Wir haben vier getestet. Unser Eindruck: Die Veggie-Soßen schmeckten stark nach Tomatenmark, teils dominierten Kräuter. Das Soja kam Hackfleisch optisch sehr nah, war aber bissfester. Empfehlenswert sind die Soßen von Bruno Fischer und Zwergenwiese.

2 Bolognese-Soßen

test — Bolognese-Soßen I — 9/2012

www.test.de	Mittlerer Preis in Euro ca. / Inhalt in g	Sensorische Beurteilung	Mikrobiologische Qualität	Schadstoffe	Verpackung	Deklaration	test-QUALITÄTSURTEIL
Gewichtung		50%	10%	15%	10%	15%	100%
Bolognese-Soßen mit Fleisch, tafelfertig							
Barilla Bolognese (MHD 04/12/13)	2,85 / 400	++	++	++	++	+	SEHR GUT (1,4)
Mirácoli Spezialität Bolognese mit Fleisch[1] (MHD 19/05/2013)	2,82 / 528	++	++	++	+	O	GUT (1,7)
Ökoland Sauce Bolognese mit Hackfleisch (MHD 10.01.2014) Bio	4,00 / 400	++	++	++	O	O	GUT (1,9)
Birkel Nudel up Bolognese Klassisch (MHD 24/05/2014)	2,13 / 400	+	++	++	+	O	GUT (2,1)
Lidl/Combino Original italienische Bolognese-Sauce (MHD 02/2015)	0,79[2] / 420	+	++	+	+	+	GUT (2,2)
Netto Marken-Discount/Mamma Gina Nudelsauce Bolognese[3] (MHD 01 2015)	0,79 / 420	+	++	++	+	O	GUT (2,2)
Aldi (Nord)/Casa Morando Bolognese (MHD 03 2015)	0,79 / 420	O*)	++	++	+	O	GUT (2,5)
Aldi (Süd)/Cucina Nudelsoße alla Bolognese (MHD 03 2015)	0,79 / 420	O*)	++	++	+	O	GUT (2,5)
Alnatura Bolognese Sauce mit Rindfleisch (MHD 27.02.2014) Bio	2,45 / 347[4]	O*)	++	++	+	O	GUT (2,5)
Edeka/Gut & Günstig Bolognese (MHD 03 2015)	0,79 / 420	O*)	++	++	+	O	GUT (2,5)
Kaufland/K-Classic Pasta Sauce Bolognese (MHD 03 2015)	0,79 / 420	O*)	++	++	+	O	GUT (2,5)
Penny/Don Camillo Sauce Bolognese (MHD 01 2015)	0,79 / 420	O*)	++	++	O	O	GUT (2,5)
Rewe Bolognese Sauce (MHD 02/2015)	1,59 / 400	O*)	++	++	+	O	GUT (2,5)
Steinhaus Sauce Bolognese (aus dem Kühlregal) (MHD 01.06.2012)	1,99 / 200	+	++	++	O	O	GUT (2,5)
Knorr Tomato al Gusto Bolognese[5] (MHD 26.02.13)	1,29[6] / 370	O*)	++	++	O	O	BEFRIED. (3,0)
Real Quality Bolognese-Sauce herzhaft (aus dem Kühlregal) (MHD 07.06.2012)	1,59 / 315[4]	⊖*)	+	++	+	+	AUSREICH. (4,0)
Real/Tip Nudelsauce Bolognese (MHD 31.12.2015)	0,79 / 404[4]	⊖*)	++	++	+	O	AUSREICH. (4,0)
Bernbacher Original italienische Nudelsauce Bolognaise (MHD 13 02 2015)	1,35 / 179[4]	—*)	++	++	O	—[7]	MANGELH. (5,0)

Bewertungsschlüssel der Prüfergebnisse: ++ = Sehr gut (0,5–1,5). + = Gut (1,6–2,5). O = Befriedigend (2,6–3,5). ⊖ = Ausreichend (3,6–4,5). — = Mangelhaft (4,6–5,5). **Bei gleichem Qualitätsurteil Reihenfolge nach Alphabet.** *) Führt zur Abwertung. MHD = Mindesthaltbarkeitsdatum. 1) Laut Anbieter inzwischen mit geändertem Etikett. 2) Je nach Region auch 0,69 Euro. 3) Laut Anbieter inzwischen Rezeptur geändert. 4) Die Füllmenge ist in Milliliter angegeben. Die Menge in Gramm wurde gemessen. 5) Laut Anbieter gibt es inzwischen ein Nachfolgeprodukt. 6) Von uns bezahlter Einkaufspreis. 7) Produktname führt wegen der untypischen Zutaten (u.a. Sonnenblumenöl, Geschmacksverstärker) in die Irre. **Einkauf der Prüfmuster:** April bis Mai 2012.

18 Ernährung

Bolognese-Soßen 2

✚ test	Bolognese-Soßen II						9 / 2012

www.test.de	Mittlerer Preis in Euro ca. / Inhalt in g	Sensori- sche Be- urteilung	Mikrobio- logische Qualität	Schad- stoffe	Verpa- ckung	Dekla- ration	✚ test - QUALITÄTS- URTEIL
Gewichtung		50 %	10 %	15 %	10 %	15 %	100 %
Vegetarische Bolognese-Soßen, tafelfertig							
Zwergenwiese Vegetarische Bolognese (MHD 14.02.15) **Bio**	2,79 / 350	+	++	+	+	O	GUT (2,3)
Alnatura Vegetarische Bolognese Klassik (MHD 24/07/2013) **Bio**	1,95 / 368[1]	O*⁾	++	++	+	O	BEFRIEDI- GEND (3,0)
Bruno Fischer Vegetarische Bolognese (MHD 23.01.2014) **Bio**	2,89 / 365	+	++	+	+	⊖*⁾[2]	BEFRIEDI- GEND (3,3)
Aldi (Nord)/GutBio Feine Veggie-Bolognese[3] (aus dem Kühlregal) (MHD 31.08.2012) **Bio**	1,79 / 250	⊖*⁾	++	++	+	O	AUSREI- CHEND (4,0)
Soßen-Fix zur Zubereitung von Bolognese-Soßen							
Aldi (Süd)/Le Gusto Fix für Spaghetti Bolognese oder Lasagne (MHD 25.07.2013)	0,25 / 45	⊖*⁾[4]	+	+	+	O	BEFRIEDI- GEND (3,5)
Knorr Fix Spaghetti Bolognese (MHD 06/2013)	0,79 / 42	O[4]	+	+	O	⊖*⁾[5]	BEFRIEDI- GEND (3,5)
Lidl/Kania Fix Spaghetti Bolognese (MHD 13.07.2013)	0,25 / 41	⊖*⁾[4]	+	O	+	+	BEFRIEDI- GEND (3,5)
Maggi fix & frisch Spaghetti Bolognese (MHD 07.2013)	0,79 / 45	O[4]	+	+	+	⊖*⁾[6]	BEFRIEDI- GEND (3,5)
Aldi (Nord)/Lemar Spaghetti Bolognese fix (MHD 12-2012)	0,25 / 40	—*⁾[4]	+	+	+	O	MANGEL- HAFT (5,0)

Bewertungsschlüssel der Prüfergebnisse: ++ = Sehr gut (0,5–1,5). + = Gut (1,6–2,5). O = Befriedigend (2,6–3,5). ⊖ = Ausreichend (3,6–4,5). — = Mangelhaft (4,6–5,5). **Bei gleichem Qualitätsurteil Reihenfolge nach Alphabet.**

*⁾ **Führt zur Abwertung.** MHD = Mindesthaltbarkeitsdatum.
1) Die Füllmenge ist in Milliliter angegeben. Die Menge in Gramm wurde gemessen. **2)** Kritikpunkte: insbesondere nahezu unleserliches Zutatenverzeichnis; die Zuordnung von Gluten zu den Nährstoffen ist nicht zulässig. **3)** Laut Anbieter wird das Produkt nicht mehr hergestellt. **4)** Bei den Soßen-Fix-Produkten erfolgte die Zubereitung der Bolognese-Soße nach Packungsempfehlung mit jeweils 200 Gramm gemischtem Hackfleisch. Der Fleischanteil wurde sensorisch nicht bewertet. **5)** Kritikpunkte: u.a. Auslobung „ohne Farbstoffe" ist eine Werbung mit Selbstverständlichkeiten, da für Soßen auf Tomatenbasis verboten. **6)** Kritikpunkte: u.a. Auslobung „100 % Geschmack", weil keine Zusatzstoffe (Geschmacksverstärker, Konservierungsstoffe) verwendet werden, ist unsinnig. **Einkauf der Prüfmuster:** April bis Mai 2012.

test Jahrbuch 2013 · Ernährung 19

2 Erdbeerkonfitüre und -fruchtaufstrich

Unser Rat

Die Fruchtaufstriche im Test schnitten besser ab als Konfitüren: Sieger war **Schwartau Fruttissima** – ein Fruchtaufstrich aus dem Kühlregal für 77 Cent pro 100 Gramm. Er schmeckt kräftig fruchtig, so wie auch **Garten Erdbeere** von **d'arbo** für 1,15 Euro. Empfehlenswerte „Konfitüren extra" sind unter anderem die günstigen Produkte von **Lidl, Rewe/ja!** und **Aldi (Süd)** für je 22 Cent pro 100 Gramm.

Der Sieger heißt Fruttissima

6/2012 Das beste Produkt war ein Fruchtaufstrich, der im Kühlregal zu finden ist. Doch auch viele Erdbeerkonfitüren verdienen die Note gut.

Während viele europäische Nachbarn zum Frühstück süße Aufstriche aus Orange oder Aprikose bevorzugen, muss es für Deutsche meist Erdbeere sein. Wir haben 15 „Erdbeerkonfitüren extra" und 14 Erdbeerfruchtaufstriche geprüft, die mit einem Fruchtanteil von 40 bis 100 Prozent werben. Ergebnis: Beim angegebenen Fruchtgehalt schummelte keiner. Die meisten waren gut.

Wie frisches Erdbeermus

Der Testsieger heißt Schwartau Fruttissima – ein Fruchtaufstrich mit 50 Prozent Fruchtgehalt aus dem Kühlregal. Fruttissima schmeckte sehr fruchtig und erinnerte an ein frisches Erdbeermus. Drei „Erdbeerkonfitüren extra" schmeckten hingegen nur schwach nach Erdbeere: die von Netto Marken-Discount, Norma und die von Zentis hergestellte Landliebe. Ausschlaggebend für den Geschmack ist nicht nur die Quantität, sondern auch die Qualität der Früchte und eine schonende Verarbeitung. Erdbeeraromen sind empfindlich und können beim Kochen der Früchte schnell verfliegen.

„Laut Gesetz ohne Zusatz von Konservierungs-, Farb- und Aromastoffen" – das betonen viele Etiketten. Zusatzstofffrei sind die Produkte jedoch nicht. Für den Gelierprozess kommen in der Regel das Bindemittel Pektin und das Säuerungsmittel Zitronensäure zum Zuge. Auch wer Marmelade selbst macht, greift – oft ohne es zu wissen – zu Gelierzucker mit dem Konservierungsstoff Sorbinsäure. ■

Anbieter Seite 256

Konfitüre oder Marmelade?

Im Supermarkt heißt es nicht Erdbeermarmelade, sondern Erdbeerkonfitüre oder -fruchtaufstrich. „Erdbeerkonfitüre extra" muss mindestens 45 Prozent Frucht enthalten. Das besagt die Konfitürenverordnung. Für Fruchtaufstriche macht sie hingegen keine Vorgaben. Marmelade heißen offiziell nur Produkte aus Zitrusfrüchten wie Orange – sowie generell alle selbstgemachten, auch aus Erdbeere.

Erdbeerkonfitüre und -fruchtaufstrich 2

test | Erdbeerkonfitüren extra — 6 / 2012

www.test.de	Beworbener Fruchtgehalt in g pro 100 g	Inhalt in g / Mittlerer Preis in Euro ca.	Sensorische Beurteilung[1]	Chemische Qualität	Mikrobiologische Qualität	Verpackung	Deklaration	test-QUALITÄTS-URTEIL
Gewichtung			50 %	25 %	5 %	5 %	15 %	100 %
Lidl/Maribel Erdbeer Konfitüre extra (MHD 11.05.2013)	50	450 / 0,99	+	+	++	+	O	GUT (2,0)
Rewe/ja! Erdbeer-Konfitüre extra (MHD 14.12.2012)	50	450 / 0,99	+	+	++	+	+	GUT (2,0)
Aldi (Süd)/Grandessa Erdbeer Konfitüre extra (MHD 15.05.13)	50	450 / 0,99	+	+	++	+	O	GUT (2,1)
Bonne Maman Erdbeer-Konfitüre extra (MHD 08/2013)	50	370 / 2,29	+	+	++	O	O	GUT (2,1)
Schwartau extra Erdbeer-Konfitüre extra (MHD 22.02.13)	50	340[2] / 1,92	+	+	++	+	O	GUT (2,1)
Aldi (Nord)/Tamara Erdbeer Konfitüre extra (MHD 09.05.13)	50	450 / 0,99	+	+	++	O	O	GUT (2,3)
Edeka/gut & günstig Erdbeer-Konfitüre extra (MHD 18.05.2013)	50	450 / 0,99	+	+	++	+	O	GUT (2,3)
Zentis Frühstücks-Konfitüre extra Erdbeere (MHD 27.10.2012)	50	200 / 0,89	+	+	++	O	+	GUT (2,3)
Penny/Merry Erdbeerkonfitüre extra[3] (MHD 28.02.2013)	50	450 / 0,99	+	+	++	+	O	GUT (2,4)
Annes Feinste Erdbeer Bio-Konfitüre extra (MHD 05.07.13) Bio	55	225 / 2,49	O	+	++	+	+	GUT (2,5)
Mühlhäuser Erdbeer-Konfitüre extra[4] (MHD 24.10.2013)	50	450 / 1,49	O	+	++	+	O	GUT (2,5)
Kaufland/K-Classic Erdbeere Konfitüre extra[5] (MHD 12.04.2013)	50	450 / 0,99	O	+	++	+	O	BEFRIED. (2,7)
Landliebe Konfitüre Erdbeeren extra (MHD 28.02.2013)	55	200 / 1,29	O	+	++	+	+	BEFRIED. (2,7)
Netto Marken-Discount/Symphonie Erdbeer Konfitüre extra (MHD 18.05.2013)	50	450 / 0,99	O	+	++	+	+	BEFRIED. (2,7)
Norma/Tante Klara Erdbeerkonfitüre extra[4] (MHD 18.11.2013)	50	450 / 0,99	O	+	++	+	O	BEFRIED. (2,8)

Bewertungsschlüssel der Prüfergebnisse: ++ = Sehr gut (0,5–1,5). + = Gut (1,6–2,5). O = Befriedigend (2,6–3,5). ⊖ = Ausreichend (3,6–4,5). — = Mangelhaft (4,6–5,5). **Bei gleichem Qualitätsurteil Reihenfolge nach Alphabet.**
1) Im Allgemeinen gelten folgende sensorische Ausprägungen: Aussehen: Kräftig rote bis dunkelrote Farbe, mit Fruchtstücken, mit Nüsschen. Geruch und Geschmack: Riecht und schmeckt fruchtig nach Erdbeerkonfitüre, süß. Mundgefühl: Nüsschen und Fruchtstücke fühlbar, stichfest, gelartig. **2)** Auch als 600-Gramm-Glas für 2,89 Euro erhältlich.
3) Laut Anbieter inzwischen Rezeptur und Bezeichnung geändert. **4)** Laut Anbieter inzwischen geändert.
5) Laut Anbieter inzwischen Hersteller geändert.
Einkauf der Prüfmuster: Dezember 2011 bis Februar 2012.

test Jahrbuch 2013 — Ernährung **21**

2 Erdbeerkonfitüre und -fruchtaufstrich

test | Erdbeerfruchtaufstriche | 6/2012

www.test.de	Beworbener Fruchtgehalt in g pro 100 g	Inhalt in Gramm / Mittlerer Preis in Euro ca.	Sensorische Beurteilung[1]	Chemische Qualität	Mikrobiologische Qualität	Verpackung	Deklaration	test-QUALITÄTS-URTEIL
Gewichtung			50%	25%	5%	5%	15%	100%
Schwartau Fruttissima Erdbeere Fruchtaufstrich[2] (MHD 30.04.12)	50	250 / 1,93	++	++	++	+	+	**SEHR GUT (1,5)**
d'arbo Naturrein Fruchtreich Garten Erdbeere (MHD 07.2013)	70	200 / 2,29	++	+	++	+	◯	**GUT (1,9)**
Mövenpick Gourmet-Frühstück Erdbeere (MHD 18.11.12)	55	250 / 2,13	+	+	++	+	+	**GUT (2,0)**
Aldi (Nord)/Confifrucht Marmelinchen Erdbeer-Fruchtaufstrich (MHD 12.12.12)	55	250 / 0,75	+	+	++	◯	+	**GUT (2,1)**
Penny/Dôme Erdbeere Fein + Soft Erdbeer-Fruchtaufstrich[3] (MHD 08.12.2012)	50	300 / 1,19	+	+	++	+	◯	**GUT (2,1)**
Lidl/Deluxe Erdbeere Fruchtaufstrich (MHD 15.10.12)	75	250 / 0,99	+	+	++	+	+	**GUT (2,2)**
Aldi (Süd)/Gourmet Erdbeer Fruchtaufstrich (MHD 30.12.12)	75	250 / 0,99	+	+	++	+	+	**GUT (2,3)**
Den Gamle Fabrik Erdbeere Dänischer Fruchtaufstrich (MHD Mai 2013)	40	400 / 2,49	+	+	++	+	◯	**GUT (2,3)**
Göbber 100 Frucht Fruchtaufstrich Erdbeer (MHD 26.08.12)	100	310 / 1,99	+	+	++	+	+	**GUT (2,3)**
Netto Marken-Discount/Premium Süsse Erdbeere Fruchtaufstrich (MHD 15.12.2012)	75	240[4] / 0,99	+	+	++	+	◯	**GUT (2,3)**
Zentis 75 % Frucht Viel Frucht feel good Erdbeere (MHD 07.12.2012)	75	320 / 1,89	+	+	++	+	◯	**GUT (2,3)**
Alnatura Erdbeer Fruchtaufstrich[3] (MHD 08.2013) **Bio**	55	250 / 1,55	◯	+	++	+	+	**GUT (2,5)**
Real Quality Fruit & Smooth cremig-feiner Erdbeeraufstrich (MHD 20.07.2013)	50[5]	270 / 1,39	◯	+	++	+	◯	**GUT (2,5)**
Zwergenwiese Frucht Garten Erdbeere[6] (MHD 15.08.12) **Bio**	70	250 / 2,99	◯	+	++	◯	+	**GUT (2,5)**

Bewertungsschlüssel der Prüfergebnisse: ++ = Sehr gut (0,5–1,5). + = Gut (1,6–2,5). ◯ = Befriedigend (2,6–3,5). ⊖ = Ausreichend (3,6–4,5). — = Mangelhaft (4,6–5,5). **Bei gleichem Qualitätsurteil Reihenfolge nach Alphabet.**
1) Im Allgemeinen gelten folgende sensorische Ausprägungen: Aussehen: Kräftig rote bis dunkelrote Farbe, mit Fruchtstücken, mit Nüsschen. Geruch und Geschmack: Riecht und schmeckt fruchtig nach Erdbeerkonfitüre, süß. Mundgefühl: Nüsschen und Fruchtstücke fühlbar, stichfest, gelartig. 2) Wird im Kühlregal angeboten.
3) Laut Anbieter Deklaration geändert. 4) Laut Anbieter Inhalt jetzt 250 Gramm. 5) Davon 42 Prozent Erdbeere und 8 Prozent roter Johannisbeersaft. 6) Laut Anbieter inzwischen geändert.
Einkauf der Prüfmuster: Dezember 2011 bis Februar 2012.

22 Ernährung

test Jahrbuch 2013

Fleischsalat 2

✚ Unser Rat

Gute Fleischsalate bekommen Sie für wenig Geld. Von den besten, klassischen im Test steht nur noch **Lidl/Vitakrone** unverändert im Handel (26 Cent je 100 Gramm). Die Rezeptur der anderen, ähnlich guten und günstigen Salate ist geändert (**Rewe/ja**, **Aldi (Süd)/Wonnemeyer**). Kalorienärmer sind die guten Lightsalate **Lidl/Linessa** (45 Cent je 100 Gramm) und **Weight Watchers** (99 Cent je 100 Gramm).

Schwere Kost

10/2012 Fleischsalat ist der beliebteste Feinkostsalat der Deutschen. Die Tester haben 24 Produkte geprüft – von leicht bis klassisch.

Am Fleischsalat scheiden sich die Geister: Fans schätzen den Dreiklang aus Wurst, Majonäse und Gewürzgurke. Kritiker halten ihn für eine fettige Resteverwertung. Dennoch ist er noch vor Kartoffelsalat der meistverkaufte Feinkostsalat in Deutschland. Besonders zu Feiertagen und in den kalten Monaten hat Fleischsalat Konjunktur. Die Stiftung Warentest hat 24 Produkte getestet, darunter klassische und leichte Varianten. Die test-Qualitätsurteile dafür reichen von gut bis mangelhaft.

Mit klassischem Fleischsalat lässt sich Winterspeck anlegen. Die Produkte im Test bestehen im Durchschnitt zu einem Drittel aus Fett – die Kalorienzahl variiert je 100 Gramm von 292 Kilokalorien (Rewe/ja!) bis zu 419 Kilokalorien (Popps Feinster Fleischsalat). Die fettreduzierten Fleischsalate stehen in dieser Hinsicht vor allem dank ihrer leichten Jogurt-Salatcreme deutlich besser da: Sie liefern im Durchschnitt nur 15 Prozent Fett und 192 Kilokalorien. Allerdings können sich Verbraucher auf die Fettangabe von „Du darfst" nicht verlassen – statt der ausgelobten 18 Prozent Fett wiesen die Tester im Labor 22 Prozent nach. Bei einem Light-Produkt ärgert das besonders.

Für Ärger würden auch unerwünschte Keime sorgen. Fleischsalat bietet ihnen mit seinen zerkleinerten Zutaten viel Lebensraum: Die Tester fanden zwar keine Krankheitserreger, die Fleischsalate von Kühlmann und Pfennigs standen aber kurz davor, zu verderben. ■ **Anbieter Seite 256**

Daraus besteht Fleischsalat
Nach den Leitsätzen für Feinkostsalate besteht ein klassischer Fleischsalat zu mindestens 25 Prozent aus Fleisch oder Brühwurst. Als einziges Gemüse ist Gurke üblich – und zwar bis zu 25 Prozent. Dazu kommen Majonäse mit 80 Prozent Öl oder Salatmajonäse mit 50 Prozent Öl sowie Gewürze. Ein fettreduzierter Fleischsalat muss mindestens 30 Prozent weniger Fett als herkömmliche Pendants enthalten.

2 Fleischsalat

✚test Klassischer Fleischsalat I — 10 / 2012

www.test.de

	Mittlerer Preis (Euro) ca. / Inhalt in Gramm	Mittlerer Preis pro 100 Gramm (Euro) ca.	Sensorische Beurteilung	Fett- und Salzgehalt	Wurstqualität	Mikrobiologische Qualität	Verpackung	Deklaration	✚test-QUALITÄTS-URTEIL
Gewichtung			40 %	15 %	10 %	15 %	5 %	15 %	100 %
Rewe/ja! Delikatess Fleischsalat[1] (MHD 11.07.12)	1,04[2] / 400	0,26	+	◯	◯	++	+	+	GUT (2,1)
Aldi (Süd)/Wonnemeyer Delikatess Fleischsalat[5] (MHD 04.07.12)	0,89 / 400	0,22	+	◯	◯	++	+	+	GUT (2,2)
Lidl/Vitakrone Delikatess Fleischsalat (MHD 06.07.12)	1,04[2] / 400	0,26	+	◯	◯	++	+	+	GUT (2,2)
Aldi (Nord)/Ofterdinger Delikatess Fleischsalat (MHD 03.07.12)	0,65 / 250	0,26	+	◯	◯	++	+	◯	GUT (2,3)
Nadler Delikatess Fleischsalat (MHD 03.07.12)	1,48 / 400[3]	0,37	+	◯	◯	++	+	◯	GUT (2,3)
Penny/Primakost Delikatess Fleischsalat[1] (MHD 03.07.12)	1,04[2] / 400	0,26	+	◯	◯	++	+	+	GUT (2,3)
Schloss Küche Fleisch Salat (MHD 25.06.12)	1,04 / 400[3]	0,26	+	◯	◯	++	+	◯	GUT (2,3)
Mövenpick Fleisch Salat (MHD 17.07.12)	0,99 / 125	0,79	+	◯	+	+	+	◯	GUT (2,4)
Rewe Bio Fleischsalat (MHD 27.06.12) Bio	1,45[4] / 150	0,97	+	◯	◯	++	+	◯	GUT (2,4)
Homann Feiner Fleischsalat (MHD 28.06.12)	1,50 / 200[3]	0,75	+	◯	◯	++	+	◯	GUT (2,5)
Hopf Fleischsalat (MHD 17.07.12)	1,19 / 200[3]	0,60	+	◯	◯	+	+	◯	BEFRIED. (2,6)
Real/Tip Fleischsalat (MHD 01.07.12)	0,65 / 250	0,26	+	◯	◯	◯	+	+	BEFRIED. (2,6)
Popp Delikatess Bio-Fleischsalat (MHD 12.07.12) Bio	1,99 / 150	1,33	◯	⊖	+	+	+	◯	BEFRIED. (2,8)
Alnatura Fleisch Salat (MHD 12.07.12) Bio	1,49 / 150	0,99	◯	⊖	+	+	+	◯	BEFRIED. (2,9)
Edeka/Gut & Günstig Delikatess Fleischsalat (MHD 24.06.12)	0,65 / 250	0,26	+	⊖	+	++	+	⊖[*]	BEFRIED. (2,9)
Kühlmann Feiner Fleischsalat (MHD 17.07.12)	1,39 / 150	0,93	+	◯	+	⊖[*]	◯	◯	BEFRIED. (3,3)

Bewertungsschlüssel der Prüfergebnisse: ++ = Sehr gut (0,5–1,5). + = Gut (1,6–2,5). ◯ = Befriedigend (2,6–3,5). ⊖ = Ausreichend (3,6–4,5). — = Mangelhaft (4,6–5,5). **Bei gleichem Qualitätsurteil Reihenfolge nach Alphabet.**
*) Führt zur Abwertung.
1) Laut Anbieter inzwischen Rezeptur und Kennzeichnung geändert.
2) Je nach Region auch 0,89 Euro.
3) Auch in anderen Packungsgrößen erhältlich.
4) Je nach Region auch 1,39 Euro.
5) Laut Anbieter Rezeptur geringfügig geändert.

Einkauf der Prüfmuster: Juni 2012.

Fleischsalat 2

⊞ test — Klassischer Fleischsalat II — 10 / 2012

www.test.de	Mittlerer Preis (Euro) ca. / Inhalt in Gramm	Mittlerer Preis pro 100 Gramm (Euro) ca.	Sensorische Beurteilung	Fett- und Salzgehalt	Wurstqualität	Mikrobiologische Qualität	Verpackung	Deklaration	⊞ test - QUALITÄTS-URTEIL
Gewichtung			40 %	15 %	10 %	15 %	5 %	15 %	100 %
Popp Feinster Fleischsalat[1] (MHD 07.07.12)	0,99 / 200[3]	0,50	O	⊖	O	O	+	O	BEFRIED. (3,3)
Pfennigs Fleischsalat Klassiker (MHD 27.06.12)	1,49 / 250[3]	0,60	+	O	+	⊖*)	+	O	BEFRIED. (3,4)
Dr. Doerr Fleischsalat (MHD 20.07.12)	1,15 / 200	0,58	⊖*)	⊖	O	+	+	O	BEFRIED. (3,5)
Netto Markendiscount/ Fürstenkrone Feiner Fleischsalat (MHD 04.07.12)	1,04[2] / 400	0,26	⊖*)	⊖	+	++	+	O	AUSREICH. (4,0)

Bewertungsschlüssel der Prüfergebnisse: ++ = Sehr gut (0,5–1,5). + = Gut (1,6–2,5). O = Befriedigend (2,6–3,5). ⊖ = Ausreichend (3,6–4,5). — = Mangelhaft (4,6–5,5). **Bei gleichem Qualitätsurteil Reihenfolge nach Alphabet.**
*) Führt zur Abwertung.
1) Laut Anbieter inzwischen Kennzeichnung geändert.
2) Je nach Region auch 0,89 Euro.
3) Auch in anderen Packungsgrößen erhältlich. **Einkauf der Prüfmuster: Juni 2012.**

⊞ test — Fettreduzierter Fleischsalat — 10 / 2012

www.test.de	Mittlerer Preis (Euro) ca. / Inhalt in Gramm	Mittlerer Preis pro 100 Gramm (Euro) ca.	Sensorische Beurteilung	Fett- und Salzgehalt	Wurstqualität	Mikrobiologische Qualität	Verpackung	Deklaration	⊞ test - QUALITÄTS-URTEIL
Gewichtung			40 %	15 %	10 %	15 %	5 %	15 %	100 %
Lidl/Linessa Light Geflügel Fleischsalat (MHD 05.07.12)	0,89 / 200	0,45	+	+	+	++	+	O	GUT (2,2)
Weight Watchers Delikatess Fleischsalat (MHD 03.08.12)	1,49 / 150	0,99	+	++	++	++	+	O	GUT (2,2)
Du darfst Feinster Fleisch Salat (MHD 13.07.12)	1,59 / 200	0,80	+	+	+	++	+	⊖*)	BEFRIED. (2,9)
Gloria Fleisch Salat (MHD 26.06.12)	0,89 / 250	0,36	—*)	+	+	++	+	+	MANGELH. (5,0)

Bewertungsschlüssel der Prüfergebnisse: ++ = Sehr gut (0,5–1,5). + = Gut (1,6–2,5). O = Befriedigend (2,6–3,5). ⊖ = Ausreichend (3,6–4,5). — = Mangelhaft (4,6–5,5). **Bei gleichem Qualitätsurteil Reihenfolge nach Alphabet.**
*) Führt zur Abwertung. **Einkauf der Prüfmuster: Juni 2012.**

2 Kinderlebensmittel

Unser Rat

Kinder brauchen keine Extrawurst. Ab dem ersten Lebensjahr können sie an die Ernährung der Erwachsenen herangeführt werden. Spezielle Kinderlebensmittel bieten keine Vorteile: Sie sind oft zu süß, zu salzig oder zu fett, meist angereichert mit Vitaminen und teurer als vergleichbare Produkte. Und: Durch verarbeitete Lebensmittel gewöhnen sich Kinder schon früh an den Industriegeschmack.

Die braucht kein Kind

9/2012 Wurst mit Gesicht, Kindermilch oder Früchteriegel: Der Markt für Kinderlebensmittel wächst. Dabei sind sie oft überflüssig.

Die Wurst mit Motiv ist der Klassiker unter den Kinderlebensmitteln. Aber nicht nur, wenn es um die Wurst geht, nimmt die Lebensmittelindustrie die Jüngsten ins Visier. Die Hersteller haben die Eltern der 1- bis 3-Jährigen als Zielgruppe entdeckt. Bei den großen Babynahrungsherstellern machen Kleinkindprodukte wie Kindermilch oder Früchteriegel bereits bis zu ein Fünftel des gesamten Umsatzes aus.

Zwischen Anspruch und Wirklichkeit

40 Prozent der deutschen Verbraucher glauben, dass Kinderlebensmittel mit Blick auf Salz-, Zucker- und Fettgehalte auf die Bedürfnisse der Kleinen zugeschnitten seien. Das geht aus einer repräsentativen Umfrage des Verbraucherzentrale Bundesverbands hervor.

Wir haben exemplarisch Kinderlebensmittel eingekauft. Dabei fiel unter anderem auf: Produkte für Kinder werden oft mit Vitaminen und Mineralstoffen angereichert, zum Beispiel Kindermilch oder Kinderwurst. Das sehen Experten kritisch. Denn durch angereicherte Lebensmittel lässt sich die Nährstoffzufuhr schwer kontrollieren. Außerdem zeigen Ernährungsstudien, dass Kinder in Deutschland grundsätzlich gut mit Vitaminen versorgt sind – wenn sie sich ausgewogen ernähren. Auch überraschend für Eltern: Spezielle Kindermilch, die in den letzten Jahren vermehrt angeboten wird, ist gar nicht so gut für Kinder geeignet, wie viele denken: So hat sie zum Beispiel weniger wertvolles Kalzium als normale Kuhmilch. ∎

Experten geben Ernährungstipps

Die Fachleute des Forschungsinstituts für Kinderernährung (FKE) geben Empfehlungen und bieten Broschüren an unter www.fke-do.de. Auch der aid-Infodienst liefert Informationen zum Thema Ernährung. Unter www.aid.de gibt es einige Broschüren zur Kinderernährung. Auf www.was-wir-essen.de unter „Foren" beantworten aid-Fachleute Fragen zur Säuglings- und Kinderernährung.

Lachs + CSR

✚ Unser Rat
Wir empfehlen Zuchtlachs. Die besten frischen Filets im Test gab es bei **Frischeparadies** und **Karstadt Feinkost** (17,90 Euro je Kilo). Doch beide Anbieter waren nicht bereit, nachzuweisen, ob sie tiergerecht und umweltschonend produzieren. Im Test vereinte nur **Deutsche See** gute Fischqualität mit hoher sozialer und ökologischer Verantwortung (Tiefkühl-Filets für 23,40 Euro je Kilo).

Zuchtlachs hängt Wildlachs ab

12/2012 Nur die frischen Filets vom Zuchtlachs im Test schmeckten kräftig nach Lachs. Sie waren auch saftig – viele tiefgefrorene dagegen trocken.

Es ist erst gut 60 Jahre her, da schwammen in Rhein und Elbe noch viele junge Lachse in Richtung Nordsee. Heute ist das vorbei, umso mehr landen auf den Tellern. Meist stammen die Lachse aus der Zucht. Die Massenproduktion hat die Preise fallen lassen. Zwei Filets vom Discounter kosten nur 2,89 Euro. Ist solch billiger Fisch gut? Die Stiftung Warentest hat 25 Filets geprüft – von frischen und tiefgefrorenen Zuchtlachsen sowie von tiefgefrorenen Wildlachsen.

Frischer Fisch ragte heraus
Der frische Fisch war ein Genuss: Nur er schmeckte kräftig nach Lachs, hatte saftiges Fleisch. Die meisten tiefgekühle Filets dagegen waren trocken. Vor allem Wildlachs enttäuschte: Die Filets zerfielen teils oder schmeckten fischig. Die meisten enthielten auch Nematoden. Diese Parasiten aus dem Meer befallen fast alle Wildlachse und können nur durch Kontrollen begrenzt werden.

In keinem Lachs fanden die Tester Krankheitserreger wie Listerien. Zwei Bioprodukte aber hatten viele Enterobakterien, sie deuten auf Hygienedefizite hin. Schadstoffe aus dem Meer sowie Rückstände von Tierarzneimitteln spielten keine Rolle.

Deutsche See punktet bei CSR
Die Stiftung Warentest prüfte auch, ob die Anbieter tiergerecht und umweltschonend produzieren. Dafür vergibt sie CSR-Urteile (Corporate Social Responsibility). Nur Deutsche See punktete da. ■ **Anbieter Seite 256**

Lachs für Herz und Hirn
Lachs gehört zu den wenigen Lebensmitteln, die viel Omega-3-Fettsäuren liefern. Diese Substanzen können helfen, den Cholesterinspiegel und Bluthochdruck zu senken, Herzinfarkt und Schlaganfall vorzubeugen. Auch Leinöl, Walnüsse und Rapsöl bieten reichlich Omega-3-Fettsäuren. Aber nur die Fettsäuren aus fettem Seefisch wie Lachs, Makrele und Hering stärken auch Hirn und Abwehr.

2 Lachs + CSR

⊞ test — Frischer und tiefgekühlter Zuchtlachs I — 12 / 2012

www.test.de	Mittlerer Preis (Euro ca. / Inhalt in Gramm)	Mittlerer Preis je kg in Euro ca.	Sensorische Beurteilung	Schadstoffe	Mikrobiologische Qualität	Nematoden	Verpackung	Deklaration	⊞ test - QUALITÄTS-URTEIL	⊞ test - CSR-ENGAGE-MENT[4]
Gewichtung			50%	10%	15%	5%	5%	15%	100%	
Frische Zuchtlachsfilets										
Frischeparadies Lachsfilet lose (MHD 24.05.2012[1])	17,90 / Lose	17,90	++	++	O	++		O	GUT (1,6)	MANGELH.
Karstadt Feinkost Perfetto Lachsfilet lose (MHD 24.05.2012[1])	17,90 / Lose	17,90	++	++	+	++		O	GUT (1,7)	MANGELH.
Galeria Kaufhof Lachsfilet lose (MHD 24.05.2012[1])	21,40 / Lose	21,40	+	++	O	++	Entfällt	O	GUT (2,1)	BEFRIED.
Nordsee Lachsfilet lose (MHD 24.05.2012[1])	23,90 / Lose	23,90	+	++	+	++		O	GUT (2,1)	BEFRIED.
Tiefgekühlte Zuchtlachsfilets										
Deutsche See Feine Lachs Filets (MHD 16.10.2013)	7,50 / 320	23,40	++	++	+	++	+	+	GUT (1,7)	GUT
Lidl/Trawlic Lachsfilet (MHD 14.08.2013)	2,89 / 250	11,60	+	++	++	++	+	+	GUT (1,8)	BEFRIED.
Costa Natur Lachs Filets (MHD 02.2013)	5,20 / 250	20,80	+	++	++	++	+	+	GUT (1,9)	BEFRIED.
Alnatura (Naturland) Bio Lachs Filets (MHD 11.05.2013) **Bio**	7,00 / 160	44,00	O*)	+	++	++	O	+	GUT (2,5)	BEFRIED.
Bofrost Lachsfilet (MHD 16.01.2013)	17,00 / 600	28,30[2]	O*)	++	++	++	+	+	GUT (2,5)	BEFRIED.
Escal bio 2 Lachsfilets roh (MHD 09/2013) **Bio**	5,50 / 250	22,00	O*)	++	++	++	O	+	GUT (2,5)	AUSREICH.
Aldi (Nord)/Golden Seafood Lachsfilets natur (MHD 02.11.2013)	2,89 / 250	11,60	O	++	O	++	+	O	BEFRIED. (2,7)	BEFRIED.
Rewe/ja! 2 Lachs-Filets Premiumqualität (MHD 03/2013)	2,89 / 250	11,60	O	++	++	++	+	⊖*)3)	BEFRIED. (3,0)	BEFRIED.
Penny/Berida Lachs Filets Premium-Qualität (MHD 04/2013)	2,89 / 250	11,60	O	++	++	++	+	⊖*)3)	BEFRIED. (3,3)	BEFRIED.
Aldi (Süd)/Almare Seafood Lachsfilets Premiumqualität (MHD 17.09.2013)	2,89 / 250	11,60	O	++	+	++	+	⊖*)3)	BEFRIED. (3,5)	BEFRIED.
Eismann Lachsfilet-Portionen (MHD 01/2013)	16,00 / 600	26,70[2]	O	++	O	++	+	⊖*)3)	BEFRIED. (3,5)	BEFRIED.
Iceland Seafood Lachsfilets (MHD 20.11.2012)	2,99 / 250	12,00	⊖*)	++	++	++	+	O	BEFRIED. (3,5)	BEFRIED.
Paulus Lachsfilet (MHD 03/2013)	2,89 / 250	11,60	⊖*)	++	+	++	+	O	BEFRIED. (3,5)	MANGELH.

Bewertungsschlüssel der Prüfergebnisse: ++ = Sehr gut (0,5–1,5). + = Gut (1,6–2,5). O = Befriedigend (2,6–3,5). ⊖ = Ausreichend (3,6–4,5). — = Mangelhaft (4,6–5,5). **Bei gleichem Qualitätsurteil Reihenfolge nach Alphabet.**
*) Führt zur Abwertung. MHD = Mindesthaltbarkeitsdatum. 1) Einkaufsdatum. 2) Heimservice: Preis inklusive Lieferung. 3) Auslobung als Premium- oder Superior-Qualität passt nicht zu den Testergebnissen. 4) CSR steht für Engagement für Soziales, Umwelt-, Tierschutz. Ausführliche Ergebnisse siehe test 12/2012. **Einkauf der Prüfmuster:** April bis Juni 2012.

28 Ernährung

Lachs + CSR 2

test — Frischer und tiefgekühlter Zuchtlachs II — 12 / 2012

www.test.de	Mittlerer Preis (Euro) ca. / Inhalt in Gramm	Mittlerer Preis je kg in Euro ca.	Sensorische Beurteilung	Schadstoffe	Mikrobiologische Qualität	Nematoden	Verpackung	Deklaration	test QUALITÄTSURTEIL	test CSR-ENGAGEMENT[1]
Gewichtung			50 %	10 %	15 %	5 %	5 %	15 %	100 %	
Tiefgekühlte Zuchtlachsfilets										
Edeka/Gut & Günstig Norwegische Lachsfilets Premiumqualität[3] (MHD 06.2013)	2,89 / 250	11,60	⊖	++	++	++	+	⊖*)2)	AUSREICH. (3,6)	BEFRIED.
Biopolar (Naturland) Bio Lachs-Filets „Natur"[3] (MHD 02.06.2013) **Bio**	7,50 / 160	47,00	⊖*)	++	⊖	++	○	○	AUSREICH. (4,0)	BEFRIED.
Followfish Bio Lachs Filets (MHD 05-10-2013) **Bio**	5,50 / 180[4]	30,50	⊖*)	+	⊖	++	+	○	AUSREICH. (4,0)	BEFRIED.

Bewertungsschlüssel der Prüfergebnisse: ++ = Sehr gut (0,5–1,5). + = Gut (1,6–2,5). ○ = Befriedigend (2,6–3,5).
⊖ = Ausreichend (3,6–4,5). — = Mangelhaft (4,6–5,5). **Bei gleichem Qualitätsurteil Reihenfolge nach Alphabet.**
*) Führt zur Abwertung. MHD = Mindesthaltbarkeitsdatum. 1) CSR steht für Engagement für Soziales, Umwelt-, Tierschutz.
Ausführliche Ergebnisse siehe test 12/2012. 2) Auslobung als Premium- oder Superior-Qualität passt nicht zu den Testergebnissen. 3) Laut Anbieter inzwischen Deklaration geändert. 4) Abtropfgewicht. **Einkauf der Prüfmuster:** April bis Juni 2012.

test — Tiefgekühlter Wildlachs — 12 / 2012

www.test.de	Mittlerer Preis (Euro) ca. / Inhalt in Gramm	Preis je kg in Euro ca.	Sensorische Beurteilung	Schadstoffe	Mikrobiologische Qualität	Nematoden	Verpackung	Deklaration	test QUALITÄTSURTEIL	test CSR-ENGAGEMENT[3]
Gewichtung			50 %	10 %	15 %	5 %	5 %	15 %	100 %	
Tiefgekühlte Wildlachsfilets										
Iglo Fang Frisch Wildlachs Naturfilets (MHD 02.2013)	4,30 / 250	17,20	○*)	++	+	⊖	+	○	BEFRIED. (3,0)	BEW. NICHT MÖGLICH[2]
Lidl/Trawlic Wildlachsfilet (MHD 19.09.2013)	2,89 / 250	11,60	○*)	++	+	++	+	+	BEFRIED. (3,0)	MANGELH.
Femeg Wildlachs Filets (MHD 11.07.2013)	2,79 / 250	11,20	○	++	○	⊖	+	○	BEFRIED. (3,1)	AUSREICH.
Aldi (Nord)/Golden Seafood 2 Pazifik Wildlachsfilets Premiumqualität (MHD 02.01.2013)	2,89 / 250	11,60	⊖*)	++	○	⊖	+	⊖1)	AUSREICH. (4,0)	BEW. NICHT MÖGLICH[2]
Aldi (Süd)/Almare Seafood Pazifik Wildlachsfilet Premiumqualität (MHD 21.05.2013)	2,89 / 250	11,60	⊖*)	++	○	⊖	+	⊖1)	AUSREICH. (4,0)	AUSREICH.

Bewertungsschlüssel der Prüfergebnisse: ++ = Sehr gut (0,5–1,5). + = Gut (1,6–2,5). ○ = Befriedigend (2,6–3,5).
⊖ = Ausreichend (3,6–4,5). — = Mangelhaft (4,6–5,5). **Bei gleichem Qualitätsurteil Reihenfolge nach Alphabet.**
*) Führt zur Abwertung. MHD = Mindesthaltbarkeitsdatum. 1) Auslobung als Premium- oder Superior-Qualität passt nicht
zu den Testergebnissen. 2) Besuch des Fang-u. Schlachtbetriebs war nicht möglich. 3) CSR steht für Engagement für
Soziales, Umwelt-, Tierschutz. Ausführliche Ergebnisse siehe test 12/2012. **Einkauf der Prüfmuster:** April bis Juni 2012.

test Jahrbuch 2013 — Ernährung 29

2 Mineralwasser

✚ Unser Rat

Wirklich empfehlen können wir keines der stillen Mineralwässer im Test. Jedes hat eine Schwachstelle: wenig Mineralstoffe, Keime, leichte Geschmacksfehler, Kennzeichnungsfehler. Nicht mal der Preis spricht für die Stillen: Zwar kosten Handelsmarken nur 13 Cent je Liter. Doch Trinkwasser ist viel billiger – in Köln etwa kostet der Liter 0,3 Cent. Auf seine Qualität ist in aller Regel Verlass.

Mineralstoffe Mangelware

7/2012 Viele stille Mineralwässer im Test enthielten nicht mehr Mineralstoffe als Leitungswasser. In jedem dritten fanden wir auch noch Keime.

Volvic, Vittel, Evian – lange strömten stille Mineralwässer vorrangig aus Frankreich nach Deutschland. Inzwischen zählen sie auch zum Sortiment deutscher Brunnenbetriebe. Kein Wunder, denn stilles Wasser liegt im Trend. 2011 stieg der Verkauf gegenüber dem Vorjahr um 14 Prozent. In jeder zehnten Mineralwasserflasche blubbert es schon nicht mehr. Die Stiftung Warentest hat die Qualität von 29 stillen Mineralwässern und einem Quellwasser geprüft.

Wirklich nicht prickelnd

Ernüchternd: Zwei Drittel der Wässer lieferten nur wenig Mineralstoffe (unter 500 Milligramm je Liter). Manches Wasser bot nicht mehr davon als Trinkwasser. Die Bezeichnung Mineralwasser lässt aber Mineralstoffreichtum vermuten. Früher war das auch so. Da musste ein Mineralwasser mindestens 1 000 Milligramm Mineralstoffe je Liter enthalten. Seit einer EU-Harmonisierung von 1980 spielt das aber keine Rolle mehr.

Trinkwasser und auch Mineralwasser müssen nicht keimfrei sein, dürfen aber keine Krankheitserreger enthalten. Rechtlich waren da alle Wässer im Test in Ordnung. Wir legten aber noch strengere Maßstäbe an und prüften zusätzlich auf unter Umständen krankmachende Keime. Sie waren in 12 der 30 Wässer nachweisbar. Sie sind für Gesunde kein Problem, aber für Immunschwache. Dazu gehören Krebs- und Aidskranke, auch alte Menschen. Sie sollten Mineral- wie Trinkwasser vorsorglich nur abgekocht ▶

Das Leitungswasser

Während Mineralwasser direkt aus geschützten Quellen gewonnen und abgefüllt wird, stammt Leitungswasser meist aus Grund- und Quellwasser. Es wird oft aufbereitet. Die Wasserwerke kontrollieren auf Keime und unerwünschte Substanzen wie Nitrat und Pestizide. Trinkwasser gilt als das am besten überwachte Lebensmittel. Doch auch Probleme am Hausanschluss können die Qualität mindern.

Mineralwasser 2

test | Stille Mineralwässer (Eigenmarken) | 7 / 2012

www.test.de	Land, Quelle und Quellort laut Deklaration	Angeboten in	Flaschengröße in Liter / PET-Flaschentyp	Mittlerer Preis pro Flasche / pro Liter in Euro ca.	Sensorische Beurteilung	Mikrobiologische Qualität	Eignung für Immungeschwächte (aufgrund nachgewiesener Keime)[2]	Oberirdische Verunreinigungen	Deklaration
Aldi (Nord)/Quellbrunn Naturell (MHD 05.09.2012)	D / Claudius-Quelle in Trappenkamp/Bad Segeberg	Hamburg	1,5/EW	Mittlerer Preis pro Flasche / pro Liter: Alle Eigenmarken des Handels kosten 19 Cent je 1,5 Liter. Umgerechnet auf 1 Liter sind das 13 Cent.	+	Alle Produkte entsprechen den mikrobiologischen Anforderungen der Mineral- und Tafelwasser-Verordnung.	Ja[4]	Wir fanden keine Hinweise auf Verunreinigungen aus oberirdischen Schichten – weder Pestizide der Gruppe Triazine, noch Pestizidmetabolite, saure und neutrale Arzneimittel oder stabile Süßstoffe waren nachweisbar.	+
Aldi (Nord)/Quellbrunn Naturell (MHD 26.08.12)	D / Brandenburger Urstromquelle in Baruth/Mark	Berlin	1,5/EW		+		Nein	Acesulfam K[5]	+
Aldi (Süd)/Aqua Culinaris still, enteisent (MHD 29.08.12)	D / Levia-Quelle in Treuchtlingen	München	1,5/EW		+		Nein		O
Aldi (Süd)/Aqua Culinaris still (MHD 01.09.2012)	D / Noé-Quelle in Erftstadt	Köln	1,5/EW		+		Ja[4]		⊖[6]
Edeka/Gut & Günstig still (MHD 24.02.13)	D / Baruther Johannesbrunnen in Baruth/Mark	Hamburg	1,5/EW		O		Nein		+
Kaufland/K-Classic[7] still, enteisent (MHD 13.10.12)	D / Fonsana Quelle in Baruth/Mark	Berlin	1,5/EW		O		Ja[4]		+
Kaufland/K-Classic still, enteisent (MHD 01.11.12)	D / Fonsana Quelle in Wolfhagen, abgefüllt in Breuna[8]	Hamburg	1,5/EW		+		Ja[4]		+
Lidl/Saskia Naturis, still, (MHD 25.02.13)	D / Saskia Quelle in Jessen	München	1,5/EW		+		Ja[4]		+
Lidl/Saskia Naturis, still (MHD 03.03.13)	D / Saskia Quelle in Kirkel	Köln	1,5/EW		O		Nein		+
Netto Marken-Discount/Vitalitasia Naturell (MHD Nov 2012)	D / Noé-Quelle in Erftstadt	Köln	1,5/EW		+		Ja[4]		⊖[9]
Netto Supermarkt Naturell, enteisent (MHD 22.02.13)	D / Mecklenburger Quelle in Dargun	Berlin	1,5/EW		+		Nein		+
Norma/Surf Still, enteisent (MHD 23.12.2012)	D / Quintus Quelle in Bruchsal	München	1,5/EW		+		Ja[4]		+
Penny/Elitess still (MHD 27.02.2013)	A / Astoria-Quelle in Münster	München	1,5/EW		+		Nein		+
Real/Tip naturell (MHD 15.12.2012)	D / Erbeskopf-Quelle in Malborn, abgefüllt in Thalfang	Köln	1,5/EW		+		Ja[4]		+
Rewe/ja! still (MHD 08.12.2012)	D / Felsquelle in Goslar (Okertal)	Hamburg	1,5/EW		+		Ja[4]		+

Die Erklärungen zu den Fußnoten siehe Seite 33.

test Jahrbuch 2013 — **Ernährung 31**

2 Mineralwasser

test — Stille Mineralwässer (Herstellermarken) — 7 / 2012

www.test.de

	Land/ Quelle und Quellort laut Deklaration	Flaschengröße in Liter/ Flaschentyp	Mittlerer Preis pro Flasche/pro Liter in Euro ca.	Sensorische Beurteilung	Mikrobiologische Qualität	Eignung für Immun-geschwächte (aufgrund nachgewiesener Keime)[2]	Oberirdische Verunreinigungen	Deklaration
Black Forest still (MHD Feb 13)	D / Hansjakobquelle in Bad Rippoldsau	1,5/EW	0,83/0,55	+		Ja[4]		+
Carat (MHD 15.02.2014)	D / Fläming Felsenquelle in Wiesenburg	1,0/EW Karton	0,49/0,49	+		Ja[4]		+
Contrex (MHD Dez 13)	F / Contrex Quelle in Contrexéville/Vogesen	1,5/EW	0,84/0,56	+		Nein		O
Danone Hayat (MHD 10.08.2013)	TR / Sekerpinar-Quellen Pozanti	1,5/EW	0,42[1]/0,28	+		Ja[4]		—[10]
Evian (MHD 12.01.2014)	F / Cachat Quelle – Saeme in Evian	1,5/EW	0,79/0,53	+	Alle Produkte entsprechen den mikrobiologischen Anforderungen der Mineral- und Tafelwasser-Verordnung.	Nein	Wir fanden keine Hinweise auf Verunreinigungen aus oberirdischen Schichten – weder Pestizide der Gruppe Triazine, noch Pestizidmetabolite, saure und neutrale Arzneimittel oder stabile Süßstoffe waren nachweisbar.	—[11]
Gerolsteiner Naturell (MHD 22.02.2013)	D / Genolsteiner Naturell in Gerolstein	1,5/MW	0,83/0,55	+		Nein		O
Korpi (MHD Nov 12)	GR / von den berühmten Quellen aus der Gegend Korpi in den Akamani-schen Gebirgen bei Vonitza	1,5/EW	0,42[1]/0,28	+		Nein		—[9]
Original Selters Naturell (MHD Okt 12)	D / Selters Naturellquelle in Selters an der Lahn	1,5/MW	0,88/0,59	+		Ja[4]		O
Rhönsprudel Naturell (MHD 20.12.2012)	D / Rhönsprudel-Quelle in Ebersburg	1,5/EW	0,89/0,59	+		Ja[4]		+
Saka (MHD 22.06.2013)	TR / Saka-Quelle in Sakarya	1,5/EW	0,50[1]/0,33	O		Ja[4]		⊖
Vio (MHD 28.02.2013)	D / Lüner Quelle in Lüneburg	1,5/EW	0,89/0,59	+		Ja[4]		+
Vittel (MHD Sep 13)	F / Vittel Bonne Source in Vittel/Vogesen	1,5/EW	0,79/0,53	+		Nein		O
Volvic naturelle (MHD 12.01.2014)	F / Quelle Clairvic in Volvic	1,5/EW	0,69/0,46	+		Ja[4]		O
Vöslauer ohne (MHD Nov 12)	A / Ursprungsquelle VII in Bad Vöslau	1,0/EW	0,74/0,74	+		Ja[4]		⊖
è Aqua[3] **Natürliches Hochquellwasser** (MHD Jan 13)	I / Quelle Selvia in Bagolino	1,5/EW	0,90/0,60	+		Nein		+

Die Erklärungen zu den Fußnoten siehe Seite 33.

32 Ernährung

test Jahrbuch 2013

Mineralwasser 2

verwenden, um Durchfall und andere, möglicherweise lebensbedrohliche Folgen zu vermeiden. Das gilt auch für Babys, da ihr Immunsystem noch nicht ausgereift ist.

Stille Wässer sind anfälliger für Keime als Classic- und Mediumwässer mit Kohlensäure. Sie hemmt nämlich das Keimwachstum.

Ursprüngliche Reinheit gefährdet

Natürlich und ursprünglich rein – damit lockt die Branche die Durstigen. Die Mineral- und Tafelwasserverordung legt fest: Mineralwasser muss aus einer Quelle stammen, die vor Verunreinigungen geschützt ist. Das ist heute nicht mehr selbstverständlich. Es gibt Berichte über Verunreinigungen aus oberirdischen Schichten, zum Beispiel Abwasser. Im Labor haben wir die Mineralwässer auf bestimmte Pflanzenschutzmittel, auf ihre Abbauprodukte (Pestizidmetabolite) und Arzneimittel prüfen lassen. Es konnte nichts davon nachgewiesen werden.

Ergänzend fahndeten die Tester noch nach künstlichen Süßstoffen. Diese können nämlich eine Verschmutzung der Quelle durch Oberflächenwasser anzeigen, weil Süßstoffe in der Natur nicht vorkommen und sich auch nicht abbauen. Der Test zeigte: Nur Quellbrunn Naturell von Aldi (Nord) aus der Claudius-Quelle enthielt Süßstoff. Das ist gesundheitlich unkritisch, aber ein Hinweis darauf, dass Abwasser in die Quelle gelangt sein könnte

Sehr leicht nach Kunststoff

Es gibt auch gute Nachrichten: Rückläufig im Vergleich zu früheren Tests sind die Gehalte an Acetaldehyd. Dieser Bestandteil aus Kunststoffflaschen kann ins Wasser wandern und ihm geschmacklich schaden. Sechs stille Wässer enthielten geringe Mengen an Acetaldehyd – gesundheitlich und geschmacklich kein Problem. Doch führte ein sehr leichter bis leichter Fremdgeschmack zu Punktabzügen in der sensorischen Beurteilung. Mögliche Ursache: die PET-Flaschen oder Verschlüsse.

Wenn ein Mineralwasser nach Zwiebeln oder Keller schmeckt, haben es Händler oder Verbraucher meist falsch gelagert. Die PET-Flaschen lassen starke Gerüche durch. Auch Licht und Feuchtigkeit schmälern den Genuss. Frost lässt Mineralstoffe ausfallen, das Wasser wird trüb. ■ **Anbieter Seite 256**

Fußnoten

Bewertungsschlüssel der Prüfergebnisse: ++ = Sehr gut (0,5–1,5). + = Gut (1,6–2,5). ○ = Befriedigend (2,6–3,5).
⊖ = Ausreichend (3,6–4,5). — = Mangelhaft (4,6–5,5). **Reihenfolge nach Alphabet.**
EW = Einweg. A = Österreich. D = Deutschland. MHD = Mindesthaltbarkeitsdatum.
1) Von uns bezahlter Einkaufspreis. **2)** In einer Zusatzprüfung haben wir alle in den Produkten enthaltenen Keime untersucht und die Wässer mit Blick auf Säuglinge, alters- oder krankheitsbedingt Immungeschwächte strenger beurteilt als nach der Mineral- und Tafelwasserverordnung. **Ja:** Eine Gesundheitsgefährdung für Immungeschwächte ist ausgeschlossen. **Nein:** Eine Gesundheitsgefährdung ist zwar unwahrscheinlich, aber unter besonderen Umständen nicht auszuschließen. Die Gefährdung geht von der Anzahl und/oder der Spezies der festgestellten Keime aus. Eine besondere Gefährdung könnte eintreten, wenn Immungeschwächte das Wasser durch Verschlucken in die Lunge bekommen, es zum Inhalieren benutzen oder zum Beispiel durch Verschütten in offene Wunden gelangt. **3)** Produkt wird laut Deklaration als „Zubereitungswasser für Caffé und Tè" bezeichnet. **4)** Das Wasser war keimfrei. **5)** Dieser Süßstoff ist stabil und gilt als Indikator für Verunreinigungen durch Oberflächenwasser. **6)** Anbieter lässt Wasser aus der Noé-Quelle unter der Marke Aqua Culinaris abfüllen, obwohl er weiß, dass es auch für andere Marken abgefüllt wird (siehe Vitalitasia von Netto Marken-Discount). **7)** Laut Anbieter Deklaration geändert. **8)** Laut Anbieter jetzt Riedbach Quelle Wolfhagen, abgefüllt in Breuna. **9)** Der Quellname ist nicht angegeben. **10)** Deklarierte Mineralstoffe weichen zu stark von der tatsächlichen Zusammensetzung ab. **11)** Die Auslobung für die Zubereitung für Säuglingsnahrung ist gemäß Mineral- und Tafelwasser-Verordnung zwar korrekt, aber wegen der gefundenen Keime ist sie aus unserer Sicht nicht berechtigt. Nur abgekocht ist das Wasser für Immungeschwächte – und damit auch für Säuglinge – geeignet.

Einkauf der Prüfmuster: März 2012.

2 Multivitaminsaft

Unser Rat

Unter den 22 Multivitaminsäften überzeugten nur drei. Klarer Sieger: der **11 plus 11** von **Rabenhorst**. Geruch und Geschmack waren einwandfrei, die Vitamine gut dosiert. Er ist sehr gut – mit 3,99 Euro pro Liter aber auch der Teuerste. Auch gut und top im Geschmack ist **Amecke** für 1,69 Euro. Nur 95 Cent kostet der gute Saft von **Netto Marken-Discount**. Er ist laut Anbieter aber verändert.

Die Multi-Enttäuschung

3/2012 Einen ordentlichen Multivitaminsaft zu finden ist gar nicht so einfach: Acht Säfte im Test waren nur ausreichend oder mangelhaft.

Der Test von 22 Multivitaminsäften offenbarte drei große Schwachpunkte. Zunächst geizen viele Hersteller beim Fruchtaroma – auf den Etiketten werben sie aber mit bis zu 14 appetitlichen Früchten. Die Säfte werden außerdem mit Vitaminen überfrachtet. Wir fanden bei fast allen Säften deutlich höhere Gehalte, als die Verpackung besagt. Und schließlich verwenden viele Hersteller gern Fantasienamen, die nichts aussagen und davon ablenken, dass sie keinen echten Fruchtsaft anbieten. Beliebt sind Bezeichnungen wie „Roter Multi", „Multivitamin" oder „Vitamin-Frühstück".

Wenig Fruchtaroma im Hohes-C-Saft

Wenig Fruchtaroma bieten beispielsweise der klassische und der rote Multivitaminsaft der Marke Hohes C. Beide enthalten überwiegend oder sogar ausschließlich Fruchtsaftkonzentrate. Das bedeutet: Hersteller Eckes-Granini verzichtet meist darauf, das beim Konzentrieren entwichene Fruchtaroma wiederherzustellen. Beide Hohes C-Säfte sind nur ausreichend.

Muffig und nach alten Früchten

Bei sechs weiteren Säften zeigte sich bei der Prüfung der Aromaqualität: Es ist nicht alles drin, was drin sein muss. Albi, Rauch, Kaiser's Tengelmann, Bauer, Bari und der Rote Multi von Edeka bekamen darum mangelhaft. Im Bari konnten wir fast keine Fruchtaromen nachweisen. Er schmeckte nicht exotisch-fruchtig, sondern deutlich muffig, malzig und nach alten Früchten. Der Bari-

Überdosierung mit Vitaminen

Die Säfte enthalten zum Teil sehr hohe Mengen Vitamine. Wer aber lediglich ein typisches 0,2-Liter-Glas am Tag trinkt, erreicht bei keinem Saft den Tagesbedarf eines Vitamins. Wer hingegen einen ganzen Liter trinkt, überschreitet die empfohlene Tageszufuhr für fast alle Vitamine locker. Da wir auch aus vielen anderen Quellen Vitamine aufnehmen, heißt das: Ein Glas am Tag sollte reichen.

Multivitaminsaft 2

test | Multivitaminsaft — 3 / 2012

www.test.de	Gebindeart / Inhalt in Liter	Mittlerer Preis in Euro ca. pro Liter	Vitaminzufuhr	Sensorische Beurteilung	Aromaqualität	Chemische Qualität	Verpackung	Deklaration	test-QUALITÄTS-URTEIL
Gewichtung			25 %	25 %	25 %	5 %	5 %	15 %	100 %
Multivitaminsäfte									
Rabenhorst 11 plus 11[1] (MHD 13.04.2013)	MW-Glasflasche / 0,75	3,99	++	++	+	++	+	+	**SEHR GUT (1,5)**
Amecke intense Multivitamin (MHD 29.02.12)	Karton / 1,0	1,69	O*)	++	++	++	+	O	**GUT (2,1)**
Netto Marken-Discount/ Fruchtstern Multivitaminsaft[2] (MHD 09.01.12)	PET-Flasche / 1,0	0,95	+	+	+	+	O	O	**GUT (2,2)**
Dittmeyer's Valensina Vitamin-Frühstück Multi-Vitamin[3] (MHD 19.04.12)	PET-Flasche / 1,0	1,49	O	+	+	++	O	⊖*)	**BEFRIED. (3,0)**
Kaufland/K Classic Multivitamin Saft[2] (MHD 08.03.12)	Karton / 1,0	0,95	+	+	⊖	++	+	⊖*)	**BEFRIED. (3,0)**
Lidl/vitafit Multivitaminsaft (MHD 28.06.12)	Karton / 1,0	0,95	+	+	O	++	+	⊖*)	**BEFRIED. (3,0)**
Norma/Trimm Multivitaminsaft[2] (MHD 25.12.11)	PET-Flasche / 1,0	0,95	O	+	⊖*)	++	O	⊖	**BEFRIED. (3,0)**
Penny/Summerhill Multivitaminsaft[4] (MHD 25.12.11)	PET-Flasche / 1,0	0,95	+	+	+	++	O	⊖*)	**BEFRIED. (3,0)**
Aldi (Süd)/rio d'oro Multivitamin[3] (MHD 31.01.2012)	PET-Flasche / 1,0	0,95	O	+	⊖	++	O	⊖	**BEFRIED. (3,1)**
Aldi (Nord)/Sonniger Multivitaminsaft[3] (MHD 31.05.12)	Karton / 1,0	0,95	+	+	⊖*)	++	+	O	**BEFRIED. (3,2)**
Kumpf Sanft wie Seide Multi[3] (MHD 27.04.12)	MW-Glasflasche / 1,0	1,58	O	+	⊖	++	O	⊖	**BEFRIED. (3,3)**

Bewertungsschlüssel der Prüfergebnisse: ++ = Sehr gut (0,5–1,5). + = Gut (1,6–2,5). O = Befriedigend (2,6–3,5).
⊖ = Ausreichend (3,6–4,5). — = Mangelhaft (4,6–5,5). **Bei gleichem Qualitätsurteil Reihenfolge nach Alphabet.**
*) Führt zur Abwertung. MW = Mehrweg mit Pfand. Alle anderen Gebinde ohne Pfand.
1) Laut Anbieter Produktname jetzt 11 plus 11 gelb.
2) Laut Anbieter inzwischen geändert.
3) Laut Anbieter Kennzeichnung und/oder Aufmachung geändert.
4) Laut Anbieter von Marke Summerhill auf neue Eigenmarke Penny umgestellt.

Einkauf der Prüfmuster: April bis August 2011.

Saft wird inzwischen nicht mehr angeboten, ebenso wenig der Saft von Kaiser's Tengelmann und der Rote Multi von Edeka. Eine Ausnahme war der „11 plus 11"-Saft von Rabenhorst. Er bietet eine große Fruchtvielfalt, hohe Fruchtsaftqualität und einwandfreien Geschmack – dazu Vitaminmengen, die pro Glas gut zum Tagesbedarf beitragen. Er verdiente das Qualitätsurteil sehr gut, kostet aber rund 4 Euro pro Liter. Übrigens: Die ▶

2 Multivitaminsaft

test — Multivitaminsaft — 3 / 2012

www.test.de	Gebindeart / Inhalt in Liter	Mittlerer Preis in Euro ca. pro Liter	Vitaminzufuhr	Sensorische Beurteilung	Aromaqualität	Chemische Qualität	Verpackung	Deklaration	test-QUALI-TÄTS-URTEIL
Gewichtung			25 %	25 %	25 %	5 %	5 %	15 %	100 %
Multivitaminsäfte									
Edeka/gut & günstig Multivitamin Saft[2] (MHD 20.12.11)	PET-Flasche / 1,0	0,95	+	+	⊖	++	○	⊖*)	BEFRIED. (3,5)
Real Quality Multivitamin 12-Frucht Saft[3] (MHD 04.03.12)	PET-Flasche / 1,0	1,19	+	+	⊖	++	+	⊖*)	BEFRIED. (3,5)
Rewe Multivitamin[1] (MHD 15.01.12)	PET-Flasche / 1,0	1,29	○	+	⊖	++	○	⊖*)	BEFRIED. (3,5)
Hohes C Multi-Vitamin[2] (MHD 06.02.12)	Karton / 1,5	1,24	+	+	⊖	++	+	—*)	AUSREICH. (3,6)
Albi Multivitamin mit 12 Vitaminen (MHD 26.02.2012)	Karton / 1,0	1,59	++	+	—*)	++	+	—	MANGELH. (4,6)
Rauch happy day 100 % Multivitamin (MHD 04.05.2012)	Karton / 1,0	1,69[4]	⊖	+	—*)	+	+	—	MANGELH. (4,6)
Kaiser's Tengelmann/Star Marke Multivitamin-12-Fruchtsaft[5] (MHD 30.04.12)	Karton / 1,0	1,29	○	○	—*)	++	○	—	MANGELH. (4,7)
Bauer Multi-Vitamin-Saft (MHD 04.10.12)	MW-Glasflasche / 1,0	2,00	○	+	—*)	++	○	—	MANGELH. (5,1)
Bari Multivitamin[5] (MHD 22.03.2012)	Karton / 1,0	1,29	○	—	—*)	++	+	—	MANGELH. (5,3)
Rote Multivitaminsäfte									
Hohes C Roter Multi-Vitamin[2] (MHD 24.01.12)	PET-Flasche / 1,0	1,13	⊖*)	○	⊖	++	+	—*)	AUSREICH. (4,0)
Edeka Roter Multi[5] (MHD 25.01.12)	PET-Flasche / 1,0	1,29	○	○	—*)	++	○	—	MANGELH. (5,0)

Bewertungsschlüssel der Prüfergebnisse: ++ = Sehr gut (0,5–1,5). + = Gut (1,6–2,5). ○ = Befriedigend (2,6–3,5).
⊖ = Ausreichend (3,6–4,5). — = Mangelhaft (4,6–5,5). **Bei gleichem Qualitätsurteil Reihenfolge nach Alphabet.**
*) Führt zur Abwertung. MW = Mehrweg mit Pfand. Alle anderen Gebinde ohne Pfand.
1) Laut Anbieter inzwischen geändert.
2) Laut Anbieter Kennzeichnung und/oder Aufmachung geändert.
3) Laut Anbieter durch Nachfolgeprodukt ersetzt.
4) Unser Einkaufspreis.
5) Laut Anbieter nicht mehr erhältlich. **Einkauf der Prüfmuster:** April bis August 2011.

Vitamine im Multivitaminsaft stammen nicht aus den Früchten, sondern werden als synthetische Mischung zugesetzt. In der Regel umfasst sie neun Vitamine und Provitamin A. Wir fanden jedoch fast durchweg viel höhere Gehalte, als die Verpackung vorgibt – und das gegen Ende der Mindesthaltbarkeitsfrist. Bei einem frisch abgefüllten Saft liegen die Mengen wahrscheinlich noch viel höher. ■ **Anbieter Seite 256**

36 Ernährung

Orangensaft aus Saftbars 2

⊕ Unser Rat

Sie können frisch gepressten Orangensaft aus der Saftbar genießen. Dafür sprechen die meist guten Noten in Geruch und Geschmack im Test. Mit einer Ausnahme stellten Keime kein Problem dar, ebenso wenig die meist geringen Pestizidrückstände. Hinzu kommt: Orangensaft liefert reichlich Vitamin C. Frischgepresster enthält laut Studien oft noch ein Drittel mehr als pasteurisierter.

Frische für zwischendurch

8/2012 Sind Pestizide oder Keime drin? Wie schmecken die Säfte? Die Tester haben frisch gepressten Orangensaft aus 14 Saftbars untersucht.

Am Bahnhof, auf dem Wochenmarkt, im Einkaufscenter und in der Fußgängerzone locken Saftbars. Dort tanken Menschen auf, die unterwegs sind. Doch tun sie sich wirklich Gutes mit den Getränken? Es gibt Berichte darüber, dass die Säfte – gerade im Sommer – Keime enthalten können. Die Stiftung Warentest hat 13 Säfte aus Berliner und einen aus einer Potsdamer Saftbar untersucht. Das Ergebnis spricht im Großen und Ganzen für die „Säfte to go". Sieben waren in puncto Keime gut oder besser, fünf befriedigend, einer ausreichend, einer mangelhaft. In keinem der 14 Orangensäfte aber fanden die Tester Krankheitserreger wie Listerien.

Frisch gepresst und fast verdorben
Ein Getränk war schon fast verdorben: Die Gesamtkeimzahl war viel zu hoch, ebenso die Anzahl an Essig- und Milchsäurebakterien sowie Hefen. Unser Test zeigte: Bei guter Betriebshygiene macht es keinerlei Unterschied, ob ein Saft vor den Augen des Kunden gepresst wird oder schon vorgepresst aus einem Krug fließt.

Pestizide aus Fruchtfleisch und Schale
Pestizide fanden sich in früheren Tests fertiger Orangensäfte kaum. In den frischen Säften aber wurden wir fündig. Der Grund: Die Industriehersteller nutzen ungespritzte Früchte direkt vom Baum, die Bars aber Tafelfrüchte. Die werden bei Anbau oder Ernte oft mit Pestiziden behandelt, um länger zu halten. Die ermittelten Mengen in den frischen Säfte waren aber unkritisch. ■

So vermeiden Sie Keime
Genau hinschauen. Vergewissern Sie sich, dass das Personal an der Bar saubere Hände hat und auch Geräte, Lappen und Tresen rein aussehen.
Selbst pressen. Wer selbst presst, hat die Hygiene in der Hand und kann Schalenpestizide mindern. Waschen Sie sie vorher warm ab und trocknen sie mit Küchenkrepp. Auch das schont die Umwelt: Sie sparen sich den Plastikbecher „to go".

2 Rohschinken

✚ Unser Rat

Bester, aber teuerster Schwarzwälder im Test war **Tannenhof Bio** (3,30 Euro je 100 Gramm). Fast so gut, aber deutlich preiswerter ist **Schwarzwaldrauch** von **Lidl** (0,95 Euro). Der beste Parma heißt **Prima Vera Bio** für stolze 8,05 Euro. Ähnlich gut: **Lidl** für nur 2,77 Euro. Die Top-Serranos: **Edeka / España** (2,49 Euro), **Netto Markendiscount / Las Cuarenta** (1,99 Euro), **Viva Fiesta** (2,41 Euro).

Gewachsen, nicht geklebt

1/2012 Schwarzwälder, Serrano- und Parma-Schinken – die Tester haben 27 edle Schinken auf ihre Qualität abgeklopft.

Schwarzwälder Schinken ist beim rohen Schinken hierzulande die beliebteste Sorte. Der Parma aus Italien ist der ewige Favorit von Gourmets, Serrano aus Spanien stark im Kommen. Genießer tischen die feinen Schinkensorten auch zu den Feiertagen auf. Die Stiftung Warentest hat insgesamt 27 abgepackte rohe Schinken geprüft. Vor allem der Parma-Schinken glänzte im Test – jeder erreichte das Qualitätsurteil gut. Mit einer Ausnahme schafften auch sämtliche Serranos ein gutes Qualitätsurteil. Die Ergebnisse beim Schwarzwälder dagegen waren eher durchwachsen – es gab hervorragende, aber auch einige nicht so gute.

Kein Klebeschinken dabei

In keinem Schinken fanden die Tester unerwünschte Keime oder Rückstände von Antibiotika. Auch krebserregende Schadstoffe aus dem Rauch spielten beim Schwarzwälder Schinken keine Rolle. Auch positiv: Bei allen Schinken im Test handelte es sich um gewachsene Schinken. So ist es für die feinen Sorten auch Vorschrift. Im Jahr 2010 waren einige preiswerte Lachs- und Nuss-Schinken als „Klebeschinken" in Verruf geraten, weil sie aus Fleischstücken zusammengefügt waren. Das hatten die Anbieter nicht angegeben, Verbraucher fühlten sich getäuscht.

Rauch im Norden, Luft im Süden

Ob ein Schinken nach Rauch oder nach Fleisch schmeckt, würzig oder mild – das erzählt etwas über seine Heimat, das Klima ▶

Das Salz im Schinken

Egal, ob Schwarzwälder, Serrano oder Parma – alle enthalten herstellungsbedingt viel Salz. Zwei Scheiben à 10 Gramm liefern etwa 1 Gramm Salz. Das entspricht einem Sechstel der vertretbaren Tageshöchstmenge von 6 Gramm. Zu viel Salz steigert das Bluthochdruckrisiko. Experten raten, rohen Schinken nicht in rauen Mengen zu verzehren, sondern in Maßen als Delikatesse zu genießen.

Rohschinken 2

test — Schwarzwälder Schinken — 1 / 2012

www.test.de	Mittlerer Preis in Euro ca. / Inhalt in Gramm	Mittlerer Preis je 100 Gramm in Euro ca.	Sensorische Beurteilung	Chemische Qualität	Mikrobiologische Qualität	Ernährungsphysio-logische Qualität	Verpackung	Deklaration	**test**-QUALI-TÄTS-URTEIL
Gewichtung			50 %	15 %	10 %	0 %	10 %	15 %	100 %
Tannenhof Bio Schwarzwälder Schinken (MHD 23.09.2011) **Bio**	3,30 / 100	3,30	++	+	++	O	+	O	GUT (1,9)
Edeka / Bio Wertkost[1] Schwarzwälder Schinken (MHD 23.09.2011) **Bio**	2,99 / 100	2,99	+	+	++	O	+	O	GUT (2,0)
Lidl / Schwarzwaldrauch Schwarzwälder Schinken Spitzenqualität (MHD 10.09.2011)	1,89 / 200	0,95	+	+	++	O	+	O	GUT (2,0)
Abraham Schwarzwälder Schinken (MHD 25.09.2011)	1,89 / 200	0,95	+	+	++	O	+	⊖	GUT (2,2)
Aldi (Nord) / Wein Schwarzwälder Schinken (MHD 25 09 11)	1,89 / 200	0,95	+	+	++	O	O	O	GUT (2,2)
Penny / Mühlenhof Original Schwarzwälder Schinken Spitzenqualität (MHD 25.09.2011)	1,89 / 200	0,95	+	+	++	O	+	⊖	GUT (2,2)
Tannenhof Original Schwarzwälder Schinken (MHD 14.10.2011)	1,49 / 100[2]	1,49	+	+	++	O	+	⊖	GUT (2,2)
Aldi (Süd) / Adler Schwarzwälder Schinken Spitzenqualität (MHD 14.10.2011)	1,89 / 200	0,95	+	+	++	O	+	O	GUT (2,3)
Edeka / Gut & Günstig Schwarzwälder Schinken Spitzenqualität[3] (MHD 23.09.2011)	1,89 / 200	0,95	O	+	++	O	+	O	BEFRIED. (2,7)
Bösinger Schwarzwälder Schinken[3] (MHD 15.10.2011)	1,89 / 200	0,95	⊖ *)	+	++	O	O	+	AUSREICH. (4,0)
Real / Tip Original Schwarzwälder Schinken[3] (MHD 02.09.2011)	1,89 / 200	0,95	⊖ *)	+	++	O	O	O	AUSREICH. (4,0)
Rewe / ja! Schwarzwälder Schinken (MHD 02.10.2011)	1,89 / 200	0,95	⊖ *)	+	++	O	+	O	AUSREICH. (4,0)

Bewertungsschlüssel der Prüfergebnisse: ++ = Sehr gut (0,5–1,5). + = Gut (1,6–2,5). O = Befriedigend (2,6–3,5). ⊖ = Ausreichend (3,6–4,5). — = Mangelhaft (4,6–5,5). **Bei gleichem Qualitätsurteil Reihenfolge nach Alphabet.** ***) Führt zur Abwertung. 1)** Laut Anbieter Produkt inzwischen nicht mehr erhältlich und durch Nachfolgeprodukt „Edeka Bio" von anderem Hersteller ersetzt. **2)** Auch andere Packungsgrößen erhältlich. **3)** Laut Anbieter inzwischen geändert. **Einkauf der Prüfmuster:** Juli und August 2011.

test Jahrbuch 2013 — **Ernährung 39**

2 Rohschinken

test | Serrano-Schinken | 1 / 2012

www.test.de	Mittlerer Preis in Euro ca. / Inhalt in Gramm	Mittlerer Preis je 100 Gramm in Euro ca.	Sensorische Beurteilung	Chemische Qualität	Mikrobiologische Qualität	Ernährungsphysiologische Qualität	Verpackung	Deklaration	test-QUALITÄTS-URTEIL
Gewichtung			50 %	15 %	10 %	0 %	10 %	15 %	100 %
Edeka España Serrano Schinken[1] (MHD 25.11.2011)	1,99 / 80	2,49	+	+	++	O	⊖	O	**GUT (2,2)**
Netto Markendiscount / **Las Cuarenta** Original Serrano-Schinken (MHD 16.10.2011)	1,99 / 100	1,99	+	+	++	O	+	+	**GUT (2,2)**
Viva Fiesta Spanischer Serrano-Schinken (MHD 10.10.2011)	1,69 / 70	2,41	+	+	++	O	+	+	**GUT (2,2)**
Aldi (Nord) / Brendolan Serrano Original spanischer Schinken (MHD 30.10.2011)	1,99 / 100	1,99	+	+	++	O	+	+	**GUT (2,3)**
Aldi (Süd) / Feines aus Spanien Serrano Schinken (MHD10.11.2011)	1,99 / 100	1,99	+	+	+	O	⊖	O	**GUT (2,3)**
Campofrío Jamón Serrano (MHD 25.12.2011)	1,89 / 80	2,36	+	+	++	O	+	O	**GUT (2,3)**
Penny / Sancho España Spanischer Serranoschinken (MHD 02.10.2011)	1,99 / 100	1,99	+	+	++	O	+	O	**GUT (2,4)**
Real / TIP Original spanischer Serrano Schinken (MHD 05.11.2011)	1,99 / 100	1,99	+	+	+	O	+	+	**GUT (2,4)**
Espuña Spanischer Serrano-Schinken Bodega (MHD 23.10.2011)	1,99 / 70	2,84	++	⊖ *)2)	++	O	+	+	**BEFRIED. (3,5)**

Bewertungsschlüssel der Prüfergebnisse: ++ = Sehr gut (0,5–1,5). + = Gut (1,6–2,5). O = Befriedigend (2,6–3,5). ⊖ = Ausreichend (3,6–4,5). — = Mangelhaft (4,6–5,5). **Bei gleichem Qualitätsurteil Reihenfolge nach Alphabet.**
*) Führt zur Abwertung.
1) Laut Anbieter inzwischen Deklaration geändert.
2) Der Nitratgehalt lag nahe am gesetzlich zulässigen Höchstgehalt für Rohschinken.

Einkauf der Prüfmuster: Juli und August 2011.

und die Tradition dort. Nahe am Mittelmeer haben Sonne und Wind genug Kraft, Fleisch zu trocknen. So entstanden die luftgetrockneten Schinken wie Serrano und Parma. Im kälteren Norden trieben die Menschen die Feuchtigkeit mit Rauch aus dem Schinken.

Die Schwarzwaldbauern hängten ihn im Winter über den Kamin. Gewürze wie Wacholder und das Räuchern machen Schwarzwälder Schinken bis heute unverwechselbar. Die EU hat den Schwarzwälder, den Serrano- und den Parma-Schinken unter Schutz

Rohschinken 2

test | Parma-Schinken — 1 / 2012

www.test.de

	Mittlerer Preis in Euro ca. / Inhalt in Gramm	Mittlerer Preis je 100 Gramm in Euro ca.	Sensorische Beurteilung	Chemische Qualität	Mikrobiologische Qualität	Ernährungsphysiologische Qualität	Verpackung	Deklaration	test- QUALITÄTS-URTEIL
Gewichtung			50 %	15 %	10 %	0 %	10 %	15 %	100 %
Prima Vera Bio **Prosciutto di Parma** (MHD 01.10.2011) **Bio**	5,65 / 70	8,05	++	++	++	O	+	⊖	GUT (1,9)
Lidl **Prosciutto di Parma**[1] (MHD 11.10.2011)	2,49 / 90	2,77	+	++	++	O	+	+	GUT (2,0)
Aldi (Süd) / Cucina **Prosciutto di Parma** (MHD 26.09.2011)	2,79 / 100	2,79	+	+	++	O	O	O	GUT (2,2)
Citterio **Prosciutto di Parma** (MHD 10.09.2011)	2,99 / 70	4,25	+	++	++	O	O	O	GUT (2,2)
Montorsi **Prosciutto di Parma** (MHD 18.08.2011)	2,99 / 70	4,25	+	+	++	O	O	+	GUT (2,4)
Veroni **Prosciutto di Parma** (MHD 01.11.2011)	3,20 / 80	4,00	+	+	++	O	O	⊖	GUT (2,5)

Bewertungsschlüssel der Prüfergebnisse: ++ = Sehr gut (0,5–1,5). **+** = Gut (1,6–2,5). **O** = Befriedigend (2,6–3,5). **⊖** = Ausreichend (3,6–4,5). **—** = Mangelhaft (4,6–5,5). **1)** Laut Anbieter inzwischen Deklaration geändert. **Bei gleichem Qualitätsurteil Reihenfolge nach Alphabet.** **Einkauf der Prüfmuster:** Juli und August 2011.

gestellt. Hinter jedem Schinken steht eine regionale Prägung, zumindest eine bestimmte Handwerkstradition. Drei verschiedene EU-Siegel bürgen für besondere Produktionsstandards. Das strengste Siegel, die „geschützte Ursprungsbezeichnung", steht auf Parma-Schinken. Das bedeutet, dass er in Parma und Umgebung hergestellt werden muss – die Schweine dürfen dabei aus verschiedenen Regionen Italiens stammen.

Fleisch oft nicht aus dem Schwarzwald
Schwarzwälder Schinken trägt das EU-Siegel „geschützte geografische Angabe". Dafür muss mindestens ein Produktionsschritt in einer definierten Region stattfinden. Beim Schwarzwälder Schinken erfolgen mehrere Herstellungsetappen im Schwarzwald: würzen, pökeln, räuchern, reifen. Nach einem neuen Urteil sind die Schinken dort zu schneiden und zu verpacken. Das Fleisch indes kommt meist von auswärts – es gibt einfach nicht genug Schweine im Schwarzwald.

Serrano-Schinken trägt das EU-Güte-Siegel „garantiert traditionelle Spezialität". Es stellt keine speziellen Anforderungen an die Herkunft, aber an Rezeptur und Handwerk. Theoretisch könnte er überall hergestellt werden. Doch hierzulande stammt er fast immer aus Spanien. ■ **Anbieter Seite 256**

test Jahrbuch 2013 | **Ernährung 41**

2 Rückstände in Küchenkräutern

⊹ Unser Rat

Im Topf, geschnitten oder tiefgekühlt: Die meisten Kräuter im Test waren nicht, sehr gering oder nur gering mit Pestiziden belastet. Vor allem Schnittlauch war so gut wie rückstandsfrei. Vergleichen lohnt sich: Ein Topf Petersilie bei **Aldi (Nord)** kostet mit 0,89 Euro nicht mal halb so viel wie von **Real Quality** (1,99 Euro). Geschnittene Kräuter sind ähnlich im Preis. An Töpfen haben Sie aber länger Freude.

Alles im grünen Bereich

5/2012 Wir haben Kräuter auf Rückstände geprüft. In Schnittlauch fanden wir fast keine Pestizide – bei Minze aus Vietnam aber schon.

Sie sind wahre Aromabomben. Frische Kräuter würzen intensiver als getrocknete. Sie setzen Speisen das i-Tüpfelchen auf. Genießer wissen das zu schätzen. Der Markt wächst. Rückstände von Pflanzenschutzmitteln können die Freude an Petersilie und Co. jedoch dämpfen: 2010 beanstandete die Lebensmittelüberwachung jede zehnte Kräuterprobe, weil sie die zulässigen Höchstgehalte überschritt – vor allem Ware aus Thailand, Israel und Ägypten. Kein anderes Lebensmittel war so oft belastet.

Grund genug für die Stiftung Warentest, Küchenkräuter auf etwa 500 Pestizide zu untersuchen. Die Tester wählten Petersilie, Basilikum und Schnittlauch – die beliebtesten Kräuter –, aber auch die Aufsteiger Rosmarin, Koriander und Minze aus. Darunter waren sowohl Kräuter im Topf als auch geschnittene verpackte und tiefgekühlte. Am besten schnitt Schnittlauch ab: Er war fast völlig pestizidfrei. Durchweg ganz ohne Rückstände war aber keine Kräuterart im Test. Doch nur eine der 47 Proben war stark belastet, vier weitere deutlich.

Eine frische Minze ist stark belastet
In der frischen Minze aus Vietnam vom asiatischen Supermarkt Vinh-Loi haben die Tester höhere Rückstände gefunden als zulässig – und das gleich von zwei Pflanzenschutzmitteln: vom Insektizid Cypermethrin und vom pilzhemmenden Mittel Carbendazim. Es gilt als erbgutverändernd. Diese Minze war so stark belastet, dass sie gar nicht hätte verkauft werden dürfen. ▶

So bleiben Kräuter lange frisch
Achten Sie beim Kauf darauf, dass die Blätter nicht aneinander kleben, gelb oder welk sind – besonders bei geschnittenen verpackten Kräutern. Ihre anfälligen Schnittflächen sind oft verdeckt, eine Haltbarkeit ist nicht angegeben. Stellen Sie Topfkräuter ans Fenster und gießen Sie sie regelmäßig. Geschnittene, gewaschene Kräuter halten sich in einem Plastikbeutel drei bis vier Tage im Kühlschrank.

42 Ernährung test Jahrbuch 2013

Rückstände in Küchenkräutern 2

test | Rückstände in Petersilie und Schnittlauch · 5 / 2012

Angebotsform		Herkunft laut Deklaration	Einkaufspreis in Euro / Gebinde	PESTIZID-BELASTUNG
Petersilie				
Im Topf	Rewe Kräuterbeet	Deutschland	1,79 / Topf	Sehr gering
	Aldi (Nord)/a la carte	Deutschland	0,89 / Topf	Gering
	Edeka Bio Bio	Deutschland	1,79 / Topf	Gering[1]
	Gartenbauzentrale Papenburg[2]	Deutschland	1,19 / Topf	Gering
	Lidl	Holland	0,99 / Topf	Gering
	Penny/Bio Bio	Deutschland	1,29 / Topf	Gering[1]
	Real Quality	Deutschland	1,99 / Topf	Gering
	Grüntjens[3]	Deutschland	1,59 / Topf	Deutlich
Geschnitten und verpackt	Edeka/Gärtners Beste	Italien	0,99 / 40 g	Gering
	Kaiser's Tengelmann/Mein Gärtner	Italien	1,29 / 40 g	Gering
Tiefgekühlt	Ökoland (MHD 01/2013) Bio	Deutschland	1,35 / 50 g	Keine
	Frosta (MHD 12/2012)	Keine Angabe	0,65 / 75 g	Sehr gering
	Iglo (MHD 11/2012)	Keine Angabe	0,79 / 40 g	Sehr gering
	Aldi (Süd)/Gartenkrone (MHD 01/12/2013)	Keine Angabe	0,65 / 75 g	Gering
Schnittlauch				
Im Topf	Gartenbauzentrale Papenburg[2]	Deutschland	1,19 / Topf	Keine
	Grüntjens[4]	Deutschland	1,69 / Topf	Keine
	Rewe Kräuterbeet	Deutschland	1,79 / Topf	Keine
Geschnitten und verpackt	Gartenbauzentrale Papenburg/ Küchenkräuter Aroma Selection[2]	Deutschland	1,29 / 25 g	Keine
	Edeka/Gärtners Beste	Südafrika	0,99 / 25 g	Sehr gering
	Kaiser's Tengelmann/Mein Gärtner	Südafrika	1,29 / 20 g	Sehr gering
Tiefgekühlt	Aldi (Nord)/Champs d' Or (MHD 23/11/2013)	Frankreich[5]	0,65 / 75 g	Keine
	Edeka Bio (MHD 11/2012) Bio	Deutschland oder Niederlande[5]	0,79 / 50 g	Keine
	Penny/Bio (MHD 12/2012) Bio	Keine Angabe	0,69 / 50 g	Sehr gering[1]

Keine Belastung: Keine Pestizide nachgewiesen.
Sehr gering belastet: Die Messwerte aller Pestizide lagen unter 10 % des zulässigen Höchstgehalts.
Gering belastet: Für mindestens ein Pestizid lag der Messwert zwischen 10 % und 50 % des zulässigen Höchstgehalts.
Deutlich belastet: Für mindestens ein Pestizid lag der Messwert zwischen 50 % und 100 % des zulässigen Höchstgehalts.

MHD = Mindesthaltbarkeitsdatum.

1) Der Pestizid-Orientierungswert vom Bundesverband Naturkost Naturwaren (BNN) ist eingehalten.
2) Beispielsweise erhältlich bei Kaiser's Tengelmann, Kaufland oder Rewe.
3) Eingekauft im Hellweg-Baumarkt.
4) Eingekauft im Obi-Baumarkt.
5) Laut Anbieter.   **Einkauf der Prüfmuster:** Januar/Februar 2012.

test Jahrbuch 2013   **Ernährung 43**

2 Rückstände in Küchenkräutern

test — Rückstände in Basilikum und Rosmarin — 5 / 2012

Angebotsform		Herkunft laut Deklaration	Einkaufspreis in Euro / Gebinde	PESTIZID-BELASTUNG
Basilikum				
Im Topf	Netto Marken-Discount/Bio Bio **Bio**	Deutschland	0,89 / Topf	**Keine**
	Rewe Bio **Bio**	Deutschland	1,59 / Topf	**Keine**
	Bio Company **Bio**	Deutschland	1,79 / Topf	**Sehr gering**[2]
	Gartenbauzentrale Papenburg[1]	Deutschland	1,19 / Topf	**Sehr gering**
	Lidl	Deutschland	0,99 / Topf	**Gering**
Geschnitten und verpackt	Edeka/Gärtners Beste	Israel	0,99 / 25 g	**Gering**
	Kaiser's Tengelmann/Mein Gärtner	Israel	1,29 / 12 g	**Gering**
	Gartenbauzentrale Papenburg/ Küchenkräuter Aroma Selection[1]	Spanien	0,99 / 15 g	**Deutlich**
Tiefgekühlt	Iglo (MHD 11/2012)	Keine Angabe	0,79 / 40 g	**Keine**
	Aldi (Süd)/Gartenkrone (MHD 12-05-2013)	Keine Angabe	0,65 / 75 g	**Sehr gering**
	Frosta (MHD 11/2012)	Keine Angabe	0,43 / 50 g	**Sehr gering**
Rosmarin				
Im Topf	Kaufland	Italien	1,99 / Topf	**Deutlich**[4]
	Pflanzen Kölle	Keine Angabe	2,99 / Topf	**Deutlich**[4]
Geschnitten und verpackt	Gartenbauzentrale Papenburg/ Küchenkräuter Aroma Selection[1]	Kenia	1,29 / 15 g	**Keine**
	Dreesen[3]	Deutschland	1,29 / 15 g	**Sehr gering**
	Kaiser's Tengelmann/Mein Gärtner	Deutschland	1,29 / 12 g	**Gering**

Keine Belastung: Keine Pestizide nachgewiesen.
Sehr gering belastet: Die Messwerte aller Pestizide lagen unter 10 % des zulässigen Höchstgehalts.
Gering belastet: Für mindestens ein Pestizid lag der Messwert zwischen 10 % und 50 % des zulässigen Höchstgehalts.
Deutlich belastet: Für mindestens ein Pestizid lag der Messwert zwischen 50 % und 100 % des zulässigen Höchstgehalts.
MHD = Mindesthaltbarkeitsdatum.
1) Beispielsweise erhältlich bei Kaiser's Tengelmann, Kaufland oder Rewe.
2) Der Pestizid-Orientierungswert vom Bundesverband Naturkost Naturwaren (BNN) ist eingehalten.
3) Beispielsweise erhältlich bei Edeka.
4) Kupferbelastung liegt beim gesetzlich festgelegten Rückstandshöchstgehalt von 20 mg/kg. Nur unter Berücksichtigung der analytischen Schwankungsbreite ist das Produkt „deutlich belastet" und nicht „stark belastet".

Einkauf der Prüfmuster: Januar/Februar 2012.

Ist die vietnamesische Minze gefährlich für die Gesundheit? Nicht, wenn man wie die meisten Menschen Minze in geringen Mengen verzehrt. Ein Erwachsener, der 70 Kilogramm wiegt, könnte nach heutigem Wissen gefahrlos an einem Tag 250 Gramm, also fünf Packungen dieser Minze essen. Kritisch kann es werden, wenn er am selben Tag noch andere stark belastete Produkte mit den gleichen Pestizidrückständen isst.

Koriander hielt Höchstgehalte ein

Die vier Proben Koriander im Test, drei aus Thailand und eine aus Israel, hielten die zulässigen Höchstgehalte ein. Auch Basilikum und Petersilie waren unauffällig – bis auf je einen Ausreißer: Aus dem Hellweg-Baumarkt kam die einzige Petersilie, die deutlich belastet war. Es handelte sich um Petersilie aus dem Topf. Deutlich belastet heißt: Mindestens ein Pestizid schöpfte mehr als

Rückstände in Küchenkräutern 2

test	Rückstände in Koriander und Minze			5 / 2012
Angebotsform	Herkunft laut Deklaration	Einkaufspreis in Euro / Gebinde	PESTIZID-BELASTUNG	
Koriander				
Geschnitten und verpackt	Dreesen[1]	Israel	1,29 / 15 g	Sehr gering
	Orient Master[2]	Thailand	1,59 / 100 g	Sehr gering
	Vinh-Loi[2]	Thailand	0,95 / 100 g	Sehr gering
	Siam Herbs/Thai Veggi[2]	Thailand	1,95 / 100 g	Gering
Minze				
Geschnitten und verpackt	Eurogida[3]	Israel	1,00 / Bund	Keine
	Dreesen[1]	Israel	1,29 / 15 g	Sehr gering
	Yeni Bolu[3]	Ägypten	0,99 / Bund	Sehr gering
	Vinh-Loi[2]	Vietnam	0,95 / 50 g	Stark[4]

Keine Belastung: Keine Pestizide nachgewiesen.
Sehr gering belastet: Die Messwerte aller Pestizide lagen unter 10 % des zulässigen Höchstgehalts.
Gering belastet: Für mindestens ein Pestizid lag der Messwert zwischen 10 % und 50 % des zulässigen Höchstgehalts.
Stark belastet: Für mindestens ein Pestizid lag der Messwert unter Berücksichtigung der analytischen Schwankungsbreite über dem zulässigen Höchstgehalt.
1) Beispielsweise erhältlich bei Edeka.
2) Eingekauft in Berlin im asiatischen Supermarkt.
3) Türkischer Supermarkt in Berlin.
4) Starke Überschreitung des gesetzlichen Rückstandshöchstgehalts für zwei Pestizide, das Produkt ist nicht verkehrsfähig.
Einkauf der Prüfmuster: Januar/Februar 2012.

die Hälfte des Höchstgehalts aus. Das gilt auch für ein geschnitten angebotenes Basilikum aus Spanien. Insgesamt schnitt Basilikum im Test etwas besser ab als Petersilie.

Rosmarin zweimal deutlich belastet

Zwei Rosmarintöpfe – von Kaufland und Pflanzen Kölle – waren deutlich mit Kupferrückständen belastet. Das Kupfer kann von Natur aus in höheren Gehalten im Boden vorkommen, aber auch gegen Pilzbefall gespritzt worden sein. Die Kupfermengen wiesen aber auf einen gezielten Einsatz hin.

Bis zu sieben Pestizide in einem Kraut

Bei 17 Kräutern fanden die Tester Mehrfachrückstände, bis zu sieben Pestizide in einer Probe – meist in geringen Mengen. Die Auswirkungen von Mehrfachrückständen auf die Gesundheit sind umstritten. Bis heute ist unklar, wie sie im Körper wirken.

Auch Biokräuter gering belastet

Im Biolandbau sind chemisch-synthetische Pestizide tabu. Tatsächlich waren die Biokräuter im Test weniger belastet als die konventionellen. Völlig rückstandsfrei waren aber auch sie nicht alle. Jedem zweiten Biokraut attestierten die Tester „keine" Pestizidbelastung, bei den herkömmlichen nicht einmal jedem fünften. Die geringen und sehr geringen Rückstandsmengen in den restlichen Biokräutern bedeuten nicht unbedingt, dass da unerlaubt gespritzt wurde. Sie können zum Beispiel durch Kontakt mit behandelten Erzeugnissen auf die Biokräuter gekommen sein oder über die Luft.

Die meisten Kräuter im Test kamen übrigens aus Deutschland. Topfkräuter werden meist in Gewächshäusern gezogen, die geschnitten angebotenen Kräuter stammen in der Regel vom Feld. Im Winter werden sie aber oft importiert. ■ **Anbieter Seite 256**

test Jahrbuch 2013   **Ernährung 45**

2 Sonnenblumenöle

Unser Rat
Die besten raffinierten Öle mit neutralem Geschmack waren **Bellasan** von **Aldi (Süd)** für 1,49 Euro pro Liter und **Thomy** für 2,65 Euro pro Liter. Bei den kaltgepressten Ölen mit deutlich nussigem, kernigen Aroma schnitt das native **Alnatura** Bio-Sonnenblumenöl für 3,60 Euro je Liter am besten ab. Auch gut, aber etwas teurer: das native Bioöl **Naturkind** von **Kaiser's Tengelmann** für 5 Euro.

Ein Öl für alle Fälle

11/2012 Gutes Sonnenblumenöl muss nicht teuer sein. Geschmacksneutral und reich an Vitamin E hat es seinen Platz in der Küche verdient.

Etwa jedes vierte verkaufte Speiseöl in Deutschland ist ein Sonnenblumenöl. Es eignet sich etwa für Salatdressings, zum Backen und Dünsten. Raps- und Olivenöl sind zwar wegen ihrer Fettsäurezusammensetzung für eine gesunde Ernährung im Vorteil. Sonnenblumenöl punktet aber mit deutlich mehr Vitamin E.

Häufiger Fehler bei kaltgepressten
13 der 28 Öle im Test schnitten gut ab – vor allem raffinierte, günstige. Bei den kaltgepressten, die fast alle deutlich teurer sind, stellten die Tester sehr viel häufiger Fehler beim Verkosten fest. Typisch für sie ist ein deutlich nussiges, kerniges Aroma. Fünf hatten aber einen leicht schalig-modrigen, holzigen oder verbrannten Geruch und Geschmack und sie waren unausgewogen. Das mit 8,50 Euro pro Liter teure Vitaquell Bio-Sonnenblumenöl schnitt am schlechtesten ab. Es roch und schmeckte stark ranzig, oxidiert und alt. Auch chemisch zeigte es bereits durch Luftsauerstoff verursachte oxidative Veränderungen.

Leicht ranzig und oxidiert schmeckte auch das raffinierte Basic-Bio-Sonnenblumenöl. Es hatte außerdem am meisten ungesunde Transfettsäuren und die Belastung mit dem Schadstoff Glycidol war besonders hoch. Weichmacher, Lösemittel, Schwermetalle und Arsen fanden die Prüfer in keinem Öl. Polyzyklische aromatische Kohlenwasserstoffe (PAK) und Pestizide haben die Hersteller im Griff. ∎ **Anbieter Seite 256**

Welches Öl sich zum Braten eignet
Verglichen mit Rapsöl eignet sich Sonnenblumenöl weniger gut zum Braten: Es spritzt mehr und ist instabiler bei Hitze. Nur sechs Sonnenblumenöle im Test sind gut zum Braten geeignet – am besten das gute, aber teure ölsäurereiche Bio-Kernöl der Teutoburger Ölmühle für 9,60 Euro pro Liter. Es ist dank einer besonderen Sonnenblumenzüchtung reich an Ölsäure und daher höher erhitzbar.

Sonnenblumenöle 2

test | Raffinierte Sonnenblumenöle — 11 / 2012

www.test.de	Mittlerer Preis in Euro ca. / Inhalt in Liter	Preis pro Liter in Euro ca.	Sensorische Beurteilung	Brateigenschaften	Vitamin-E-Versorgung[1]	Chemische Qualität	Schadstoffe	Verpackung	Deklaration	test- QUALITÄTS-URTEIL
Gewichtung			45 %	10 %	10 %	10 %	10 %	5 %	10 %	100 %
Aldi (Süd)/Bellasan (MHD 11.04.13)	1,49 / 1,0	1,49	++	+	+	O	+	O	+	GUT (2,0)
Thomy (MHD 04.2013)	1,99 / 0,75	2,65	++	O	+	O	++	+	O	GUT (2,0)
Netto Marken-Discount/ Vegola (MHD 09 2013)	1,49 / 1,0	1,49	++	O	+	+	++	O	O	GUT (2,1)
Aldi (Nord)/Buttella (MHD 15.03.13)	1,49 / 1,0	1,49	+	+	+	O	O	O	+	GUT (2,2)
Penny/Bonita (MHD 16.02.2013)	1,49 / 1,0	1,49	+	O	+	O	++	O	O	GUT (2,2)
Lidl/Vita D'or (MHD 27.03.2013)	1,49 / 1,0	1,49	+	O	+	+	O	O	O	GUT (2,3)
BioGourmet[2] (MHD 02.04.2013) **Bio**	3,50 / 0,5	7,00	+	O	+	O	O	+	O	GUT (2,4)
Kaufland/K Classic (MHD 29.03.2013)	1,49 / 1,0	1,49	+	O	+	O	++	O	O	GUT (2,4)
Netto Supermarkt (MHD 10 2013)	1,49 / 1,0	1,49	+	+	+	+	O	O	O	GUT (2,4)
Real/Tip[2] (MHD 27.03.13)	1,49 / 1,0	1,49	+	+	+	O	+	O	O	GUT (2,4)
Kaiser´s Tengelmann/ A & P (MHD 16.04.2013)	1,49 / 1,0	1,49	+	O	O	O	++	O	O	BEFRIED. (2,6)
Edeka/Gut & Günstig[3] (MHD 17.04.2013)	1,49 / 1,0	1,49	O	O	O	O	+	O	+	BEFRIED. (2,7)
Baktat (MHD 11/07/2013)	2,29 / 1,0	2,29	O	+	+	O	O	⊖	O	BEFRIED. (2,8)
Norma/Frisan[3] (MHD 02.04.13)	1,49 / 1,0	1,49	++	+	+	O	⊖*)4	O	+	BEFRIED. (3,5)
Rewe/Ja! (MHD 30.03.2013)	1,49 / 1,0	1,49	+	O	+	O	++	⊖*)5	O	BEFRIED. (3,5)
Basic (MHD 10.04.13) **Bio**	2,69 / 0,5	5,40	⊖	O	+	⊖*)6	⊖*)7	+	O	AUSREICH. (3,7)

Bewertungsschlüssel der Prüfergebnisse: ++ = Sehr gut (0,5–1,5). **+** = Gut (1,6–2,5). **O** = Befriedigend (2,6–3,5). **⊖** = Ausreichend (3,6–4,5). **—** = Mangelhaft (4,6–5,5). **Bei gleichem Qualitätsurteil Reihenfolge nach Alphabet.**
*) Führt zur Abwertung. **1)** Ausgehend von einer Tageszufuhr von 20 g Öl. **2)** Laut Anbieter inzwischen Deklaration geändert. **3)** Laut Anbieter inzwischen Lieferant und Deklaration geändert. **4)** Öl mit dem höchsten Gehalt an 3-MCPD, das beim Raffinieren entstehen kann. Mit 40 g Öl am Tag wäre die tolerierbare tägliche Aufnahmemenge (TDI) zu 50 % ausgeschöpft. **5)** Flaschenmaterial dünn und instabil – jede 5. Flasche im Test hatte Risse, sodass das Öl auslief. **6)** Mit 1,6 % höchster Gehalt an Transfettsäuren im Test. In einigen EU-Ländern werden maximal 2 % in industriell hergestellten Lebensmitteln toleriert. In Deutschland läuft derzeit eine gemeinsame Initiative von Herstellern und dem BMELV zur Reduzierung der Transfettsäuren in Lebensmitteln. **7)** Öl mit dem höchsten Gehalt an Glycidol, das beim Raffinieren entstehen kann. Es gilt als „wahrscheinlich krebserregend" für den Menschen. **Einkauf der Prüfmuster:** April bis Juni 2012.

2 Sonnenblumenöle

✚ test Kaltgepresste Sonnenblumenöle   11 / 2012

www.test.de	Mittlerer Preis in Euro ca. / Inhalt in Liter	Preis pro Liter in Euro ca.	Sensorische Beurteilung	Brateigenschaften	Vitamin-E-Versorgung[1]	Chemische Qualität	Schadstoffe	Verpackung	Deklaration	✚ test QUALITÄTS-URTEIL
Gewichtung			45 %	10 %	10 %	10 %	10 %	5 %	10 %	100 %
Kaltgepresste Sonnenblumenöle										
Alnatura (MHD 05/2013) **Bio**	1,79 / 0,5	3,60	++	O	++	+	++	+	+	GUT (1,8)
Kaiser´s Tengelmann/ Naturkind (MHD 29.03.13) **Bio**	2,49 / 0,5	5,00	+	O	++	+	O	+	+	GUT (2,1)
Real Bio (MHD 06.2013) **Bio**	3,30 / 0,5	6,60	+	O	+	+	O	+	O	BEFRIED. (2,6)
Rossmann/EnerBio[2] (MHD 24.04.2013) **Bio**	1,79 / 0,5	3,60	O	O	++	O	++	+	+	BEFRIED. (2,7)
Aldi (Süd)/Bio (MHD 17.04.13) **Bio**	1,69 / 0,5	3,40	⊖*)	O	+	+	++	+	+	BEFRIED. (3,1)
Kunella Feinkost (MHD 02/05/13)	1,49 / 0,25	5,95	⊖*)	O	+	+	++	O	O	BEFRIED. (3,2)
Rapunzel (MHD 23.04.13) **Bio**	3,30 / 0,5[3]	6,60	⊖	O	+	+	O	+	+	BEFRIED. (3,2)
Bio Gut & Gerne (MHD 02.2013) **Bio**	2,99 / 0,5	6,00	⊖*)	O	+	+	++	+	O	BEFRIED. (3,3)
Bio Planète[4] (MHD 05/2013) **Bio**	2,99 / 0,5[5]	6,00	⊖*)	+	++	+	++	+	O	BEFRIED. (3,3)
Bio[6] (MHD 12.03.13) **Bio**	1,79 / 0,5	3,60	+	O	++	+	⊖*)7)	+	+	BEFRIED. (3,5)
Vitaquell (MHD 16.05.2013) **Bio**	4,25 / 0,5[8]	8,50	—*)	O	+	⊖9)	++	+	O	MANGELH. (5,0)
High Oleic Sonnenblumenöl[10]										
Teutoburger Ölmühle (MHD 23.12.12) **Bio**	4,80 / 0,5	9,60	+	+	++	+	++	+	+	GUT (2,0)

Bewertungsschlüssel der Prüfergebnisse: ++ = Sehr gut (0,5–1,5). **+** = Gut (1,6–2,5). O = Befriedigend (2,6–3,5). ⊖ = Ausreichend (3,6–4,5). — = Mangelhaft (4,6–5,5). **Bei gleichem Qualitätsurteil Reihenfolge nach Alphabet.**
*) Führt zur Abwertung.
1) Ausgehend von einer Tageszufuhr von 20 g Öl.
2) Laut Anbieter inzwischen Layout des Etiketts geändert.
3) Auch als 1-Liter-Flasche zu 5,50 Euro erhältlich. Laut Anbieter dann aber nicht aus Deutschland, sondern aus Frankreich.
4) Laut Anbieter inzwischen Verpackung und Deklaration geändert.
5) Auch als 1-Literflasche zu 5,00 Euro erhältlich.
6) Laut Anbieter VPV (Vereinigte Pflanzenöl Vertriebsgesellschaft) inzwischen Deklaration geändert.
7) Öl mit dem höchsten Gehalt an Mineralöl: Mit 40 g Öl wäre die täglich tolerierbare Zufuhrmenge (ADI) zu 62 % ausgeschöpft.
8) Auch als 1-Liter-Flasche zu 6,45 Euro und als 250-Milliliter-Flasche zu 2,65 Euro erhältlich.
9) Die oxidativen Veränderungen durch Luftsauerstoff lassen sich auch chemisch bereits nachweisen.
10) Ölsäurereiches Sonnenblumenöl. **Einkauf der Prüfmuster:** April bis Juni 2012.

48 Ernährung

Tiefkühl-Nudelgerichte 2

Unser Rat

Das beste Hähnchen Geschnetzelte und Bami Goreng im Test bot **Frosta** (je 2,72 Euro pro 400-Gramm-Portion). Das gute Bami Goreng von **bofrost** (2,98 Euro) ist für die schlanke Linie geeignet. Bei den Nudelpfannen ohne Fleisch schnitten die Penne Gorgonzola von **iglo** (2,39 Euro) gut ab. Die guten Tortellini mit Käse-Sahne-Soße von **Frosta** (2,22 Euro) und **iglo** (2,39 Euro) lagen im Test gleichauf.

Besser als ihr Ruf

2/2012 Nur zwei Tiefkühl-Nudelgerichte fielen durch, 13 waren gut. Fünf – von iglo und Frosta – schmeckten fast so gut wie selbstgekocht.

Mehr als jeder zweite Deutsche greift hin und wieder zu einem Fertiggericht, statt selbst zu kochen. Es geht einfach schneller. Wir haben 24 tiefgekühlte Nudelpfannen mit und ohne Fleisch getestet. Die Qualität reicht von gut bis mangelhaft.

Beim Geschmack gab es im Test große Unterschiede. Immerhin fünf Gerichte – von iglo und Frosta – schmeckten fast so gut wie selbstgekocht. Mangelhaft schnitt das Jütro Bami Goreng ab: Das Fleisch war leicht alt und trocken, das Gemüse dumpf und bitter. Statt asiatischer Würzung überwog ein untypischer Geruch und Geschmack vor allem nach Brühe, Wirsing und Lauch. Mangelhaft waren auch die Mama Mancini Tortellini Käse-Sahne von Aldi (Nord). Sie waren teilweise mit Schweinefleisch gefüllt – auf der Verpackung stand das aber nicht.

Überwiegend ohne Zusatzstoffe

Wer auf den Verpackungen nach Aroma- und Zusatzstoffen sucht, wird oft überrascht: Immerhin zwei Drittel der Gerichte im Test – 16 der 24 – enthielten keine Zusatzstoffe. In den restlichen steckten Säuerungsmittel, Schmelzsalze, Stabilisatoren, Verdickungsmittel oder Emulgatoren. Aromen sind nur dreimal zugesetzt. Wenn die Verpackungen „ohne Aromazusatz" oder „ohne Geschmacksverstärker" versprechen, stimmte das bei den Produkten im Test. Das haben die Laboranalysen gezeigt. Auch schön: Mit Glutamat half keiner der Hersteller beim Geschmack nach. ■ **Anbieter Seite 256**

Beim Fett sparen – gesünder essen
Manche Nudelgerichte im Test bereitet man mit Öl, Sahne oder Milch zu. Sie achten auf Ihre Linie? Mit einem Esslöffel Öl statt zwei sparen Sie etwa 12 Gramm Fett und 100 Kilokalorien. Sahne lässt sich durch Kochsahne mit nur 20 Prozent Fett ersetzen. Das spart bei drei Esslöffeln rund 45 Kilokalorien und 5 Gramm Fett. Fettarme Milch statt Vollmilch zu verwenden, bringt dagegen kaum etwas.

2 Tiefkühl-Nudelgerichte

test — Nudelpfannen mit Fleisch — 2 / 2012

www.test.de	Mittlerer Preis in Euro ca. / Inhalt in Gramm	Preis pro 400-Gramm-Portion in Euro ca.	Sensorische Beurteilung	Chemische Qualität	Ernährungs-physiologische Qualität[1]	Mikrobiologische Qualität	Verpackung	Deklaration	test-QUALITÄTS-URTEIL
Gewichtung			45%	15%	10%	10%	5%	15%	100%
Bami Goreng									
Frosta Bami Goreng (MHD 07/2012)	3,40/500	2,72	++	++	⊖	+	+	+	GUT (1,9)
Bofrost Bami Goreng Art.-Nr. 01261[2] (MHD 20.07.2012)	7,45[3]/1000	2,98	+	+	O	+	++	+	GUT (2,2)
Ökoland Bami Goreng (MHD 04/2012) **Bio**	5,00/450	4,45	+	++	O	++	O	O	GUT (2,2)
Iglo Viva Asia! Bami Goreng[4] (MHD 05/2012)	2,99/500	2,39	+	+	⊖	+	+	+	GUT (2,3)
Aldi (Nord)/Sternberger Pfanntastico Bami Goreng[2] (MHD 28.07.2012)	2,15/1000	0,86	O	+	O	++	+	+	GUT (2,4)
Lidl/Vitasia Bami Goreng (MHD 10/2012)	1,69[5]/750	0,90	+	++	O	++	+	+	GUT (2,4)
Aldi (Süd)/Primana Pfannengericht Bami Goreng[2] (MHD 07/2012)	1,69/750	0,90	O	+	O	O	+	+	BEFRIED. (2,6)
Kaufland/K Classic Bami Goreng[6] (MHD 06.2012)	1,69[7]/750	0,90	⊖*)	+	+	++	+	O	AUSREICH. (4,0)
Jütro Asia Feinschmecker-Menue Bami Goreng[6] (MHD 07/2012)	1,59[8]/750	0,85	—*)	+	+	+	+	⊖	MANGELH. (5,0)
Nudelgerichte mit Hähnchenfleisch									
Frosta Hähnchen Geschnetzeltes (MHD 07/2012)	3,40/500	2,72	++	++	O	+	+	+	GUT (1,8)
Iglo Viva Deutschland! Hähnchen-Geschnetzeltes (MHD 02/2012)	2,99/500	2,39	+	+	O	+	O	O	GUT (2,3)
Eismann Nudel-Hühnchenpfanne Art.-Nr. 5594[6] (MHD 28.07.12)	8,45[3]/1300	2,60	O	+	O	++	+	+	BEFRIED. (2,8)
Apetito Schlemmerpfanne Geschnetzeltes „Zürcher Art"[2] (MHD 07/2012)	2,99/700	1,71	O	+	O	O	+	⊖*)	BEFRIED. (3,5)
Real Quality Penne mit Hähnchenbrust[6] (MHD 08/2012)	2,39/600	1,59	⊖	+	⊖	+	+	—*) [9]	AUSREICH. (4,5)

Bewertungsschlüssel der Prüfergebnisse: ++ = Sehr gut (0,5–1,5). + = Gut (1,6–2,5). O = Befriedigend (2,6–3,5). ⊖ = Ausreichend (3,6–4,5). — = Mangelhaft (4,6–5,5). **Bei gleichem Qualitätsurteil Reihenfolge nach Alphabet.**
*) Führt zur Abwertung. 1) Bewertet wurde eine einheitliche Portion Nudelpfanne von 400 Gramm, zubereitet in der Pfanne als warme Hauptmahlzeit. Für Jugendliche, Erwachsene und Senioren wurden eine durchschnittliche Energiezufuhr und eine geringe körperliche Aktivität vorausgesetzt. Die empfohlene Zugabe weiterer Zutaten wie Öl, Pflanzenfett, Sahne (Kochsahne) und Milch (fettarm) wurde in der angegebenen Minimalmenge berücksichtigt. 2) Laut Anbieter inzwischen Kennzeichnung geändert. 3) Heimservice: Preis inklusive Lieferung. 4) Laut Anbieter Produkt nicht mehr erhältlich. 5) Je nach Region auch 1,61 Euro. 6) Laut Anbieter inzwischen geändert. 7) Je nach Region auch 1,59 Euro. 8) Von uns bezahlter Einkaufspreis. 9) Das abgebildete Produkt auf der Vorderseite der Verpackung weicht stark von dem zubereiteten Inhalt ab.
Einkauf der Prüfmuster: August/September 2011.

50 Ernährung

Tiefkühl-Nudelgerichte 2

✛ test | Nudelpfannen ohne Fleisch | 2 / 2012

www.test.de	Mittlerer Preis in Euro ca. / Inhalt in Gramm	Preis pro 400-Gramm-Portion in Euro ca.	Sensorische Beurteilung	Chemische Qualität	Ernährungsphysio-logische Qualität[1]	Mikrobiologische Qualität	Verpackung	Deklaration	✛ test-QUALI-TÄTS-URTEIL
Gewichtung			45%	15%	10%	10%	5%	15%	100%
Nudelgerichte mit Spinat Gorgonzola (ohne Fleisch)									
Iglo Viva Italia! Penne Gorgonzola (MHD 08/2012)	2,99 / 500	2,39	++	+	O	+	+	O	GUT (2,0)
Jütro Penne Gorgonzola[2] (MHD 08.2012)	1,95[3] / 750	1,04	+	++	O	+	+	+	GUT (2,1)
Aldi (Süd)/Primana Pasta Penne Gorgonzola[2] (MHD 07.2012)	1,79 / 750	0,95	+	+	O	++	+	+	GUT (2,2)
Kaufland/K Classic Penne Gorgonzola[2] (MHD 11.2012)	1,79 / 750	0,95	O	+	O	++	+	O	BEFRIEDI-GEND (2,8)
Rewe Bio Tagliatelle mit Blattspinat, Grünkern und Gorgonzola, Bio[4] (MHD 06/2012)	2,49[5] / 450	2,21	O	++	⊖	+	O	O	BEFRIEDI-GEND (2,8)
Gefüllte Tortellini / Tortelloni mit Käse-Sahne-Soße (ohne Fleisch)									
Frosta Tortellini Käse-Sahne (Big Pack)[2] (MHD 07/2012)	5,00 / 900	2,22	++	+	⊖	+	+	+	GUT (1,9)
Iglo Viva Italia! Tortelloni Käse-Sahne (MHD 10/2012)	2,99 / 500	2,39	++	++	O	+	+	+	GUT (1,9)
Edeka/Gut & Günstig Ricotta-Spinat Tortelloni[2] (MHD 08.2012)	1,89[6] / 750	1,01	O	++	O	O	+	+	BEFRIEDI-GEND (2,6)
Lidl/Combino Tortelloni Käse-Sahne[2] (MHD 11/2012)	1,89[6] / 750	1,01	⊖[*]	++	⊖	++	+	O	BEFRIEDI-GEND (3,5)
Aldi (Nord)/Mama Mancini Tortellini Käse-Sahne[2] (MHD 07.2012)	1,89 / 750	1,01	—[*]	—[*][7]	+	+	+	—[8]	MANGEL-HAFT (5,0)

Bewertungsschlüssel der Prüfergebnisse: ++ = Sehr gut (0,5–1,5). + = Gut (1,6–2,5). O = Befriedigend (2,6–3,5).
⊖ = Ausreichend (3,6–4,5). — = Mangelhaft (4,6–5,5). **Bei gleichem Qualitätsurteil Reihenfolge nach Alphabet.**
*) Führt zur Abwertung.
1) Bewertet wurde eine einheitliche Portion Nudelpfanne von 400 Gramm, zubereitet in der Pfanne als warme Hauptmahlzeit. Für Jugendliche, Erwachsene und Senioren wurden eine durchschnittliche Energiezufuhr und eine geringe körperliche Aktivität vorausgesetzt. Die empfohlene Zugabe weiterer Zutaten wie Öl, Pflanzenfett, Sahne (Kochsahne) und Milch (fettarm) wurde in der angegebenen Minimalmenge berücksichtigt. 2) Laut Anbieter inzwischen geändert. 3) Von uns bezahlter Einkaufspreis. 4) Laut Anbieter Produkt nicht mehr erhältlich. 5) Je nach Region auch 2,39 Euro. 6) Je nach Region auch 1,79 Euro. 7) Unsorgfältige Herstellung des Produkts. Tortellini laut Analyse teilweise mit Schweinefleisch gefüllt. 8) Auf der Verpackung steht „mit Gemüsefüllung", eine Fleischfüllung ist im Zutatenverzeichnis nicht gekennzeichnet.
Einkauf der Prüfmuster: August/September 2011.

test Jahrbuch 2013 — Ernährung 51

2 Toastbrot

Unser Rat
Der beste Buttertoast ist der **Golden Toast** (1,29 Euro pro 500 Gramm). Fast genauso gut für nur 0,49 Euro ist der **Goldähren Buttertoast von Aldi (Nord)**. Die besten Toasts mit Saaten sind **Harry Balance Toast** (1,19 Euro) und **Golden Toast Körnerharmonie** (1,29 Euro). Die besten Vollkorntoasts sind **Golden Toast** (1,29 Euro), **Lidl/Grafschafter** und **Netto Marken-Discount/Kornmühle** (je 0,49 Euro).

Unser täglich Toast

8/2012 Welcher ist der beste Toast im Land? Wir haben 28 Butter-, Vollkorn- und auch Mehrkorntoast sowie Toastbrötchen getestet.

Ob süß zum Frühstück oder überbacken am Abend – nach Mischbrot ist Toastbrot das zweitliebste Brot der Deutschen. Wie erfreulich, dass das Testergebnis positiv ist: Zwei Drittel der 28 Testkandidaten schnitten gut ab, der Rest war befriedigend.

Kein Toast war verschimmelt
Toast hält sich laut Anbieterangabe ungeöffnet bei Zimmertemperatur 10 bis 30 Tage. Die Tester haben das am Ende der Mindesthaltbarkeitsfrist geprüft: In wenigen Toasts fanden sie in sehr geringen Mengen Schimmelpilze, Hefen oder andere Keime. In den meisten Packungen wurden keine nachgewiesen. Ist der Beutel aber erst einmal geöffnet, kann sich recht schnell Schimmel bilden. Deshalb gilt: Ist auch nur eine Scheibe befallen, sollten alle im Beutel in den Müll.

Vergolden statt verkohlen
Auch Schadstoffe erwiesen sich nicht als Problem – weder Schwermetalle noch Schimmelpilzgifte. Unsere Tester fahndeten auch nach schädlichen Substanzen, die beim Toasten zuhause entstehen wie Acrylamid und 3-Monochlorpropandiol. Dafür toasteten sie die Scheiben hellbraun. In den meisten waren die Substanzen nicht nachweisbar. Bei den übrigen waren die analysierten Mengen so gering, dass sie als unkritisch gelten. Der Gehalt an Acrylamid erhöht sich, wenn Toast sehr dunkel geröstet wird. Im Tierversuch wirkt Acrylamid krebserregend und schädigt das Erbgut. Deshalb ist es ratsam, Toast stets

Viele Ballaststoffe in Vollkorntoast
In puncto Kalorien unterscheiden sich die Toastvarianten kaum, bei Ballaststoffen und Fett dagegen schon: Vollkorntoast liefert am meisten gesunde und sättigende Ballaststoffe. Buttertoast hat im Vergleich dazu mehr als ein Drittel weniger. Im Fettgehalt unterscheiden sich Butter- und Vollkorntoast kaum. Am meisten Fett hat Toast mit Saaten. Am wenigsten Fett haben die Toastbrötchen im Test.

Toastbrot 2

test | Buttertoast | 8 / 2012

www.test.de	Mittlerer Preis für 500 g in Euro ca.	Sensorische Beurteilung 40%	Schadstoffe 25%	Mikrobiologische Qualität 15%	Verpackung 5%	Deklaration 15%	test-QUALITÄTSURTEIL 100%
Gewichtung		40%	25%	15%	5%	15%	100%
Golden Toast Buttertoast (MHD 28.03.)	1,29[1]	++	++	++	O	O	GUT (1,7)
Aldi (Nord)/Goldähren Buttertoast[2] (MHD 01.04.)	0,49	+	++	++	+	+	GUT (1,8)
Lidl/Grafschafter Butter Toast (MHD 30.03.)	0,49	+[*]	++	++	+	+	GUT (2,0)
Netto Marken-Discount/ Kornmühle Butter-Toast (MHD 24.03.)	0,49	+[*]	++	++	+	+	GUT (2,0)
Real/Tip Buttertoast (MHD 01.04.)	0,49	+[*]	++	++	+	+	GUT (2,0)
Rewe/ja! Butter-Toastbrot (MHD 26.03.)	0,49	+	++	+	O	+	GUT (2,1)
Edeka/Gut & Günstig Butter Toast (MHD 11.04.)	0,49	+	++	++	+	O	GUT (2,2)
Harry Butter Toast[3] (MHD 24.03.)	1,19[4]	O[*]	++	++	+	+	GUT (2,5)
Kaufland/K-Classic Buttertoast (MHD 24.03.)	0,49	O[*]	++	++	+	O	GUT (2,5)
Das Backhaus Weizen Buttertoast (Bioland)[5] (MHD 26.04.2012) **Bio**	2,49	+	++	+	O	⊖[*]	BEFRIEDIGEND (2,9)
Aldi (Süd)/Mühlengold Buttertoast (MHD 24.03.)	0,49	⊖[*]	++	++	+	+	BEFRIEDIGEND (3,5)

Bewertungsschlüssel der Prüfergebnisse: ++ = Sehr gut (0,5–1,5). + = Gut (1,6–2,5). O = Befriedigend (2,6–3,5). ⊖ = Ausreichend (3,6–4,5). — = Mangelhaft (4,6–5,5). **Bei gleichem Qualitätsurteil Reihenfolge nach Alphabet.** *) Führt zur Abwertung. MHD = Mindesthaltbarkeitsdatum. 1) Von uns bezahlter Einkaufspreis. 2) Laut Anbieter Rezeptur geändert. 3) Laut Anbieter inzwischen Rezeptur und Kennzeichnung geändert. 4) Auch in 250-Gramm-Packung für 0,89 Euro erhältlich. 5) Laut Anbieter inzwischen Verpackung und Kennzeichnung geändert. **Einkauf der Prüfmuster:** März/April 2012.

nur goldgelb zu rösten und verbrannte Scheiben nicht mit dem Messer abzukratzen, sondern lieber wegzuwerfen.

Zwei sehr gut beim Verkosten
Die Stiftung Warentest ließ die Toasts auch von geschulten Prüfpersonen verkosten. Zwei schnitten dabei sehr gut ab: der Golden Toast Buttertoast und der Golden Toast Körnerharmonie. Beide wirkten selbst am Ende der Mindesthaltbarkeitsfrist noch frisch. Die meisten Toasts rochen da ungeröstet nicht mehr ganz frisch oder gar leicht alt.

Nur einer ohne Zusatzstoffe
Auf vielen Toastbroten steht „ohne Konservierungsstoffe". Die Tester konnten im Labor auch keine nachweisen. Fast alle Anbieter im Test verwenden aber den Zusatzstoff Natriumdiacetat. Er soll die Säure im Teig regulieren, wirkt aber auch konservierend. Die Bioanbieter nutzen ihn nicht, sondern säuern etwa mit Äpfel- oder Milchsäure. Ohne jegliche Zusatzstoffe kommt nur der im Reformhaus oder Bioladen erhältliche Biobuttertoast von der Handwerksbäckerei Das Backhaus aus. ■ **Anbieter Seite 256**

test Jahrbuch 2013 **Ernährung 53**

2 Toastbrot

test — Mehr- und Vollkorntoast und Toastbrötchen   8 / 2012

www.test.de	Mittlerer Preis in Euro ca. / Inhalt in g	Sensorische Beurteilung	Schadstoffe	Mikrobiologische Qualität	Verpackung	Deklaration	test-QUALITÄTS-URTEIL
Gewichtung		40 %	25 %	15 %	5 %	15 %	100 %
Mehrkorntoast / Toast mit Saaten							
Harry Balance Toast (MHD 27.03.)	1,19 / 500[1]	+	++	++	+	+	GUT (1,7)
Golden Toast Körnerharmonie (MHD 24.03.)	1,29[2] / 500	++	++	++	O	O	GUT (1,8)
Aldi (Nord)/Goldähren Dreikorn Toast (MHD 01.04.)	0,49 / 500	O[*]	++	++	+	+	GUT (2,5)
Gutes aus der Bäckerei Dreikorn Toast (MHD 25.04.)	0,89 / 500	O[*]	++	++	+	O	GUT (2,5)
Kaufland/K-Classic Dreikorntoast (MHD 24.03.)	0,49 / 500	O[*]	++	++	+	O	GUT (2,5)
Penny/3-Ähren-Brot 3-Korn Toast (MHD 30.03.)	0,49 / 500	O[*]	++	++	O	+	BEFRIEDIGEND (3,0)
Vollkorntoast							
Golden Toast Vollkorntoast (MHD 29.03.)	1,29[2] / 500	+	++	++	O	O	GUT (2,0)
Lidl/Grafschafter Vollkorn Toast (MHD 31.03.)	0,49 / 500	+[*]	++	++	+	+	GUT (2,0)
Netto Markendiscount/ Kornmühle Vollkorn-Toast (MHD 29.03.)	0,49 / 500	+	+	++	+	+	GUT (2,1)
Harry Vollkorn Toast (MHD 24.03.)	1,19 / 500[1]	O[*]	++	++	+	O	GUT (2,5)
Rewe Bio Weizenvollkorn-Toastbrot (MHD 25.03.) **Bio**	1,75[3] / 500	O[*]	++	++	O	O	GUT (2,5)
Edeka/Gut & Günstig Vollkorn Toast (MHD 11.04.)	0,49 / 500	O	++	++	+	⊖[*]	BEFRIEDIGEND (2,8)
Aldi (Süd)/Mühlengold Vollkorntoast (MHD 23.03.)	0,49 / 500	O[*]	+	++	+	+	BEFRIEDIGEND (3,0)
Herzberger Dinkel Toastbrot (MHD 24.04.2012) **Bio**	2,59 / 500[4]	O[*]	++	++	+	O	BEFRIEDIGEND (3,0)
Kaufland/K-Classic Vollkorntoast (MHD 24.03.)	0,49 / 500	O[*]	++	++	+	+	BEFRIEDIGEND (3,0)
Toastbrötchen (Besonderheit)							
Golden Toast Vollkorn Toasties (MHD 17.04.)	1,49[2] / 300	O	++	++	O	⊖[*]	BEFRIEDIGEND (2,9)
Harry Toast Brötchen Vollkorn (MHD 27.03.)	1,29 / 300	⊖[*]	++	++	+	O	BEFRIEDIGEND (3,5)

Bewertungsschlüssel der Prüfergebnisse: ++ = Sehr gut (0,5–1,5). + = Gut (1,6–2,5). O = Befriedigend (2,6–3,5). ⊖ = Ausreichend (3,6–4,5). — = Mangelhaft (4,6–5,5). **Bei gleichem Qualitätsurteil Reihenfolge nach Alphabet.**
*) Führt zur Abwertung. MHD = Mindesthaltbarkeitsdatum.
1) Auch in 250-Gramm-Packung für 0,89 Euro erhältlich. **2)** Von uns bezahlter Einkaufspreis. **3)** Je nach Region auch 1,65 Euro. **4)** Auch in 250-Gramm-Packung für 1,79 Euro erhältlich. **Einkauf der Prüfmuster:** März/April 2012.

54 Ernährung

Farbschutzshampoos 3

✚ Unser Rat

Wollen Sie verhindern, dass Ihre gefärbte Mähne verblasst? Dann werden die Shampoos im Test Sie enttäuschen. Auch ihre Pflegeeigenschaften sind nicht überragend. Am besten schnitt in diesem Punkt **Schwarzkopf Gliss Kur Color Schutz Shampoo** ab. Es kostet pro 100 Milliliter 85 Cent. Ebenfalls gut pflegend, mit 22 Cent aber viel preiswerter ist **Cien haircare Color & Shine** von **Lidl**.

Aus der Traum

4/2012 Farbschutzshampoos verhindern das Verblassen der gefärbten Haarpracht nicht. Selbst bei der Pflege glänzen sie nicht immer.

Mit UV-Filtern und Pflegestoffen wie Traubenkernöl und Acai-Fruchtmark oder einem „innovativen Farbschutzkomplex" versprechen die Shampoohersteller, coloriertes Haar vor dem Verblassen zu bewahren oder ihm „längere Farbbrillanz" zu verleihen. Wir haben 16 dieser Spezialshampoos getestet. Das Ergebnis enttäuscht auf ganzer Linie: Ob preiswert vom Discounter oder teurer aus dem Friseurfachhandel – alle fielen beim Farbschutz durch: Alle Produkte bekamen deshalb mangelhaft.

Nicht effektiver als ein Babyshampoo
Erstaunlich: Shampoos, die überhaupt gar keinen Farbschutz ausloben, sind da auch nicht schlechter. Die Haarfarbe verblasste während des Tests auch bei ihnen deutlich, aber keinesfalls mehr als bei den Farbschutzshampoos. In Konkurrenz zu diesen speziellen Mitteln traten ein mildes Babyshampoo und ein reines Tensid – das ist ein Waschrohstoff ohne pflegende Stoffe. Diese beiden eher schnörkellosen Produkte enthalten zum Beispiel auch keine UV-Filter.

Bei dem insgesamt schlechten Testergebnis fiel ein Haarwaschmittel zusätzlich negativ auf: Das Shampoo von Sanotint hat nicht nur einen mangelhaften Farbschutz, sondern enthielt schon beim ersten Öffnen zu viele und sogar potentiell krankheitserregende Keime. Folge: Ein Mangelhaft für die mikrobiologische Qualität. Auch in den Pflegeeigenschaften überzeugte nicht jedes Farbschutzshampoo. ■ **Anbieter Seite 259**

Tipps für die Farbpracht
So lässt sich das Verblassen der Haarfarbe etwas verzögern:
• Setzen Sie bei Sonne einen Hut auf, nicht nur beim Sonnenbaden, sondern auch im Straßencafé.
• Chlor- und Salzwasser greifen künstliche Haarfarben besonders an. Spülen Sie die Haare nach dem Baden also immer mit Süßwasser aus.
• Waschen Sie Ihren Kopf nicht zu häufig mit Shampoo.

3 Farbschutzshampoos

test — Farbschutzshampoos — 4 / 2012

www.test.de	Inhalt in ml	Mittlerer Preis in Euro ca.	Preis für 100 ml in Euro ca.	Farbschutz	Pflegeeigen- schaften	Anwendung	Handhabung	Mikrobiologische Qualität	Werbeaussagen, Beschriftungen	test- QUALITÄTS- URTEIL
Gewichtung				45 %	35 %	5 %	5 %	5 %	5 %	100 %
Aldi (Süd)/Kür Profi Line Shampoo Farbschutz-Komplex	500	1,99	0,40	—*)	○	+	+	++	—	MANGELH. (5,0)
dm/Balea Colorglanz Shampoo[1]	300	0,65	0,22	—*)	○	+	++	++	—	MANGELH. (5,0)
Dove Color Schutz Shampoo[2]	250	2,99	1,20	—*)	+	+	++	++	—	MANGELH. (5,0)
Franck Provost Color Expert Professionelles Color-Shampoo	750	3,95	0,53	—*)	○	+	++	++	—	MANGELH. (5,0)
Garnier Fructis Color Schutz	250	2,25	0,90	—*)	+	+	+	++	—	MANGELH. (5,0)
Guhl Aktiv Farbschutz mit UV-Fil- ter Wildrosenöl Shampoo[3]	200	3,95	1,98	—*)	○	+	+	++	—	MANGELH. (5,0)
Lidl/Cien haircare Color & Shine	300	0,65	0,22	—*)	+	+	++	++	—	MANGELH. (5,0)
L'Oréal Elvital Color-Glanz Pflege-Shampoo	250	2,95	1,18	—*)	○	+	+	++	—	MANGELH. (5,0)
Nivea Color Crystalgloss Color Shampoo[4]	250	1,91	0,76	—*)	○	+	○	++	—	MANGELH. (5,0)
Redken Color Extend Shampoo	300	17,20	5,73	—*)	+	+	+	++	—	MANGELH. (5,0)
Rossmann/Isana Hair Colorglanz Shampoo mit UV Schutz[2]	400	0,65	0,16	—*)	○	+	++	++	—	MANGELH. (5,0)
Schwarzkopf Gliss Kur Color Schutz Shampoo	250	2,12	0,85	—*)	+	+	○	++	—	MANGELH. (5,0)
Schwarzkopf Professional Bonacure hairtherapy Color Save Shampoo[5]	250	12,20	4,88	—*)	+	+	+	++	—	MANGELH. (5,0)
Schwarzkopf Schauma Color Glanz Farbschutz- Shampoo mit UV Filter[2]	400	1,73	0,43	—*)	○	+	+	++	—	MANGELH. (5,0)
Syoss Color Protect Shampoo[2]	500	4,00	0,80	—*)	+	+	+	++	—	MANGELH. (5,0)
Sanotint Farbschutz-Shampoo[2]	200	8,70	4,35	—	○	+	+	—*)6)	—	MANGELH. (5,5)

Bewertungsschlüssel der Prüfergebnisse: ++ = Sehr gut (0,5–1,5). + = Gut (1,6–2,5). ○ = Befriedigend (2,6–3,5). ⊖ = Ausreichend (3,6–4,5). — = Mangelhaft (4,6–5,5). **Bei gleichem Qualitätsurteil Reihenfolge nach Alphabet.** *) Führt zur Abwertung. 1) Laut Anbieter durch Nachfolger Balea Colorglanz Shampoo Cocos & Tiareblüte ersetzt. 2) Laut Anbieter inzwischen geändert. 3) Laut Anbieter durch Nachfolger Guhl Color Schutz + Pflege Goji-Beere Shampoo ersetzt. 4) Laut Anbieter Etikettendesign sowie Produktname geändert in Nivea Color Protect Farbschutzshampoo. 5) Laut Anbieter durch Nachfolger Professional Bonacure hairtherapy Color Freeze Sulfate-free Shampoo ersetzt. 6) Enthielt poten- ziell krankheitserregende Keime. **Einkauf der Prüfmuster:** Juni/Juli 2011.

56 Kosmetik

test Jahrbuch 2013

Lippenstifte 3

✚ Unser Rat

Sehr gut im Test war der **Kiko Double Touch**, mit 6,90 Euro der preiswerteste Kombi-Lippenstift. **Mac Pro Longwear Lipcolour** erreichte dasselbe Gesamturteil, kostet aber 24,50 Euro. Auch **MaxFactor Lipfinity Lip Colour** (12 Euro) glänzte mit sehr guter Haltbarkeit und Deckkraft. Gute Mono-Lippenstifte: **Clinique Long Last Lipstick** (19,90 Euro) und **Christian Dior Rouge Diorific** (30 Euro).

Küsschen für Kiko und Mac

12/2012 Klassische Stiftform oder flüssige Farbe mit Pflege-Gloss? Im Test lagen die flüssigen klar vorn. Zwei überzeugten auf ganzer Linie.

Intensive Lippenfarbe ohne Nachschminken: Das versprechen langhaftende Lippenstifte. Mal 12 Stunden, mal 16 oder gar 24 Stunden soll die Farbe halten. Was ist dran an solchen Werbeaussagen? Wir haben 14 langhaftende Lippenstifte in der Farbe klassisches Rot getestet – klassische Lippenstifte sowie Kombinationsprodukte, die aus Farbe und einem „Topcoat" bestehen. Das kann ein Pflegestift oder Gloss sein, der die Farbe versiegeln oder den Lippen Glanz und Geschmeidigkeit verleihen soll.

Acht Stunden sollte er halten

Insgesamt schnitten die Kombinationsprodukte besser ab als die klassischen Lippenstifte. Acht Stunden, etwa einen Arbeitstag, sollte ein langhaftender Lippenstift schon halten. Das schafften alle Kombis im Test. Sehr gut hielten die drei Kombis von Kiko, Mac und MaxFactor. Kiko und Mac schafften sogar insgesamt ein Sehr gut. Die Farbe der Monoprodukte blieb meist nur vier Stunden auf den Lippen erhalten. Schlusslichter sind die Lippenstifte von Catrice und Astor.

Auch den Kusstest bestanden

Aber wie halten die Lippenfarben in Stresssituationen? Die Tester setzten sie alltagstypischen Belastungen aus. Auch hier glänzten die Kombis. Gerade den vier Produkten aus flüssiger Farbe machten heißer Kaffee oder fettige Chips so gut wie nichts aus. Auch den Kusstest bestanden diese Kombis problemlos. Mehrere Küsse auf ein Kleenex-Tuch konnten ihnen fast nichts anhaben. ▶

Ein gepflegter Kussmund

Lippen müssen vor dem Schminken trocken, fettfrei und glatt sein. Bei rauen Lippen hilft ein wöchentliches Peeling. Damit die Farbe nicht „ausläuft", die Lippenlinien zuerst mit einem Konturenstift passend zur Farbe des Stiftes nachziehen. Wichtig: Farbe abends abschminken, sonst können Lippen austrocknen und rissig werden. Zur optimalen Pflege die Lippen vor dem Zubettgehen eincremen.

3 Lippenstifte

test — Langhaftende Lippenstifte und -farben — 12 / 2012

www.test.de

	Farbnummer	Mittlerer Preis in Euro ca.	Kosmetische Eigenschaften	Anwendung	Wärme- und Kältebeständigkeit	Verpackung	Schadstoffe	Deklaration, Werbeaussagen	test-QUALITÄTS-URTEIL
Gewichtung			60%	25%	5%	5%	0%	5%	100%
Kombinationsprodukte mit Topcoat									
Kiko Double Touch	10	6,90[1]	++	+	++	+	Nicht zu beanstanden.	+	SEHR GUT (1,4)
Mac Pro Longwear Lipcolour	A22	24,50[1]	++	+	++	+		+	SEHR GUT (1,4)
MaxFactor Lipfinity Lip Colour	115	12,00	++	+	O	+		+	GUT (1,7)
Maybelline Jade Super Stay 24h	510	11,00	+	+	++	+		⊖	GUT (2,0)
L'Oréal Indefectible Kompakt Lippen-Duo	501	12,50	+	+	⊖*)	+		O	BEFRIED. (2,8)
Monoprodukte									
Clinique Long Last Lipstick	97	19,90	+	+	O	++	Nicht zu beanstanden.	O	GUT (2,3)
Christian Dior Rouge Diorific	14	30,00	+	+	O	+		O	GUT (2,5)
Artdeco Long-Lasting Lip Stylo	15	9,50	O*)	+	++	++		O	BEFRIED. (2,6)
Lancôme Rouge in Love	181 N	26,00	O*)	+	O	++		O	BEFRIED. (2,6)
Manhattan X-treme Last & Shine	45 G	5,20	O*)	+	+	⊖		O	BEFRIED. (2,7)
Clarins Rouge Prodige	120	22,00	O	+	⊖*)	+		O	BEFRIED. (3,4)
La Roche-Posay Novalip Duo	191	16,50	O	O	++	++		—*)[2]	BEFRIED. (3,5)
Catrice Ultimate Colour	80	3,95	⊖	+	++	⊖		—*)[2]	AUSREICH. (3,7)
Astor Color Last VIP	232	5,00	⊖	+	⊖*)	⊖		O	AUSREICH. (3,9)

Bewertungsschlüssel der Prüfergebnisse: ++ = Sehr gut (0,5–1,5). + = Gut (1,6–2,5). O = Befriedigend (2,6–3,5). ⊖ = Ausreichend (3,6–4,5). — = Mangelhaft (4,6–5,5). **Bei gleichem Qualitätsurteil Reihenfolge nach Alphabet.**
*) Führt zur Abwertung.
1) Von uns bezahlter Einkaufspreis.
2) Erwartete Haltbarkeit nicht erfüllt. **Einkauf der Prüfmuster:** Juni bis August 2012.

Schutzlos ausgeliefert

Bis zu 30 Euro kosteten die Lippenstifte im Test. Da wäre es ärgerlich, wenn der Stift ausölt oder die Form verändert. Die Tester setzten die Produkte hohen Temperaturen und Minusgraden aus. Ob preiswert oder teuer – nicht alle haben das problemlos überstanden. Nicht nur ärgerlich, auch unhygienisch: Wenn der neugekaufte Stift bereits benutzt wurde. Die Tester überprüften auch die Originalitätssicherung. Nur zwei waren folienversiegelt und somit sicher vor fremden Lippen. Die meisten steckten immerhin in einem Umkarton. Schutzlos standen aber die drei preiswertesten im Laden. Erfreulich: Die Testerinnen vertrugen die Lippenstifte alle gut. Kein Produkt war mit Schadstoffen belastet. ■

Anbieter Seite 259

58 Kosmetik

Mascara 3

✚ Unser Rat

Die meisten Pluspunkte für kosmetische Eigenschaften und Anwendung erhielt **Maybelline Jade The Colossal Volum' Express Mascara**. Sie ist nicht wasserfest. Insgesamt genauso gut schneidet die etwas teurere **L'Oréal Volume Million Lashes** ab. Wer eine wasserfeste Mascara bevorzugt, ist mit der **Perfect Volume Mascara Waterproof** der Firma **Artdeco** am besten bedient.

Schöne Augen machen

2/2012 Exzellente Wimpernfülle zauberte keine der 13 Volumenmascaras im Test. Immerhin sieben haben aber insgesamt gut abgeschnitten.

Eine gute Mascara muss kein Vermögen kosten. Für die teuerste gute Tusche im Test, Helena Rubinstein Lash Queen Mascara Waterproof, sind pro Milliliter 4,70 Euro zu zahlen. Ihre kosmetischen Eigenschaften sind aber nicht besser als von anderen guten günstigeren, etwa den wasserfesten Mascaras von Artdeco oder La Roche-Posay.

Oft nicht gegen Missbrauch gesichert
Wasserfeste Tuschen lassen sich nur mit speziellen Make-up-Entfernern oder Öl abschminken. Nicht wasserfeste Mascara hingegen ist auch deshalb so beliebt, weil sie sich schnell und einfach mit Reinigungsmilch und Wasser entfernen lässt.

Die nicht wasserfesten Mascaras p2 von dm und Rimmel kamen nicht über ein Ausreichend hinaus: p2 mit Mängeln in der Anwendung ist laut Anbieter zwischenzeitlich nicht mehr erhältlich. Rimmel hatte Probleme in der mikrobiologischen Qualität. Beide Tuschen bekamen wie fünf weitere Mascaras ein Mangelhaft für die Verpackung. Sie hatten keine Originalitätssicherung.

Alle Mascaras gut verträglich
In puncto Verträglichkeit gab es keine Probleme. Konservierungsstoffe sollen verhindern, dass beim Schminken eingeschleppte krankmachende Keime in Kontakt mit der Bindehaut kommen. Von den 13 Volumenmascaras war nur die von Rimmel nicht in der Lage, mit allen eingebrachten Keimen fertig zu werden. Neu gekauft war sie aber frei von Keimen. ■ **Anbieter Seite 259**

Keine Schwermetalle
Blei, Quecksilber oder Kadmium, die früher in Mascara vorkamen, fanden wir in den Tuschen im Test nicht mehr. Das gilt auch für Nickel, das für Allergiker kritisch sein kann. Entwarnung können wir auch für krebserregende Nitrosamine geben. Die können beim Herstellen und Lagern einer Mascara entstehen. Sie waren aber in keiner der getesteten Wimperntuschen nachzuweisen.

3 Mascara

test | Mascara | 2 / 2012

www.test.de	Getestete Farbe	Inhalt in Milliliter	Mittlerer Preis in Euro ca.	Preis pro Milliliter in Euro ca.	Kosmetische Eigenschaften	Anwendung	Mikrobiologische Qualität	Schadstofffreiheit	Verpackung	Deklaration	test QUALITÄTS-URTEIL
Gewichtung					50 %	35 %	5 %	0 %	5 %	5 %	100 %
Nicht wasserfeste Volumenmascaras											
L'Oréal Volume Million Lashes	Extra-Black	9,0	14,00	1,56	+	+	++		+	O	GUT (2,0)
Maybelline Jade The Colossal Volum' Express Mascara	100 % Black	10,7	8,55	0,80	+	+	++		—[1]	O	GUT (2,0)
Aldi (Nord)/Biocura Beauty Volumen Mascara[2]	Schwarz	10,0	2,99	0,30	+	+	++		+	+	GUT (2,2)
MaxFactor False Lash Effect Fusion Volume & Length	Black	13,1	12,20	0,93	+	+	++	Einwandfrei bezüglich der geprüften Schadstoffe.	—[1]	+	GUT (2,5)
Manhattan Volcano Explosive Volume Mascara[2]	Black	10,0	6,00	0,60	+	O	+		—[1]	O	BEFRIED. (2,6)
Dr. Hauschka Volume Mascara	01 Black	10,0	17,50	1,75	O[*]	+	++		+	O	BEFRIED. (2,7)
Essence Lash Mania Ultra Volume Mascara	01 Hypnotic Black	10,0	2,79	0,28	O	O	++		—[1]	O	BEFRIED. (2,8)
dm/p2 LashBomb Mascara[3]	010 Big Bang Black	9,0	3,45	0,38	O	⊖[*]	++		—[1]	O	AUSREICH. (3,7)
Rimmel Max BoldCurves Extreme Volume & Lift Mascara	001 Black	8,0	8,50	1,06	+	O	⊖[*]		—[1]	+	AUSREICH. (3,7)
Wasserfeste Volumenmascaras											
Artdeco Perfect Volume Mascara Waterproof	71	10,0	9,50	0,95	+	+	++		+	+	GUT (1,9)
Helena Rubinstein Lash Queen Mascara Waterproof	01 Rich Black	7,0	33,00	4,70	+	+	++	Einwandfrei bezüglich der geprüften Schadstoffe.	+	+	GUT (2,0)
La Roche-Posay Respectissime Volumizing Mascara Waterproof	Black	7,6	16,80	2,21	+	+	++		+	O	GUT (2,1)
Astor Big & Beautiful Ultra Volume Waterproof Mascara[4]	800 Black	7,0	7,00	1,00	O[*]	O	++		—[1]	O	BEFRIED. (2,7)

Bewertungsschlüssel der Prüfergebnisse: ++ = Sehr gut (0,5–1,5). + = Gut (1,6–2,5). O = Befriedigend (2,6–3,5). ⊖ = Ausreichend (3,6–4,5). — = Mangelhaft (4,6–5,5). **Bei gleichem Qualitätsurteil Reihenfolge nach Alphabet.**
1) Keine Originalitätssicherung vorhanden. 2) Laut Anbieter inzwischen geändert. 3) Laut Anbieter nicht mehr erhältlich.
4) Laut Anbieter durch Nachfolger Big & Beautiful Boom Mascara Waterproof ersetzt.
Einkauf der Prüfmuster: Juni bis August 2011.

Nagellacke 3

Unser Rat

Ganz vorn im Test: **MNY Maybelline**. Leider hat der Anbieter diesen roten Nagellack inzwischen aus dem Handel genommen. Zweitplatzierter ist **Sante Nail Care**. Er gehört mit 1,54 Euro pro Milliliter aber zu den teureren Lacken. Mit nur 18 Cent je Milliliter ist der gute **p2 last for ever nail polish** von **dm** auch preislich attraktiv. Bei den blauen Lacken empfehlen sich besonders **Anny** und **Kiko**.

Zu dick aufgetragen

6/2012 Die große Farbpalette beim Nagellack lockt zum Kauf. Aber nur jeder zweite im Test war gut. Mit dabei: knallrote und blaue Nagellacke.

Von zitronengelb über knallrot bis zu himmelblau und rabenschwarz – zu jeder Stimmung, jedem Anlass, jedem Outfit gibt es die passende Nagellackfarbe. Die große Farbpalette lockt zum Kauf, aber auch Werbeversprechen wie „trocknet in Sekunden" oder „hält bis zu 10 Tage". Damit tragen die Werbetexter eindeutig zu dick auf. Gerade bei der Haltbarkeit der Farbe auf den Nägeln erlebten die Testerinnen manche Enttäuschung. Jeder zweite Nagellack hielt nur befriedigend oder schlechter und verfehlte damit ein gutes test-Qualitätsurteil. Viermal reichte es nur zum Ausreichend.

Gleiche Marke, verschiedenes Ergebnis
26 Nagellacke waren im Test, darunter auch solche, die extra lange Haltbarkeit oder superschnelles Trocknen versprechen: 21 in Knallrot, fünf in trendigen Blautönen. Wer glaubt, unterschiedliche Farben desselben Herstellers müssten von gleicher Qualität sein, irrt. Das zeigen die zum Teil unterschiedlichen Ergebnisse für die blauen und die roten Lacke derselben Marke.

Ein weiterer Irrtum: Ein guter Nagellack muss teuer sein. Der Test zeigt vielmehr: Schon für 18 Cent pro Milliliter ist ein gutes Produkt zu bekommen, der p2 von dm. Für Nobelmarken aus der Parfümerie, im Test zum Beispiel Chanel, ist schnell das Zehnfache fällig. Dabei kam dieser Nagellack im Test über befriedigend nicht hinaus. Das liegt vor allem daran, dass er nicht so gut haltbar und schwierig zu entfernen ist.

So lackieren Sie erfolgreich
Grundlage: Tragen Sie farblosen Unterlack auf und lassen Sie ihn etwa fünf Minuten trocknen, bevor Sie zum Farblack greifen. Das schützt vor Verfärbungen der Nagelplatte. Außerdem hält der Farblack so besser.
Kein Fön: Heiße Fönluft hilft nichts. Der Lack wird damit nur oberflächlich schneller trocken. Darunter bleibt er sogar länger weich, da die Lösemittel nicht verdunsten können.

3 Nagellacke

test — Rote Nagellacke — 6 / 2012

www.test.de	Farbton laut Anbieter	Mittlerer Preis in Euro ca. / Inhalt in ml	Preis pro ml in Euro ca.	Kosmetische Eigenschaften	Handhabung	Durchtrocknen	Deklaration und Werbeaussagen	test-QUALITÄTS URTEIL
Gewichtung				35 %	30 %	25 %	10 %	100 %
MNY Maybelline[1]	353	1,95[2] / 7	0,28	+	+	+	+	GUT (1,9)
Sante Nail Care	16	10,80 / 7	1,54	+	+	+	O	GUT (2,1)
dm/p2 last for ever nail polish	100 open your heart!	1,75 / 10	0,18	+	+	O	+	GUT (2,2)
Uma Colour Effect Nail Polish	Ref. 333008 all time favorite	2,49 / 8	0,31	+	+	O	+	GUT (2,2)
Alessandro Nagellack	77-127	9,95 / 10	1,00	+	+	O	+	GUT (2,3)
Anny Nagellack[3]	142 woman in red	9,50 / 15	0,63	+	+	O	+	GUT (2,3)
Manhattan Lotus Effect Nail Polish Longlasting[4]	45 P	4,10 / 11	0,37	+	+	O	+	GUT (2,3)
L´Oréal Resist & Shine Titanium[1]	551	7,45[2] / 9	0,83	+	O	O	+	GUT (2,4)
Maybelline color sensational[1]	530 Ultimate Red	8,45[2] / 10	0,85	+	+	O	+	GUT (2,4)
Catrice Ultimate Nail Lacquer	060 Bloody Mary to go	2,49 / 10	0,25	+	+	⊖	+	GUT (2,5)
Artdeco Ceramic Nail Lacquer	20	7,50 / 6	1,25	O*)	+	O	+	BEFRIED. (2,7)
Priti polish	280 Flamenco Iris	12,00[2] / 12,6	0,95	O*)	O	+	O	BEFRIED. (2,9)
Rimmel London Lasting finish	030 Double Decker Red	2,49 / 8	0,31	O*)	+	O	O	BEFRIED. (2,9)
Rossmann/Rival de Loop High Gloss Nail Colour	04	1,49 / 8	0,19	O*)	+	O	+	BEFRIED. (2,9)
Kiko nail lacquer	238	3,90 / 11	0,35	O*)	+	O	+	BEFRIED. (3,1)
Chanel le vernis	475 Dragon	23,50 / 13	1,81	O	O	⊖	+	BEFRIED. (3,2)
Max Factor Max effect mini nail polish	11 Red Carpet Glam	4,50 / 5,8[5]	0,78	O*)	+	++	+	BEFRIED. (3,2)
Astor Quick'n Go 45 sec	240	5,80 / 8	0,73	O	O	⊖	⊖	BEFRIED. (3,4)
Aldi (Nord)/Biocura Nagellack Color & Care[1]	06 Brillant Rot	1,99 / 11	0,18	O	+	—	—*)	AUSREICH. (3,9)
Essence colour & go quick drying nail polish[6]	61 fame fatal	1,59 / 5	0,32	O	+	—	—*)	AUSREICH. (3,9)
Acquarella water color[1][7]	Plasma	20,00[2] / 15	1,33	⊖*)[8]	O	++	O	AUSREICH. (4,0)

Bewertungsschlüssel der Prüfergebnisse: ++ = Sehr gut (0,5–1,5). + = Gut (1,6–2,5). O = Befriedigend (2,6–3,5). ⊖ = Ausreichend (3,6–4,5). — = Mangelhaft (4,6–5,5). **Bei gleichem Qualitätsurteil Reihenfolge nach Alphabet.** *) Führt zur Abwertung. 1) Laut Anbieter nicht mehr erhältlich. 2) Von uns bezahlter Einkaufspreis. 3) Wird exklusiv bei Douglas vertrieben. 4) Laut Anbieter Auslobung geändert. 5) Gemessen. 6) Laut Anbieter inzwischen geändert. 7) Lack auf Wasserbasis. 8) Vorbehandlung der Nägel entsprechend der Gebrauchsanleitung. **Einkauf der Prüfmuster:** Oktober/November 2011.

62 Kosmetik

Nagellacke 3

test — Blaue Nagellacke — 6 / 2012

www.test.de	Farbton laut Anbieter	Mittlerer Preis in Euro ca. / Inhalt in ml	Preis pro ml in Euro ca.	Kosmetische Eigenschaften	Handhabung	Durchtrocknen	Deklaration und Werbeaussagen	test - QUALITÄTS URTEIL
Gewichtung				35 %	30 %	25 %	10 %	**100 %**
Anny Nagellack [1]	386 dancing in the rain	9,50 / 15	0,63	+	+	+	+	**GUT (2,2)**
Kiko nail lacquer	336	3,90 / 11	0,35	+	+	O	+	**GUT (2,3)**
MNY Maybelline [2]	659	1,95[3] / 7	0,28	O [*]	+	+	+	**BEFRIED. (2,6)**
Alessandro Nagellack	Art. 77-160	9,95 / 10	1,00	O [*]	+	+	+	**BEFRIED. (2,9)**
Essence colour & go quick drying nail polish [4]	55 let's get lost	1,59 / 5	0,32	O	O	—	— [*]	**AUSREICH. (4,4)**

Bewertungsschlüssel der Prüfergebnisse: ++ = Sehr gut (0,5–1,5). + = Gut (1,6–2,5). O = Befriedigend (2,6–3,5). ⊖ = Ausreichend (3,6–4,5). — = Mangelhaft (4,6–5,5). **Bei gleichem Qualitätsurteil Reihenfolge nach Alphabet.** [*] **Führt zur Abwertung.**
1) Wird exklusiv bei Douglas vertrieben. **2)** Laut Anbieter nicht mehr erhältlich. **3)** Von uns bezahlter Einkaufspreis.
4) Laut Anbieter inzwischen geändert. **Einkauf der Prüfmuster:** Oktober/November 2011.

Zwei Wochen im Praxistest

Je zehn Probandinnen nahmen ein Produkt unter die Lupe. Sie lackierten sich über zwei Wochen lang die Fingernägel. Zusätzlich prüften Profitesterinnen jeden Nagellack. Allen war wichtig, dass ein Nagellack gut deckt, schön glänzt und lange haftet. Glanz und Deckkraft beurteilten sie überwiegend als gut oder sogar sehr gut. Anders die Haltbarkeit: Nur jeder zweite Lack haftet gut, darunter auch die meisten, die mit Langzeitwirkung werben. Versprechen wie Halt bis zu sieben oder gar bis zu zehn Tage sind deutlich zu hoch gegriffen. Das Fazit der Haltbarkeitsprüfung: Wer keine ausgefransten Ränder hinnehmen, sondern makellos aussehen möchte, kommt nicht darum herum, den Nagellack alle drei bis fünf Tage zu erneuern oder zumindest auszubessern.

Ein Traum: trocken in Sekunden

Die vermeintlich schnell trocknenden Nagellacke waren nie nach Sekunden trocken, wie die Werbung oft verspricht. Dafür bekamen sie Minuspunkte. Sie sind jedoch zumindest oberflächlich schneller trocken als die anderen Lacke, nämlich nach etwa fünf Minuten. Bei denen, die keine Trocknungszeiten angeben, muss man manchmal zehn Minuten oder noch länger warten. Wer es eilig hat und nur einmal lackieren möchte, sollte zu einem One-Coat-Lack greifen. Im Test: Astor Quick'n Go. Er kam aber insgesamt nicht über befriedigend hinaus.

Entfernen ist oft mühsam

Alle Lacke lassen sich unkompliziert handhaben, auftragen und verteilen. Das Entfernen ist oft mühsamer. Nur die roten Nagellacke MNY Maybelline, Sante, p2 von dm und alessandro sowie die blauen Kiko und alessandro lassen sich völlig unproblematisch wieder entfernen.

Allergische Reaktionen auf die Lacke traten im Test nicht auf. Sie sind allerdings ohnehin selten und betreffen auch nicht die verhornte, leblose Nagelplatte, sondern Stellen am Körper, die mit lackierten, nicht durchgetrockneten Nägeln in Kontakt gekommen sind. ■ **Anbieter Seite 259**

test Jahrbuch 2013 — Kosmetik 63

3 Nassrasierer für Damen

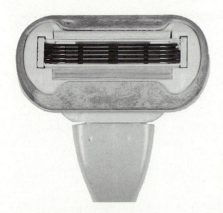

Unser Rat

Sehr gut waren nur Markenrasierer: von **Gillette Venus Embrace**, **Venus Pro Skin Sensitive** (je 10,50 Euro), **Venus Spa Breeze** (10,50 Euro mit Ersatzklinge) und **Venus** (9 Euro mit Ersatzklinge) sowie von **Wilkinson Sword Quattro for women** (7,20 Euro) und **Quattro for women Bikini Sensitive** (11 Euro). **Gillette Venus Oceana** (5,90 Euro für 3 Stück) war der einzige sehr gute Einwegrasierer.

Göttlich glatt dank Venus

7/2012 Gillettes Venus-Rasierer liegen vorn. Auch Wilkinson Sword hat sehr gute Rasierer. Doch der Lady Protector schützt Ladys Haut nicht.

Schön wie eine Göttin. Glaubt man der Werbung, ist es ganz einfach, sich so zu fühlen. Seidenglatte Haut, und die Göttin ist geweckt. Die Werbung zielt auf junge Frauen. Vor allem sie streben nach glatter Haut. Laut einer Studie der Uni Leipzig entfernen sich 80 Prozent der 18- bis 30-Jährigen gelegentlich oder regelmäßig Körperhaare.

Die meisten deutschen Frauen benutzen Nassrasierer, um lästige Haare in den Achselhöhlen, an den Beinen und in der Bikinizone loszuwerden. Unvorstellbar, dass sich auch Venus, Göttin der Schönheit und Liebe, mit solch irdischen Problemen plagt. Dennoch, die nach ihr benannten Rasierer von Gillette schnitten im Test von 20 Systemrasierern mit wechselbaren Klingen und 9 Einwegrasierern am besten ab. Es gab mehrere Sieger: Sieben Rasierer waren sehr gut, fünf von Gillette, zwei von Wilkinson Sword.

35 Frauen haben für uns jeden Rasierer getestet – im Labor unter den Achseln und an den Beinen, zuhause auch in der Bikinizone. Wir beurteilten Rasierergebnis und -komfort, Hautschonung und Handhabung.

Komfortabler als Herrenrasierer

Manche Frauen schwören auf Herrenrasierer. Deshalb haben wir die oft pastellfarbenen Damenrasierer gegen ein nüchternes, häufig genutztes Herrenmodell antreten lassen, den Gillette Mach3. Das Ergebnis: Die sehr guten Damenrasierer spielen beim Rasieren in derselben Liga wie der Mach3. Sie bieten aber mehr Komfort. Mit ihrem abgerundeten Schwingkopf und ergonomisch

Wie Sie die Haut schonen

Nassrasierer sollten nicht auf trockener Haut benutzt werden. Warmes Wasser macht die Haare weich, entspannt die Hautporen und senkt die Gefahr, sich zu schneiden. Mit einer dünnen Schicht Rasierschaum, Rasier- oder Duschgel gleiten die Klingen besser. Der Wilkinson Sword Intuition Naturals mit Seifenblock und Gillette Venus Spa Breeze mit Rasiergelkissen produzieren etwas Schaum.

Nassrasierer für Damen 3

test | Systemrasierer mit Wechselklingen | 7 / 2012

www.test.de	Mittlerer Preis in Euro ca.	Anzahl der Ersatzklingen pro Packung	Rasieren	Hautschonung	Handhabung	test-QUALITÄTS-URTEIL
Gewichtung			40 %	40 %	20 %	100 %
Gillette Venus Embrace	10,50	0	++	++	++	SEHR GUT (1,3)
Gillette Venus Pro Skin Sensitive	10,50	0	++	++	++	SEHR GUT (1,3)
Gillette Venus Spa Breeze	10,50	1	++	++	++	SEHR GUT (1,4)
Gillette Venus	9,00	1	++	+	++	SEHR GUT (1,5)
Wilkinson Sword Quattro for women	7,20	0	++	++	+	SEHR GUT (1,5)
Wilkinson Sword Quattro for women Bikini Sensitive	11,00	0	++	++	+	SEHR GUT (1,5)
dm / Balea Fantastique	4,95	0	+	+	+	GUT (1,9)
Rossmann / Isana Pace 6 Lady	6,00	0	+	+	+	GUT (1,9)
Müller / M-Lady Blue Lagoon 6	5,95	0	Ist gleich mit Rossmann / Isana Pace 6 Lady			GUT (1,9)
Schlecker / Rilanja Body Pretty Woman Sensitive[1]	5,00	0	+	+	+	GUT (1,9)
Croma Vanity sensitive skin	4,95	0	Ist gleich mit Schlecker / Rilanja Body Pretty Woman Sensitive			GUT (1,9)
Edeka / Elkos Body Vanity sensitive skin	6,00	0				GUT (1,9)
Real Quality Rasierer for women 5-Klingen-System	5,00	0				GUT (1,9)
Wilkinson Sword Intuition Naturals Sensitive Care	6,90	0	+	+	O	GUT (2,0)
Schlecker / Rilanja Body Pretty Woman Glamour[1]	4,00	1	+	+	O	GUT (2,4)
Croma Laguna	3,45	1	Ist gleich mit Schlecker / Rilanja Body Pretty Woman Glamour			GUT (2,4)
Rossmann / Isana Vabene I	3,50	1	O	O*)	O	BEFRIED. (2,7)
dm / Balea Mystique	3,45	1	+	O*)	O	BEFRIED. (2,8)
Müller / M-Lady Vanity3	3,45	0	Ist gleich mit dm / Balea Mystique			BEFRIED. (2,8)
Wilkinson Sword Lady Protector	3,95	0	O	⊖*)	O	AUSREICH. (4,4)

Bewertungsschlüssel der Prüfergebnisse: ++ = Sehr gut (0,5–1,5). **+** = Gut (1,6–2,5). O = Befriedigend (2,6–3,5).
⊖ = Ausreichend (3,6–4,5). — = Mangelhaft (4,6–5,5). **Bei gleichem Qualitätsurteil Reihenfolge nach Alphabet.**
*) Führt zur Abwertung.
1) Anbieter existiert nicht mehr. **Einkauf der Prüfmuster:** Oktober bis Dezember 2011.

geformten Griff kommt frau in der Regel besser an schwer erreichbare Stellen in der Bikinizone und Achselhöhle als mit dem im Vergleich relativ kantigen Männerrasierer.

Neben der Form des Rasierers und des Rasierkopfs sind für eine perfekte Haarentfernung die Klingen wichtig. Mehr Klingen bedeuten aber nicht unbedingt ein besseres ▶

test Jahrbuch 2013

Kosmetik 65

3 Nassrasierer für Damen

✚ test — Einweg-Nassrasierer — 7 / 2012

www.test.de	Mittlerer Preis in Euro ca.	Anzahl der Einwegrasierer pro Packung	Rasieren	Hautschonung	Handhabung	✚ test-QUALITÄTS-URTEIL
Gewichtung			40 %	40 %	20 %	100 %
Gillette Venus Oceana	5,90	3	+	++	++	SEHR GUT (1,5)
Wilkinson Sword Xtreme3 Beauty	4,85	6	+	+	+	GUT (1,8)
Rossmann / Isana Damen Einwegrasierer 3-Klingen	2,99	4	+	+	+	GUT (2,1)
Croma Infinity	2,95	4	Ist gleich mit Rossmann / Isana Damen Einwegrasierer 3-Klingen			GUT (2,1)
Schlecker / Rilanja Body Pretty Woman Active[1]	2,99	4				GUT (2,1)
Gillette Simply Venus 2	2,30	4	O	O	O	BEFRIED. (2,8)
Wilkinson Sword Extra2 Beauty	1,92	4	O	O[*]	O	BEFRIED. (2,9)
dm / Balea Einwegrasierer	0,85	5	O	O[*]	⊖	BEFRIED. (3,5)
Edeka / Elkos Body Calypso[2]	0,95	5	Ist gleich mit dm / Balea Einwegrasierer			BEFRIED. (3,5)

Bewertungsschlüssel der Prüfergebnisse: ++ = Sehr gut (0,5–1,5). + = Gut (1,6–2,5). O = Befriedigend (2,6–3,5).
⊖ = Ausreichend (3,6–4,5). — = Mangelhaft (4,6–5,5). **Bei gleichem Qualitätsurteil Reihenfolge nach Alphabet.**
*) Führt zur Abwertung. 1) Anbieter existiert nicht mehr. **2)** Laut Anbieter inzwischen geändert.
Einkauf der Prüfmuster: Oktober bis Dezember 2011.

Ergebnis. So schnitt der 6-Klingen-Rasierer Isana Pace 6 von Rossmann schlechter ab als der Venus mit nur halb so vielen Klingen. Weniger als drei Klingen sollten es jedoch nicht sein: Die Modelle mit nur zwei Klingen im Test rasierten nicht gut.

Lady Protector verdient Namen nicht
Zu den Rasierern mit nur zwei Klingen gehört der Wilkinson Sword Lady Protector. Er ließ Stoppeln stehen. Vor allem aber fügte der „Damenbeschützer", so die wörtliche Übersetzung, jeder fünften Probandin solche Schnittverletzungen zu, dass die Tester sie mit einem Pflaster verarzten mussten. „Der Name ist eine Frechheit", lautete das Urteil einer Probandin, die sich mit dem Lady Protector das Schienbein aufschürfte.

Venus siegt auch bei Einwegmodellen
Auch der Balea-Einwegrasierer von dm arbeitete nicht besonders hautschonend. Er war der schlechteste Einwegrasierer im Test.

Nur einer schaffte hier die Note sehr gut: wieder ein Gillette Venus – Oceana. Ein Dreierpack kostet 5,90 Euro. Alle anderen Einwegmodelle sind einfacher gestaltet. Mit ihren eckigen, teils starren Rasierköpfen ist es recht mühsam, Haare unter der Achsel und in der Bikinizone zu entfernen. Dass die Einwegschrapper recht leicht sind, ist auf Reisen nur ein kleiner Vorteil. Ihre Schutzkappen schützen aber gut vor Verletzungen. Bei den Systemrasierern bietet nur Wilkinson Sword dieses nützliche Extra.

Beliebt sind Einwegrasierer aber vor allem wegen ihres Preises: Nur 75 Cent pro Stück kostet der günstigste gute, der Isana Damen Einwegrasierer von Rossmann. Selbst der günstigste gute Systemrasierer von Schlecker ist mehr als fünfmal so teuer in der Anschaffung. Eine Wechselklinge dafür kostet 1,11 Euro. Wer den zusätzlichen Müll bedenkt, der mit jedem Einwegrasierer im Abfalleimer landet, ist dennoch schnell beim Systemrasierer. ■ **Anbieter Seite 259**

Sonnenschutz im Winter 3

Unser Rat

Die Favoriten der Tester waren die Kombiprodukte aus Sonnencreme und Lippenschutzstift **Sun Ozon** von **Rossmann** für 71 Cent sowie **Sun Dance** von **dm** für 84 Cent pro 10 Milliliter. Das dm-Produkt ist laut Anbieter inzwischen verändert. Auch zuverlässig, aber teurer: **Ladival** (3,45 Euro pro 10 Milliliter). Wer extra Lippenschutz einpacken mag, ist auch mit **Ilrido** und **Mawaii** gut geschützt.

Geschützt bei Wintersonne

1/2012 Nicht alle Winter-Sonnencremes im Test schützen zuverlässig. Zwei halten den versprochenen Lichtschutzfaktor nur mangelhaft ein.

Wer im Winter Urlaub im verschneiten Hochgebirge plant, braucht einen fettreichen, vergleichsweise wasserarmen Sonnenschutz. Er soll die Haut nicht nur vor zu viel Sonne, sondern auch vor frostigen Temperaturen abschirmen. Wir haben acht solcher Winter-Sonnenschutzmittel getestet.

Auch wenn die Mehrzahl von ihnen gut schützt, auf einige Produkte ist kein Verlass: Die Cremes von Garnier Ambre Solaire und Piz Buin unterschreiten den versprochenen Lichtschutzfaktor um mehr als 20 Prozent – das ist mangelhaft. Hier droht deutlich schneller Sonnenbrand, als der versprochene Lichtschutzfaktor 30 erwarten lässt. Ebenfalls mangelhaft, weil nicht vorhanden, ist der Schutz vor Ultraviolett-A-Strahlen beim Lippenschutzstift von Piz Buin. Kurios: Der Stift hat LSF 20, die Creme 30. Das ist laut Anbieter inzwischen geändert.

Fettreich und teuer

Die Sonnencremes für den Winter werden in Tuben mit oft nicht mehr als 20 Milliliter Inhalt angeboten. Die kleinen Tuben passen in jede Jackentasche, auch mit zusätzlichem Lippenschutz. Passend zu ihrem Einsatzzweck sind die speziellen Winter-Sonnenschutzmittel fettreicher als der Sommer-Sonnenschutz, aber oft auch deutlich teurer. So kosten die Tübchen, die kaum länger als eine Woche ausreichen werden, zwischen knapp 2 und 12 Euro. Umgerechnet auf 10 Milliliter sind das 71 Cent bei Sun Ozon von Rossmann und 5,40 Euro bei Piz Buin. ▶

Bei großer Kälte mit Maske

Nicht geizen: Tragen Sie das Sonnenschutzmittel immer reichlich auf. Und cremen Sie besonders Nase und Wangenknochen wiederholt ein.
Mit Maske: Wer bei extremen Minusgraden Ski laufen will, für den kann auch eine spezielle Maske hilfreich sein. Sie sollte aus wasserabweisendem, wärmeisolierendem Material bestehen und ist übers Internet oder in Sportgeschäften erhältlich.

test Jahrbuch 2013 　　　　　　　　　　　　　Kosmetik 67

3 Sonnenschutz im Winter

test — Sonnenschutz im Winter — 1 / 2012

www.test.de	Licht-schutz-faktor	Inhalt in ml oder g		Mittlerer Preis in Euro ca.	Preis pro 10 ml in Euro ca.	Einhaltung des Lichtschutz-faktors (UVB)		UVA-UVB-Verhältnis (1:3)		Werbe-aussagen, Beschrif-tungen
		Creme	Stift			Creme	Stift	Creme	Stift	
Creme und Stift										
dm/Sun Dance Winter Kombi Creme & Stift[1]	30	20	3,2	1,95	0,84	+	+	+	+	+
Ladival Alpin Sonnen- und Kälteschutz Creme und Stift	30	20	3,2	7,95	3,45	+	+	+	+	○
Rossmann/Sun Ozon Sonnen- und Kälteschutz Creme & Stift[2]	25	25	3,2	1,99	0,71	+	+	+	+	+
Tiroler Nussöl Alpin Sonnencreme & Lippenschutz	30	20	3,2	9,90	4,25	⊖[3]	⊖[3]	+	+	+
Piz Buin Mountain Suncream + Lipstick M	30/20[4]	20	2,3	12,00	5,40	—	+	+	—	⊖
Creme										
Ilrido Wintercreme Sonnen- und Kälteschutz	30	25	Ent-fällt	5,95	2,38	+	Ent-fällt	+	Ent-fällt	○
Mawaii AllWeather Sun, Wind and Cold Protection[2][5]	30	75	Ent-fällt	17,90	2,39	+	Ent-fällt	+	Ent-fällt	—[6]
Garnier Ambre Solaire UVSki Sonnenschutzcreme[7]	30	30	Ent-fällt	6,95[8]	2,32	—	Ent-fällt	+	Ent-fällt	⊖

Bewertungsschlüssel der Prüfergebnisse: ++ = Sehr gut (0,5–1,5). **+** = Gut (1,6–2,5). ○ = Befriedigend (2,6–3,5). ⊖ = Ausreichend (3,6–4,5). **—** = Mangelhaft (4,6–5,5).
Reihenfolge nach Einhaltung des Lichtschutzfaktors Creme. Bei gleichem Urteil alphabetisch.
*) Führt zur Abwertung. M = Mogelpackung. 1) Laut Anbieter inzwischen geändert. 2) Laut Anbieter inzwischen Deklaration geändert. 3) Deklarierter Lichtschutzfaktor deutlich überschritten. 4) Laut Anbieter hat der Stick jetzt LSF 30. 5) Wird für alle Jahreszeiten angeboten. 6) Fehler in der Auslobung. 7) Nicht in Deutschland erhältlich. 8) Preis in Österreich.
Einkauf der Prüfmuster: Oktober bis November 2011.

Keine Prüfmethode für Kälteschutz

Der Kälteschutz wurde nicht getestet. Es gibt dafür nämlich aktuell keine anerkannte reproduzierbare Prüfmethode, die genügend Aussagekraft für frostige Tage auf der Piste hat. Der einzige Anhaltspunkt, der etwas darüber aussagt, wie effektiv der Kälteschutz ist, ist der Emulsionstyp einer Creme. Vor allem bei fettreichen Rezepturen auf Ölbasis ist tatsächlich auch ein Schutz vor Kälte gegeben. Im Test bieten jedoch nur drei der Cremes – Ladival, Mawaii und das Tiroler Nussöl – diese sogenannten Wasser-in-Öl-Emulsionen. ■ **Anbieter Seite 259**

68 Kosmetik

Sonnenschutzmittel 3

✚ Unser Rat

Die besten guten Sonnenschutzmittel im Test, die gleichzeitig die Haut sehr gut mit Feuchtigkeit anreichern, waren **Sun Dance Transparentes Sonnenspray** von **dm**, **Cien Sonnenmilch classic** von **Lidl**, **Lavozon Sonnen Milch** von **Müller** und **Sun Ozon Sonnenlotion Soft & Light** von **Rossmann**. Die Sonnenmilchprodukte von Lidl und Müller sind dabei mit Abstand die preiswertesten.

Viel hilft viel

7/2012 Guter Sonnenschutz muss nicht teuer sein: Die besten Produkte im Test waren auch die günstigsten. Auf teure ist nicht immer Verlass.

Nicht kleckern, sondern klotzen. So heißt die Devise beim Sonnenschutz. Hautärzte empfehlen mitteleuropäischen Bleichgesichtern Sonnenschutzmittel mit einem hohen Schutzfaktor von 30 und mehr – jedenfalls zum Beginn des Sommers. Wir haben 20 davon geprüft, Sonnenmilch, -spray, -öl und eine -creme: Immerhin 14 erfüllen die Prüfanforderungen gut, zwei sind allerdings insgesamt mangelhaft.

Gute Sonnenschutzmittel bekommt man schon für weniger als 2 Euro pro 100 Milliliter. Mehr als zehnmal so viel zahlt der Kunde für das teuerste Produkt in unserem Test, das Sonnenöl von Lancaster. Es erzielte gerade noch das test-Qualitätsurteil gut. Guter Sonnenschutz muss also nicht teuer sein. Das ist umso erfreulicher, da Sonnenhungrige sich immer wieder reichlich eincremen müssen, um den versprochenen Schutz vor den ultravioletten Strahlen wirklich zu erhalten. Für den ganzen Körper ist mit etwa drei Esslöffeln Sonnenmilch zu rechnen. Da ist die Flasche recht schnell leer. Schön, wenn sie nur 3 Euro kostet.

Zweimal Schutz vor UVA mangelhaft
Wie viel man auch ausgibt: Am wichtigsten ist der Schutz vor ultravioletter Strahlung, vor UVA- und UVB-Strahlen. Die getesteten Produkte schützen alle vor UVB-Strahlen mindestens entsprechend ihrem Licht- oder Sonnenschutzfaktor 30, kurz LSF oder SPF. Zwei schirmen jedoch nur mangelhaft die ebenso kritischen UVA-Strahlen ab: eco Bio-Sonnencreme und A New Solar Advance ▶

So schützen Sie sich vor Sonne
Kleidung tragen: Textilien schwächen die aggressiven Sonnenstrahlen ab. Bedecken Sie sich, wenn Sie Ihre Haut schützen wollen. Dunkle, dichtgewebte Stoffe schützen am besten. Nasse Kleidung hält UV-Strahlen weniger ab als trockene.
Kopf bedecken: Schützen Sie Ihre Augen und tragen Sie Hut oder Tuch. Sonnenschirme spenden zwar Schatten, schützen aber nur begrenzt.

test Jahrbuch 2013   Kosmetik 69

3 Sonnenschutzmittel

test — Sonnenschutzmittel I mit Lichtschutzfaktor 30 — 7 / 2012

www.test.de

	Inhalt in ml / Mittlerer Preis in Euro ca.	Preis für 100 ml in Euro ca.	Einhaltung des Lichtschutzfaktors (UVB)	UVA-Schutz	Feuchtigkeitsanreicherung	Anwendung	Entnahme bei 20 °C/40 °C	Mikrobiologische Qualität	Anwendungshinweise	Werbeaussagen, Beschriftungen	test-QUALITÄTSURTEIL
Gewichtung			30 %	15 %	15 %	10 %	10 %	5 %	10 %	5 %	100 %
dm/Sun Dance Transparentes Sonnenspray	200 / 3,65	1,83	+	+	++	+	+	++	++	++	GUT (1,7)
Lidl/Cien Sonnenmilch classic	250 / 2,99[1]	1,20	+	+	++	+	+	++	++	+	GUT (1,7)
Müller/Lavozon Sonnen Milch	200 / 2,95	1,48	+	+	++	+	+	++	++	++	GUT (1,7)
Aldi (Süd)/Ombia Sun Spezial Sonnenlotion Light Touch	200 / 5,00	2,50	+	+	+	++	+	++	++	○	GUT (1,8)
Rossmann/Sun Ozon Sonnenlotion Soft & Light[2]	200 / 4,80	2,40	+	+	++	+	○	++	++	+	GUT (1,8)
Schlecker/AS Suncare Clear Sonnenspray[3]	200 / 5,00	2,50	+	+	+	+	+	++	++	+	GUT (1,9)
Tiroler Nussöl Sonnenmilch	150 / 20,90	13,90	+	+	○	+	+	++	++	+	GUT (2,0)
Biotherm Lait Solaire	200 / 19,90	9,95	+	+	○	+	+	++	++	+	GUT (2,1)
Nivea Sun Light Feeling Sun Lotion	200 / 10,00	5,00	+	+	○	+	○	++	++	+	GUT (2,1)
Nivea Sun protect & bronze Sun Lotion	200 / 10,00	5,00	+	+	○	+	○	++	++	+	GUT (2,1)

Bewertungsschlüssel der Prüfergebnisse: ++ = Sehr gut (0,5–1,5). + = Gut (1,6–2,5). ○ = Befriedigend (2,6–3,5).
⊖ = Ausreichend (3,6–4,5). — = Mangelhaft (4,6–5,5). **Bei gleichem Qualitätsurteil Reihenfolge nach Alphabet.**
1) Je nach Region auch 2,95 Euro.
2) Laut Anbieter Deklaration geändert.
3) Anbieter existiert nicht mehr. **Einkauf der Prüfmuster:** März/April 2012.

Sunscreen Body Mist von Avon. Die Folge war im test-Qualitätsurteil die Note mangelhaft. Sonnenschutzmittel mit Lichtschutzfaktor 30 oder 50 gehören zur Schutzklasse „hoch". Sie filtern etwa 95 Prozent der Strahlung heraus. Verbraucher kaufen heute meist Sonnenschutzmittel dieser Kategorie. Übrigens: Wer fürchtet, damit nicht braun zu werden, liegt falsch. Es dauert nur etwas länger. Die Pigmente in der Haut bauen sich langsamer auf. Dafür ist der schicke Sommer-Teint umso beständiger. ■ **Anbieter Seite 259**

Sonnenschutzmittel 3

test — Sonnenschutzmittel II · mit Lichtschutzfaktor 30 — 7 / 2012

www.test.de

	Inhalt in ml / Mittlerer Preis in Euro ca.	Preis für 100 ml in Euro ca.	Einhaltung des Lichtschutzfaktors (UVB)	UVA-Schutz	Feuchtigkeitsanreicherung	Anwendung	Entnahme bei 20°C/40°C	Mikrobiologische Qualität	Anwendungshinweise	Werbeaussagen, Beschriftungen	test - QUALITÄTS- URTEIL
Gewichtung			30%	15%	15%	10%	10%	5%	10%	5%	100%
Garnier Ambre Solaire Light & Silky Sonnenschutz-Milch	200 / 8,15	4,10	+	+	O	+	O	++	++	O	GUT (2,2)
Garnier Ambre Solaire Sonnen-Öl	150 / 7,25	4,85	+	+	O	++	+	++	O	O	GUT (2,3)
Lancaster Sun Beauty Satin Sheen Oil Fast Tan Optimizer	150 / 30,00	20,00	+	+	O	+	+	O	O	O	GUT (2,4)
Yves Rocher Protectyl Végétal Sonnenschutzspray 3 in 1	150 / 16,10	10,70	O[1]	+	+	++	O	+	+	+	GUT (2,4)
Vichy Sonnenschutz-Milch	300 / 20,00	6,70	+	+	O	+	⊖*⁾	+	++	O	BEFRIED. (2,8)
Annemarie Börlind Sun Care Sonnen-Milch	125 / 18,00	14,40	+	+	++	⊖	⊖*⁾	++	O		BEFRIED. (3,1)
La Roche-Posay Anthelios Milch	100[2] / 16,50	16,50	+	+	+	+	+	⊖*⁾	+	O	BEFRIED. (3,1)
dm/alverde Sonnenmilch Schisandra Bio	200 / 5,95	3,00	+	+	++	O	O	⊖*⁾	+	+	BEFRIED. (3,2)
Avon A New Solar Advance Sunscreen Body Mist	150 / 28,00	18,70	+	—*⁾	O	+	+	++	⊖	⊖	MAN-GELH. (5,0)
Eco Sonnencreme mit Sanddorn und Olive Bio M	75 / 14,00	18,70	+	—*⁾	++	O	+	⊖	O	O	MAN-GELH. (5,0)

Bewertungsschlüssel der Prüfergebnisse: ++ = Sehr gut (0,5–1,5). + = Gut (1,6–2,5). O = Befriedigend (2,6–3,5).
⊖ = Ausreichend (3,6–4,5). — = Mangelhaft (4,6–5,5). **Bei gleichem Qualitätsurteil Reihenfolge nach Alphabet.**
*) Führt zur Abwertung. M = Mogelpackung.
1) Lichtschutzfaktor deutlich überschritten.
2) Laut Anbieter auch 300 ml für 19,95 Euro im Angebot. **Einkauf der Prüfmuster:** März/April 2012.

test Jahrbuch 2013 — Kosmetik 71

3 Zahnseide & Co.

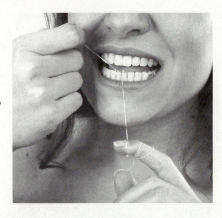

🕂 Unser Rat

Für normal weite Zwischenräume: Besonders empfehlen sich die Zahnseiden **dm/Dontodent Sensitiv Floss, Rossmann/Perlodent med sensitiv** und **Sunstar GUM**.
Für erweiterte Zwischenräume: Die Flauschzahnseiden von **Curaprox** und **Miradent** sind hier erste Wahl für die Reinigung. Interdentalbürsten reinigen weniger gründlich, sind aber einfacher zu handhaben.

Geschickt eingefädelt

9/2012 Zahnseide und Bürstchen machen zwischen den Zähnen sauber. Doch mit welchem Instrument geht es am besten und einfachsten?

Zugegeben, die Zahnzwischenräume zu reinigen, ist mühsamer als das Zähneputzen. Doch die Mühe lohnt sich. Das zeigt unser Test: Der Pflegezustand der Zähne besserte sich bei allen Probanden. Geprüft wurden exemplarisch 13 Zahnseiden, Flauschzahnseiden und Interdentalbürsten.

Zahnseide am besten gegen Belag
Am besten lassen sich die Beläge mit Zahnseide entfernen, jedenfalls bei normal weiten Zwischenräumen. In erweiterten Zahnzwischenräumen, unter Brücken oder bei festsitzenden Zahnspangen sind Flauschzahnseiden mit aufgebauschtem Mittelteil und verstärkten Enden erste Wahl. Doch im Endeffekt wird jeder je nach Gebissproblematik und Geschicklichkeit das für ihn geeignete Instrument selbst finden müssen.
Tipp: Im Zweifelsfall sollten Sie sich vom Zahnarzt oder der Prophylaxeassistentin beraten lassen. Wichtig ist in jedem Fall die regelmäßige und korrekte Anwendung von Zahnseide und Co. Nur dann lohnt sich der Aufwand, und die Zähne bleiben gesund.

Übung macht den Meister
Anfangs kann der Umgang mit den kleinen Helfern recht mühsam sein. Doch wenn das Zahnfleisch mal blutet, signalisiert das meist nur, wie notwendig die Reinigung ist. Zahnseide sollte wenigstens alle zwei Tage, besser noch täglich, verwendet werden. Menschen mit Herzfehlern oder künstlichen Herzklappen sollten auf jeden Fall täglich reinigen. ■   **Anbieter Seite 259**

So „fädeln" Sie richtig ein
Legen Sie die Zahnseide v-förmig um einen Zahn herum und bewegen Sie den Faden mit leichtem Druck etwa fünfmal auf und ab – nie hin und her – bis unter den Zahnfleischrand. Dann weiter zur nächsten Zahnseite. Wie viel Sie jedes Mal brauchen, ist Erfahrungssache. Es muss soviel sein, dass der Faden sicher zu halten ist und außerdem für jeden Zahn ein frisches Stück benutzt werden kann.

Zahnseide & Co. 3

test | Zahnseide & Co. | 9 / 2012

www.test.de	Produkt-beschreibung	Gebinde-größe	Mittlerer Preis in Euro ca.	Reinigungswirkung	Handhabung	Deklaration und Gebrauchshinweise	test - QUALITÄTS-URTEIL
Gewichtung				60 %	30 %	10 %	**100 %**
Anwendung bei normal weiten Zahnzwischenräumen							
dm/Dontodent Zahnseide Sensitiv Floss[4]	Sensitiv-Zahnseide	50 Meter	1,45	++[1]	+	O	**GUT (1,6)**
Rossmann/Perlodent med Zahnseide sensitiv	Sensitiv-Zahnseide	25 Meter	1,39	++[1]	+	+	**GUT (1,6)**
Sunstar GUM Easy Flossers Icy Mint gewachst	Zahnseide im Halter	30 Stück	1,78	++[1]	+	+	**GUT (1,6)**
Syncare Zahnseide gewachst mintfrisch mit Fluorid[5]	Gewachste Zahnseide	50 Meter	1,07	++[1]	+	O	**GUT (1,7)**
Müller/SensiDent Zahnseide ohne Zusatzstoffe ungewachst geschmacksneutral	Ungewachste Zahnseide	50 Meter	1,35	++[1]	O[*]	+	**GUT (2,1)**
Schlecker/AS-dent Zahnseide ungewachst[6]	Ungewachste Zahnseide	50 Meter	1,79	++[1]	O[*]	+	**GUT (2,3)**
Rewe Zahnseide Mint gewachst[4]	Gewachste Zahnseide	50 Meter	1,49	+[1]	O[*]	+	**GUT (2,4)**
Oral B Satin Tape Zahnband	Tape-Zahnseide	25 Meter	3,50	O[1]	+	+	**BEFRIEDI-GEND (2,7)**
Anwendung bei erweiterten Zahnzwischenräumen und festsitzenden Zahnspangen							
Curaprox Bridge and Implant DF 844	Flauschzahnseide mit Einfädler	30 Stück à 25 cm	10,80	+[2]	O[*]	+	**GUT (2,1)**
Miradent Mirafloss Implant chx medium	Flauschzahnseide mit Einfädler	50 Stück à 15 cm	6,00	+[2]	O[*]	+	**GUT (2,2)**
Rossmann/Perlodent med Interdental Set	Interdental-bürstenset mit langem Griff	1 Set mit 2 Bürstchen	2,79[7]	+[2]	+	+	**GUT (2,3)**
Dr. Best Interdental-Starter-Set[3]	Interdental-bürstenset mit kurzem Griff	1 Set mit 3 Bürstchen	4,00	+[2]	+	+	**GUT (2,4)**
Elmex Mix-Set Interdentalbürste	Interdental-bürstenset mit kurzem Griff	1 Set mit 3 Bürstchen	3,50	+[2]	+	+	**GUT (2,4)**

Bewertungsschlüssel der Prüfergebnisse: ++ = Sehr gut (0,5–1,5). + = Gut (1,6–2,5). O = Befriedigend (2,6–3,5). ⊖ = Ausreichend (3,6–4,5). — = Mangelhaft (4,6–5,5). **Bei gleichem Qualitätsurteil Reihenfolge nach Alphabet.**
*) Führt zur Abwertung.
1) In normal weiten Zahnzwischenräumen. **2)** In erweiterten Zahnzwischenräumen. **3)** Laut Anbieter nicht mehr erhältlich; Restbestände im Handel. **4)** Laut Anbieter Deklaration geändert, Zahnseide unverändert. **5)** Produkt laut Anbieter inzwischen verändert. **6)** Produkt ist nicht mehr oder nur eingeschränkt verfügbar. **7)** Je nach Region auch 2,29 Euro.
Einkauf der Prüfmuster: Dezember 2011 bis Februar 2012.

test Jahrbuch 2013   **Kosmetik 73**

4 Drucker

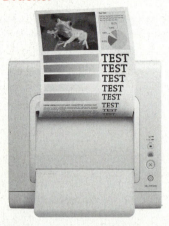

Unser Rat

Gleich drei Geräte teilen sich bei Schwarzweißlaserdruckern den ersten Platz: **Dell 1130n** (111 Euro), **HP Mono Laserjet Pro P1606dn** (177 Euro) und **Samsung ML-2955DW** (146 Euro). Günstig in der Anschaffung und sehr gut beim Drucken ist der **Epson Aculaser M1400** (68 Euro). Bei den Farbtintenstrahldruckern liegt der **Epson Stylus Office B42WD** (83 Euro) an der Spitze.

Laserdrucker für alle

3/2012 Früher waren Schwarzweißlaserdrucker für Wenignutzer zu teuer. Doch die Preise sinken, gute Geräte gibt es ab etwa 70 Euro.

Laserdrucker sind nun auch interessant für Nutzer, die wenig oder selten drucken. Sie kauften in der Vergangenheit wegen des deutlich günstigeren Preises meist Tintenstrahldrucker. Dafür mussten sie ein Risiko in Kauf nehmen: Die Tinte kann eintrocknen, die empfindlichen Druckdüsen verstopfen. Diese Gefahr besteht bei Lasergeräten nicht. Toner trocknet nicht ein. Wer hauptsächlich Text und gelegentlich einfarbige Grafiken drucken möchte, fährt mit einem guten Laserdrucker auf Dauer günstiger als mit einem Tintendrucker. Sind auch farbige Grafiken gewünscht, bietet sich ein Farblaser an. Für hochwertige Fotos eignen sich aber immer noch eher Tintenstrahlgeräte.

Laserdrucker gut für Schrift

Schwarzweiß-Lasergeräte gelten als „Schönschrift-Künstler". Diesen Ruf genießen sie zurecht: Im Test liefern alle sehr gute, gestochen scharfe Textausdrucke. Der gute Epson Aculaser M1400 mit sehr guten Druckergebnissen ist für 68 Euro zu haben. Beim Grafik- und Fotodruck sind einige Modelle jedoch wenig überzeugend: Kyocera FS-1120D, Lexmark E360d und Oki B411d bieten eine ausreichende Qualität beim Druck von Fotos. Sie tragen den Toner nicht gleichmäßig auf, die Bilder zeigen Streifen. Der Lexmark E360d stößt bei Grafiken früh an seine Grenzen: Er hat zum Beispiel Probleme mit Übergängen von Graustufen, druckt helles Grau manchmal gar nicht. Der beste Laser für Foto- und Grafikdruck ist der Dell.

Drucker fürs Heimnetzwerk

Wenn Mutter, Vater und Kinder von unterschiedlichen Computern auf denselben Drucker zugreifen wollen, muss dieser netzwerkfähig sein. Er lässt sich entweder per Kabelverbindung über Lan (Local Area Network) mit dem heimischen Router verbinden oder kabellos über WLan. Bei Epson Stylus Office B42WD und Samsung ML-2955DW funktionieren sogar beide Wege.

Drucker 4

test — Schwarzweißlaserdrucker — 3 / 2012

www.test.de	Mittlerer Preis in Euro ca.	Drucken	Tonerkosten	Handhabung	Vielseitigkeit	Umwelteigenschaften	test -QUALITÄTSURTEIL
Gewichtung		45 %	20 %	15 %	15 %	5 %	100 %
Dell 1130n	111,00[1]	++	+	+	○	+	GUT (2,0)
HP Mono Laserjet Pro P1606dn	177,00	+	+	+	○	+	GUT (2,0)
Samsung ML-2955DW	146,00	+	+	+	+	+	GUT (2,0)
HP Mono Laserjet Pro P1102w[2][3]	92,00	+	+	+	○	+	GUT (2,2)
Kyocera FS-1120D[4]	140,00	+	+	○	○	+	GUT (2,2)
Canon i-Sensys LBP6000	72,00	+	+	○	⊖	+	GUT (2,3)
Epson Aculaser M1400	67,50	++	+	○	⊖	+	GUT (2,3)
Brother HL-2130	61,50	+	○	+	⊖	+	GUT (2,4)
Lexmark E360d	208,00	○	+	○	○	○	GUT (2,5)
Oki B411d[5]	160,00	+	+	⊖ [*]	○	○	BEFRIED. (2,6)

Bewertungsschlüssel der Prüfergebnisse: ++ = Sehr gut (0,5–1,5). + = Gut (1,6–2,5). ○ = Befriedigend (2,6–3,5). ⊖ = Ausreichend (3,6–4,5). — = Mangelhaft (4,6–5,5). **Bei gleichem Qualitätsurteil Reihenfolge nach Alphabet.**
*) Führt zur Abwertung.
1) Preis laut Anbieter. 2) Auch ohne WLan als P1102 erhältlich. 3) Laut Anbieter inzwischen geändert.
4) Auch mit Lan als FS-1120DN erhältlich. 5) Auch mit Lan als B411dn erhältlich.
Einkauf der Prüfmuster: Oktober und November 2011.

test — Farbtintenstrahldrucker — 3 / 2012

www.test.de	Mittlerer Preis in Euro ca.	Drucken	Tintenkosten	Handhabung	Vielseitigkeit	Umwelteigenschaften	test -QUALITÄTSURTEIL
Gewichtung		45 %	20 %	15 %	15 %	5 %	100 %
Epson Stylus Office B42WD	83,00	+	+	+	+	++	GUT (2,1)
Canon Pixma iP4950	81,50	+	○	+	+	++	GUT (2,2)
Canon Pixma iP2700	44,50	+	○	+	⊖	+	BEFRIED. (2,8)
HP Deskjet 1000	27,10	+	○	○	⊖	+	BEFRIED. (3,0)

Bewertungsschlüssel der Prüfergebnisse: ++ = Sehr gut (0,5–1,5). + = Gut (1,6–2,5). ○ = Befriedigend (2,6–3,5). ⊖ = Ausreichend (3,6–4,5). — = Mangelhaft (4,6–5,5). **Bei gleichem Qualitätsurteil Reihenfolge nach Alphabet.**
Einkauf der Prüfmuster: Oktober und November 2011.

Tintenstrahler besser für Fotos

Bei Fotos sorgen gute Tintenstrahler für sichtbar bessere Ergebnisse als Lasergeräte. Das liegt an den Tintentröpfchen, die ein wenig ineinander verlaufen und vom Papier aufgenommen werden. Dadurch wirken Fotos lebendiger und nuancierter als bei kantenscharfen Laserausdrucken. Sehr gute Fotoqualität hat allerdings auch ihren Preis: rund 1,10 Euro oder mehr pro DIN-A4-Seite allein für die Tinte. Hinzu kommen die Kosten für spezielles Fotopapier. Aber ambitionierte Fotofreunde werden sich das trotzdem leisten. ■ **Anbieter Seite 260**

test Jahrbuch 2013

Computer 75

4 Drucker-Scanner-Kombis

Unser Rat

Bester Multifunktionsdrucker ist der **Canon Pixma MG8250** für 293 Euro. Bester Tintenstrahler mit Fax ist der **Epson Stylus Office BX635FWD** für 153 Euro. Die niedrigsten Tintenkosten verursacht der **Kodak Office Hero 6.1** für 180 Euro – auch ein Gerät mit Fax. Bei den Laserdruckern mit Fax beeindruckt der **HP Color Laserjet Pro CM1415fn** für 345 Euro mit ungewöhnlich gutem Fotodruck.

Test mit Überraschungen

4/2012 Ein Laser im Test druckt Fotos ungewöhnlich gut für seine Gattung. Bei einem anderen verblassen Drucke unerwartet deutlich.

Das gute alte Fax ist nicht totzukriegen. Auch im zweiten Jahrzehnt des 21. Jahrhunderts bietet der Elektronikhandel noch Faxgeräte an. Besonders Selbstständige und Unternehmen nutzen die Technik nach wie vor. Sie senden und empfangen damit Aufträge und Verträge schneller als per Brief und sicherer als per E-Mail. Das Faxprotokoll zeigt im Sendebericht, ob das Schreiben erfolgreich zugestellt wurde.

Jedes zweite ist gut
In den Test von 14 Drucker-Scanner-Kombigeräten haben wir daher 8 mit Faxfunktionalität aufgenommen. Die arbeitet bei allen geprüften Geräten gut. Erfreulich: Mehr als jedes zweite Gerät im Test schneidet auch insgesamt gut ab, der Rest befriedigend. Alle drucken und scannen am PC und fotokopieren auch unabhängig vom Computer. Die meisten arbeiten mit Tintenstrahltechnik, drei sind Farblaserdrucker. Einige liebgewonnene Gewissheiten über Tinten- und Laserdruck geraten bei diesem Test ins Wanken.

Eine alte Regel sagt: Laserdrucker brillieren mit gestochen scharfen Texten, schwächeln aber bei Fotos. Jetzt überrascht ein Laser im Test mit Farben, Kontrast und Natürlichkeit seiner Bilder: HP Color Laserjet Pro CM1415fn druckt Fotos richtig gut.

Verblasst unerwartet deutlich
Gleichfalls überraschend: Während Licht und Feuchtigkeit Laserdrucken sonst kaum

Tiefenschärfe beim Scannen
Günstige Multifunktionsdrucker für Heimanwender haben meist einfache Scanner mit kostengünstiger **CIS**-Technik. Nachteil: Diese Geräte scannen nur solche Vorlagen scharf, die absolut plan auf der Glasscheibe aufliegen. So werden etwa Scans von Büchern zur Falz hin unscharf. In diesem Test hat nur der Canon MG8250 einen **CCD**-Scanner mit deutlich größerem Schärfebereich.

76 Computer

test Jahrbuch 2013

Drucker-Scanner-Kombis 4

test Drucker-Scanner-Kombigeräte mit Tintenstrahldruck 4 / 2012

www.test.de	Mittlerer Preis in Euro ca.	Drucken	Scannen	Kopieren	Tintenkosten	Handhabung	Vielseitigkeit	Umwelteigenschaften	test-QUALITÄTS-URTEIL
Gewichtung		20%	10%	15%	20%	15%	15%	5%	100%
Canon Pixma MG8250	293	+	++	+	O	+	++	+	GUT (1,8)
Canon Pixma MG3150 [1)2)]	75	+	+	+	O	+	O	+	GUT (2,5)
HP Photosmart 5510 e-All-in-One [3)4)]	88	+	+	O	O	+	O	+	BEFRIED. (2,6)
Brother DCP-J525W	132	+	+	O	O	O	O	+	BEFRIED. (2,7)
HP Envy 110 e-All-in-One [5)6)]	242	+	+	O	O	+	O	+	BEFRIED. (2,7)
Epson Stylus SX440W [7)]	87	O	+	O	O	+	O	+	BEFRIED. (2,8)

Bewertungsschlüssel der Prüfergebnisse: **++** = Sehr gut (0,5–1,5). **+** = Gut (1,6–2,5). **O** = Befriedigend (2,6–3,5).
⊖ = Ausreichend (3,6–4,5). **—** = Mangelhaft (4,6–5,5). **Bei gleichem Qualitätsurteil Reihenfolge nach Alphabet.**
1) Auch ohne WLan und ohne Duplex als MG2150 erhältlich. **2)** Laut Anbieter Auslaufmodell. **3)** Auch mit Duplex als
Photosmart 5515 erhältlich. **4)** Laut Anbieter Auslaufmodell mit Nachfolger Photosmart 5520 e-All-in-One.
5) Auch in Schwarz als Envy 114 erhältlich. **6)** Laut Anbieter Auslaufmodell mit Nachfolger Envy 120 e-All-in-One.
7) Auch mit Hochglanzdeckel als SX445W erhältlich. **Einkauf der Prüfmuster:** Oktober/November 2011.

etwas anhaben, sind die Drucke des Brother MFC-9120CN unerwartet lichtempfindlich. Im Lichttest bleicht besonders der Magenta-Anteil aus. Das ist bei Laserdruckern ungewöhnlich. Licht und Wasser bereiten sonst eher Tintendrucken Probleme.

Designer-HP mit unscharfen Kopien
Der teuerste Tintendrucker im Test, der Canon Pixma MG8250 für 293 Euro, ist auch der beste. Wegen seiner Flutkatastrophe im Fertigungsland Thailand war das Gerät allerdings zunächst kaum zu bekommen. Ab dem Sommer gab es dann Nachschub. Der zweitteuerste im Test ist nur befriedigend: HP Envy 110 für 242 Euro gehört zum hinteren Mittelfeld. Kopien von Fotos geraten ihm unscharf, Details gehen verloren. Dabei wirkt das Gerät äußerlich ziemlich hochwertig und wartet mit interessanten Design-Details auf. So bietet es eine motorisierte Papierausgabe. Die fährt automatisch ein und aus, wenn gedruckt wird. Bei diesem Gerät zahlt der Kunde mehr fürs Design als für Druck- und Kopierqualität.

Verkehrte Welt bei den Druckkosten
Die Kosten für Tinte sind pro Seite traditionell höher als die für Toner. Tintendruck gilt im Vergleich zum Laser deshalb als die teurere Technik. Doch im Test drucken gleich fünf Tintenstrahler günstiger als die Laser. Besonders der Kodak Office Hero verblüfft: Ein Farbfoto im A4-Format druckt er für nur 45 Cent. Die günstigsten Laserfotos bringt der Brother aufs Papier: für 85 Cent. Doch qualitativ überzeugen sie nicht.

Wunder der Tintenvermarktung
Für die meisten Drucker gibt es Tintenpatronen in zwei Größen. Wir benutzen im Test stets die größeren, die in der Regel günstiger drucken. Nicht so bei Lexmark. Der Hersteller bietet für den Pro715 allein für Schwarz vier Patronen an. Die Tintenkosten haben wir mit der Patrone 155XL geprüft. Sie bietet die größte Kapazität zum günstigsten Preis. Die teurere Patrone 150XL unterscheidet sich laut Lexmark nicht durch den Inhalt, sondern nur durch den Preis. Wunder des Marketing! ▶

test Jahrbuch 2013   Computer 77

4 Drucker-Scanner-Kombis

✚ test | Drucker-Scanner-Kombigeräte mit Fax — 4 / 2012

www.test.de	Mittlerer Preis in Euro ca.	Drucken	Scannen	Kopieren	Fax	Tinten- oder Tonerkosten	Handhabung	Vielseitigkeit	Umwelteigenschaften	✚ test-QUALITÄTS-URTEIL
Gewichtung		20%	10%	10%	5%	20%	15%	15%	5%	100%
Tintenstrahl-Multifunktionsdrucker mit Fax										
Epson Stylus Office BX635FWD[1]	153	+	+	+	+	+	○	++	+	GUT (2,1)
Kodak Office Hero 6.1[2]	180	+	+	○	+	+	+	+	+	GUT (2,2)
Dell V715w[3]	133	+	+	+	+	○	+	+	○	GUT (2,4)
Lexmark Pro715[3]	186	+	+	○	+	○	+	+	+	GUT (2,4)
Brother MFC-J625DW	204	+	+	○	+	○	○	+	○	GUT (2,5)
Farblaser-Multifunktionsdrucker mit Fax										
HP Color Laserjet Pro CM1415fn[3][4]	345	+	○	○	+	○	+	○	○	GUT (2,5)
Samsung CLX-3185FN[3][5]	264	+	+	○	+	○	○	○	○	BEFRIEDIGEND (2,7)
Brother MFC-9120CN	395	+	+	+	+	○	○	○	⊖ [*]	BEFRIEDIGEND (3,2)

Bewertungsschlüssel der Prüfergebnisse: ++ = Sehr gut (0,5–1,5). + = Gut (1,6–2,5). ○ = Befriedigend (2,6–3,5).
⊖ = Ausreichend (3,6–4,5). — = Mangelhaft (4,6–5,5). **Bei gleichem Qualitätsurteil Reihenfolge nach Alphabet.**
[*] Führt zur Abwertung.
[1] Auch ohne Duplex als BX630FW erhältlich. [2] Laut Anbieter nicht mehr erhältlich. [3] Laut Anbieter Auslaufmodell.
[4] Auch mit WLan als CM1415fnw erhältlich. [5] Auch mit WLan als CLX-3185FW erhältlich.
Einkauf der Prüfmuster: Oktober/November 2011.

Stromhungrig beim Nichtstun

Unerfreulich ist der Stromverbrauch der Lasergeräte: Während sie untätig auf eingehende Faxe warten, ziehen HP und Samsung 7,5 Watt, Brother sogar mehr als 11 Watt. Einen reinen Laserdrucker könnte der Nutzer ausschalten, wenn er ihn nicht braucht. Doch Faxgeräte müssen angeschaltet bleiben, wenn sie Faxe empfangen sollen. Hier fehlt eine Stromsparschaltung.

Drucken und scannen im Netzwerk

Alle geprüften Multifunktionsdrucker lassen sich in ein lokales Netzwerk einbinden. So können mehrere Rechner auf den gemeinsamen Drucker und Scanner zugreifen. Die meisten lassen sich per WLan-Funk mit einem Netzwerkrouter verbinden. Die drei Laser brauchen für die Netzwerkverbindung dagegen ein Lan-Kabel. Einige der teureren Tintendrucker bieten beides.

Drucken vom iPhone und iPad

Interessant für iPhone- und iPad-Besitzer: Immer mehr Drucker unterstützen Apples Airprint-Technik. Damit lässt es sich bequem von Apples Mobilgeräten drucken. Bei anderen Druckern und bei Handys mit Android-Betriebssystem geht das über spezielle Apps. Einige Anbieter stellen auch Druckdienste übers Internet bereit. Der Nutzer kann dank der Dienste Aufträge per E-Mail vom Handy an den Drucker schicken. Das funktioniert dann von jedem Mobilgerät, unabhängig von Treibern und Betriebssystem. ■ **Anbieter Seite 260**

Druckertinten und -toner 4

✚ Unser Rat

Für den **Tintenstrahl-Drucker** von **Brother** bietet **Jet Tec** enorme Ersparnis bei guter Druckqualität. Bei **Canon**- und **HP**-Druckern schafft **Peach** die beste Qualität und höchste Ersparnis unter den Fremdtinten. Bei **Epson** liefern **Armor** und **KMP** gute Drucke mit deutlicher Ersparnis. Der **Pelikan**-Toner für **Samsung-Laser** schafft immerhin sehr guten Textdruck, spart aber nur 30 Prozent.

Sparen mit fremden Farben

10/2012 Tinte und Toner von Drittanbietern sparen Druckkosten. Keine erreicht die Druckqualität der Originale – doch einige kommen ihr nahe.

Günstige Drucker, teure Verbrauchsmaterialien – das ist das Geschäftsmodell der Druckeranbieter. Viele Verbraucher nutzen statt der teuren Originaltinten oder -toner günstigere Produkte von Drittanbietern. Doch die Ersparnis fällt je nach verwendetem Produkt höchst unterschiedlich aus. Und auch bei der Druckqualität zeigt der Test deutliche Unterschiede.

Pelikan spart am wenigsten
Am geringsten ist die Ersparnis im aktuellen Tintentest bei den Pelikan-Patronen für Canon: Sie beträgt nur 30 Prozent. Die Canon-Tinte von Peach spart dagegen 80 Prozent – und druckt zudem in besserer Qualität! Auch beim HP-Drucker druckt Peach am günstigsten und am besten.

Keine der Fremdtinten erreicht die Druckqualität der Originale. Die AgfaPhoto-Tinte für Brother, die Armor- und KMP-Tinte für Epson und die Peach-Tinte für HP kommen ihr immerhin nahe. Andere zeigen Schwächen im Druckbild oder bei der Wisch-, Wasser- oder Lichtbeständigkeit.

Erstmals im Test: Tonerkartuschen für Laserdrucker. Auch hier erreicht kein Alternativprodukt die Qualität der Originale. Der Pelikan-Toner für Samsung druckt immerhin Text sehr gut. Doch auch beim Toner spart Pelikan am wenigsten. Sämtliche Fremdtoner für HP zeigen Probleme bei der Wischbeständigkeit. Der schwarze Toner lässt sich auch nach Wochen noch mit dem Finger verwischen. ■ **Anbieter Seite 260**

Garantie und Gewährleistung
Manche befürchten, die Garantie für ihren Drucker würde erlöschen, wenn sie Fremdtinten nutzen. Doch **weder** die gesetzliche **Gewährleistung** des Händlers **noch** die freiwillige **Garantie** des Druckeranbieters **hängt von der verwendeten Tinte ab**. Nur wenn ein Schaden nachweislich durch eine Fremdtinte verursacht wurde, kann der Druckeranbieter eine Garantiereparatur ablehnen.

4 Druckertinten und -toner

⊞ test — Patronen für Tintendrucker I — 10 / 2012

www.test.de	Mittlerer Preis der Schwarz-/Farbpatronen in Euro ca.	Kosten pro Textseite/A4-Foto in Cent ca.	Preisersparnis Schwarz/Farbe in Prozent ca.	Ausdrucke	Handhabung	Verpackung	⊞ test-QUALITÄTS-URTEIL
Gewichtung				70 %	20 %	10 %	100 %
Brother: Originalset im Vergleich zu Fremdpatronen, geprüft mit Brother DCP-J125[1]							
Brother LC985BK; LC985C; LC985M; LC985Y	18,00 / 3 x 11,00	5,5 / 200		+	++	◯	**GUT (1,8)**
AgfaPhoto APB985BD; APB985CD; APB985MD; APB985YD	9,00 / 3 x 8,00	2,5 / 120	50 / 40	+	◯	◯	**GUT (2,3)**
Jet Tec B95B (101B098501); B95C (101B098502); B95M (101B098503); B95Y (101B098504)	5,00 / 3 x 4,60	1,0 / 35	80 / 80	+	+	◯	**GUT (2,5)**
Q-Ink BMC-985BK; BMC-985C; BMC-985M; BMC-985Y	4,00[2] / 3 x 4,00[2]	1,0 / 40	80 / 80	◯	+	+	**GUT (2,5)**
Armor 387; 388; 389; 390	6,40 / 3 x 4,80	1,5 / 70	70 / 70	◯	+	⊖	**BEFRIED. (2,7)**
Canon: Originalset im Vergleich zu Fremdpatronen, geprüft mit Canon Pixma iP4950[3]							
Canon PGI-525PGBK; CLI-526BK; CLI-526C; CLI-526M; CLI-526Y	16,00 / 4 x 14,00	6,5 / 120		+	++	◯	**GUT (2,0)**
Ink Swiss SICCHIP525B; SICCHIP526B; SICCHIP526C; SICCHIP526M; SICCHIP526Y	2,97 / 4 x 2,97	1,0 / 20	80 / 80	◯	+	◯	**BEFRIED. (2,9)**
Pelikan C43 (Art.-Nr. 4106599); C44 (Art.-Nr. 4106605); C45 (Art.-Nr. 4106612); C46 (Art.-Nr. 4106629); C47 (Art.-Nr. 4106636)	11,00 / 4 x 9,00	4,5 / 85	30 / 30	◯	+	◯	**BEFRIED. (2,9)**
Peach C525 Black (Art.-Nr. PI100-127); C526 Black (Art.-Nr. PI100-128); C526 Cyan (Art.-Nr. PI100-129); C526 Magenta (Art.-Nr. PI100-130); C526 Yellow (Art.-Nr. PI100-131)	2,30 / 4 x 4,90	1,0 / 30	80 / 80	◯	⊖	⊖	**BEFRIED. (3,1)**
KMP C81 (Art.-Nr. 1513,0001); C82 (Art.-Nr. 1514,0001); C83 (Art.-Nr. 1515,0003); C84 (Art.-Nr. 1515,0006); C85 (Art.-Nr. 1515,0009)	8,90 / 4 x 8,05	3,5 / 60	50 / 50	⊖	◯	⊖	**AUSREICH. (3,6)**

Bewertungsschlüssel der Prüfergebnisse: ++ = Sehr gut (0,5–1,5). **+** = Gut (1,6–2,5). ◯ = Befriedigend (2,6–3,5).
⊖ = Ausreichend (3,6–4,5). **—** = Mangelhaft (4,6–5,5). **Bei gleichem Qualitätsurteil Reihenfolge nach Alphabet.**
1) Laut Brother auch einsetzbar für DCP-J315W, DCP-J515W, MFC-J220, MFC-J265W, MFC-J410, MFC-J415W.
2) Von uns bezahlter Einkaufspreis.
3) Laut Canon auch einsetzbar für Pixma iP4850, iX6550, MG5150, MG5250, MG5350, MG6150, MG6250, MG8150,
MG8250, MX885. **Einkauf der Prüfmuster:** April bis Juni 2012.

80 Computer   test Jahrbuch 2013

Druckertinten und -toner **4**

test — Patronen für Tintendrucker II — 10 / 2012

www.test.de	Mittlerer Preis der Schwarz-/ Farbpatronen in Euro ca.	Kosten pro Textseite/ A4-Foto in Cent ca.	Preisersparnis Schwarz/ Farbe in Prozent ca.	Ausdrucke	Handhabung	Verpackung	test- QUALITÄTS- URTEIL
Gewichtung				70 %	20 %	10 %	100 %

Epson: Originalset im Vergleich zu Fremdpatronen, geprüft mit Epson Stylus SX440W[1]

Epson T1291 (C13T12914011); T1292 (C13T12924011); T1293 (C13T12934011); T1294 (C13T12944011)	15,00 / 3 x 15,00	4,5 / 155		+	+	⊖	**GUT (1,9)**
KMP E125 (Art.-Nr. 1617,0001); E126 (Art.-Nr. 1617,0003); E127 (Art.-Nr. 1617,0006); E128 (Art.-Nr. 1617,0009)	9,05 / 3 x 8,85	2,0 / 85	60 / 50	+	+	⊖	**GUT (2,2)**
Armor 436; 437; 438; 439	7,50 / 3 x 7,50	2,0 / 70	60 / 50	+	+	⊖	**GUT (2,3)**
Ink Swiss SIE291B; SIE292C; SIE293M; SIE294Y	3,95 / 3 x 3,95	1,0 / 40	80 / 70	O	+	⊖	**BEFRIED. (2,8)**
Jet Tec E129B (101E012901); E129C (101E012902); E129M (101E012903); E129Y (101E012904)	5,80 / 3 x 5,80	1,0 / 55	80 / 60	O	⊖	O	**BEFRIED. (3,1)**

HP: Originalset im Vergleich zu Fremdpatronen, geprüft mit HP Photosmart 5510 e-All-in-One[2]

HP 364XL Schwarz (CN684EE); 364XL Cyan (CB323EE); 364XL Magenta (CB324EE); 364XL Gelb (CB325EE)	20,00 / 3 x 18,00	5,0 / 115		+	+	O	**GUT (2,2)**
Peach H364XL Black (Art.-Nr. PI300-274); H364XL Cyan (Art.-Nr. PI300-276); H364XL Magenta (Art.-Nr. PI300-277); H364XL Yellow (Art.-Nr. PI300-278)	5,30[3] / 3 x 3,97[3]	1,0 / 25	80 / 80	+	O	⊖	**BEFRIED. (2,7)**
Compedo H.165 (Art.-Nr. CN68401); H.149 (Art.-Nr. CB32301); H.150 (Art.-Nr. CB32401); H.151 (Art.-Nr. CB32501)	11,90 / 3 x 9,90	2,5 / 65	50 / 40	O	O	O	**BEFRIED. (2,8)**

Bewertungsschlüssel der Prüfergebnisse: ++ = Sehr gut (0,5–1,5). + = Gut (1,6–2,5). O = Befriedigend (2,6–3,5).
⊖ = Ausreichend (3,6–4,5). — = Mangelhaft (4,6–5,5). **Bei gleichem Qualitätsurteil Reihenfolge nach Alphabet.**
1) Laut Epson auch einsetzbar für Stylus Office B42WD, BX305 Series, BX320FW, BX525WD, BX535WD, BX625FWD, BX630FW, BX635FWD, BX925FWD, BX935FWD, SX230, SX235W, SX420W, SX425W, SX430W, SX435W, SX438W, SX445W, SX525WD, SX620FW, WorkForce WF7015, WorkForce WF7515, WorkForce WF7525.
2) Laut HP auch einsetzbar für Deskjet 3070, Photosmart 5515, 6510, 7510, Officejet 4620.
3) Zugrunde gelegt wurde ein Drittel des Preises für das Saving-Pack, bestehend aus drei Tintenkartuschen.
Einkauf der Prüfmuster: April bis Juni 2012.

test Jahrbuch 2013   **Computer 81**

4 Druckertinten und -toner

test | Tonerkartuschen für Laserdrucker | 10 / 2012

www.test.de	Mittlerer Preis der Schwarz-/ Farbkartuschen in Euro ca.	Kosten pro Textseite/ A4-Foto in Cent ca.	Preiserspar- nis Schwarz/ Farbe in Prozent ca.	Aus- drucke	Hand- ha- bung	Verpa- ckung	test - QUALI- TÄTS- URTEIL
Gewichtung				70 %	20 %	10 %	100 %

HP: Originalset im Vergleich zu Fremdtonern, geprüft mit HP Laserjet Pro CM1415fn[1]

	Mittlerer Preis	Kosten	Preisersparnis	Ausdrucke	Handhabung	Verpackung	Qualitätsurteil
HP 128A Black (CE320A); 128A Cyan (CE321A); 128A Magenta (CE323A); 128A Yellow (CE322A)	75,50 / 3 x 71,50	3,0 / 85		++	○	+	GUT (1,9)
AgfaPhoto APTHP320AE; APTHP321AE; APTHP323AE; APTHP322AE	53,00 / 3 x 52,00	2,0 / 55	30 / 40	+	○	⊖	GUT (2,5)
KMP H-T144 (Art.-Nr. 1227,0000); H-T145 (Art.-Nr. 1227,0003); H-T146 (Art.-Nr. 1227,0006); H-T147 (Art.-Nr. 1227,0009)	52,00 / 3 x 52,00	2,0 / 60	30 / 30	+	○	⊖	GUT (2,5)
Pelikan 1227b (Best.-Nr. 4214034); 1227c (Best.-Nr. 4214041); 1227m (Best.-Nr. 4214058); 1227y (Best.-Nr. 4214065)	62,00 / 3 x 60,00	2,0 / 70	30 / 20	+	+	⊖	GUT (2,5)

Samsung: Originalset im Vergleich zu Fremdtonern, geprüft mit Samsung CLX-3185FN[2]

	Mittlerer Preis	Kosten	Preisersparnis	Ausdrucke	Handhabung	Verpackung	Qualitätsurteil
Samsung CLT-K4072S; CLT-C4072S; CLT-M4072S; CLT-Y4072S	60,00 / 3 x 50,00	5,0 / 110		+	○	○	GUT (2,1)
Pelikan 3502b (Best.-Nr. 4214218); 3502c (Best.-Nr. 4214225); 3502m (Best.-Nr. 4214232); 3502y (Best.-Nr. 4214249)	45,00 / 3 x 42,50	3,5 / 55	30 / 50	+	○	⊖	BEFRIED. (2,6)
Digital Revolution VTS404B; VTS404C; VTS404M; VTS404Y	24,00 / 3 x 24,00	1,5 / 50	70 / 50	○	○	—	BEFRIED. (3,0)
Jet Tec S4072BK (Art.-Nr. 137S407201); S4072C (Art.-Nr. 137S407202); S4072M (Art.-Nr. 137S407203); S4072Y (Art.-Nr. 137S407204)	35,50 / 3 x 33,00	3,0 / 50	40 / 50	○	⊖	—	BEFRIED. (3,4)

Bewertungsschlüssel der Prüfergebnisse: ++ = Sehr gut (0,5–1,5). **+** = Gut (1,6–2,5). ○ = Befriedigend (2,6–3,5).
⊖ = Ausreichend (3,6–4,5). — = Mangelhaft (4,6–5,5). **Bei gleichem Qualitätsurteil Reihenfolge nach Alphabet.**
1) Laut HP auch einsetzbar für Laserjet Pro CM1415fnw, CP1525n, CP1525nw.
2) Laut Samsung auch einsetzbar für CLP 320, CLP 320N, CLP 325, CLP 325W, CLX 3185, CLX 3185FW, CLX 3185N, CLX 3185W. **Einkauf der Prüfmuster:** April bis Juni 2012.

82 Computer

E-Books 4

⌂ Unser Rat

Für Leseratten lohnt sich die Anschaffung eines E-Book-Readers. Wer bei vielen verschiedenen Händlern stöbern und auch Bücher ausleihen will, wählt ein Gerät, das den Epub-Standard unterstützt. Wer nur bei Amazon einkaufen will, kann auf einen Kindle zurückgreifen. Wer seltener elektronische Bücher liest, kann das auch auf dem Tablet, dem Computer oder dem Smartphone tun.

Was Neues zum Lesen

7/2012 E-Books sind praktisch: Sie stauben nicht voll und wiegen nichts. Es gibt allerdings noch einige Hürden, zum Beispiel den Preis.

Der Koffer für den Urlaub ist gepackt. Die Urlaubslektüre muss noch mit. Einfach elektronische Bücher auf Smartphone, Tablet oder das Lesegerät laden. Je nach Speicher passen mehrere tausend Bücher darauf. Das alles wiegt oft weniger als ein gedrucktes Buch und passt bequem ins Handgepäck. E-Books sind praktisch, doch hohe Bücherpreise und Probleme bei der Kompatibilität zwischen E-Books und den erforderlichen Lesegeräten schmälern das Lesevergnügen.

E-Books für viele noch zu teuer

In Deutschland sind E-Books noch ein Nischenprodukt. Ihr Marktanteil steigt zwar, gedruckte Bücher sind aber immer noch die Verkaufsschlager. Einer der Gründe: Viele Nutzer sind nicht bereit, für ein virtuelles Buch ähnlich viel zu bezahlen wie für ein gedrucktes. E-Books sind zwar bis zu 30 Prozent günstiger, die Buchpreisbindung gilt aber auch für sie. Der Verlag bestimmt also den Preis und der Handel muss sich daran halten. Ein weiterer Punkt: Das Sortiment ist bisher noch kleiner als das gedruckter Titel. Ein anderes Hindernis sind verschiedene Dateiformate. Nicht jedes Buch lässt sich auf jedem Gerät lesen. Ein beliebtes Format ist Epub. Viele Online-Buchhändler, aber auch Bibliotheken bieten es an. Vorteil: Es ist herstellerunabhängig, läuft auf den meisten Readern. Amazon bietet das Format jedoch nicht an, seine Kindle-Reader unterstützen nur das hauseigene E-Book-Format. ∎

Der Kopierschutz

Gekaufte E-Books sind meist kopiergeschützt. Das soll Raubkopien verhindern, macht aber das Verleihen an Freunde oder Verwandte schwierig. Der Kopierschutz ist meist am Kürzel DRM für „Digital Rights Management" zu erkennen. Als wäre die Verwirrung durch verschiedene Buchdateiformate nicht groß genug, gibt es auch hier verschiedene Systeme. Am gängigsten ist Adept von Adobe.

test Jahrbuch 2013   Computer 83

4 Internet-Sicherheitssoftware

Unser Rat

Den besten Virenschutz bietet **G Data** (im Download für 35 Euro). Das Programm reagiert am schnellsten auf neue Bedrohungen, braucht allerdings viel Arbeitsspeicher. Sparsamer geht **Avira** mit dem Rechner um. Die Kaufversion kostet 40 Euro im Download. Avira gibt es ohne Firewall auch kostenlos. Eine Firewall ist bei Windows 7 schon dabei. So ist der PC hinreichend geschützt.

Angriff aus dem Internet

4/2012 Internetpiraten kapern Computer, erpressen die Eigner und plündern Konten. Ohne Schutzprogramm haben Piraten freies Spiel.

Zweieinhalb Tage reichen im Schnitt. In dieser Zeit spüren Programmierer von G Data neue Schädlinge auf. Zum Vergleich: Bei Trend Micro stehen nach drei Wochen nur 2 von 25 aktuellen Schädlingen in der Signaturliste auf dem PC. Solche Trödelei ist brandgefährlich für Windows-Rechner. Internetpiraten ändern ständig die Signaturen ihrer Schädlinge. So erschweren sie Schutzprogrammen die Arbeit.

Ein Rundumsorglospaket gibt es nicht

Wollen Schädlinge auf den Rechner, kommt es auf die Wächter- und Scannerfunktion an: Der Wächter läuft permanent im Hintergrund. Verhalten sich Programme verdächtig, schlägt er Alarm. Der Dateiscanner durchforstet die Festplatte nach Schädlingen. Im Test müssen die Programme 18 000 aktuelle Schädlinge auf dem Computer finden und löschen. Kein Programm spürt alle auf. Avira und G Data finden immerhin 96 Prozent, Trend Micro ohne Internetverbindung nur 36 Prozent. Grund: Trend Micro lagert die neuesten Signaturlisten auf Cloudservern im Internet. Hat der PC keine Internetverbindung, fehlen ihm diese Signaturen. Die Cloudtechnik nutzen auch McAfee, Norton und Panda.

Firewalls schlechter als Windows 7

Bei Häusern sollen Brandmauern das Überspringen eines Feuers auf andere Gebäudeteile verhindern. Die kostenpflichtigen Sicherheitspakete enthalten ebenfalls Brand-

Ruhe bewahren und Daten sichern

Ihr Rechner reagiert extrem langsam? Der Bildschirm zeigt Warnungen? Grund könnte ein Virus sein. Schalten Sie den PC aus. Speichern Sie an einem sicheren Rechner ein Rettungsprogramm (Rescue System) auf einen USB-Stick oder brennen Sie es auf CD oder DVD. Überprüfen und säubern Sie den Computer mit dem Rettungsprogramm. Erstellen Sie eine Kopie Ihrer sauberen Festplatte.

Internet-Sicherheitssoftware 4

test — Internet-Sicherheitssoftware — 4 / 2012

www.test.de	Download-Preis für eine einjährige Einzel-platzlizenz in Euro ca.	Viren-schutz	Fire-wall	Hand-ha-bung	Rechner-belas-tung	test - QUALITÄTS-URTEIL
Gewichtung		40 %	10 %	30 %	20 %	100 %
Sicherheitspakete						
Avira Internet Security 2012	40	+	O	+	+	GUT (2,1)
G Data InternetSecurity 2012	35	+	O	+	O	GUT (2,3)
Kaspersky Internet Security 2012	40	O	O	+	+	GUT (2,4)
Eset Smart Security 5 Home Edition	35	O[*]	+	+	+	BEFRIED. (2,6)
Avast! Internet Security 6[1]	50	O	O	O	+	BEFRIED. (2,7)
Bitdefender Internet Security 2012	50	+	O	O	O	BEFRIED. (2,7)
AVG Internet Security 2012	40	O	O	+	O	BEFRIED. (2,8)
Bullguard Internet Security 12	50	O	⊖	O	+	BEFRIED. (2,9)
F-Secure Internet Security 2012	35	+	⊖	O	O	BEFRIED. (2,9)
Check Point ZoneAlarm Internet Security Suite 2012	35[2]	O	⊖	O	O	BEFRIED. (3,2)
Symantec Norton Internet Security 2012	40	⊖[*]	⊖	+	+	AUSREICH. (3,8)
McAfee Internet Security 2012	60	⊖[*]	⊖	+	O	AUSREICH. (4,0)
Trend Micro Titanium Internet Security 2012	40	⊖[*]	O	+	+	AUSREICH. (4,2)
Panda Internet Security 2012	40	⊖[*]	⊖	O	O	AUSREICH. (4,4)
Kostenlose Virenschutzprogramme						
Avira Free Antivirus	Kostenlos	+	Entfällt	+	+	GUT (2,1)
Avast! Free Antivirus	Kostenlos	O	Entfällt	O	+	BEFRIED. (2,7)
AVG Anti-Virus Free Edition 2012	Kostenlos	O	Entfällt	O	+	BEFRIED. (2,7)
Microsoft Security Essentials	Kostenlos	O[*]	Entfällt	+	+	BEFRIED. (2,8)

Bewertungsschlüssel der Prüfergebnisse: ++ = Sehr gut (0,5–1,5). **+** = Gut (1,6–2,5). **O** = Befriedigend (2,6–3,5).
⊖ = Ausreichend (3,6–4,5). **—** = Mangelhaft (4,6–5,5). **Bei gleichem Qualitätsurteil Reihenfolge nach Alphabet.**
*) Führt zur Abwertung.
1) Inzwischen Version 7 verfügbar. **2)** Für bis zu drei PCs. Einkauf der Prüfmuster: Oktober 2011.

---

mauern (englisch Firewalls). Im besten Fall schützen sie vor Hackerangriffen und überwachen den ausgehenden Verkehr auf verdächtige Datenpakete.

Der Test der Firewalls zeigt jedoch: Viele arbeiten schlechter als die im Betriebssystem Windows 7 eingebaute Firewall. Sie schneidet im Test befriedigend ab. Die Firewalls von Bullguard, Check Point, F-Secure, McAfee, Norton und Panda sind nur ausreichend. Sie lassen manche Schlupflöcher. Schadprogrammen reicht schon ein Schlupfloch. Die zuverlässigste Firewall im Vergleich liefert Eset. ■ **Anbieter Seite 260**

4 Notebooks und Ultrabooks

✝ Unser Rat
Bei den Notebooks schneidet das **Medion Akoya P6812** (550 Euro) am besten ab. Knapp dahinter platziert sich das teurere **Samsung RC530-S0D** (670 Euro). Bei den Ultrabooks überzeugt das **Toshiba Satellite Z830-10J** (950 Euro). Genauso gut, aber deutlich teurer: Das **Asus Zenbook UX31E-RY010V** (1 300 Euro). In der gleichen Liga spielt das **Apple MacBook Air 13"** für 1 250 Euro.

Flach und leistungsstark

7/2012 Große Notebooks können den PC ersetzen. Ultrabooks sind flach und leicht und daher für unterwegs gut geeignet.

Sie sind leistungsstark, haben große Festplatten, ein DVD-Laufwerk und eine vollwertige Tastatur nebst Nummernblock – große 15,5-Zoll-Notebooks ersetzen zunehmend den klassischen Computerturm zuhause. Im Gegensatz dazu spielen die kleineren und schlankeren Ultrabooks ihre Stärken unterwegs aus. Sie wiegen nur zwischen gut einem und anderthalb Kilo und sind um die zwei Zentimeter dünn. Im Test waren zehn größere 15,5-Zoll-Notebooks und erstmals auch sechs Windows 7-Ultrabooks und ein Apple MacBook Air.

Ultrabooks genauso leistungsstark
Erfreulich: Die Ultrabooks können bei der Rechenleistung erstaunlich gut mit den Notebooks mithalten. Büroanwendungen, wie zum Beispiel Excel, oder Multimediaeinsätze, wie Bildbearbeitung, meistern sie problemlos. Eine vollwertige Grafikkarte besitzen die Ultrabooks jedoch nicht, sondern „nur" einen Grafikchip auf dem Prozessor. Für anspruchsvolle 3D-Spiele reicht der allerdings nicht. Es gibt weitere Einschränkungen: Die schlanken Rechner bieten kein eingebautes DVD-Laufwerk und die Speicherkapazität ist kleiner als bei den Notebooks. Sie sind zudem deutlich teurer.

Besonders das Asus Zenbook und das Toshiba Satellite z830–10J konnten überzeugen. Das Asus punktet mit seinem sehr hellen und hochauflösenden Display. Das Toshiba ist leicht und zählt zu den dünnsten. Das MacBook Air (1250 Euro), als ein-

Die richtige Ausstattung
Eine 500-Gigabyte-Festplatte und ein 4-Gigabyte-Arbeitsspeicher sollten es mindestens sein. Empfehlenswert ist ein aktueller i3-Prozessor. Stärkere Prozessoren allein sorgen noch nicht für schnellere Rechenleistung. Das Zusammenspiel von Arbeitsspeicher, Prozessor und Grafikkarte entscheidet. Letztere sollte ein Gigabyte eigenen Speicher besitzen. Ebenfalls von Vorteil: Ein mattes Display.

Notebooks und Ultrabooks 4

test | Notebooks und Ultrabooks | 7 / 2012

www.test.de	Preis in Euro ca.	Rechen-leistung	Hand-habung	Dis-play	Akku	Umwelt-eigen-schaften	Viel-seitig-keit	test-QUALITÄTS-URTEIL
Gewichtung		30%	20%	15%	15%	10%	10%	100%
Notebooks mit 39,4 cm (15,5 Zoll) Bildschirmdiagonale und Windows 7								
Medion Akoya P6812 (MD 98071)	550	+	+	+	+	O	+	GUT (2,3)
Samsung RC530-S0D[1]	670	+	+	+	+	O	+	GUT (2,4)
Acer Aspire 5755G-2454G50Mtks[1]	540	+	+	O	+	O	O	GUT (2,5)
Asus K53SK-SX041V	690	+	+	O	O	+	O	GUT (2,5)
Fujitsu Lifebook AH531MP507DE[1]	625	+	+	O	+	+	O	GUT (2,5)
Lenovo IdeaPad Z570 Art.-Nr. M556WGE	700	+	+	O	O	O	+	GUT (2,5)
Packard Bell EasyNote TS13HR-128GE[1]	540	+	+	+	O	O	O	GUT (2,5)
HP Pavilion dv6-6b14eg[1]	510	O	+	O	+	+	O	BEFRIED. (2,6)
Sony Vaio VPCEH3J1E/B[1]	600	O	O	O	O	O	O	BEFRIED. (3,1)
Toshiba Satellite L750-20G[1]	685	+	+	O	⊖*)	O	O	BEFRIED. (3,3)
Ultramobile Notebooks mit 33,6 cm (13,2 Zoll) Bildschirmdiagonale und Windows 7								
Asus Zenbook UX31E-RY010V	1 300	+	+	+	+	+	⊖	GUT (2,4)
Toshiba Satellite Z830-10J[1]	950	+	+	+	+	+	⊖	GUT (2,4)
Samsung 530U3B A01	800	O	+	+	O	+	⊖	GUT (2,5)
Acer Aspire S3-951-2464G25nss[1]	750	O	+	O	O	+	⊖	BEFRIED. (2,6)
HP Folio 13 Art.-Nr. B0N00AAA	985	O	+	O	+	+	⊖	BEFRIED. (2,6)
Dell XPS 13	1 150	+	O	O	+	+	⊖	BEFRIED. (2,7)
33,7 cm, Mac OS X								
Apple MacBook Air 13" Art.-Nr. MC965[1]	1 250	O	+	O	++	+	⊖	GUT (2,4)

Bewertungsschlüssel der Prüfergebnisse: **++** = Sehr gut (0,5–1,5). **+** = Gut (1,6–2,5). O = Befriedigend (2,6–3,5). ⊖ = Ausreichend (3,6–4,5). — = Mangelhaft (4,6–5,5). **Bei gleichem Qualitätsurteil Reihenfolge nach Alphabet.** *) Führt zur Abwertung. 1) Laut Anbieter Auslaufmodell. **Einkauf der Prüfmuster:** April 2012.

ziges geprüftes Modell ohne Windows-Betriebssystem, schneidet ebenfalls gut ab. Besonders die Akkulaufzeit war begeisternd.

Medion bei Notebooks vorne

Viele Notebooks schneiden gut ab. Für den Test wurden die Bewertungsgrenzen bei der Akkuprüfung verschärft. Dennoch schaffen die meisten dabei ein Gut. Das Medion Akoya

P6812 konnte sich mit knappem Vorsprung an die Spitze setzen: Es ist preisgünstig, bietet den neuen schnellen USB-3.0-Anschluss und überzeugt mit seinem Akku und dem matten Display. Letzteres ist bei starker Sonneneinstrahlung vorteilhaft, da der Nutzer deutlich mehr erkennt. Ein solches bieten auch die Modelle von Samsung und das Toshiba Ultabook. ■ **Anbieter Seite 260**

test Jahrbuch 2013

Computer 87

4 Tablet-PCs

Unser Rat
Bestes Tablet im Test ist das **Samsung Galaxy Note 10.1** für 580 Euro. Dicht dahinter folgt das **Apple iPad 3 WiFi Cellular (64 GB)** für 760 Euro, das Apple inzwischen durch den Nachfolger iPad 4 abgelöst hat. Bei den kleineren Tablets liegen das **Asus / Google Nexus 7 (16 GB)** für 199 Euro mit mehr Rechenleistung und das **Toshiba AT270-101** für 550 Euro mit besserem Bildschirm vorn.

Es muss kein iPad sein

12/2012 Die beliebtesten Tablets stammen von Apple. Doch die Android-Konkurrenz ist teils viel günstiger und wird immer attraktiver.

Noch dominiert Apples iPad mit einem Anteil von 60 Prozent den deutschen Markt. Doch die Konkurrenz holt auf: Das Google-Betriebssystem Android läuft inzwischen auf 30 Prozent der Tablets. Android lockt mit einer großen Auswahl an Geräten verschiedener Größen und Preisklassen. Im Test treten 13 von ihnen gegen den Marktführer an. Zu spät für den großen Vergleichstest kamen Apples iPad 4 und iPad Mini sowie der Kindle Fire HD von Amazon auf den Markt. Im Schnelltest zeigen sie ihre wichtigsten Stärken und Schwächen.

Gute iPads und Androiden
Für die meisten stellt sich beim Tabletkauf zuerst die Frage: iPad oder Android-Tablet? Der Test zeigt: Gute Hardware gibt es für beide Systeme. Der Bildschirm des iPad 3 hat eine besonders hohe Auflösung, er ist sehr hell und überzeugt mit erfreulich großem Blickwinkel. Doch andere im Test sind ihm mindestens ebenbürtig. Den besten Kontrast hat zum Beispiel das Display des kleinen Toshiba AT270. Auch die Displays von Asus Transformer Pad Infinity und Samsung Galaxy Note 10.1 müssen sich vor dem des iPad 3 nicht verstecken.

In Sachen Rechenleistung liegt das iPad 3 bei einigen Tests wie etwa der 3D-Leistung vorn, dafür schneiden einige Androiden bei anderen Leistungstests besser ab. Bei den Akkulaufzeiten liegen iPad 3 und Samsung Galaxy Note 10.1 mit rund 10 Stunden beim Dauersurfen in etwa gleichauf.

Tablets mit Windows
Zum Jahresende startet Microsoft gleich mit zwei neuen Systemen auf den Tablet-Markt: **Windows 8** soll als für Touchscreens optimierter Nachfolger von Windows 7 sowohl auf Tablets als auch auf PC laufen. **Windows RT** funktioniert nur mit speziellen, besonders stromsparenden Mobilprozessoren, wie sie auch in Smartphones arbeiten. Für den Test waren beide noch nicht verfügbar.

Tablet-PCs 4

⊕ test	Tablets								12 / 2012
www.test.de	Geprüft mit Betriebs-system	Mittlerer Preis in Euro ca.	Funk-tio-nen	Hand-ha-bung	Dis-play	Akku	Viel-seitig-keit	⊕ test QUALITÄTS-URTEIL
Gewichtung			25 %	25 %	20 %	20 %	10 %	100 %
22,5 bis 25,6 cm (8,9 bis 10,1 Zoll) Bildschirmdiagonale								
Samsung Galaxy Note 10.1 (GT-N8000)[1]	Android 4.0.4	580	+	+	+	+	+	GUT (1,9)
Apple iPad 3 WiFi Cellular (64 GB)	iOS 6.0	760	+	+	+	+	O	GUT (2,0)
Asus Transformer Pad Infinity TF700T	Android 4.0.3	570	+	+	+	+	+	GUT (2,1)
Fujitsu Stylistic M532	Android 4.0.3	480	+	+	O	+	+	GUT (2,2)
Acer Iconia Tab A701	Android 4.0.4	600	+	+	O	+	+	GUT (2,3)
Sony Xperia Tablet S (32 GB)	Android 4.0.3	500	+	+	O	+	O	GUT (2,4)
Toshiba AT300-101	Android 4.0.3	385	+	+	O	O	O	GUT (2,4)
Lenovo IdeaTab A2109 (16 GB)	Android 4.0.4	294	+	+	O	O	O	GUT (2,5)
Archos 97 carbon	Android 4.0.3	232	O	+	O	O	O	BEFRIED. (2,9)
17,4 bis 20,2 cm (6,9 bis 8,0 Zoll) Bildschirmdiagonale								
Asus / Google Nexus 7 (16 GB)	Android 4.1.1	199[2]	+	+	O	+	O	GUT (2,4)
Toshiba AT270-101	Android 4.0.3	550[2]	O	+	+	O	O	GUT (2,4)
Samsung Galaxy Tab 2 7.0 (GT-P3100) (16 GB)	Android 4.0.4	345	+	+	O	O	+	GUT (2,5)
Intenso 8'' Tab 804	Android 4.0.3	140	⊖	O	⊖*)	⊖	⊖	AUSREICH. (3,7)
Odys Neo X8 (8 GB)	Android 4.0.3	150	⊖*)	+	⊖	⊖	⊖	AUSREICH. (3,7)

Bewertungsschlüssel der Prüfergebnisse: ++ = Sehr gut (0,5–1,5). + = Gut (1,6–2,5). O = Befriedigend (2,6–3,5).
⊖ = Ausreichend (3,6–4,5). — = Mangelhaft (4,6–5,5). **Bei gleichem Qualitätsurteil Reihenfolge nach Alphabet.**
*) Führt zur Abwertung.
1) Laut Anbieter Software-Update verfügbar.
2) Preis laut Anbieter. **Einkauf der Prüfmuster:** August und September 2012.

Die Entscheidung zwischen iPad und Android ist damit vor allem eine der Software – und des Geldbeutels. Das iPad-System ist besonders intuitiv zu bedienen. Android lässt sich dafür flexibler an die Vorlieben des Nutzers anpassen. Außerdem sind Android-Geräte bei vergleichbarer Ausstattung meist deutlich billiger als ein iPad. Abzuraten ist allerdings von regelrechten Billig-Tablets. Die beiden Billigsten im Test schwächeln bei Display, Leistung und Akkulaufzeiten.

Neue iPads und Kindle im Schnelltest
Mit dem iPad Mini startet Apple gut in die Welt der kleinen Tablets: Es ist sehr handlich und beeindruckt mit über 10 Stunden Akkulaufzeit beim Dauersurfen. Das iPad 4 arbeitet noch etwas schneller als das iPad 3. Auch sein Display ist noch ein wenig besser. Der Amazon Kindle Fire HD ist trotz ordentlicher Hardware eher ein Einkaufs-Terminal für Amazon-Angebote als ein richtiges Android-Tablet. ■ **Anbieter Seite 260**

test Jahrbuch 2013

Computer 89

4 WLan-Router

Unser Rat

Insgesamt am besten ist die **AVM Fritz!Box 7390** für 219 Euro. Sie eignet sich für ADSL- und VDSL-Anschlüsse. Unter den ADSL-Routern liegt die **AVM Fritz!Box 7330** für 129 Euro vorn. Mit 70 Euro deutlich günstiger und auch noch gut ist die **Vodafone EasyBox 803**. Für Kabel-Internetanschlüsse ist die **AVM Fritz!Box 6360** am besten, die **Kabel Deutschland** für 5 Euro im Monat vermietet.

Drei Fritze an der Spitze

3/2012 Die ersten drei Plätze belegen Fritz!Boxen von AVM. Es gibt günstigere Alternativen. Andere Modelle haben Sicherheitsprobleme.

Der Router vernetzt Computer, Smartphones und andere Geräte im Haus untereinander und verbindet sie mit dem Internet. Dank WLan-Funk geht das bequem ohne Kabel. Doch WLan birgt Sicherheitsrisiken: 3 von 12 Routern im Test starten mit unverschlüsselten Funknetzen. Andere sind sicher, verwirren aber mit komplizierter Bedienung. Wie es anders geht, zeigt der Berliner Anbieter AVM: Seine Fritz!Boxen sind trotz besonders großer Funktionsvielfalt sehr gut zu handhaben.

Router für ADSL, VDSL und Kabel
Insgesamt haben wir 12 WLan-Router geprüft. Sieben haben ein integriertes Modem für ADSL-Anschlüsse. Drei weitere können auch über noch schnellere VDSL-Anschlüsse ins Netz. Zusätzlich wurden zwei Lösungen für Kabelinternetanschlüsse des Marktführers Kabel Deutschland geprüft. In allen drei Produktgruppen liegen Fritz!Boxen von AVM vorn. Gut schneiden auch noch zwei DSL-Router der Telefonnetzbetreiber Vodafone und Telekom ab.

Wer ein WLan-Funknetz betreibt, muss es sicher verschlüsseln. Denn wenn Unbefugte ein ungesichertes WLan und den angeschlossenen Internetzugang für kriminelle Zwecke missbrauchen, kann der WLan-Betreiber dafür haftbar gemacht werden. Bei den meisten Routern im Test ist Verschlüsselung kein Problem: Sie kommen ab Werk mit sicheren Einstellungen. Einige andere leiten den Nutzer bei der Erstinstallation

WLan sicher einrichten
Schützen Sie Ihr Funknetz mit der **Verschlüsselungstechnik WPA2**. Ältere Techniken wie WEP sind zu leicht zu knacken. Verwenden Sie ein sicheres Passwort – eine Kette von mindestens zehn Zeichen, aber keine verständlichen Worte oder Namen. Zudem empfiehlt es sich, dem Funknetz einen eigenen **Namen** („SSID") zu geben, der keinen Rückschluss auf das Router-Modell erlaubt.

WLan-Router 4

test | WLan-Router — 3 / 2012

www.test.de	Mittlerer Preis in Euro ca.	Datenübertragung	Sicherheit	Handhabung	Stromverbrauch	Vielseitigkeit	test - QUALITÄTSURTEIL
Gewichtung		**30%**	**15%**	**30%**	**15%**	**10%**	**100%**
Für ADSL-Anschlüsse							
AVM Fritz!Box Fon WLan 7330[1]	129	+	++	++	+	++	GUT (1,7)
Vodafone EasyBox 803	70	+	+	+	O	+	GUT (2,5)
Belkin Surf N300	44	+	O	O	+	⊖	BEFRIED. (2,8)
Sitecom WL-367	60	+	O	O	O	⊖	BEFRIED. (2,9)
O$_2$ / Alice IAD WLan4421	Entfällt[5]	+	O	O	O	⊖	BEFRIED. (3,0)
D-Link DSL-2741B	58	O	—*)	+	+	⊖	AUSREICH. (4,0)
Netgear DGN3500B	76	+	—*)	+	+	O	AUSREICH. (4,0)
Für ADSL- und VDSL-Anschlüsse							
AVM Fritz!Box Fon WLan 7390[2]	219	++	++	++	O	++	GUT (1,6)
Telekom Speedport W 921V	200	+	+	+	O	+	GUT (2,1)
DrayTek Vigor2850Vn	260	+	+	—*)	O	O	AUSREICH. (4,0)
Für Kabel-Internetanschlüsse							
Kabel Deutschland / AVM Fritz!Box 6360 Cable[3]	Entfällt[5]	++	++	++	O	++	GUT (1,7)
Kabel Deutschland / Modem Cisco EPC3212 und Router D-Link DIR-615[4]	40	+	—*)	O	O	⊖	AUSREICH. (4,0)

Bewertungsschlüssel der Prüfergebnisse: ++ = Sehr gut (0,5–1,5). + = Gut (1,6–2,5). O = Befriedigend (2,6–3,5). ⊖ = Ausreichend (3,6–4,5). — = Mangelhaft (4,6–5,5). **Bei gleichem Qualitätsurteil Reihenfolge nach Alphabet.**
*) Führt zur Abwertung.
1) Laut Anbieter geänderte Bezeichnung Fritz!Box 7330, Software inzwischen geändert.
2) Laut Anbieter geänderte Bezeichnung Fritz!Box 7390, Software inzwischen geändert.
3) Laut Anbieter Software inzwischen geändert. 4) Laut Anbieter wurde die Vermarktung im Februar 2012 eingestellt.
5) Wird vom Anbieter vermietet. **Einkauf der Prüfmuster:** November 2011.

über den Webbrowser automatisch durch die nötigen Schritte. Doch drei Geräte von D-Link und Netgear führen den Nutzer nur dann automatisch zu den nötigen Sicherheitseinstellungen, wenn er sie über eine mitgelieferte Installations-CD einrichtet. Wer die Geräte über den Webbrowser konfiguriert, muss selbst auf die Idee kommen, auch das Funknetz zu verschlüsseln. Sonst starten die Router unverschlüsselt.

Etliche im Test haben USB-Anschlüsse, über die Festplatten oder Drucker ins Netzwerk eingebunden werden können. Einige enthalten auch komplette Telefonanlagen. Die Fritz!Boxen haben die größte Funktionsvielfalt. Trotzdem sind sie am besten zu handhaben. Das Einstellmenü, das wie bei allen im Test über den Webbrowser aufgerufen wird, ist bei ihnen sehr übersichtlich. Ganz anders ist das bei einem Gerät von DrayTek: Nicht nur dass das Menü komplett in Englisch gehalten ist, auch anglophone Normalnutzer dürften Schwierigkeiten mit dem Wirrwarr an Einstellmöglichkeiten haben. Das Menü dieses Routers ist eher etwas für Netzwerkprofis. ■ **Anbieter Seite 260**

test Jahrbuch 2013 — Computer 91

4 Apps zum Online-Einkaufen

✚ Unser Rat

Nur zwei der zwölf geprüften Apps zum Einkaufen funktionieren gut und sind auch beim Datenschutz unkritisch: die vom Online-Auktionshaus **Ebay** (Einkauf beim Elektronikhändler CSL) und von der Kinokette **UCI**. Bei weiteren 25 Apps rund ums Einkaufen stuften wir 10 beim Datenschutz als unkritisch ein. Von den anderen 15 geprüften Apps raten wir ab, da sie unnötig Daten senden.

Shoppen mit dem Handy

11/2012 Nur die Einkaufs-Apps von Ebay und UCI funktionieren gut und sind unkritisch beim Datenschutz. Die App von Mango ist unsicher.

Einkaufen im Internet ist schon lange möglich, jetzt kommen Online-Shops auch auf dem Smartphone an. Mit Shopping-Apps soll der Einkauf via Handy reibungslos funktionieren. Erstmals haben wir bei zwölf dieser Zusatzprogramme untersucht, wie gut der Einkauf klappt und wie sicher sie im Datenschutz sind. Zusätzlich prüften wir 25 Apps, die beim Einkaufen hilfreich sein könnten. Darunter finden sich digitale Einkaufslisten, Preisvergleiche oder Gutschein-Apps. Sie unterscheiden sich so stark in ihrer Funktion, dass wir diese nur auf den Datenschutz untersuchten. Nicht einmal jede zweite der insgesamt 37 Apps schneidet in der Datenschutzbewertung „unkritisch" ab. Nur die Shopping-Apps des Online-Auktionshauses Ebay und der Kinokette UCI sind gut beim Einkaufen und gleichzeitig unkritisch beim Datenschutz. Anders ist das zum Beispiel bei Amazon und beim Elektronikhändler voelkner. Bei beiden geht der Einkauf gut. Beide senden aber eine Gerätekennung des Handys und den Netzbetreiber, Urteil: „kritisch".

Mango ist mangelhaft und unsicher
Negativbeispiele sind die beim Einkaufen mangelhaften Apps von Mango und buch.de. Hier war die Benutzerführung unklar oder sie waren langsam und stürzten häufig ab. Besonders heikel: Die Mango-App sendet den Benutzernamen und das Passwort unverschlüsselt. Gleiches gilt für die App der Kinokette Cineplex, für Monsterdealz und myTaxi. Sie bieten also nur den Sicher-

Die Datenschutzurteile der Tester

Unkritisch: App sendet nur die zur Funktion benötigten Daten.

Kritisch: App sendet viele Daten, die zur Funktion nicht nötig sind. Zum Beispiel eine Gerätekennung.

Sehr kritisch: App ist unsicher und sendet zum Beispiel Benutzername und Passwort unverschlüsselt.

92 Telefon   test Jahrbuch 2013

Apps zum Online-Einkaufen 4

test | Kostenlose Apps zum Einkaufen | 11 / 2012

Name und Version[1]	DATEN-SCHUTZ[2]	Kommentar	EINKAUFEN
Unkritisch			
Ebay/CSL[3] V. 1.8.3.4	unkritisch	Ermöglicht Mitsteigern oder Sofortkauf bei der Auktionsplattform. Sendet nur die benötigten Daten.	**gut** (2,2)
UCI V. 1.23	unkritisch	Nutzer kann Karten für UCI-Kinos kaufen. Sendet nur die benötigten Daten.	**gut** (2,3)
SportScheck V. 2.4.1	unkritisch	Einkauf im Onlineshop für Sportartikel. Sendet nur benötigte Daten. Datenschutzerklärung unpräzise.	**befried.** (2,8)
DB Tickets[4] V. 9.00p1.00	unkritisch	Ermöglicht Kauf von Tickets der Deutschen Bahn (ab 51 km Fahrstrecke). Sendet nur die benötigten Daten.	**ausreich.** (3,6)
Thalia.de V. 1.7.2	unkritisch	Zum Einkauf im Thalia-Onlineshop. Sendet nur die benötigten Daten, z. B. Standort bei der Filialsuche.	**ausreich.** (4,5)
buch.de V. 1.0	unkritisch	Ermöglicht Einkauf im Onlineshop des Buchhändlers. Sendet nur die benötigten Daten.	**mangelh.** (4,8)
Kritisch			
Amazon V. 2.0.2	kritisch	Einkauf im Amazon-Shop. Sendet Gerätekennung, Benutzungsverhalten, Netzbetreiber an eigene Server.	**gut** (1,8)
voelkner V. 2.1.1	kritisch	Elektronikhändler. Sendet Gerätekennung, Netzbetreiber, Benutzungsverhalten an Shopgate.	**gut** (2,2)
Douglas V. 2.2	kritisch	Einkauf bei Douglas-Online. Sendet Netzbetreiber, Benutzungsverhalten und Standort an Drittfirmen.	**ausreich.** (3,7)
Otto V. 1.3.1	kritisch	Einkauf im Onlineshop des Versandhauses. Sendet Gerätekennung, Benutzungsverhalten an eigene Server.	**ausreich.** (3,7)
Sehr kritisch			
Cineplex V. 1.0	sehr kritisch	Kinokarten. Sendet Benutzungsverhalten, bei Registrierung Benutzername und Passwort unverschlüsselt.	**befried.** (2,8)
Mango V. 2.1.1	sehr kritisch	Mode bei Mango-online. Sendet Benutzername, Benutzungsverhalten und Passwort unverschlüsselt.	**mangelh.** (5,0)

Bewertungsschlüssel der Prüfergebnisse: ++ = Sehr gut (0,5–1,5). **+** = Gut (1,6–2,5). **○** = Befriedigend (2,6–3,5). **⊖** = Ausreichend (3,6–4,5). **—** = Mangelhaft (4,6–5,5).
Reihenfolge nach Datenschutzurteil, bei gleichem Datenschutzurteil nach Urteil Einkaufen.
Sind beide Urteile gleich, Reihenfolge nach Alphabet.
1) Alle Apps wurden auf dem Betriebssystem Android 4.1.1 geprüft und sind auch auf Apple iOS verfügbar. Teilweise sind neuere Versionen verfügbar.
2) Datenschutzteil bezieht sich auf die im gesendeten Datenstrom identifizierten Daten.
3) Geprüft am Elektronikhändler CSL.
4) Einkauf geprüft mit App DB Navigator zur Verbindungssuche.
Erhebungszeitraum: Juli bis September 2012.

heitsstandard einer Postkarte. Hier lautet unser Test-Urteil sogar „sehr kritisch".

Nicht über jede App eines Markenherstellers oder Händlers können Kunden etwas kaufen. Viele dienen der Kundenbindung. Anbieter schmücken die Programme mit scheinbar praktischen Funktionen. Die App findet die nächste Filiale, zeigt die neuesten Angebote oder bietet eine digitale Einkaufsliste. „Kritisch" ist die real-App. Sie sendet das Benutzungsverhalten und eine Gerätekennung des Telefons an die Analysefirma Flurry in den ▶

test Jahrbuch 2013   Telefon **93**

4 Apps zum Online-Einkaufen

test | Kostenlose Apps, die beim Einkaufen helfen I   11 / 2012

Name und Version[1]	Betriebssystem	DATEN-SCHUTZ[2]	Kommentar
Unkritisch			
Aldi (Nord) V. 2.0.2	iOS 5.1.1	unkritisch	Zeigt aktuelle Angebote von Aldi (Nord) an. Stellt eine Einkaufsliste und einen Filialfinder zur Verfügung. Sendet nur die benötigten Daten, zum Beispiel den Standort bei der Filialsuche.
Aldi (Süd) V. 2.6	iOS 5.1.1	unkritisch	Zeigt aktuelle Angebote von Aldi (Süd) an. Stellt eine Einkaufsliste und einen Filialfinder zur Verfügung. Sendet nur die benötigten Daten, zum Beispiel den Standort bei der Filialsuche.
billiger.de V. 2.0	Android 4.1.1	unkritisch	Vergleicht Preise verschiedener Händler, sodass Nutzer den günstigsten Preis für ein Produkt finden können. Merkzettelfunktion – auch mit Strichcode-Scanner. Sendet nur die benötigten Daten.
DB Navigator V. 2.1.7	Android 4.1.1	unkritisch	Findet Zugverbindungen der Deutschen Bahn. In Verbindung mit der App DB-Tickets können auch Fahrkarten gebucht werden. Sendet nur die benötigten Daten.
eVendi V. 1.5	Android 4.1.1	unkritisch	Vergleicht Preise. Nutzer können mit der App den Strichcode eines Produkts scannen und online nach günstigeren Preisen suchen. Merkzettelfunktion. Sendet nur die benötigten Daten.
guenstiger.de V. 2.0.0	iOS 5.1.1	unkritisch	Vergleicht Preise. Nutzer können den Strichcode eines Produkts scannen und online nach günstigeren Preisen suchen. Sendet nur die benötigten Daten, zum Beispiel den Standort bei Shopsuche.
H&M V. 1.11	iOS 5.1.1	unkritisch	Stellt Neuheiten und aktuelle Kollektion des Modelabels zur Verfügung, genauso eine Wunschliste und eine Filialsuche. Sendet nur die benötigten Daten, zum Beispiel den Standort bei Filialsuche.
Hermes V. 3.2	iOS 5.1.1	unkritisch	Kunden können mit der App ihre Paketsendung verfolgen, Preise erfahren und die nächste Filiale finden. Sendet nur die benötigten Daten, zum Beispiel den Standort bei der Paketshop-Suche.
Media Markt V. 1.7.2	iOS 5.1.1	unkritisch	Zeigt aktuelle Angebote des Elektronikhändlers, findet die nächste Filiale. Bestellung nur telefonisch. Sendet nur die benötigten Daten, zum Beispiel den Standort bei der Filialsuche.
Payback V. 2.6	iOS 5.1.1	unkritisch	Zeigt Payback-Kunden die bereits gesammelten Punkte, kann elektronische Rabattmarken (eCoupons) anzeigen und findet die nächste Filiale und Geldautomaten. Sendet nur die benötigten Daten.

Reihenfolge nach Datenschutzurteil. Bei gleichem Urteil nach Alphabet.
1) Zum Teil neuere Versionen verfügbar. **2)** Datenschutzurteil bezieht sich auf die im gesendeten Datenstrom identifizierten Daten. **Erhebungszeitraum:** Juli bis September 2012.

USA. Praktisch sind Preissuchmaschinen. Die drei „unkritischen" Apps von billiger.de, eVendi und guenstiger.de scannen den Strichcode eines Produkts und finden online den billigsten Preis. Das ähnliche Programm von Idealo sendet eine Gerätekennung des Handys und das Benutzungsverhalten an die Server der amerikanischen Analysefirma Flurry. Dieses Verhalten bewerten wir „kritisch". ◼

94 Telefon

Apps zum Online-Einkaufen

test | Kostenlose Apps, die beim Einkaufen helfen II | 11 / 2012

Name und Version[1]	Betriebssystem	DATEN-SCHUTZ[2]	Kommentar
Kritisch			
Coupies V. 2.4.1	Android 4.1.1	kritisch	Stellt Gutscheincodes zur Verfügung. Sendet Daten, zum Beispiel eine Gerätekennung, an Fremdfirmen: sponsorpay.com, sponsormob.com, smaato.net. Gerätekennung und Benutzungsverhalten an eigene Server.
Daily Deal[3] V. 1.3.0	Android 4.1.1	kritisch	Bietet Gutscheine für Produkte oder Dienstleistungen an. Sendet eine Gerätekennung an flurry.com und an coupies.de auch das Benutzungsverhalten.
Dealgott V. 4.2.1	iOS 5.1.1	kritisch	Zeigt Angebote diverser Händler. Sendet Gerätekennung an eigene Server und Benutzungsverhalten an webtrendslive.com und Google Analytics.
Groupon V. 2.0.2414	Android 4.1.1	kritisch	Bietet Gutscheine für Produkte oder Dienstleistungen oder Reisen. Sendet Gerätekennung und Benutzungsverhalten an flurry.com. Schickt Gerätekennung auch an eigene Server.
Gutscheine V. 1.1	iOS 5.1.1	kritisch	Stellt Gutscheincodes für diverse Händler zur Verfügung. Überträgt Benutzungsverhalten und Gerätekennung an flurry.com. Sendet bei Anmeldung zum Newsletter E-Mail-Adresse unverschlüsselt.
Gutscheine und Sparen V. 2.7	iOS 5.1.1	kritisch	Findet Händler mit Gutscheinaktionen. Verspricht Vertraulichkeit, sendet aber Gerätekennung u. a. an tapjoyads.com, sponsorpay.com, eigene Server und an apsalar.com (hier auch Benutzungsverhalten).
Idealo V. 3.0.1	iOS 5.1.1	kritisch	Vergleicht Preise. Strichcode-Scanner und Merkzettelfunktion. Sendet Gerätekennung und Benutzungsverhalten an flurry.com.
MeinProspekt V. 4.0	Android 4.1.1	kritisch	Stellt Angebote diverser Händler in der Nähe des Nutzers dar. Sendet Gerätekennung und das Benutzungsverhalten an Drittfirma und eigene Server.
myDealz V. 1.81	iOS 5.1.1	kritisch	Zeigt günstige Angebote diverser Händler. Überträgt Gerätekennung an admob und das Benutzungsverhalten an eigene Server.
myShopi V. 2.7.8.2	Android 4.1.1	kritisch	Nutzer können mit Produktbildern Einkaufslisten erstellen oder Produkte hinzufügen. Überträgt Gerätekennung und Benutzungsverhalten an flurry.com.
MyTopdeals V. 3.1.4	Android 4.1.1	kritisch	Zeigt Angebote diverser Händler. Überträgt Gerätekennung an madvertise.de, schickt Kennung und Benutzungsverhalten auch an eigene Server.
real V. 2.7.4	iOS 5.1.1	kritisch	Zeigt aktuelle Angebote von real an. Stellt eine Einkaufsliste und einen Filialfinder zur Verfügung. Sendet Benutzungsverhalten und Gerätekennung an flurry.com und an eigene Server.
Snipz V. 4.3	iOS 5.1.1	kritisch	Zeigt günstige Angebote diverser Händler. Überträgt Benutzungsverhalten und Gerätekennung an eigene Server. Kennung auch an fatebook.de (jetzt: opongo.com).
Sehr kritisch			
MonsterDealz V. 2.0	Android 4.1.1	sehr kritisch	Zeigt günstige Angebote von Händlern. Überträgt Benutzername, Passwort, Benutzungsverhalten unverschlüsselt an shoutmix.com, Gerätekennung an eigene Server.
MyTaxi[4] V. 3.2.0	iOS 5.1.1	sehr kritisch	Lokalisiert Standort des Nutzers und ruft auf Wunsch ein Taxi dorthin. Sendet Benutzername, Benutzungsverhalten und Passwort unverschlüsselt an eigene Server. Bezahlung läuft verschlüsselt.

Reihenfolge nach Datenschutzurteil. Bei gleichem Urteil nach Alphabet.
1) Zum Teil neuere Versionen verfügbar. 2) Datenschutzurteil bezieht sich auf die im gesendeten Datenstrom identifizierten Daten. 3) Android-Version nicht mehr im App-Store Google Play angeboten.
4) Laut Anbieter inzwischen Verschlüsselung geändert. **Erhebungszeitraum:** Juli bis September 2012.

test Jahrbuch 2013 Telefon 95

4 Datenschutz bei Apps

Unser Rat

9 der 63 geprüften Zusatzprogramme senden persönliche Daten ihrer Nutzer ungesichert oder nicht anonymisiert. Eine unverschlüsselte Übertragung lädt zum Mitlesen ein, wenn das Smartphone im ungesicherten WLan-Funknetz läuft. Sehr kritische Apps sollten Sie deshalb nicht in öffentlichen Hotspots nutzen. Das Passwort für die App sollte nie dasselbe wie für Mail oder Banking sein.

Ausgespäht

6/2012 Smartphone-Apps bieten viel Nutzwert, werden aber viel zu oft mit privaten Daten bezahlt – vom Nutzer unbemerkt.

Carla ist verreist. Leckeres Essen sucht sie nicht im Hotelrestaurant, sondern über ein Zusatzprogramm ihres Smartphones, die „App" Foodspotting (etwa „Essen auskundschaften"). Gute Tipps bekommt sie zuhauf. Das will Carla so. Was sie aber weder will noch weiß: Die App kundschaftet nicht nur das Essen aus. Sie sendet gleichzeitig all ihre gespeicherten E-Mail-Adressen in die USA. Ebenfalls auf Reisen gehen die Gerätekennung und eine Benutzungsstatistik der App. Beides landet auch bei einer US-Firma namens flurry. Sie sammelt Daten en gros.

Foodspotting birgt zwei Risiken: Die App sendet Carlas Adressbuch im Klartext. Obendrein sind die Adressen auf dem Weg in die USA angreifbar. Die App überträgt sie unverschlüsselt, also nicht sicherer als eine Postkarte (http statt https).

Was die Apps verraten, wollten wir genau wissen und prüften 63 Zusatzprogramme für Smartphones. 9 Apps unserer Stichprobe, die wie Foodspotting intime Daten weitergeben, bewerten wir als sehr kritisch. Weitere 28 sind kritisch – sie senden überflüssige Daten. Lediglich 26 Apps machen nur das, was der Anwender erwartet. Sie senden nichts oder nur die für die Funktion der App erforderlichen Informationen. Natürlich braucht zum Beispiel die HRS-App für die Suche nach einem Hotel in der Nähe den Standort. Und damit Videoclips von YouTube oder ZDFmediathek richtig laufen,

Wir fordern Transparenz

Jeder Nutzer sollte wissen, welche Daten gesammelt, warum und wem gemeldet werden – in klarem, verständlichem Deutsch, lesbar auf einem Handydisplay. Eine App sollte den Kunden nicht ausspähen, sondern Namen, Telefonnummern, E-Mail-Adressen anonymisieren. Apps sollten nicht ganze Adressbücher abgleichen, sondern nur vom Nutzer freigegebene Einträge.

Datenschutz bei Apps 4

test	Sehr kritische Apps					6 / 2012
				Im Datenstrom identifiziert		
Name und Version[1]	Betriebs-system	Preis in Euro ca.	Persönliche Daten, nicht anonymisiert bzw. unverschlüsselt	Geräte-kennung	Benutzungs-statistik[2]
Alltagshelfer					
iTranslate V. 1.5.5	iOS	0,00	●	●	
Auto und Reise					
ALK Copilot Live Premium Europe V. 9.1.0.269	Android	37,50	●	●	
Clever tanken V. 3.0.2	iOS	1,59[3]	●		
Sygic GPS Navigation Western Europe V. 11.2.6	Android	40,00	●	●	●
Soziales Netzwerk					
Facebook V. 4.1	iOS	0,00	●		
Foodspotting V. 3.1	iOS	0,00	●	●	●
Gowalla V. 4.0.3	iOS	0,00	●	●	●
Whatsapp V. 2.6.10	iOS	0,79	●		
Yelp V. 5.6.0	iOS	0,00	●		●

Reihenfolge nach Alphabet. ● = Ja.
1) Laut Anbieter der App-Stores zum Teil neue Versionen der Apps verfügbar. **2)** Angaben zu Nutzungsdauer und -umfang.
3) Durch Werbeaktionen zeitweise auch kostenlos zu haben. **Erhebungszeitraum:** Februar bis April 2012.

muss das Smartphone technische Angaben preisgeben. Dagegen ist nichts einzuwenden. Bei unserer Untersuchung trafen wir allerdings häufig auf diese vier Unsitten:
• **Unnötig.** Apps verschicken Daten, die nicht zum Betrieb erforderlich sind. Beispiel „Mobile Metronom" (Android): Es gibt wie ein Metronom den Takt an, sendet dabei aber die Geräte-ID und den genutzten Mobilfunkanbieter an eine Fremdfirma.
• **Ungefragt.** Apps verschicken Daten heimlich. Beispiele: Foodspotting, Gowalla, Whatsapp und Yelp. Sie übertragen Teile des Adressbuchs, ohne vorab die Zustimmung des Nutzers einzuholen.
• **Unverschlüsselt.** Wer ein ungesichertes WLan-Netz statt der teuren Mobilfunkflatrate nutzt, lädt Neugierige zum Mitlesen ein. Bei iTranslate ist der zu übersetzende Text unverschlüsselt, bei Clever tanken war es im

Testzeitraum das Passwort. Wer aus Faulheit stets dasselbe Passwort nutzt, gefährdet so Onlinebanking und E-Mail-Postfach. Auf den Test reagierte Clever tanken umgehend und merzte die Sicherheitslücke aus. Die Anbieter aus Übersee reagierten nicht.
• **Nicht anonymisiert.** Einige Zusatzprogramme senden echte Namen, reale Telefonnummern oder E-Mail-Adressen als Klartext und nicht als anonymisierte Zeichenkette (Hash-Wert).

Fragwürdige Technik

Apps von sozialen Netzwerken holen sich auf dem Smartphone gespeicherte Kontaktdaten, teils ungefragt. Facebook und Co. gleichen die Adressbücher ihrer Mitglieder ab. Mit diesem Wissen erkennen die Netzwerke Freundeskreise und verbinden sie: „Personen, die du vielleicht kennst." Das hilft, ▶

test Jahrbuch 2013   **Telefon 97**

4 Datenschutz bei Apps

test Kritische Apps   6 / 2012

Name und Version[1]	Betriebssystem	Preis in Euro ca.	Im Datenstrom identifiziert	
			Gerätekennung	Benutzungs-statistik[2]
Alltagshelfer				
Barcode Scanner V. 4.0	iOS	0,79	●	●
Brutto Netto Gehalt Rechner V. 1.8	Android	0,00	●	
Free App Magic V. 1.4	iOS	0,00	●	●
Mobile Metronom V. 1.2.4	Android	0,00	●	
QR Droid V. 4.1.2	Android	0,00	●	●
Torch V. 1.1.0	iOS	0,00	●	●
Auto und Reise				
Navigon Mobile Navigator Europe V. 2.0.2	iOS	90,00	●	
Nokia Navigation V. 1.0.0.1	Windows Phone	0,00		●
Skobbler GPS Navigation 2 V. 4.1	iOS	7,60	●	
Stau Mobil V. 2.0	Android	0,00	●	
Einkaufen				
Amazon Mobil V. 1.8.1	iOS	0,00	●	
Ernährung				
chefkoch.de V. 1.0	iOS	0,00	●	●
Freizeit				
iKamasutra lite V. 5.0.1	iOS	0,00	●	●
Smart Runner V. 2.5	iOS	0,00	●	●
Lokales				
Das Örtliche V. 1.14	Android	0,00	●	
Fahrinfo Berlin Brandenburg V. 2.8.3	iOS	0,00	●	
KlickTel Telefonbuch V. 5.2	Android	0,00	●	●
KlickTel Telefonbuch V. 5.2	iOS	0,00	●	●
meineStadt V. 3.2.1	iOS	0,00	●	●
Weather Live V. 1.4	iOS	0,79	●	●
Weather XXL lite V. 1.4.3	iOS	0,00	●	
Medien, Nachrichten				
MacWelt V. 4.0	iOS	0,00	●	
N-TV iPhone edition V. 1.6.1	iOS	0,00	●	
Sport1 V. 5.1.2	iOS	0,00	●	
Spiolo				
Angry Birds V. 2.0.0	Android	0,00	●	●
Bubble Blast 2 V. 2.1.3	iOS	0,00	●	
Solitaire V. 1.2	iOS	0,00	●	●
Sudoku V. 1.0.2	iOS	0,00	●	

Reihenfolge nach Alphabet. ● = Ja. **1)** Laut Anbieter der App-Stores zum Teil neue Versionen der Apps verfügbar.
2) Angaben zu Nutzungsdauer und -umfang.   **Erhebungszeitraum:** Februar bis April 2012.

98 Telefon

test Jahrbuch 2013

Datenschutz bei Apps 4

test | Unkritische Apps

Name und Version[3]	Betriebs-system
Auto und Reise	
DB Navigator V. 2.1.6	iOS
Garmin Streetpilot Westeuropa[1] V. 2.0	iOS
Google Maps Navigation V. 5.2.1 (Beta)	Android
Hotel.de V. 1.3	iOS
HRS Hotelportal V. 2.1.2	iOS
Öffi ÖPNV Auskunft V. 7.0.5	Android
TomTom Navigations App Westeuropa[2] V. 1.10	iOS
Einkaufen	
Codechecker V. 1.3	iOS
eBay mobile V. 1.7.2	Android
guenstiger V. 1.2	Android
guenstiger V. 2.0.0	iOS
Media Markt V. 1.7.1	iOS
Gesundheit und Ernährung	
APP zum Arzt V. 2.1	iOS
Diät Profi HD V. 1.6	iOS
Gesund-Genießen-App V. 1.4	iOS
Medien und Nachrichten	
Sportschau V. 1.2.1	iOS
Tagesschau V. 1.0.1	Android
ZDFmediathek V 1.1	iOS
Nachschlagen	
Deutscher Bundestag V. 1.2	Android
IMDB Filme & TV V. 2.5.0	Android
IMDB Filme & TV V. 2.5	iOS
Skymap V. 1.6.4	Android
Wikipedia Mobile V. 2.2.2	iOS
Spielen	
Labyrinth V. 1.4.1	iOS
Mahjong V. 4.1	iOS
Unterhaltung	
YouTube V. 2.3.4	Android

Reihenfolge nach Alphabet.
1) Preis: ca. 80 Euro.
2) Preis: ca. 70 Euro.
3) Laut Anbieter der App-Stores zum Teil neue Versionen der Apps verfügbar.

Erhebungszeitraum: Februar bis April 2012.

neue Kontakte zu knüpfen und alte zu pflegen. Beispiel Whatsapp. Über dieses Programm schicken sich Freunde kostenlos Nachrichten, Fotos und Videoclips. Der Vorteil steht außer Frage, die von der App genutzte Technik schon. Denn es geht besser: Die Adressbücher der Nutzer lassen sich anonymisiert als sogenannte Hash-Werte übertragen und abgleichen. Das sind Zeichenfolgen, die den Rückschluss auf Klarnamen erschweren. Keines der sozialen Netzwerke im Test anonymisiert.

Heimliche Datensammelei

Wozu die vielen Daten, ist die Frage. Viele Apps finanzieren sich über Werbung. Christian Gollner, Rechtsreferent bei der Verbraucherzentrale Rheinland-Pfalz, sagt: „Mit einer App wird keine Software, sondern eine Dienstleistung verkauft. Es entsteht eine Dauerbeziehung." In deren Verlauf verfeinern Analysten das Kundenprofil. Wem und was gemeldet wird, bleibt meist ungenannt. Welche Speicher- und Löschfristen gibt es? Fehlanzeige auch hier.

Datensammler verknüpfen die Informationen. Sie generieren daraus Kundenprofile, den heiligen Gral der Werbebranche. Das Smartphone bringt sie weiter als jede andere Technik zuvor. Von allen elektronischen Spielzeugen gibt es kein persönlicheres. Es weiß, mit wem wir Kontakt haben, mit welcher App wir was tun, was wir ansehen, was wir lesen, was wir herunterladen, wann, wie oft und wo wir sind.

Das ermöglicht individuelle Werbung und mehr. Der Versender Amazon macht es vor. Die Artikelsuche löst Vorschläge aus, meist sogar passende, etwa einen neuen Autor mit dem vom Kunden bevorzugten Schreibstil. Das klingt nicht schlecht, doch die Methode ist fragwürdig. Dr. Alexander Dix, Berliner Beauftragter für Datenschutz, mahnt: „Sie fragen uns nicht, sie beobachten uns." Apps sollten die Privatsphäre ihrer Nutzer respektieren. Dann könnte Carla gut essen, ohne ausgespäht zu werden. ∎

5 Handys

✚ Unser Rat

Das beste Smartphone des Jahres 2012 war das **Samsung Galaxy S III** für 545 Euro, dicht gefolgt vom **Apple iPhone 5 (16GB)** für 680, dem **Motorola Razr** für 405 und dem Samsung **Galaxy Note** für 495 Euro. Wer weniger ausgeben will, findet etwa im **Samsung Galaxy S Advance** für 340 oder dem **Sony Xperia neo V** für 200 Euro ebenfalls gute und deutlich günstigere Alternativen.

Durchmarsch der Droiden

1 + 5 + 9 + 11/2012 Android-Handys erobern Bestenlisten und Marktanteile. Das neue iPhone 5 folgt dem Trend zu größeren Bauformen.

Das war das Jahr der Android-Handys: Im zweiten Quartal 2012 hatte das von Google initiierte Betriebssystem in Deutschland einen Marktanteil von 44 Prozent – mehr als doppelt so viel wie im Vorjahr! An zweiter Stelle steht mit 22 Prozent das iPhone-System iOS. Auch qualitativ liegen Geräte mit diesen beiden Systemen an der Spitze: Neun der zehn besten Smartphones, die wir prüften, seitdem wir für test 5/2012 das Testprogramm überarbeitet haben *(siehe „Neues Prüfprogramm", rechts unten)*, nutzen Android. Einzige Ausnahme ist das neue iPhone 5 auf Platz Zwei.

Android ist flexibel und vielfältig

Die Beliebtheit von Android kommt nicht von ungefähr. Zwar mag das Google-System nicht ganz so einfach zu bedienen sein wie das iPhone-System von Apple. Doch dafür ist es offener und lässt sich flexibler an die Vorlieben seiner Nutzer anpassen. Vor allem aber gibt es eine riesige Auswahl von Android-Geräten der unterschiedlichsten Anbieter und Preisklassen.

In den hier dargestellten Smartphone-Tests aus 2012 gibt es Android-Smartphones zwischen 101 Euro für das Huawei Ideos X3 – dem schlechtesten im Test – und 545 Euro für den Jahrestestsieger Samsung Galaxy S III. Die Spitzenplätze werden von teuren Luxushandys mit großen, teilweise wirklich beeindruckenden Displays dominiert. Doch wer keinen so großen Touchscreen braucht, bekommt zum Beispiel mit dem nicht ▶

Neues Handy-Prüfprogramm

Seit test 5/2012 verwenden wir ein überarbeitetes Prüfprogramm. Dabei haben wir unter anderem die Tests zu Synchronisation und Backup sowie zu GPS und Navigation erweitert. Außerdem sind etliche Bewertungen strenger geworden, darunter besonders die der Akkulaufzeiten. Die Noten aus test 1/2012 (Seite 103) sind darum nicht direkt mit denen aus test 5, 9 und 11/2012 vergleichbar.

100 Telefon   test Jahrbuch 2013

Handys 5

test — Smartphones I   5 + 9 + 11 / 2012

	Geprüft mit Betriebssystem	Mittlerer Preis in Euro ca.	Telefon	Kamera	Musikspieler	Internet und PC	GPS und Navigation	Handhabung	Stabilität	Akku	test-QUALITÄTS-URTEIL
Gewichtung			15%	10%	10%	15%	10%	20%	5%	15%	100%
Samsung Galaxy S III 16GB (I9300)	Android 4.0.4	545	O	+	+	++	+	+	+	+	GUT (1,9)
Apple iPhone 5 (16 GB)	iOS 6.0	715	+	++	+	++	+	+	+	O	GUT (2,0)
Motorola Razr (XT910)	Android 2.3.5	405	+	O	+	++	+	+	++	O	GUT (2,0)
Samsung Galaxy Note (N7000)	Android 2.3.6	495	+	+	+	++	+	+	++	+	GUT (2,0)
HTC One X[1]	Android 4.0.3	540	+	O	+	++	O	+	+	O	GUT (2,1)
Samsung Galaxy S Advance (I9070)	Android 2.3.6	340	O	+	+	++	O	+	+	+	GUT (2,1)
HTC Rhyme	Android 2.3.5	350	+	O	+	+	+	+	+	O	GUT (2,2)
Samsung Galaxy Nexus (I9250)	Android 4.0.1	365	+	+	+	++	+	+	+	O	GUT (2,2)
Sony Ericsson Xperia arc S	Android 2.3.4	283	+	+	+	++	+	+	O	O	GUT (2,2)
Sony Ericsson Xperia neo V	Android 2.3.4	200	+	O	O	+	++	+	+	O	GUT (2,2)
Sony Xperia S	Android 2.3.7	435	+	+	+	+	+	+	O	O	GUT (2,3)
Blackberry Torch 9860	Blackberry OS 7.0	320	+	+	+	+	O	+	+	O	GUT (2,4)
HTC One S[1]	Android 4.0.3	465	O	O	+	++	O	+	+	O	GUT (2,4)
HTC Sensation XL	Android 2.3.5	460	O	O	+	+	O	+	+	O	GUT (2,4)
Huawei Honour	Android 2.3.6	268	+	O	+	+	O	+	+	+	GUT (2,4)
LG P720 Optimus 3D Max[1]	Android 2.3.6	460	O	O	+	+	+	+	++	O	GUT (2,4)
Nokia 808 Pureview	Symbian 3 Version Belle	550	+	+	+	+	O	O	+	O	GUT (2,4)
Sony Xperia P	Android 2.3.7	350	+	O	+	+	O	+	+	O	GUT (2,4)
Sony Xperia Sola	Android 2.3.7	281	+	+	O	+	O	+	+	O	GUT (2,4)
HTC One V[1]	Android 4.0.3	281	+	O	O	+	O	+	+	+	GUT (2,5)
HTC Radar	Windows Phone 7.5	282	O	+	+	+	O	+	+	O	GUT (2,5)
HTC Sensation XE	Android 2.3.4	440	O	O	+	++	O	+		⊖*)	GUT (2,5)
HTC Titan	Windows Phone 7.5	350	O	O	+	+	+	+	+	O	GUT (2,5)

Bewertungsschlüssel der Prüfergebnisse: ++ = Sehr gut (0,5–1,5). + = Gut (1,6–2,5). O = Befriedigend (2,6–3,5). ⊖ = Ausreichend (3,6–4,5). — = Mangelhaft (4,6–5,5). **Bei gleichem Qualitätsurteil Reihenfolge nach Alphabet.**
*) Führt zur Abwertung. 1) Laut Anbieter Software inzwischen geändert. **Einkauf der Prüfmuster:** bis September 2012.

test Jahrbuch 2013   **Telefon 101**

5 Handys

✚ test — Smartphones II — 5 + 9 + 11 / 2012

	Geprüft mit Betriebssystem	Mittlerer Preis in Euro ca.	Telefon	Kamera	Musikspieler	Internet und PC	GPS und Navigation	Handhabung	Stabilität	Akku	✚ test-QUALITÄTSURTEIL
Gewichtung			15 %	10 %	10 %	15 %	10 %	20 %	5 %	15 %	100 %
Nokia Lumia 610	Windows Phone 7.5	204	+	O	+	O	+	O	++	O	GUT (2,5)
Samsung Galaxy Ace Plus (S7500)	Android 2.3.6	216	+	O	O¹⁾	+	+	+	+	O	GUT (2,5)
Samsung Galaxy Mini 2 (S6500)	Android 2.3.6	174	+	O	+	+	O	+	++	+	GUT (2,5)
Samsung Wave 3 (S8600)	Bada 2.0	254	O	+	+	O	O	O	+	O	GUT (2,5)
Sony Xperia U	Android 2.3.7	227	+	+	O	O	O	O	++	O	GUT (2,5)
Sony Ericsson Xperia ray	Android 2.3.3	212	+	O	O	+	+	+	+	O	GUT (2,5)
Blackberry Bold 9790	Blackberry OS 7.0	365	O	O	+	+	O	+	O	+	BEFRIED. (2,6)
Nokia 500	Symbian 3 Version Anna	181	+	O	O	O	+	+	++	O	BEFRIED. (2,6)
Motorola Defy+	Android 2.3.4	220	O	⊖*⁾	O	+	O	+	++	O	BEFRIED. (2,7)
Nokia 700	Symbian 3 Version Belle	229	O	⊖*⁾	+	+	+	+	+	O	BEFRIED. (2,7)
HTC Velocity 4G	Android 2.3.7	500	+	O	+	++	O	+	+	⊖*⁾	BEFRIED. (2,8)
Motorola Defy Mini	Android 2.3.6	142	+	⊖*⁾	+	+	O	+	++	+	BEFRIED. (2,8)
Blackberry Curve 9360	Blackberry OS 7.0	285	O	O	+	+	O	O	+	⊖*⁾	BEFRIED. (2,9)
LG E400 Optimus L3	Android 2.3.6	109	+	O	O¹⁾	O	O	O	+	+	BEFRIED. (2,9)
Panasonic Eluga EB-3901	Android 2.3.5	350	+	⊖	O	+	⊖*⁾	+	++	O	BEFRIED. (2,9)
HTC Explorer	Android 2.3.5	140	+	⊖*⁾	O¹⁾	+	+	+	+	O	BEFRIED. (3,0)
Nokia Lumia 800²⁾	Windows Phone 7.5	400	O	O	+	+	+	+	+	⊖*⁾	BEFRIED. (3,0)
Nokia Lumia 710²⁾	Windows Phone 7.5	245	O	O	+	+	+	O	+	⊖*⁾	BEFRIED. (3,3)
Samsung Galaxy Y (S5360)	Android 2.3.6	109	O	⊖*⁾	⊖¹⁾	O	O	O	+	O	BEFRIED. (3,5)

www.test.de

Bewertungsschlüssel der Prüfergebnisse: ++ = Sehr gut (0,5–1,5). + = Gut (1,6–2,5). O = Befriedigend (2,6–3,5). ⊖ = Ausreichend (3,6–4,5). — = Mangelhaft (4,6–5,5). **Bei gleichem Qualitätsurteil Reihenfolge nach Alphabet.**
*) Führt zur Abwertung.
1) Kein Kopfhörer mitgeliefert. Dies floss negativ in die Bewertung ein.
2) Laut Anbieter inzwischen mit geänderter Navigationssoftware. Routenführung damit auch ohne Datenverbindung möglich. **Einkauf der Prüfmuster:** bis September 2012.

Handys 5

test — Smartphones 1 / 2012

www.test.de	Geprüft mit Betriebssystem	Mittlerer Preis in Euro ca.	Telefon	Kamera	Musikspieler	Internet und PC	GPS	Handhabung	Stabilität	Akku	test - QUALITÄTS-URTEIL
Gewichtung			15 %	10 %	10 %	15 %	10 %	20 %	5 %	15 %	100 %
Apple iPhone 4S (16 GB)	iOS 5.0[1]	650	+	+	+	++	+	+	++	O	GUT (2,0)
Motorola Atrix[2]	Android 2.2.2	345	+	O	+	++	++	+	+	+	GUT (2,0)
HTC Evo 3D	Android 2.3.4	505	+	O	+	++	++	+	+	O	GUT (2,1)
Sony Ericsson Xperia neo	Android 2.3.2	305	+	+	+	+	+	+	+	O	GUT (2,1)
HTC Salsa	Android 2.3.3	330	+	O	+	+	+	+	+	O	GUT (2,2)
HTC Sensation	Android 2.3.3	405	+	O	+	++	++	+	+	O	GUT (2,2)
Motorola Pro	Android 2.2.2	395	+	O	+	+	++	+	++	+	GUT (2,2)
Blackberry Bold 9900	Blackberry OS 7.0	515	+	+	+	+	+	+	+	+	GUT (2,3)
Nokia E6-00	Symbian ^3	330	+	O	+	O	+	+	++	+	GUT (2,3)
Nokia X7-00	Symbian ^3	365	+	+	+	+	+	+	+	O	GUT (2,3)
HTC 7 Pro	Windows Phone 7.5	256	+	O	+	+	+	+	+	O	GUT (2,4)
Sony Ericsson Xperia mini	Android 2.3.3	199[3]	+	O	+	+	+	O	+	+	GUT (2,5)
Sony Ericsson Xperia mini pro	Android 2.3.3	220	+	+	+	+	+	O	++	O	GUT (2,5)
LG P920 Optimus 3D	Android 2.2.2	395	+	Θ*)	+	++	+	+	++	O	BEFRIED. (2,8)
Samsung Galaxy S Plus i9001	Android 2.3.3	305	+	Θ*)	+	++	+	+	+	+	BEFRIED. (2,8)
HTC ChaCha	Android 2.3.3	226	+	Θ*)	+	+	+	+	+	Θ	BEFRIED. (3,2)
Aldi(Nord)/Medion Life P4310 (MD 98910) A	Android 2.3.5	199[4]	+	Θ*)	O	+	O	+	O	+	BEFRIED. (3,3)
LG P350 Optimus Me	Android 2.2	108	+	Θ*)	+	O	O	O	+	O	BEFRIED. (3,3)
Samsung Galaxy mini S5570	Android 2.2.1	137	+	Θ*)	Θ*)	+	+	O	+	O	BEFRIED. (3,3)
Huawei Ideos X3	Android 2.3.3	101	+	Θ*)	O	O	Θ	O	O	Θ	AUSREICH. (3,7)

Bewertungsschlüssel der Prüfergebnisse: ++ = Sehr gut (0,5–1,5). + = Gut (1,6–2,5). O = Befriedigend (2,6–3,5).
Θ = Ausreichend (3,6–4,5). — = Mangelhaft (4,6–5,5). **Bei gleichem Qualitätsurteil Reihenfolge nach Alphabet.**
*) Führt zur Abwertung. A = Aktionsware vom 13.10.2011, erneut angeboten am 15.12.2011.
1) Nachprüfung der Akkulaufzeiten mit iOS 5.0.1 (Bugfix). **2)** Laut Anbieter Software inzwischen geändert.
3) Preis laut Anbieter. **4)** Von uns bezahlter Einkaufspreis. **Einkauf der Prüfmuster:** bis Oktober 2011.

test Jahrbuch 2013   **Telefon 103**

5 Handys

⚙ test | Multimediahandys | 1 / 2012

www.test.de	Geprüft mit Betriebssystem	Mittlerer Preis in Euro ca.	Telefon	Kamera	Musikspieler	Internet und PC	GPS	Handhabung	Stabilität	Akku	⚙ test - QUALI-TÄTS-URTEIL
Gewichtung			15 %	10 %	10 %	15 %	10 %	20 %	5 %	15 %	100 %
Nokia C5-00 5MP	Symbian S60 3rd	155	+	O	+	Nicht geprüft[1]	+	O	+	++	GUT (2,3)
Nokia C2-02	Geräte-spezifisch	116	O	⊖[*]	O	Nicht geprüft[1]	Entfällt	O	O	+	BEFRIED. (3,4)
Samsung C3750	Geräte-spezifisch	79	O	⊖[*]	⊖[*]	Nicht geprüft[1]	Entfällt	O	+	+	BEFRIED. (3,5)
Sony Ericsson txt pro	Geräte-spezifisch	103	O	⊖[*]	O	Nicht geprüft[1]	Entfällt	O	+	+	BEFRIED. (3,5)
LG T500	Geräte-spezifisch	66	O	⊖[*]	O	Nicht geprüft[1]	Entfällt	O	+	+	AUSREICH. (3,6)

Bewertungsschlüssel der Prüfergebnisse: ++ = Sehr gut (0,5–1,5). + = Gut (1,6–2,5). O = Befriedigend (2,6–3,5).
⊖ = Ausreichend (3,6–4,5). — = Mangelhaft (4,6–5,5). **Bei gleichem Qualitätsurteil Reihenfolge nach Alphabet.**
[*] Führt zur Abwertung. A = Aktionsware vom 13.10.2011, erneut angeboten am 15.12.2011.
[1] Surfen und E-Mail sind mit den meisten Multimediahandys zwar möglich, aber mangels großen Displays, schnellen Datenzugangs oder Buchstabentastatur kaum sinnvoll nutzbar. **Einkauf der Prüfmuster:** bis Oktober 2011.

mehr ganz jungen Sony Xperia Neo V schon für nur 200 Euro ein richtig gutes Android-Gerät, das sich besonders durch schnelle und präzise GPS-Ortung hervortut.

Neues iPhone folgt dem Trend
Öffentlichkeitswirksamer als die Flut von Android-Smartphones war der Marktstart des neuesten iPhone-Modells im Herbst. Dabei verdeutlicht das iPhone 5, dass Apple auf dem Smartphone-Markt die Trends inzwischen nicht mehr vorgibt, sondern ihnen folgt: Seine wichtigsten Neuerung ist neben einem schnelleren Prozessor das größere Display in einem flacheren Gehäuse – so wie die Konkurrenz es schon länger vormacht.

Im Test zeigt das iPhone 5 überwiegend glänzende Leistungen: Sein neues Display ist hervorragend und sorgt mit dem flotten Prozessor und schneller Mobilfunkanbindung für viel Surfspaß. Seine Kamera ist mit Abstand die beste, die wir bisher an einem

Handy gesehen haben. Und die Sprachqualität beim Telefonieren ist hörbar besser als beim Testsieger von Samsung. Wenn das iPhone 5 in der Jahreswertung dennoch nur einen der zweiten Plätze schafft, dann liegt das vor allem am schlappen Akku. So hält es beim Dauersurfen per UMTS nur 2,5 Stunden durch. Zum Vergleich: Das Vorgängermodell iPhone 4S schafft immerhin 3,5 Stunden, das Galaxy S III sogar 5.

Neben Android und iPhone bleibt für die Konkurrenz nicht mehr viel Platz. Das Betriebssystem Symbian spielt nach Nokias Umstieg auf das Microsoft-System Windows Phone kaum noch eine Rolle. Windows Phone wiederum hat noch keine nennenswerte Marktanteile gewinnen können. Und auch die einfachen Multimediahandys geraten immer mehr ins Hintertreffen. In test 1/2012 haben wir noch einmal fünf von ihnen geprüft *(siehe oben)*, bestes war das 155 Euro teure Nokia C5-00. ■ **Anbieter Seite 261**

Handytarife 5

✚ Unser Rat

Den einen Tarif für alle gibt es nicht. Vielmehr kommt es auf das eigene Telefonierverhalten an. Quasselstrippen, die noch dazu im Internet surfen, greifen zur Allnet-Flatrate. Für eine monatliche Pauschale bietet sie unbegrenztes Telefonier- und Surfvergnügen. Wenigtelefonierer greifen zu einem Prepaid-Tarif. Hier gibt es die Gesprächsminute oder die SMS schon jeweils ab sechs Cent.

Die Qual der Wahl

1 + 5 + 9/2012 Wer mit dem Handytarif richtig Geld sparen will, sollte sich vorher fragen, wie er sein Mobiltelefon nutzt.

Jeder telefoniert anders, die Anbieter überschwemmen den Markt mit immer neuen Tarifen und Optionen. Umso schwieriger ist es, den passenden Tarif für sich selbst zu finden. Bei der Auswahl sollten sich Handytelefonierer einige Fragen stellen.

Telefoniere ich viel oder wenig?
Wer nur wenig telefoniert, für den lohnt meist ein Prepaid-Angebot ohne zugebuchte Sprachpakete oder Flatrates. Nutzer laden vorher ein Guthaben auf ihre Sim-Karte und können dieses dann abtelefonieren. Plaudertaschen hingegen greifen zur Allnet-Flatrate. Die günstigsten kosten monatlich etwa 20 Euro, dafür sind unbegrenztes Telefonieren und Surfen inklusive. Achtung: Die preiswertesten Angebote gibt es nur mit einer Laufzeit von 24 Monaten.

Schreibe ich viele SMS?
Fleißige Schreiberlinge buchen ein SMS-Paket hinzu. Bei einem Aufpreis von monatlich 5 Euro lohnt sich das bei 9 Cent pro Nachricht ab der 56sten Mitteilung.

Welches Netz brauche ich?
Nicht alle Netze sind in allen Regionen gleich empfangsstark. Die Netzbetreiber E-Plus, O_2, Telekom und Vodafone informieren auf ihren Internetseiten, wie stark ihr Netz in den einzelnen Regionen ausgebaut ist. Das E-Plus-Netz ist im ländlichen Raum oft weniger empfangsstark. Beim O2-Netz beschweren sich Smartphone-Nutzer oft über langsamen Datenverkehr. ■

Tarife für Smartphone-Nutzer
Smartphone-Nutzer brauchen einen Tarif mit Datenflatrate. Selbst wer nicht aktiv surft, tappt sonst in die Kostenfalle. Die auf Smartphones installierten Apps aktualisieren sich ständig, ohne Flatrate wird das teuer. Wer nur wenig surft, wählt eine Flat mit geringem Volumen, zum Beispiel 50 Megabyte. Ist das aufgebraucht, wird nur die Geschwindigkeit gedrosselt. Extrakosten entstehen nicht.

5 Handytarife im Ausland

Unser Rat

Fragen Sie Ihren Mobilfunkanbieter: **Was ist bei mir als Standard eingestellt?** Für alle, die zwei oder drei Wochen im Jahr in der EU verreisen und wenig telefonieren, ist der **EU-Tarif** am besten. Er ist in allen Mitgliedsstaaten verbindlich, heißt aber bei jedem Anbieter anders. Für Vieltelefonierer kann sich eine **„Auslandsoption"** lohnen. Die müssen Sie extra buchen. Mitunter ist sie gratis.

Surfen ohne abzusaufen

7/2012 Die Preise für Auslandsgespräche, Textnachrichten und Internetsurfen sind gesunken – aber nur in der Europäischen Union.

Die neue EU-Roaming-Verordnung ist ein echtes Sparprogramm für Handynutzer. Seit Juli 2012 sind nicht nur die Preise für Auslandsgespräche und Textnachrichten gesunken, auch das Internetsurfen mit dem Handy wird in der EU günstiger. Ausgehende Gespräche dürfen seitdem inklusive Mehrwertsteuer maximal 0,3451 Euro pro Minute kosten, eingehende Gespräche 0,0952 Euro und abgehende Textnachrichten 0,1071 Euro. Erstmals hat Brüssel eine Preisobergrenze für die Datenübertragung festgelegt. Ein Megabyte darf nicht mehr als 83 Cent kosten.

Billigmarken unter EU-Preislimit

Die neuen Auslandstarife orientieren sich weitestgehend an den Obergrenzen der EU-Vorgabe. Beim Datenroaming unterbieten die beiden E-Plus-Billigmarken blau.de und simyo das EU-Preislimit: Das Megabyte kostet bei ihnen nur 49 Cent. Spezielle Auslandstarife, meist „Option" genannt, sind rechnerisch oft günstiger, aber nur, wenn das gebuchte Paket gut ausgenutzt wird. Anders sieht es in Nicht-EU-Urlaubsländern aus, zum Beispiel in der Türkei, der Schweiz und den USA. Hier kann ein ausgehendes Handygespräch noch rund 2 Euro pro Minute und ein Megabyte bis zu 25,80 Euro kosten. Doch es gibt einen Schutzmechanismus. Wenn 59,50 Euro aufgelaufen sind, erhalten Reisende eine Warnung – leider funktioniert diese Kostenbremse aber noch nicht für alle Anbieter weltweit.

Interessante Apps

Zwei Programme fürs Smartphone könnten für den Auslandsurlaub interessant sein. blau.de bietet eine App für Android-Smartphones, mit der über eine kostenlose WLan-Verbindung günstig telefoniert werden kann. Infos finden Sie auf www.blau app.de. Die kostenlose Auslands-App von simyo informiert über Kosten, Datenlimits, Mailbox, Auslandspakete und andere wichtige Urlaubsfragen.

Schnurlose Telefone 5

✚ Unser Rat

Für alle Anschlüsse geeignet sind die Testsieger Philips CD4961 mit Anrufbeantworter (59 Euro) und CD4911 ohne AB (49 Euro). Gigaset SL910 für Smartphone-Fans ab 138 Euro. Panasonic TG8561 punktet mit Farbe und guter Qualität (69 Euro), Telekom Sinus A 405 mit bester Handhabung (57 Euro).
Für ISDN: Gigaset CX610 A (95 Euro) und Telekom Sinus A 503i (87 Euro).
Für Router: AVM Fritz!Fon M2 (48 Euro).

My Phone für zu Hause

11/2012 Von wegen verstaubt. Moderne schnurlose Telefone bieten sogar Touchscreen statt Tasten, Fotoanzeige, E-Mail und Internetradio.

Das Festnetztelefon ist noch nicht tot: trotz iPhone, Galaxy und Skype. Sicher, Smartphones sind schicker, das Festnetz punktet aber mit Tradition: Es ist zuverlässig und preiswert. Moderne schnurlose Telefone bieten jetzt sogar Touchscreen statt Tasten. Gigaset, Europas Marktführer bei Dect-Telefone, hat ein Smartphone fürs Festnetz entwickelt. Das Gigaset SL910 ist Bildschirm pur. Es ähnelt dem iPhone und funktioniert auch so: Gewählt wird mit dem Finger auf dem Bildschirm, echte Tasten gibt es nicht mehr. Das erste Full-Touch-Telefon für zuhause bietet polyphone Klingeltöne, Fotoanzeige und Vibrationsalarm. Damit wird jeder Anruf zum Erlebnis. Die Innovation hat allerdings ihren Preis. Das schnurlose Telefon kostet mit Anrufbeantworter stolze 153 Euro.

23 Telefone im Test
Die Stiftung Warentest hat 23 schnurlose Telefone mit und ohne Anrufbeantworter getestet. Testsieger sind zwei Modelle von Philips, CD4961 mit Anrufbeantworter, CD4911 ohne AB. Sie überzeugten mit der besten

Sprachqualität im Test. Ähnlich gut wie die 4900er Modelle von Philips klingen die beiden 8500er Modelle von Panasonic. Gute Sprachqualität liefern auch die preisgünstigen Schwestergeräte der Serien Panasonic 6700 und Philips 2900 sowie das Telekom Sinus 405. Alles in allem klingen die guten schnurlosen Telefone am Festnetzanschluss zu Hause sogar etwas besser als ein Smartphone. Nur so chic sind sie selten. ▶

Welcher Anschluss?
Analog, ISDN oder IP-basiert? Wir haben die Telefone in drei Gruppen geteilt: Für alle Anschlüsse, für ISDN und für Router. Die Telefone für alle Anschlüsse sind universal: sie funktionieren an analogen Telefonanschlüssen, an ISDN-Anschlüssen mit Telefonanlage und an modernen IP-basierten Analoganschlüssen. Modelle mit Router sparen Platz: die separate Basisstation entfällt.

test Jahrbuch 2013   Telefon 107

5 Schnurlose Telefone

✚ test — Schnurlose Telefone mit Anrufbeantworter 11/2012

www.test.de	Mittlerer Preis in Euro ca.	Telefo-nieren	Anrufbe-antworter	Hand-habung	Akku	Vielsei-tigkeit	Umwelt-eigen-schaften	✚ test-QUALITÄTS-URTEIL
Gewichtung		30%	15%	20%	15%	10%	10%	100%
Für alle Anschlüsse (analog und ISDN mit Telefonanlage)								
Philips CD4961	58,50	+	+	+	+	+	+	GUT (2,2)
Gigaset SL910 A	153,00	O	+	+	O	++	+	GUT (2,3)
Panasonic KX-TG8561	69,00	O	O	+	+	++	+	GUT (2,3)
Panasonic KX-TG6721	39,50	+	O	+	+	+	+	GUT (2,4)
Philips CD2951	39,50	+	+	+	+	O	+	GUT (2,4)
Telekom Sinus A 405	56,50	O	O	+	+	+	+	GUT (2,4)
Gigaset A420 A	49,00	O	O	O	+	+	+	BEFRIED. (2,6)
Grundig D210A	33,00	O	O	⊖	+	⊖	+	BEFRIED. (3,1)
Audioline Bullet 280	28,20	O	⊖	O	O	⊖	+	BEFRIED. (3,2)
Für ISDN								
Gigaset CX610 A ISDN	95,00	O	+	+	O	++	+	GUT (2,2)
Telekom Sinus A 503i	87,00	+	+	+	+	++	+	GUT (2,2)
Für Router								
AVM Fritz!Fon M2[1]	48,00	O	+	+	+	++	+	GUT (2,3)

Bewertungsschlüssel der Prüfergebnisse: ++ = Sehr gut (0,5–1,5). + = Gut (1,6–2,5). O = Befriedigend (2,6–3,5).
⊖ = Ausreichend (3,6–4,5). — = Mangelhaft (4,6–5,5). **Bei gleichem Qualitätsurteil Reihenfolge nach Alphabet.**
Details zur Ausstattung online unter: www.test.de/telefone.
1) Geprüft mit Fritz!Box 7330 (zirka 135 Euro). **Einkauf der Prüfmuster:** Juni und Juli 2012.

Mit Internetradio und E-Mail

AVM bietet eine weitere Innovation: das AVM Fritz!Fon zum Anschluss an die Fritz!Box. Die Basisstation steckt bereits im Router, das spart Platz im Wohnzimmer, das Telefon kommt nur noch mit einer Lade-schale daher. Das Fritz!Fon ist perfekt auf die Fritz!Box zugeschnitten. Es übernimmt auf Wunsch sogar E-Mails vom Router, während der PC ausgeschaltet ist, zeigt Nach-richten via RSS-Feed, spielt Podcasts und In-ternetradio. Die schöne neue Medienwelt hat allerdings auch Schatten: Das Fritz!Fon M2 wirkt billig. In seiner Kerndisziplin, beim Telefonieren, gehört es zu den schlechtesten im Test. Hörbar vor allem beim Freispre-chen: Das Telefon klingt dünn und verzerrt, besonders wenn der Anrufer laut spricht.

Testsieger Philips

Alternative für Freisprecher sind die Testsie-ger von Philips. Das ISDN-Telefon Gigaset CX610 punktet mit einem besonders guten Display. Die Hintergrundfarbe lässt sich ein-stellen: hell oder dunkel. Bei orangefarbener Schrift auf schwarzem Grund bietet das Te-lefon einen fantastischen Kontrast. Vorteil durch ISDN: mehrere Rufnummern, die das Telefon verwalten kann, auch ohne Telefon-anlage. Jeder in der Familie bekommt seine eigene Nummer. Nachteil: Das ISDN-Telefon funktioniert nur an ISDN-Anschlüssen. Wer umzieht und auf einen modernen IP-basier-ten Analog-Anschluss wechselt, der braucht ein neues Telefon. Telefone für alle An-schlüsse lassen sich dagegen weiter verwen-den, auch für IP-Anschlüsse.

108 Telefon · test Jahrbuch 2013

Schnurlose Telefone 5

test Schnurlose Telefone ohne Anrufbeantworter 11/2012

www.test.de	Mittlerer Preis in Euro ca.	Telefonieren	Anrufbeantworter	Handhabung	Akku	Vielseitigkeit	Umwelteigenschaften	test - QUALITÄTSURTEIL
Gewichtung		30 %	15 %	20 %	15 %	10 %	10 %	100 %
Für alle Anschlüsse (analog und ISDN mit Telefonanlage)								
Philips CD4911	49,00	+	Entfällt	+	+	+	+	GUT (2,1)
Panasonic KX-TG8551	60,00	O		+	+	++	+	GUT (2,2)
Gigaset SL910	138,00	O		+	O	++	+	GUT (2,3)
Panasonic KX-TG6711	29,80	+		+	+	+	+	GUT (2,3)
Philips CD2901	35,00	+		+	+	O	+	GUT (2,3)
Telekom Sinus 405	44,50	O		+	+	+	+	GUT (2,3)
Gigaset A420	39,00	O		O	+	O	+	GUT (2,5)
Grundig D210	24,70	O		⊖	+	⊖	+	BEFRIED. (3,0)
Audioline Bullet 200	25,70	O		O	O	⊖	+	BEFRIED. (3,2)
Für ISDN								
Gigaset CX610 ISDN	86,00	O	Entfällt	+	O	++	+	GUT (2,2)
Für Router								
Telekom Speedphone 100[1]	60,00	O	Entfällt	O	O	+	+	BEFRIED. (2,7)

Bewertungsschlüssel der Prüfergebnisse: ++ = Sehr gut (0,5–1,5). + = Gut (1,6–2,5). O = Befriedigend (2,6–3,5). ⊖ = Ausreichend (3,6–4,5). — = Mangelhaft (4,6–5,5). Bei gleichem Qualitätsurteil Reihenfolge nach Alphabet.
Details zur Ausstattung online unter: www.test.de/telefone.
1) Geprüft mit Speedport W 723V (zirka 127 Euro). Einkauf der Prüfmuster: Juni und Juli 2012.

Eco-Modus nagt am Akku

Alle Telefone im Test reduzieren die Sendeleistung, um nicht unnötig zu funken. Oft lassen sich mehrere Stufen einstellen. Neben Eco-Modus etwa Eco-Plus: In dieser Einstellung sendet die Basis selten oder gar nicht mehr. Die Sache hat aber einen Haken: Eco-Plus nagt am Akku. Die Mobilteile müssen laufend nach ihrer Basis suchen. Das kostet Strom. Auch der Eco-Modus hat Nachteile, er reduziert die Reichweite. Viele Telefone senken die Leistung deshalb moderat. Das erhält die Reichweite, bedeutet aber mehr Strahlung. Ob die der Gesundheit schadet, ist nicht belegt. Sicher ist: Smartphones senden mit deutlich höherer Leistung. Wer Angst vor Strahlung hat, müsste zunächst auf sein Handy verzichten. ■ **Anbieter Seite 261**

Günstiger im Paket

Der Test zeigt Telefon-Kombinationen aus einer Basisstation und einem Mobilteil. Wer mehrere Mobilteile braucht, kauft am besten gleich ein entsprechendes Paket. Das ist billiger als der Nachkauf einzelner Mobilteile. Die meisten Modelle gibt es auch als Paket mit mehreren Mobilteilen.
Die Ausstattung zählt ebenfalls: Anrufbeantworter, Farbdisplay, Notruf, Nachtschaltung oder Babyfon – überlegen Sie vor dem Kauf, welche Funktionen Sie brauchen. Auch Speicherplatz im Telefonbuch kostet Geld. Wer ihn nicht braucht, kann sparen: mit einem einfachen Telefon.

6 Blu-ray-Spieler

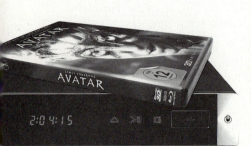

✚ Unser Rat

Gute Blu-ray-Spieler gibt es für weniger als 100 Euro, zum Beispiel den **LG BP 420** für 93 Euro. Wer mit dem Spieler auch das Internet nutzen möchte, sollte eins der folgenden drei Modelle kaufen: **Philips BDP7700/12** für 169 Euro, **Sony BDP-S490** für 99 Euro oder **Sony BDP-S790** für 199 Euro. Sie ermöglichen freies Surfen im Internet und bieten viele vorinstallierte Apps.

Perfekt in Bild und Ton

11/2012 Wer zuhause 3D-Filme sehen möchte, braucht einen Blu-ray-Spieler. Der spielt auch CDs und DVDs ab und surft im Internet.

Blu-ray steht für blauer Strahl. Gemeint ist der blaue Lichtstrahl des Lasers. Seine kurze Wellenlänge erlaubt eine hohe Datendichte auf der Scheibe. Blu-rays bieten Platz für HD-Bilder, 3D-Material und hochwertigen Ton. Neben dem blauen Laser haben Blu-ray-Spieler auch einen roten. Der ist langweiliger und spielt herkömmliche DVDs und CDs ab. Niemand muss also seine DVD-Sammlung entsorgen. Doch gegenüber einer Blu-ray ist die DVD im Nachteil: Der rote Strahl schafft bei Filmen nur Datenmengen bis zu einer Auflösung von 720 x 576 Pixel. Moderne Fernseher bieten jedoch 1920 x 1080 Pixel. Die übrigen Bildpunkte füllt der Blu-ray-Spieler selbstständig mit Inhalten. Die meisten Geräte im Test machen das gut oder sehr gut. Nur beim Yamaha erscheinen bei DVD-Wiedergabe weniger Details und verschwommene Kanten.

Ein weiterer Unterschied zwischen DVD und Blu-ray ist die Oberfläche. DVDs bekommen schon vom Papiertaschentuch Kratzer, Blu-rays schützt eine widerstandsfähigere Beschichtung. Wir prüfen die Spieler mit stark zerkratzten Scheiben. Nur Panasonic DMP-BDT220 lehnt im Test die stark zerkratzte Blu-ray ab.

Mit dem Blu-ray-Spieler ins Internet

Wer keinen Smart-Fernseher besitzt, gelangt per Blu-ray-Spieler ins Internet. Philips BDP7700/12, Sony BDP-S490 und Sony BDP-S790 ermöglichen unbegrenztes Surfen im Internet. Sie bieten auch zahlreiche

4K – ein Marketing-Gag

Zwei Spieler im Test werben mit 4K, der vierfachen HD-Auflösung: Philips BDP7700/12 und Sony BDP-S790. Tatsächlich rechnen sie nur HD-Material auf 4K hoch. Ein Marketing-Gag. Die gleiche Funktion werden 4K-Fernseher künftig ohnehin bieten. Derzeit aber gibt es weder Fernseher, die Videos in 4K-Auflösung anzeigen, noch in 4K gedrehte Filme. Wer mit 4K liebäugelt, sollte noch abwarten.

Blu-ray-Spieler 6

test Blu-ray-Spieler — 11 / 2012

www.test.de	Mittlerer Preis in Euro ca.	Bild und Ton	Handhabung	Fehlerkorrektur	Internet	Heimnetzwerk	Umwelteigenschaften	Vielseitigkeit	test - QUALITÄTSURTEIL
Gewichtung		20 %	40 %	5 %	5 %	5 %	10 %	15 %	100 %
LG BP 420	93	+	+	O	O	+	+	+	GUT (2,0)
LG BP 620	130	+	+	+	O	+	+	+	GUT (2,0)
Samsung BD-E6100	130	+	+	O	O	+	O	+	GUT (2,0)
Philips BDP7700/12	169	+	+	+	++	+	O	+	GUT (2,1)
Sony BDP-S490	99	+	+	O	++	O	+	+	GUT (2,2)
Sony BDP-S790	199	+	+	O	++	O	O	+	GUT (2,2)
Samsung BD-E5500	101	+	+	+	O	+	+	O	GUT (2,3)
Panasonic DMP-BDT220	141	+	+	⊖	+	O	+	+	GUT (2,4)
Philips BDP3300/12	89	+	+	+	⊖	+	+	+	GUT (2,4)
Panasonic DMP-BD77EG-S	92	+	+	+	⊖	+	+	O	GUT (2,5)
Pioneer BDP-150-K	163	+	O	+	⊖	O	O	+	GUT (2,5)
Toshiba BDX2300KE	74	+	O	O	⊖	O	O	O	GUT (2,5)
Toshiba BDX4350KE	122	+	O	O	⊖	O	O	O	GUT (2,5)
Yamaha BD-S473	161	+	O	+	⊖	⊖	O	O	BEFRIED. (2,7)

Bewertungsschlüssel der Prüfergebnisse: ++ = Sehr gut (0,5–1,5). + = Gut (1,6–2,5). O = Befriedigend (2,6–3,5). ⊖ = Ausreichend (3,6–4,5). — = Mangelhaft (4,6–5,5). Bei gleichem Qualitätsurteil Reihenfolge nach Alphabet. Einkauf der Prüfmuster: Juli 2012.

vorinstallierte Apps zu Diensten wie Picasa, Tagesschau und Online-Videotheken. Starker Kontrast: Auf Panasonic DMP-BD77EG-S und Yamaha BD-S473 finden Zuschauer lediglich Apps zu Youtube. Für alle Blu-ray-Spieler gilt wie für die meisten aktuellen Smart-Fernseher: An die flinke Geschmeidigkeit moderner Notebooks und Tablet-PCs reichen sie nicht heran. Internetseiten laden deutlich länger.

Die Eingabe von Adressen und Suchbegriffen über die Fernbedienung tötet Nerven. Erste Alternative: Philips BDP7700/12 und Samsung BD-E6100 unterstützen Maus und Tastatur. Zweite Alternative für Besitzer eines Smartphones oder Tablet-PCs: Für die meisten Blu-ray-Spieler gibt es Fernbedienungs-Apps mit virtueller Tastatur. Diese Apps bieten manche Extras: Gelungen ist die Empfangs- und Senden-Funktion der Sony-App. Sie überträgt Webseiten vom Smartphone über den Blu-ray-Spieler zum Fernseher. Die Philips-App sendet Bilder und Videos vom Heimnetzwerk zum TV.

Anbieter geizen mit Formaten

Blu-ray-Spieler bringen auch Videos und Musik aus dem Internet auf den Fernseher. Allerdings nur in ausgewählten Formaten. Von den geprüften Dateitypen im Test spielt der Panasonic DMP-BDT220 gerade vier für Video und drei für Audio ab. Der Samsung BD-E5500 akzeptiert Audiodateien nur in MP3 und WMA. Ein möglicher Grund: Für viele Formate müssen Hersteller Lizenzgebühren zahlen. Philips BDP7700/12 spielt 23 Video- und 7 Audioformate.

Tipp: Probieren Sie vor dem Kauf mit einem USB-Stick, ob der Spieler ihre Lieblingsformate versteht. ■ **Anbieter Seite 262**

test Jahrbuch 2013   Bild 111

6 Camcorder

✚ Unser Rat

Die Besten: Panasonic HC-X900M (1 040 Euro), Sony TD20VE mit 3D-Funktion (1 310 Euro) und Sony CX730E (865 Euro). Sie beeindrucken mit hervorragender Bildqualität. Alternative zum Sony CX730E: Der bauähnliche Sony PJ740VE mit integriertem Video-Projektor (1 210 Euro). Die Tabelle zeigt nur den CX730.
Besonders preisgünstig und gut ist der Sony CX250E (350 Euro).

Erinnerungen in HD

10/2012 Ihre Videos sind besser als die von Digitalkameras oder Smartphones. Gute Camcorder gibt es bereits ab 250 Euro.

Camcorder sind die Allrounder für Urlaubsvideos und bewegte Kinderbilder. Sie halten Erinnerungen fest, detailgetreu und in hoher Auflösung. Die Stiftung Warentest hat 20 Camcorder getestet. Testsieger sind Modelle von Panasonic und Sony, sie beeindrucken mit hervorragenden Videos und gutem Ton. Der Sony TD20VE liefert auf Wunsch sogar räumliche Bilder zur Wiedergabe auf einem 3D-Fernseher.

Der 3D-Camcorder hat zwei Objektive und zwei Bildsensoren, er filmt wahlweise in 2D oder 3D. Die Stereobasis, der Abstand zwischen den beiden Objektiven, beträgt nur zwei Zentimeter, die Bilder wirken aber beeindruckend räumlich. Das Erlebnis hat seinen Preis: der 3D-Camcorder kostet rund 1300 Euro. Panasonic bietet eine 3D-Option zum Nachrüsten für verschiedene Camcorder an: Die 3D-Vorsatzlinse VW-CLT2 kostet etwa 290 Euro. Sie passt beispielsweise auch an den Testsieger Panasonic X900M.

Gute Videos bei günstigem Preis liefert der Sony CX250E für nur 350 Euro. Kauftipp für Sparsame. Interessant für den Urlaub ist der Sony GW55VE, ein kleiner, schmaler Camcorder in vertikaler Bauform, wasserdicht bis zu einer Tiefe von fünf Metern. Videos sind sehr gut, nicht berauschend ist der Ton: das eingebaute Mikrofon reagiert empfindlich auf Wind. Alles in allem aber ein guter Spaß-Camcorder für Strand und Meer.
Tipp: Ein digitaler Audiorekorder liefert perfekten Ton. Auch für Camcorder ohne Mikrofonanschluss. ■ **Anbieter Seite 262**

Ausrüstung für perfekte Videos
• **HD-Camcorder** mit Speicherkarte oder integriertem Festspeicher.
• **Stativ** für Zoomfahrten, Nahaufnahmen und ruhige Bilder.
• **Videoleuchte** für Innenaufnahmen.
• **Externes Mikrofon** oder Audiorekorder für perfekten Ton.
• **Vorsatzlinse**, um den Weitwinkel-Effekt zu verstärken.
• **Monitorkabel** zur Live-Übertragung des Videos an einen Fernseher.

Camcorder 6

⊕ test	Camcorder									10 / 2012
www.test.de	Aufzeich-nungsmedien	Mittlerer Preis in Euro ca.	Video	Foto	Ton	Hand-ha-bung	Be-triebs-dauer	Viel-seitig-keit	⊕ test-QUALITÄTS-URTEIL
Gewichtung			40%	5%	15%	25%	5%	10%	100%
Panasonic HC-X900M 3D-Option	32 GB intern / SDXC	1040	+	++	+	+	⊖	++	GUT (1,8)
Sony HDR-CX730E	SDXC + MS Pro Duo	865	++	++	+	+	○	+	GUT (1,8)
Sony HDR-TD20VE 3D	64 GB intern / SDXC + MS Pro Duo	1310	++	++	+	○	++	+	GUT (1,8)
Sony HDR-CX570E	SDXC + MS Pro Duo	525	++	++	+	+	+	○	GUT (1,9)
Canon Legria HF M52	32 GB intern / SDXC	660	++	+	○	+	○	○	GUT (2,1)
Sony HDR-CX250E	SDXC + MS Pro Duo	350	+	++	+	○	+	○	GUT (2,1)
Panasonic HC-V707 3D-Option	SDXC	450	+	++	○	+	⊖	+	GUT (2,2)
Sony HDR-GW55VE	microSDHC + MS Micro	475	++	+	○	+	○	⊖	GUT (2,3)
JVC GC-PX10EU	SDXC	680	+	+	○	○	+	+	GUT (2,4)
Canon Legria HF R38	32 GB intern / SDXC	515	+	+	○	+	⊖	○	GUT (2,5)
JVC GZ-EX215	SDXC	298	+	⊖	+	+	+	○	GUT (2,5)
JVC GZ-GX1	SDXC	615	+	++	+	○	⊖	+	GUT (2,5)
Panasonic HC-V500	SDXC	320	+	○	○	+	○	○	GUT (2,5)
Sony HDR-CX200E	SDXC + MS Pro Duo	250	+	+	+	+	○	⊖	GUT (2,5)
JVC GZ-VX715	SDXC	380	+	+	○	+	⊖	○	BEFRIEDI-GEND (2,6)
Samsung HMX-F80	SDXC	171	○	○	○	+	++	⊖	BEFRIEDI-GEND (2,6)
Panasonic HC-V100	SDXC	232	+	○	○	+	++	○	BEFRIEDI-GEND (2,7)
Samsung HMX-H400	SDHC	325	○	⊖	○	+	++	○	BEFRIEDI-GEND (2,8)
Samsung HMX-QF20	SDXC	310	+	○	⊖	○	⊖	⊖	BEFRIEDI-GEND (2,8)
Panasonic HC-V10	SDXC	198	○	⊖	○	+	⊖	⊖	BEFRIEDI-GEND (3,1)

Bewertungsschlüssel der Prüfergebnisse: ++ = Sehr gut (0,5–1,5). + = Gut (1,6–2,5). ○ = Befriedigend (2,6–3,5).
⊖ = Ausreichend (3,6–4,5). — = Mangelhaft (4,6–5,5).   **Bei gleichem Qualitätsurteil Reihenfolge nach Alphabet.**
3D: Zwei nebeneinander liegende Objektive produzieren dreidimensionale Bilder.
3D-Option: Durch Verwendung einer zusätzlichen Aufsatzlinse sind dreidimensionale Bilder möglich.
Einkauf der Prüfmuster: November 2011 bis Juli 2012.

test Jahrbuch 2013   **Bild 113**

6 Digitalkameras (Kompakt)

Unser Rat

Beste Kleine: Nikon Coolpix S100, superflach, für rund 220 Euro und Canon Ixus 230HS, für 195 Euro.
Edel und gut: Canon Ixus 1100 HS, flach, aus Edelstahl, 300 Euro.
Beste mit Superzoom: Canon PowerShot SX260 HS, 285 Euro.
Stärkstes Zoom: Olympus SZ-31MR, Zoomfaktor 19-fach, 380 Euro.
Gute wasserdichte: Nikon Coolpix AW100 und Panasonic Lumix FT4.

Einfach gute Fotos

2012 Die kleinsten passen locker in die Jackentasche, die größten brauchen eine kleine Fototasche, bieten dafür aber ein starkes Zoom.

Kleine Digitalkameras passen in jede Tasche, Kompaktkameras mit starkem Zoom holen weit entfernte Motive nah heran, fotografieren aber auch ganze Landschaften im Panorama, perfekt für die Reise. Die Stiftung Warentest hat 2012 beide Varianten getestet: insgesamt 130 Kompaktkameras. Wir zeigen die besten Kleinen und die besten mit Superzoom. Dazu wasserdichte Kameras für Strand und Meer.

Testsieger Canon und Nikon

Testsieger bei den kleinen Kompakten sind drei Modelle von Canon und Nikon. Die Nikon Coolpix S100 ist besonders flach (1,8 cm) und gut im Bild. Mit 4-fach-Zoom. Die Panoramafunktion erzeugt ein 360-Grad-Panorama in einem Schwenk. Preis für die Nikon rund 220 Euro. Etwas günstiger ist die Canon Ixus 230 HS, mit stärkerem Zoom (7-fach), dafür auch etwas dicker (2,2 cm). Die Ixus 230 ist in sechs Farben zu haben: Schwarz, Silber, Blau, Grün, Violett und Pink. Noch schicker wirkt ihre größere Schwester, die Canon Ixus 1100 HS mit 10-fach-Zoom.

Groß auf Reisen

Die Canon Ixus 1100 macht gute Bilder und gute Videos in hoher Auflösung. Trotz des starken Zooms ist die Canon Ixus 1100 schön flach (2,3 cm). Schickes Gehäuse aus Edelstahl, wahlweise in Schwarz, Silber oder Rot. Ein echter Hingucker. Wermutstropfen: Der edle Winzling ist mit rund 300 Euro recht teuer. Größere Kompaktkameras bieten oft noch stärkere Zooms: 15-fach und mehr. Die

Welcher Kameratyp für wen?

Kompaktkamera: S. 114. Für alle, die sich auf eine Automatik verlassen. Kleine Kompakte für die Jackentasche oder größere mit starkem Zoom.
Universalkamera: S. 117. Für kreative Fotografen: mit manuellen Funktionen und eingebautem Objektiv.
Systemkamera: S. 119. Perfekt für alle, die Schärfe und Belichtung gern selbst bestimmen. Wechselobjektive, manuelle Funktionen und Zubehör.

Digitalkameras (Kompakt) 6

test Die besten kleinen Kompaktkameras 2012

www.test.de	Mittlerer Preis in Euro ca.	Tiefe in cm ca.	Zoomfaktor (Messwert)	Bild	Video	Blitz	Monitor	Handhabung	Vielseitigkeit	test-QUALITÄTS-URTEIL
Gewichtung				35 %	10 %	10 %	10 %	25 %	10 %	100 %
Canon Ixus 1100 HS	300	2,3	9,5	+	+	○	+	○	+	GUT (2,3)
Canon Ixus 230 HS	195	2,2	6,7	+	○	+	+	○	+	GUT (2,3)
Nikon Coolpix S100	220	1,8	4,1	+	+	○	○	○	+	GUT (2,3)
Nikon Coolpix AW100	269	2,4	4,2	+	○	○	○	+	+	GUT (2,4)
Sony Cyber-shot DSC-WX70	215	2,0	4,2	+	+	+	○	○	+	GUT (2,4)
Canon Ixus 125 HS	180	2,0	3,9	+	+	○	+	○	+	GUT (2,5)
Canon Ixus 127 HS	199	2,0	3,9	+	+	○	+	○	+	GUT (2,5)
Panasonic Lumix DMC-3D1	500	2,5	3,2	+	+	○	○	○	+	GUT (2,5)
Panasonic Lumix DMC-FS45	119	2,1	4,0	+	+	○	○	+	+	GUT (2,5)
Panasonic Lumix DMC-SZ1	149	2,2	7,8	+	○	+	○	+	+	GUT (2,5)

Bewertungsschlüssel der Prüfergebnisse: ++ = Sehr gut (0,5–1,5). + = Gut (1,6–2,5). ○ = Befriedigend (2,6–3,5).
⊖ = Ausreichend (3,6–4,5). — = Mangelhaft (4,6–5,5).   **Bei gleichem Qualitätsurteil Reihenfolge nach Alphabet.**
Einkauf der Prüfmuster: bis Juli 2012.

meisten Menschen reisen mit einer Tasche oder einem Rucksack, da passt eine größere Kamera hinein. Vorteil der etwas dickeren Bauform bis fünf Zentimeter: Platz für ein hochwertiges Objektiv mit starkem Zoomfaktor. Das brauchen Sie für die Reise. Den Eiffelturm beispielsweise bekommen Sie nur mit einem Weitwinkel ins Bild. Für Details wie die Krone der Freiheitsstatue brauchen Sie ein starkes Tele. Ein Zoom mit hohem Faktor bringt vom großen Weitwinkel bis zum starken Tele alles mit. Die beste Kompaktkamera mit Superzoom heißt Canon PowerShot SX260 HS. Mit GPS-Empfänger für Geodaten. Preis: etwa 285 Euro. Wer sparen will, wählt das Schwestermodell ohne GPS: Canon SX240 HS für 249 Euro. Das stärkste Zoom im Test hat die Olympus SZ-31MR, Zoomfaktor 19-fach (Messwert aus dem Testlabor). Preis etwa 380 Euro.

Für Strand und Meer

Bei wasserdichten Kameras ist das Objektiv im Gehäuse verborgen. Nachteil: Das innenliegende Objektiv fängt weniger Licht ein, darunter leidet die Bildqualität. Es gibt aber wasserdichte Kameras, die gute Bilder machen. Die Panasonic Lumix DMC-FT4 etwa und die Nikon Coolpix AW100. Beide mit GPS-Empfänger für Satellitensignale. Sie zeichnen zum Foto auch die Geodaten auf. So lässt sich der Standort für jede Aufnahme bestimmen. Ein interessantes Extra für Abenteurer. Wer tatsächlich abtaucht und unter Wasser knipst, sollte nah an der Oberfläche bleiben. Ab einer Tiefe von drei Metern werden die Bilder so dunkel, dass sie kaum noch taugen. Alternative: Packen Sie eine wasserdichte Fotoleuchte ins Gepäck, um Fische und Wasserpflanzen ins rechte Licht zu setzen. ■ **Anbieter Seite 262**

test Jahrbuch 2013   **Bild 115**

6 Digitalkameras (Kompakt)

✛ test | Die besten Kompaktkameras mit Superzoom 2012

www.test.de	Mittlerer Preis in Euro ca.	Zoomfaktor (Messwert)	Bild	Video	Blitz	Monitor	Handhabung	Vielseitigkeit	✛ test - QUALITÄTS- URTEIL
Gewichtung			35%	10%	10%	10%	25%	10%	100%
Canon PowerShot SX260 HS	285	15	+	O	+	+	+	+	GUT (2,3)
Canon PowerShot SX240 HS	249	15	+	O	+	+	+	+	GUT (2,4)
Leica V-Lux 40	590	16	+	O	+	O	+	+	GUT (2,4)
Olympus SZ-31MR	380	19	+	O	+	O	+	+	GUT (2,4)
Panasonic Lumix DMC-TZ30[1]	279	16	+	O	+	O	+	+	GUT (2,4)
Panasonic Lumix DMC-TZ31	305	16	+	O	+	O	+	+	GUT (2,4)
Sony Cyber-shot DSC-HX20V	350	15	+	+	O	O	O	+	GUT (2,4)
Fujifilm FinePix F770EXR	250	16	+	O	O	O	+	+	GUT (2,5)
Medion Life X44088 (MD 86888)	149	16	+	O	+	O	+	O	GUT (2,5)
Praktica Luxmedia 16-Z21C	190	16	+	O	+	O	O	+	GUT (2,5)
Samsung WB850F	245	15	+	O	O	O	O	+	GUT (2,5)

Bewertungsschlüssel der Prüfergebnisse: ++ = Sehr gut (0,5–1,5). + = Gut (1,6–2,5). O = Befriedigend (2,6–3,5).
⊖ = Ausreichend (3,6–4,5). — = Mangelhaft (4,6–5,5). **Bei gleichem Qualitätsurteil Reihenfolge nach Alphabet.**
1) Baugleich mit TZ31. EU-Modell, in Deutschland online im Handel. **Einkauf der Prüfmuster:** bis Juli 2012.

✛ test | Die besten wasserdichten Kompaktkameras 2012

www.test.de	Mittlerer Preis in Euro ca.	Mit GPS (Geodaten)	Bild	Video	Blitz	Monitor	Handhabung	Vielseitigkeit	✛ test - QUALITÄTS- URTEIL
Gewichtung			35%	10%	10%	10%	25%	10%	100%
Nikon Coolpix AW100	269	■	+	O	O	O	+	+	GUT (2,4)
Panasonic Lumix DMC-FT4	294	■	+	O	O	O	+	+	GUT (2,5)
Canon PowerShot D20	330	■	+	O	O	O	O	+	BEFRIED. (2,6)
Olympus Tough TG-1	380	■	+	O	+	O	O	+	BEFRIED. (2,6)
Olympus Tough TG-820	310	❑	O	O	O	O	O	O	BEFRIED. (2,8)
Panasonic Lumix DMC-FT20	170	❑	O	⊖	O	⊖*)	+	+	BEFRIED. (2,8)
Olympus Tough TG-620	203	❑	O	⊖	O	O	O	+	BEFRIED. (2,9)
Pentax Optio WG-2	269	❑	O	O	O	O	O	+	BEFRIED. (2,9)
Pentax Optio WG-2 GPS	335	■	O	O	O	O	O	+	BEFRIED. (2,9)
Sony Cyber-shot DSC-TX20	330	❑	O	+	O	O	O	+	BEFRIED. (2,9)

Bewertungsschlüssel der Prüfergebnisse: ++ = Sehr gut (0,5–1,5). + = Gut (1,6–2,5). O = Befriedigend (2,6–3,5).
⊖ = Ausreichend (3,6–4,5). — = Mangelhaft (4,6–5,5). **Bei gleichem Qualitätsurteil Reihenfolge nach Alphabet.**
*) Führt zur Abwertung. ■ = Ja. ❑ = Nein. **Einkauf der Prüfmuster:** bis Juli 2012.

Digitalkameras (Universal) 6

✚ Unser Rat

Beste für Puristen: Fujifilm X100 mit Festbrennweite. Ein gutes Werkzeug für Liebhaber. Preis: 975 Euro.
Beste für Pragmatiker: Fujifilm X10, Canon G1 X und Nikon P7100 mit Standardzoom für kreative Fotos. Preis: 385 bis 720 Euro.
Beste für Reisende: Eine gute Kamera mit Superzoom, wie Panasonic FZ150, Canon PowerShot SX40 HS, Fujifilm X-S1 oder Panasonic FZ48.

Kameras für Kreative

9/2012 Universalkameras mit eingebautem Objektiv sind relativ klein, machen aber ähnlich gute Bilder wie eine Systemkamera.

Wer mit wenig Gepäck reist, muss auf gute Fotos nicht verzichten. Kleine Universalkameras machen große Bilder. Blende, Belichtung und Schärfe lassen sich von Hand einstellen. Viele Universalkameras bieten die Möglichkeiten einer Systemkamera, nur ohne Wechselobjektiv. Die Stiftung Warentest hat zwölf Modelle getestet: Universalkameras mit Festbrennweite, mit Standardzoom (3- bis 6-fach) und mit Superzoom (ab 18-fach).

Festbrennweite für Puristen

Hochwertig und teuer ist die Fujifilm X100 mit Festbrennweite: ein modernes Werkzeug für Nostalgiker. Wunderschön retro, aber ganz ohne Zoom. Hier steht die Qualität im Vordergrund. Die X100 punktet mit ihrem Sucher und der besten Bildqualität im Sehtest. Der Bildsensor ist ähnlich groß wie bei einer Systemkamera, das gibt Raum für Details. Vielseitig ist die Kamera nicht: Die Brennweite steht fest, der Fotograf muss sich dem Motiv nähern oder sich entfernen, will er den Bildausschnitt verändern.

Standardzoom für Pragmatiker

Hier punkten die Universalkameras mit Standardzoom: Canon G1 X, Fujifilm X10 und Nikon P7100, sie vereinen Flexibilität und Qualität. Die Nikon P7100 hat das stärkste Zoom, es reicht vom Weitwinkel bis zum moderaten Tele. Zoomfaktor: 6-fach. Die Bildstabilisierung ist ausgezeichnet, die Bildqualität insgesamt gut. Schwachpunkt sind Aufnahmen bei Sonnenschein: Gegenlicht ▶

Welche Universalkamera für wen?

Für Puristen: Kamera mit Festbrennweite liefert Fotos von bestechender Klarheit und Kraft. Sehr lichtstark.
Für Pragmatiker: Kamera mit Standardzoom öffnet verschiedene Perspektiven. Hochwertig, relativ vielseitig und einigermaßen kompakt.
Für Reisende: Kamera mit Superzoom bringt alle Brennweiten: Weitwinkel, Tele, Makro. Vielseitig, im Verhältnis zum Zoomfaktor relativ leicht.

6 Digitalkameras (Universal)

✚ test — Universalkameras — 9 / 2012

www.test.de	Mittlerer Preis in Euro ca.	Zoomfaktor (gemessen)	Bild	Video	Blitz	Sucher	Monitor	Handhabung	✚ test - QUALITÄTS-URTEIL
Gewichtung			40 %	10 %	5 %	5 %	10 %	30 %	100 %
Für Puristen: Mit Festbrennweite									
Fujifilm X100	975	Kein Zoom	+	+	+	+	+	O	GUT (2,5)
Ricoh GR Digital IV	420	Kein Zoom	+	O	+	—1)	+	O	BEFRIEDIGEND (2,7)
Für Pragmatiker: Mit Standardzoom									
Fujifilm X10	445	3,5	+	+	O	+	+	O	GUT (2,4)
Canon G1 X	720	3,2	+	+	O	⊖	+	O	GUT (2,5)
Nikon Coolpix P7100	385	6,0	+	O	O	O	+	+	GUT (2,5)
Für Reisefotografen: Mit Superzoom									
Panasonic Lumix DMC-FZ150	420	18	+	+	O	+	+	+	GUT (2,3)
Canon Power-Shot SX40 HS	355	24	+	+	O	O	O	O	GUT (2,4)
Fujifilm X-S1	620	22	+	O	+	+	+	+	GUT (2,4)
Panasonic Lumix DMC-FZ48	286	18	O	+	+	+	+	+	GUT (2,4)
Fujifilm FinePix HS30EXR	350	26	+	O	O	O	+	O	BEFRIEDIGEND (2,6)
Nikon Coolpix P510	350	28	+	+	O	O	+	O	BEFRIEDIGEND (2,6)
Sony Cyber-shot DSC-HX200V	405	22	+	+	O	O	+	O	BEFRIEDIGEND (2,7)

Bewertungsschlüssel der Prüfergebnisse: ++ = Sehr gut (0,5–1,5). + = Gut (1,6–2,5). O = Befriedigend (2,6–3,5). ⊖ = Ausreichend (3,6–4,5). — = Mangelhaft (4,6–5,5). **Bei gleichem Qualitätsurteil Reihenfolge nach Alphabet.**
1) Kein Sucher.

Einkauf der Prüfmuster: September 2011 bis April 2012.

reflexe hellen dunkle Bildpartien auf. Die Fujifilm X10 überzeugt durch ihren optischen Sucher: deutlich und hell. In Weitwinkelstellung ragt das Objektiv allerdings ins Sucherbild. Gravierender ist dies bei der Canon G1 X: Ihr Sucher ist ohnehin klein und ungenau, da stört das Objektiv im Sucherbild umso mehr. Stark ist die Canon G1 X dagegen für Porträts. Ihr großer Bildsensor gibt viel Spielraum für geringe Schärfentiefe. Die Telewirkung des Objektivs ist allerdings gering. Tele ist die Domäne der Superzooms. Das sind Kameras für die Reise.

Superzoom für Reisefotografen

Die Nikon Coolpix P510 hat ein 28-fach-Zoom: Brennweite bis 800 Millimeter äquivalent zum Kleinbild, perfekt für Tierfotos und die Jagd auf Details. Das Kunststoffgehäuse macht die Kamera im Vergleich zum großen Brennweitenbereich relativ leicht. Das gilt für alle Universalkameras mit Superzoom. Einen Nachteil hat die leichte Bauform indes: Die Ausstrahlung geht verloren. Kameras mit Metallgehäuse wirken hochwertiger. Die Bildqualität der Superzooms aber stimmt. ■ **Anbieter Seite 262**

118 Bild

Digitalkameras (System) 6

✚ Unser Rat

Beste Spiegelreflex: Canon EOS 60D mit Standardzoom 18-55 um 955 Euro. Nikon D7000 mit Zoom 16-85 für rund 1 500 Euro.
Beste mit Spezialspiegel: Die Sony A77VQ mit Zoom 1650 (1 700 Euro).
Beste ohne Spiegel: Panasonic Lumix GH2H (1 490 Euro), Olympus OM-D E-M5 (1 300 Euro mit Zoom 12-50), Nikon 1 V1 (455 Euro) und Samsung NX20 (930 Euro).

Die Könige der Fotografie

2012 Die Systemkamera ist das perfekte Werkzeug für ambitionierte Fotografen. Die Objektive sind wechselbar, die Kamera wächst mit.

Egal ob mit oder ohne Spiegel: Systemkameras bieten alle Möglichkeiten für kreative Fotos. Ihre Stärke: Hochwertige Objektive und ein großer Bildsensor, der viel Licht einfängt. Beste Voraussetzungen für gute Fotos auch bei wenig Licht. Systemkameras sind die Werkzeuge für anspruchsvolle Fotos: Blende, Belichtungszeit und Schärfe lassen sich fein abgestimmt auch von Hand einstellen. Systemkameras ermöglichen stimmungsvolle Porträts mit gezielt unscharfem Hintergrund, rauschfreie Aufnahmen bei schwacher Beleuchtung und perfekte Bilder auch bei Gegenlicht.

Die Kamera wächst mit

Die Systemkamera ist ein System aus Kamera, Objektiven und Zubehör. Sie wächst mit, lässt sich fast beliebig auf die Bedürfnisse des Fotografen einstellen. Die Objektive sind wechselbar, ganz nach Anspruch und Aufnahmesituationen. Sie können klein anfangen und zunächst nur die Kamera und ein Zoomobjektiv kaufen. Ein gutes Standardzoom (Kleinbildbrennweite etwa 18 bis 55 Millimeter) deckt die meisten Aufnahmesituationen ab. Standardzooms sind auch die meistverkauften Objektive. Die Stiftung Warentest testet Systemkameras immer zusammen mit einem Objektiv, meist mit dem Standardzoom, das der Hersteller im Set anbietet. Grund: Kamera und Objektiv bilden ein System, die Qualität hängt von der Kombination ab, nicht nur vom Kameragehäuse. ■ **Anbieter Seite 262**

Mit oder ohne Spiegel?

Spiegelreflexkamera: Mit optischem Sucher, viele traditionelle Fotografen bevorzugen ihn. Schnelles Scharfstellen über den Autofokussensor. Abwandlung: Spezialspiegel von Sony.
Systemkamera ohne Spiegel: Kleiner und handlicher. Perfekte Bildvorschau im elektronischen Sucher, auch bei wenig Licht. Kamera führt alle Messungen auf dem Bildsensor durch, das verbessert die Schärfe.

6 Digitalkameras (System)

✚ test Die besten Systemkameras 2012

www.test.de	Mittlerer Preis in Euro ca.	Sucher: optisch / elektronisch	Bild	Video	Blitz	Sucher	Monitor	Handhabung	✚ test QUALI-TÄTS-URTEIL
Gewichtung			40 %	10 %	5 %	5 %	10 %	30 %	100 %
Spiegelreflex									
Canon EOS 60D + EF-S 18-55 IS	955	■/□	+	+	++	++	+	+	GUT (1,9)
Nikon D7000 + AF-S G 16-85 VR	1450	■/□	++	+	+	++	+	+	GUT (1,9)
Canon EOS 600D + EF-S 18-55 IS II	710	■/□	+	+	+	++	+	+	GUT (2,0)
Canon EOS 650D + EF-S 18-55 IS II	765	■/□	+	O	+	+	O	+	GUT (2,0)
Canon EOS 1100D + EF-S 18-55 IS II	420	■/□	+	+	+	++	O	+	GUT (2,1)
Nikon D3200 + AF-S G 18-55 VR	550	■/□	+	O	O	+	+	+	GUT (2,2)
Nikon D5100 + AF-S G 18-55 VR	590	■/□	+	O	O	+	+	+	GUT (2,2)
Pentax K-30 + smc DA 18-55 AL WR	850	■/□	+	O	O	++	+	+	GUT (2,2)
Pentax K-5 + smc DA 18-55 AL WR	965	■/□	+	O	O	+	O	+	GUT (2,2)
Spezialspiegel mit elektronischem Sucher									
Sony SLT-A77VQ[1]	1700	□/■	+	+	+	++	+	+	GUT (2,0)
Sony SLT-A35K[2]	600	□/■	+	O	+	+	+	+	GUT (2,1)
Sony SLT-A57K[2]	775	□/■	+	O	+	++	+	+	GUT (2,1)
Sony SLT-A37K[2]	535	□/■	+	+	+	+	⊖*)	+	GUT (2,2)
Sony SLT-A65VK[2]	870	□/■	O	+	+	+	+	+	GUT (2,2)
Ohne Spiegel									
Panasonic Lumix DMC-GH2H[3]	1490	□/■	+	+	++	++	O	+	GUT (1,9)
Olympus OM-D E-M5 + 12-50 ED EZ	1300	□/■	+	+	O	++	+	+	GUT (2,0)
Panasonic Lumix DMC-G5K[4]	650	□/■	+	+	+	++	+	+	GUT (2,0)
Nikon 1 V1[5]	455	□/■	+	+	Entfällt	+	O	+	GUT (2,1)
Samsung NX20 + 18-55 III OIS	895	□/■	+	O	+	+	+	+	GUT (2,1)
Panasonic Lumix DMC-G3K[4]	470	□/■	+	+	+	++	+	+	GUT (2,2)
Sony NEX-7K[6]	1150	□/■	+	+	+	+	+	+	GUT (2,2)
Panasonic Lumix DMC-GF5X[7]	590	□/□	+	O	+	—[8]	+	+	GUT (2,3)
Samsung NX200 + 18-55 II OIS[9]	500	□/□	+	+	+	—[8]	O	+	GUT (2,3)
Samsung NX210 + 18-55 III OIS[9]	700	□/□	+	O	+	—[8]	+	+	GUT (2,3)

Bewertungsschlüssel der Prüfergebnisse: ++ = Sehr gut (0,5–1,5). + = Gut (1,6–2,5). O = Befriedigend (2,6–3,5).
⊖ = Ausreichend (3,6–4,5). — = Mangelhaft (4,6–5,5). ■ = Ja. □ = Nein.
*Bei gleichem Qualitätsurteil Reihenfolge nach Alphabet. *) Führt zur Abwertung.*
1) Mit Objektiv SAL1650. **2)** Mit Objektiv SAL1855.
3) Mit Objektiv Lumix G Vario HD 14–140 F4,0–5,8 ASPH. O.I.S.
4) Mit Objektiv Lumix G Vario 14–42 F3,5–5,6 ASPH. O.I.S.
5) Mit Objektiv 1 Nikkor VR 10–30. **6)** Mit Objektiv SEL1855.
7) Mit Objektiv G X Vario PZ 14–42 Asph. Power O.I.S.
8) Fehlt. **9)** Mit Aufsteckblitz.　　　　**Einkauf der Prüfmuster:** bis Juli 2012.

Fernseher 6

✝ Unser Rat

Fernseher im Jahr 2012: Vier Testberichte, 66 Modelle. Vorn: **Samsung UE40ES7090** (1 270 Euro), **Samsung UE40ES8090** (1 450 Euro), **Samsung UE46ES7090** (1 630 Euro) und **Philips 46PFL7007K** (1 600 Euro). Den besten Ton liefern jedoch andere: **Loewe Art 40** (2 920 Euro), **Loewe Connect ID** (2 730 Euro), **Metz Aurus 47 3D** (4 200 Euro) und **Sharp LC-60LE740 E** (1 410 Euro).

Kunterbunt

4 + 8 + 10 + 12/2012 Top oder Flop: Etliche der 66 Fernseher des Jahrgangs 2012 glänzen mit Top-Noten. Andere sind nur billig.

Satte 1 450 Euro kostet der Samsung UE40ES8090. Beim Test im August war er einer der Besten. Überragende Bildqualität, guter Ton, sehr vielseitige Funktionen und edles Design zeichnen ihn aus. Ein Luxusgerät. Doch genügt nicht auch ein Günstiger? Ja, das zeigen die Testergebnisse etlicher deutlich preiswerterer Fernseher. Sie bieten weniger Funktionen, sind weniger stylish, kosten aber deutlich weniger. Zum Beispiel der Samsung UE40ES6300. Mit gut einem Meter Bilddiagonale ist er so groß wie das Luxusmodell, bietet aber keine Sprach- und Gestensteuerung, keine Kamera, keine zweite Fernbedienung. Doch bei den Kernaufgaben überzeugt er: Er zeigt insgesamt gute Bilder und klingt gut. Sein Preis: 670 Euro. Damit kostet er fast 800 Euro weniger als das Luxusmodell aus gleichem Hause.

An der Modellnummer orientieren

Die Unterschiede der Fernseher lassen sich bei einigen Herstellern schon an den Modellnummern erkennen. Beispiel Samsung: UE steht für Flachfernseher mit LED-Hintergrundbeleuchtung. Diese lichtemittierenden Dioden sparen Strom und sind heute Standard. 40 bezeichnet die Bilddiagonale. 40 Zoll entsprechen rund 102 Zentimetern. E steht für im Jahr 2012 gebaute Serien, S für schlankes Gehäuse. Bis hierhin sind die Nummern der Samsung-Fernseher gleich. Spannend wird es bei den letzten vier Ziffern. Je höher sie sind, desto hochwertiger der Fernseher. 4 000er und 5 000er Serien ▶

Gute Standardeinstellungen

Die Bildqualität muss stimmen, doch der Weg führt oft über fummelige Bildeinstellungen. Praktisch sind Fernseher, die schon der Anbieter gut eingestellt hat. Davon gab es in den letzten Tests 15, wenngleich 8 von ihnen das schlechtere Urteil nur knapp verpassen. Die besten kommen von Samsung (Serien 6710, 7090 und 8090). Dahinter Sony KDL-40HX725 und wieder Samsung: UE32ES6300.

test Jahrbuch 2013   Bild 121

6 Fernseher

kennzeichnen Einsteigermodelle. 6 000er Serien sind Mittelklasse. Ab 7 000 beginnt die Luxusklasse mit den neuesten technischen Errungenschaften. Die 8 000er Serie sieht nur edler aus. Ähnlich benennen auch andere Hersteller ihre Fernseher.

Die Rosinen herauspicken

Für ein gutes Bild sorgen oft schon Mittelklassemodelle. Hauptsache, der Fernseher setzt die zuhause ankommenden Signale gut um. Wer über Antenne oder Kabel fernsieht, bekommt von 32 Fernsehern gute Bilder geliefert. Die besten: Philips 55PFL8007K und Sharp LC-60LE740E. Wer Satellitensignale empfängt, kann sich mit dem Philips sogar über eine sehr gute Bildqualität freuen.

Beim Ton patzt die Mittelklasse genauso wie die Luxusklasse. Hintergrund: Die schmalen Gehäuse bieten kaum Platz für anständige Lautsprecher. Viele Hersteller argumentieren: Eine Stereo- oder Heimkinoanlage kann den Ton verbessern. Doch das erhöht den Stromverbrauch. Es geht auch anders. Vier Fernseher bekommen für Ton die Note 2,0 oder besser: Das sind die beiden Loewe Art 40 3D Dr+ und Connect ID46 DR+ sowie Metz Aurus 47 3D Media Twin R und Sharp LC-60LE740E.

Wer auf die neuesten Anwendungsmöglichkeiten verzichtet und darüber hinaus kleinere Einbußen in einzelnen Prüfpunkten hinnimmt, spart viel Geld – ohne den Fernsehgenuss zu schmälern.

Die Frage der Größe

Eine oft unterschätzte Frage für die richtige Wahl des Gerätes ist die Größe. Der Fernsehschrank ist zwar aus vielen Wohnzimmern inzwischen verschwunden, doch das Rastermaß von einem Meter Schrank- oder Regalbreite gilt häufig immer noch. Früher passten allenfalls Modelle mit 94-Zentimeter-Bildschirmdiagonale in diese Ein-Meter-Lücke. Dank schmalem Rahmen taugen dafür heute etliche Fernseher mit 102 und 107 Zentimeter Bilddiagonale.

Eng mit der Größe des Fernsehers verbunden ist die Frage nach dem Sitzabstand. Bei hochauflösendem Bildmaterial, zum Beispiel der Blu-ray-Disc, können Sie sich der Mattscheibe bis auf die dreifache Bilddiagonale nähern. Sendungen in schlechterer Qualität (PAL-Bild, analoger Kabelanschluss) brauchen mehr Abstand, weil sonst jeder Bildfehler überdeutlich zu sehen ist. Hier empfiehlt sich die fünf- bis sechsfache Bildschirmdiagonale als Abstand.

Wollen Sie viele neue Funktionen oder eine integrierte Kamera für Videotelefonie? Dann können Sie wohl nur einen großen Fernseher ab etwa 102 Zentimeter Diagonale kaufen. Kleinere Modelle erhalten technische Neuerungen erst später oder nie.

Fast ebenso wichtig wie die Größe des Fernsehers ist die Frage nach der am häufigsten genutzten Signalquelle. Üblich sind analoger oder digitaler Fernsehempfang via Kabel sowie digital via Satellit. Antennenfernsehen (DVB-T) ist die Ausnahme. Für jede Empfangsart finden Sie Ergebnisse in unseren Heft-Tabellen – die Geräte unterscheiden sich deutlich. Wählen Sie einen Fernseher, der in der von Ihnen genutzten Empfangsart möglichst gute Noten hat.

Die 3D-Frage

Zumindest in der Werbung spielt 3D eine Rolle. 47 der hier vorgestellten Fernseher aus dem Jahrgang 2012 können räumliche Bilder darstellen. Doch adäquates Futter ist noch immer Mangelware. Selbst die Sommerolympiade 2012 war in Deutschland nur in 2D zu sehen. Schade. Immerhin wächst das Angebot an 3D-Filmen und -Sendungen. Um die Käufergunst werben drei Techniken zur Darstellung räumlicher Bilder:

Passiv Die beste 3D-Wiedergabe sahen wir bislang bei Fernsehern mit Polarisationsbrillen. Sie sind unempfindlich gegen Kopfbewegungen und erzeugen kein Flimmern. Diese Technik halbiert allerdings die Auflösung des Fernsehbildes, doch das fällt bei etwas größerem Sehabstand – etwa eine ▶

122 **Bild**

test Jahrbuch 2013

Fernseher 6

test	Fernseher I						4 + 8 + 10 + 12 / 2012

www.test.de	Mittlerer Ladenpreis in Euro	Bild	Ton	Hand-habung	Vielsei-tigkeit	Umwelt-eigen-schaften	test - QUALITÄTSURTEIL
Gewichtung		40 %	20 %	20 %	10 %	10 %	100 %
LCD zirka 66 Zentimeter							
Sony KDL-26EX555	435	+	⊖*)	+	+	+	BEFRIEDIGEND (3,1)
LCD zirka 80 Zentimeter Bilddiagonale							
Philips 32PFL7606K	645	+	+	O	++	+	GUT (2,1)
Samsung UE32ES6710	575	+	+	+	+	+	GUT (2,1)
Samsung UE32ES6300	500	+	O	+	+	+	GUT (2,2)
Grundig 32 VLE 8130 BL	535	+	O	O	++	+	GUT (2,3)
Sony KDL-32EX655	550	O	O	+	+	+	GUT (2,5)
Philips 32PFL5007K	500	+	O*)	O	+	+	BEFRIEDIGEND (2,6)
Sony KDL-32HX755	565	+	⊖*)	+	++	+	BEFRIEDIGEND (2,6)
LG 32LM620S	495	+	⊖*)	+	+	+	BEFRIEDIGEND (2,8)
Panasonic TX-L32ETW5	680	+	⊖*)	+	++	+	BEFRIEDIGEND (2,8)
Philips 32PFL5507K	545	+	⊖*)	O	++	+	BEFRIEDIGEND (2,8)
Grundig 32 VLE 725 G	460	O	⊖*)	O	+	+	BEFRIEDIGEND (3,2)
Media Markt / Peaq¹⁾ PTV321100-B	450	O	⊖*)	O	+	O	AUSREICHEND (3,6)
Toshiba 32LV933G	288	O	⊖*)	⊖	⊖	⊖	AUSREICHEND (3,8)
Orion 32LB7200	320	⊖*)	⊖*)	O	O	+	AUSREICHEND (3,9)
Toshiba 32AV933G	253	⊖	⊖*)	⊖	⊖	⊖	AUSREICHEND (3,9)
SEG Utah	370	⊖	—*)	O	O	+	AUSREICHEND (4,2)
LCD zirka 94 Zentimeter Bilddiagonale							
Sony KDL-37EX725	690	+	O	+	++	+	GUT (2,1)
Panasonic TX-L37ETW5	775	O	O	+	+	+	GUT (2,4)
LG 37LM620S	605	+	⊖*)	+	+	+	BEFRIEDIGEND (2,8)
Philips 37PFL4007K	580	O	O*)	O	+	+	BEFRIEDIGEND (2,9)
LCD 102 bis 107 Zentimeter Bilddiagonale							
Samsung UE40ES7090	1270	+	+	+	++	+	GUT (1,9)
Samsung UE40ES8090	1450	+	+	+	++	+	GUT (1,9)
Loewe Art 40 3D DR+	2920	+	+	+	+	+	GUT (2,1)
Samsung UE40ES6300	670	+	+	+	+	+	GUT (2,2)
Samsung UE40ES6710	745	+	+	+	+	+	GUT (2,2)
Grundig 40 FLE 9170 BL	635	+	O	O	++	+	GUT (2,3)
Grundig 40 VLE 8160 BL²⁾	675	+	O	O	++	+	GUT (2,3)
Sony KDL-40HX725	945	+	O	+	++	+	GUT (2,3)

Bewertungsschlüssel der Prüfergebnisse: ++ = Sehr gut (0,5–1,5). + = Gut (1,6–2,5). O = Befriedigend (2,6–3,5). ⊖ = Ausreichend (3,6–4,5). — = Mangelhaft (4,6–5,5). **Bei gleichem Qualitätsurteil Reihenfolge nach Alphabet.** *) Führt zur Abwertung. 1) Auch bei Saturn erhältlich. 2) Urteile gelten ab Seriennummer 016276205201042244. **Einkauf der Prüfmuster:** bis September 2012.

test Jahrbuch 2013   **Bild 123**

6 Fernseher

Bilddiagonale weiter entfernt – nicht mehr auf. Wenn nah aufgenommene Maschen des Netzes eines Fussballtores sauber aussehen, sitzen Sie weit genug entfernt.

Aktiv Viele 3D-Fernseher nutzen Shutterbrillen (shutter: englisch für Klappe oder Verschluss). Ihre Steuerelektronik verdunkelt das rechte und das linke Auge im gleichen Takt, wie der Fernseher das jeweilige Teilbild zeigt. So bekommt zwar jedes Auge die volle Bildauflösung des Fernsehers, doch Umgebungslicht im Zimmer kann als Flimmern wahrgenommen werden.

Brillenlos Der Toshiba 55ZL2G ist der erste Fernseher im Handel, der räumliche Bilder ohne Hilfsmittel zeigt. Trotz des hohen Aufwands – eine Kamera ortet Zuschauer und richtet die Bildprojektion auf ihre Augen – ist der 3D-Effekt mäßig und äußerst teuer. Ohne Brille macht 3D noch keinen Spaß.

Viele 3D-Fernseher starten mit einem Warnhinweis in den 3D-Modus: Kinder sollten nicht sehr lange 3D sehen und mindestens sechs Jahre alt sein. Mediziner unterstützen das. Fernsehen oder Filme sollten Kinder schon aus pädagogischen Gründen nur zusammen mit ihren Eltern gucken. Die können bei 3D auf Anzeichen von Unwohlsein achten und den Film stoppen.

Die Handhabungsfrage

Hersteller bauen immer neue Gimmicks in ihre Fernseher. Nach Internetnutzung und 3D folgt nun die Sprach- und Gestensteuerung. Im Werbespot kommt das gut: „Hi TV", ruft die Frau in der Samsung-Werbung. Auf ihr Kommando „Leiser" sinkt die Lautstärke. Mit einem Wink schaltet sie zum nächsten Sender. Das Gerät erkennt Sprache und Gesten. So bleibt die Fernbedienung selbst mit fettigen Pizzahänden sauber. Die Innovationen sind jedoch nicht ausgereift. Wir haben es ausprobiert. Die Samsung-Modelle UE40ES7090 und UE40ES8090 erkennen nur festgelegte Befehle wie „Hi TV", „Leiser" oder „Kanal hoch". Mit Sendernamen wie ARD und ZDF können sie nichts anfangen.

Auch mit zu zaghaft geäußerten Befehlen haben die Geräte ihre Probleme: Im Prüflabor mussten die Tester erst laut werden, damit die Fernseher reagierten. Wer im Wohnzimmer mit der Lautstärke kommandiert, weckt eingedöste Mitbewohner.

Auch mit der Gestensteuerung haderten die Experten: Im Prüflabor reagierten die Geräte langsam und ungenau. In dunkler Umgebung erkennen die Samsung-Fernseher überhaupt keine Gesten. Das Fazit der Stiftung Warentest: Auf Dauer nerven Gesten- und Sprachsteuerung. Schnell griffen die Tester wieder zur Fernbedienung.

Die Ausstattungsfrage

Wie viel Ausstattung und Sonderfunktionen brauchen Sie? Hier die Trends.

Internetzugang Smarte Fernseher sind angesagt: Sie verbinden Fernsehen und Internet. So verwandeln sich passive Zuschauer in aktive Teilnehmer. Ähnlich wie Smartphones surfen Fernseher im Internet und gewinnen mit Zusatzsoftware, Apps genannt, neue Funktionen wie die Fernbedienung via Smartphone oder Tablet. Per Knopfdruck auf der Fernbedienung startet das Smart-Menü, das aktuelle Fernsehbild schrumpft. Die restliche Fläche ist gespickt mit Apps. Darunter Anwendungen zu Facebook, Twitter und Youtube. Zuschauer sehen fern und teilen ihre Eindrücke über das Gesehene zugleich im sozialen Netzwerk. Oder sie suchen während der Werbepause nach Online Videos. Das Ganze steuern sie mit der Fernbedienung oder bequemer mit einem Smartphone oder Tablet-Computer. Eine Fernbedienungs-App gibt es inzwischen für recht viele Fernseher.

Lokales Netzwerk Smart-TV macht den Fernseher zum zentralen Bildschirm im Haushalt. Angeschlossen an ein lokales Netzwerk kann er dort gespeicherte Inhalte abspielen, zum Beispiel Musik, Videos, Fotos vom PC. Problem: Nicht jeder hat ein Netzwerkkabel ins Wohnzimmer gelegt oder einen WLan-Router für den Internetzugang. ▶

124 **Bild**

test Jahrbuch 2013

Fernseher 6

| ![test] Fernseher II | | | | | | 4 + 8 + 10 + 12 / 2012 | |

www.test.de	Mittlerer Ladenpreis in Euro	Bild	Ton	Hand-habung	Vielsei-tigkeit	Umwelt-eigen-schaften	test-QUALITÄTSURTEIL
Gewichtung		40%	20%	20%	10%	10%	100%
LCD 102 bis 107 Zentimeter Bilddiagonale							
Sony KDL-40HX755	800	+	○	○	++	+	GUT (2,3)
Panasonic TX-L42ETW50	1 030	○	○	+	++	+	GUT (2,4)
Sony KDL-40EX655	625	○	+	+	+	+	GUT (2,4)
Panasonic TX-L42ETW5	855	+	○*⁾	+	+	+	GUT (2,5)
Philips 40PFL5507K	595	+	○*⁾	○	++	+	GUT (2,5)
Philips 40PFL5007K	655	+	⊖*⁾	○	+	+	BEFRIEDIGEND (2,7)
Philips 42PFL4007K	560	○	○*⁾	○	+	++	BEFRIEDIGEND (2,8)
Technisat Multyvision 40 Isio	1 890	+	⊖*⁾	+	++	○	BEFRIEDIGEND (2,8)
Toshiba 42WL863G	745	○	○	⊖*⁾	++	+	BEFRIEDIGEND (3,0)
Toshiba 42YL875G	1 360	+	○	⊖*⁾	++	+	BEFRIEDIGEND (3,0)
LG 42LM620S	615	+	⊖*⁾	+	+	++	BEFRIEDIGEND (3,1)
Grundig 40 VLE 725 G	565	○	⊖*⁾	○	+	+	BEFRIEDIGEND (3,2)
LCD 116 bis 138 Zentimeter Bilddiagonale							
Samsung UE46ES7090	1 630	+	+	+	++	+	GUT (1,8)
Philips 46PFL7007K	1 600	+	+	○	++	+	GUT (2,0)
LG 47LM960V	2 180	+	+	+	++	+	GUT (2,1)
Metz Aurus 47 3D Media twin R	4 200	+	+	+	+	+	GUT (2,1)
Philips 46PFL9706K	2 030	+	+	○	++	+	GUT (2,1)
Samsung UE46ES6990	1 370	+	+	+	+	+	GUT (2,2)
Sony KDL-46HX725	1 120	+	○	+	++	+	GUT (2,2)
Sony KDL-46HX855	1 610	+	+	+	++	+	GUT (2,2)
Loewe Connect ID 46 DR+	2 730	○	+	+	++	+	GUT (2,3)
Philips 47PFL6007K	1 010	+	○*⁾	○	+	+	GUT (2,3)
Sharp LC-46LE632E¹⁾	1 040	+	+	○	+	+	GUT (2,3)
Sony KDL-46EX655	760	○	○	+	+	++	GUT (2,4)
LG 47LM660S	980	○	○*⁾	+	++	++	BEFRIEDIGEND (2,6)
Grundig 47 VLE 9270 BL	1 070	+	○*⁾	○	++	+	BEFRIEDIGEND (2,7)
Panasonic TX-L47EW5	895	○	○*⁾	+	+	++	BEFRIEDIGEND (2,8)
Grundig 46 VLE 8270 BL	965	+	⊖*⁾	○	++	+	BEFRIEDIGEND (3,0)
Toshiba 47XL975G	1 090	○	⊖*⁾	⊖	+	+	BEFRIEDIGEND (3,1)

Bewertungsschlüssel der Prüfergebnisse: ++ = Sehr gut (0,5–1,5). **+** = Gut (1,6–2,5). ○ = Befriedigend (2,6–3,5).
⊖ = Ausreichend (3,6–4,5). — = Mangelhaft (4,6–5,5). **Bei gleichem Qualitätsurteil Reihenfolge nach Alphabet.**
*⁾ Führt zur Abwertung.
1) Laut Anbieter Software inzwischen geändert. **Einkauf der Prüfmuster:** bis September 2012.

test Jahrbuch 2013   **Bild 125**

6 Fernseher

test | Fernseher III   4 + 8 + 10 + 12 / 2012

www.test.de	Mittlerer Ladenpreis in Euro	Bild	Ton	Hand-habung	Vielsei-tigkeit	Umwelt-eigen-schaften	test-QUALITÄTSURTEIL
Gewichtung		40 %	20 %	20 %	10 %	10 %	**100 %**
LCD ab 139 Zentimeter Bilddiagonale							
Philips 55PFL8007K	2 350	+	O	O	++	++	**GUT (2,1)**
Samsung UE55ES6990	1 880	+	O	+	+	+	**GUT (2,2)**
Sharp LC-60LE740E	1 410	+	+	O	+	+	**GUT (2,2)**
LG 55LM760S	1 850	O	+	+	++	++	**GUT (2,3)**
Panasonic TX-L55WT50E	2 250	+	+	O	++	+	**GUT (2,3)**
Sony KDL-55HX755	1 430	+	⊖*)	+	++	++	**GUT (2,5)**
Toshiba 55ZL2G	8 000¹⁾	O	O	⊖*)	+	O	**BEFRIEDIGEND (2,9)**
Plasma 102 bis 107 Zentimeter Bilddiagonale							
Panasonic TX-P42VT30E	1 100	O	O	O	++	⊖*)	**BEFRIEDIGEND (3,5)**

Bewertungsschlüssel der Prüfergebnisse: ++ = Sehr gut (0,5–1,5). + = Gut (1,6–2,5). O = Befriedigend (2,6–3,5).
⊖ = Ausreichend (3,6–4,5). — = Mangelhaft (4,6–5,5). **Bei gleichem Qualitätsurteil Reihenfolge nach Alphabet.**
*) Führt zur Abwertung.
1) Preis laut Anbieter. **Einkauf der Prüfmuster:** bis September 2012.

Eines von beiden braucht der Fernseher jedoch. Nur dann wird es was mit den Smart-Funktionen. Spaß machen die neuen Anwendungen vor allem mit einem schnellen Internetanschluss – mindestens sechs Megabit pro Sekunde sollten es schon sein.

HbbTV Über das „Hybrid broadcast broadband TV" bieten viele Sender ausgewählte Internetinhalte: Nachrichten, Programminformationen und Zugriff auf ihre Mediathek. Tatort-Fans finden dort zum Beispiel den verpassten Sonntagskrimi.

Aufnahmefunktion Komfortabel ist die Funktion zeitversetztes Fernsehen. Mit der verliert ein Anruf mitten in der Lieblingsserie seinen Schrecken: Einfach die Aufnahmetaste der Fernbedienung drücken und anschließend mit der Wiedergabetaste weitergucken. Das klappt am besten mit Loewe Art 40 3D DR+ und Connect 46 DR+ sowie Metz Aurus 47 Media Twin R und Technisat Multyvision 40 Isio. Diese Fernseher haben eine Festplatte integriert. Auf der nehmen sie auch komplette Sendungen auf – wie früher der Videorekorder. Entscheidend: Sie haben für jedes Signal je zwei Empfänger (Doppeltuner) und nehmen damit auf Wunsch eine Sendung auf, während eine andere geguckt wird. Weitere 45 Fernseher nehmen auch ohne Doppeltuner und Festplatte auf – auf USB-Stick oder -Festplatte. Das klappt ganz gut für zeitversetztes Fernsehen. Der Komfort für Aufnahmen ist jedoch eingeschränkt. Es läuft dann nur das Programm, welches aufgezeichnet wird.

Service In Smart-TVs steckt ein Computer – mit all seinen Macken. So „vergaß" ein Fernseher beim Ausschalten die gespeicherten Sender. Eine neue Software (Fachjargon Firmware) behob das Problem. Zuweilen erweitert eine neue Firmware den Funktionsumfang. So konnte beispielsweise ein Toshiba Fernseher erst nach dem Einspielen einer neuen Firmware über seinen USB-Anschluß auch aufnehmen. Ältere TV-Geräte haben ihre Kinderkrankheiten oft schon hinter sich. Das spart nicht nur Nerven, sondern auch Geld. ■ **Anbieter Seite 262**

Fotokalender 6

> ✚ **Unser Rat**
>
> Cewe-Labore lieferten im Test die besten Fotokalender. Sie drucken unter anderem für **dm, FotoInsight, OnlineFotoservice, Promarkt** und **Saturn**. DIN-A3-Kalender auf glänzendem Normalpapier kosten rund 28 Euro (zuzüglich Versandkosten). Wer Kalender auf Fotopapier bevorzugt, bekommt nicht immer bessere Qualität. Außerdem stehen in der Regel weniger Formate zur Auswahl.

Von perfekt bis Fehldruck

10/2012 Es gibt viele Anbieter von Fotodiensten, aber nur vier Großlabore. Die Güte der Fotokalender hängt von den Laboren ab.

Anbieter für Fotodienste gibt es viele: Drogerien, Elektronikmärkte, Internetfirmen und sogar Lebensmitteldiscounter. Bei zwölf Anbietern haben wir Wandkalender bestellt. Die Offenbarung: Hinter den meisten verbirgt sich eine Handvoll Großlabore: Allcop, Cewe, Fujifilm und Orwo. Händler wie Aldi, dm, Lidl und Saturn betreiben kein Fotolabor. Sie treten nur als Vermittler auf. Ihre Aufträge leiten sie an einen der vier Großlaborbetreiber weiter. Die Labore stellen die Software zur Verfügung und drucken die Kalender.

Brillante Farben, feine Auflösung

Cewe druckt unter anderem für dm, FotoInsight, OnlineFotoservice und Promarkt. Die Kalender zeigten brillante Farben, eine feine Auflösung und ausgewogenen Kontrast. Auch die über Saturn bestellten Kalender kamen von Cewe, allerdings mit einigen leichten Fehlern. Unterm Strich lieferte Cewe die höchste Qualität im Test. Cewe druckt nicht nur Kalender für dm, Promarkt und Saturn, sondern auch für Edeka, Müller, Real, Rewe und andere. Cewe-Labore sind meist an der Marke „Mein Cewe Fotobuch" zu erkennen.

Kalender mit Farbaussetzern

Orwo druckt unter anderem für Aldi und Rossmann. Je ein Kalender kam mit deutlichen Farbaussetzern aus dem Labor. Vermutlich hatte der Drucker nicht genügend Farbe. Auch die übrigen für Aldi und Rossmann gedruckten Kalender sahen wenig ▶

> **Kalender auf Fotopapier**
>
> Die Kalender im Test wurden auf Normalpapier gedruckt. Egal ob matt oder glänzend: Alle verwenden ein Druckverfahren. Glänzende Kalender bekommen zum Schluss nur eine glänzende Oberfläche. Unter der Lupe sind deutliche Raster zu sehen. Exemplarisch bestellten wir Kalender auf Fotopapier. Die Bilder werden auf Fotopapier entwickelt. Hier sind keine Raster zu sehen.

6 Fotokalender

test | Fotokalender | 10 / 2012

www.test.de	Preis pro Kalender in Euro[1]	Bild- und Material-qualität	Ange-bots-umfang	Kalender-erstellung	Bestell-abwick-lung	Web-site	test-QUALITÄTS-URTEIL
Gewichtung		35 %	10 %	20 %	20 %	15 %	100 %
FotoInsight	27,99	++	+	++	+	O	GUT (1,6)
OnlineFotoservice von Cewe	27,99	++	+	++	+	+	GUT (1,6)
Promarkt	27,99	++	+	++	+	+	GUT (1,6)
dm-Drogeriemarkt[2]	27,95	++	+	++	+	O	GUT (1,7)
Saturn	27,99	+	+	++	+	O	GUT (2,0)
Lidl[3]	14,95	O	O	+	+	O	BEFRIED. (2,6)
Printeria	28,95	+	O	O	⊖*)	O	BEFRIED. (3,0)
Rossmann	17,55	O*)	O	+	++	O	BEFRIED. (3,0)
Aldi	14,95	⊖*)	⊖	++	++	+	BEFRIED. (3,3)
Photographerbook	22,90	O	—	O	O	O	BEFRIED. (3,3)
Everpixx	23,99	⊖	O	⊖	O	⊖	AUSREICH. (3,7)
meinfotoalbum.de[3]	19,90	O	⊖	—*)	⊖	O	AUSREICH. (4,1)

Bewertungsschlüssel der Prüfergebnisse: ++ = Sehr gut (0,5–1,5). **+** = Gut (1,6–2,5). **O** = Befriedigend (2,6–3,5).
⊖ = Ausreichend (3,6–4,5). **—** = Mangelhaft (4,6–5,5).   **Bei gleichem Qualitätsurteil Reihenfolge nach Alphabet.**
*) Führt zur Abwertung.
1) Bei Bestellung eines Kalenders per Digitaldruck in DIN A3. Ohne Kosten für Versand und Bearbeitung.
2) dm lässt Kalender von zwei Dienstleistern produzieren. Es wurde der von Cewe produzierte Kalender
getestet und bewertet.
3) Laut Anbieter Software zur Kalendererstellung inzwischen verändert.   **Einkauf der Prüfmuster:** Juni/Juli 2012.

---

ansprechend aus. Einige Bilder waren teilweise zu hell, hatten zu viel Kontrast.

Fotos verändern sich beim Druck

Besteller können Fotos automatisch verbessern lassen. Wer das wünscht, achtet auf das Häkchen im Kasten für die automatische Bildoptimierung. Das Labor passt dann Farben und Kontraste an, entfernt rote Augen, hellt Schatten auf. Mit wenig Aufwand aufgenommene Urlaubs- oder Familienfotos verbessern sich dadurch oft.

Wir verwendeten professionell erstellte Fotos und bestellten sie ohne Bildoptimierung. Trotzdem traten bei allen Anbietern Veränderungen auf. Farbschwankungen wurden glattgebügelt, Konturen teilweise leicht geschärft, Farben übersättigt. Ärgerlich für Fotografen, die das nicht wollen.

Kein Ersatzanspruch bei Nichtgefallen

Wer mit dem gelieferten Kalender unzufrieden ist, hat oft schlechte Karten. Trotz Onlinebestellung besteht kein Widerrufs- und Rückgaberecht. Grund: Die Labore drucken individuell nach den Wünschen des Bestellers. Reklamationen akzeptieren die Anbieter nur, wenn der Kalender nicht dem technischen Standard entspricht. Auf Deutsch: Kalender mit Farbaussetzern wie bei Aldi und Rossmann lassen sich reklamieren. Tippfehler im Kalender begründen dagegen keinen Ersatzanspruch. In diesem Fall hängt der Kunde von der Kulanz des Anbieters ab. **Tipp:** Die Cewe-Partner im Test sowie Rossmann versprechen volle Kostenerstattung bei Unzufriedenheit. Selbst bei einwandfreien Drucken können Kunden den Kalender zurückgeben. ■   **Anbieter Seite 262**

Ikea-TV-Kombination (Uppleva) 6

Unser Rat

Ikeas Fernseher-Musik-Möbelstück **Uppleva** (1 120 Euro) soll Kabelsalat vermeiden. Leider ist diese Idee nicht konsequent umgesetzt, sodass immer noch Kabel sichtbar sind. Außerdem zeigt der Fernseher deutliche Schwächen in der Bildqualität. Die 2.1-Heimkinoanlage liefert nur eingeschränkten Stereosound. Der Subwoofer liefert zu starke Bässe und ist unpräzise ausgesteuert.

Ikea goes Fernseher

8/2012 Das Möbelstück Uppleva vereint Fernseher und Blu-ray-Heimkino-System. Es zeigt einige Schwächen bei Bild- und Tonqualität.

Die Idee ist charmant: Fernseher, Blu-ray-Spieler und 2.1-Soundsystem vereint in einem Möbelstück. „Kabelsalat ade" bringt der schwedische Billy-Erfinder Ikea die Vorteile seines neuen Produkts „Uppleva" auf den Punkt. Leider hält Uppleva dieses Versprechen nicht. Die Anschlüsse am Fernseher sind seitlich angebracht, sodass Kabel immer noch sichtbar sind. Es gibt darüber hinaus weitere Schwächen.

Bildqualität überzeugt nicht

Der Full-HD-Fernseher hat eine Bilddiagonale von 102 Zentimetern. Die Bildqualität ist nur durchschnittlich. Im sogenannten Home-Mode, also der Bildvoreinstellung für zuhause, ist eine Bewegtbildkompensation eingeschaltet. Sie erzeugt zwar ein flüssigeres Bild, zeigt bei Bewegungen aber digitale Artefakte (Klötzchen). Der Kontrast ist annehmbar, die Farbwiedergabe leicht gelbstichig. Auch Schlieren, also Nachzieheffekte, erkannten die Experten. Fazit: Das Bild des Ikea-Fernsehers ist keine Katastrophe, aber sicher auch keine Offenbarung.

Der Sound klingt mulmig

Das Stereoerlebnis der integrierten 2.1-Anlage hält sich ebenfalls in Grenzen, da die Boxen direkt nebeneinander, frontal unter dem Fernseher angebracht sind. Auch der frei platzierbare Tieftöner (Subwoofer) zeigt Schwächen: Die Bässe sind zu stark und klingen unpräzise, was zu mulmigem Sound führen kann. Upplevas Tonqualität ist insgesamt wenig zufriedenstellend. ■

Wie funktioniert der Aufbau?

Für Ikea-Erfahrene ist der Aufbau kein Problem. Theoretisch könnten Käufer das Möbelstück sogar alleine aufbauen. Empfehlenswert sind aber vier Hände. Verwirrend: Jedes einzelne Teil von Uppleva kommt mit einer eigenen Anleitung. Eine komplette Anleitung wird nicht mitgeliefert. Darüber hinaus gibt es wie bei Ikea üblich keine schriftlichen Erklärungen, sondern nur Bilder.

6 Online-Videotheken

Unser Rat

In der Summe aller Prüfpunkte liegen **Deutsche Telekom Videoload** und **maxdome** vorn. Von der Note gut sind aber auch sie deutlich entfernt. Lizenzen für Filme und Serien sind knapp. Die umfassendste Filmauswahl bietet **Apple iTunes**. Allerdings fanden wir selbst hier nicht die Angebotsfülle einer stationären Videothek. Bei Bild und Ton überzeugen **Apple iTunes**, **Sony** und **videociety**.

Film ab

8/2012 Filme aus dem Internet laden und ansehen – das klingt einfach, doch die neue Geschäftsidee überzeugt noch nicht.

Das Fernsehprogramm ist lausig, Regenwetter vermiest den Gang zur Videothek. Videoabruf übers Internet könnte den Abend retten. Bequem zuhause auf dem Sofa auswählen, genießen, ohne einen Fuß vor die Türe zu setzen – die Idee hat was. Sie wird bereits umgesetzt. Das Zauberwort heißt Video on Demand, zu Deutsch etwa Video auf Abruf. Begeisterung kam beim Test von neun Anbietern wie Maxdome, Apple iTunes oder Deutsche Telekom Videoload aber nicht auf.

Nach 48 Stunden erlischt die Lizenz
Die Online-Videotheken sind weder so gut sortiert noch so preiswert wie stationäre. Bei der Videothek um die Ecke kostet eine Ausleihe deutschlandweit im Durchschnitt 2,56 Euro. Der Videoabruf startet zwar bei 99 Cent, aktuelle Filme in HD-Qualität kosten im Videoabruf bis zu 6,09 Euro. Filme stehen meist für 48 Stunden zum Ansehen zur Verfügung, dann erlischt die Lizenz – Rückgabe überflüssig. Wenigstens ein Komfortvorteil. So einfach wie der Weg zur nächsten Videothek ist der Videoabruf noch nicht. Am besten klappt es mit einem Smart-TV, also einem Fernseher mit Internetzugang. Smart-TVs haben einen eingebauten Zugang zu einigen Online-Videotheken. Andere Techniken zum Videoabruf setzen auf Set-top-Boxen wie bei Apple-TV, auf internetfähige Blu-ray-Spieler oder auf Computer und Spielekonsolen. Alle Zugangswege haben die gleiche Hürde: Den Internetzugang.

Großer Ton zum Bild
Kinofilme kommen oft mit sattem Sound in Mehrkanaltechnik von der Online-Videothek. Die zumeist winzigen Lautsprecher im Fernseher überzeugen nicht. Für Mehrkanalton muss eine Heimkinoanlage her. Sie wird vom optischen oder elektrischen Digitalaudio-Ausgang des Fernsehers versorgt. Der Tonausgang von Set-top-Boxen ist keine gute Wahl: Er ist nicht lippensynchron mit dem Bild.

Online-Videotheken 6

test | Online-Videotheken (Video on Demand) | 8 / 2012

www.test.de	Typischer Leihpreis Kinofilm SD/HD im Einzelabruf in Euro	Preisspanne Ausleihe Kinofilm SD/HD im Einzelabruf in Euro	Angebotsumfang	Abwicklung	Bild- und Tonqualität	Mängel in den AGB	test-QUALITÄTS-URTEIL
Gewichtung			35 %	40 %	25 %	0 %	100 %
Videoabruf per Fernseher oder Zusatzgerät[1]							
maxdome	3,99 / 4,99	2,99 bis 4,99 / 2,99 bis 5,99	⊖	○	+	keine	BEFRIED. (3,2)
Apple iTunes	3,99[2] / 4,99[2]	0,99 bis 3,99 / 1,99 bis 4,99	○	○	++	deutlich[*]	BEFRIED. (3,4)
Microsoft Zune	K. A. / K. A.	K. A. / K. A.	—[*]	⊖	+	gering	AUSREICH. (3,6)
videociety	N. v. / 4,99	Entfällt / 2,99 bis 5,99	—[*]	○	++	sehr gering	AUSREICH. (3,8)
Acetrax Movies[3]	3,99 / 4,99	0,99 bis 3,99 / 3,99 bis 4,99	—[*]	⊖	+	gering	AUSREICH. (4,0)
Sony Video Unlimited	3,99 / 4,99	2,99 bis 5,09 / 3,99 bis 6,09	⊖	⊖	++	sehr deutlich[*]	AUSREICH. (4,4)
Lovefilm[3]	3,50 / N. v.	3,50 / Entfällt	—	○	⊖	deutlich[*]	MANGELH. (4,6)
Videoabruf per Computer[4]							
Deutsche Telekom Videoload	3,99 / 4,99	0,99 bis 4,99 / 3,99 bis 5,99	⊖	○	+	keine	BEFRIED. (3,0)
Media Markt Videodownloadshop	3,99 / 4,99	0,99 bis 3,99 / 1,99 bis 4,99	⊖	○	○	sehr gering	BEFRIED. (3,4)

Bewertungsschlüssel der Prüfergebnisse: ++ = Sehr gut (0,5–1,5). **+** = Gut (1,6–2,5). ○ = Befriedigend (2,6–3,5). ⊖ = Ausreichend (3,6–4,5). **—** = Mangelhaft (4,6–5,5). **Bei gleichem Qualitätsurteil Reihenfolge nach Alphabet.** *) Führt zur Abwertung. N. v. = Nicht verfügbar. K. A. = Keine Angabe.

Mängel in den AGB (allgemeine Geschäftsbedingungen): keine, sehr gering, gering, deutlich, sehr deutlich.

1) Mit Internetanschluss (Smart-TV) bzw. internetfähigem Blu-ray-Spieler oder internetfähigen Settop-Boxen.
2) Für Neuerscheinungen.
3) Laut Anbieter Angebotsumfang inzwischen verändert.
4) Windows- oder Mac-System über HDMI-Kabel mit Fernseher verbunden. **Erhebungszeitraum:** April bis Juni 2012.

In Gegenden mit langsamen DSL-Verbindungen nerven Ladezeiten bis zu einigen Stunden und Bildruckler beim Abspielen von Filmen und Serien. Auch bei ausreichender Bandbreite lieferten gerade mal drei Online-Videotheken ein sehr gutes Bild. Doch selbst bei ihnen wirkt kein heruntergeladenes Video so brillant wie von der Blu-ray-Disc.

Vor dem Filmgenuss steht die Auswahl. Wer zum Beispiel nach Blockbustern wie Star Wars, Zurück in die Zukunft, Pulp Fiction oder Toy Story 3 sucht, wird nur in Ausnahmefällen fündig, Gleiches gilt für Serienhits wie Raumschiff Enterprise, Akte X, Mad Men oder Türkisch für Anfänger. Apples iTunes-Angebot schnitt mit knapp drei Viertel von 100 gesuchten Kinofilmen am besten ab. Unterm Strich entpuppt sich der Videoabruf aber mehr als Baustelle denn als Flaniermeile für Cineasten. ■ **Anbieter Seite 262**

test Jahrbuch 2013   **Bild 131**

6 Sat-Empfänger

✚ Unser Rat
Alle Sat-Empfänger sorgen für gutes oder sehr gutes Bild. Am vielseitigsten ist **Kathrein UFS 923 CI+ 1000 GB** (515 Euro) mit Doppelempfänger, Festplatte sowie Zugriff aufs Internet und Heimnetzwerk. Preiswerter ist **Avanit SHD5** für 72 Euro. Er kann auf externe Festplatte aufzeichnen. Wer Privatsender in HD sehen möchte, bekommt für 121 Euro **Humax HD Nano** mit HD+-Karte für ein Jahr.

Zugang zum HD-Fernsehen

3/2012 Sie empfangen hunderte Programme – viele davon in hoher Auflösung. Privatsender kassieren jedoch für HD-Fernsehen.

Vor dem Kauf des digitalen Satelliten-Empfängers heißt es überlegen: Welcher Typ soll es sein? Einer nur zum Fernsehen? Diese Empfänger gestatten keine Aufnahmen. Die ermöglicht der zweite Typ: Empfänger, die Sendungen auch auf externer Festplatte speichern und zeitversetzt abspielen. Die dritte Gruppe bietet Geräte voller Funktionen und Komfort: mit Doppelempfänger und eingebauter Festplatte. Sie retten den Haussegen, wenn Fußball und Traumschiff parallel laufen: ein Programm ansehen und das andere speichern.

50 Euro im Jahr für Privatsender in HD
Alle geprüften Sat-Geräte empfangen hochaufgelöste Programme. Ohne zusätzliche Kosten zeigen sie die HD-Programme der Öffentlich-Rechtlichen sowie Spartenkanäle wie QVC HD und Sonnenklar HD. Wer auch Privatsender in hoher Auflösung empfangen möchte, braucht eine Entschlüsselungskarte für HD+. Beim Logisat, Skymaster, Technotrend und den beiden Humax steckt sie bereits im Empfänger. Die Kosten für die ersten zwölf Monate sind im Gerätepreis enthalten. Ab dem zweiten Jahr kostet die Karte jährlich 50 Euro. Bei Sky sind HD+-Sender im Abo enthalten. Umständlicher ist es bei Comag, Digitalbox, Easyone, Kathrein, Smart, Strong, Xoro und den beiden Technisat: Sie lassen sich mit einem Steckmodul nachrüsten. Das CI+-Modul mit HD+-Karte kostet 79 Euro, ab dem zweiten Jahr kommen jährlich 50 Euro hinzu.

TV-Geräte mit Sat-Empfänger
Neue Flachfernseher enthalten häufig bereits einen eingebauten Satelliten-Empfänger. Vorteil: Ein separater Sat-Empfänger ist nicht nötig. Das spart Platz, Strom und die zweite Fernbedienung. Nachteil: Eingebaute Empfänger sind meist Single-Tuner und haben keine Festplatte. Wer fernsehen und ein beliebiges anderes Programm aufzeichnen möchte, braucht einen zusätzlichen Empfänger.

Sat-Empfänger 6

test | HD-fähige Sat-Empfänger | 3 / 2012

www.test.de	Mittlerer Preis in Euro ca.	Bild	Emp-find-lichkeit	Ton	Hand-ha-bung	Umwelt-eigen-schaften	Viel-seitig-keit	test - QUALITÄTS-URTEIL
Gewichtung		20 %	10 %	10 %	40 %	10 %	10 %	100 %
Single-Tuner: Einfach nur fernsehen								
Comag SL900HD USB CI+	94,50	++	+	+	○	++	⊖	GUT (2,4)
Skymaster XHD 210[1]	86,00	+	+	+	⊖	++	⊖	BEFRIED. (2,7)
Zehnder HX7120U	67,00[2]	+	++	++	⊖*)	++	⊖	BEFRIED. (2,7)
Single-Tuner und PVR ready: Fernsehen und aufnehmen								
Avanit SHD5[3][4]	72,00	++	+	+	○	++	○	GUT (2,2)
Digitalbox Imperial HD 3 plus	123,00	+	+	++	○	+	○	GUT (2,2)
Humax HD Nano	121,00	++	++	++	○	++	○	GUT (2,2)
Logisat 4200 HD+ PVR[1]	295,00	++	++	+	○	+	+	GUT (2,2)
Smart CX20[1]	100,00	+	+	++	○	+	○	GUT (2,2)
Technisat Technistar S2	189,00	++	+	++	○	+	○	GUT (2,2)
Xoro HRS 8750 CI+[1]	99,00[2]	+	+	+	○	+	○	GUT (2,3)
Technotrend TT-micro S825 HD+ PVR[5]	95,00	++	++	+	○	+	⊖	GUT (2,5)
Telestar TD 2210 HD	90,00	+	++	+	○	+	⊖	GUT (2,5)
Strong SRT 7300 CI+	98,50	++	++	+	⊖*)	+	○	BEFRIED. (2,6)
Trekstor HD Luna S2 PVR	75,00	+	+	+	○	+	○	BEFRIED. (2,6)
Wisi OR 180 D[1]	90,00	++	+	+	○	+	⊖	BEFRIED. (2,6)
Twin-Tuner und eingebaute Festplatte: Fernsehen und ein beliebiges Programm aufnehmen								
Kathrein UFS 923 CI+ 1000 GB	515,00	++	++	++	+	+	++	GUT (1,8)
Humax iCord Mini	365,00	++	+	++	+	+	+	GUT (2,0)
Technisat Digicorder HD S3	450,00	+	○	++	+	++	+	GUT (2,1)
Easyone HD@-Vance Twin 500 GB[1]	217,00	+	++	+	⊖*)	+	○	BEFRIED. (2,7)
Sky+ S HD PVR 101	390,00[6]	++	+	+	○	⊖*)	○	BEFRIED. (3,3)

Bewertungsschlüssel der Prüfergebnisse: ++ = Sehr gut (0,5–1,5). + = Gut (1,6–2,5). ○ = Befriedigend (2,6–3,5). ⊖ = Ausreichend (3,6–4,5). — = Mangelhaft (4,6–5,5).   **Bei gleichem Qualitätsurteil Reihenfolge nach Alphabet.**
*) Führt zur Abwertung.
1) Laut Anbieter Softwareupdate verfügbar. 2) Preis laut Anbieter. 3) Artikelnummer 21-01-40-0016 (Gerät auch ohne Aufnahme auf USB-Speicher mit Artikelnummer 21-01-40-0019 erhältlich). 4) Laut Anbieter durch Nachfolger SHD5 PVR V2 ersetzt. 5) Laut Anbieter nicht mehr erhältlich. 6) Mietgerät: Bei Sky nur mit Vertrag erhältlich. Preis enthält Mietgebühr, Kosten für die Aktivierung und den Paketpreis „Sky Welt" für die ersten 12 Monate (Mindestlaufzeit).
Einkauf der Prüfmuster: November und Dezember 2011.

HD+-Sender behindern oft Aufzeichnungen. Filme, die von Empfängern mit eingebauter HD+-Karte aufgezeichnet wurden, erlauben kein Vorspulen. Absurd reagieren auch Empfänger mit CI+-Modul: Bei HD+-Sendungen erlauben sie oft nur zeitversetztes Fernsehen – maximal um 90 Minuten. Folge: Wer den Spielfilm um 20:15 Uhr verpasst, muss die Wiedergabe spätestens bis 21:45 Uhr starten. ■ **Anbieter Seite 262**

7 Blu-ray-Heimkinoanlagen

✚ Unser Rat

Testsieger ist die **LG BH7420P** (375 Euro): Sie gewinnt dank sehr guter Bildqualität und gutem Ton. Den besten Ton produziert die günstige **Samsung HT-E5500** (330 Euro). Sie lässt sich leicht einrichten genauso wie die **Samsung HT E6500** (620 Euro) und die **Sony**-Anlagen **BDV-N590** (350 Euro) und **BDV-N890W** (575 Euro). Beide Samsungs funktionieren auch im Heimnetzwerk gut.

Meine Couch, mein Kino

12/2012 Blockbuster ohne tuschelnde Sitznachbarn: Welche Heimkinoanlagen das Wohnzimmer zum Filmpalast machen, zeigt unser Test.

Ein gemütlicher Abend auf der Couch und ein Kinobesuch schließen sich nicht unbedingt aus. Heimkinoanlagen bieten Surroundsound und Bilder in hoher Auflösung und 3D. So bringen sie das Kinoerlebnis in die eigenen vier Wände. Wir haben zwölf Geräte von sechs Herstellern getestet.

Rundumklang und brillante Bilder

Die Heimkinoanlagen im Test bestehen aus einem Blu-ray-Spieler mit integriertem Verstärker, fünf Lautsprechern und einer Bassbox (Subwoofer). Deshalb wird der Rundumklang auch 5.1-Ton genannt. Testsieger ist die LG BH7420P. Die Anlage überzeugt nicht nur mit ihrer Bild- und Tonqualität, sondern auch mit ihrem geringen Stromverbrauch. Insgesamt am besten klingt die Samsung HT-E5500. Fast genauso beeindruckend wirkt der Ton beim Samsung-Modell HT-E6500 und auf der Panasonic SC-BTT590. Einziger Ausreißer ist die Anlage Philips HTS5593/12: Die Boxen klingen unsauber, das führt besonders bei Sprache zu einem auffällig nasalen und unklaren Klang.

Am beeindruckendsten klingen Heimkinoanlagen, wenn alle Lautsprecher die gleiche Entfernung zum Sitzplatz des Zuschauers haben. Große Boxen klingen teilweise voluminöser als die kleinen Konkurrenten. Um das Beste aus einer Anlage herauszuholen, eignen sich insbesondere Abspielmedien, die über eine Tonspur mit Surroundsound verfügen. Blu-ray-Discs bieten diese Option häufig an. Sie sorgen auch dafür, dass die

Die Heimkinoanlage einrichten

Für idealen Klang müssen Nutzer die richtige Lautstärke und die Entfernung der Boxen zum Hörort richtig einstellen. Mit Hilfe eines Messmikrophons funktioniert das automatisch. Alternativ kann der Nutzer jeder Box den Abstand zum Hörort manuell zuweisen. Komplizierter ist die Einstellung per Verzögerungszeit. Nutzer müssen dabei ausrechnen, welche Distanz welcher Zeit entspricht.

Blu-ray-Heimkinoanlagen 7

test — Heimkinoanlagen — 12 / 2012

www.test.de	Mittlerer Preis in Euro ca.	Bild	Ton	Radio (UKW)	Fehlerkorrektur	Handhabung	Netzwerkzugriff	Stromverbrauch	Vielseitigkeit	test-QUALITÄTSURTEIL
Gewichtung		20 %	25 %	10 %	5 %	25 %	5 %	5 %	5 %	100 %
LG BH7420P	375	++	+	+	+	+	O	++	+	GUT (2,0)
Samsung HT-E5500	330	++	+	+	O	O	+	+	++	GUT (2,1)
LG BH8220B	720	++	+	+	+	O	O	++	+	GUT (2,2)
Samsung HT-E6500	620	++	+	+	O	O	+	O	++	GUT (2,2)
Sony BDV-N590	350	++	+	+	++	O	O	+	++	GUT (2,2)
Panasonic SC-BTT590	510	++	+	++	⊖	O	O	+	+	GUT (2,3)
Sony BDV-N890W	575	++	+	+	++	O	O	O	++	GUT (2,3)
Philips HTS3563/12	247	++	+	+	O	O	O	++	⊖	GUT (2,5)
Pioneer BCS-222	305	++	+	++	O	⊖	⊖	O	O	BEFRIED. (2,6)
Pioneer BCS-424	400	++	+	+	O	⊖	⊖	O	O	BEFRIED. (2,6)
Panasonic SC-BTT290	335	++	+	⊖	⊖	O	O	+	+	BEFRIED. (2,7)
Philips HTS5593/12	410	++	⊖*⁾	++	O	O	O	O	+	O	AUSREICH. (3,7)

Bewertungsschlüssel der Prüfergebnisse: ++ = Sehr gut (0,5–1,5). + = Gut (1,6–2,5). O = Befriedigend (2,6–3,5).
⊖ = Ausreichend (3,6–4,5). — = Mangelhaft (4,6–5,5). Bei gleichem Qualitätsurteil Reihenfolge nach Alphabet.
*) Führt zur Abwertung. Einkauf der Prüfmuster: bis August 2012.

---

zwölf getesteten Heimkinoanlagen Filme in hoher Auflösung (HD) und dreidimensional darstellen können. Die Bildqualität ist bei allen Geräten hervorragend. Im Vergleich zum letzten Test hat sich die Bildqualität deutlich verbessert. Das liegt vor allem daran, dass Blu-ray-Discs wesentlich größere Datenmengen fassen als das Vorgängermedium DVD. So können die Anlagen Filme in HD darstellen, wodurch das Bild auch in rasanten Szenen scharf und detailreich bleibt. Zusätzlich sind alle zwölf Modelle 3D-fähig. Bei der Bildqualität spielt jedoch auch das TV-Gerät eine große Rolle: Der beste Blu-ray-Spieler nützt nichts, wenn der Fernseher die Signale nicht in guter Bildqualität anzeigt.

Im Online-Zeitalter angekommen

Relativ neu ist die Möglichkeit, Heimkinoanlagen mit dem Internet zu verbinden. Dies beherrschen alle zwölf Geräte, acht davon auch kabellos, per WLan. Für das Surfen empfiehlt es sich, nach Möglichkeit eine externe Tastatur anzuschließen. Über die Fernbedienung ist das Surfen noch recht unkomfortabel. Leichter ist es, die Anlagen über Smartphone-Apps zu steuern. Einige unterstützen diese Funktion und die Anbieter stellen entsprechende Apps für Android- und iOS-Geräte zur Verfügung.

Online können Nutzer – je nach Ausstattung der Anlage – frei im Internet browsen, Internet-Portale der Hersteller besuchen, Youtube-Videos anschauen oder auf Video-on-demand-Dienste zugreifen.

Bedienungsschwächen zeigen einige Anlagen ausgerechnet bei der CD-Wiedergabe. Grund hierfür: Die Displays der Abspielgeräte sind oft zu klein, ungünstig angebracht oder verzichten auf wichtige Informationen, zum Beispiel die Tracknummer. Selbst beim Musikhören muss der Nutzer dann den energiehungrigen Fernsehbildschirm einschalten. ■ Anbieter Seite 263

7 Bluetooth-Headsets

Unser Rat

Knapp vorn liegt das Headset mit Bügelkopfhörer **Philips SHB9100** für rund 90 Euro. Es punktet mit dem besten Hörtest und einem sehr guten Tragekomfort. Das Mikrofon könnte aber deutlich besser sein. Ein knapp guter Bügelkopfhörer ist das **AKG K 830 BT** für 141 Euro. Bei den Headsets mit In-Ohr-Kopfhörer schneidet **Sony Ericsson MW600** für 55 Euro am besten ab.

Freiheit per Funk

6/2012 Bluetooth-Headsets bieten kabellose Freiheit beim Telefonieren und Musikhören. Testsieger kommen von Philips und Sony Ericsson.

Stundenlang telefonieren, ohne dass der Arm schwer wird. Musik hören bei der Hausarbeit und kein Kabel baumelt in der Gegend herum. Funkgesteuerte Headsets machen es möglich, eine Kombination aus Kopfhörer und Mikrofon.

Für den Test haben wir elf Geräte geprüft: sechs kleine, leichte In-Ohr-Kopfhörer und fünf große ohraufliegende Kopfhörer. In-Ohr-Kopfhörer werden in den Gehörgang geschoben und dichten ihn oft stark ab. Das ist für viele Menschen gewöhnungsbedürftig. Für manchen könnten ohraufliegende Modelle aber zu auffällig sein. Deutlich schwerer sind sie auf jeden Fall. Welche Bauart der Nutzer wählt, entscheidet letztlich der persönliche Geschmack.

Nicht immer ohne Kabelsalat

Zunächst fällt auf: Bei vier In-Ohr-Modellen ist es mit dem Kabelsalat keineswegs vorbei. Diese Headsets verfügen über ein Bedienteil, das mit den Einsteck-Ohrhörern über Kabel verbunden ist. Nur die zwei In-Ohr-Modelle von Creative und Plantronics kommen ohne Kabel aus. Die größeren Kopfhörer hält hier ein Nackenband. Alle getesteten Geräte können Telefongespräche annehmen und beenden, Sprache über das Mikrofon in Telefonqualität übertragen, die Lautstärke regeln, und sie bieten eine Audio-Wiedergabe in Stereoqualität.

Vier Modelle schneiden beim Unterurteil Hörtest gut ab, der Philips SHB9100 einen Tick besser als die anderen. Die Jury be-

Bluetooth

Die Bluetooth-Technik ist ein vor etwa 20 Jahren entwickeltes Verfahren für die drahtlose Datenübertragung über kurze Distanzen, beispielsweise zu Smartphones, MP3-Spielern, Tablets oder PCs. Der eigenwillige Name bezieht sich auf einen dänischen Wikingerkönig aus dem 10. Jahrhundert namens Harald Blauzahn und ist ein Hinweis auf die maßgebliche Beteiligung skandinavischer Firmen.

7 Bluetooth-Headsets

test Bluetooth-Headsets 6 / 2012

www.test.de	Mittlerer Preis in Euro ca.	Klang	Trage-komfort	Hand-habung	Akku	Umwelt-eigenschaften	test-QUALITÄTS-URTEIL
Gewichtung		45 %	25 %	15 %	10 %	5 %	100 %
In-Ohr							
Sony Ericsson MW600	55,00	+	+	+.	O	++	GUT (2,3)
Nokia BH-111	39,00	+	+	++	⊖*)	+	BEFRIED. (2,8)
Samsung HS3000	45,00	O	++	+	⊖*)	++	BEFRIED. (3,0)
Hama MusiCall	59,50	O	+	+	⊖*)	++	BEFRIED. (3,2)
Creative WP-250	60,00	O	⊖	O	+	+	BEFRIED. (3,3)
Plantronics BackBeat 903+	74,50	O	O	O	⊖*)	+	AUSREICH. (3,7)
Ohraufliegend							
Philips SHB9100	90,50	O*)	++	+	+	+	GUT (2,2)
AKG K 830 BT	141,00	O*)	++	+	+	O	GUT (2,5)
Jabra Halo2	84,50	O	+	+	O	+	BEFRIED. (2,6)
Logitech H800	103,00	+	+	+	⊖*)	O	BEFRIED. (2,7)
Sennheiser MM 400[1]	185,00	O	++	++	⊖*)	++	BEFRIED. (2,7)

Bewertungsschlüssel der Prüfergebnisse: **++** = Sehr gut (0,5–1,5). **+** = Gut (1,6–2,5). O = Befriedigend (2,6–3,5).
⊖ = Ausreichend (3,6–4,5). **—** = Mangelhaft (4,6–5,5).   **Bei gleichem Qualitätsurteil Reihenfolge nach Alphabet.**
*) Führt zur Abwertung.
1) Laut Anbieter durch Nachfolger MM 400-X ersetzt.   Einkauf der Prüfmuster: Januar/Februar 2012.

---

schreibt den Klang als angenehm und ausgeglichen. Dennoch kommt das Headset im Prüfpunkt Klang nur auf befriedigend. Das liegt an der miesen Qualität des Mikrofons.

Hama klingt mulmig
Ausgeglichen gute Kopfhörer- und Mikrofonqualität bietet das Sony Ericsson MW600. Auch die Bügelkopfhörer-Sets von Logitech und Sennheiser überzeugen beim Hörtest, das erste mit einem ausgewogenen Klang, das zweite mit brillanten Höhen. Weniger gefällt dagegen der mulmige Klang des Hama MusiCall. Die Wiedergabequalität hängt stark davon ab, welcher Komprimierungsstandard für die Bluetoothübertragung (Codec) unterstützt wird. Dabei gilt, je besser der Codec, desto besser der Klang. Doch selbst mit guten Musikspielern bleiben anspruchsvolle Tester bei der Audioübertragung via Bluetooth kritisch.

An einem Kunstkopf haben wir Frequenzgänge, Wirkungsgrad, Eigengeräusche und maximalen Schalldruckpegel gemessen. Am lautesten kann Creative mit knapp über 100 Dezibel werden. Wer seine Ohren dauerhaft damit beschallt, nimmt unweigerlich Hörschäden in Kauf.

Ein Modell ist fast untragbar
Der beste Klang nützt nichts, wenn der Kopfhörer zwickt oder aus anderen Gründen untragbar ist. Probleme bereiteten den Testern die beiden In-Ohr-Modelle mit Nackenband. Besonders beim Creative ist es kaum möglich, einen angenehmen Sitz zu erreichen. Plantronics bietet zwar deutlich mehr Halt, sitzt aber auch nicht richtig.

Einen sehr guten Tragekomfort bieten die ohraufliegenden Modelle von AKG, Philips und Sennheiser sowie das In-Ohr-Headset von Samsung. ■ **Anbieter Seite 263**

7 Digitaler Audiorekorder

Unser Rat
Den besten Klang unter den getesteten digitalen Audiorekordern liefern der einfach zu bedienende **Roland R-05** für 179 Euro und der vielseitige **Zoom H2n** für 201 Euro. Ebenfalls empfehlenswert sind der sehr übersichtliche **Tascam DR-07MKII** für 167 Euro und der kleine, leichte **Olympus LS-3** mit zusätzlicher Sprachausgabe für Sehbehinderte zum Preis von 195 Euro.

Handliche Tonspeicher

1/2012 Digitale Audiorekorder ermöglichen tolle Tonaufnahmen für wenig Geld. Für Musiker sind sie genauso interessant wie für Hobbyfilmer.

Hobbymusiker zeichnen ihre Proben mit digitalen Audiorekordern auf, Eltern das Schulkonzert ihrer Kinder. Kein Wunder, die Klangqualität der Aufnahmen ist erstaunlich gut. Das bestätigt auch unser Test von sieben Audiorekordern für 150 bis 200 Euro. Wir haben die Geräte auf ihre wichtigsten Eigenschaften untersucht, aber kein test-Qualitätsurteil vergeben.

Auch für Laien gut geeignet
Die kleinen Aufnahmegeräte mit eingebauten Mikrofonen ermöglichen es auch Laien, ohne großen Aufwand gute Tonaufnahmen zu machen. Die Rekorder sind meist einfach zu bedienen. Für optimale Ergebnisse sollte allerdings manuell ausgesteuert werden. Am besten gefielen die Klangeigenschaften des Zoom H2n und des Roland R-05. Auch der Tascam DR-07MKII und der Olympus LS-3 konnten in diesem Prüfpunkt überzeugen. Trotz eingebauter Mikrofone und geballter Technik im Inneren wiegen manche samt Batterie weniger als 100 Gramm: der Olympus LS-3, der Teac VR 20 und der Yamaha Pocketrak W24. Erfreulich ist die lange Laufzeit der Geräte mit einem Satz Batterien. Lediglich der iKey HDR7 und der Teac VR 20 mit weniger als 5 Stunden Batterielaufzeit konnten in diesem Prüfpunkt nicht überzeugen. Auch die Kapazität der verwendbaren Speicherkarten ist groß. Nutzer können so mit einer Karte problemlos mehrere Stunden im unkomprimierten Wave-Format aufnehmen. ■   **Anbieter Seite 263**

Audioaufnahmen bearbeiten
Oft ist es für eine schön klingende Audiodatei mit der Aufnahme noch nicht getan. Mithilfe von Schnittprogrammen lassen sich die Aufnahmen am Computer weiterbearbeiten und verbessern. Ist keine Schnittsoftware mitgeliefert, können Sie diese auch kostenlos im Internet herunterladen. Das bekannteste Gratis-Programm ist derzeit Audacity. Der Windows Movie Maker kann auch Ton schneiden.

Stereoanlage am Fernseher 7

✚ Unser Rat

So gut das Bild eines Flachbildfernsehers auch ist, beim Sound zeigen sich oft Schwächen. Wer beim Fernsehen nicht auf guten Ton verzichten will, sollte den Fernseher mit der Stereoanlage verbinden. Die beste Qualität liefert eine digitale Übertragung, allerdings funktioniert sie nicht mit älteren Stereoanlagen. Dann bleibt der analoge Anschluss zum Beispiel über Kopfhörerausgang (Klinke) oder Cinch.

Stadionsound auf der Couch

5/2012 Fernseher und Stereoanlage finden auf verschiedenen Wegen zueinander, analog oder digital. Wir nennen die Vor- und Nachteile.

Der Flachbildfernseher liefert gute Bildqualität, trotzdem kommt die Stadionatmosphäre beim Länderspiel nicht auf der Wohnzimmercouch an. Das liegt meist am mageren Sound. Die flachen TV-Gehäuse bieten zu wenig Resonanzraum für guten Klang – erst recht, wenn der Fernseher an der Wand hängt. Wer den Ton verbessern will, schließt die Stereoanlage an das TV-Gerät an. Entweder analog oder digital.

Analog: Rot-weißes Team
Wenn der Fernseher einen analogen Cinch-Ausgang hat, erfolgt die Verbindung über ein Cinch-Kabel. Es hat auf jeder Seite je einen roten und einen weißen Stecker. Wenn der Cinch-Ausgang fehlt, kann der Ton auch über den Kopfhörerausgang vom Fernseher übertragen werden. Das funktioniert mit einem Klinke-zu-Cinch-Kabel.

Bei beiden Varianten wird das Verbindungskabel mit einem analogen Eingang der Stereoanlage verbunden (zum Beispiel „Aux"), die Anlage muss dann auf den entsprechenden Eingang umgeschaltet werden.

Digital: Modernes Pass-Spiel
Neuere Fernseher und Stereoanlagen übertragen den Ton auch digital. Der Fernseher leitet den Ton störungsfrei und mit mehr Tonkanälen an die Anlage weiter. Auch hierfür gibt es zwei Möglichkeiten, optisch per Infrarot oder digital elektrisch. Wer den Stereo- oder Mehrkanalton in seiner vollen Qualität an die Anlage weiterleiten will, nutzt besser die digitale Übertragung. ■

Ton extern übertragen
Der Ton kann auch vom Sat-Receiver oder DVD-Spieler an die Stereoanlage übertragen werden. Doch zum Beispiel beim Anschluss über einen Sat-Receiver kommt der Ton gelegentlich schneller bei der Stereoanlage an, als das Bild auf dem TV erscheint. Hier hilft in vielen Fällen ein schneller Programmwechsel. Einige Sat-Receiver bieten im Menü auch die Möglichkeit, eine Tonverzögerung einzustellen.

8 Dachdämmsysteme

> **✚ Unser Rat**
>
> Wer sein Dach zwischen und unter den Sparren 22 Zentimeter dick dämmt, kann die Heizkosten hier halbieren – im Vergleich zu einer alten 10-cm-Mineralfaserschicht. Gut zu verarbeiten sind **Knauf Insulation Easy**, **Rockwool Klemmrock** und **Rockwoool Cliprock** und die Zwischensparrenfilze von **Isover** und **Ursa**. Beim Abdichten schnitten die geprüften Materialien von **Pro clima** am besten ab.

Besser gut verpackt

4/2012 Nicht alle Dämm- und Dichtmaterialien fürs Dach lassen sich einfach verarbeiten. Wer Fehler macht, riskiert Wärmebrücken.

Ist das Haus gut gedämmt, sind die Heizkosten niedrig und die Bewohner fühlen sich wohl. Auf dem Markt gibt es die verschiedensten Dachdämmsysteme. Die Verarbeitung ist recht unterschiedlich – nicht immer sind sie für Heimwerker problemlos anzubringen. Das zeigt unser Praxistest von 13 Dämmstoffen und 8 Luftdichtsystemen.

Schwieriger als gedacht
Eines der wichtigsten Ziele bei den Dämmarbeiten lautet: Wärmebrücken vermeiden. An diesen kalten Stellen in der Außenhülle des Hauses entweicht kostbare Wärme nach draußen. Im schlimmsten Fall kann sich hier Feuchtigkeit niederschlagen und Schimmel bilden. Umso wichtiger ist es, dass auch Heimwerker Dämmstoffe richtig einbauen können. Doch beim Verarbeiten der Materialien im Praxistest zeigte sich, dass es zu Wärmebrücken schneller kommen kann als gedacht. Obwohl die Test-Heimwerker sehr gewissenhaft arbeiteten, deckten die anschließenden Kontrollen mit der Wärmebildkamera Schwachstellen auf.

Schon die Auswahl des richtigen Dämmstoffs ist kompliziert. Jedes Material bremst den Wärmedurchgang unterschiedlich stark. Für den Test wählten wir Glas- und Steinwolle sowie Produkte aus nachwachsenden Rohstoffen, also Holz- und Hanffasern. Die Materialien eignen sich für die Dämmung zwischen den Sparren und darunter. Längst nicht alle Dämmstoffe ließen sich leicht verarbeiten. Große Unterschiede gab es beim

> **Wärmeleitfähigkeit**
> Je weniger Wärme ein Material durchlässt, desto besser ist seine Dämmwirkung. Ein Beispiel: Bei gleicher Dicke dämmt Mineralwolle mit einer Wärmeleitfähigkeit von 0,032 Watt/(mK) rund ein Fünftel besser als ein Material mit einer Wärmeleitfähigkeit von 0,040. Diese Dämmeigenschaften müssen auf der Verpackung deklariert sein. Beim Kauf lohnt sich ein Vergleich.

Dachdämmsysteme 8

Zuschnitt. Glas- und Mineralfasern ließen sich mit einem speziellen Dämmstoffmesser einfach zerteilen. Holz- und Hanffasern erforderten einen professionellen Elektrofuchsschwanz; mit dem Messer gelang der Zuschnitt schlechter.

Nicht zu fest stopfen

Die „Easy"-Dämmstoffe von Knauf Insulation wurden ihrem Namen gerecht. Im Test ließen sie sich tatsächlich relativ einfach anbringen. Die Kehrseite der Medaille: Das relativ weiche Material verleitet zum Stopfen. Wird es in Randbereichen und an Problemstellen zu fest eingedrückt, leiden die Dämmeigenschaften. Kleine Wärmebrücken können die Folge sein.

Die Holzfaserdämmstoffe von Steico waren beim Einbau weniger flexibel, als die Produktbezeichnung „Flex" erwarten lässt. Die vergleichsweise starren Matten passten sich den Einbaubedingungen nicht immer optimal an, sodass vereinzelt kleine Lücken entstanden. Hier hilft nur nachstopfen.

Bei allen Dämmarbeiten gilt: Arbeitsschutz ernst nehmen. Extrem belastend ist das Entfernen alter, verdreckter Mineralfasermatten. Die neuen Materialien sind zwar deutlich besser, aber auch ihre Bearbeitung verursacht Staub. Deshalb ist vor allem bei Überkopfarbeiten eine Schutzbrille wichtig. Außerdem empfiehlt sich ein wirksamer Atemschutz (mindestens mit FP2-Kennzeichnung). Auch kräftiges Lüften hilft. Sehr nützlich sind dünne Arbeitshandschuhe, die gefühlvolles Arbeiten ermöglichen.

Kein Dämmen ohne Dichten

Durch Lücken in der Dämmschicht kann warme Luft aus dem Haus entweichen und Feuchtigkeit in den Dämmstoff dringen. Schäden können die Folge sein. Bauherren benötigen deshalb ein zusätzliches Luftdichtsystem. Acht solcher Systeme waren zusätzlich zu den Dämmstoffen im Test. Dazu gehörten jeweils Folie, Klebebandrollen und Klebemassen.

Positiv bewerten die Prüfer, dass vor allem die Markierungen auf den Folien von Isover, Pro clima und Siga das Zuschneiden leichter machen. Im Praxistest bewährten sich außerdem flexible Klebebänder, die sich unebenen Untergründen am besten anpassen. Außerdem sind sie etwas dehnbar, so dass der Heimwerker korrigieren kann, falls er das Band etwas schief angesetzt hat.

Wichtigstes Kriterium bei den Klebematerialien: Sie müssen halten. Isover, Pro clima und Rockwool schnitten bei den Klebeprüfungen am besten ab. Geprüft wurde, wie gut die Klebebänder auf Folien und PVC-Rohren haften. Oft sind verschiedene Spezialklebebänder für unterschiedliche Zwecke im Angebot. Auf Holz schwächeln die meisten Klebebänder. Hierfür eignen sich die Klebemassen aus der Kartusche viel besser.

Wie sicher die Klebeverbindungen auf Dauer halten, ließ sich im Rahmen des Tests nicht überprüfen. Im Zweifelsfall sollten Profis und Heimwerker an kritischen Stellen auf Nummer sicher gehen. Dies gilt zum Beispiel für Wandanschlüsse – also dort, wo die Folie auf eine Giebelwand trifft. Hier sorgt eine zusätzliche Anpresslatte für Sicherheit. Erhältlich sind auch spezielle Klebebänder, die beispielsweise das wandseitige Verputzen ermöglichen.

Blower-Door-Test: Stunde der Wahrheit

Ob die Abdichtung gelungen ist, sollten Bauherren am Ende der Dämmarbeiten mit einem „Blower-Door-Test" kontrollieren lassen. Dabei erzeugt ein kräftiger Ventilator Über- oder Unterdruck im Dachgeschoss. Leckagen, durch die dann kalte Luft pfeift, lassen sich zum Beispiel mit Thermografie sichtbar machen. Bester Zeitpunkt für die Prüfung: Bevor die Innenverkleidung montiert ist. Diese könnte sonst so manchen Pfusch verbergen und die Nachbesserung erschweren. Wir raten, den Handwerkern den nachträglichen Blower-Door-Test von vornherein anzukündigen. So manchen Profi könnte dies motivieren. ∎

test Jahrbuch 2013   **Haushalt 141**

8 Dampfbügeleisen, Bügelstationen

> **Unser Rat**
>
> Gute Eisen: **Tefal Ultragliss FV 4680** (50,50 Euro), **Braun TexStyle 7-750** (83,50 Euro). Aber Vorteil für die Bügelstation: mehr Dampf, schon bei niedriger Temperatur. So wird auch Wäsche glatt, die sehr verknittert ist oder nicht so heiß gebügelt werden darf. Die Besten: **Philips GC9540/02** (330 Euro), **Siemens Sensor Intelligence SL 45** (274 Euro), **Tefal Pro Express Turbo GV 8461** (260 Euro).

Heiße Eisen

12/2012 Stationen sind teurer als Bügeleisen, brauchen mehr Platz und mehr Strom. Dafür bügeln sie besser. Die teuerste ist aber mangelhaft.

Viel hilft viel – zumindest wenn es um den Dampf beim Bügeln geht. Bügelstationen – die sehr viel Dampf erzeugen – liefern beim Bügelergebnis allesamt gute Noten, herkömmliche Eisen bügeln bestenfalls befriedigend. Glatte Wäsche hat allerdings ihren Preis: Die acht klassischen Bügeleisen im Test kosten 27 bis 83,50 Euro, die sechs Stationen zwischen 260 und 485 Euro.

Laurastar fiel im Dauertest durch
Am Ende tragen fast alle Bügelstationen ein gutes Urteil. Aber ausgerechnet die teuerste Bügelstation im Test, die Laurastar G7, ist mangelhaft. Sie hat den Dauertest mit hartem Wasser nicht überstanden. Auch die Bügeleisen von AEG und Severin hatten hier Probleme: Severin wegen Verkalkung, AEG wegen eines Heizungsschadens. Aber zwei herkömmliche Bügeleisen – Tefal Ultragliss FV 4680 und Braun TexStyle 7-750 – schneiden insgesamt noch gut ab, vor allem wegen guter Handhabung und Haltbarkeit.

Ein Nachteil von Bügelstationen ist neben ihrem Preis der Platzbedarf. Klassische Bügeleisen sind klein, handlich und schnell verstaut. Bügelstationen haben die Größe eines Kaffeeautomaten und wiegen fünf bis sieben Kilogramm. Die Stationen brauchen zudem meist mehr Strom.

Da die Stationen mit mehr Dampf bügeln, zischt es mehr um die Hand herum als beim Eisen. Das ist gewöhnungsbedürftig. Jedes zweite Gerät hat eine automatische Abschaltung. Werden sie in der Waagerechten nicht

> **Regelautomatik: Nie mehr zu heiß**
> Unter den Bügelstationen gibt es zwei besondere Geräte. Philips arbeitet mit festeingestellter Temperatur und Dampfmenge, die sich für alle Textilien eignet. Man muss nichts mehr einstellen, keine Wäsche vorsortieren und nicht mehr warten, dass das Eisen aufheizt oder abkühlt. Auch die Siemens-Station kann in so einem Automatikmodus bügeln, lässt sich aber auch von Hand regeln.

Dampfbügeleisen, Bügelstationen 8

test | Dampfbügeleisen und Bügelstationen — 12 / 2012

	Mittlerer Preis in Euro ca.	Bügel-ergeb-nis	Hand-ha-bung	Techni-sche Prüfung	Halt-bar-keit	Si-cher-heit	Strom-ver-brauch	test-QUALITÄTS-URTEIL
Gewichtung		35 %	25 %	20 %	10 %	5 %	5 %	100 %
Dampfbügeleisen								
Tefal Ultragliss FV 4680	50,50	O	+	+	++	+	+	GUT (2,4)
Braun TexStyle 7-750	83,50	O	+	O	+	+	+	GUT (2,5)
Bosch Sensixx B4 Secure TDA 5652[1]	66,00	O	+	O	+	+	+	BEFRIED. (2,6)
Rowenta Eco Intelligence DW 6010	67,50	O	+	O	+	+	+	BEFRIED. (2,6)
Siemens Green Power Edition TB56GP100[2]	68,50	O	+	O	+	+	+	BEFRIED. (2,6)
Philips GC3721/02 Eco Care	58,50	O	O	O	+	+	+	BEFRIED. (2,7)
AEG 5Safety DB 8040	60,00	⊖*)	O	O	⊖	+	O	AUSREICH. (3,6)
Severin BA 3210	27,00	⊖*)	O	O	⊖	+	+	AUSREICH. (3,6)
Bügelstationen								
Philips GC9540/02 Perfect Care Silence[3]	330,00	+	+	+	+	+	+	GUT (1,9)
Siemens Sensor Intelligence SL 45 TS45350[4][5]	274,00	+	+	+	+	+	O	GUT (1,9)
Tefal Pro Express Turbo GV 8461	260,00	+	+	+	+	+	O	GUT (1,9)
Rowenta Pro Perfect Eco Intelligence DG 8880	299,00	+	+	+	+	+	O	GUT (2,0)
De´Longhi VVX 1880 Dual Vap	279,00[6]	+	O	+	+	+	O	GUT (2,5)
Laurastar G7	485,00	+	O	+	—*)	⊖	O	MANGELH. (4,8)

Bewertungsschlüssel der Prüfergebnisse: ++ = Sehr gut (0,5–1,5). + = Gut (1,6–2,5). O = Befriedigend (2,6–3,5).
⊖ = Ausreichend (3,6–4,5). — = Mangelhaft (4,6–5,5).   **Bei gleichem Qualitätsurteil Reihenfolge nach Alphabet.**
*) Führt zur Abwertung.
1) Laut Anbieter inzwischen Gebrauchsanleitung geändert.
2) Laut Anbieter inzwischen Griffmaterial und Gebrauchsanleitung geändert.
3) Laut Anbieter inzwischen Dampfmenge verändert.
4) Laut Anbieter inzwischen Griffmaterial geändert.
5) test-Qualitätsurteil ermittelt im manuellen Modus. Abweichende Bewertung im Automatikmodus: Bügelergebnis 1,7;
   Stromverbrauch 3,2.
6) Preis laut Anbieter.   **Einkauf der Prüfmuster:** Mai/Juni 2012.

bewegt, gehen die Eisen von AEG, Bosch und Severin nach einer halben Minute aus.

Viele Anbieter werben mit dem Kürzel „Eco" für Energiesparfunktionen. Um eine neue Technologie handelt es sich meist nicht, sondern nur um die Tatsache, dass Bügeln mit weniger Dampf weniger Strom frisst. Bei den Bügeleisen entspricht der Eco-Modus oft einfach der mittleren Dampfeinstellung. Innovativ ist das nicht, kann aber dafür sensibilisieren, dass jeder den Stromverbrauch beeinflussen kann. Bügeleisen sparen so bis zu 35 Prozent Strom, Stationen bis 20 Prozent. ■ **Anbieter Seite 264**

8 Dampfgarer

✚ Unser Rat

Für kleine Haushalte eignet sich der Braun FS20 für 59 Euro.
Gut für große Familien sind Severin DG 2428 für 46 Euro, Gastroback Design Dampfgarer für 62 Euro und Philips HD9140/91 für 65 Euro.
Komfortabel zu bedienen ist der Morphy Richards für 139 Euro.
Beste Einbaugeräte: Bosch (1 090 Euro) und die baugleichen Neff (970 Euro) und Siemens (1 110 Euro).

Gute schon ab 46 Euro

2/2012 Günstige Tischgeräte können im Test mit teuren Einbaugeräten mithalten. Joghurt zubereiten geht mit ihnen aber nicht.

Gesund und schonend garen, möglichst ohne Fett: Dampfgarer können das. Vitamine und Mineralstoffe bleiben in den über Wasserdampf gegarten Speisen weitgehend erhalten, ebenso ihr Eigengeschmack. Dämpfen ohne Druck braucht etwas mehr Zeit als Garen im Kochtopf. Dafür brennt nichts an. Nichts kocht über. Wir haben 20 Modelle geprüft – vom Tischgerät für 30 Euro bis zum Einbaugerät für 1 710 Euro.

Alle können gut dampfgaren

Alle Modelle schneiden in puncto Dampfgaren gut ab. Dazu gehören auch günstige Tischgeräte wie die guten Severin (46 Euro), Gastroback Design Dampfgarer (62 Euro) und Philips (65 Euro). Sie eignen sich wegen des Volumens ihrer Garbehälter vor allem für große Haushalte. Ebenfalls gut schneiden die eher für kleinere Haushalte geeigneten Braun (59 Euro), Morphy Richards (139 Euro) und Tefal Vita Cuisine (130 Euro) ab.

Die Tischgeräte sind recht einfach zu bedienen. Garzeiten lassen sich mit einem Drehschalter einstellen oder per Tastendruck. Fünf Modelle verfügen über halbautomatische Garprogramme mit voreingestellten Zeiten. Vom Prinzip her funktionieren alle Tischgeräte ähnlich: Ein Heizelement erhitzt Wasser, Dampf steigt auf und gart die in Dampfkörben liegenden Speisen ohne Druck bei rund 100 Grad. Unerwünschter Nebeneffekt bei Mia, Kenwood und Clatronic: Während des Dämpfens werden die Griffe ihrer Garbehälter unangenehm heiß.

Geschmack und Garzeiten

Fisch, Gemüse, Beilagen und Fleisch können Sie im Dampfgarer einfach und schonend zubereiten. Das geht gleichzeitig auf mehreren Ebenen. Der Geschmack zwischen den Lebensmitteln überträgt sich nicht. Nur Braten und Bräunen funktioniert nicht. Die empfohlenen Garzeiten sind Richtwerte. Geben Sie nicht gleich auf, falls die Speisen am Anfang noch nicht optimal gelingen.

Dampfgarer 8

test **Dampfgarer**						2 / 2012
www.test.de	Mittlerer Preis in Euro ca.	Dampf-garen	Hand-habung	Strom-verbrauch	Sicher-heit	test - QUALITÄTS-URTEIL
Gewichtung		50 %	25 %	20 %	5 %	100 %
Tischgeräte						
Braun FS20	59	+	+	+	+	GUT (2,2)
Morphy Richards Art.-Nr. 48780	139	+	+	+	+	GUT (2,2)
Philips HD9140/91	65	+	+	+	+	GUT (2,2)
Gastroback Design Dampfgarer Art.-Nr.42510	62	+	+	+	O	GUT (2,3)
Severin DG 2428	46	+	O	+	O	GUT (2,3)
Tefal Vita Cuisine Art.-Nr. VS 4001	130	+	+	O	+	GUT (2,5)
Kenwood FS470	45	+	O	O	⊖*)	BEFRIED. (3,1)
Mia Art.-Nr. DG 0332	40	2	3	2	⊖*)	BEFRIED. (3,3)
Bomann DG 1218 CB	30	Baugleich mit Clatronic DG3235 Art.-Nr. 251 109				BEFRIED. (3,5)
Clatronic DG3235 Art.-Nr. 251 109	30	+	+	+	⊖*)	BEFRIED. (3,5)
Rommelsbacher DGS 800	60	+	O	+	⊖*)	AUSREICH. (4,0)
Einbaugeräte						
Bosch HBC24D553[1]	1 090	+	+	+	+	GUT (2,2)
Neff Mega C47D22N0[1]	970	Baugleich mit Bosch HBC24D553				GUT (2,2)
Siemens HB24D552[1]	1 110					GUT (2,2)
Bauknecht ESTM 8145 PT	1 200	+	O	O	+	GUT (2,4)
Miele DG 5061[1]	1 680	+	+	O	+	GUT (2,4)
De Dietrich DOV745X	1 150	+	O	⊖*)	+	BEFRIED. (3,1)
Oranier EDG 9808 45	1 100	+	O	⊖*)	+	BEFRIED. (3,1)
AEG KS7415001M	1 260	+	⊖*)	+	+	AUSREICH. (4,0)
Küppersbusch EDG 6400.1 E	1 710	+	⊖*)	O	+	AUSREICH. (4,0)

Bewertungsschlüssel der Prüfergebnisse: ++ = Sehr gut (0,5–1,5). + = Gut (1,6–2,5). O = Befriedigend (2,6–3,5).
⊖ = Ausreichend (3,6–4,5). — = Mangelhaft (4,6–5,5). **Bei gleichem Qualitätsurteil Reihenfolge nach Alphabet.**
*) Führt zur Abwertung.
1) Laut Anbieter inzwischen geändert. **Einkauf der Prüfmuster:** Juli/August 2011.

Teurer Schick für die Einbauküche

Die neun Einbaudampfgarer kosten zwischen 970 und 1710 Euro. Bosch, Siemens und Neff schneiden in dieser Gruppe am besten ab. Ebenfalls gut sind die Modelle von Bauknecht und Miele. Eine Besonderheit der Einbaugeräte: Sie dämpfen auch unter 100 Grad. Einige können etwa Joghurt herstellen oder Teig gehen lassen.

Trotz guter Dampfergebnisse gibt es Schwächen: Die horizontalen Wasserbehälter von AEG und Küppersbusch etwa lassen sich komplett gefüllt kaum tragen, ohne zu tropfen. Die Eingebauten ziehen im Standby ständig Strom. Ganz ausschalten geht nicht. Reinigen klappt gut, trocknen nicht. Besser die Türen geöffnet lassen, damit die Feuchtigkeit verfliegt. ■ **Anbieter Seite 264**

8 Einbaubacköfen

Unser Rat
Beste, aber teure Wahl ist der gute **Miele H 4810 B** für rund 920 Euro. Er hat als einziger Backofen im Test Teleskopschienen serienmäßig. Auch beeindruckt er durch eine sehr einfache Reinigung. Dahinter rangieren **Whirlpool AKZ 238 IX** für 700 Euro, dann folgen **Neff Mega BM 1542 N** (695 Euro) und **Juno-Electrolux JOB53100X**. Der liefert für 560 Euro das beste Preis-Leistungs-Verhältnis.

In die Röhre geguckt

9/2012 Beim Kauf der neuen Backröhre sollte der Kunde nicht geizen. Erst ab etwa 500 Euro sind gute Einbaumodelle zu bekommen.

Keine Frage: Zur schicken Einbauküche gehört ein vernünftiger Backofen. Also haben wir die Back- und Grillkünste von 16 Einbaugeräten auf die Probe gestellt. Fast verkohlt statt goldbraun: So kamen kleine Kuchen ab und zu heraus. Oder die Biskuittorte war nicht ganz durchgebacken. Dann mussten die Prüfer nachjustieren. Das ist nicht ungewöhnlich. Wenn aber jeder dritte oder jeder zweite Kuchen misslingt und das nach mehreren Versuchen, ist die Wärmeverteilung nicht optimal. Gorenje BO7421AX (420 Euro) und das Teka-Modell bekamen daher für das Backen nur ein Ausreichend, Amica sogar nur ein Mangelhaft.

Zanussi regelt die Hitzegrade schlecht
Verbrannte Kruste oder klitschige Torte können auch passieren, wenn die Hitze im Backofen stark von der eingestellten Temperatur abweicht. Bis zu 15 Grad Differenz nach oben oder unten sind noch akzeptabel. Das kann Erfahrung ausgleichen. Größere Abweichungen wie beim Zanussi ZOB463X lassen auf Dauer Frust aufkommen. Übrigens:

Elektronische Regler sind kein Garant für genaue Gradzahlen. Sie lassen sich nur einfacher einstellen als mechanische.

Im Unterschied zum Backen funktioniert das Grillen in allen Geräten mindestens gut, bei Bauknecht BLVE 8200/PT, Miele H 4810 B und Whirlpool AKZ 238 IX sogar sehr gut. Im Amica EB 13223 E sollte der Grillrost allerdings nicht auf dem obersten Einschub liegen. Dort verbrennen Würstchen schnell.

Richtig vor- und schnell aufheizen
Verzichten Sie möglichst auf das Vorheizen. Das spart Strom: bei Ober-/Unterhitze etwa 0,4 bis 0,5 Kilowattstunden (rund 10 bis 13 Cent), bei Heißluft 0,2 bis 0,3 Kilowattstunden (5 bis 7 Cent). Das Schnellaufheizen spart dagegen nur Zeit, kaum Strom. Achten Sie darauf, dass Gitter und Bleche stets sicher in den Führungsschienen sitzen. Sonst kann ein schwerer Braten alles zu Fall bringen.

Einbaubacköfen 8

test — Einbaubacköfen — 9 / 2012

www.test.de	Mittlerer Preis in Euro ca.	Backen und Grillen	Hand-habung	Reini-gung	Si-cher-heit	Umwelt-eigen-schaften	test- QUALITÄTS-URTEIL
Gewichtung		40 %	20 %	10 %	15 %	15 %	100 %
Miele H 4810 B	920	+	+	++	+	○	GUT (2,1)
Whirlpool AKZ 238 IX	700[1]	+	+	+	+	○	GUT (2,2)
Juno - Electrolux JOB53100X	560	+	+	○	+	○	GUT (2,3)
Neff Mega BM 1542 N	695	+	○	○	+	○	GUT (2,3)
AEG BE3003001M	655	+	+	○	+	○	GUT (2,5)
AEG BE3013021M	490	Baugleich mit AEG BE3003001M					GUT (2,5)
Bauknecht BLVE 8200/PT	655	+	+	○	+	○	GUT (2,5)
Bosch HBG73B550	885	+	○	+	+	○	GUT (2,5)
Siemens HB73GB550	945	Baugleich mit Bosch HBG73B550					GUT (2,5)
Siemens HB23AB520	725	+	○	○	+	○	GUT (2,5)
Bosch HBA23B250	755	Baugleich mit Siemens HB23AB520					GUT (2,5)
Ikea Framtid OV9	299	○	○	○	+	○	BEFRIED. (2,8)
Zanussi ZOB463X	450	○	○	○	+	○	BEFRIED. (3,0)
Gorenje BO7421AX	420	○	○	○	+	○	BEFRIED. (3,1)
Amica EB 13223 E	267	⊖*)	○	○	○	○	AUSREICH. (3,6)
Teka HE 605	360	⊖	○	○	⊖	○	AUSREICH. (3,6)

Bewertungsschlüssel der Prüfergebnisse: ++ = Sehr gut (0,5–1,5). + = Gut (1,6–2,5). ○ = Befriedigend (2,6–3,5).
⊖ = Ausreichend (3,6–4,5). — = Mangelhaft (4,6–5,5). **Bei gleichem Qualitätsurteil Reihenfolge nach Alphabet.**
*) Führt zur Abwertung.
1) Preis laut Anbieter. **Einkauf der Prüfmuster:** März bis April 2012.

Miele lässt sich am besten säubern

Keine reine Freude ist das Putzen der Backröhre. Nur bei Miele klappt es mühelos, allein mit Lappen und Spülmittel. Dafür sorgt eine spezielle Emailbeschichtung. Die Öfen von Amica, Gorenje und Neff bieten Reinigungsprogramme, die mit Dampf arbeiten. Sie verbrauchen Strom für 2 bis 8 Cent pro Einsatz, bringen aber kaum Vorteile. Hingegen ist die Pyrolyse bei Bosch, Siemens und Whirlpool sehr effektiv, benötigt aber noch mehr Strom, rund 4,5 bis 5 Kilowattstunden. Das macht 1,15 bis 1,25 Euro bei einem Strompreis von 25 Cent pro Kilowattstunde. Das Programm belastet die Rechnung mehr als alle sechs Probegerichte zusammen. Stichwort Kosten: Preisvergleiche in Möbelhäusern, Küchenstudios und Elektromärkten lohnen. Gerade bei Einbaugeräten kalkulieren Händler in den einzelnen Vertriebskanälen sehr unterschiedlich.

Am besten A

Backöfen tragen ein Energieetikett. Die beste Klasse ist das einfache A. Alle Geräte im Test sind so gekennzeichnet – zu Recht. Unsere Messungen ergaben keine unzulässigen Abweichungen. Kochstellen haben hingegen noch kein Energielabel. Das ist in Arbeit, aber noch nicht verabschiedet. Wenn in Prospekten das A auftaucht, gilt das nur für die Backröhre. ■ **Anbieter Seite 264**

8 Energieberatung

＋ Unser Rat

Stehen größere Arbeiten wie Dachdämmung, Fassadensanierung oder Austausch des Heizkessels an, empfiehlt sich eine KfW-konforme „Vor-Ort-Energieberatung". Vereinbaren Sie mit dem Energieberater ein unverbindliches Vorgespräch, in dem Sie Ihre Erwartungen skizzieren. Der Abschlussbericht sollte zumindest den Ist-Zustand des Hauses und Vorschläge für Einsparmaßnahmen umfassen.

Guter Rat ist selten

5/2012 Wie findet man den richtigen Energieberater und hilft die Beratung, die Heizkosten zu senken? Das Testergebnis stimmt nachdenklich.

Drei Häuser, neun Energieberater: Die von uns ausgewählten Fachleute sollten die Häuser sachkundig ins Visier nehmen. Doch das Ergebnis der Beratungen von Architekten, Ingenieuren und Handwerkern war meist enttäuschend, zum Teil auch ärgerlich. Die Qualität des Berichts und die daraus hergeleiteten Sparmaßnahmen sind aber die Voraussetzung für ein zukünftig energieeffizientes Haus. Zudem genehmigt die KfW-Bank mit einem qualifizierten Bericht günstige Kredite.

Jeder erste Besuch beginnt mit einem Gespräch: Berater fragen, Bewohner antworten. Der fachkundige Gast erhält erste Infos über das Haus und die Energiesparwünsche der Bewohner. Es folgt der Gang vom Keller bis zum Dachgeschoss und rund ums Gebäude. Viele Energieberater erklären, wie das eine oder andere Wärmeloch zu stopfen ist. Nur: Viele dieser Hinweise vermissen die Bewohner später im Gutachten.

Einer der Berater entpuppte sich als Thermografie-Fan. Sein Bericht war deshalb gespickt mit Wärmebildchen. Die bunten Diagramme beeindrucken zwar auf den ersten Blick, ersetzen aber keine sorgfältige Analyse. Auch der Preis für die Beratung sagt wenig über deren Qualität aus. Aber ein vierseitiger Bericht nach einem zweistündigen Besuch für 714 Euro ist schlicht dreist. Vielfach hatten Spartipps und Berechnungen der Wirtschaftlichkeit Seltenheitswert. Bis auf zwei Ausnahmen stuften wir die Energieberatungen als unzureichend ein. ■

Das bietet die KfW

Die KfW-Förderbank gewährt zinsgünstige Kredite und Tilgungszuschüsse für energieeffizientes Modernisieren oder Sanieren von Altbauten. Es müssen aber Energieberatungsberichte vorliegen Dazu ist eine „Vor-Ort-Beratung" durch unabhängige, geschulte Fachleute erforderlich. Solche „Bafa-Gutachten" können bis zu 1 000 Euro kosten und werden aber mit mehreren 100 Euro bezuschusst.

Energiesparende Lampen 8

✚ Unser Rat

Teure Lampen können Murks sein und billige auf Dauer teuer. Wer beim Kauf nicht im Dunkeln tappen, sondern die beste Lampe erwischen will, braucht solide Testergebnisse. Die zeigen, dass es zu Glühlampen prima Alternativen gibt: Gute LED-Lampen von **Osram, Ledon, Megaman, Toshiba, Philips, Sylvania** und **Müller Licht.** Und zwar sogar im Miniformat – in Kerzenform oder als Spotlampe.

Alternativen zur Glühbirne

3 + 9/2012 LED-Lampen schneiden in den Tests am besten ab. Aber längst nicht jede. Einige Sparlampen enttäuschten.

Seit 1. September 2012 gilt das Glühlampenverbot der Europäischen Union nicht nur für klassische Glühlampen mit hohen Wattzahlen, sondern auch für 25 und 40 Watt. Restbestände durfte der Handel noch verkaufen. Der Abschied von den Glühlampen fällt vielen schwer. Ein Trost: Die Tests zeigen, dass es viel bessere Alternativen gibt. Sogar für die Fans von Glühlampenlicht. Halogenglühlampen sind weiterhin erhältlich. Auch hier sorgt ein glühender Wolframdraht für gleichermaßen sehr gute Lichteigenschaften. Zudem lässt sich mit denen immerhin ein Fünftel des Stroms sparen.

80 Prozent sparen
Doch diese Ersparnis ist im Vergleich zu LED- oder Kompaktleuchtstofflampen sehr bescheiden. Deren Energiesparpotenzial gegenüber Glühbirnen liegt bei annähernd vier Fünfteln. Vor allem für die Grundbeleuchtung der Wohnung, also für alle oft und lange brennenden Lampen, sollten Verbraucher die echten Sparlampen wählen. Glühlampen kosten beim Kauf zwar weniger als Kompaktleuchtstoff- oder LED-Lampen. Andererseits gehen sie deutlich schneller kaputt. Im Betrieb fressen sie wegen ihrer schlechten Lichtausbeute sehr viel Strom. Berechnungen zeigen, dass die Glühlampen unterm Strich auf Dauer teurer sind: Die gleiche Lichtmenge kostet in Summe rund 2,5 mal mehr, wenn Verbraucher anstelle von LED- oder Kompaktleuchtstofflampen lieber Glühlampen einsetzen.

Den richtigen Ersatz finden
Wer eine Glühbirne durch eine Sparlampe ersetzen möchte, hat beim Lampenkauf ein Problem: Die Wattzahl hilft bei der Suche nach einer gleich hellen Lampe wenig. Besser klappt es, die neue Lampe mithilfe der Lumen-Deklaration zu finden (siehe S. 153). Als Ersatz für 40-Watt-Birnen eignen sich Sparlampen mit 400 Lumen. Als 60-Watt-Ersatz sind 600 bis 650 Lumen empfehlenswert.

8 Energiesparende Lampen

test — Energiesparende Kerzenlampen (mit E14-Sockel) — 9 / 2012

www.test.de	Mittlerer Preis in Euro ca.	Lichttechnische Eigenschaften	Haltbarkeit	Umwelt und Gesundheit	Deklaration	test-QUALITÄTSURTEIL
Gewichtung		40 %	30 %	25 %	5 %	100 %
LED-Lampen						
Osram LED Superstar Classic B 25[1)2)] EAN 4 008321 984104	18,00	++	++	+	O[1)]	GUT (1,6)
Ledon LED Lamp Art.-Nr. 25000640	23,00	+	++	++	O	GUT (1,7)
Megaman LED Candle LC0305dv2 Art.-Nr. MM21014	18,00	+	++	+	+	GUT (1,8)
Philips MyVision LED EAN 8 718291 127659	12,00	+	++	+	O	GUT (1,8)
Toshiba LED E-Core LDCC0627CE4EUD Art.-Nr. 218-50396	25,00	+	++	+	++	GUT (1,8)
Sylvania ToLEDo Candle C37 Eco Art.-Nr. 0026293	23,80	++	++	O[3)]	O	GUT (1,9)
16east Crystal LED Series Power Candle[1)] Art.-Nr. LD 270-19	26,30	⊖	⊖	+	⊖[*)1)4)]	AUSREICH. (3,9)
Paulmann LED[5)] Art.-Nr. 281.08	20,00	O	—[*)]	⊖[3)]	⊖[4)]	MANGELH. (4,7)
Kompaktleuchtstofflampen						
Osram Duluxstar Mini Candle EAN 4 008321 946638	10,50	O	O	+	+	BEFRIED. (2,7)
Paulmann Energy Saver[5)] Art.-Nr. 880.87	8,30	O	O	+	O	BEFRIED. (2,7)
Real,- / Quality Energiesparlampe EAN 4 334011 074566	6,00	O	O	+	+	BEFRIED. (2,7)
Megaman Ultra Compact Candle CL409 Art.-Nr. MM80809	7,00	⊖	+	+	O	BEFRIED. (2,9)
Hellweg / Flector Spar-Leuchtmittel „Kerze" Art.-Nr. 572750	5,00	+	⊖[*)]	O	O	BEFRIED. (3,3)
Müller-Licht Energiesparlampe Ultra Mini[5)] Art.-Nr. 14867	6,00	O	⊖[*)]	O	O	BEFRIED. (3,3)
Obi / CMI (2er-Set)[6)] Art.-Nr. 394263	6,50	O	⊖[*)]	O	⊖	AUSREICH. (3,8)
Philips Softone ES Candle EAN 4 018412 004765	10,00	O	⊖[*)]	O	O	AUSREICH. (4,0)
Halogenglühlampen						
LightMe Ecohalogen[5)] Art.-Nr. LM85508	2,49	++	⊖	⊖[*)]	O	AUSREICH. (3,8)
GE Halogen EAN 0 043168 769365	2,70	++	⊖	⊖[*)]	O	AUSREICH. (3,9)
Obi / CMI (3er-Set) Art.-Nr. 391812	5,80	++	⊖	⊖[*)]	O[7)]	AUSREICH. (3,9)
Sylvania Halogen Classic Eco Art.-Nr. 0023094	4,10	++	⊖	⊖[*)]	O	AUSREICH. (3,9)

Bewertungsschlüssel siehe rechts.
*) Führt zur Abwertung. 1) Die Lampe gibt gerichtetes Licht ab (Spotwirkung). Dies wird aber nicht deklariert. **2)** Bei seitlicher Betrachtung ist am unteren Rand des Hüllkolbens ein unregelmäßiger Farbsaum sichtbar. **3)** Das Urteil für Umwelt und Gesundheit haben wir abgewertet, weil sich bei Messungen ein deutliches Flimmern der Lampe zeigte. Für Arbeitsplätze (auch zu Hause) ist diese Lampe nicht empfehlenswert. **4)** Energy Label fehlt. **5)** Laut Anbieter Produkt geändert, Restbestände im Handel. **6)** Laut Anbieter Auslaufprodukt, Restbestände im Handel. **7)** Unsere Messwerte von fünf Lampen würden dem Energy Label „E" entsprechen; deklariert ist „C". **Einkauf der Prüfmuster:** August/September 2011.

150 Haushalt

Energiesparende Lampen 8

⊕ test	Energiesparende Spotlampen						3 / 2012
www.test.de	Mittlerer Preis in Euro ca.	Lichttech-nische Ei-genschaften	Halt-bar-keit	Umwelt und Ge-sundheit	De-klara-tion	⊕ test-QUALITÄTS-URTEIL
Gewichtung		40 %	30 %	25 %	5 %	100 %
E14-Schraubsockel (für 230 Volt)						
Philips MyAmbiance LED 4W dimmable[1] EAN 8 727900 918182	15,00	++	++	+	⊖*)	GUT (2,1)
Müller-Licht HighPower LED[4] Art.-Nr. 18639	42,00	+	++	++	⊖*)	GUT (2,2)
Müller-Licht Energiesparlampe Reflektor R50[1] Art.-Nr. 14983	5,50[2]	◯	⊖	◯	⊖*)	AUSREICH. (3,6)
Osram Duluxstar Target Spot R50[1] EAN 4 008321 946706	10,00	◯	⊖	⊖*)	◯	AUSREICH. (3,9)
Philips Downlighter R50 SES[3] EAN 8 727900 212006	11,50	◯	◯	⊖	—*)	AUSREICH. (3,9)
Osram Halogen Spot R50 ES[3] Art.-Nr. 64545	3,50	++	⊖	—*)	—	AUSREICH. (4,1)
Philips EcoClassic, NR50 SES EAN 8 727900 252743	2,99	++	⊖	—*)	—	AUSREICH. (4,1)
Paulmann R50 Halogen[3] Art.-Nr. 200.11	4,00	++	—*)	⊖	—	MANGELH. (4,7)
GU10-Stecksockel (für 230 Volt)						
Osram LED Parathom Pro Par16 35 Advanced EAN 4 008321 963963	27,00	+	+	+	⊖*)	GUT (2,4)
Ikea Sparsam[1] Art.-Nr. 701.604.67	6,00	◯	++	◯	◯	GUT (2,5)
Paulmann LED 4W Dimmable[1] Art.-Nr. 280.65	35,00	+	+	⊖*)	—	BEFRIED. (3,3)
Megaman BR1411d Dimmerable[3] Art.-Nr. MM46532	17,70	⊖	+	⊖	⊖*)	AUSREICH. (3,9)
Osram Halopar 16 Alu ES Art.-Nr. 64823	6,00	++	+	⊖*)	⊖	AUSREICH. (4,0)
Conrad Energiesparlampe Reflektor[1] Art.-Nr. 574044	4,00	⊖	⊖	⊖	—*)	MANGELH. (4,6)
Paulmann Halogen 230 V Halo+[3] Art.-Nr. 800.36	6,00	++	—*)	—	—	MANGELH. (4,6)
Bioledex LED-Strahler[4] Art.-Nr. S10-3131-577	15,00	+	—*)	◯	—	MANGELH. (4,7)
GU5.3-Stecksockel (für 12 Volt)						
Toshiba E-Core LED LDRA0530MU5EU[4] Art.-Nr. 218-50088	20,00	+	++	+	⊖*)	GUT (2,3)
Megaman LED Reflector ER0604-FL-4W Art.-Nr. MM27102	18,20	+	++	◯	⊖*)	BEFRIED. (2,8)
Philips EcoHalo MR16 25W EAN 8 727900 250886	5,00	++	⊖	⊖*)	⊖	AUSREICH. (3,6)
Hellweg / Flector Eco Halogen-Leuchtmittel Reflektor Art.-Nr. 565349	4,00	++	—*)	⊖	—	MANGELH. (4,8)

Bewertungsschlüssel der Prüfergebnisse: ++ = Sehr gut (0,5–1,5). **+** = Gut (1,6–2,5). ◯ = Befriedigend (2,6–3,5).
⊖ = Ausreichend (3,6–4,5). — = Mangelhaft (4,6–5,5). **Bei gleichem Qualitätsurteil Reihenfolge nach Alphabet.**
***) Führt zur Abwertung. 1)** Laut Anbieter Auslaufmodell. Restbestände im Handel. **2)** Von uns bezahlter Einkaufspreis.
3) Laut Anbieter Produkt geändert. Restbestände im Handel. **4)** Laut Anbieter durch Nachfolgemodell ersetzt.
Einkauf der Prüfmuster: März/April 2011.

test Jahrbuch 2013   **Haushalt 151**

8 Energiesparende Lampen

Die besten Testergebnisse erzielten LED-Lampen. Sowohl bei den Kerzen- als auch bei den Spotlampen gehörten sie zu den Testsiegern. Ihre Pluspunkte: sehr lange haltbar, umweltfreundlich und meist gute lichttechnische Eigenschaften.

Mitunter kein Lichtblick
Allerdings zeigen sich bei der modernen LED-Technik auch einzelne Schwachstellen: Die Kerzenlampe von 16east schnitt im Test nur ausreichend ab, weil sie sich bei hohen Temperaturen mitunter selbst abschaltete. Die LED-Kerzenleuchte von Paulmann ist mangelhaft, weil sie weniger hell leuchtete als versprochen und obendrein flimmerte. Auch der LED-Strahler mit GU10-Sockel von Bioledex erwies sich – gemessen an seiner Deklaration – als Funzellicht.

Die Kompaktleuchtstofflampen in Kerzen- oder Strahlerform schnitten in den Tests meist befriedigend und ausreichend ab. Einige büßten in der Dauerprüfung zu schnell einen Teil ihrer Helligkeit ein. Bei einigen Kerzen zeigten sich hässliche Abnutzungserscheinungen an der Innenbeschichtung der Glaskolben. Und alle Kompaktleuchtstofflampen hatten Probleme, direkt nach dem Einschalten schnell für viel Licht zu sorgen. ■ **Anbieter Seite 264**

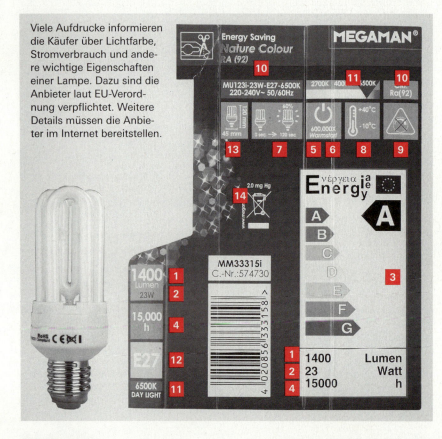

Viele Aufdrucke informieren die Käufer über Lichtfarbe, Stromverbrauch und andere wichtige Eigenschaften einer Lampe. Dazu sind die Anbieter laut EU-Verordnung verpflichtet. Weitere Details müssen die Anbieter im Internet bereitstellen.

Energiesparende Lampen 8

Das verrät Ihnen die Lampenverpackung

1 Helligkeit. Mit dem Lumen-Wert vergleichen Sie die Helligkeit verschiedener Lampen. Wählen Sie Lampen, die für den jeweiligen Zweck genügend hell sind. Vergleichswerte von Glühbirnen finden Sie auf Seite 149.

2 Leistungsaufnahme. Die Watt-Zahl sagt, wie viel Strom die Lampe aus dem Netz zieht. Die Lichtausbeute können Sie berechnen, indem Sie Lumen durch Watt teilen (Beispiel: 1400 : 23 = 61).

3 Energy Label. Es informiert auf Basis der Lichtausbeute über die Energieeffizienz. Kaufen Sie möglichst nur effiziente „A"-Lampen.

4 Lebensdauer. Je teurer eine Lampe ist und je länger sie täglich brennen soll, desto wichtiger ist, dass sie viele Brennstunden (h) überlebt.
Tipp: Bewahren Sie Kaufbelege teurer Lampen auf und reklamieren Sie beim Händler, falls eine früh kaputtgeht.

5 Schaltfestigkeit. Sie ist ein weiteres Maß für Haltbarkeit. Genannt ist die Zahl möglicher Schaltungen. Zum Vergleich: Bei 10 Schaltungen pro Tag ergeben sich in 10 Jahren 36 500 Ein-/Aus-Schaltungen.

6 Warmstart. Wird die Zündelektrode vor dem Hellwerden vorgeheizt, kann dies die Lebensdauer erhöhen.
Nachteil: Die Lampe benötigt dadurch mehr Zeit, um nach dem Einschalten zu leuchten. Das kann zum Beispiel in Treppenhäusern ein Problem sein.

7 Schnelle Helligkeit. Diese Lampe benötigt 2 Minuten, bis sie mit 60 Prozent ihrer maximalen Helligkeit leuchtet. Das ist eine relativ lange Zeit.

8 Temperaturempfindlichkeit. Wählen Sie für den Außenbereich nur Lampen, die auch bei tiefen Temperaturen hell strahlen. LED-Lampen kommen mit Minusgraden am besten klar.

9 Dimmbarkeit. Das Symbol (durchgestrichener Drehknopf) zeigt, dass diese Lampe nicht dimmbar ist.

10 Farbwiedergabe. CRI (Colour Rendering Index) oder Ra-Wert (Allgemeiner Farbwiedergabe-Index) sagen, wie naturgetreu Farbtöne im Auge des Betrachters erscheinen. Wo dies wichtig ist, etwa am Arbeitsplatz, sollte der Wert deutlich über 80 liegen.

11 Lichtfarbe. Die deklarierte Farbtemperatur (in Kelvin) zeigt, ob eine Lampe warmweiß (unter 3 300 Kelvin) oder tageslichtweiß (über 5 300 Kelvin) leuchtet. Letzteres hat „Muntermacher-Funktion" und eignet sich vor allem für Arbeitsplätze. Für eine gemütliche Atmosphäre zu Hause ist hingegen warmweißes Licht optimal.

12 Sockel. Leuchtenfassung und Lampensockel müssen zusammenpassen. E27 steht für ein Edison-Schraubgewinde mit 27 mm Durchmesser.

13 Abmessungen. Nicht jede Lampe passt in jede Leuchte. Messen Sie bei engen Leuchten vor dem Kauf.

14 Entsorgungshinweis. Diese Lampe enthält 2 Milligramm Quecksilber (chemisches Kürzel: Hg). Die durchgestrichene Tonne sagt: Kein Hausmüll. Geben Sie LED- und Kompaktleuchtstofflampen, die Elektronik enthalten, bei den Sammelstellen ab, damit sie recycelt werden können.

test Jahrbuch 2013   **Haushalt 153**

8 Espressomaschinen

Unser Rat

Guten Espresso brühen die meisten Vollautomaten. Von denen mit Cappuccino-Automatik schneidet **Jura ENA Micro 9 One Touch** am besten ab (zirka 765 Euro), dicht gefolgt von **Nivona NICR 830** für rund 960 Euro. Ohne Automatik wird's billiger: 615 Euro kostet die gute **Bosch VeroCafe Latte** (baugleich mit **Siemens EQ.5 macchiato**), nur 440 Euro die gute **De'Longhi Magnifica S ECAM**.

Mit lecker Milchschaum

12/2012 Cappuccino oder Latte macchiato auf Tastendruck – das können jetzt viele Espressomaschinen. Aber sie brauchen sehr viel Pflege.

Ein Druck auf die Taste genügt, und schon schäumt die Milch im Glas und der Espresso fließt automatisch obendrauf. Kostenpunkt für die bequeme „One-touch"-Kaffeezubereitung: etwa 715 bis 1160 Euro. Am besten im Test schneidet Jura ENA Micro 9 One Touch ab. Sie ist schnell, sparsam, einfach zu bedienen, brüht tadellosen, aromatischen Espresso und macht feincremigen Milchschaum. Allerdings läuft stets nur eine Tassenfüllung aus dem Auslauf. Paarweise, wie bei den anderen Modellen, klappt nicht.

Fünf Geräte schäumen die Milch für den Cappuccino separat. Hier liegen Bosch Vero-Cafe Latte und das baugleiche Siemens-Modell vorn für je 615 Euro. Der Schaum kommt über einen Schlauch aus dem Milchkarton oder einem mitgelieferten Milchcontainer. Es geht noch billiger. Die Magnifica von De'Longhi (440 Euro) und die Intelia von Philips Saeco (310 Euro) schäumen mit klassischer Dampfdüse. Nachteil: Es ist nicht leicht, die Milch manuell durch ziehende und rollende Bewegungen schön cremig und feinporig hinzubekommen.

Nach jedem Cappuccino oder Latte heißt es, die Milchwege zu säubern. Das ist lästig und häufig aufwendig, aber nötig. Bedienen sich mehrere Personen am Automaten, bleibt das Spülen womöglich auf der Strecke. Die Krups Automatic Espresso EA9000 bietet dafür eine Lösung. Sie spült die Düse automatisch nach jedem Milchgetränk. Das gründliche Reinigen der Milchdüse erledigt ein spezielles Programm.

Für Stromsparer

Die meisten Vollautomaten verfügen über einen Stromsparmodus. Der muss eingestellt werden oder ist bereits aktiv, was aber nicht immer die stromsparendste Variante ist. In der Werkseinstellung verbrauchen die Maschinen in acht Stunden zwischen 5 und 83 Wattstunden, in optimierter Einstellung höchstens 15 Wattstunden. Programmieren Sie eine möglichst kurze Abschaltzeit.

Espressomaschinen 8

test	Espressomaschinen										12 / 2012
www.test.de	Preisspanne in Euro ca.	Mittlerer Preis in Euro ca.	Sensorische Beurteilung	Technische Prüfung	Handhabung	Zuverlässigkeit	Sicherheit	Umwelteigenschaften	Schadstoffe		test-QUALITÄTS-URTEIL
Gewichtung			35 %	25 %	20 %	10 %	5 %	5 %	0 %		100 %
Mit Cappuccino-Automatik (Milchaufschäumen inklusive)											
Jura ENA Micro 9 One Touch	680 bis 850	765	+	+	+	O	+	+	+		GUT (2,1)
Nivona NICR 830	900 bis 1 000	960	+	+	+	+	+	+	+		GUT (2,2)
Philips Saeco Exprelia HD8854/01	665 bis 1 000	755	+	+	O	O	+	O	+		GUT (2,4)
Krups Automatic Espresso EA9000	1 040 bis 1 400	1 160	+	O	+	+	O	+	+		GUT (2,5)
Melitta Caffeo CI	855 bis 1 100	880	O	O	+	+	+	+	+		GUT (2,5)
Siemens EQ.5 macchiato Plus	680[1] bis 750[1]	715[1]	O*)	+	+	+	+	+	+		BEFRIED. (2,6)
Bosch VeroCafe LattePro	680[1][2] bis 750[1][2]	715[1][2]	Baugleich mit Siemens EQ.5 macchiato Plus								BEFRIED. (2,6)
W.I.K. 9757T.1		750	+	O	O	O	+	+	+		BEFRIED. (2,6)
De´Longhi Primadonna S ECAM 26.455.MB	930 bis 1 400	985	+	O	+	⊖	⊖*)	O	+		BEFRIED. (3,5)
Ohne Cappuccino-Automatik (Milchaufschäumen separat)											
Bosch VeroCafe Latte	550[1] bis 680[1]	615[1]	+	+	+	+	+	+	+		GUT (2,3)
Siemens EQ.5 macchiato	550[1][2] bis 680[1][2]	615[1][2]	Baugleich mit Bosch VeroCafe Latte								GUT (2,3)
De'Longhi Magnifica S ECAM 22.110.B	400 bis 550	440	+	O	O	O	+	+	+		GUT (2,5)
Philips Saeco Intelia Focus HD8751/11	279 bis 450	310	+	O	O	O	+	+	+		BEFRIED. (2,6)
Jura Impressa C5	525 bis 740	565	+	+	O	O	⊖*)	+	+		BEFRIED. (3,5)

Bewertungsschlüssel der Prüfergebnisse: **++** = Sehr gut (0,5–1,5). **+** = Gut (1,6–2,5). O = Befriedigend (2,6–3,5).
⊖ = Ausreichend (3,6–4,5). — = Mangelhaft (4,6–5,5). **Bei gleichem Qualitätsurteil Reihenfolge nach Alphabet.**
*) Führt zur Abwertung.
1) Preis laut Anbieter. 2) Ohne Milchbehälter und Wasserfilter. **Einkauf der Prüfmuster:** Mai und Juni 2012.

Sich kümmern wie um ein Haustier

Stichwort Wartung. Täglich fallen viele Handgriffe an: Wassertank füllen, Bohnen ersetzen, Kaffeekuchen aus dem Tresterbehälter kippen, Abtropfschale leeren, Milchdüse spülen. Daneben fordern die Geräte regelmäßige Wartungsarbeiten ein: Entkalken und Wasserfilter erneuern, Innenleben mit Brüheinheit reinigen, Milchbehälter auseinandernehmen. Zwar läuft vieles automatisch ab, doch der Benutzer braucht Zeit, und muss zusätzlich Geld für Entkalkungs- und ▶

8 Espressomaschinen

Reinigungsmittel ausgeben. „Eine Espressomaschine ist wie ein Haustier", beschreibt es eine Firmenvertreterin. „Man muss sich drum kümmern."

Wer das vernachlässigt, riskiert auf Dauer Ausfälle der Maschine und Schimmel im Innenleben. Auch wir haben während der Dauerprüfung welchen gesehen, als wir eine einwöchige Reise simulierten und „vergessen" haben, die Maschine vor Urlaubsantritt sauber zu machen. Ansonsten zeigten sich die Maschinen im Dauertest erstaunlich zuverlässig, obwohl wir sie mit Absicht wenig pfleglich behandelt haben.

Alle Geräte überstanden 1 500 Brühungen unbeschadet – bis auf die Primadonna S von De'Longhi. „Brühgruppe einsetzen" hieß es, obwohl das Teil drin war. Die Fehlermeldung wiederholte sich bei der zweiten und dritten Primadonna. Nur durch längere Ruhephasen erreichten sie das Prüfziel. Die Primadonna S patzt auch in der elektrischen Sicherheit. Eine Schutzleiterverbindung ist zu locker montiert. Ein ähnliches Problem hat die Jura Impressa C5. Hier sitzt ein wasserführender Schlauch zu nah an spannungsführenden Teilen. Die Sicherheit ist bei beiden nur ausreichend. ■ **Anbieter Seite 264**

So kommen Sie zu Ihrem Kaffeegenuss

Die Bohnen. Wir haben den Espresso aus illy-Kaffee der Sorte Espresso Caffé in grani gebrüht. Das sind zu 100 Prozent Arabica-Bohnen. Sollte Ihnen der Geschmack nicht zusagen, probieren Sie andere Sorten und Röstungen aus. Nehmen Sie für einen großen Becher Kaffee keine Mischung für Filtermaschinen. Sie ist kürzer und heller geröstet, bildet keine schöne Crema und hat mehr Säure als Kaffee-Crema-Mischungen. Die sind dafür besser.

Die Stärke. Kräftig oder mild? Wie stark der Espresso werden soll, können Sie einstellen. Viele Maschinen bieten auch die Möglichkeit, den eigenen Geschmack als Profil zu programmieren. Ins Geschäft kommen sie in der Werkseinstellung. Die entspricht dem Durchschnittsgeschmack, sagen Anbieter. In der Anleitung des Vollautomaten steht, wie der Kaffee stärker oder schwächer wird. Neben der Bohnenröstung sind Mahlgrad sowie Kaffee- und Wassermenge bestimmend. Mehr Pulver oder weniger Wasser macht das Getränk stärker und umgekehrt.

Die Temperatur. Zu heiß oder zu kalt? Auch die Brühtemperatur des Kaffees kann der Benutzer an den meisten Vollautomaten variieren. Ausnahmen im Test: Philips Saeco Intelia Focus und Jura Impressa C5.

Das Enthärten. Vielen Geräten liegt ein Wasserfilter bei. Dann brauchen Sie die Maschine weniger oder gar nicht zu entkalken. Der Filter senkt die Wasserhärte auf etwa 9 bis 10 Grad deutscher Härte. Hat Ihr Leitungswasser eine niedrigere Härte – fragen Sie Ihren Wasserversorger –, können Sie sich den Einbau und damit Geld sparen. Der Filter kostet um die 12 Euro, sollte mehrmals im Jahr erneuert werden. Oft zeigt die Maschine das auch an. Wenn Sie keinen Wasserfilter benutzen, müssen Sie das Gerät regel-mäßig mit Entkalkerlösung entkalken. Halten Sie sich dabei an die Gebrauchsanleitung.

Das Reinigen. Viele Automaten verfügen über automatische Reinigungsprogramme. Dafür brauchen Sie spezielle Reinigungstabletten (siehe Anleitung).

Fleckentferner 8

✚ Unser Rat

Gegen farbige, eiweiß- und stärkehaltige Flecken liegen Pulver vorn. Testsieger ist **Sil 1 für Alles Fleckensalz** (2,99 Euro je 500 Gramm). **Vanish Oxi Action Fleckentferner** (4,50 Euro) und **Ariel Fleckentferner** (4,40 Euro) entfernen diese Flecken ebenfalls gut. Für Fett-, Öl- und Pigmentflecken eignet sich **Sil Saptil mit Bürste** für 1,99 Euro je 200 Milliliter am besten – und dabei schont es die Farbe gut.

Der 3 900-Flecken-Test

11/2012 Kaffee, Tee und Soßen machen hartnäckige Flecken auf der Wäsche. Fleckentferner sollen dagegen helfen. Wir prüften 25 Mittel.

Kleckern Tee, Make-up oder Rotwein auf die Wäsche, greifen viele zum Fleckentferner. Sie sollen selbst hartnäckige Flecken gut und schonend entfernen. Ob sie das können, haben wir geprüft. Im Test waren 25 Universalfleckentferner – Pulver, Sprays, Seifen und Gele. Jeder Fleckentferner musste im Test 156 Flecken aus verschiedenen Textilarten herauslösen, meist aus Baumwolle, zum Teil aus Polyester und Baumwoll-Polyester. Macht im Ganzen 3 900 Flecken. Es zeigt sich: Keines der Mittel lässt jeden Fleck gut verschwinden. Die Pulver von Ariel, Sil und Vanish schneiden insgesamt am besten ab. Sie kommen mit farbigen, eiweiß- und stärkehaltigen Flecken gut zurecht, schwächeln aber bei Fett und Öl.

Saptil stark gegen Make-up und Fett

Ein Spezialist gegen Fett ist das insgesamt befriedigende Saptil von Sil mit Bürste. Es zeigt, was ein guter Tensid-Cocktail leisten kann. Make-up etwa löst Saptil problemlos aus Baumwolle, Polyester und ihrem Mischgewebe. Die anderen Fleckentferner tun sich mit diesen Verschmutzungen schwerer. Tenside bilden die Basis für jedes Waschmittel. Sie lösen Schmutz und Fette, halten sie in der Lauge und verhindern, dass sie die Wäsche erneut verschmutzen.

Ace nur ausreichend

Gegen farbige Flecken wie Tee, Obst oder Rotwein wirken vor allem Bleichmittel. Sie oxidieren organische Farbstoffe und ent-▶

Erste Hilfe je nach Fleckenart

Alte Flecken lassen sich nur schwer entfernen. Tupfen Sie den Fleck möglichst gleich mit einem Küchentuch ab. Waschen Sie ihn mit Wasser und etwas Spülmittel oder Seife aus. Lösen Sie Eiweißflecken wie Blut- und Kakaoflecken in kaltem Wasser mit etwas Seife. In heißem Wasser gerinnt Eiweiß und setzt sich in den Fasern fest. Erste Hilfe gegen Fett sind dagegen heißes Wasser plus Seife.

8 Fleckentferner

✚ test — Universalfleckentferner I — 11 / 2012

www.test.de	Mittlerer Preis in Euro ca./Inhalt in g bzw. ml	Preis pro Anwendung in Euro ca.[1]	Fleckentfernung	Farbschonung	Verpackung	Umwelteigenschaften	✚ test-QUALITÄTSURTEIL
Gewichtung			55 %	15 %	10 %	20 %	100 %
Pulver							
Sil 1 für Alles Fleckensalz	2,99/ 500	0,46	+	O	+	+	GUT (2,4)
Ariel Fleckentferner	4,40/ 500	0,53	+	⊖	+	O	BEFRIED. (2,7)
Vanish Oxi Action Fleckentferner	4,50/ 500	0,54	+	⊖[*]	+	+	BEFRIED. (2,7)
dm / Denk mit Multi-Flecken-Entferner Oxi Power	2,75/ 750	0,26	O	⊖[*]	++	+	BEFRIED. (2,9)
Penny / Pallor Oxi Universal-Fleckentferner	2,99/ 750	0,27	O[*]	⊖	++	+	BEFRIED. (2,9)
Rossmann / domol Fleckensalz	1,39/ 750	0,15	O[*]	O	+	+	BEFRIED. (2,9)
Dr. Beckmann Fleckensalz intensiv	2,10/ 500	0,32	O[*]	⊖	O	+	BEFRIED. (3,0)
Edeka / Gut & Günstig Fleckensalz	1,99/ 1 000	0,17	O	⊖[*]	+	+	BEFRIED. (3,0)
Lidl / W5 Oxi Fleckentferner	4,00/ 1 000	0,24	O[*]	⊖	++	+	BEFRIED. (3,0)
Heitmann Fleckensalz	1,99/ 500	0,20	⊖[*]	⊖	O	+	AUSREICH. (3,6)
Real / Tip Fleckensalz mit Oxi-Kraft	0,99/ 500	0,10	⊖[*]	O	⊖	+	AUSREICH. (3,7)
Piador Fleckensalz mit extra Oxy-Power[2]	0,99/ 500	0,08	—[*]	+	⊖	+	MANGELH. (4,7)

Bewertungsschlüssel der Prüfergebnisse: ++ = Sehr gut (0,5–1,5). + = Gut (1,6–2,5). O = Befriedigend (2,6–3,5).
⊖ = Ausreichend (3,6–4,5). — = Mangelhaft (4,6–5,5). **Bei gleichem Qualitätsurteil Reihenfolge nach Alphabet.**
*) Führt zur Abwertung.
1) Bei Pulvern und Gelen Dosierung nach Anbieterangaben für starke Verschmutzung, bei Sprays und Seifen 2 ml pro Fleck.
2) Laut Anbieter Änderung der Verpackung.

Einkauf der Prüfmuster: März 2012.

---

färben sie. Hier zeigen eher Pulver Stärke. Alle enthalten Bleiche. Fünf Pulver kommen mit Farbflecken gut zurecht. Das Piador-Fleckensalz dagegen bleicht trotz beworbener „extra Oxy-Power" nur mangelhaft. Und beim „Sanfte Bleiche"-Gel von dm ist der Name zu sehr Programm: Es ist zu sanft zu den Flecken und schafft ebenso wie das Gel von Ace nur ein Ausreichend.

Auch Enzyme sind wichtige Inhaltsstoffe. Sie können Eiweiß-, Fett- und Stärkeverbindungen lösen. Das Problem: Nur mit der richtigen Enzymmischung lassen sich viele Flecken zerlegen und auswaschen. Vor allem Pulver enthalten solche Enzyme, viele offenbar nicht im optimalen Mix: Nur vier entfernen eiweiß- und stärkehaltige Flecken gut.

Vollwaschmittel besser als Entferner

Ariel, Sil und Vanish liegen im Testfeld vorn. Doch es geht noch besser. Wie? Das zeigt der Vergleich mit einem guten Vollwaschmittel. Wir haben damit alle Testflecken bei 40 Grad gewaschen. Ergebnis: Das Vollwaschmittel reinigt noch besser als jeder Fleckentferner. Sein Vorteil: Es steht in den meisten Haushalten sowieso bereit und ist außerdem mit 12 bis 27 Cent pro Waschgang günstig. Die

Fleckentferner 8

test — Universalfleckentferner II — 11 / 2012

www.test.de	Mittlerer Preis in Euro ca./Inhalt in g bzw. ml	Preis pro Anwendung in Euro ca.[1]	Fleck-ent-fer-nung	Farb-scho-nung	Ver-pa-ckung	Umwelt-eigen-schaften	test-QUALITÄTS-URTEIL
Gewichtung			55 %	15 %	10 %	20 %	100 %
Sprays und Seifen							
Sil Saptil mit Bürste	1,99/ 200	0,04	◯*⁾	+	++	+	BEFRIED. (2,7)
Ariel Stain Remover Fleckentferner Spray	4,40/ 500	0,04	◯*⁾	+	+	+	BEFRIED. (3,1)
Rossmann / domol Vorwaschspray	1,59/ 750	0,01	◯*⁾	+	+	++	BEFRIED. (3,1)
Lidl / W5 Vorwaschspray	1,59/ 750	0,01	◯*⁾	+	+	++	BEFRIED. (3,4)
Vanish Oxi Action Vorwaschspray	4,50/ 750	0,02	◯*⁾	+	+	++	BEFRIED. (3,5)
Luhns Vorwaschspray Oxi mit Aktiv Sauerstoff	1,49/ 750	0,01	⊖*⁾	+	+	++	AUSREICH. (3,8)
Domal Triks Vorwaschspray	1,69/ 500	0,01	⊖*⁾	+	+	++	AUSREICH. (3,9)
dm / Denk mit Gallseife	1,65/ 250	0,03	⊖*⁾	+	++	+	AUSREICH. (4,1)
K2R Gallseife Fleckenlöser	3,80/ 500	0,03	⊖*⁾	+	+	++	AUSREICH. (4,1)
Sil 1 für Alles Flecken-Spray	2,99/ 500	0,02	⊖*⁾	+	+	++	AUSREICH. (4,1)
Dr. Beckmann Pre-Wash-Flecken-bürste mit Gallseifenkonzentrat	2,70/ 250	0,04	—*⁾	+	++	++	MANGELH. (5,0)
Gel							
dm / Denk mit Sanfte Bleiche	1,25/ 1000	0,13	⊖*⁾	+	++	+	AUSREICH. (3,8)
Ace Fleckentferner mit Farbschutz Délicat	2,39/ 1000	0,24	⊖*⁾	+	++	+	AUSREICH. (4,0)

Bewertungsschlüssel der Prüfergebnisse: ++ = Sehr gut (0,5–1,5). + = Gut (1,6–2,5). ◯ = Befriedigend (2,6–3,5).
⊖ = Ausreichend (3,6–4,5). — = Mangelhaft (4,6–5,5). **Bei gleichem Qualitätsurteil Reihenfolge nach Alphabet.**
*) Führt zur Abwertung.
1) Bei Pulvern und Gelen Dosierung nach Anbieterangaben für starke Verschmutzung, bei Sprays und Seifen 2 ml pro Fleck.
Einkauf der Prüfmuster: März 2012.

---

gut wirkenden Fleckensalze im Test kosten pro Anwendung immerhin 46 bis 54 Cent.

Sil schont die Farben etwas mehr
Trotz alledem: Vollwaschmittel eignen sich nur bedingt als Fleckentferner. Sie bleichen kräftig. Das ist gut gegen Farbflecken, aber schlecht für bunte Textilien. Schon nach wenigen Wäschen mit einem Vollwaschmittel können Farben drastisch ausbleichen oder ihren Farbton verändern. Es gilt: Je weniger ein Mittel bleicht oder je schwächer ein Fleckentferner wirkt, desto schonender für die Farben. Das zeigt sich auch an den geprüften Sprays und Gallseifenprodukten. Sie schneiden bestenfalls befriedigend ab, schonen aber die Farben der Textilien gut. Umgekehrt zeigt sich: Eine gute Leistung geht zulasten der Farben. Bestes Beispiel: Vanish Oxi Action. Trotz bester Fleckentfernung reichte es nur zu einem befriedigenden test-Qualitätsurteil. Es greift – ebenso wie das Pulver von Ariel – Farben stärker an als Sil 1 für Alles Fleckensalz. Das schont die Farben etwas besser, bei ebenfalls guter Fleckentfernung. Es bekommt deshalb als einziges Produkt noch ein Gut und ist damit knapper Testsieger. ■ **Anbieter Seite 264**

test Jahrbuch 2013 — Haushalt 159

8 Geschirrspüler

Unser Rat
Der preiswerteste Geschirrspüler mit einem guten Qualitätsurteil ist der **Beko DIN 6831 FX** für 500 Euro. Im Verbrauch sparsamer ist der **Bosch SMV69M80EU** für 775 Euro, baugleich mit **Siemens SN66M098EU** (1 050 Euro) und dem **Neff**-Gerät **S51N69X3EU/GV 669** (760 Euro). Der **Miele G 5660 SCVi** erreichte fast dasselbe Qualitätsurteil, die Maschine kostet aber 1 200 Euro.

Kurz gespült – draufgezahlt

8/2012 Alle getesteten Maschinen spülen gut. Große Unterschiede gibt es aber beim Strom- und Wasserverbrauch.

Alle getesteten Geschirrspülmaschinen reinigen gut. Die besten benötigen dafür sehr wenig Strom und Wasser. So das Ergebnis unseres Tests von voll integrierbaren Einbaugeräten. Die Umwelteigenschaften der Geschirrspüler, also vor allem der Strom- und Wasserverbrauch, hängen aber stark vom Nutzer ab. Denn nicht alles, was logisch erscheint, ist tatsächlich richtig.

Geduldsprobe
Die Logik, dass ein Geschirrspüler im Kurzprogramm wenig Strom und Wasser verbraucht, stimmt nicht. Richtig ist das Gegenteil: Kurzprogramme verbrauchen am meisten. Sparprogramme sparen dagegen wirklich. Die Anbieter nennen sie Eco oder Bio, und sie liegen den Verbrauchsangaben auf dem Gerät zugrunde. Schaltet der Nutzer das Sparprogramm ein, braucht er jedoch viel Geduld. Meist vergehen rund drei Stunden, bis das Geschirr sauber ist.

Doch Geduld zahlt sich aus. Das Sparprogramm dauert zwar lange, es erzielte im Test aber meist das beste Reinigungsergebnis, und das mit dem geringsten Strom- und Wasserverbrauch. Das Kurzprogramm verbraucht meist deutlich mehr.

Vollintegrierbare Einbaugeräte
Die höchsten Steigerungsraten beim Absatz von Geschirrspülern verzeichnen vollintegrierbare Einbaugeräte. Die fügen sich perfekt in die Küchenzeile ein und sind als Elektrogerät nicht erkennbar. 18 Modelle dieser

Automatikprogramm
Moderne Geschirrspüler sind mit Sensoren ausgestattet, die dem Nutzer das Programmieren abnehmen sollen. Meist geschieht das über einen optischen Sensor, der anhand der Verschmutzung des Wassers die Temperatur und die Wassermenge steuert. Im Test waren die Reinigungsergebnisse meist ordentlich, der Stromverbrauch aber etwas höher als beim Sparprogramm.

Geschirrspüler 8

test — Geschirrspüler, vollintegrierbare, 60 cm breit — 8 / 2012

www.test.de	Mittlerer Preis in Euro ca.	Betriebskosten in 10 Jahren in Euro ca.[1]	Reinigen und Trocknen	Umwelteigenschaften	Sicherheit	Handhabung	test QUALITÄTSURTEIL
Gewichtung			40 %	30 %	10 %	20 %	100 %
Bosch SMV69M80EU	775	710	+	++	+	+	GUT (1,8)
Siemens SN66M098EU	1 050[2]	710	Baugleich mit Bosch SMV69M80EU				GUT (1,8)
Neff S51N69X3EU/ GV 669	760	710					GUT (1,8)
Miele G 5660 SCVi	1 200	775	+	+	+	+	GUT (1,9)
Siemens SN64M080EU	675	815	+	+	+	+	GUT (2,0)
Bosch SMV48M10EU	595	815	Baugleich mit Siemens SN64M080EU				GUT (2,0)
Siemens SN65M037EU	580	851	+	+	+	+	GUT (2,0)
Beko DIN 6831 FX	500[2]	900	+	+	+	+	GUT (2,1)
Miele G 4490 SCVi	1 050[2]	905	+	O	+	+	GUT (2,2)
AEG F65020VI1P	830	905	O	+	+	+	GUT (2,5)
Juno JSL66333R	705	920	O	+	+	+	GUT (2,5)
Ikea RENLIG DW60 Art.-Nr.: 801.525.13	400	1 080	+	O	+	+	BEFRIED. (2,6)
Constructa CG440V9	480	1 000	O	O	+	+	BEFRIED. (2,7)
Gorenje GV62324X[3]	525[2]	1 100	O	O	O	O	BEFRIED. (2,7)
Whirlpool ADG 6999 FD	600[2]	1 040	+	O	O	+	BEFRIED. (2,7)
Bauknecht GSXP 6140 GT A+	800	995	+	O	O	+	BEFRIED. (2,8)
Thor TGS1 603 FI	290	870	O	O	+	O	BEFRIED. (2,8)
Progress PV1535	395	1 030	+	⊖*)	+	+	BEFRIED. (3,3)

Bewertungsschlüssel der Prüfergebnisse: ++ = Sehr gut (0,5–1,5). + = Gut (1,6–2,5). O = Befriedigend (2,6–3,5). ⊖ = Ausreichend (3,6–4,5). — = Mangelhaft (4,6–5,5). **Bei gleichem Qualitätsurteil Reihenfolge nach Alphabet.**
*) Führt zur Abwertung.
1) Grundlage der Berechnung pro Jahr: 280 Spülgänge einer Maschine mit 13 Gedecken. Davon 130 Spülgänge im Sparprogramm, 80 im Automatikprogramm mit 100 % Anschmutzung, 20 im Automatikprogramm mit 150 % Anschmutzung und 50 im Kurzprogramm. Bei Maschinen ohne Automatik- oder Kurzprogramm wurde mit dem Sparprogramm gerechnet. Bei Maschinen mit 12 und 14 Gedecken wurden die Anzahl der Spülgänge angepasst. Strompreis 0,25 Euro/kWh; Wasserpreis 3,85 Euro/m³.
2) Preis laut Anbieter.
3) Laut Anbieter Produkt verändert.
Einkauf der Prüfmuster: Januar und Februar 2012.

Produktgruppe wurden für den Test ausgewählt. Positiver Nebeneffekt: Teilintegrierbare Einbaugeräte sind mit diesen Geschirrspülern weitgehend baugleich. Sie erweitern unser Testfeld um 12 Geräte. Der einzige Unterschied zu den Vollintegrierten Modellen ist die hier sichtbare Bedienblende.

Während die geprüften Maschinen die Geschirreinigung mit Bravour beherrschen – die meisten schaffen das sehr gut –, zeigen viele beim Trocknen leichte Schwächen. Die Energieeinsparung fordert hier wohl auch einen kleinen Tribut. Da hilft auch modernste Technik nicht viel. Bosch und Siemens ▶

test Jahrbuch 2013 · Haushalt 161

8 Geschirrspüler

test

Geschirrspüler, teilintegrierbare							8 / 2012
www.test.de	Mittlerer Preis in Euro ca.	Betriebskosten in 10 Jahren in Euro ca.[1]	Reinigen und Trocknen	Umwelteigenschaften	Sicherheit	Handhabung	test - QUALITÄTSURTEIL
Gewichtung			40 %	30 %	10 %	20 %	100 %
Bosch SMI69M85EU	730	710	+	++	+	+	GUT (1,8)
Neff S41N69N3EU/GI 669 N	790	710	Baugleich mit Bosch SMI69M85EU				GUT (1,8)
Siemens SN56M598EU	850	710					GUT (1,8)
Miele G 5650 SCi	1 190	775	+	+	+	+	GUT (1,9)
Bosch SMI48M15EU	700[2]	815	+	+	+	+	GUT (2,0)
Siemens SN54M585EU	700[2]	815	Baugleich mit Bosch SMI48M15EU				GUT (2,0)
AEG F65020IM0P	920	905	O	+	+	+	GUT (2,4)
Juno JSI66333XR	580	920	O	+	+	+	GUT (2,4)
Constructa CG448J5	475	1 000	O	O	+	+	BEFRIED. (2,7)
Whirlpool ADG 6999 IX	480[2]	1 040	+	O	O	+	BEFRIED. (2,7)
Bauknecht GSIP 6140 GT A+ PT	730[2]	995	+	O	O	+	BEFRIED. (2,8)
Gorenje GI 63324X[3]	430	1 100	O	O	O	O	BEFRIED. (2,8)

Bewertungsschlüssel der Prüfergebnisse: ++ = Sehr gut (0,5–1,5). **+** = Gut (1,6–2,5). O = Befriedigend (2,6–3,5). ⊖ = Ausreichend (3,6–4,5). — = Mangelhaft (4,6–5,5). **Bei gleichem Qualitätsurteil Reihenfolge nach Alphabet.**
1) Grundlage der Berechnung pro Jahr: 280 Spülgänge einer Maschine mit 13 Gedecken. Davon 130 Spülgänge im Sparprogramm, 80 im Automatikprogramm mit 100% Anschmutzung, 20 im Automatikprogramm mit 150% Anschmutzung und 50 im Kurzprogramm. Bei Maschinen ohne Automatik- oder Kurzprogramm wurde mit dem Sparprogramm gerechnet. Bei Maschinen mit 12 und 14 Gedecken wurden die Anzahl der Spülgänge angepasst; Strompreis 0,25 Euro/kWh; Wasserpreis 3,85 Euro/m³.
2) Preis laut Anbieter.
3) Laut Anbieter Produkt verändert. **Einkauf der Prüfmuster:** Januar und Februar 2012.

---

setzen bei ihren Topgeräten zum Beispiel auf das natürliche Mineral Zeolith, das Feuchtigkeit und Wärme abwechselnd speichern und wieder abgeben kann. Es wird bei jedem neuen Spülgang regeneriert. Miele hat sich die „AutoOpen-Trocknung" patentieren lassen. Am Ende des Spülprogramms öffnet sich die Tür des Geschirrspülers automatisch, was für eine perfekte Trocknung sorgen soll. Im Test war das Ergebnis aber nur befriedigend.

Keine Angst vor Wasserschäden
Vor Wasserschäden braucht man sich bei den meisten geprüften Geräten nicht zu fürchten. Nur die Maschine von Whirlpool

ist nicht gegen einen platzenden Zulaufschlauch abgesichert. Aqua-Stop-Systeme mit doppelwandigem Zulaufschlauch und Sicherheitsventil bieten ansonsten einen guten Schutz. Auch bei der Handhabung gibt es keine großen Unterschiede. Die Geschirrkörbe der teureren Modelle sind oft stabiler, variabler zu bestücken und sie laufen leichter. Gravierend ist das aber nicht. Geschmacksache auch, ob das Besteck in einem Korb oder auf einer Schublade verstaut wird. Die neuen Schubladen von Bosch SMV 69M80EU und von Miele G 5660 sind in der Höhe verstellbar. So lassen sich auch sperrige Besteckteile wie Suppenkellen gut unterbringen. ■ **Anbieter Seite 264**

Handrührer 8

✚ Unser Rat

Testsieger: Krups 3 Mix 7000 für 70 Euro, mit Mixstab 102 Euro.
Vielseitig: Siemens MQ 95520N und Bosch MFQ 3520, baugleich (32 Euro). Ausbaufähig durch: Mixstab für 16 Euro und Minihacker für 19 Euro.
Stylish: Kenwood HM 790, Metallgehäuse in Silber, Creme oder Rot (90 Euro). Braun Multiquick (42 Euro).
Billig: Real/Alaska HM 2500 (17 Euro) und Superior HM 825S (20 Euro).

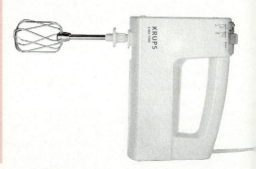

Endstation Hefeteig

3/2012 Bodum kann Kaffee, aber keinen Hefeteig. Gute Handrührer müssen den Belastungstest bestehen. Im Test: 24 Handrührgeräte.

Der Handrührer von Bodum verendet im Hefeteig. Motorschaden, diagnostizieren die Techniker. Unser Belastungstest simuliert den Küchenalltag über mehrere Jahre: Teig rühren im Akkord, mit Abkühlpausen. Hart, aber fair. Einige Handrührer halten nicht lange. Bodum und Dualit fallen aus, ebenso die Handrührer mit Drehschüssel von Bosch und Efbe-Schott. test-Qualitätsurteil: mangelhaft. Etwas später streiken Severin HM3814, Philips HR1565 und Grundig HM5040. Testurteil: noch ausreichend. Besonders heftig ist der Verschleiß bei den Rührgeräten mit selbstdrehender Schüssel. Fazit: Kein Ersatz für eine Küchenmaschine.

Testsieger Krups

24 Geräte haben wir getestet. Eine hübsche Auswahl von billig bis teuer. Aldi, Lidl, Real und Superior bieten Handrührer bis 20 Euro an, der Testsieger von Krups kostet 70, der Design-Rührer von Dualit stolze 139 Euro. In der Testküche schlägt die Stunde der Wahrheit. Hier müssen die Handrührer beweisen, dass sie nicht nur haltbar sind, sondern auch gut. Auf dem Programm stehen Rührkuchen und Hefeteig, Eischnee, Schlagsahne und Milchschaum. Testsieger über alle Disziplinen ist der Krups 3 Mix 7000, ein Handrührer im klassischen Kastendesign. Rund 1,2 Kilogramm schwer, liegt aber gut in der Hand. Die Knethaken sind eindeutig gekennzeichnet: kein langes Rätseln, welcher nach rechts und welcher nach links gehört. So macht das Backen Spaß. ■   **Anbieter Seite 264**

Wer braucht was?
Handrührer. Zum Kuchenbacken und Sahneschlagen. Passt in jede Küche, braucht aber Kraft.
Küchenmaschine. Alleskönner für Gemüse, Obst, Fleisch und Teig. Ausbaufähig durch Zubehör. Hingucker in der Küche. Schafft große Mengen. Test: test.de/kuechenmaschinen.
Stabmixer. Zum Mixen und Pürieren, für Suppenfreunde und Eltern ein Muss. Testbericht: test.de/stabmixer.

8 Handrührer

test Handrührer 3 / 2012

www.test.de	Mittlerer Preis in Euro ca.	Funktion	Verarbeitungsmengen	Handhabung	Belastbarkeit	Sicherheit	Geräusch	test-QUALITÄTSURTEIL
Gewichtung		45 %	5 %	25 %	15 %	5 %	5 %	100 %
Handrührer								
Krups 3 Mix 7000	70,00	+	+	+	++	○	+	GUT (2,1)
Bosch MFQ 3520	32,00	Baugleich mit Siemens MQ 95520N						GUT (2,2)
Siemens MQ 95520N	32,00	+	○	+	++	○	+	GUT (2,2)
Braun Multiquick M1000	42,00	+	+	+	++	○	○	GUT (2,3)
Real / Alaska HM 2500	17,00	+	+	○	++	+	○	GUT (2,3)
Severin HM 3812	37,00	+	++	○	++	○	⊖	GUT (2,3)
Superior HM 825S[1]	20,00	+	+	○	++	+	⊖	GUT (2,3)
Tchibo Art.-Nr. 272223 A	24,90	+	+	+	++	+	○	GUT (2,3)
Tefal Prepline HT 4111[2]	45,00	+	+	+	++	○	⊖	GUT (2,3)
AEG HM 4400	40,00	+	+	○	+	+	⊖	GUT (2,5)
Electrolux EHM 4400	40,00	Baugleich mit AEG HM 4400						GUT (2,5)
Kenwood kMix HM 790[3]	90,00	+	○	○	++	○	+	GUT (2,5)
Bomann HM 350 CB	20,00	Baugleich mit Clatronic HM 3014.						BEFRIED. (2,8)
Clatronic HM 3014	20,00	+	⊖	○	+	○	+	BEFRIED. (2,8)
Aldi (Nord) / Quigg GT-HM-06 A	10,00	Baugleich mit Aldi (Süd) / Studio GT-HM-06						BEFRIED. (3,0)
Aldi (Süd) / Studio GT-HM-06 A	10,00	+	⊖	+	++	+	—*)	BEFRIED. (3,0)
Grundig HM 5040	32,00	+	+	+	⊖*)	○	○	AUSREICH. (4,1)
Dualit HMR 1	139,00	+	++	+	—*)	+	⊖	MANGELH. (4,8)
Bodum Bistro	60,00	+	+	+	—*)	+	⊖	MANGELH. (5,1)
Handrührer mit Rührständer und Drehschüssel								
Lidl / Silvercrest SHMS 300 A1 A	20,00	+	○	○	+	○	○	GUT (2,5)
Philips HR 1565[4]	50,00	+	○	+	○	+	○	BEFRIED. (2,7)
Severin HM 3814[5]	45,00	○	+	○	⊖*)	○	○	AUSREICH. (3,7)
Bosch MFQ 3560[6]	64,00	+	○	+	—*)	○	+	MANGELH. (4,6)
Efbe-Schott RG 310[5]	40,00	○	○	○	—*)	+	○	MANGELH. (4,6)

Bewertungsschlüssel der Prüfergebnisse: ++ = Sehr gut (0,5–1,5). + = Gut (1,6–2,5). ○ = Befriedigend (2,6–3,5). ⊖ = Ausreichend (3,6–4,5). — = Mangelhaft (4,6–5,5). **Bei gleichem Qualitätsurteil Reihenfolge nach Alphabet.**
*) Führt zur Abwertung.
A = Aktionsware. Tchibo: Juni 2011, Aldi (Süd): August 2011, Aldi (Nord) und Lidl: Oktober 2011.
1) Laut Anbieter inzwischen geändert.
2) Ohne Mixstab erhältlich als Tefal HT 4101.
3) Laut Anbieter durch Nachfolger kMix HM 776 ersetzt.
4) Ohne Rührständer und Schüssel erhältlich als Philips HR 1560.
5) Laut Anbieter nicht mehr erhältlich.
6) Laut Anbieter durch Nachfolger MFQ 36460 ersetzt.

Einkauf der Prüfmuster: bis Oktober 2011.

Kühl-Gefrier-Kombis **8**

Unser Rat

Drei Kühl-Gefrier-Kombis dürfen sich den Titel Testsieger teilen. **Liebherr CBNPes 3756-20** bietet ein Kaltlagerfach und komfortable No-Frost-Technik, ist aber teuer. Einfacher ausgestattet und billiger sind **Siemens KG39EAI40** und das baugleiche Gerät **Bosch KGE39AI40**. Ihr Energieverbrauch ist der niedrigste im Test: Das spart gegenüber Stromfressern in 15 Jahren viele hundert Euro.

Drei sind besonders cool

7/2012 Von außen sehen alle Kühl-Gefrier-Kombis ähnlich schick aus. Aber die Technik im Innern unterscheidet sich stark.

Je länger Milch, Käse und Butter auf dem Frühstückstisch stehen, desto stärker erwärmen sie sich. Kommen die Lebensmittel zurück in den Kühlschrank, muss der sie mit viel Aufwand wieder abkühlen. Wie viel Strom die Geräte fürs Abkühlen brauchen, ist sehr unterschiedlich. Die besten begnügen sich mit etwa einem Drittel des Stroms, den hungrigere Geräte verbrauchen. Die vier Kombis von Liebherr, Bosch, Siemens und Miele, die besonders effizient kühlen, gehören auch insgesamt zu den besten.

Moderne Technik macht sich bezahlt
Auch im Dauerbetrieb mit geschlossenen Türen verbrauchten die 17 geprüften Geräte unterschiedlich viel Strom. Moderne Kompressoren mit elektronischer Steuerung und eine prima Wärmedämmung von Wänden und Tür sind der beste Schutz vor steigenden Stromkosten in der Zukunft.

Sieben Modelle im Test schmücken sich mit dem Energielabel A+++, die übrigen bieten zwei Pluszeichen. Geräte mit A+ sind drittklassig und heutzutage die schlechteste Wahl. Die noch stromhungrigeren A-Modelle ohne Plus dürfen seit 1. Juli 2012 nicht mehr in den Handel gelangen.

Sieben Geräte erhielten ein Sehr gut für den Stromverbrauch. Einen Bonus gibt es für die No-Frost-Technik. Sie spart Energieverluste, die entstehen, wenn Kühlgeräte von Hand abgetaut werden. Bei der No-Frost-Technik befinden sich die zur Vereisung neigenden Kühlrippen des Gefrierteils nicht ▶

Der richtige Standort
Großen Einfluss auf den Stromverbrauch haben die Temperaturen im Aufstellraum. Tests in der Klimakammer beweisen, dass wenige Grad mehr die Kilowattstundenzahl deutlich erhöhen. Deshalb sollte man fürs Kühlgerät einen möglichst kühlen Aufstellort wählen – also zum Beispiel nicht direkt neben dem Backofen, dem Heizkörper und auch nicht in der prallen Sonne.

8 Kühl-Gefrier-Kombis

test — Kühl-Gefrier-Kombinationen — 7 / 2012

www.test.de	Mittlerer Preis in Euro ca.[1]	Kühlen	Einfrieren und Lagern	Stromverbrauch	Warnanzeigen und Anzeigen	Handhabung	test-QUALITÄTSURTEIL
Gewichtung		20 %	20 %	35 %	10 %	15 %	100 %
Liebherr CBNPes 3756-20	1 410	+	++	++	++	+	SEHR GUT (1,4)
Siemens KG39EAI40	835	++	+	++	+	+	SEHR GUT (1,4)
Bosch KGE39AI40	825	Baugleich mit Siemens KG39EAI40					SEHR GUT (1,4)
AEG S83400CTM0	860	+	++	+	+	+	GUT (1,7)
Miele KF 12927 SD edt/cs-1	1 550	+	+	++	O	+	GUT (1,8)
LG GB 7143 AESF	1 450	++	+	++	O	+	GUT (1,9)
Samsung RL56GRGIH[2]	770	+	+	+	O	+	GUT (2,1)
Panasonic NR-B32FX2-XE	940	+	+	+	+	+	GUT (2,2)
Bosch KGN36VL30	735	O	+	+	O	+	GUT (2,3)
Siemens KG36NVW30	710	Baugleich mit Bosch KGN36VL30					GUT (2,3)
Beko CN 148240 X	760	+	+	++	⊖*)	+	GUT (2,4)
Blomberg KND 9861 X A+++	850	Baugleich mit Beko CN 148240 X					GUT (2,4)
Haier CFD-733CX	695	+	O	+	⊖*)	+	BEFRIED. (2,8)
Liebherr CUPesf 3503-21[3]	715	++	+	+	⊖*)	+	BEFRIED. (2,8)
Bauknecht KGN 313 IO[3]	655	+	+	+	⊖*)	O	BEFRIED. (2,9)
Gorenje RK6202BR[4]	485	O	O	+	⊖*)	+	BEFRIED. (3,1)
Miele KD 12622 S edt/cs	695	O	+	O	⊖*)	+	BEFRIED. (3,2)

Bewertungsschlüssel der Prüfergebnisse: ++ = Sehr gut (0,5–1,5). + = Gut (1,6–2,5). O = Befriedigend (2,6–3,5). ⊖ = Ausreichend (3,6–4,5). — = Mangelhaft (4,6–5,5). **Bei gleichem Qualitätsurteil Reihenfolge nach Alphabet.** *) Führt zur Abwertung.
1) Die Preisangaben gelten in der Regel für Modelle mit Edelstahlverkleidung oder in Edelstahloptik.
2) Laut Anbieter wurde das Gerät modifiziert. Neue Bezeichnung: RL56GRGIH1/XEF.
3) Laut Anbieter nicht mehr erhältlich.
4) Das geprüfte Modell hat eine rote Oberfläche („vulcano red"). Zusätzlich erhältliche Varianten: RK6202BX (inox) für 530 Euro, RK6202BC (creme) für 555 Euro, RK6202BW (weiß) für 520 Euro. **Einkauf der Prüfmuster:** Januar 2012.

direkt beim Gefriergut, sondern sind versteckt eingebaut. Ein Ventilator pustet die dort abgekühlte Luft zwischen das Gefriergut. Strömt sie zurück zu den Kühlrippen, kondensiert Luftfeuchtigkeit dort als Eis. Beim automatischen Abtauen wird das Tauwasser durch einen Schlauch nach außen geleitet und verdunstet.

Besser mit Warnung
Wer erst Stunden später bemerkt, dass er die Tür des Gefrierteils nicht richtig verschlossen hat, für den ist der vergeudete Strom das geringste Problem. Im schlimmsten Fall muss er die angetauten Lebensmittel wegwerfen. Ein Signalton könnte dem Missgeschick vorbeugen. Bei vielen Geräten vermissten die Prüfer diese Warnung. Wünschenswert ist auch eine Anzeige, die darüber informiert, ob sich das Gefrierteil bei Stromausfall bedenklich erwärmt hatte.

Übrigens: Eine gute Innenbeleuchtung hilft beim Sortieren und Wiederfinden der Lebensmittel. Oftmals leuchten breite LED-Lichtbänder auf Rück- oder Seitenwand den Kühlraum hell aus. ■ **Anbieter Seite 264**

Matratzen 8

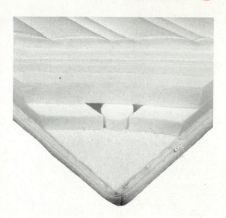

Unser Rat

Diamona Perfect Fit Plus für 650 Euro, **Metzeler Fashion Tubes 126** für 990 Euro und **Badenia Irisette VitaFlex Flextube** für 550 Euro blieben auch im Nachtest die besten Matratzen. Unter den preiswerten aus 11/2012 ist **f.a.n. Fitness S/H3** (330 Euro) die beste, sie verfehlt Gut nur knapp. Die besten Liegeeigenschaften der neuen Modelle hat **Dunlopillo Phantasie LU II** (299 Euro).

Nur eine tut allen gut

1+11/2012 Die Stiftung Warentest prüft Matratzen jetzt noch kritischer, mit mehr Prüfpersonen und Belastungstests in der Klimakammer.

Matratzen werden weder nach Körperform angeboten noch danach gebaut. Hersteller fertigen und Händler verkaufen sie quasi als Universalmatratzen für alle Körperformen. Seit Herbst 2012 testen wir die Liegeeigenschaften mit vier statt bisher zwei typischen Personengruppen *(siehe Kasten rechts und S. 170)*. Die Ergebnisse sollen Ihnen helfen, künftig eine bessere Vorauswahl zum Probeliegen zu treffen. Wir haben im November 15 Kaltschaummatratzen geprüft im Preisbereich von 69 bis 990 Euro.

Drei schneiden wieder gut ab

Drei der eher teuren Kaltschaummodelle haben bereits im Januartest mit gut abgeschnitten *(siehe S.169)*. Wir haben sie erneut gekauft und zusammen mit zwölf aktuellen Modellen unter den erweiterten Bedingungen geprüft. Ergebnis: Die Diamona Perfect Fit Plus, Metzeler Fashion Tubes 126 und Badenia Irisette VitaFlex Flextube schneiden auch nach dem neuen Prüfprogramm gut ab. Die Diamona ist sogar für alle vier Schäfertypen universell geeignet.

Die Körperfeuchte lässt Matratzen schneller altern. Auch das wurde im Test bei 37 Grad Celsius und 80 Prozent relativer Feuchte über 16 Stunden bei 100 Kilogramm Last und warmfeuchtem Klima erstmals nachgewiesen. Die neue Prüfung führt reihenweise zu schlechteren Noten. Breckle und Dänisches Bettenlager kassieren sogar ein Mangelhaft. Bei Raumklima schnitten beide nach der Belastung noch gut ab. ▶

Die neuen Testbedingungen

Matratzen sollen den Körper gut stützen, auch jemanden mit einem kräftigen Po oder dickem Bauch. Deshalb prüfen wir jetzt mit vier verschiedenen Personen. Zudem testen wir den Einfluss von Feuchte und Temperatur auf die Haltbarkeit der Matratzen, messen und bewerten die zur Lageänderung nötige Kraft und prüfen, wie die Schultern in Rückenlage vor den Brustkorb „geklappt" werden.

8 Matratzen

test — Kaltschaummatratzen — 11 / 2012

	Mittlerer Preis (90 x 200 cm) in Euro ca.	Liegeeigenschaften	Schlafklima	Haltbarkeit	Bezug	Gesundheit und Umwelt	Handhabung	Deklaration und Werbung	test-QUALITÄTS-URTEIL
Gewichtung		35 %	5 %	20 %	10 %	10 %	10 %	10 %	100 %
Die Besten aus 1/2012 neu geprüft									
Diamona Perfect Fit Plus[1]	650	+*⁾	+	O	++	+	+	O	GUT (2,3)
Metzeler Fashion Tubes 126[1]	990	+*⁾	+	++	+	+	O	⊖	GUT (2,4)
Badenia irisette VitaFlex Flextube[1]	550	+*⁾	+	+	++	+	+	O	GUT (2,5)
Preiswertere aktuelle Modelle im Vergleich									
f.a.n. Fitness KS / H3	330	O*⁾	+	O	++	+	++	O	BEFRIED. (2,6)
f.a.n. Wellness KS / H3	330	Baugleich mit f.a.n. Fitness KS / H3							BEFRIED. (2,6)
Ikea Sultan Fonnes	69	O	+	+	+	+	O	−*⁾	BEFRIED. (3,2)
Metzeler Alora-N	299	O	+	O	++	+	O	−*⁾	BEFRIED. (3,3)
Dunlopillo Phantasie LU II	299	+	+	⊖	+	+	+	−*⁾	BEFRIED. (3,4)
Breckle Wellness Exclusive	279	O	+	⊖*⁾	++	+	+	−	BEFRIED. (3,5)
Breckle Bremaxx Exclusive	279	Baugleich mit Breckle Wellness Exclusive							BEFRIED. (3,5)
MFO Solero Medium[2]	249	O	+	O	++	+	+	−*⁾	BEFRIED. (3,5)
Matraflex Triumph Cooltex Relax Plus[3]	330	⊖*⁾	+	O	+	+	+	−	AUSREICH. (3,6)
Sleeptex Wendre Trinidad	249	O	+	O	+	+	++	−*⁾	AUSREICH. (3,6)
Dänisches Bettenlager / Ergomaxx Ocean	299	O	+	⊖*⁾	++	+	+	O	AUSREICH. (3,7)
Bona Med Easy	129	⊖	+	++	+	+	◔	−*⁾	AUSREICH. (3,8)

Bewertungsschlüssel der Prüfergebnisse: ++ = Sehr gut (0,5–1,5). + = Gut (1,6–2,5). O = Befriedigend (2,6–3,5).
⊖ = Ausreichend (3,6–4,5). — = Mangelhaft (4,6–5,5). **Bei gleichem Qualitätsurteil Reihenfolge nach Alphabet.**
*) Führt zur Abwertung.
1) Ursprünglich veröffentlicht in test 1/12; erneut nach einem erweiterten Prüfprogramm getestet.
2) Laut Anbieter Auslaufmodell.
3) Laut Anbieter Bezug geändert. **Einkauf der Prüfmuster:** Mai bis September 2012.

Matratzen 8

test | **Kaltschaummatratzen** | **1 / 2012**

www.test.de	Mittlerer Preis (90 x 200 cm) in Euro ca.	Liegeeigenschaften	Schlafklima	Haltbarkeit	Bezug	Gesundheit und Umwelt	Handhabung	Deklaration und Werbung	test-QUALITÄTS-URTEIL
Gewichtung		35 %	5 %	20 %	10 %	10 %	10 %	10 %	**100 %**
Kaltschaummatratzen									
Badenia irisette VitaFlex Flextube	550	+	+	++	++	++	+	O	GUT (2,0)
Diamona Perfect Fit Plus	650	+	+	++	++	O	+	+	GUT (2,1)
Metzeler Fashion Tubes 126[1]	990	+	+	++	+	+	O	⊖	GUT (2,2)
Panther Evolution 3.0	350	+	+	++	+	O	+	⊖	GUT (2,3)
Hülsta Air Dream 7000	990	+	+	++	++	O	O	⊖	GUT (2,4)
Musterring Orthomatic KS5	755	+	+	O	+	O	+	O	BEFRIED. (2,6)
Röwa Legra Balance 16	800	O*)	+	++	++	++	+	O	BEFRIED. (2,6)
Matratzen Concord / Concord proAktiv medical[2)3]	700	O*)	+	+	+	O	O	O	BEFRIED. (2,9)
Dänisches Bettenlager / Ergomaxx Premium[4]	500	+	+	++	+	++	O	—*)	AUSREICH. (4,0)
MFO / ProLife Dream[3]	600	+	+	++	+	++	+	—*)	AUSREICH. (4,0)
Ruf Cumo-Top[3]	1 030	+	+	+	+	+	+	—*)	AUSREICH. (4,0)
Mit Viskoschaumauflage									
Schlaraffia Evolution[3]	1 000	O*)	+	+	+	++	O	⊖	BEFRIED. (3,0)
Kaltschaummatratzen: individuell angepasst									
Lattoflex Evo Conform LS für kleine, leichte Person[5]	1 120	O*)	+	++	++	O	O	⊖	BEFRIED. (2,6)
Lattoflex Evo Conform LS für große, schwere Person[5]	1 120	O*)	+	++	++	O	O	⊖	BEFRIED. (3,2)
Hukla KGS System, KG 1 Kleidergröße 36/38	600	O	+	++	++	+	O	—*)	AUSREICH. (4,0)
Hukla KGS System, KG 6 Kleidergröße 54/56	600	O	+	++	++	+	O	—*)	AUSREICH. (4,0)

Bewertungsschlüssel der Prüfergebnisse: ++ = Sehr gut (0,5–1,5). + = Gut (1,6–2,5). O = Befriedigend (2,6–3,5). ⊖ = Ausreichend (3,6–4,5). — = Mangelhaft (4,6–5,5). **Bei gleichem Qualitätsurteil Reihenfolge nach Alphabet.**
*) Führt zur Abwertung.
1) Laut Anbieter Produkt aus dem Sortiment genommen. Restbestände im Handel. 2) Laut Anbieter Medizinprodukt.
3) Laut Anbieter inzwischen geändert. 4) Laut Anbieter nicht mehr erhältlich. 5) Laut Anbieter durch Nachfolger Lattoflex Conform ersetzt. **Einkauf der Prüfmuster:** September und Oktober 2011.

Aber nicht jede der getesteten Kaltschaummatratzen alterte in der feuchtwarmen Luft der Klimakammer vorzeitig. Die teure Metzeler Fashion Tube 126 und die vergleichsweise billige Bona Med Easy für 129 Euro zeigten sich von dem neuen Stresstest unbeeindruckt: sehr gute Haltbarkeit auf der ganzen Linie. ■ **Anbieter Seite 264**

test Jahrbuch 2013

Haushalt 169

8 Matratzen

Vier Körperformen repräsentieren zwei Drittel der Bevölkerung

Körperformen. Die neue Matratze sollte zum Körperbau des Schläfers passen. Welche ist die richtige? Laut einer Studie der Forschungsgruppe Industrieanthropologie der Universität Kiel und der Sporthochschule Köln gehören unsere Prüfpersonen zu den Personengruppen, die etwa zwei Drittel unserer Bevölkerung ausmachen.

Kleine, leichte Frau: Eher normale bis schlanke Statur, Hüfte und Schulter etwa gleich breit, weder kräftiger Po noch Bauch.

Großer, kräftiger Mann: Eher normale bis schlanke Statur, Schulter ein wenig breiter als die Hüfte, weder kräftiger Po noch Bauch.

Kleine, birnenförmige Frau: Schmale Schulter und eine schlanke Taille, eher kräftiger Po und kräftige Oberschenkel.

Großer, schrankförmiger Mann: Schulter, Brust und Bauch etwa gleich kräftig, Hüfte etwas schmaler, mehr Bauch als Po.

Matratzen. Im Handel gibt es keine Matratzen für bestimmte Körperformen. Im Test taugte nur die Diamona für alle vier Prüfpersonentypen gleichermaßen. Dennoch findet jeder Vertreter der vier Schläfertypen mindestens eine Matratze im Testfeld, auf der er in seiner angestammten Schlafposition gut liegen kann.

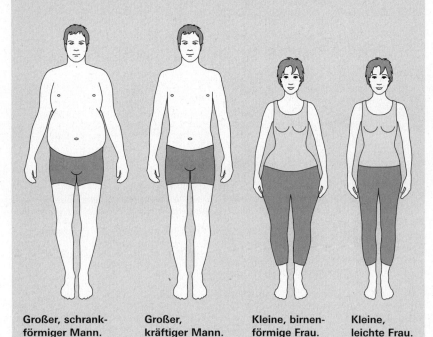

Großer, schrankförmiger Mann. | Großer, kräftiger Mann. | Kleine, birnenförmige Frau. | Kleine, leichte Frau.

Mikro-Heizkraftwerke 8

> **✚ Unser Rat**
>
> Die neuen Mikro-Kraftwerke sind kompakt und passen in die meisten Keller. Voraussetzung ist eine prall gefüllte Brieftasche. Rund 15 000 Euro sind für den Kauf von **Vaillant Ecopower 1.0** oder **Efficient Home Energy Whispergen S8** erforderlich. Trotz Fördergeldern kann sich eine solche Investition nur rechnen, wenn die Anlagen viele Stunden im Jahr laufen und viel Strom produzieren.

Das Kraftwerk für zuhause

5/2012 Die modernen Heizgeräte erhitzen Wasser für die Dusche, erwärmen es für die Heizkörper und produzieren obendrein noch Strom.

Eine neue Perspektive für Eigentümer von Ein- und Zweifamilienhäusern: Sie können Strom nicht nur auf dem Dach erzeugen, sondern auch im Keller. Der Test von zwei exemplarisch ausgewählten neuartigen Mikro-Kraftwerken bestätigt, dass die Technik störungsfrei funktioniert. Beide Geräte – das mit Ottomotor von Vaillant und das mit Stirlingmotor von EHE – lieferten im Testlabor zuverlässig Strom und warmes Wasser. Pluspunkte: sehr hohe Energieeffizienz wegen zusätzlicher Stromerzeugung, saubere Gasverbrennung, keine Beanstandungen bei Sicherheit und Verarbeitung.

Pause bei vollem Speicher
Den Strom verbrauchen die Bewohner am besten selbst und senken damit ihre Stromrechnung. Überschüssigen Strom speisen sie ins öffentliche Netz ein. Die Mikro-Heizkraftwerke können Strom und Wärme allerdings nur gleichzeitig erzeugen. Ist der Wärmebedarf des Hauses gedeckt und der angeschlossene Pufferspeicher aufgeheizt, legen die Geräte eine Zwangspause ein.

Entscheidend für die Wirtschaftlichkeit der Kleinkraftwerke ist, dass der Wärmebedarf nicht nur im Winter besteht, sondern auch im Frühjahr und Herbst. Whispergen eignet sich eher für relativ energiehungrige Gebäude mit einem jährlichen Wärmebedarf von 3 000 bis 5 000 Kubikmeter Erdgas. Der Vaillant Ecopower kommt auch in Häusern klar, die pro Jahr 1 500 bis 2 500 Kubikmeter Gas benötigen. ■ **Anbieter Seite 264**

Hohe Wirkungsgrade
Große Kohlekraftwerke verwandeln weniger als die Hälfte der im Brennstoff enthaltenen Energie in Elektrizität. Ein Großteil verpufft nutzlos als Abwärme. Erzeugen dezentrale Kraftwerke im Keller den Strom, fällt ein gewisser Anteil der Abwärme im Großkraftwerk weg. Wird diese Energie den Mikro-Heizkraftwerken gutgeschrieben, erzielen sie hohe Wirkungsgrade von 107 bis 114 Prozent.

8 Mikro-Heizkraftwerke

test | Gasbetriebene Mikro-Heizkraftwerke 5 / 2012

	Mit Stirlingmotor	Mit Ottomotor	Zum Vergleich
	Efficient Home Energy Whispergen S8, Art.-Nr. S8-DE	Vaillant Ecopower 1.0	Typischer Gasbrennwertkessel
Pufferspeicher / Volumen	Multihygienespeicher / 800 Liter	Allstor VPS / 300 Liter[1]	Viele mögliche Speichertypen
Zusatzheizgerät	Integriertes Gasbrennwertgerät	Gasbrennwertgerät Ecotec exclusiv VC 146[1]	Entfällt
Listenpreis in Euro ca.[2]	14 900	15 700	Etwa 4 500 bis 5 500
ENERGIEEFFIZIENZ	**Sehr hoch wegen zusätzlicher Stromerzeugung**	**Sehr hoch wegen zusätzlicher Stromerzeugung**	**Hoch**
Therm. Normnutzungsgrad	83,2 %	81,7 %	94 bis 96 %
Elektr. Normnutzungsgrad	8,8 %	11,7 %	Entfällt
Gesamt-Normnutzungsgrad	91,9 %	93,4 %	94 bis 96 %
Gesamt-Normnutzungsgrad, primärenergetisch bewertet	107 %[4]	114 %[5]	K. A.
Einspeisbare elektr. Leistung	960 Watt	960 Watt	Entfällt
WEITERE UMWELTEIGENSCHAFTEN	**Sauber und leise**	**Sauber, aber Vibrationen**	**Sauber und leise**
HANDHABUNG	**Funktional und unkompliziert**	**Komfortabel trotz Komplexität**	**Meist gut oder sehr gut**
VERARBEITUNG	**Keine Beanstandungen**	**Keine Beanstandungen**	**Meist gut**
SICHERHEIT	**Keine Beanstandungen**	**Keine Beanstandungen**	**Meist gut**
WEITERE MERKMALE			
Platzbedarf und Aufstellung	Etwa 5 m². Hohe Flächenbelastung durch großen Speicher	Etwa 6 m². Hohe Flächenbelastung durch Speicher	Gering
Trinkwassererwärmung	Wellrohr (Wärmeübertrager im Speicher)	Frischwasserstation (außerhalb des Speichers)	Mehrere Varianten möglich
Solarkollektoranschluss	Nicht vorgesehen	Anschlüsse vorhanden	Möglich und sinnvoll
Durch mitgelieferte Regelung ansteuerbare Heizkreise	2 (z. B. für Radiatoren- und Fußbodenheizung)	2 (z. B. für Radiatoren- und Fußbodenheizung)	Oft 2 (Radiatoren- und Fußbodenheizung)
Thermische Leistung von KWK-Modul / Zusatzheizgerät	7,5 bis 8,3 kW / 5,7 bis 6,2 kW	2,5 kW / 2,4 bis 16,0 kW	Entfällt / Oft 3 bis 20 kW
Stromkennzahl[3]	Etwa 0,12	Etwa 0,40	Entfällt
Abgassystem	Raumluftunabhängig	Raumluftunabhängig oder raumluftabhängig	Raumluftunabhängig
Garantie (laut Anbieter)	24 Monate (Hersteller)	24 Monate (Hersteller)	K. A.

K. A. = Keine Angaben. 1) Angeboten werden auch Speicher mit 500 und 750 Liter und unterschiedlich leistungsstarke Zusatzheizgeräte. 2) Preis des kompletten Systems inklusive Mehrwertsteuer, ohne Installation. Bei diesen Preisen sind keine Fördergelder (z.B. durch die staatliche KfW-Bank) berücksichtigt. Die Förderung ist an verschiedene Bedingungen geknüpft (z.B. Mindestgröße des Pufferspeichers). 3) Die Stromkennzahl ist das Verhältnis von elektrischer zu thermischer Leistung des KWK-Moduls. 4) Bei Nennwärmeleistung von 9,75 kW. 5) Bei Nennwärmeleistung von 19,2 kW. Bei geringerer Leistung sind höhere Nutzungsgrade möglich (bei 10,8 kW sind es 121%). **Einkauf der Prüfmuster:** Januar 2012.

172 Haushalt

test Jahrbuch 2013

Ökostromtarife 8

Unser Rat

Wenn Sie mit der Wahl eines Ökostromtarifs den Ausbau der erneuerbaren Energie voranbringen wollen, wählen Sie einen Tarif mit sehr starkem oder starkem **ökologischen Engagement**. Diese Anbieter zeigen ökologische Initiative. Ist Ihnen wichtig, dass Ihr Geld nicht an ein Unternehmen geht, das auch Atom- und Kohlestrom verkauft, wählen Sie einen unabhängigen Ökostromanbieter.

Nicht jeder Tarif ist grün

2/2012 Jeder Tarif liefert 100 Prozent Ökostrom. Der Umwelt nutzen aber nur zwei Drittel der Stromangebote wirklich.

Rund 730 Stromlieferanten in Deutschland bieten einen Ökotarif an. Wir haben 19 bundesweite Ökostromtarife untersucht. Neben den Tarifbedingungen war das „ökologische Engagement" wichtig, das der Anbieter mit seinem Tarif erkennen lässt.

Ökostrom sollte Normalstrom ersetzen
Wer einen Ökostromtarif wählt, der möchte seinen Beitrag zur Energiewende leisten. Das gelingt aber nicht mit jedem Tarif. Nicht einmal, wenn der Anbieter tatsächlich 100 Prozent Ökostrom liefert, die Energie also aus Wasser, Wind oder Sonne stammt. Das Problem: Zurzeit gibt es mehr Ökostrom als Ökostromkunden. Die Wahl eines Ökotarifs kommt daher nicht unbedingt der Umwelt zugute. Das geschieht erst, wenn der Ökotarif konventionellen Strom vom Markt verdrängt – der Kauf von Ökostrom also dazu führt, dass erneuerbare Energien ausgebaut werden, etwa neue Windkraftanlagen entstehen. Hier trennt sich die Spreu vom Weizen: Eine solche Zubauwirkung garantieren nur 13 der 19 Ökostromtarife im Test.

Um die Bestnote für ökologisches Engagement im Test zu bekommen, muss ein Anbieter über die Förderung des Kraftwerksbaus hinaus Initiative zeigen. Die reicht vom kostenlosen Verleih von Energiemessgeräten etwa bei den Stadtwerken München über persönliche Vor-Ort-Beratung zur Heizungsmodernisierung bei Greenpeace Energy bis hin zu Förderprogrammen für Privathaushalte bei Entega. ■ **Anbieter Seite 264**

Keine Vorkasse, kurze Laufzeiten
Nur die Hälfte der getesteten Tarife bietet gute Vertragsbedingungen. Generell gilt: Finger weg von Vorkasse, die aber keiner verlangte. Gut sind kurze Laufzeiten, maximal ein Jahr, und kurze Kündigungsfristen von vier Wochen. Vergleichen Sie Preise ohne Bonus. Nur dann wird klar, was der Strom im zweiten Jahr kostet. Aufgepasst: Preisgarantien gelten oft nicht für gesetzliche Abgaben und Steuern.

8 Ökostromtarife

test | Ökostromtarife | 2 / 2012

Anbieter / Tarif	Preis pro Jahr in Euro für 3 000 kWh in 10785 Berlin[1]	ÖKOLOGISCHES ENGAGEMENT	Herkunft des Stroms (Energiemix 2010)[5]	TARIFBEDINGUNGEN
Unabhängige Ökostromanbieter				
EWS Schönau / Sonnencent 0,5	800	sehr stark	Wasserkraft aus Skandinavien	gut (2,5)
Lichtblick / LichtBlick-Strom	833	sehr stark	Überwiegend Wasserkraft aus Skandinavien und Österreich	gut (2,5)
Naturstrom / naturstrom	868	sehr stark	Wasserkraft aus Deutschland und Österreich/Schweiz sowie Windenergie aus Deutschland	gut (2,5)
Greenpeace Energy / Privatkundentarif	851	sehr stark	Überwiegend Wasserkraft aus Österreich und Deutschland	befried. (2,9)
Konventionelle Energieversorger				
Wemag / wemio Ökostrom	861	sehr stark	Wasserkraft aus Österreich/ Schweiz[4]	befried. (2,8)
Entega / Entega Ökostrom[2]	904	sehr stark	Wasser-, Windkraft, Solarenergie, Biomasse aus Deutschland, Österreich/Schweiz und Skandinavien	befried. (3,0)
Vattenfall / Berlin Natur Privat	798	stark	Wasserkraft aus Skandinavien	gut (2,2)
Mark E / KlimaFair Strom	780	stark	Wasserkraft aus Skandinavien	gut (2,5)
Stadtwerke München / M-Ökostrom aktiv	796	stark	Wasserkraft aus Skandinavien und Deutschland[4]	gut (2,5)
Stadtwerke Flensburg / Flensburg extra Öko	808	stark	Wasserkraft aus Skandinavien	befried. (2,7)
Stadtwerke Trier SWT / Römerstrom[3]	832	stark	Wasserkraft aus Österreich	befried. (2,7)
Energieversorgung Halle EVH / Öko+	784	stark	Überwiegend Wasserkraft aus Skandinavien	befried. (3,5)
energiehoch3 / stromhoch3 aus Wasserkraft	906	schwach	Wasserkraft aus Österreich[4]	gut (2,5)
Eprimo / Prima Klima[2]	859	schwach	Wasserkraft aus Österreich/ Schweiz	gut (2,5)
Energiegut / Hallo Natur!	836	schwach	Wasserkraft aus Skandinavien	befried. (2,8)
Stadtwerke Soest / Hellweg Strom	785	schwach	Wasserkraft aus Skandinavien	befried. (2,9)
Strasserauf / Ökostrom	822	schwach	Wasserkraft aus der Schweiz	befried. (3,1)
NaturenergiePlus / NaturenergiePlus smart	787	schwach	Wasserkraft aus in Deutschland	befried. (3,2)
Evita / Evita aqua[2]	898	schwach	Wasserkraft aus Österreich	befried. (3,3)

Bewertungsschlüssel der Prüfergebnisse: ++ = Sehr gut (0,5–1,5). + = Gut (1,6–2,5). ◯ = Befriedigend (2,6–3,5).
⊖ = Ausreichend (3,6–4,5). — = Mangelhaft (4,6–5,5). **Ökologisches Engagement:** sehr stark, stark, schwach.
Reihenfolge nach ökologischem Engagement, bei gleichem Urteil dann nach den Tarifbedingungen.
Wenn beide Urteile gleich sind, dann Reihenfolge nach Alphabet.
1) Jahrespreis ohne eventuelle Bonuszahlungen. 2) Laut Anbieter beträgt die Mindestvertragsdauer inzwischen 12 Monate. 3) Laut Anbieter Laufzeit geändert: Der Tarif läuft immer bis zum 31.12. des auf den Vertragsschluss folgenden Jahres und verlängert sich automatisch um 12 Monate, wenn er nicht gekündigt wird. 4) Neues Angebot, Energiemix bezieht sich auf 2011. 5) Angaben laut Anbieter. **Erhebungszeitraum:** Anbieterbefragung: Sept. 2011 bis Jan. 2012. Preise: Nov. 2012.

174 Haushalt · test Jahrbuch 2013

Staubsauger 8

🏠 Unser Rat

Der **Miele S5381 EcoLine** siegt mit der besten Saugleistung und Handhabung knapp vor dem **Bosch Ergomaxx** und dem **Siemens Green Power Allergy**. Daneben saugt nur noch der **Philips Performer** Teppiche gut. Zwei weitere Modelle, der **Fakir Öko Power** und der preiswerte **Eio Villa 1000**, erreichen insgesamt das Qualitätsurteil gut, saugen Teppiche jedoch etwas weniger gründlich.

Der Boden der Tatsachen

4/2012 Staub, Fasern und Krümel auf Teppichboden, Parkett und Polstern sind Herausforderungen für jeden Bodenstaubsauger.

Der Haushalt macht sich nicht allein, bestätigen wir nach einer Stichprobenuntersuchung von Staubsauger-Robotern. Ganz im Alleingang sollen die wendigen kleinen Gesellen für einen sauberen Fußboden sorgen. Im Test kehrten sie zwar Krümel auf glatten Böden auf, schwächelten jedoch beim Staubaufnehmen von Teppichen. Ihre Saugkraft reicht nicht für die Tiefe. Wer auf saubere Teppiche Wert legt, sollte weiter einen guten Bodenstaubsauger durch die Räume ziehen. Wir haben zehn energiesparende Staubsaugermodelle getestet und darunter sechs gute gefunden.

Neben Bosch, Miele und Siemens, die auch im vergangenen Jahr mit anderen Modellen schon gut abschnitten, rückt jetzt ein Philips-Sauger in die Teppichspitzengruppe vor. Andere ließen etwas mehr Staub liegen, am meisten der Hoover Xarion. Auch ein Samsung ist in der Saugleistung insgesamt nur ausreichend. Beide Sauger haben eine Staubbox, während die anderen geprüften Geräte mit herkömmlichen Vlies-Staubbeuteln arbeiten. Die Box-Sauger rangieren diesmal am Ende des Testfelds. Vor allem den Staub aus Ritzen nehmen sie schlecht auf, aber auch der Teppichboden ist nicht ihre Paradedisziplin.

Besser auf Parkett
Mit Hartböden wie Parkett, Fliesen oder Linoleum kommen die meisten Bodenstaubsauger besser zurecht, als mit Teppichboden – auch zwei gute Geräte von Eio und Fakir. ▶

Mit oder ohne Staubbeutel
Die meisten geprüften Geräte arbeiten mit herkömmlichen Vlies-Staubbeuteln. Das verursacht Folgekosten von etwa 10 Euro für eine Packung mit 4 bis 5 Filterbeuteln. Eine Staubbox haben im Test nur Hoover und Samsung. Das Entleeren der Box über der Mülltonne ist unhygienischer als das Wechseln des vollen Staubbeutels. Hoover und Samsung saugen insgesamt nur ausreichend.

8 Staubsauger

test Bodenstaubsauger 4 / 2012

www.test.de	Mittlerer Preis in Euro ca.	Sau-gen	Hand-ha-bung	Umwelt-eigen-schaften	Halt-barkeit	test-QUALITÄTS-URTEIL
Gewichtung		45 %	30 %	15 %	10 %	100 %
Miele S5381 EcoLine[1]	255	+	+	+	++	GUT (1,9)
Bosch Ergomaxx Professional BSG81261	190	+	+	+	++	GUT (2,0)
Siemens Green Power Allergy Z 5.0 VSZ5GP1264	185	+	+	+	++	GUT (2,0)
Philips Performer Energy Care FC9179	153	+	+	+	++	GUT (2,2)
Fakir 2100 Öko Power	154	+	+	+	++	GUT (2,3)
Eio Villa 1000 BS 70/1	130[2]	+	+	+	O	GUT (2,4)
AEG-Electrolux Ultra one Öko AG8800	263	O[*]	+	++	++	BEFRIED. (2,7)
Samsung Eco Wave SC88LO[3]	185	⊖[*]	+	+	O	AUSREICH. (3,9)
Thomas Hygiene T2[4]	305	O	O	—[*]	O	AUSREICH. (4,1)
Hoover Xarion TXG 1210 GreenRay[3]	159	⊖[*]	O	+	⊖	AUSREICH. (4,5)

Bewertungsschlüssel der Prüfergebnisse: ++ = Sehr gut (0,5–1,5). + = Gut (1,6–2,5). O = Befriedigend (2,6–3,5). ⊖ = Ausreichend (3,6–4,5). — = Mangelhaft (4,6–5,5). **Bei gleichem Qualitätsurteil Reihenfolge nach Alphabet.**
*) Führt zur Abwertung.
1) Laut Anbieter Produkt verändert.
2) Preis laut Anbieter.
3) Laut Anbieter nicht mehr erhältlich.
4) Laut Anbieter Bodendüse geändert. **Einkauf der Prüfmuster:** September/Oktober 2011.

Ecken und Kanten reinigen aber alle nur mittelmäßig. Die Bodendüsen lassen an Fußleisten einen Streifen ungesaugt. Der Rat der Tester: Besser mit der Fugendüse an der Kante entlang saugen.

Nicht nur Allergiker zählen darauf, dass der Feinstaub im Sauger bleibt und nicht teilweise mit der Abluft wieder in die Raumluft gelangt. Das gelingt mit den feinporigen Hepa-Abluftfiltern fast allen Staubsaugern sehr gut. Nur der Thomas Hygiene T2 ist im Staubrückhaltevermögen mangelhaft. Er ist der einzige Sauger im Test ohne Hepa-Abluftfilter. Dafür bietet er eine Besonderheit, über die kein anderer Staubauger im Test verfügt: Er reinigt nicht nur trocken, sondern auch nass. Dem zusätzlichen Nutzen steht aber ein erheblicher Umbauaufwand gegenüber. Das ist nach Meinung der Tester nichts für den täglichen Gebrauch, sondern eher etwas für den Frühjahrsputz.

Die hohe Saugleistung und die gute Filterwirkung sind noch nicht alles. Einfach zu bedienen, robust und lange haltbar soll ein Staubsauger natürlich auch sein. Der Motordauertest über 600 Stunden und die Stoß- und Fallprüfungen zeigen, was die Testgeräte aushalten. Viele schaffen die Bestnote sehr gut. Anders der Eio, Samsung und Thomas: Gegen Ende des Dauertests waren ihre Kohlebürsten abgenutzt. Ihre Haltbarkeit ist also nur befriedigend. Bei Hoover war die Kabelaufwicklung nach der Dauerprüfung defekt. Seine Haltbarkeit bewerten wir damit nur ausreichend.

Im Internet, unter www.test.de/Staubsauger bietet die Stiftung Warentest einen Produktfinder an, in dem die detaillierten Testergebnisse von 47 geprüften Bodenstaubsaugern nachzulesen sind. Auch die hier vorgestellten Bodenstaubsauger sind darin zu finden. ■ **Anbieter Seite 264**

176 Haushalt

Vollwaschmittel 8

✚ Unser Rat

Am besten verwenden Sie für weiße Wäsche ein pulverförmiges Vollwaschmittel. Persil Universal Megaperls und Ariel Compact mit Actilift sind teurer als viele flüssige Mittel, bieten aber die stärkste Reinigungskraft. Flüssige Vollwaschmittel waschen generell schlechter. Das beste Befriedigend erzielten die Flüssigen von **Aldi**: **Una pro-Aktiv** und **Tandil Ultra-Plus** für 13 Cent pro Wäsche.

Weißes wird grau

2/2012 Flüssige Vollwaschmittel sind beliebt, waschen aber nicht so sauber wie pulverförmige. Bei manchen droht der Grauschleier.

Viele Verbraucher waschen lieber mit flüssigen Waschmitteln statt mit Pulvern. Für bunte Textilien geht das in Ordnung. Hierfür gibt es gute flüssige Produkte. Bei Vollwaschmitteln für weiße Sachen ist das anders. Nur Pulver entfernen Schmutz und schwierige Flecken wirklich gut und schützen am besten vor Vergrauung. Flüssige sind für Weißes höchstens zweite Wahl.

Die Pulver der beiden Marktführer Persil und Ariel mussten gegen 19 flüssige Vollwaschmittel antreten – und gingen als Sieger aus dem Rennen. Nur Persil Universal Megaperls und Ariel Compact mit Actilift waschen gut. Die Flüssigen schaffen bestenfalls ein Befriedigend, auch die teuren Ariel flüssig mit Actilift und Persil Universal-Gel.

Graue Stunde für den Weißen Riesen
Fünf Flüssige belasten die Umwelt stärker: AS flüssig von Schlecker, domol von Rossmann, Lidl/Formil Aktiv, Shetlan Universal von Penny und Rewe/Ja! Universal. Ihre Rezepturen enthalten mehr Konservierungsmittel als andere Vollwaschmittel im Test.

Spee Aktiv Gel und Weißer Riese Kraft Gel waschen am schlechtesten. Damit verteilt sich der Dreck mehr auf dem Gewebe, statt aufgelöst im Spülwasser in den Abfluss zu fließen. Mit der Zeit bekommen weiße Textilien einen Grauschleier. Am schlimmsten ist das beim Weißer Riese Kraft Gel. Auch wenn es schwierigen Flecken an den Kragen geht, versagt er. Fast genauso schlecht wäscht Spee Gel. ■ **Anbieter Seite 264**

Drei gehören in jeden Haushalt
Ein Waschmittel allein reicht nicht. Für Weißes und gegen starken Schmutz brauchen Sie ein Vollwaschmittel. Es eignet sich für alle Programme – von kalt bis Kochwäsche. Für alles Bunte sind Colorwaschmittel ohne Bleiche ideal. Sie waschen von kalt bis 60 Grad, schonen die Farbe und schützen vor unliebsamen Farbübertragungen. Für Wolle und Seide ist ein Wollwaschmittel am besten.

test Jahrbuch 2013   Haushalt 177

8 Vollwaschmittel

test Vollwaschmittel 2 / 2012

www.test.de	Inhalt in g bzw. ml/ Mittlerer Preis in Euro ca.	Anzahl der Wäschen pro Packung/Preis pro Waschgang in Euro ca. [1]	Waschwirkung	Textilschonung	Anwendung	Umwelteigenschaften	test- QUALITÄTSURTEIL
Gewichtung			50 %	15 %	5 %	30 %	100 %
Pulver							
Persil Universal-Megaperls [2]	1 080/4,35	16/0,27	+	O	+	+	GUT (2,1)
Ariel Compact mit Actilift	1 350/4,55	18/0,25	+	O	O	+	GUT (2,3)
Flüssigwaschmittel							
Aldi (Nord) / Una pro-aktiv [2]	1 500/2,69	20/0,13	O	O	+	O	BEFRIED. (2,6)
Aldi (Süd) / Tandil Ultra-Plus [2]	1 500/2,69	20/0,13	Gleich mit Aldi (Nord)/ Una pro-aktiv				BEFRIED. (2,6)
dm / Denkmit Aloe Vera	1 500/2,45	20/0,12	O	+	+	O	BEFRIED. (2,7)
Edeka / Gut & Günstig Ultra Plus	1 500/2,69	20/0,13	O	O	O	O	BEFRIED. (2,7)
Netto Marken-Discount / Bravil Ultra Kalt Aktiv	1 500/2,69	20/0,13	O	O	O	O	BEFRIED. (2,7)
Kaufland / K-Classic Lanio Ultra-Plus [3]	1 500/2,55	20/0,13	O	O	O	O	BEFRIED. (2,8)
Persil Universal-Gel [2]	1 168/4,35	16/0,27	O	O	O	O	BEFRIED. (2,8)
Frosch Citrus Waschmittel	2 000/4,30	20/0,22	O	+	O	+	BEFRIED. (2,9)
Meister Proper [4]	1 400/3,50	20/0,18	O	+	O	+	BEFRIED. (2,9)
Terra Universal-Wasch-mittel [4]	1 500/4,00	20/0,20	O	O	O	O	BEFRIED. (2,9)
Ariel mit Actilift [2]	1 400/4,40	20/0,22	O	+	⊖	O	BEFRIED. (3,1)
Rossmann / domol [2,5]	1 500/2,59	20/0,13	O	+	+	⊖	BEFRIED. (3,2)
Lidl / Formil Aktiv [6]	2 000/2,45	20/0,12	O	+	+	⊖	BEFRIED. (3,4)
Penny / Shetlan Universal [5,7]	1 500/2,69	20/0,13	O	+	⊖	⊖	BEFRIED. (3,4)
Rewe / Ja! Universal [5,8]	1 500/2,69	20/0,13	Gleich mit Penny/ Shetlan Universal [5]				BEFRIED. (3,4)
Schlecker / AS [5,9]	1 500/2,69	20/0,13	O	+	+	⊖	BEFRIED. (3,4)
Dash Universalwaschmittel Blütensamba [10]	1 400/4,00	18/0,22	⊖*)	+	O	+	AUSREICH. (3,6)
Spee Aktiv Gel [2]	1 168/2,58	16/0,16	⊖*)	O	⊖	+	AUSREICH. (4,0)
Weißer Riese Kraft Gel [2]	1 168/2,58	16/0,16	⊖*)	+	⊖	+	AUSREICH. (4,2)

Bewertungsschlüssel der Prüfergebnisse: ++ = Sehr gut (0,5–1,5). + = Gut (1,6–2,5). O = Befriedigend (2,6–3,5). ⊖ = Ausreichend (3,6–4,5). — = Mangelhaft (4,6–5,5). **Bei gleichem Qualitätsurteil Reihenfolge nach Alphabet.** *) Führt zur Abwertung. 1) Ohne Vorwäsche, Wasserhärtebereich 2, normal verschmutzt. 2) Laut Anbieter inzwischen geändert. 3) Laut Anbieter durch K-Classic Lanio Vollwaschmittel ersetzt. 4) Laut Anbieter nicht mehr erhältlich. 5) Aufgrund von Nachprüfungen wurden das Einzelurteil Gewässerbelastung, das Gruppenurteil Umwelteigenschaften und das test-Qualitätsurteil nach oben korrigiert. 6) Laut Anbieter durch Formil Vollwaschmittel-Konzentrat ersetzt. 7) Laut Anbieter durch Shetlan Vollwaschmittel ersetzt. 8) Laut Anbieter durch Ja! Vollwaschmittel ersetzt. 9) Anbieter nicht mehr existent. Produkt nicht mehr erhältlich. 10) Laut Anbieter durch Lila Blüten Oase ersetzt. **Einkauf der Prüfmuster: Juni 2011.**

Wandfarben 8

✚ Unser Rat

Alpinaweiß überzeugt mit sehr guter Deckfähigkeit (45 Euro pro Zehn-Liter-Eimer). Auch sehr gut decken **Schöner Wohnen Polarweiss** (40 Euro) und **Spektralweiss** (30 Euro) sowie **Vectra Powerweiss** (40 Euro). Gut sind zudem **Alpina Naturaweiss** (36 Euro) und **Farbturm Premium Weiss** (33 Euro) sowie **Düfa Superweiss plus** (40 Euro). Viele Farben gibt es unter anderem Namen oft günstiger.

Weißmalerei

5/2012 Einige der getesteten Farben decken sehr gut, fünf nur ausreichend. Das kann ins Geld gehen, denn es heißt: doppelt streichen.

Wie hochwertig eine Farbe ist, lässt sich auf den ersten Blick nur schwer beurteilen. Namen wie Super-, Premium- oder Profiweiss sind wenig aussagekräftig. Einen Hinweis bietet immerhin die Angabe des Deckvermögens auf der Packung. Es ist in vier Klassen unterteilt. Farben der Klasse 1 decken am besten. Sie enthalten mehr und bessere Pigmente als Farben der anderen Klassen 2 bis 4. Im Test erreichen alle Farben das vom Anbieter angegebene Deckvermögen, meist Klasse 1.

Ergiebigkeit übertrieben

Zehn Liter Farbe reichen im Schnitt für eine Fläche von rund 75 Quadratmetern. So ist es auf den meisten Eimern zu lesen. Doch einige Anbieter neigen zur Übertreibung. Vectra Profiweiss reicht laut eigener Angabe für 100 bis 130 Quadratmeter. Unsere Tester kamen gerade mal auf 50 Quadratmeter. Ähnlich erging es ihnen mit Alpina Ultra: Der 55 Euro teure Farbeimer war schon nach der Hälfte der versprochenen 140 Quadratmeter leer. Sehr ärgerlich, denn wer sich auf die Angabe verlässt, muss noch einmal in den Baumarkt, um einen Eimer nachzukaufen. Alpina Ultra, Vectra Profiweiss sowie sieben weitere Farben erhielten deshalb ein Mangelhaft in der Deklaration.

Fast alle getesteten Farben sehen an der Wand gut aus, keine allerdings sehr gut. Entweder schwächeln die Weißmacher beim ersten oder beim zweiten Anstrich. Einige Farben zum Beispiel sehen nach einmaligem ▶

Aufs Haltbarkeitsdatum achten

Ein Haltbarkeitsdatum sollte auf den Farbeimern unbedingt angegeben sein. Manche Anbieter verzichten darauf. Dispersionsfarben sind etwa zwei Jahre haltbar, können aber auch darüber hinaus verkauft werden. Bei längerer Lagerung kann sich Schimmel bilden. Man sollte den Eimer umtauschen, wenn der Inhalt nach dem Öffnen übel riecht oder zäh wie Brei ist und sich nicht verstreichen lässt.

8 Wandfarben

test — Wandfarben I — 5 / 2012

www.test.de	Mittlerer Preis in Euro ca. / Inhalt in Liter	Preis pro m² in Euro ca. [1][2]	Anstrichei-genschaften	Verarbeitung	Gesundheit und Umwelt	Deklaration	test QUALITÄTS-URTEIL
Gewichtung			40 %	30 %	20 %	10 %	100 %
Alpina Alpinaweiß	45,00 / 10,0	0,50	+	+	++	++	GUT (1,6)
Alpina Naturaweiss	36,00 / 10,0	0,39	+	+	++	++	GUT (1,8)
Alpina Sensan	36,00 / 10,0	0,39	Gleich mit Alpina Naturaweiss				GUT (1,8)
Farbturm Premium Weiss	33,00 / 10,0	0,41	+	+	+	+	GUT (1,8)
EMV Profi Farben Premium Weiß	30,00 / 10,0	0,38	Gleich mit Farbturm Premium Weiss				GUT (1,8)
TTL TTM Premium Wandfarbe	37,00 / 10,0	0,44					GUT (1,8)
Knauber / Premium Superdecker	40,00 / 10,0	0,49					GUT (1,8)
Schöner Wohnen Spektralweiss	30,00 / 10,0	0,45	+	+	+	++	GUT (1,8)
Vectra Powerweiss	40,00 / 10,0	0,55	+	+	+	++	GUT (1,8)
Praktiker / Faust Polarweiss	34,00 / 10,0	0,45	Gleich mit Vectra Powerweiss				GUT (1,8)
Hellweg / Vincent Profi Deckweiss	35,00 / 10,0	0,48					GUT (1,8)
NBB / Bauspezi Powerweiss	38,00 / 10,0	0,52					GUT (1,8)
Toom / Genius Pro Komfortweiss[3]	38,00 / 10,0	0,52					GUT (1,8)
Goldkuhle / Fabrina Ultra Decker	40,00 / 10,0	0,55					GUT (1,8)
Düfa Superweiss plus	40,00 / 10,0	0,46	+	+	+	++	GUT (1,9)
BayWa / Avania Premium Weiß	45,00[4] / 10,0	0,49	Gleich mit Düfa Superweiss plus				GUT (1,9)
Schöner Wohnen Polarweiss	40,00 / 11,0	0,49	+	+	+	++	GUT (1,9)
Alligator Media Star LEF[5][6]	53,00 / 12,5	0,46	+	+	+	⊖	GUT (2,2)
Glasurit WandWeiß PremiumPlus	37,00 / 12,5	0,36	+	+	+	⊖	GUT (2,3)
Baufan Wohnraum-Weiss	22,50 / 10,0	0,27	O[*]	+	++	⊖	BEFRIED. (3,0)
Hammer / Baufan Malerweiss	16,00 / 10,0	0,20	Gleich mit Baufan Wohnraum-Weiss				BEFRIED. (3,0)
Taverpack InnenWeissDIN	18,00 / 10,0	0,22					BEFRIED. (3,0)
HCK / Superweiss	25,00 / 10,0	0,30					BEFRIED. (3,0)
t+t Christiansen Superweiss	27,90 / 10,0	0,34					BEFRIED. (3,0)
Oelschlegel / ELO Innenweiß DIN E.L.F.	43,50 / 12,5	0,42					BEFRIED. (3,0)

Bewertungsschlüssel der Prüfergebnisse: ++ = Sehr gut (0,5–1,5). + = Gut (1,6–2,5). O = Befriedigend (2,6–3,5). ⊖ = Ausreichend (3,6–4,5). — = Mangelhaft (4,6–5,5).
Bei gleichem Qualitätsurteil Reihenfolge der Produkte im Test nach Alphabet, Reihenfolge der Gleichheiten nach Preis.
*) Führt zur Abwertung.
1) Errechnet aus ermittelter Reichweite.
2) Bei einmaligem Anstrich.
3) Laut Anbieter duch Nachfolger toom Komfortweiss ersetzt.
4) Von uns bezahlter Einkaufspreis.
5) Nur über Fachhändler erhältlich.
6) Laut Anbieter inzwischen geändert.

Einkauf der Prüfmuster: Oktober/November 2011.

Wandfarben 8

test — Wandfarben II — 5 / 2012

www.test.de	Mittlerer Preis in Euro ca. / Inhalt in Liter	Preis pro m² in Euro ca.[1][2]	Anstricheigenschaften	Verarbeitung	Gesundheit und Umwelt	Deklaration	test-QUALITÄTSURTEIL
Gewichtung			40 %	30 %	20 %	10 %	100 %
Düfa Edel Weiß[4]	30,00 / 10,0	0,36	O*)	+	+	++	BEFRIED. (3,0)
Prisma Superweiss extra	30,00 / 10,0	0,36	Gleich mit Düfa Edel Weiß				BEFRIED. (3,0)
BayWa / Avania Super Weiß	35,00 / 10,0	0,40					BEFRIED. (3,0)
Super Nova Starweiß	40,50[3] / 12,5	0,39					BEFRIED. (3,0)
Krautol Allround	45,50 / 10,0	0,58	O*)	+	+	⊖	BEFRIED. (3,0)
Relius ExtraWeiß	53,50 / 12,5	0,59	O*)	+	+	⊖	BEFRIED. (3,0)
Meisterweiß Malerqualität[5]	17,00 / 10,0	0,16	O*)	+	+	⊖	BEFRIED. (3,5)
Globus / Super-Wandfarbe	17,00 / 10,0	0,16	Gleich mit Meisterweiß Malerqualität				BEFRIED. (3,5)
Wilckens Premiumweiß[5]	17,00 / 10,0	0,16					BEFRIED. (3,5)
Wilckens Superweiss[5]	17,00 / 10,0	0,16					BEFRIED. (3,5)
Baufix Kristall-Superweiß[4]	12,50 / 10,0	0,17	⊖*)	+	+	⊖	AUSREICH. (3,6)
Alpina Ultra	55,00 / 10,0	0,74	+	+	+	—*)[6]	AUSREICH. (4,0)
Farbturm Premium Weiss Plus	37,00 / 10,0	0,58	+	+	+	—*)[6]	AUSREICH. (4,0)
Obi / Classic Premiumweiss ExquisitPlus[9]	50,00 / 10,0	0,78	Gleich mit Farbturm Premium Weiss Plus				AUSREICH. (4,0)
Feidal Maler Weiß ELF	35,00 / 10,0	0,45	O	O	+	—*)[7]	AUSREICH. (4,0)
Schulz Raumweiß Malerqualität[5]	33,00 / 10,0	0,51	+	+	+	—*)[6]	AUSREICH. (4,0)
Globus Primaster Raumweiss[5]	33,00 / 10,0	0,51	Gleich mit Schulz Raumweiß Malerqualität				AUSREICH. (4,0)
Hornbach Meister Polar Weiss	33,00 / 10,0	0,51					AUSREICH. (4,0)
Vectra Profiweiss	43,00 / 10,0	0,86	+	+	+	—*)[6]	AUSREICH. (4,0)
Max Bahr / Unser Bestes Weiß[4]	32,00[8] / 10,0	0,64	Gleich mit Vectra Profiweiss				AUSREICH. (4,0)
Toom / Genius Pro Premiumweiss[10]	43,00 / 10,0	0,86					AUSREICH. (4,0)

Bewertungsschlüssel der Prüfergebnisse: ++ = Sehr gut (0,5–1,5). + = Gut (1,6–2,5). O = Befriedigend (2,6–3,5). ⊖ = Ausreichend (3,6–4,5). — = Mangelhaft (4,6–5,5).
Bei gleichem Qualitätsurteil Reihenfolge der Produkte im Test nach Alphabet, Reihenfolge der Gleichheiten nach Preis.
*) Führt zur Abwertung. 1) Errechnet aus ermittelter Reichweite. 2) Bei einmaligem Anstrich. 3) Von uns bezahlter Einkaufspreis. 4) Laut Anbieter inzwischen geändert. 5) Laut Anbieter Deklaration geändert. 6) Die angegebene Reichweite wurde im Praxistest deutlich unterschritten. 7) Kriterien des Umweltzeichens "Blauer Engel" nicht erfüllt: Gehalt an Formaldehyd überschritten. 8) Auch als 11,5-Liter-Gebinde für 33 Euro erhältlich. 9) Laut Anbieter nicht mehr erhältlich. 10) Laut Anbieter durch Nachfolger toom Premiumweiss ersetzt. **Einkauf der Prüfmuster:** Oktober/November 2011.

Streichen nicht gleichmäßig aus oder hinterlassen Streifen und Tropfnasen. Der Testsieger Alpinaweiß sowie Schöner Wohnen Spektralweiss, Alpina Ultra, Farbturm Premium Weiss Plus, Vectra Profiweiss und deren Gleichheiten decken hingegen so gut, dass die Oberfläche bereits nach dem ersten Anstrich gesättigt ist. Das hat zur Folge, dass die Farbe bei einem zweiten Anstrich verschmiert. ■ **Anbieter Seite 264**

8 Wäschetrockner

Unser Rat
Langfristig sind Wäschetrockner mit Wärmepumpe rentabler als klassische Kondensationstrockner. Alle sieben im Test sind gut, besonders die Modelle von **AEG**, **Blomberg**, **Bosch** und **Siemens**. Kaum schlechter, aber billiger: **Beko DPU 7340 X** für rund 500 Euro. Bei den klassischen Kondensationstrocknern (alle befriedigend) liegen **AEG** (zirka 480 Euro) und **Miele** (zirka 770 Euro) vorn.

Die Sparer kommen

1/2012 Von den 16 getesteten Kondensationstrocknern sind nur die Geräte mit Wärmepumpe gut. Sie kommen mit wenig Strom aus.

Wer elektrisch trocknen will, sollte ein stromsparendes Gerät mit Wärmepumpentechnik kaufen. Alle sieben Wärmepumpentrockner empfehlen sich mit guter Qualität. Am besten schnitten die Modelle von AEG, Blomberg, Bosch und Siemens ab. Kaum schlechter, aber billiger: Beko DPU 7340 X für rund 500 Euro. Klassische Kondensationstrockner sind nur noch zweite Wahl. Sie brauchen deutlich mehr Strom und schneiden deshalb nur befriedigend ab.

Vor ein paar Jahren war die stromsparende Technik noch richtig teuer. Inzwischen sind die Verkaufszahlen und der Marktanteil gestiegen – von 14 Prozent auf 22 Prozent. Gefallen sind hingegen die Preise. Der billigste gute Wärmepumpentrockner ist schon für 500 Euro zu haben. Viel billiger sind herkömmliche Kondensationstrockner oft auch nicht. Dafür sind sie aber längst nicht so effektiv. Um Baumwollwäsche, die mit 1400 Umdrehungen in der Waschmaschine ausgeschleudert wurde, schranktrocken zu bekommen, verbraucht der konventionelle Kondensationstrockner im Schnitt Strom für 14 Cent pro Kilogramm. Das macht bei einer 7-Kilo-Trommel rund 98 Cent. Die gleiche Menge im Wärmepumpentrockner kostet weniger als die Hälfte, etwa 42 Cent.

Bis zu 580 Euro sparen
Mit Blick in die Zukunft geht die Modellrechnung so: Gerätepreis plus Stromkosten für zehn Jahre addieren sich bei den sieben getesteten Wärmepumpentrocknern auf Sum-

Aufstellen und pflegen
Sorgen Sie für eine gute Belüftung am Aufstellort. Feuchtigkeit, die beim Trocknen nicht kondensiert, entweicht in den Raum und fördert so die Schimmelbildung. Reinigen Sie jedes Mal die Flusensiebe und kippen Sie das Kondensat aus, wenn es nicht direkt in den Abfluss rinnt. Saugen Sie außerdem von Zeit zu Zeit die Lamellen der Wärmepumpe ab, am besten gleich nach Programmende.

Wäschetrockner 8

test Wäschetrockner 1 / 2012

www.test.de	Mittlerer Preis in Euro ca.	Trocknen	Umwelteigenschaften	Handhabung	test-QUALITÄTSURTEIL
Gewichtung		45 %	30 %	25 %	100 %
Kondensationstrockner mit Wärmepumpe					
AEG T59880	750	+	++	+	GUT (1,8)
Blomberg TKF 7451 W50	645	+	++	+	GUT (1,8)
Bosch WTW 86562[1]	820	Baugleich mit Siemens WT 46 W 562			GUT (1,8)
Siemens WT 46 W 562[1]	855	+	++	+	GUT (1,8)
Beko DPU 7340 X	500	+	+	+	GUT (1,9)
Zanussi ZTH 485	635	+	+	+	GUT (1,9)
Zanker WPK 9211.7	650	+	+	+	GUT (2,0)
Kondensationstrockner ohne Wärmepumpe					
AEG T75280 AC	480	+	⊖[*]	+	BEFRIEDIGEND (3,0)
Miele T 7944 C	770	+	⊖[*]	+	BEFRIEDIGEND (3,0)
Bosch WTE 86305[1]	480	+	⊖[*]	+	BEFRIEDIGEND (3,1)
Electrolux EDC 77550 W	450	+	⊖[*]	+	BEFRIEDIGEND (3,1)
Siemens WT 46 E 305[1]	460	Baugleich mit Bosch WTE 86305			BEFRIEDIGEND (3,1)
Whirlpool AZB 6570	330	+	⊖[*]	O	BEFRIEDIGEND (3,1)
Bauknecht TK UNIQ 71B Di	400	+	⊖[*]	+	BEFRIEDIGEND (3,2)
LG RC 8015 A	640	+	⊖[*]	+	BEFRIEDIGEND (3,3)
Candy GOC 770 BT[2]	320	+	⊖[*]	O	BEFRIEDIGEND (3,5)

Bewertungsschlüssel der Prüfergebnisse: ++ = Sehr gut (0,5–1,5). + = Gut (1,6–2,5). O = Befriedigend (2,6–3,5).
⊖ = Ausreichend (3,6–4,5). — = Mangelhaft (4,6–5,5). **Bei gleichem Qualitätsurteil Reihenfolge nach Alphabet.**
*) Führt zur Abwertung.
1) Laut Anbieter inzwischen geändert. **2)** Laut Anbieter nicht mehr erhältlich. **Einkauf der Prüfmuster:** Mai 2011.

men zwischen gut 880 und knapp 1160 Euro – Preiserhöhungen beim Stromlieferanten nicht einkalkuliert. Die neun herkömmlichen Trockner verursachen Kosten zwischen rund 1060 und 1460 Euro. Der Kunde kann im günstigsten Fall ein Plus von etwa 580 Euro für sich verbuchen.

Einziger Haken: Es dauert

Trocknen können alle Geräte insgesamt gut. Modelle mit Wärmepumpe brauchen für die einzelnen Programme aber tendenziell länger als die herkömmlichen Kondensationstrockner. Eine prall gefüllte Trommel ist oft erst nach mehr als zwei Stunden schrankfertig. Die Laufzeiten sind für die eigene Zeit-

planung wichtig. Um Knitter zu vermeiden, sollte der Benutzer die Wäsche nämlich noch warm, also gleich nach Programmende herausnehmen und glattstreichen. Zwar haben fast alle Modelle eine sogenannte Knitterschutzphase. Die bringt aber nur wirklich was, wenn die Trommel nicht prall gefüllt ist. Bei voller Beladung ballt sich die Wäsche beim Drehen in der Trommel stark zusammen. Das fördert Falten und erschwert das Bügeln unnötig.

Erfreulich fiel das Ergebnis des Verflusungstests aus. Hält sich der Benutzer an die Reinigungsintervalle, schützen die Zusatzsiebe die Wärmepumpe wirksam vor Flusen und Schmutz. ■ **Anbieter Seite 264**

8 Waschtrockner

✚ Unser Rat

Viel Auswahl gibt es bei Waschtrocknern nicht. Vier Modelle überzeugen mit guter Qualität. Spitzenreiter sind **Bosch WVH28540** für rund 1 110 Euro, seine **Siemens**-Baugleichheit sowie **Miele WT 2780 WPM** für teure 1 680 Euro. Günstiger ist der befriedigende **AEG Lavamat Turbo L16850 A3** für 825 Euro. Er braucht allerdings beim Waschtrocknen und Trocknen mehr Strom und Wasser.

LG hat die Schrauben locker

10/2012 Waschtrockner haben Fans: Bewohner kleiner Wohnungen. Viele Kombigeräte machen ihren Job gut. Nur LG fiel negativ auf.

Prall gefüllte Wäscheständer vor der Heizung, voll gehängte Leinen über der Badewanne: Schön sieht das nicht aus, und Schimmel in der Wohnung fördert es auch. Wie praktisch wäre da ein Trockner. Der frisst zwar Strom, entfeuchtet die nassen Sachen aber schnell und macht sie schön flauschig. Doch wohin mit ihm? Das Bad ist zu klein, die Küche vollgestellt. Für solche Fälle bietet sich ein Waschtrockner an. Er braucht nur den Platz eines Geräts, kann aber waschen und trocknen – separat oder nonstop in einem Rutsch.

Wir haben sechs Modelle nach den gleichen Kriterien geprüft und bewertet wie ihre Solo-Geschwister. Die Preise liegen zwischen 700 Euro und knapp 1 700 Euro. Dafür gibt's eine vollwertige Waschmaschine und einen vollwertigen Trockner.

Die Waschtrockner von Bosch, Miele, Siemens und Zanker überzeugen mit einem guten test-Qualitätsurteil. AEG schneidet wegen seines etwas höheren Strom- und Wasserverbrauchs befriedigend ab. Diese fünf funktionieren so gut wie Sologeräte.

LG ist laut und unzuverlässig

Einige Schwächen zeigten sich dagegen beim durchgängigen Waschtrocknen. Aus der Trommel von Miele kommt die saubere Bügelwäsche ab und zu trockener als bügelfeucht heraus. Nasser bleibt sie hingegen im LG-Gerät. Dann muss der Benutzer Zeit nachstellen. Das geht bei allen Geräten, ist aber lästig. Der Waschtrockner von LG nervt auch durch seine Lautstärke. Außerdem zick-

Wasseranschluss und Luftlöcher

Der Waschtrockner braucht neben der Steckdose einen Wasseranschluss. Lassen Sie den Wasserhahn auch beim Trocknen geöffnet. Das Gerät zieht Wasser zum Kühlen und pumpt es wieder ab. In den Gummilaschen am inneren Trommelrand sammeln sich leicht Flusen an. Dort sitzen Luftlöcher fürs Trocknen, die nicht verstopfen dürfen. Wischen Sie die Laschen regelmäßig mit aus.

Waschtrockner 8

test Waschtrockner									10 / 2012
www.test.de	Preis in Euro ca.	Funktion Waschen	Funktion Waschtrocknen und Trocknen	Dauerprüfung	Handhabung	Umwelteigenschaften Waschen	Umwelteigenschaften Waschtrocknen und Trocknen	Schutz vor Wasserschäden	test-QUALITÄTS-URTEIL
Gewichtung		25 %	15 %	20 %	15 %	10 %	5 %	10 %	100 %
Bosch WVH28540	1110	+	+	++	+	+	O	+	GUT (1,9)
Siemens WD14H540	1120	Baugleich mit Bosch WVH28540							GUT (1,9)
Miele WT 2780 WPM	1680	+	+	++	+	+	O	++	GUT (1,9)
Zanker WTF968A.8[1]	700[2]	+	+	++	+	+	O	+	GUT (2,1)
AEG Lavamat Turbo L16850A3	825	+	+	+	+	+	⊖*)	++	BEFRIED. (2,8)
LG F1480YD[3]	830	+	O	⊖*)	+	O	O	++	AUSREICH. (4,0)

Bewertungsschlüssel der Prüfergebnisse: ++ = Sehr gut (0,5–1,5). **+** = Gut (1,6–2,5). **O** = Befriedigend (2,6–3,5). **⊖** = Ausreichend (3,6–4,5). **—** = Mangelhaft (4,6–5,5). **Bei gleichem Qualitätsurteil Reihenfolge nach Alphabet.**
*) Führt zur Abwertung.
1) Laut Anbieter nicht mehr lieferbar. **2)** Preis laut neckermann.de am 30.8.2012. **3)** Laut Anbieter nicht mehr im Sortiment.
Einkauf der Prüfmuster: Juli und August 2011.

te er im Dauertest. Zwei von drei geprüften Maschinen fielen nach simulierten rund sechs Jahren Betrieb aus. Schrauben am Lüftungskanal hatten sich gelockert, ließen sich auch nicht mehr befestigen. Das war das Aus und nur ein Ausreichend im Qualitätsurteil.

Sechseinhalb Stunden für sechs Kilo
Überhaupt strapaziert LG F1480YD die Geduld des Benutzers. Bis die volle Trommel mit sechs Kilo in einem Rutsch gewaschen und schrankfertig getrocknet ist, vergehen etwa sechseinhalb Stunden. Länger als beim separaten Waschen und Trocknen dauert das nicht. Aber in Einzelgeräten kann die Wasch- und Trockenwäsche parallel rotieren. Hier ist die Maschine die ganze Zeit voll ausgelastet. Die anderen Modelle waschtrocknen schneller, aber weniger: höchstens drei bis fünf Kilogramm. Für die Duoprogramme darf nämlich immer nur so viel in die Trommel, wie getrocknet werden kann.

Die separaten Waschprogramme fassen hingegen so viel wie normale Waschmaschinen, meist 7 oder 8 Kilo. Nur Miele begnügt sich mit 5,5 Kilogramm.

Üppige 121 Liter Wasser
Bleibt die Frage, wie sparsam Waschtrockner sind. Beim Wäschewaschen verbrauchen sie nur geringfügig mehr Strom und Wasser als eine separate Waschmaschine. Auch das Trocknen verschlingt kaum mehr Strom als ein vergleichbarer Kondensationstrockner ohne Wärmepumpe. Anders beim Wasserverbrauch. Die Modelle von Miele, Zanker, AEG und LG kühlen damit und spülen die Flusen in den Abfluss. LG zapft für schranktrockene Wäsche üppige 121 Liter aus dem Hahn, AEG immerhin knapp 100 Liter. Die Bosch- und Siemens-Geräte kühlen dagegen mit Luft. Das macht sich übers Jahr in vergleichsweise geringen Wasserkosten bemerkbar. ∎ **Anbieter Seite 264**

test Jahrbuch 2013   **Haushalt 185**

9 Heckenscheren

> ### Unser Rat
> Testsieger ist **Bosch AHS 50-26** mit Kabel (160 Euro). Sie schneidet sehr gut, ist gut zu handhaben und robust. Auch sehr gut für Form- und gut für Rückschnitte eignen sich die netzbetriebene **Metabo HS 55** (139 Euro) und die Akkuschere **Metabo AHS 36 V** (350 Euro). Insgesamt gut sind noch **Stihl HSE 52** (179 Euro), **Wolf-Garten HSE 55 V** (175 Euro) und die Akkuschere **Stihl HSA 65** (563 Euro).

Schnitt für Schnitt

9/2012 Von 19 Geräten mit Netz- und Akkubetrieb sind nur insgesamt 6 gut. 5 fallen im Dauertest mit Motor- oder Getriebeschaden aus.

Kugeln, Kegel und Kaskaden – beim Formschnitt von Hecken und Sträuchern können Gärtner ihre Kreativität ausleben. Von 19 elektrischen Heckenscheren mit Netzkabel oder Lithium-Ionen-Akku mit Preisen zwischen 46 und 563 Euro sind aber nur sechs Modelle gut, darunter zwei Akkuscheren. Fünf Heckenscheren blieben im Dauertest mit Motor- oder Getriebeschaden auf der Strecke – alles Kabelgeräte mit Preisen unter 100 Euro.

Nur eine schneidet sehr gut
Testsieger ist die kabelgeführte Bosch AHS 50-26 für 160 Euro. Sie überzeugt mit einem Sehr gut beim Formschnitt, dem jährlichen Trimmen frischer und weicher Austriebe einer Hecke, und liegt auch beim Rückschnitt kräftiger Gehölze vorne. In der gleichen Liga spielen nur die beiden Modelle von Metabo: das Kabelgerät HS 55 und das Akkugerät AHS 36 V. Ebenfalls insgesamt gut sind noch das Kabel- und das Akkugerät von Stihl – HSE 52 und HSA 65 – sowie die netzbetriebene Schere von Wolf-Garten, HSE 55 V. Die drei zeigen allerdings beim Rückschnitt kräftiger Hecken merkliche Schwächen.

Die guten Akkuscheren kosten mit 350 Euro für Metabo und 563 Euro für Stihl das Zwei- bis Dreifache der anderen Geräte. Außerdem sind die beiden im Vergleich zu anderen Akkuscheren schwer: Metabo wiegt vier, Stihl fast fünf Kilogramm. Die schwächeren Akkuscheren sind mit zweieinhalb bis drei Kilogramm deutlich leichter. Wer

Schnellladegerät und Zweitakku
Die meisten Akku-Heckenscheren werden mit Standardladegeräten verkauft. Wenn Sie oft mit Akkugeräten arbeiten, lohnt sich die Anschaffung eines Schnellladegeräts und eines Zweitakkus. Benutzen Sie nur das zugehörige Ladegerät. Es verhindert ein Überladen. Nehmen Sie Akkus nach dem Aufladen aus dem Ladegerät heraus. Trennen Sie das Gerät auch vom Netz, da es sonst ständig Strom zieht.

Heckenscheren 9

test Heckenscheren 9 / 2012

www.test.de	Mittlerer Preis in Euro ca.[1]	Schneiden	Handhabung	Haltbarkeit	Sicherheit	Akku und Ladegerät	test-QUALITÄTSURTEIL
Gewichtung		30 %	35 %	15 %	5 %	15 %	100 %
Akkubetrieb							
Metabo AHS 36 V[2]	350	+	O	+	+	++	GUT (2,3)
Stihl HSA 65[3]	563[4]	+	O	++	+	+	GUT (2,3)
Wolf-Garten HTA 700	130	O[*]	+	++	+	+	BEFRIED. (2,7)
Gardena EasyCut 50-Li	150	O[*]	+	+	+	O	BEFRIED. (2,8)
Black & Decker GTC 1850 LFC	150	O[*]	+	O	O	+	BEFRIED. (3,0)
Bosch AHS 52 Li	150	O[*]	O	++	+	⊖	BEFRIED. (3,1)
Atika HSC 560/18	80	O[*]	O	+	+	⊖	BEFRIED. (3,4)
Netzbetrieb							
Bosch AHS 50-26	160	++	+	++	+	Entfällt	GUT (1,9)
Metabo HS 55	139	+	O	++	+	Entfällt	GUT (2,3)
Stihl HSE 52	179	+	O	+	+	Entfällt	GUT (2,3)
Wolf-Garten HSE 55 V	175	+	O	++	+	Entfällt	GUT (2,5)
Gardena ErgoCut 48	140	+	O	O	+	Entfällt	BEFRIED. (3,0)
Bosch AHS 50-16	80	O[*]	O	+	+	Entfällt	BEFRIED. (3,2)
Black & Decker GT 5026	140	+	⊖[*]	++	+	Entfällt	BEFRIED. (3,3)
Dolmar HT-48	99	+	+	—[*]	+	Entfällt	MANGELH. (5,0)
Einhell RG-EH 6160[5]	90	⊖	O	—[*]	+	Entfällt	MANGELH. (5,0)
Obi / Lux EHS 600/55[5]	60	O	⊖	—[*]	+	Entfällt	MANGELH. (5,0)
Praktiker / Fleurelle FEHS 6055	55	+	+	—[*]	+	Entfällt	MANGELH. (5,1)
Atika HA 620/55	46	O	O	—[*]	+	Entfällt	MANGELH. (5,2)

Bewertungsschlüssel der Prüfergebnisse: ++ = Sehr gut (0,5–1,5). + = Gut (1,6–2,5). O = Befriedigend (2,6–3,5). ⊖ = Ausreichend (3,6–4,5). — = Mangelhaft (4,6–5,5). **Bei gleichem Qualitätsurteil Reihenfolge nach Alphabet.**
*) Führt zur Abwertung.
1) Setpreis gegebenenfalls inklusive beiliegendem Akku und Ladegerät. 2) Laut Anbieter ist das Set nicht mehr mit dem Schnellladegerät ASC 15 erhältlich. Es wird jetzt zum gleichen Preis mit dem langsameren Ladegerät ASC 30 verkauft. Das ASC 15 kostet als Zubehör 97 Euro. 3) Geprüft wurde das Gerät mit dem Akku AP 80 und dem Ladegerät AL 300.
4) Gerät wird nicht im Set verkauft, der Preis ergibt sich aus den Einzelpreisen der Komponenten: Heckenschere 280 Euro, Akku 164 Euro, Ladegerät 119 Euro. 5) Laut Anbieter Produkt verändert.
Einkauf der Prüfmuster: Februar und März 2012.

nur eine Schere für den Formschnitt sucht, dürfte sich über das angenehme Handling der leichten Akkugeräte freuen. Wer aber auch ein Werkzeug für den Rückschnitt braucht, muss das hohe Gewicht der kräftigeren Akkuscheren in Kauf nehmen. Oder er greift – sofern ein Netzanschluss in der Nähe ist – gleich zu einem guten Kabelgerät.

Beim Handhaben hat sich ein Bügelgriff vorn bewährt. Er erlaubt das schnelle Umgreifen, was an der Hecke praktisch ist. Einige Geräte haben stattdessen oder zusätzlich drehbare Griffe. Das hat sich als eher unpraktisch erwiesen, weil der Griff mit zwei Händen gedreht und das Gerät jedes Mal abgesetzt werden muss. ■ **Anbieter Seite 267**

9 Vertikutierer

✚ Unser Rat

Nur sechs Vertikutierer verdienen am Ende die Note gut: Am besten ist der **Gardena EVC 1000** (130 Euro). Sehr leise arbeitet **Viking LE 540** für stolze 450 Euro. Preiswert, aber laut sind **Einhell BG-ES 1231** sowie der baugleiche **Praktiker/Budget BEV 1232** (80 Euro) und **Einhell RG-SA 1433** (100 Euro). Der **Sabo 31-V EL** (289 Euro) ist noch gut, entfernt Filz und Moos aber nur befriedigend.

Gegen den Filz

4/2012 Sie gehen Rasenfilz und Moos an den Kragen. Doch nur jeder dritte Vertikutierer schneidet gut ab. Zwei sind sogar mangelhaft.

Vertikutierer kämmen den Rasen, zerkleinern Filz und Moos und holen es zwischen den Grashalmen heraus. Das belebt den Rasen und regt das Wachstum an. Wir haben 18 Elektrovertikutierer getestet – von gut bis mangelhaft ist alles dabei. Erstaunlich: Der günstigste Vertikutierer für 80 Euro ist fast genauso gut wie der teuerste für stolze 450 Euro.

Manche Geräte funktionieren nicht
Beim Vertikutieren kommt es vor allem darauf an, den Rasenfilz und das Moos zu entfernen, die Grasnarbe aber möglichst unbeschadet zu lassen. Doch manche Geräte funktionieren einfach nicht richtig, andere gehen schnell kaputt. Den schlechtesten Eindruck beim Vertikutieren hinterlässt der Güde GV 1400 P: Er entfernt weder Filz noch Moos richtig, beschädigt dafür die Grasnarbe erheblich und verstopft schnell. Für ihn heißt es am Ende: mangelhaft. Etwa jedes zweite Gerät im Test ist unangenehm laut. Das ist allerdings nicht ganz so schlimm, weil eher selten vertikutiert wird.

Vertikutierer kommen zwar nur selten zum Einsatz, müssen dann aber einiges aushalten. Die Tester haben jedes Modell 50 Stunden auf dem Prüfstand im Labor gefahren, was bei je zweieinhalb Stunden im Frühjahr und im Herbst etwa zehn Jahre Nutzung simuliert. Drei Geräte hatten damit Schwierigkeiten. Al-Ko 32 VLE Combi Care Comfort und Bauhaus/Gardol GEV 1400-33 zeigten starken Verschleiß an der Vierkantaufnah-

Am besten zweimal im Jahr
Die beste Zeit zum Vertikutieren ist das Frühjahr, wenn das Gras wieder anfängt zu wachsen. Das geschieht ab 8 Grad Celsius, also etwa Anfang April bis Mitte Mai. Der Boden sollte erdfeucht sein. Mähen Sie das Gras vorher auf etwa 3 bis 4 Zentimeter herunter. Ein zweiter Gang empfiehlt sich Ende August bis Ende September. In der Sommerhitze bekommt dem Rasen das Vertikutieren nicht.

Vertikutierer 9

test | Elektrovertikutierer | 4 / 2012

www.test.de	Mittlerer Preis in Euro ca.	Verti-kutie-ren	Hand-ha-bung	Haltbarkeit und Verar-beitung	Si-cher-heit	Schad-stoffe	Ge-räusch	test - QUALITÄTS-URTEIL
Gewichtung		30 %	25 %	25 %	10 %	5 %	5 %	100 %
Gardena EVC 1000	130	+	+	+	+	+	+	GUT (2,1)
Viking LE 540	450	+	+	+	+	+	++	GUT (2,3)
Einhell BG-ES 1231	80	+	○	+	+	+	⊖	GUT (2,4)
Einhell RG-SA 1433	100	+	○	+	+	+	⊖	GUT (2,4)
Praktiker / Budget BEV 1232	80	Baugleich mit Einhell BG-ES 1231						GUT (2,4)
Sabo 31-V EL	289	○	+	+	+	+	+	GUT (2,4)
Wolf-Garten Campus 1000 V	100	○	+	+	+	+	○	BEFRIED. (2,6)
Wolf-Garten UV 30 EV[1]	200	○	○	+	+	+	+	BEFRIED. (2,6)
Atika VT 32	89	○	○	○	+	++	⊖	BEFRIED. (2,9)
Bauhaus / Hurricane HVLA 1300-32	79	Baugleich mit Atika VT 32						BEFRIED. (2,9)
Otto / Hanseatic VT 32[2]	100							BEFRIED. (2,9)
Bosch AVR 1100	180	+	○	+	⊖[*]	+	○	BEFRIED. (3,0)
Al-Ko 32 VLE Combi Care Comfort	110	+	○	⊖[*]	+	○	⊖	AUSREICH. (3,6)
Bauhaus / Gardol GEV 1400-33[3]	99	+	○	⊖[*]	○	+	○	AUSREICH. (3,6)
Hellweg / Plantiflor LV 1500	130	⊖[*]	○	+	+	+	⊖	AUSREICH. (3,6)
Obi / Lux E-VL 1800-36	120	⊖[*]	○	+	+	+	⊖	AUSREICH. (4,0)
Güde GV 1400 P[4]	119	—[*]	⊖	○	○	○	++	MANGELH. (4,7)
Brill 38 VE/RL	119	+	○	—[*]	+	○	⊖	MANGELH. (5,0)

Bewertungsschlüssel der Prüfergebnisse: ++ = Sehr gut (0,5–1,5). **+** = Gut (1,6–2,5). ○ = Befriedigend (2,6–3,5).
⊖ = Ausreichend (3,6–4,5). — = Mangelhaft (4,6–5,5). **Bei gleichem Qualitätsurteil Reihenfolge nach Alphabet.**
*) Führt zur Abwertung.
1) Laut Anbieter inzwischen Leistung auf 1,2 Kilowatt geändert.
2) Auch bei hagebaumarkt erhältlich.
3) Laut Anbieter inzwischen geändert.
4) Laut Anbieter nicht mehr erhältlich. **Einkauf der Prüfmuster:** Februar/März 2011.

me der Messerwalze. Beide bestanden den Dauertest knapp. Beim Brill 38 VE/RL war die Aufnahme der Messerwalze schnell verschlissen und der Motor beschädigt, sodass dieses Gerät frühzeitig ausfiel – dafür gibt es die Note Mangelhaft.

Der Fangkorb ist oft schnell voll, muss also häufig geleert werden. Viele Gärtner arbeiten daher lieber ohne Korb und harken das Vertikutiergut nachher ab oder mähen anschließend. Beim Einstellen, Bedienen, Fahren und Wenden hatten die Tester meist etwas auszusetzen. Nur vier Geräte lassen sich gut handhaben: Gardena EVC 1000, Viking LE 540, Sabo 31-V EL und Wolf-Garten Campus 1000 V. Um die Messertiefe einzustellen, ist ein Hebel oben am Holm oder unten am Gerät praktisch. Zum Teil wird die Schnitttiefe hingegen direkt am Rad der Vorderachse justiert. ■ **Anbieter Seite 267**

10 Alpinski (Damen)

Unser Rat

Ausgeglichen gut und sowohl für Gelegenheits- als auch für sportliche Fahrerinnen geeignet ist **Salomon Origins Iava** für 430 Euro. **Blizzard Viva 7.6 IQ** hat das gleiche Qualitätsurteil, kostet aber 500 Euro. Es folgen **Atomic Affinity Pure 79** für 400 Euro und **K2 SuperOne** für 430 Euro. Der **Head MYA N° 4** für 450 Euro empfiehlt sich für sportliche Fahrerinnen. Sie beurteilten ihn mit sehr gut.

Rocker für die Piste

1/2012 Die neue Bauweise der Alpinski überzeugte auf der Piste und im Labor. Im Test: Elf Damenmodelle in der mittleren Preisklasse.

Etwa alle zehn Jahre verkündet die Skiindustrie eine Revolution. Jetzt ist wieder eine neue Generation am Start, die sogenannten Rockerski. Von den elf Damenski, die wir zusammen mit dem österreichischen Verein für Konsumenteninformation (VKI) getestet haben, sind immerhin acht Rocker. Und sie haben sich sowohl im Labor als auch auf der Piste gut geschlagen. Bis auf ein Modell landeten alle Rockermodelle auf den vorderen Plätzen des Testfeldes.

Rockerski fahren vorn
Rockerski, die es sowohl für Frauen als auch für Männer gibt, sind einfacher zu beherrschen, und sie besitzen eine sehr gute Wendigkeit. Im Rennsport werden Rockerski aber nicht eingesetzt. Denn sie sind etwas träger, die Kante greift erst mit etwas Verzögerung. Für den Freeride-Sport, also das Skifahren abseits der präparierten Pisten im Tiefschnee, sind die Rockerski dagegen sehr gut geeignet. Hier können sie ihren Vorteil des besseren Aufschwimmens auf dem Schnee voll ausspielen.

Das Testergebnis ist insgesamt erfreulich positiv ausgefallen. Die Verarbeitungsqualität hat inzwischen ein sehr hohes Niveau erreicht. Fortschritte gibt es auch bei der Skikonstruktion. So gab es zum Beispiel in der technischen Prüfung diesmal keinen einzigen Ausreißer. Was man auch wörtlich nehmen kann, denn im Rahmen dieser Prüfung wird unter anderem die Ausreißfestigkeit der Kanten getestet. Hier wurde zehn-

Was ist neu bei den Rockern?
Sie sind geringfügig breiter und das Ende ist etwas nach oben gebogen. Während herkömmliche Ski wie ein Bogen gespannt sind, ist dies bei Rockern weniger ausgeprägt. Liegt der Ski auf einer geraden Fläche, erkennt man die weiter in die Mitte verlagerten Kontaktpunkte. Rocker erleichtern das Einleiten des Schwungs und verzeihen auch mal einen Fehler. Sie eignen sich für alle Zielgruppen.

Alpinski (Damen) 10

⊞ test — Damen-Alpinski — 1 / 2012

www.test.de	Mittlerer Preis mit Bindung in Euro ca.	Fahreigenschaften für sportliche Fahrerinnen	Fahreigenschaften für Gelegenheitsfahrerinnen	Technische Prüfung	⊞ test - QUALITÄTS-URTEIL
Gewichtung		40 %	40 %	20 %	100 %
Blizzard Viva 7.6 IQ[1]	500	+	+	++	GUT (1,6)
Salomon Origins lava	430	+	+	++	GUT (1,6)
Atomic Affinity Pure 79	400	+	+	++	GUT (1,9)
Head MYA N° 4[1]	450	++	O	++	GUT (1,9)
K2 SuperOne	430	+	+	++	GUT (1,9)
Dynastar Exclusive Active	400	+	+	+	GUT (2,0)
Fischer Adventure KOA 78[1]	400	+	+	+	GUT (2,0)
Völkl Attiva Estrella green	400	+	O	++	GUT (2,2)
Elan Inspire Fusion	450	+	O	+	GUT (2,5)
Nordica Drive XBI CT[1]	470	O*)	O	++	BEFRIED. (2,6)
Rossignol Temptation 78	450	O*)	O	+	BEFRIED. (3,5)

Bewertungsschlüssel der Prüfergebnisse: **++** = Sehr gut (0,5–1,5). **+** = Gut (1,6–2,5). O = Befriedigend (2,6–3,5). ⊖ = Ausreichend (3,6–4,5). — = Mangelhaft (4,6–5,5). Bei gleichem Qualitätsurteil Reihenfolge nach Alphabet.
*) Führt zur Abwertung.
1) Laut Anbieter inzwischen geändert.
Einkauf der Prüfmuster: März 2011.

---

mal ein Sehr gut vergeben. Nennenswerte Unterschiede gab es aber bei der Kantenhöhe. Die Differenz zwischen zirka 2,2 (Atomic, Salomon) und 1,5 Millimetern (Dynastar, Elan, Rossignol) ist vor allem für sportliche Fahrerinnen interessant, weil sie auf einen guten Kantengriff angewiesen sind. Sie müssen die Kante häufiger nachschleifen. Das geht freilich nur, solange sie noch vorhanden ist. Denn bei jedem Schleifen wird die Kante eine Spur dünner.

Mal sportlich, mal gemütlich
Die praktische Prüfung fand im April auf dem Hintertuxer Gletscher im Zillertal in Tirol statt. Das Skigebiet, das an seiner höchsten Stelle bis auf 3250 Meter reicht, bietet das ganze Jahr über die Möglichkeit, Ski zu fahren. Wie üblich teilte sich das Testteam – acht Frauen zwischen 23 und 62 Jahren – in zwei Gruppen auf: zum einen die eher gemütlichen Gelegenheitsfahrerinnen und zum anderen die sportlichen Fahrerin-

nen, die eine schnellere Fahrweise bevorzugen und damit den Brettern einiges mehr abverlangen. Bewertet wurde im Praxistest das Fahren auf präparierten und nicht präparierten Pisten. Dazu gehören unter anderem die Gleiteigenschaften und das Verhalten bei kurzen und langen Schwüngen. Außerdem beurteilten die Testerinnen die Skidynamik und den Fahrkomfort.

Besser für sportliche Fahrerinnen
Bei drei Modellen unterscheiden sich die Ergebnisse zwischen den beiden Gruppen deutlich. Besonders auffällig ist die Diskrepanz beim Head-Ski. Während ihn die sportlichen Fahrerinnen mit einem Sehr gut auszeichneten, landete er bei den Gelegenheitsfahrerinnen nur im Mittelfeld. Auch Elan und Völkl sind für diese Zielgruppe nur befriedigend. Beim Skikauf sollte also keiner nur auf neue Trends schielen. Der Ski muss vor allem zum individuellen Können und Fahrstil passen. ■ **Anbieter Seite 268**

test Jahrbuch 2013

Freizeit **191**

10 City- und Kinderhelme

✚ Unser Rat

Die Belüftung der Cityhelme funktioniert schlecht. Sie eignen sich eher für Fahrten auf dem Elektrorad oder zum langsamen Cruisen. Großflächig durchbrochene Helme belüften besser. Bester im Test: **Casco Activ-TC** für 60 Euro. Gute Produkte gibt es schon für 18 Euro, den **Profex City FZ-006**. Bei den Kinder- und Jugendhelmen liegen **Limar 515** (40 Euro) und **Prophete TX-07** (20 Euro) vorn.

Helm für coole Köpfe

5/2012 Gute Stoßdämpfung, gute Belüftung – das Casco-Modell Activ-TC überzeugt in beiden Punkten. Anders als viele moderne Cityhelme.

Bei Sechstklässlern ist die Welt noch in Ordnung. Fast alle steigen nur mit Helm bewehrt auf ihr Fahrrad. Doch ab dieser Klassenstufe geht die Bereitschaft, einen Helm zu tragen, rapide zurück. Größere Kinder finden ihn „uncool". Für die makellose Frisur und das bessere Aussehen nehmen sie das höhere Verletzungsrisiko bei einem Unfall billigend in Kauf. Doch offenbar gibt es eine Wende.

Der Fahrradhelm von der Skipiste

Die Helmanbieter schielen auf den rasanten Erfolg des Kopfschutzes bei Skiläufern und Skatern. Sie bieten Skater-, Ski-, Snowboard- und ähnliche Helme als City-Fahrradhelme und als Elektrofahrradhelme an – offenbar mit Erfolg. Die glattflächig geschlossenen, bis in den Nacken reichenden Helme mit ihrem dezenten Schmuck verkaufen sich besser als die herkömmlichen, löcherigen Sporthelme. Sagen die Anbieter.

Im Test zeigen die geschlossenen Cityhelme einen gravierenden Nachteil, sagen die Prüfer. Für flottes Radeln fehlt die Belüftung.

Wer schwitzt, „gart" sein Hirn im eigenen Saft. Nur Modelle mit großflächigen Belüftungsöffnungen bewahren ambitionierte Fahrradfahrer vor dem Hitzestau. Von 34 getesteten Fahrradhelmen, darunter Helme für Erwachsene, Kinder und Jugendliche, wurde wegen der schwachen Belüftung jeder zweite Erwachsenenhelm abgewertet. Vier Kinderhelme ebenso. Schlechte Noten gab es auch im Stoßdämpfungstest.

So sitzt der Helm richtig

Der Helm soll waagerecht sitzen und nach dem Spannen des Kopfrings nur an gepolsterten Stellen mit dem Kopf Kontakt haben. Wechselpolster schützen vor Druckstellen. Die beiden Gurtbänder bilden einen Winkel. Dessen Spitze gehört unmittelbar unter das Ohr. Der Riemen mit dem Schloss darf aber nicht gegen den Hals drücken. Der Kinnriemen wird so gespannt, dass er am Kinn anliegt.

City- und Kinderhelme 10

test City-Fahrradhelme   5 / 2012

www.test.de	Mittlerer Preis in Euro ca.	Unfall-schutz	Hand-habung, Komfort	Hitzebe-ständigkeit	Schad-stoffe	test-QUALITÄTSURTEIL
Gewichtung		50 %	35 %	10 %	5 %	100 %
Casco Activ-TC	60	+	++	++	++	GUT (1,6)
Cratoni Evolution	120	+	+	++	++	GUT (2,1)
Casco E.Motion Cruiser	140	+	O	++	++	GUT (2,2)
Abus Urbanaut	120	+	O	+	++	GUT (2,3)
Bell Muni	80	+	O	++	++	GUT (2,3)
Profex City FZ-006	18	+	+	O	++	GUT (2,3)
Bell Faction	45	O	+	++	++	GUT (2,4)
Uvex Discovery[1]	119	+	O	++	O	GUT (2,4)
Nutcase URS - 011S	70	O	O	++	++	GUT (2,5)
Uvex xp 17 city	40	O	+	+	++	BEFRIEDIGEND (2,6)
Abus Aven-U	60	O	O	+	++	BEFRIEDIGEND (2,7)
Alpina City	60	O	O	O	++	BEFRIEDIGEND (2,7)
Giro Surface	70	O	O	+	++	BEFRIEDIGEND (2,7)
Etto City Safe[1]	65	O	+	O	⊖*)	BEFRIEDIGEND (3,2)
KED Sky Two	100	⊖*)	O	O	⊖	AUSREICHEND (4,4)
MET Cameleonte Executive	60	—*)	+	++	++	MANGELHAFT (5,0)

Bewertungsschlüssel der Prüfergebnisse: ++ = Sehr gut (0,5–1,5). + = Gut (1,6–2,5). O = Befriedigend (2,6–3,5).
⊖ = Ausreichend (3,6–4,5). — = Mangelhaft (4,6–5,5). **Bei gleichem Qualitätsurteil Reihenfolge nach Alphabet.**
*) Führt zur Abwertung.
1) Laut Anbieter inzwischen geändert. **Einkauf der Prüfmuster:** Dezember 2011/Januar 2012.

Wie der Treffer eines Profiboxers

Die Stoßdämpfung ist bei einem Sturz entscheidend. Nicht der Kopf soll den Stoß dämpfen, sondern der Helm. Beim Test fällt der mit einem Prüfkopf gefüllte Helm aus etwa 1,5 Metern Höhe jeweils auf einen flachen und einen kantigen Sockel. Das sind realistische Bedingungen für einen Sturz vom Fahrrad. Dabei messen wir die Beschleunigungswerte im Prüfkopf. Bei vier Helmen ist die Beschleunigung am Testkopf höher als bei einem Treffer der rechten Geraden eines Profiboxers, mit der er seinen Gegner auf die Bretter schickt. Eine Gehirnerschütterung kann die Folge sein. Deshalb haben wir KED Sky Two, MET Cameleonte Executive, Cratoni C-Air youth sowie Profex Vega Prinzess abgewertet.

Härter als die Norm

Unser Test fordert die Helme stärker, als es die Norm verlangt. Wir prüften die durchgefallenen Modelle – natürlich mit neuen Helmen – auch nach Normmaßstäben, Fallhöhe knapp 1,1 Meter auf einen kantigen Sockel. Ergebnis: MET und Profex fallen auch in dem weniger anspruchsvollen Test durch. Wir raten vom Kauf ab. Wer so einen Helm besitzt, sollte ihn austauschen.

Auch Cratoni C-Kid ist nicht zu empfehlen. Bei ihm zerbrach das Schloss. Wir prüften, ob der Helm während eines Unfalls vom Kopf gerissen werden kann. Das darf nicht passieren. Aber genau das ist bei diesem Helm geschehen. Wie gut die Riemen den Helm zuverlässig am Kopf fixieren, hängt auch von deren Einstellung ab. In der ▶

test Jahrbuch 2013   Freizeit 193

10 City- und Kinderhelme

test — Fahrradhelme für Kinder — 5 / 2012

www.test.de	Mittlerer Preis in Euro ca.	Unfall-schutz	Hand-habung, Komfort	Hitze-bestän-digkeit	Schad-stoffe	test - QUALITÄTSURTEIL
Gewichtung		50 %	35 %	10 %	5 %	100 %
Limar 515	40	+	++	+	++	GUT (1,7)
Prophete TX-07	20	+	++	++	++	GUT (1,7)
Giro Flume	50	+	++	++	++	GUT (1,8)
Bell Alibi	50	+	+	++	++	GUT (1,9)
KED Gekko	40	+	++	O	++	GUT (2,0)
Abus MountX	50	+	+	++	++	GUT (2,1)
Alpina FB Junior L.E.	50	O	++	++	++	GUT (2,1)
Casco Fun-Generation	50	+	O	++	++	GUT (2,1)
MET Crackerjack	50	+	+	++	++	GUT (2,1)
Uvex hero[1]	39	+	+	+	O	GUT (2,1)
Abus Scraper Kid	40	+	O	+	++	GUT (2,5)
Bell Fraction	45	O	O	++	++	BEFRIED. (2,6)
Decathlon / b'Twin Unscar Jr Rainbow[2]	16	O	O	++	O	BEFRIED. (2,7)
Uvex uvision junior[1]	50	+	++	+	⊖ *)	BEFRIED. (2,8)
Etto Bernina[1]	40	O	++	+	⊖ *)	BEFRIED. (3,1)
Cratoni C-Air youth[3]	60	⊖ *)	++	+	O	AUSREICHEND (4,2)
Profex Vega Prinzess FZ-008	15	— *)	+	O	++	MANGELHAFT (4,8)
Cratoni C-Kid	40	— *)	++	+	++	MANGELHAFT (5,0)

Bewertungsschlüssel der Prüfergebnisse: ++ = Sehr gut (0,5–1,5). + = Gut (1,6–2,5). O = Befriedigend (2,6–3,5).
⊖ = Ausreichend (3,6–4,5). — = Mangelhaft (4,6–5,5).   Bei gleichem Qualitätsurteil Reihenfolge nach Alphabet.
*) Führt zur Abwertung.
1) Laut Anbieter inzwischen geändert.
2) Laut Anbieter zurzeit nicht erhältlich.
3) Laut Anbieter Produkt geändert.   Einkauf der Prüfmuster: Dezember 2011/Januar 2012.

Praxis stimmt die Einstellung selten. Häufigster Fehler: Der Winkel zwischen vorderem und hinterem Gurtband, der unter dem Ohr sitzen sollte, hängt am Kinn. So kann sich der Helm verschieben und schützt nicht mehr optimal.

Fixieren, nicht verstellen

Nachdem der Helmträger die Gurte korrekt eingestellt hat, sollte sich nichts mehr verstellen. Die meisten Helme fixieren die Gurte mit Klemmen. Doch manche Klemmen kann der Nutzer kaum bewegen. Dumm ist nur, wenn der Helm gar keine Klemme hat

und sich die Riemen nicht fixieren lassen. Bei Abus Aven-U und Giro Surface muss der Nutzer die Gurte immer wieder neu einstellen. Das ist mehr als lästig.

Manche Helmanbieter wie Bell und Casco machen aus der Not eine Tugend und fixieren die Gurte fest in einer bestimmten Position. Auch die Tester konnten die Riemen nicht verstellen, vergaben aber keine schlechteren Noten für die Gurtgeometrie. Offenbar hat der Hersteller eine günstige Universaleinstellung gefunden. So werden gleich von vornherein falsche Einstellungen vermieden. ■   **Anbieter Seite 268**

194 Freizeit

Flugbuchung im Internet

✚ Unser Rat

Die besten Ergebnisse bei den Preisvergleichen erzielten **www.billigflieger.de**, **www.momondo.de** und **www.swoodoo.de**. Bei den Online-Reisebüros ging die holländische Seite **www.cheaptickets.de** als Preissieger hervor. Günstige Flüge bieten noch die Portale **www.expedia.de** und **www.lastminute.de**. Überprüfen Sie vor dem Buchungsklick, welche Leistungen berechnet werden.

Günstig abheben

2/2012 Genaues Vergleichen lohnt sich. Preissuchmaschinen und Reiseportale im Internet finden meist den günstigsten Flug.

Wer günstig abheben will, muss akribisch die Preise vergleichen. Bester Startplatz für die Suche ist das Internet. Preissuchmaschinen und Online-Reisebüros versprechen, unter tausenden von Tarifen den besten herauszufischen. Preissuchmaschinen durchforsten die Webseiten von Airlines und Online-Reisebüros. Mit dem Klick auf das gewünschte Angebot wird der Suchende auf die Seite des Anbieters weitergeleitet, wo er den Flug dann buchen kann.

Wir haben uns acht Preisvergleichsseiten und neun Online-Reisebüros genauer angesehen und jeweils nach dem günstigsten Preis für 15 One-way-Flüge gesucht. Das Resultat ist erfreulich: Alle geprüften Preissuchmaschinen finden günstige Flüge. Nach einer Studie von billigflieger.de sparen diejenigen, die vergleichen und nicht gleich beim erstbesten Anbieter buchen, im Schnitt rund 27 Prozent. Wer auf das absolut günstigste Angebot Wert legt, sollte aber immer mehrere Vergleichsseiten heranziehen.

Die 15 Flüge, mit denen die Preisvergleiche geprüft wurden, dienten auch als Test für neun Online-Reisebüros. Cheaptickets.de ging hier als Preissieger hervor, die Seite findet fast immer günstige Flugpreise, berechnet aber eine Reservierungsgebühr. Die kann der Reisende oft sparen, wenn er nach der Suche direkt bei der Airline bucht.

Vorsicht ist bei fluege.de angebracht. Das Portal schlug zum Testzeitpunkt dem zunächst angegebenen Preis später noch Gebühren und die Mehrwertsteuer hinzu. ∎

Zusatzkosten bei Billigairlines
Alle Flugpreisvergleiche präsentieren auch die Angebote von Billigfliegern. Die angegebenen Preise müssen insgesamt aber nicht immer die günstigsten sein. Denn es können noch etliche Zuschläge dazukommen, zum Beispiel fürs Gepäck. Wer das Ticket mit Kreditkarte bezahlt, muss nicht nur bei den Billigfliegern mit Zusatzkosten rechnen, auch bei Lufthansa, Swiss, Austrian und Brussels Airlines.

10 Funktionsjacken + CSR

> ### ✚ Unser Rat
>
> Der Testsieger heißt **Jack Wolfskin Highland Men** für 179 Euro. Daneben schneidet nur noch die **Berghaus Carrock Jacket** für 220 Euro gut ab. Vier Anbieter verweigerten die Auskunft zur Unternehmensverantwortung gegenüber Mitarbeitern und Umwelt, darunter Berghaus. Das größte soziale und ökologische Engagement zeigen **Adidas, Jack Wolfskin und Schöffel**.

Nur wenige Lichtblicke

8/2012 Gegen starken Regen schützen viele Funktionsjacken auf Dauer nicht. Und: Viele Anbieter profitieren von schlecht bezahlten Näherinnen.

Regendicht und atmungsaktiv sollen sie sein, von innen und außen trocken halten. Das erhoffen sich Kunden vom Kauf einer Outdoorjacke. In vielen Fällen werden sie enttäuscht. Im Test funktioniert das Prinzip nur bei zwei Modellen gut: Jack Wolfskin Highland Men für 179 Euro und Berghaus Carrock Jacket für 220 Euro. Fünf Herrenjacken schneiden mittelmäßig ab, neun ausreichend. Die Killtec Canik Line Checker ist sogar mangelhaft. Hier kommt der Schweiß kaum heraus, dafür dringt Wasser ein. Selbst neu ist die Killtec nicht regendicht und nur minimal atmungsaktiv.

Alles fair produziert?

Nicht nur Funktionsjacken selbst haben wir unter die Lupe genommen, sondern auch die gesellschaftliche Unternehmensverantwortung (Corporate Social Responsibility, kurz CSR) ihrer Anbieter. Fertigen sie die Jacken fair und ökologisch? Wie engagieren sie sich für Mitarbeiter und Umwelt? Viel Grund zum Wohlfühlen bieten Killtec, aber auch andere Anbieter hier nicht.

Überraschendes Ergebnis

17 Allroundjacken zwischen 85 und 300 Euro haben wir geprüft. Es zeigt sich: Fünf Funktionsjacken sind kaum atmungsaktiv. Sechs lassen bereits neu zu viel Wasser durch. Neben der Killtec Canik Line Checker gehören dazu die Jacken von Adidas, Intersport, Regatta, Salewa und SportScheck. Nur die Highland Men von Jack Wolfskin hält auch nach dem Waschen sehr gut dicht.

> ### Richtig pflegen
>
> Waschen Sie Ihre Jacke am besten nur einmal im Jahr in der Waschmaschine – nach Pflegeetikett und mit Feinwaschmittel. Nach dem Waschen lässt sich die Imprägnierung etwas reaktivieren – im Wäschetrockner oder durch Bügeln. Perlt das Wasser nicht mehr ab, hilft nur nachimprägnieren. Das exemplarisch geprüfte Nikwax TX-Direct Wash-In verbesserte die Regendichtheit der Jacke.

Funktionsjacken + CSR 10

Hohe Wassersäule reicht nicht
Schlecht verklebte Nähte, Löcher in Membran oder Beschichtung, unzureichend abgedeckte Taschen und Reißverschlüsse offenbaren sich vor allem dann, wenn die Imprägnierung ausgewaschen ist. Dann lassen die meisten Modelle ihren Träger buchstäblich im Regen stehen.

Da hilft auch keine markige Werbung. Anbieter preisen ihre Jacken gerne mit Aussagen wie „Wassersäule größer als 5 000 Millimeter" an. Die Zahl zeigt, ab welchem Wasserdruck die ersten Tropfen durch die Stofffläche dringen. Je höher die Säule, desto dichter der Stoff. Ein hoher Wert soll vermitteln, dass der Jackenstoff und damit die Jacke wasserdicht sind. Praktisch hilft die Zahl wenig weiter. Der Grund: Nicht nur das Material entscheidet über die Qualität einer Jacke, sondern auch wie gut sie geschnitten, verarbeitet und der Oberstoff imprägniert ist. Ein Beispiel liefert die Firma Regatta. Ihre Feego-Jacke lässt im Regentest schon vor dem ersten Waschen großflächig Wasser durch, trotz einer angegebenen Wassersäule von maximal 5 000 Millimeter.

Der Schweiß muss raus
Wer jemals im dichten Friesennerz geschwitzt hat, weiß nicht nur den Regenschutz, sondern auch die Atmungsaktivität zu schätzen. Eine Funktionsjacke atmet natürlich nicht. Sie besitzt eine Membran oder eine Beschichtung, die Schweiß nach außen leitet. Wie gut sie das schafft, zeigt der sogenannte Wasserdampfdurchgangswiderstand (R_{et}). Je niedriger er ist, desto besser. Bei den gut atmungsaktiven Jacken von Berghaus, Haglöfs, Jack Wolfskin und Marmot liegt der R_{et} unter 10. Der Wert bei der mangelhaften Killtec: 240.

Mit Billiglöhnen abgespeist
Im Test zur gesellschaftlichen Unternehmensverantwortung (CSR) haben unsere Experten die 17 Anbieter nach Arbeitsbedingungen und Umweltschutz in ihren Fertigungsstätten gefragt, Nähfabriken vor Ort überprüft und Arbeiter interviewt. Das Ergebnis: Ob in China, Indonesien oder Vietnam – die Fabriken, in denen die Jacken zusammengenäht werden, speisen ihre Beschäftigten zumeist mit Billiglöhnen ab. Und was in den Zulieferbetrieben vor sich geht, bei den Webern, den Färbern und den Knopfherstellern – davon haben die meisten Anbieter wenig Ahnung.

Vier verweigern die Auskunft
Das größte Engagement lassen Adidas, Jack Wolfskin und Schöffel erkennen. Adidas zeigt, dass in einer Nähfabrik gute Produktionsbedingungen möglich sind. Die meisten anderen zeigen dagegen wenig konkretes Engagement. Viele Prüfpunkte wurden mit mangelhaft bewertet. Das kann dreierlei heißen: Der Anbieter hat die Produktion nicht im Blick oder er kann seine Angaben zu der Fertigungsstätte nicht belegen oder die Experten haben vor Ort große Mängel gefunden. Vier Anbieter verweigern die Auskunft: Berghaus, Columbia, Haglöfs und Patagonia. Maier Sports und The North Face haben zwar die Fragebögen beantwortet, öffneten aber nicht die Tore ihrer Nähfabriken in China und Bangladesch.

Alle Jacken in Asien genäht
Arbeitsbedingungen prüfen die Anbieter nur in der Nähfabrik, die Zustände in den Zulieferbetrieben kennen sie kaum. Oft reicht ihnen die schriftliche Zusage des Konfektionärs, dass Vorgaben eingehalten werden. Viel wert ist das nicht, da auch der Konfektionär selten vor Ort prüft, ob zum Beispiel die Arbeiter in der Weberei anständig bezahlt werden. Alle Jacken im Test wurden in Asien genäht, meist in China. Auch die Komponenten kommen oft von dort. Einer der Hauptgründe: geringe Lohnkosten. In der Region Jiangmen zum Beispiel liegt der gesetzliche Mindestlohn bei 950 Yuan, umgerechnet 122 Euro im Monat für eine 48-Stunden-Woche. Den Mindestlohn ▶

test Jahrbuch 2013

Freizeit 197

10 Funktionsjacken + CSR

test | Funktionsjacken | 8/2012

www.test.de	Mittlerer Preis in Euro ca.	Funktion	Trage-komfort	Halt-bar-keit	Schad-stoffe	test-QUALITÄTSURTEIL
Gewichtung		45%	25%	25%	5%	100%
Jack Wolfskin Highland Men Art.-Nr. 11608	179	+	+	++	+	GUT (1,7)
Berghaus Carrock Jacket Art.-Nr. 20111	220	+	+	++	+	GUT (1,9)
Columbia Mission Air II Shell Art.-Nr. EM 2443	100	O	+	+	O	BEFRIEDIGEND (2,6)
Marmot Vagabond Jacket Art.-Nr. 30190	300	O*)	++	O	++	BEFRIEDIGEND (2,7)
Patagonia Storm Jacket Art.-Nr. 84998	250	O	O	O	O	BEFRIEDIGEND (2,9)
Haglöfs Velum II Jacket Art.-Nr. 601659	220	O	O	O	++	BEFRIEDIGEND (3,0)
Schöffel Tornado II	100	O*)	+	++	+	BEFRIEDIGEND (3,0)
The North Face Men´s Resolve Jacket Art.-Nr. T0AR9T	100	⊖*)	O	+	++	AUSREICHEND (3,6)
Vaude Men´s Escape Light Jacket Art.-Nr. 4341	100	⊖*)	+	O	++	AUSREICHEND (3,7)
Mammut Yosh Jacket Art.-Nr. 1010-09460	180	⊖*)	+	+	++	AUSREICHEND (4,1)
Intersport/McKinley Grenada Art.-Nr. 181956	100	⊖*)	O	O	++	AUSREICHEND (4,2)
Adidas HT 2L CPS Jacket Art.-Nr. X13786	180	⊖*)	+	+	++	AUSREICHEND (4,3)
Salewa Healy PTX Men Art.-Nr. 20925	200	⊖*)	+	O	+	AUSREICHEND (4,4)
SportScheck/ OCK Herren Art.-Nr. 116559	100	⊖*)	+	+	++	AUSREICHEND (4,4)
Maier Sports Borkum Art.-Nr. 120002	130	⊖*)	+	O	++	AUSREICHEND (4,5)
Regatta Feego Art.-Nr. RMW 079	85	⊖*)	+	⊖	+	AUSREICHEND (4,5)
Killtec Canik Line Checker Art.-Nr. 20269-00	100	—*)	O	⊖	++	MANGELHAFT (4,8)

Bewertungsschlüssel der Prüfergebnisse: ++ = Sehr gut (0,5–1,5). + = Gut (1,6–2,5). O = Befriedigend (2,6–3,5). ⊖ = Ausreichend (3,6–4,5). — = Mangelhaft (4,6–5,5). *) Führt zur Abwertung. Bei gleichem Qualitätsurteil Reihenfolge nach Alphabet. Einkauf der Prüfmuster: Februar bis Mai 2012.

---

zahlen alle besuchten Nähfabriken, manchmal etwas mehr. Der Lohn reicht aber kaum zum Leben. Daher sind Überstunden an der Tagesordnung.

Auch beim Umweltschutz sieht es wenig besser aus. Gravierende Mängel, was den Umgang mit Chemikalien, Energie, Wasser und Abfällen angeht, fanden die Experten zwar nicht. Allerdings halten sich die meisten nur ans Gesetz – echtes Engagement, zum Beispiel Energie zu sparen, ist ausgesprochen selten. Und auch hier gilt: Wie es beim Färben, Veredeln und beim Herstellen der Membran zugeht, haben die Anbieter kaum im Blick.

Auch Positives gesehen

Bei aller Kritik: Die Tester berichten auch Positives. Die Arbeitnehmer verfügen in der Regel über korrekte Verträge, alle dürfen sich gewerkschaftlich organisieren. Die Werkshallen sind gut belüftet, Notausgänge frei zugänglich und Feuerlöscher vorhanden. Auch der Arbeitsschutz wird in der Regel eingehalten. Was manche Anbieter für ihre Beschäftigten an den Firmensitzen in Europa tun, ist ebenfalls recht erfreulich. Die meisten bieten flexible Arbeitszeiten, einige eine betriebliche Altersvorsorge, Salewa und Vaude haben sogar einen Betriebskindergarten. ■ **Anbieter Seite 268**

Funktionsjacken + CSR 10

test — Funktionsjacken: Produktionsbedingungen 8/2012

www.test.de	Jacke zusammengenäht in	Unternehmenspolitik	Produktion Jacke (Nähfabrik)	Produktion Komponenten (z. B. Reißverschlüsse, Knöpfe)	Produktion Färben und Veredeln	Produktion Membran	Produktion Gewebe	Transparenz	CSR-ENGAGEMENT
Gewichtung		20%	40%	10%	10%	5%	5%	10%	100%
Adidas HT 2L CPS Jacket Art.-Nr. X13786	Indonesien	O	+	—	—	—	—	++	BEFRIEDIGEND
Jack Wolfskin Highland Men Art.-Nr. 11608	Vietnam	+	O	O	O	O	—	++	BEFRIEDIGEND
Schöffel Tornado II	China	O	⊖	⊖	O	O	⊖	++	BEFRIEDIGEND
Intersport/McKinley Grenada Art.-Nr. 181956	China	O	⊖	—	⊖	—	—	+	AUSREICHEND
Killtec Canik Line Checker Art.-Nr. 20269-00	China	⊖	⊖	⊖	⊖	⊖	⊖	+	AUSREICHEND
Mammut Yosh Jacket Art.-Nr. 1010-09460	China	O	⊖	⊖	⊖	⊖	—	++	AUSREICHEND
Marmot Vagabond Jacket Art.-Nr. 30190	China	O	O	—	—	—	—	+	AUSREICHEND
Regatta Feego Art.-Nr. RMW 079	China	O	⊖	—	—	—	—	+	AUSREICHEND
Salewa Healy PTX Men Art.-Nr. 20925	China	O	⊖	⊖	O	—	—	++	AUSREICHEND
SportScheck/OCK Herren Art.-Nr. 116559	China	⊖	O	⊖	—	—	—	++	AUSREICHEND
Vaude Men´s Escape Light Jacket Art.-Nr. 4341	China	+	⊖	—	—	—	—	++	AUSREICHEND
Maier Sports Borkum Art.-Nr. 120002	China	⊖	—	—	—	—	—	—	MANGELHAFT
The North Face Men's Resolve Jacket Art.-Nr. T0AR9T	Bangladesch	⊖	—	⊖	—	—	—	⊖	MANGELHAFT
Berghaus Carrock Jacket Art.-Nr. 20111	Keine Angabe	⊖	—	—	—	—	—	—	AUSKUNFT VERWEIGERT[1]
Columbia Mission Air II Shell Art.-Nr. EM 2443	Keine Angabe	⊖	—	—	—	—	—	—	AUSKUNFT VERWEIGERT[1]
Haglöfs Velum II Jacket Art.-Nr. 601659	Keine Angabe	⊖	—	—	—	—	—	⊖	AUSKUNFT VERWEIGERT[2]
Patagonia Storm Jacket Art.-Nr. 84998	Keine Angabe	O	—	—	—	—	—	⊖	AUSKUNFT VERWEIGERT[1]

Bewertungsschlüssel der Prüfergebnisse:
++ = Sehr gut. + = Gut. O = Befriedigend. ⊖ = Ausreichend. — = Mangelhaft.
1) Informationen von Verpackung, vom Produkt, aus Kundenanfragen und Internetauftritt ausgewertet.
2) Laut Anbieter konnte aus Zeitgründen kein Fragebogen ausgefüllt werden. Es wurden nur einige Infos und Hinweise von der Internetseite geliefert. Außerdem wurden Informationen von Verpackung, vom Produkt, aus Kundenanfragen und Internetauftritt ausgewertet.

Untersuchungszeitraum: Februar bis Juni 2012.

test Jahrbuch 2013   Freizeit 199

10 Hotelbuchung im Internet

Unser Rat

Die Hotelbuchung im Internet ist meist einfach und zuverlässig. Am besten abgeschnitten haben bei den Buchungsportalen **Booking.com** und **HRS**. Bewerten können hier nur Personen, die das Hotel gebucht haben. Buchen und Stornieren sind einfach, die Beratung ist aber stark verbesserungsbedürftig. Das beste Vermittlungsportal ist **Holidaycheck**. Es wehrt Manipulationen gut ab.

Meerblick per Mausklick

5/2012 Wer ein Hotel sucht, surft im Internet am besten zu Booking.com, HRS und Holidaycheck. Google ist mangelhaft.

Virtuelle Reiseportale bieten viele Vorteile: Sie sind rund um die Uhr geöffnet und liefern umfangreiche Informationen in Form von Texten, Bildern und Videos. Nutzerbewertungen erleichtern die Auswahl, Preisvergleiche helfen beim Sparen. Inzwischen schließt schon fast jeder Fünfte die Hotelbuchung im Netz ab. Mit einem Marktanteil von mehr als 50 Prozent ist HRS (Hotel Reservation Service) zusammen mit seiner Tochter hotel.de die Nummer eins unter den Online-Hotelvermittlern, gefolgt von Booking. com.

Große Anbieter am besten

Die großen Anbieter schneiden in unserer Untersuchung am besten ab. Booking.com und HRS sind bei den Buchungsportalen als einzige gut. Holidaycheck, das wohl bekannteste Bewertungsportal, geht als bester Hotelvermittler aus dem Rennen.

Die Portale haben einiges getan, um ihre Bewertungssysteme vor Manipulationen zu schützen. Am besten scheint Holidaycheck das Problem im Griff zu haben. Das Unternehmen beschäftigt nach eigener Aussage ein „Qualitätsteam", das nach unerlaubten Eingriffen fahndet. Von den fünf Falschbewertungen hat Holidaycheck vier herausgefischt und die Absender informiert. Der Konkurrent Zoover fand zwar alle Falschbewertungen, veröffentlichte zunächst aber vier und entfernte sie erst später.

Rund 80 Prozent aller Internetnutzer, so schätzen Experten, starten mit der Hotel-

Bewertungen immer wichtiger

Ohne positive Kommentare von ehemaligen Urlaubern lassen sich Hotelzimmer kaum noch verkaufen. Inzwischen verfügen alle bedeutenden Hotelportale über ein eigenes Bewertungssystem. Die wichtigste Frage lautet: Kann man sich auf die Urteile verlassen? Um das herauszufinden, haben wir allen Anbietern fingierte Bewertungen geschickt und beobachtet, wie diese damit umgehen.

Hotelbuchung im Internet 10

test — Hotelvermittlungsportale 5 / 2012

www.test.de	Bewertungen	Hotelinformation	Website	test-QUALITÄTSURTEIL
Gewichtung	60 %	20 %	20 %	100 %
holidaycheck.de	◯	+	+	GUT (2,4)
zoover.de	◯	◯	◯	BEFRIEDIGEND (2,8)
trivago.de	◯	◯	◯	BEFRIEDIGEND (3,1)
tripadvisor.de	◯	⊖	⊖	AUSREICHEND (3,6)
google.de	—*)	—	+	MANGELHAFT (4,9)

Bewertungsschlüssel der Prüfergebnisse: **++** = Sehr gut (0,5–1,5). **+** = Gut (1,6–2,5). ◯ = Befriedigend (2,6–3,5). ⊖ = Ausreichend (3,6–4,5). **—** = Mangelhaft (4,6–5,5). **Bei gleichem Qualitätsurteil Reihenfolge nach Alphabet.** *) Führt zur Abwertung. Erhebungszeitraum: Januar bis März 2012.

test — Hotelbuchungsportale 5 / 2012

www.test.de	Buchung	Bewer-tungen	Hotel-information	Website	Mängel in den AGB	test-QUALITÄTSURTEIL
Gewichtung	40 %	20 %	20 %	20 %	0 %	100 %
booking.com	+	◯	◯	++	sehr gering	GUT (2,3)
hrs.de	+	◯	+	++	keine	GUT (2,4)
hotelclub.com	◯	◯	⊖	◯	keine	BEFRIEDIGEND (3,0)
hotels.com	◯	⊖*)	◯	++	keine	BEFRIEDIGEND (3,4)
hotel.de	◯	—*)	⊖	+	gering	AUSREICHEND (3,6)
hotelreservierung.de	⊖*)	⊖	◯	◯	sehr gering	AUSREICHEND (3,8)
venere.com	◯	—*)	—	+	keine	AUSREICHEND (4,1)

Bewertungsschlüssel der Prüfergebnisse: **++** = Sehr gut (0,5–1,5). **+** = Gut (1,6–2,5). ◯ = Befriedigend (2,6–3,5). ⊖ = Ausreichend (3,6–4,5). **—** = Mangelhaft (4,6–5,5). **Bei gleichem Qualitätsurteil Reihenfolge nach Alphabet.** **Mängel in den AGB (allgemeine Geschäftsbedingungen):** keine, sehr gering, gering, deutlich, sehr deutlich. *) Führt zur Abwertung. Erhebungszeitraum: Januar bis März 2012.

suche bei Google. Sehr häufig landen sie dann auf maps.google.de, dem eigenen Angebot der Suchmaschine, und damit auf dem schlechtesten Hotelvermittlungsportal. Bei Google kann jeder ungehindert Bewertungen abgeben, egal welches Ziel er verfolgt. Die fingierten Bewertungen landeten sofort im Netz und blieben da auch.

Buchungsportale müssten ebenfalls mehr für die Qualitätssicherung tun. Einige verlassen sich offenbar zu sehr darauf, dass bei ihnen nur diejenigen bewerten können, die das Hotel vorher auch gebucht haben. Für findige Fälscher ist das aber kein Hindernis, wie unser Test deutlich zeigt.

Hat der Nutzer ein Haus gefunden, ist die Buchung meist einfach und zuverlässig. Auch beim Stornieren gab es keine größeren Probleme. Wer aber Fragen hat, sollte mit einer Enttäuschung rechnen: Weder per Telefon noch per E-Mail gaben die Mitarbeiter zufriedenstellende Antworten auf Testfragen. Bis auf Booking.com sind hier alle mangelhaft. ■ **Anbieter Seite 268**

10 Mietgärten

Unser Rat
Der größte Mietgartenanbieter ist das Bonner Unternehmen „meine ernte" (www.meine-ernte.de) mit 19 Standorten in fünf Bundesländern. Je nach Größe und Lage kostet hier ein Garten zwischen 180 und 330 Euro. Alle anderen Anbieter arbeiten regional. Die Universität Kassel gibt Interessenten einen Überblick über weitere Mietgärten (siehe www.wiz.uni-kassel.de/dfh/selbsternte).

Ein Stück Feld für Städter

4/2012 Auch ohne Vorkenntnisse und ohne grünen Daumen können Städter ihr eigenes Gemüse ernten. Saisongärten machen es möglich.

Einen eigenen Garten – das können sich viele nicht vorstellen. Dabei reizt es sie schon, mehr Zeit in der Natur zu verbringen und Gemüse zu essen, von dem man weiß, wo es herkommt. Seit kurzem ist es auch für gärtnerisch unbeleckte Städter die Möglichkeit, als Biogärtner zu wirken.

In Berlin betreibt zum Beispiel der Landwirt Max von Grafenstein unter dem Motto „Wir pflanzen – Sie ernten" das Projekt Bauerngarten mit derzeit drei Standorten. Bei der Übergabe der Gärten im Mai ist der Boden gepflügt, geeggt und gedüngt, die Jungpflanzen sind gesetzt, das Saatgut „schlummert" im Boden. Aufgabe des Mietgärtners ist die Hege und Pflege der Scholle – und anschließend natürlich die Ernte.

„meine ernte" mit 19 Standorten
Mit 390 Euro für eine 45-Quadratmeter-Parzelle pro Saison sind die Bauerngärten teurer als andere Mietgärten. Dafür verspricht von Grafenstein eine Rundumversorgung. Sonst kostet ein 40-Quadratmeter-Garten rund 130 bis 180 Euro.

Nummer eins der Anbieter in Deutschland ist „meine ernte" mit 19 Standorten von Hamburg bis Stuttgart. Die 2009 gegründete Firma kooperiert derzeit mit 20 Landwirten, alles Familienbetriebe. Ein weiterer Anbieter ist Saison Garten des Fuldaer Unternehmens tegut mit 13 Standorten, meist in Hessen. Die kleinen Unternehmen Erntezeit und Gartenglück werden von jungen Familien geführt. ■

Die Wurzeln liegen in Österreich
Erfunden wurde das Gärtnern für Greenhorns bereits 1987 in Österreich. Rudolf Hascha, einer der ersten Wiener Bauern mit biologischem Landbau, hatte die Idee. Regine Bruno, die an einer Wiener Volkshochschule Umweltkurse gab, vermittelte passende Interessenten. Von Anfang an war klar: Die Mietgärten sollen nach den Richtlinien für Biolandwirtschaft arbeiten.

Online-Reisebüros **10**

Unser Rat

Travelscout24.de ist die erste Adresse für diejenigen, die bei der Onlinebuchung einer Pauschalreise beraten werden möchten. Für alle anderen Nutzer bieten sich die auch guten Portale **Lastminute.de** und **Travelchannel.de** an. Alle getesteten Online-Reiseportale beziehen Reiseinformationen und Preise vor allem von der Datenbank Traveltainment. Deshalb gibt es kaum Preisunterschiede.

Vorm Urlaub Klick machen

11/2012 Vermittler von Pauschalreisen verkaufen überwiegend das Gleiche. Beim Service gibt es aber erhebliche Unterschiede.

Für die schönsten Wochen des Jahres nehmen sich Internetnutzer viel Zeit. Neun Stunden benötigten sie 2010 im Schnitt für die Planung einer Urlaubsreise auf 13 verschiedenen Websites. Auf welchen Seiten lohnt sich die Suche? Wo ist die Auswahl groß, auf Preise und Reiseinformationen Verlass? Wo klappt es mit der Beratung und Buchung am besten? Wir haben neun Vermittlungsportale für Pauschalreisen getestet. Nur drei schneiden im Vergleich mit dem Gesamturteil Gut ab: Lastminute.de, Travelscout24.de und Travelchannel.de.

Nur ein Portal berät gut

Obwohl alle getesteten Portale ihre Buchungen hauptsächlich über Traveltainment abwickeln, ihre Reiseinformationen und -preise also sozusagen von ein und demselben Großhändler beziehen, gibt es Unterschiede. So bietet Traveltainment verschiedene Module an, die sich beispielsweise in der Seitengestaltung und der Auswahl der Reiseveranstalter unterscheiden. Außerdem können die Portale weitere Zulieferer mit meist kleineren Veranstaltern in ihre Systeme integrieren. Das schwache Abschneiden vieler Reiseportale ist aber hausgemacht. Fast alle versprechen eine schnelle und sachgerechte Beratung. Doch nur Travelscout24 erfüllt die Zusage im Test. Sechsmal hieß es für die Beratungsqualität: ausreichend.

Schwach beim Beratungsservice ist Ab-in-den-Urlaub. In einem Fall mussten die Tester für eine telefonische Anfrage 17-mal ▶

Was macht Traveltainment?

Alle getesteten Portale wickeln ihre Buchungen hauptsächlich über Traveltainment ab, einem der größten Anbieter von Softwarelösungen für die Touristik. Obwohl Millionen von Urlaubern über die Aachener Firma buchen, ist sie weitgehend unbekannt. Traveltainment arbeitet im Hintergrund. Sie liefert die Buchungssoftware und die Reisedaten an alle großen Online-Reiseportale.

10 Online-Reisebüros

✚ test | Vermittlungsportale für Pauschalreisen | 11 / 2012

www.test.de	Reiseinformationen	Buchung	Website	Mängel in den AGB	✚ test - QUALITÄTSURTEIL
Gewichtung	40 %	30 %	30 %	0 %	100 %
Lastminute.de	+	◯	+	sehr gering	GUT (2,3)
Travelscout24.de	+	+	◯	gering	GUT (2,3)
Travelchannel.de	+	◯	◯	keine	GUT (2,4)
Expedia.de	+	◯	◯	keine	BEFRIEDIGEND (2,9)
Weg.de[1]	+	⊖ *)	+	keine	BEFRIEDIGEND (3,0)
Holidaycheck.de[1]	+	⊖ *)	+	gering	BEFRIEDIGEND (3,2)
Opodo.de[1]	+	⊖ *)	+	keine	BEFRIEDIGEND (3,2)
Ab-in-den-Urlaub.de	+	⊖ *)	◯	sehr gering	AUSREICHEND (3,6)
Ebookers.de	+	⊖ *)	◯	sehr gering	AUSREICHEND (3,6)

Bewertungsschlüssel der Prüfergebnisse: ✚✚ = Sehr gut (0,5–1,5). ✚ = Gut (1,6–2,5). ◯ = Befriedigend (2,6–3,5).
⊖ = Ausreichend (3,6–4,5). — = Mangelhaft (4,6–5,5).
Bei gleichem Qualitätsurteil Reihenfolge nach Alphabet.
Mängel in den AGB (Allgemeine Geschäftsbedingungen): keine, sehr gering, gering, deutlich, sehr deutlich.
*) Führt zur Abwertung.
1) Laut Anbieter Reiseversicherung inzwischen nicht mehr voreingestellt.

Erhebungszeitraum: Juni bis Juli 2012.

anwählen. Endlich durchgekommen verharrten sie elf Minuten in der kostenpflichtigen Warteschleife, bis sich endlich ein Mitarbeiter meldete. Noch schlechter ist die E-Mail-Beratung des Leipziger Portals. Alle drei Anfragen wurden erst nach zweieinhalb Wochen mit einem Formschreiben beantwortet. Enttäuschend auch das Ergebnis von Expedia, das sich auf der Homepage als „extrem serviceorientiert" brüstet. Zwei E-Mails hat Expedia gar nicht beantwortet.

Verfügbarkeit muss geprüft werden
Wer genau weiß, was er will, und sich mit den Internetgepflogenheiten auskennt, hat kaum Probleme mit der Online-Buchung einer Pauschalreise. Die Suchmasken ähneln sich zwar auf den ersten Blick, trotzdem gibt es Unterschiede. So bieten Lastminute.de und Weg.de mehr Möglichkeiten für eine individuelle Auswahl der Reiseziele. Ob die angezeigten Reisen wirklich buchbar sind, muss der Nutzer bei allen Anbietern durch einen Klick auf das gewünschte Angebot

selbst prüfen. Im Test war insgesamt etwa jedes zehnte Angebot nicht verfügbar.

Geht der Buchungsprozess weiter, werden die Reisedetails aufgeführt. Der Kunde muss seine persönlichen Daten angeben und sich für eine Bezahlvariante entscheiden – meist Bankeinzug, Überweisung oder Kreditkartenzahlung. Danach unterbreiten die Portale diverse Zusatzangebote wie Mietwagen oder Reiseversicherungen – nicht immer auf die ganz seriöse Art.

Im Juli 2012 hat der Europäische Gerichtshof in einem Urteil ausdrücklich untersagt, die Versicherungspolicen automatisch mitzuverkaufen. Während unserer Testphase von Juni bis Juli haben vier Anbieter aber genau das versucht – mit einem Häkchen, also einer Voreinstellung einer Reiseversicherung. Das führte zur Abwertung. Holidaycheck, Opodo und Weg.de haben dies inzwischen geändert. Ob er eine Versicherung wünscht, entscheidet der Buchende jetzt aktiv durch Setzen des Häkchens – oder er lässt es eben sein. ■ **Anbieter Seite 268**

Reisekoffer 10

✚ Unser Rat

Überzeugen können nur der Hartschalenkoffer **Rimowa Salsa Air** für stolze 330 Euro und die Weichschalenkoffer **Delsey Xpert Lite** (210 Euro) und **Samsonite B-Lite** (189 Euro). Der Rimowa ist mit am besten verarbeitet, der Delsey der robusteste von allen. Der Rimowa ist zudem der einzige wirklich regendichte Koffer im Test. Die meisten anderen werden beim Regenguss innen ziemlich nass.

Untragbar

6/2012 Viele Griffe enthalten Schadstoffe. Vier sind sehr stark belastet, davon zweimal Samsonite. Viele Koffer sind zudem nicht wasserdicht.

Die Ergebnisse des Tests von 17 Reisekoffern sind zum Teil erschreckend. So steckt der Tragegriff des Samsonite American Tourister Tokyo Chic dermaßen voller Schadstoffe, dass eine Reise zum Gesundheitsrisiko werden kann. Drei weitere Koffer sind ebenfalls stark belastet, darunter ein zweites Modell des Branchenriesen Samsonite. Rundum überzeugen können am Ende nur Delsey Xpert Lite, der Rimowa Salsa Air und der dritte Samsonite im Bunde, der Weichschalenkoffer B-Lite.

Tragegriff des Samsonite American Tourister Tokyo Chic fanden wir rund 18 000 Milligramm PAK pro Kilogramm. Samsonite erklärte uns gegenüber, das Modell vom Markt zu nehmen. Die Bestände im Handel werden aber weiterhin verkauft und wurden von Samsonite nicht zurückgerufen.

Auch den Samsonite Cubelite gibt es weiter zu kaufen. Obwohl die Prüfer auch hier zu viel PAK ermittelten – rund 60 Mil-▶

Gesundheitsgefahr beim Anfassen
Bei den Schadstoffen handelt es sich um gefährliche Phthalat-Weichmacher und polyzyklische aromatische Kohlenwasserstoffe (PAK). Beim Anfassen der Griffe können die Stoffe über die Haut in den Körper gelangen. Im schlimmsten Fall können sie Krebs erzeugen, das Erbgut verändern, die Fruchtbarkeit beeinträchtigen oder das Kind im Mutterleib schädigen. Enthält ein Griff mehr als 10 Milligramm PAK pro Kilogramm Kunststoff, bewerten wir das mit mangelhaft. Im

Griffe mit stechendem Geruch
Viele Koffer enthalten gesundheitsgefährdende polyzyklische aromatische Kohlenwasserstoffe (PAK) und Phthalate in den Tragegriffen. Riechen Sie vor dem Kauf an den Griffen. Ein starker, stechender Gummigeruch ist ein Hinweis auf PAK. Lassen Sie solche Koffer im Laden stehen. Aber auch geruchsfreie Griffe können PAK und Phthalate enthalten. Klarheit verschafft letztlich nur eine Analyse.

10 Reisekoffer

test | Reisekoffer 6 / 2012

www.test.de	Mittlerer Preis in Euro ca.	Hand-habung	Halt-barkeit	Verar-beitung	Schadstof-fe in den Griffen	test-QUALITÄTS-URTEIL
Gewichtung		45 %	40 %	10 %	5 %	100 %
Hartschalenkoffer						
Rimowa Salsa Air Multiwheel	330	+	+	+	++	GUT (2,0)
Saxoline Trolley	120[1)]	+	O	+	++	BEFRIED. (2,7)
Titan X2 Flash	190	+	O	O	++	BEFRIED. (2,7)
Samsonite Cubelite Spinner	370	+	+	+	—*)	MANGELH. (4,8)
Travelite Elbe One[2)]	150	+	O	+	—*)	MANGELH. (5,0)
American Tourister by Samsonite Tokyo Chic Spinner[3)]	129	+	O	O	—*)	MANGELH. (5,5)
Weichschalenkoffer						
Delsey Xpert Lite	210	O	++	+	++	GUT (2,0)
Samsonite B-Lite Spinner	189	+	+	+	++	GUT (2,0)
Stratic Apollo II[4)]	149	+	O	+	++	BEFRIED. (2,7)
Tchibo / TCM Trolley **A**	45	O	O	+	++	BEFRIED. (2,8)
Roncato RV Runner	79	+	O	+	⊖*)	BEFRIED. (3,1)
Travelpro Trolley[3)]	99	+	⊖*)	+	⊖	BEFRIED. (3,1)
Galeria Kaufhof / Eminent Trolley Minsk[5)]	99	+	⊖*)	+	O	BEFRIED. (3,5)
Lidl / TopMove Trolley Reisekofferset[6)] **A**	60[7)]	+	⊖*)	O	⊖	BEFRIED. (3,5)
Titan L 7.0[8)]	100	O	⊖*)	+	++	AUSREICH. (3,7)
Travelite Flair[9)10)]	70	+	⊖*)	+	⊖	AUSREICH. (4,0)
Kaufland / K-Classic Trolley[4)]	46	+	⊖	O	—*)	MANGELH. (5,1)

Bewertungsschlüssel der Prüfergebnisse: ++ = Sehr gut (0,5–1,5). + = Gut (1,6–2,5). O = Befriedigend (2,6–3,5). ⊖ = Ausreichend (3,6–4,5). — = Mangelhaft (4,6–5,5). **Bei gleichem Qualitätsurteil Reihenfolge nach Alphabet.** *) Führt zur Abwertung. A = Aktionsware. 1) Mit TSA-Schloss 150 Euro. 2) Laut Anbieter durch Nachfolger Elbe One 2.0 ersetzt. 3) Laut Anbieter nicht mehr erhältlich. 4) Laut Anbieter inzwischen geändert. 5) Laut Anbieter durch Nachfolger Eminent Trolley Minsk II ersetzt. 6) Geprüft wurde der größere Koffer des zweiteiligen Reisekoffersets. 7) Von uns bezahlter Einkaufspreis für das zweiteilige Reisekofferset. 8) Laut Anbieter jetzt mit TSA-Schloss. 9) Laut Anbieter Griffe geändert. 10) Laut Anbieter Auslaufmodell. **Einkauf der Prüfmuster:** November/Dezember 2011.

ligramm pro Kilogramm. Die beiden anderen mangelhaften Fälle wegen giftiger Griffe betreffen den K-Classic von Kaufland und den Travelite Elbe One. Sie waren sehr stark mit Phthalaten-Weichmachern belastet.

Die meisten Koffer sind Schönwetterkoffer: Ein Platzregen – und innen wird es nass. Nur der Rimowa Salsa Air ist wirklich wasserdicht. Bei allen anderen dringt über die Öffnungen der Teleskopgriffe und durch die Reißverschlüsse Wasser ein. Das betrifft Hart- und Weichschalenkoffer. Am trockensten bleibt es noch im Samsonite Cubelite und B-Lite sowie im Delsey Xpert. Sehr viel Wasser dringt beim Titan L 7.0 und beim Travelite Flair ein. ■ **Anbieter Seite 268**

206 Freizeit | test Jahrbuch 2013

Schnäppchenreisen 10

✚ Unser Rat

Wer günstig Urlaub machen will, muss flexibel sein. Denn die attraktiven Schnäppchen, die es im Internet gibt, haben meist einen Haken: Nicht der Reisende, sondern der Anbieter bestimmt den Reisetermin. Lohnend ist die Suche vor allem bei **Travelzoo** und im **Ebay-Reiseshop**. Auch die Rabattportale **Groupon** und **Dailydeal** und die Hotelportale **HRS** und **booking.com** haben günstige Trips.

Preiswert um die Welt

9/2012 Das Internet ist eine Fundgrube für Reiseschnäppchen. Auch wenn nicht alles ganz genau passt, lohnt sich die Suche.

Wer bei der Urlaubsplanung flexibel ist, kann erstaunlich günstig verreisen. Einziger Haken: Die Reisen können nicht frei geplant werden. Der Kunde kauft meist einen Gutschein, den er nur einlösen kann, wenn im Hotel gerade Platz ist. Wir haben überprüft, bei welchen Schnäppchenportalen im Internet sich die Suche lohnt.

Oft zum halben Preis
Neben den fast durchweg günstigen Angeboten, die Travelzoo aus dem Reiseangebot herausfischt, gibt es interessante Offerten im Reiseshop von Ebay. Hotelaufenthalte, selbst in Häusern der Luxuskategorie, findet man unter „Sofort-Kaufen" oft zum halben Preis. Freilich mit der Einschränkung: Reservierung nach Verfügbarkeit.

Fündig werden Schnäppchenjäger auch auf den großen Rabattportalen Groupon und Dailydeal. Ihr Sortiment ist aber gemischt. Neben echten Sparangeboten fanden wir mitunter auch Reisen zu weniger attraktiven Preisen. Die „Angebote" des Buchungsportals HRS erwiesen sich dagegen durchweg als Schnäppchen. Oft gibt es die Unterkunft zum halben Preis. Auch der Konkurrent booking.com hat interessante Schnäppchen. Die attraktiven „Secret Deals" sind allerdings nicht ganz leicht zu finden.

Reiseblogs locken oft mit Reiseschnäppchen. Unser Eindruck: Urlauber können hier zwar interessante Spartipps finden, oft werden aber auch Reisen zu ganz normalen Preisen empfohlen. ■

Günstig mit Travelzoo

Das amerikanische Medienunternehmen Travelzoo ist der größte Vermittler von Reiseschnäppchen via Internet. Nach eigener Aussage beziehen sechs Millionen Abonnenten in Europa den hauseigenen Newsletter mit der wöchentlichen Auswahl von 20 Top-Angeboten. Vom Städte-Kurztrip über Wellnessurlaub bis zur Kreuzfahrt ist alles dabei. Die Reisen können meist direkt gebucht werden.

Freizeit 207

10 Seminare gegen Flugangst

✚ Unser Rat

Sehr gut war das **Seminar für entspanntes Fliegen** der **Agentur Texter-Millott**. Ein begleiteter Flug ist fester Bestandteil des 790 Euro teuren Kurses. Das gute **Gruppenseminar gegen Flugangst** von **SkyCair** kann mit Flug (600 Euro) und ohne (279 Euro) gebucht werden. Wer es sich leisten kann, sollte aber unbedingt ein Seminar mit Flug belegen. Das ist wirksamer.

Entspannter fliegen

5/2012 Können Seminare gegen Flugangst den Betroffenen helfen? Von sieben Angeboten im Test war eines sehr gut.

Herzrasen, Zittern, Atemnot – Flugangst kann jeden treffen. Etliche Betroffene vermeiden das Fliegen ganz, verzichten auf Fernreisen. Berufstätige haben meist keine Wahl und nehmen den Stress beim Fliegen in Kauf. Hilfe versprechen Seminare gegen Flugangst von ein bis zwei Tagen Dauer.

Das Fazit unseres Tests von sieben Angeboten: Ein solide aufgebautes Seminar kann für Betroffene der erste Schritt sein, um künftig entspanner zu fliegen. Sehr gut war das Seminar für entspanntes Fliegen der Agentur Texter-Millott. Das Gruppenseminar gegen Flugangst von SkyCair schnitt gut ab, der Kurs Entspanntes Fliegen von Flugangst24.de befriedigend. Nur diese drei konnten wir mit einem test-Qualitätsurteil bewerten, da bei den übrigen vier Anbietern angekündigte Kurse zu oft ausfielen *(siehe Kasten rechts)*.

Ein begleiteter Flug ist zu empfehlen

Das Konzept der Kurse ähnelt sich: Mit Informationen zur Flugzeugtechnik, Aufklärung und Strategien gegen die Angst bereiten die meist von Psychologen geleiteten Seminare aufs Fliegen vor. Wer die Angst bewältigen will, muss in die Luft. Vermeidung bringt nichts. Im besten Fall steigen die Teilnehmer schon im Anschluss an den Kurs in die Höhe. Beim Testsieger ist ein begleiteter Flug fester Bestandteil des 790 Euro teuren Seminars. Bei SkyCair und Flugangst24.de können Interessenten den Kurs auch ohne Flug buchen. Das ist preisgünstiger, aber weniger wirksam. ■ **Anbieter Seite 268**

Seminare abgesagt
Bei den Anbietern Eisenberg, Flugangst-Coaching, Flugangst-Service und Flugangstzentrum fielen angekündigte Seminare ein ums andere Mal aus. Je drei Testpersonen versuchten, Seminare bei diesen Veranstaltern zu belegen. Meist unternahmen die Tester mehrere Anläufe. Die Anbieter mögen für die Absagen triftige Gründe haben. Für Kunden sind die Ausfälle aber belastend.

208 Freizeit   test Jahrbuch 2013

Shoppingclubs 10

Unser Rat

Shoppingclubs sprechen mal alle oder auch mal spezielle Zielgruppen an, wie **pauldirekt** Männer und **limango** Frauen. Diese zwei sowie **brands4friends, buyvip** und **zalando-lounge** schnitten befriedigend ab. Die Unterschiede liegen im Detail, zum Beispiel bei den Bezahlmöglichkeiten. Im sicheren Umgang mit den Daten ihrer Kunden müssen aber alle Clubs noch nachbessern.

Supergünstig

7/2012 Shoppingclubs liefern Markenware legal zum Discountpreis. Kunden müssen lange warten, manchmal kommt die Ware gar nicht.

Nicht irgendeinen Pullover wünscht sich das markenversessene Kind. Der „Just Do It" von Nike muss es sein. Regulär kostete der Kapuzenpulli 42,95 Euro. Anfang 2012 gab es ihn billiger. Ein Internet-Shoppingclub bot ihn für kurze Zeit zum Preis von nur 19,95 Euro an.

Shoppingclubs führen Markenware: Kleider, Fernsehgeräte, Babysachen und Werkzeuge, Küchenmesser und Hotelgutscheine. Rabatte von 25 Prozent für Camcorder bis 80 Prozent bei Sportartikeln locken. Die Clubs sind wie ein Outletcenter – nur im Internet statt in großen Hallen. Wir prüften sechs Shoppingclubs von brands4friends bis zalando-lounge. Gut ist keiner, fünf sind befriedigend, einer ist nur ausreichend.

Markenware echt und billig

Im Test orderten wir Ware im Wert von 20 bis mehr als 200 Euro und schickten sie anschließend zurück. Die Markenware war kein Plagiat. Den Preis unterbot niemand – nicht der normale Online- und schon gar nicht der stationäre Handel. Mit fünf Clubs waren die Tester zufrieden, mit vente-privee allerdings nicht. Ein Grund: Bei Rücksendungen mit einem Warenwert unter 40 Euro kassiert der Shoppingclub eine Kostenpauschale von 5 Euro zuzüglich weiterer 5 Euro für Bearbeitung und Versand. Rücksendepauschalen sind ungesetzlich. Bei einem Kinder-T-Shirt für zwölf Euro würde vente-privee bei einer Rücksendung nur einen Betrag von zwei Euro erstatten. ▶

Shoppingclub statt Ladengeschäft

Mitglieder von Shoppingclubs freuen sich über günstige Preise und probieren Marken günstig aus. Clubs bieten die besten Preise – haben aber eine Wartezeit, manchmal kommt die Ware gar nicht. Wer das Risiko scheut, sollte im stationären Handel oder bei normalen Onlineshops kaufen. Die liefern verbindlich und schnell. Sie haben ein kontinuierliches Angebot, sind aber teurer.

10 Shoppingclubs

test Shoppingclubs 7 / 2012

www.test.de	Einkaufen	Website	Mängel in den AGB	test-QUALITÄTSURTEIL
Gewichtung	60 %	40 %	0 %	100 %
pauldirekt.de	○	⊖	sehr gering	BEFRIEDIGEND (3,1)
zalando-lounge.de	○	⊖	sehr gering	BEFRIEDIGEND (3,3)
brands4friends.de	○	⊖	sehr gering	BEFRIEDIGEND (3,4)
buyvip.de	○	⊖	gering	BEFRIEDIGEND (3,5)
limango.de	○	⊖	gering	BEFRIEDIGEND (3,5)
vente-privee.com	⊖	○	deutlich*)	AUSREICHEND (4,2)

Bewertungsschlüssel der Prüfergebnisse: **++** = Sehr gut (0,5–1,5). **+** = Gut (1,6–2,5). ○ = Befriedigend (2,6–3,5). ⊖ = Ausreichend (3,6–4,5). — = Mangelhaft (4,6–5,5).
Bei gleichem Qualitätsurteil Reihenfolge nach Alphabet.
Mängel in den AGB (allgemeine Geschäftsbedingungen): keine, sehr gering, gering, deutlich, sehr deutlich.
*) Führt zur Abwertung. Erhebungszeitraum: Januar bis April 2012.

Im Schnitt zwei Wochen Wartezeit

In jedem Fall stimmt der Preis der Ware. Dafür nehmen Clubmitglieder das Risiko stornierter Aufträge und eine lange Wartezeit auf sich. Shoppingclubs sammeln Bestellungen, ordern die Ware aber erst nach Aktionsende. Das dauert. Im November 2011 geprüfte Online-Händler für Mode lieferten schneller: Sie brauchten gut drei Werktage. Die mittlere Lieferzeit der Shoppingclubs ist im Schnitt etwa zehn Tage länger. Sie variiert zwischen etwas mehr als 8 Werktagen bei pauldirekt und fast 16 Werktagen bei vente-privee. Dreimal im Test stornierte ein Club den Auftrag. Das Problem liegt im Geschäftsmodell. Hat sich der Markenhersteller verzählt, kann er die versprochene Stückzahl nicht liefern. Dann gehen manchmal einige Kunden leer aus.

Am Ende ist das Lager leer

Auch Markenhersteller mögen das Geschäftsmodell. Sie hassen Lagerware, wenn eine Kollektion ausläuft. Nur noch wenige Markenanbieter vernichten lieber alte Ware, als sie zu verschleudern. Viele Hersteller bieten sie Shoppingclubs an. Am Ende ist ihr Lager leer und die Aktion hat – so die Hoffnung –

neue Kunden gewonnen. Die kurze Preisattacke stört die Anbieter nicht.

Früh kassieren, spät liefern

Ist das Schnäppchen bestellt, gewähren die Mitglieder dem Club Kredit. Teilweise für Wochen. Bezahlen müssen sie meist sofort bei der Bestellung. Nur pauldirekt kassiert erst beim Versand.

Gut zu Gesicht stünden den Shoppingclubs flexiblere Zahlungsmöglichkeiten. Sie bevorzugen Kreditkarte und den Dienstleister Paypal. Alternativen fehlen oft. Nur limango und zalando-lounge bieten Lastschrift an. Nachnahme oder Rechnung gibt es bei pauldirekt – gegen Aufpreis. Nachbessern sollten die Clubs auch beim Umgang mit den Kundendaten. Sie erfassen mehr Daten als unbedingt nötig und erschweren deren Löschung.

Exzessiv setzen alle Clubs Cookies ein, jeder zweite auch verfolgende Werbung. Mit weniger als 50 Cookies kommt kaum ein Kunde weg. Das hatten wir noch nie: Wer Cookies nicht automatisch akzeptiert, sondern sie sehen und einzeln bestätigen will, kann die Websites von pauldirekt und vente-privee nicht nutzen. Das bremst die Schnäppchenjagd. ■ **Anbieter Seite 268**

Skihelme 10

Unser Rat

Atomic Xeed Ritual für 120 Euro ist der beste in der technischen Prüfung. Der **Uvex hypersonic** für 140 Euro liegt in der praktischen Prüfung vorn. Es folgt **Wintex Elite V44 Racing Gear** für 120 Euro. Der **Head Sensor** hat wie die getesteten Modelle von **Scott, Salomon, Giro** und **Carrera** einen Makel: Bleibt der Skifahrer an einem festen Gegenstand hängen, sollte der Kinnriemen leichter öffnen.

Nicht den Kopf riskieren

12/2012 Bequeme Helme, die bei einem Sturz schützen, gibt es viele. Acht Modelle sind gut. Ein Helm von Atomic fährt den Sieg ein.

Oben mit ist sicherer. Obwohl die Zahl der Skiunfälle in den vergangenen Jahren stetig abnahm, ist der Anteil der Kopfverletzungen leicht gestiegen. Immerhin fahren inzwischen drei von vier Skisportlern mit Helm. In der Schweiz sind es sogar schon 84 Prozent.

Welche Skihelme für Erwachsene am besten geeignet sind, zeigt ein Test unserer österreichischen Partnerorganisation VKI, Verein für Konsumenteninformation. Auf der Piste und im Labor mussten 17 Modelle in der Preisklasse von 100 bis 150 Euro ihre Qualitäten unter Beweis stellen.

Beim Sturz ist der Kopf geschützt
Für den Ernstfall sind alle getesteten Helme gewappnet. Die Stoßdämpfung ist mindestens befriedigend. Ein härterer Aufschlag kann den Helmen also nicht viel anhaben. Auch spitze Gegenstände, beispielsweise Skistöcke, haben keine Chance, die Helmschalen bei einem Unfall zu durchdringen. Neben einem hohen Sicherheitsstandard ist die Passform des Skihelms das wichtigste Auswahlkriterium. Ob er richtig sitzt oder nicht, kann man aber nicht auf die Schnelle ausprobieren. Meist ist es so, dass ein Helm erst nach längerem Gebrauch seine Trageeigenschaften offenbart. Ein anfängliches Engegefühl kann nach einiger Zeit verschwinden oder ein scheinbar perfekt passendes Modell plötzlich drücken. Wichtig ist ein fester Sitz. Der Helm sollte auch bei ruckartigen Bewegungen nicht verrutschen. ▶

Riemen als Restrisiko
In allen Punkten haben die Anbieter ihre Lektion noch nicht gelernt. Nach wie vor bemängeln die österreichischen Tester die Reißfestigkeit der Kinnriemen. Sie öffnen sich bei einem Unfall meist nicht leicht genug. Wenn der Skifahrer mit dem Helm an einem festen Gegenstand hängen bleibt, kann das zu Strangulation und Kehlkopfverletzungen führen. 13 Helme sind hier nur ausreichend.

10 Skihelme

test — Skihelme für Erwachsene — 12 / 2012

www.test.de	Mittlerer Preis in Euro ca.	Technische Prüfung	Praktische Prüfung	Schad-stoffe	VKI-TESTURTEIL[1]
Gewichtung		50 %	45 %	5 %	100 %
Atomic Xeed Ritual	120	+	+	+	GUT (1,8)
Uvex hypersonic	140	+	+	O	GUT (1,9)
Wintex Elite V44 Racing Gear	120	+	+	+	GUT (2,1)
Carrera Makani	129	O	+	+	GUT (2,4)
Giro G10	140	O	+	+	GUT (2,4)
Salomon Ranger Custom Air	130	O	+	++	GUT (2,4)
Scott Chase Mips	140	O	+	+	GUT (2,4)
Head Sensor	100	O	+	+	GUT (2,5)
Casco SP-5.1	140	O	+	++	BEFRIEDIGEND (2,7)
Alpina Cheos	150	O	+	+	BEFRIEDIGEND (2,8)
Bollé Synergy	150	O	+	+	BEFRIEDIGEND (2,8)
Cratoni C-Durango	150	O	O	⊖	BEFRIEDIGEND (2,9)
Smith Aspect	99	O	+	+	BEFRIEDIGEND (2,9)
Poc Receptor BUG	130	O	+	+	BEFRIEDIGEND (3,0)
TSG Arctic Kraken	110	O	O	++	BEFRIEDIGEND (3,0)
Limar X-TR9	150	O	O	++	BEFRIEDIGEND (3,1)
Red Hifi Mips	150	+	O*)	O	BEFRIEDIGEND (3,1)

Bewertungsschlüssel der Prüfergebnisse: ++ = Sehr gut (0,5–1,5). + = Gut (1,6–2,5). O = Befriedigend (2,6–3,5). ⊖ = Ausreichend (3,6–4,5). — = Mangelhaft (4,6–5,5). Bei gleichem Testurteil Reihenfolge nach Alphabet.
*) Führt zur Abwertung.
1) Das VKI-Testurteil wurde in die Semantik der Stiftung Warentest überführt.

Einkauf der Prüfmuster: Juli, August 2012.

Die meisten Skihelme verfügen für die Feinjustierung über ein Kopfband. Der Skifahrer stellt es mit einem am Hinterkopf befindlichen Verstellrädchen oder Rasterband enger oder weiter. Zwei Anbieter, Salomon und Red, versuchen es mit einem Pumpsystem. Mit unterschiedlichem Erfolg. Während die Tester das System des Salomon-Helms positiv beurteilen, überzeugte der Helm von Red unsere Skiläufer nicht.

Auch mit Skihandschuhen einstellen

Komfortabel ist ein Helm, wenn sein Träger alle Funktionen auch mit Skihandschuhen einigermaßen einfach einstellen kann. Das gilt für die Riemen, die Belüftung und die Halterung für die Skibrille. Nehmen Sie am besten neben der Skibrille auch die Handschuhe zum Helmkauf mit und prüfen Sie damit die Handhabung. Skihelm und Brille müssen unbedingt zusammenpassen.

Immer noch Schadstoffe

Leider sind Schadstoffe auch bei diesem Test ein Thema. Problematisch ist vor allem der Skihelm von Cratoni. Hier fanden die Tester einen erhöhten Gehalt an bestimmten Weichmachern (Phthalate), die als gesundheitsgefährdend eingestuft werden. Sie können auf den menschlichen Hormonhaushalt wirken und die Fortpflanzungsfähigkeit beeinträchtigen. ■ **Anbieter Seite 268**

212 Freizeit

test Jahrbuch 2013

Sprachspiele 10

✚ Unser Rat

Das beste Englisch-Spiel im Test ist **Absolutely English** (23 Euro). Das Quiz fragt nicht nur Wissen ab, es poliert auch die Sprachkompetenz auf. Bei **Aprender español jugando**, dem besten spanischen Spiel, und seinem englischen Pendant **Learn English by playing** (je 36 Euro) wird in der Fremdsprache diskutiert, geflirtet und verhandelt. Solche Rollenspiele schulen – und machen Laune.

Introdjuhss jurssälf

12/2012 Genug von der Grammatikfibel? Auch Gesellschaftsspiele können Sprachkenntnisse schulen. Zehn Produkte haben wir getestet.

Fremdsprachen zu lernen ist manchmal mühsam. Mit Sprachspielen kann es aber eine unterhaltsame Komponente bekommen. Die zum Teil ebenso launigen wie lehrreichen Spielideen helfen Jugendlichen und Erwachsenen, eingerostete Fremdsprachenkenntnisse unterhaltsam aufzufrischen.

Bei zehn englisch- und spanischsprachigen Brett- und Kartenspielen haben wir Sprachkompetenz, Spielwert und Produktinformationen getestet. Das Spektrum der Qualitätsurteile reicht von gut bis ausreichend. Die geprüften Produkte erfüllen ihre Aufgabe also mal mehr, mal weniger.

Lautschrift mal anders

Absolutely English hat im Test am besten abgeschnitten. Das Quiz à la Trivial Pursuit fragt Wissen ab, lässt die Spieler aber zum Beispiel auch englische Zungenbrecher aufsagen. Einer dieser vertrackten tongue twister lautet etwa: If two witches were watching two watches, which witch would watch which watch? So werden Sprachkenntnisse auf unterhaltsame Art geschult.

Ein nicht so gelungenes Beispiel ist dagegen der Einfall der Spielmacher von New Amici: Auf jeder Fragekarte wird das geschriebene Wort in eine eigens entwickelte Lautschrift transferiert. Die Aufforderung „Stell dich vor" liest sich dort so: „Introdjuhss jurssälf". So lieber nicht, befanden die Experten, die die Idee für didaktisch fragwürdig halten und der anerkannten Lautschrift den Vorzug geben. ▶

Spielend lernen – in Grenzen

Ein Spiel verspricht, man lerne die Sprache im Handumdrehen. Das ist aber bei keinem der Produkte der Fall. Sie helfen aber, erworbene Kenntnisse zu festigen – meistens auf unterhaltsame Weise. Um „herkömmliches" Pauken etwa im Präsenzkurs oder auf einer Sprachreise kommen Sprachschüler nicht herum. Die Spiele können eine sinnvolle Ergänzung dieser Lernmethoden sein.

10 Sprachspiele

⊕ test Sprachspiele					12 / 2012
www.test.de	Preis in Euro ca.	Sprach-kompe-tenz	Spiel-wert	Produkt-informa-tionen	⊕ test-QUALITÄTSURTEIL
Gewichtung		45 %	45 %	10 %	100 %
Englisch					
Absolutely English / Piatnik	23,00	+	+	+	GUT (2,3)
Learn English by playing / Lingua Ludica	36,00	+	+	+	GUT (2,4)
A weekend in London / Grubbe Media[1]	30,00	O	+	+	BEFRIEDIGEND (2,6)
New Amici / Californian Products / Abanico[2]	20,00	O	+	O	BEFRIEDIGEND (2,7)
Roundtrip of Britain and Ireland / Eli Publishing / Klett Sprachen	17,80	⊖	⊖	⊖	AUSREICHEND (3,8)
Spanisch					
Aprender español jugando / Lingua Ludica	36,00	+	O	+	GUT (2,4)
New Amici / Californian Products / Abanico[2]	20,00	O	+	O	GUT (2,5)
Un fin de semana en Madrid / Grubbe Media[3]	30,00	O	O	+	BEFRIEDIGEND (3,0)
Sagrada / Parland Spiele[4]	29,00	⊖	O	+	BEFRIEDIGEND (3,3)
Viaje por España / Eli Publishing / Klett Sprachen	17,80	⊖	⊖	⊖	AUSREICHEND (3,7)

Bewertungsschlüssel der Prüfergebnisse: ++ = Sehr gut (0,5–1,5). + = Gut (1,6–2,5). O = Befriedigend (2,6–3,5).
⊖ = Ausreichend (3,6–4,5). — = Mangelhaft (4,6–5,5).
Test gefördert vom Bundesministerium.
1) In Kooperation mit dem Magazin Spotlight.
2) Bis September 2012 Vertrieb im Buchhandel durch den Hueber Verlag.
3) In Kooperation mit dem Magazin Ecos.
4) In Zusammenarbeit mit Pons.   **Einkauf der Prüfmuster:** Juni bis September 2012.

Vom vollmundigen Versprechen auf der Verpackung, man beherrsche die Fremdsprache quasi im Eilverfahren, sollte man sich ebenfalls nicht täuschen lassen. Das ist nahezu unmöglich. Ein Sprachspiel kann aber dazu beitragen, bereits erworbene Fertigkeiten mit Lust und Laune zu festigen.

Im Test haben wir das unter dem Punkt Sprachkompetenz geprüft. Manchmal hapert es ausgerechnet da. Denn einige Spiele schneiden nur ausreichend ab. Roundtrip of Britain and Ireland sowie sein spanisches Pendant Viaje por España haben sich hier nicht mit Ruhm bekleckert. Auch Sagrada zeichnet sich nicht ausreichend durch Förderung der Sprachkompetenz aus.

Besser kommen neben Absolutely English Learn English by playing und das spanischsprachige Gegenstück Aprender

español jugando weg. Die gute Wertung bescheren ihnen die abwechslungsreichen Kategorien, die unter anderem Kenntnisse in den Kategorien Vokabeln, Grammatik und Redewendungen abfragen. Interkulturelles Wissen steht ebenfalls auf der Agenda.

Lernen mit Landeskunde

Das Aufsagen englischer Zungenbrecher, Rollenspiele und Aktionsaufgaben – die Produkte zeichnen sich durch viele schöne Ideen aus, die das Lernen lustig machen. Andere Anbieter haben den Fokus auf der Landeskunde. Hier heben sich A weekend in London und das konzeptionsgleiche Un fin de semana en Madrid heraus. In Themenvielfalt und Aktualität sind sie nicht zu schlagen und als unterhaltsame Reisevorbereitung geeignet. ■ **Anbieter Seite 268**

214 Freizeit

Autokindersitze 11

🏥 Unser Rat

Die beste Babyschale in diesem Jahr ist die **Cybex Aton 2** – mit Isofixbasis oder nur die Schale mit dem Autogurt befestigt. Der Beste für Ein- bis Vierjährige ist der Gruppe-I-Isofixsitz **Cybex Juno-Fix**. Für Ein- bis Zwölfjährige liegt der **Kiddy Guardianfix Pro 2** noch vor **Concord Transformer Pro** und **Cybex Pallas 2**. Der beste Sitz für Kinder von etwa vier bis zwölf Jahren ist der **Maxi Cosi RodiFix**.

Kinder fahren sicher

6+11/2012 Nachfolgemodelle einiger Autokindersitze verbessern sich im Nachtest. Neue Marken schlagen sich auf Anhieb gut.

Die diesjährigen Autokindersitztests sind mit über 40 Modellen so umfangreich wie nie zuvor. Nachdem in der ersten Veröffentlichung vom Juni fünf Modelle das Qualitätsurteil mangelhaft bekamen, konnten wir für den zweiten Test-Durchgang im November bereits einige der Nachfolgemodelle einkaufen und erneut bewerten.

Mangelhafte fliegen aus dem Regal
Daran sieht man: Produkte mit mangelhaftem test-Qualitätsurteil lassen sich kaum noch verkaufen. Sie verschwinden binnen kurzer Zeit aus den Regalen der Händler. Viele Hersteller ersetzen solche Produkte zügig durch ein Nachfolgemodell.

Ein Beispiel ist der Kiddy Guardianfix Pro 2, dessen Vorgänger im Test vom Juni in einem Crashversuch durchfiel. Dort setzten wir einen „dreijährigen" Dummy in den Kindersitz und befestigten den Kiddy mit dem Autogurt – so, wie der Anbieter es zuließ. Beim Frontaufprall blieb das Kind nicht sicher in seinem Sitz. Die Analyse der Crashvideos in der Superzeitlupe und die Inspektion der Produkte offenbarte die Ursache: Ein Polster in der Sitzfläche, das bei kleineren Kindern die Passform verbessert, bewirkte beim Dreijährigen einen zu hohen Schwerpunkt. Ohne die Isofix-Fanghaken konnten sich Sitz und Insasse beim Aufprall zu weit nach oben und nach vorn bewegen.

Der Nachfolger Kiddy Guardianfix Pro 2 verbessert sich im Test vom November von mangelhaft auf gut. Er bietet jetzt eine gu- ▶

Isofix für alle Größen
Die sichere und einfache Schnellbefestigung Isofix kommt bei Autokindersitzen unterschiedlich zum Einsatz – je nach Größe. Bei Babyschalen sind die Haken an der Basis – die Schale wird darauf eingerastet. Bei Gruppe-I-Sitzen (1–4 Jahre) halten die Isofixhaken das Gewicht von Sitz und Kind. Fangkörpersitze und Gruppe II/III (4–12 Jahre) werden angegurtet und zusätzlich mit Isofix befestigt.

test Jahrbuch 2013   Verkehr 215

11 Autokindersitze

test — Autokindersitze I — 6 + 11/2012

www.test.de		Mittlerer Preis in Euro ca.	Unfall-sicherheit	Hand-habung, Ergonomie	Schad-stoffe	test-QUALITÄTSURTEIL
Gewichtung			50%	50%	0%	100%
Gruppe 0+: Von der Geburt bis zu 13 kg Körpergewicht						
Cybex Aton 2	mit Isofixbasis	240	++	+	++	GUT (1,6)
	ohne Basis	130	++	+	++	GUT (1,8)
Peg Perego Primo Viaggio Trifix K	mit Isofixbasis	269	+	+	○	GUT (1,8)
	ohne Basis	169	+	+	○	GUT (2,3)
Graco Junior Baby	mit Basis	175	+	+	○	GUT (2,4)
	ohne Basis	130	+	+	○	GUT (2,4)
BeSafe iZi Go mit Isofixbasis		299[1]	○*)	+	++	BEFRIEDIGEND (3,0)
Bebecar Easymaxi EL		200	+	○	—*)	MANGELHAFT (4,6)
Gruppe 0+/I: Von der Geburt bis zu 18 kg Körpergewicht						
Peg Perego Viaggio Switchable		220[2]	○*)	+	++	BEFRIEDIGEND (3,3)
Gruppe I: Von 9 kg bis 18 kg Körpergewicht						
Cybex Juno-Fix		180	++	+	++	GUT (1,6)
Römer Trifix		350	+	+	○	GUT (1,8)
Römer Duo Plus Isofix mit Top-Tether		300	+	+	++	GUT (1,9)
Kiwy SPF 1 Isofix		340	+	+	++	GUT (2,0)
Chicco Xpace Isofix		259	+	+	++	GUT (2,1)
Cam Viaggiosicuro Isofix S157		199[3]	+	+	++	GUT (2,3)
Maxi Cosi Priori XP		159	○*)	+	○	BEFRIEDIGEND (2,9)
Chicco Xpace		169	○*)	+	++	BEFRIEDIGEND (3,1)

Bewertungsschlüssel der Prüfergebnisse: ++ = Sehr gut (0,5–1,5). + = Gut (1,6–2,5). ○ = Befriedigend (2,6–3,5). ⊖ = Ausreichend (3,6–4,5). — = Mangelhaft (4,6–5,5). **Bei gleichem Qualitätsurteil Reihenfolge nach Alphabet.** *) **Führt zur Abwertung.** 1) Bis 320 Euro, je nach Bezugsstoff. 2) Bis 240 Euro, je nach Bezugsstoff. 3) Preis laut Onlinerecherche. **Einkauf der Prüfmuster:** Januar bis März und Juli 2012.

te Unfallsicherheit, selbst wenn er ohne Iso-fixhaken nur mit dem Dreipunkt-Autogurt gesichert ist. Ist die zusätzliche Isofixbefes-tigung an der Karosserie eingehakt, zählte der Guardianfix Pro auch vorher schon zu den Besten im Test.

Gebrauchsanleitung verbessert
Der Nachfolger eines weiteren mangelhaf-ten Modells aus dem Test vom Juni ist der Graco Logico LX Comfort. Seinen Vorgänger

Logico L hatten wir wie den Graco-Sitz Ju-nior Maxi mit mangelhaft bewertet. Der Grund: In der Gebrauchsanleitung erlaubt der Anbieter, die Sitzerhöher auch ohne Rückenlehne zu verwenden. Das führt zu einem mangelhaften Seitenaufprallschutz. Beim Logico LX Comfort schreibt Graco vor, die Lehne zu benutzen. Dadurch verbessert sich die Unfallsicherheit auf befriedigend.

Auch Peg Perego hat nachgebessert. Schwachpunkt des mitwachsenden Sitzes▸

216 Verkehr

Autokindersitze 11

test | Autokindersitze II — 6 + 11/2012

www.test.de	Mittlerer Preis in Euro ca.	Unfall-sicherheit	Hand-habung, Ergonomie	Schad-stoffe	test - QUALITÄTSURTEIL
Gewichtung		50 %	50 %	0 %	100 %
Gruppe I/II/III: Von 9 kg bis 36 kg Körpergewicht					
Kiddy Guardianfix Pro 2 Isofix	269	+	+	++	GUT (2,1)
Concord Transformer Pro Isofix	249	+	+	○	GUT (2,2)
Cybex Pallas 2	220	+	+	++	GUT (2,2)
Recaro Young Sport	240	○*)	+	⊖	BEFRIEDIGEND (2,9)
Casualplay Multiprotector Fix	299	○*)	+	○	BEFRIEDIGEND (3,0)
Chicco Neptun	139	○*)	○	⊖	BEFRIEDIGEND (3,0)
Nania Beline SP	75	○*)	○	○	BEFRIEDIGEND (3,2)
Osann Beline SP	85	Baugleich mit Nania Beline SP			BEFRIEDIGEND (3,2)
Graco Nautilus	190	○*)	○	○	BEFRIEDIGEND (3,4)
Storchenmühle Taos	140	○*)	○	○	BEFRIEDIGEND (3,5)
Brevi Tao b.fix Isofix	267	○	⊖*)	++	AUSREICHEND (3,6)
Phil & Teds Tott XT	129	⊖*)	○	++	AUSREICHEND (3,8)
Gruppe II/III: Von 15 kg bis 36 kg Körpergewicht					
Maxi Cosi RodiFix	200	+	+	++	GUT (1,8)
Cybex Solution X2	130	+	+	++	GUT (1,9)
Jane Montecarlo R1 Isofix	179	+	+	○	GUT (1,9)
Takata Maxi Isofix[1]	249	+	+	++	GUT (1,9)
BeSafe iZi UP X3 Fix	239[2]	+	+	++	GUT (2,0)
Storchenmühle Solar Seatfix	180	+	++	++	GUT (2,0)
Storchenmühle My-Seat CL	110	+	+	○	GUT (2,1)
Peg Perego Viaggio 2/3 Surefix	139	+	+	++	GUT (2,4)
Graco Logico LX Comfort	90	○*)	+	○	BEFRIEDIGEND (2,8)
Safety 1st Travel Safe	80	○*)	+	○	BEFRIEDIGEND (2,8)
BeSafe iZi UP X3	189[3]	○*)	+	++	BEFRIEDIGEND (2,9)
Recaro Monza Nova Seatfix	230	+	++	⊖*)	BEFRIEDIGEND (2,9)
Easycarseat Inflatable	55[4]	—*)	+	○	MANGELHAFT (5,5)
Graco Junior Maxi	55	—*)	+	○	MANGELHAFT (5,5)
Graco Logico L[5]	90	—*)	+	○	MANGELHAFT (5,5)

Bewertungsschlüssel der Prüfergebnisse: ++ = Sehr gut (0,5–1,5). + = Gut (1,6–2,5). ○ = Befriedigend (2,6–3,5). ⊖ = Ausreichend (3,6–4,5). — = Mangelhaft (4,6–5,5). **Bei gleichem Qualitätsurteil Reihenfolge nach Alphabet.** *) Führt zur Abwertung.

1) Frühere Bezeichnung Picomino.
2) Bis 289 Euro, je nach Bezugsstoff.
3) Bis 259 Euro, je nach Bezugsstoff.
4) Preis laut Onlinerecherche.
5) Laut Anbieter Auslaufmodell.

Einkauf der Prüfmuster: Januar bis März und Juli 2012.

test Jahrbuch 2013 — Verkehr 217

11 Autokindersitze

Viaggio convertibile war im Test vom Juni noch der geringe Unfallschutz beim Frontaufprall für größere Kinder, die in Fahrtrichtung sitzen. Die Höhenverstellung der Kopfstütze löste sich während des Crashtests. Das Nachfolgemodell Viaggio Switchable bietet eine befriedigende Unfallsicherheit und verbessert sich auch im Qualitätsurteil auf befriedigend. Noch sicherer sind Kinder in dem Sitz , wenn sie rückwärtsgerichtet fahren.

Einem geht die Puste aus

Der leichte Easycarseat Inflatable ist aufblasbar wie eine Luftmatratze und scheint damit ein idealer Autokindersitz für den Urlaub zu sein. Allerdings versagte er sowohl beim Front- als auch beim Seitenaufprall. Der Unfallschutz ist ganz klar mangelhaft. Für größere Kinder ist zudem die Rückenlehne zu niedrig und die Schlaufe zur oberen Gurtführung erfüllt kaum ihren Zweck. Ein weiteres Manko: Parkt das Auto in der Sonne, entweicht Luft durch das Überdruckventil. Kühlt der Sitz dann wieder ab, ist er nicht mehr ausreichend prall gefüllt.

Wie sich der Klassiker schlägt

Gute Autokindersitze sind im Fachgeschäft oft schon von weitem am Testsiegel zu erkennen. Das Etikett mit dem test-Qualitätsurteil nutzen die Anbieter zur Verkaufsförderung, und die damit ausgezeichneten Produkte lassen sie lange im Sortiment. Der Römer Duo Plus ist so einer. Als einer der ersten Isofix-Sitze mit dem zusätzlichen oberen Haltegurt „Top-Tether" wurde er bereits 2007 geprüft, damals noch ohne Schadstofftest, und mit dem test-Qualitätsurteil gut ausgezeichnet. Wie schlägt sich der Klassiker in der modernen Konkurrenz?

Wir haben einen aktuell verkauften Römer Duo Plus auf den Prüfstand gestellt. Seine Unfallsicherheit ist nach wie vor gut, wenn auch der Frontaufprallschutz etwas schlechter ausfällt als der Seitenaufprallschutz. Das war vor fünf Jahren auch schon so. Nicht verteidigen kann der Römer die da-

malige Spitzennote sehr gut in der Wertungsgruppe Handhabung, Komfort. Die heißt heute Handhabung, Ergonomie, enthält einige andere Prüfpunkte und fällt beim aktuellen Römer Duo Plus gut aus.

Auch der Maxi Cosi Priori ist ein alter Bekannter. Als Priorifix haben wir den Isofix-Sitz bereits 2007 getestet und mit gut beurteilt. Zitat aus dem damaligen Kommentar: „Bei Befestigung mit dem Dreipunktgurt nur befriedigend." Diese Notenstufe erreicht auch das aktuelle Modell Priori XP, ein gegurteter Autokindersitz ohne Isofix.

Der Chicco Xpace ist ein weiterer Sitz für Ein- bis Vierjährige. Mit dem Autogurt befestigt, erreicht er in der Unfallsicherheit aber nicht die gute Note der im Sommer geprüften Version Chicco Xpace Isofix.

Hinter den guten Babyschalen Cybex Aton 2 und Peg Perego Primo Viaggio Trifix K platziert sich die gute Graco Junior Baby mit und ohne Basis. Die teurere Bebecar Easymaxi EL wurde dagegen wegen Schadstoffen, Weichmachern im Gurtpolster, abgewertet. Einen erhöhten Gehalt von Organo-Zinnverbindungen fanden wir im Gurtpolster des Recaro Young Sport.

Neue Marken – gute Ergebnisse

Zwei neue Marken legen auf Anhieb gute Ergebnisse vor. Der Kiwy SPF 1 ist ein Isofixsitz mit Stützfuß für Kinder von etwa 1 bis 4 Jahren. Er bietet guten Unfallschutz und einfachen Einbau, wiegt mit fast 14 Kilo aber recht viel. Neu ist auch der Takata Maxi, ein mitwachsender Isofixsitz für 4- bis 12-Jährige. Bis Oktober trug er noch die Marke Picomino, wird künftig jedoch unter dem Herstellernamen Takata angeboten. Bei gutem Unfallschutz ist er auch in Handhabung und Ergonomie gut, bei Sitzumbau und Größenanpassung sogar sehr gut. Eine starke Leistung zeigte auch die noch relativ junge Marke Cybex. Mit den Modellen Aton 2, Juno-Fix, Pallas 2 und Solution X2 belegt sie jeweils einen vorderen Platz in den entsprechenden Gewichtsklassen. ■ **Anbieter Seite 270**

Bahnfahrkarten 11

✚ Unser Rat

Vor allem Tickets für die Züge, die voraussichtlich wenig ausgelastet sind, bietet die **Deutsche Bahn** deutlich billiger als zum teuren Normalpreis an. Im Gegenzug gilt für die Reisenden „Zugbindung". Das heißt: Andere Bahnen als die gebuchten sind tabu. Die einfache Fahrt ist mit Sparpreis in der 2. Klasse auf der Kurzstrecke (bis 250 Kilometer) ab 19 Euro möglich, sonst ab 29 Euro.

Dem Sparpreis auf der Spur

1/2012 Wer gezielt nach preisgünstigen Fahrkarten sucht, hat gute Chancen, zum Schnäppchenpreis ans Ziel zu gelangen.

Umwelt- und Klimaschutzexperten wünschen sich, dass viele Autofahrer und Flugreisende auf Züge umsteigen. Doch die „Normalpreise" der Deutschen Bahn (DB) schrecken eher ab. Jedes Jahr steigen sie erneut. Ein Grund mehr, stattdessen nach Schnäppchen zu suchen.

Attraktive Alternativen sind vor allem Tagestickets für Regiozüge und Sparpreise für Fernzüge. Bei der Suche nach den günstigsten Tickets hilft die DB unter www.bahn.de mit einem „Sparpreis-Finder". Im Gegensatz zur normalen Reiseauskunft werden die Reiseverbindungen hier nicht nach Abfahrtzeit sortiert, sondern nach dem Preis. Die preisgünstigen Angebote stehen dann ganz oben.

Der Haken an der Sache

Der „Sparpreis-Finder", der den „günstigsten verfügbaren Preis" anzeigen soll, erfüllt diesen Anspruch mit den Voreinstellungen der Bahn jedoch nicht immer. Der Haken an der Sache ist ein Häkchen: Es steht im Kästchen „schnelle Verbindungen bevorzugen". Wer diesen Haken nicht entfernt, dem werden schlimmstenfalls die besten Billigangebote vorenthalten, nur weil die Züge etwas länger unterwegs sind. Keine Kenntnis hat der „Sparpreis-Finder" auch von den Sparangeboten des Nah- und Regionalverkehrs. Mit Wochenend-, Quer-durchs-Land- und Ländertickets kann man beliebig weit innerhalb des Geltungsbereichs fahren – auch hin und zurück. Und oft sogar auch in Stadtbussen, S-, U- und Straßenbahnen. ∎

Günstige Regio-Tickets
Im Zehnjahresvergleich sind die Preise für Schönes-Wochenend- und Ländertickets kräftig gestiegen. Doch nun bietet die DB diese Fahrkarten nicht nur für bis zu 5 Personen an, sondern auch speziell für Singles und Paare. Zwar kostet die Reise für eine Person dann mitunter das gleiche wie früher für fünf. Trotzdem sind diese Tickets oft immer noch die beste Wahl. Sie gelten oft auch in Bussen.

11 Carsharing

Unser Rat

Fünf Anbieter fahren mit guten test-Qualitätsurteilen voran. Unter den Klassikern mit festen Stationen machen **Greenwheels**, **Flinkster** und **Stadtmobil** das Rennen. Mit vielen Stationen und attraktiven Fahrzeugen präsentiert sich **Quicar** – aber nur in Hannover. Gut abgeschnitten haben im Test auch die Smarts von **Car2go**. Viele Anbieter verlangen keinen oder nur einen geringen Monatsbeitrag.

Die Flotten machen mobil

10/2012 Wer nur selten ein Auto benötigt, ist mit den Fahrzeugflotten der Carsharing-Anbieter mobil und kann viel Geld sparen.

Carsharing ist eine prima Idee und funktioniert auch in der Praxis. So lautet das Fazit nach der Überprüfung von neun Carsharing-Firmen. Fünf von ihnen erzielten im Test gute Urteile, die vier übrigen schnitten befriedigend ab. Zu den Guten gehören Greenwheels, Flinkster und Stadtmobil, die ihre Autoflotten an festen Stationen bereitstellen, zu denen der Nutzer sein Auto am Ende der Mietzeit zurückbringt. Ebenfalls gut funktionierten im Test die innovativen Autoteil-Modelle der Firmen Quicar und Car2go.

Moderne Technik macht mobil

Die Smarts von Car2go stehen – ebenso wie die Autos des Konkurrenten DriveNow – nicht an festen Stationen. Der Kunde kann sie einfach dort abstellen, wo seine Fahrt endet. Der nächste Interessent findet sie dank GPS- und Mobilfunktechnik via Smartphone-App. Reservieren lassen sich diese Autos allerdings nur 15 Minuten im Voraus. Bei den Fahrzeugen der meisten anderen Anbieter sind auch Buchungen Wochen oder Monate im Voraus möglich. Zum vereinbarten Zeitpunkt stehen die Autos dann an der gewünschten Mietstation.

Die Verfügbarkeit der Autos bewerteten die Tester mit gut oder sogar sehr gut. Bei Buchungsanfragen eine Woche vorher mussten sie aber manchmal Kompromisse bei der Abholstation oder beim Fahrzeugtyp machen. Vorteil des Carsharings gegenüber einem Privatwagen ist die Vielfalt der Autos.

Selbstbeteiligung reduzieren

Carsharing-Fahrzeuge sind in der Regel vollkaskoversichert. Hat der Fahrer einen Unfall selbst verschuldet, liegt die Selbstbeteiligung meist bei 1 000 bis 1 500 Euro. Diese Selbstbeteiligung können die Nutzer deutlich reduzieren – allerdings nur gegen Aufpreis. Ein Beispiel: Bei Flinkster kostet es jährlich 90 Euro, um die Selbstbeteiligung von 1 500 Euro auf 300 Euro zu verringern.

Carsharing 11

test Carsharing — 10/2012

www.test.de	Monats-beitrag in Euro	Aufnahme-beitrag in Euro	Nutzer werden	Buchen	Fahren	Mängel in den AGB	test QUALITÄTS-URTEIL
Gewichtung			30%	30%	40%	0%	100%
Mit festen Mietstationen und langfristiger Buchungsmöglichkeit							
Greenwheels	5	0	+	+	++	gering	GUT (1,8)
Flinkster	0	0 bis 50	+	+	+	gering	GUT (2,1)
Stadtmobil	0 bis 5[1]	0 bis 39[1]	+	+	+	sehr gering	GUT (2,2)
Drive Carsharing	5 bis 10	25 bis 50	⊖	+	+	gering	BEFRIEDIGEND (2,6)
Teilauto	0 bis 30	0 bis 25	O	+	+	deutlich[*]	BEFRIEDIGEND (2,9)
Cambio Carsharing	0 bis 25	0 bis 30	O	+	+	sehr deutlich[*]	BEFRIEDIGEND (3,3)
Ohne Mietstationen, nur kurzfristige Buchungsmöglichkeit							
Car2go	0	9,90 bis 19	+	+	+	gering	GUT (2,0)
DriveNow	0	29	+	+	⊖[*]	deutlich	BEFRIEDIGEND (3,3)
Besonderheit[2]							
Quicar	0	15 bis 25	+	+	++	sehr gering	GUT (1,8)

Bewertungsschlüssel der Prüfergebnisse: ++ = Sehr gut (0,5–1,5). + = Gut (1,6–2,5). O = Befriedigend (2,6–3,5). ⊖ = Ausreichend (3,6–4,5). — = Mangelhaft (4,6–5,5). **Bei gleichem Qualitätsurteil Reihenfolge nach Alphabet.** Mängel in den AGB (Allgemeine Geschäftsbedingungen): keine, sehr gering, gering, deutlich, sehr deutlich. ***) Führt zur Abwertung. 1)** Angabe für Stadtmobil Berlin, Kosten regional unterschiedlich. **2)** Mischform aus verschiedenen Carsharing-Konzepten: Feste Mietstationen, Golf-Blue-Motion-Flotte, Abrechnung nach der ersten halben Stunde minutengenau, langfristige Buchungsmöglichkeit. Im Plus-Tarif Fahrzeugvielfalt, aber nur mit 10 Stunden Mindestnutzung und Selbsttanken. **Erhebungszeitraum:** Juni bis August 2012.

Nutzer haben die Chance, für jeden Zweck das optimale Fortbewegungsmittel zu mieten. Zum Beispiel kleine Flitzer, geräumige Kombis oder sogar 9-Sitzer. Vor allem die Firmen Cambio Carsharing, Drive Carsharing, Flinkster, Stadtmobil, Teilauto und Quicar bieten eine beachtliche Palette.

Technisch alles okay

Insgesamt 45 Autos aller Anbieter ließen die Tester von technischen Sachverständigen überprüfen. Sie checkten die Bremsen, das Licht und vieles mehr. Positiv: Sicherheitsrelevante Mängel wies kein Auto auf. Die Prüfer protokollierten allerdings mehrfach kleinere Mängel wie fehlendes Wischwasser oder ein beschädigtes Kennzeichen. Die wenigsten Kritikpunkte gab es bei Car2go, Cambio, Greenwheels und Quicar.

Die Gruppenurteile fürs Fahren lauteten fast durchweg gut oder sogar sehr gut. Allerdings haben wir die Note der Firma DriveNow wegen technischer Probleme beim Öffnen oder Schließen abgewertet: Mehrfach standen die Tester vor den gebuchten Drive-Now-Autos und konnten sie mit der ausgehändigten elektronischen Chips nicht öffnen.

Mängel zeigten sich auch in den Allgemeinen Geschäftsbedingungen (AGB) einzelner Anbieter, die Kunden in unzulässiger ▶

test Jahrbuch 2013

Verkehr 221

11 Carsharing

Weise benachteiligen. Die AGBs von Teilauto und DriveNow hatten deutliche Mängel, die von Cambio sogar sehr deutliche.

Autofahren ohne Ballast
Unterm Strich erwies sich Carsharing für die Kunden als erfreulich komfortabel. Die Firmen kümmern sich um vieles, was beim Privatwagen Stress macht und viel kostet: Autokauf, Finanzierung, Steuern, Reparaturen, Reifenwechsel, Lackpflege, Hauptuntersuchung, Versicherung und vieles mehr.

Vor allem in den Städten hat der Besitz eines eigenen Autos an Reiz verloren. Viele Menschen entscheiden sich dagegen. Mobil sind sie trotzdem. Ein Mix verschiedener Verkehrsmittel macht es möglich: Fahrrad, Busse, Bahnen, Taxis, Mitfahrzentralen und immer öfter auch Carsharing. Die Nutzerzahlen steigen. Während 2004 erst 65 000 Menschen am Carsharing teilnahmen, sind es 2012 bereits etwa 300 000.

Gute Gründe sprechen fürs Teilen
So zahlreich wie die Kunden sind auch ihre Gründe fürs Mitmachen. Umweltbewusste argumentieren mit dem sinkenden Ressourcenverbrauch. Je mehr Leute sich Autos teilen, desto weniger müssen gebaut werden. Technikfreaks freuen sich, moderne Technik probefahren zu können. Andere düsen zu Partys oder Kulturveranstaltungen gern mal im flotten Mini oder Smart. Mitunter kann das Carsharing auch mal einen Zweitwagen ersetzen.

Wir haben errechnet, wieviel Geld sich durch Carsharing sparen lässt. Das Problem: Ein Privatauto verliert permanent an Wert und verursacht hohe Kosten auch dann, wenn es steht – etwa für Steuern, Versicherung und Finanzierung. In einem Rechenbeispiel für einen fünf Jahre alten Ford Fiesta betragen diese Kosten etwa 2 000 Euro pro Jahr. Die Kosten können bei Autos, die teurer oder reparaturanfälliger sind und bei anderen Versicherungstarifen auch deutlich höher liegen. Hinzu kommen in jedem Fall die Kosten für Benzin oder Diesel.

Mehr als 1 000 Euro sparen
Wer nur wenige tausend Kilometer im Jahr mit dem Auto unterwegs ist, kann durch den Umstieg vom Privatwagen auf Carsharing mehrere hundert oder sogar mehr als tausend Euro pro Jahr sparen. Viele Carsharing-Anbieter verlangen keinen oder nur einen geringen Monatsbeitrag, auch die Aufnahmebeiträge sind oft niedrig. Abgerechnet werden die gebuchten Zeiten und die gefahrenen Kilometer. Möglich sind auch Kurzzeitmieten von zum Beispiel nur einer Stunde. Da bleibt unterm Strich genug Geld übrig, um sich gelegentlich auch mal ein Taxi zu rufen. ■ **Anbieter Seite 270**

Am besten selbst ausprobieren
Carsharing kann nur gut funktionieren, wenn die Autos für den Nutzer innerhalb kurzer Zeit verfügbar sind. Wer sich fürs Autoteilen interessiert, sollte daher zunächst recherchieren, welche Anbieter vor Ort aktiv sind, wo sich die Mietstationen befinden und wie vielfältig die Fahrzeugpalette dort ist. Spannende Frage: Wie schnell lassen sich die Stationen von zu Hause aus zu Fuß, per Fahrrad oder mit Bus und Bahn erreichen? Wie gut Autoteilen im persönlichen Alltag funktioniert, muss jeder selbst ausprobieren. Da die Kosten und Risiken gering sind, lautet der Rat: Einfach selbst testen. Wenn es in der Stadt sowohl Anbieter mit festen Stationen als auch flexible Angebote à la Car2go oder DriveNow gibt, sollten Nutzer über eine Kombination beider Systeme nachdenken. Das macht noch mobiler und kostet wenig extra.

Navigationsgeräte 11

Unser Rat

Falk liegt gleich zweimal an der Spitze: bei den Geräten mit einer Displaydiagonale von 12,8 Zentimetern das **Falk Neo 550** für 213 Euro, bei den Geräten mit 10,9 Zentimetern das preisgünstige **Falk Neo 450** für 159 Euro. Beide überzeugen mit ihrer guten Handhabung. Auch das **Garmin nüvi 2460LMT** (200 Euro) ist vorn dabei und bietet ein kostenloses Kartenabo für die Lebensdauer des Geräts.

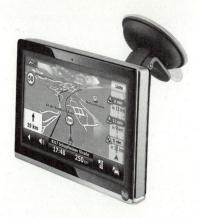

Die richtige Kurve kriegen

2/2012 Besonders die Handhabung macht bei den Navigationsgeräten Probleme. Von 17 Geräten schneiden hier nur fünf gut ab.

Größer ist besser: Unter diesem Motto versuchen die Anbieter von Navigationsgeräten, gegen die Konkurrenz von navigationsfähigen Smartphones zu punkten. Die aktuelle Generation von Navigationsgeräten wartet mit stattlichen Displays auf: mit 5 und 4,3 Zoll Bildschirmdiagonale, also 12,8 beziehungsweise 10,9 Zentimetern. Das Display eines 5-Zoll-Geräts ist etwa doppelt so groß wie das eines iPhones. 17 neue Navigationsgeräte beider Größenklassen zu Preisen zwischen 117 und 293 Euro haben wir geprüft. Unabhängig von der Displaygröße liegen im Test die Geräte von Falk und Garmin mit guten Noten vorn.

Keine Probleme beim Navigieren
Anders als noch vor einigen Jahren sind alle Navis im Prüfpunkt „Navigieren" ohne größere Probleme: Sie erreichen ein gutes Ergebnis und sind merklich schneller geworden. Für die notwendige Kontaktaufnahme zu den Satelliten brauchen die meisten Navis aus dem Standby-Betrieb weniger als 10 Sekunden, die schnellsten sogar nur 3.

Probleme bei der Handhabung
Einfache Bedienung ist für viele Nutzer ein entscheidendes Kriterium. In punkto Handhabung schneiden lediglich fünf Geräte gut ab, im Prüfpunkt „Täglicher Gebrauch" konnten sogar nur drei Geräte eine gute Note erreichen: die beiden Navis von Falk und eines von Navigon, das 72 Premium. Die Eingabe der Zieladresse ist bei diesen Geräten besonders einfach. ▶

Keine Anleitung bei TomTom
Wer als Erstkäufer ein Navi der Firma TomTom wählt, sollte wissen, dass die Gebrauchsanleitung so manche Frage offenlässt. Den Navigationsgeräten liegt nur ein Faltblatt bei. Eine ausführliche Anleitung im Gerät oder auf DVD suchen Käufer vergeblich. Ein detailliertes, gedrucktes Handbuch liegt keinem der geprüften Geräte bei. Besonders für Anfänger ist das problematisch.

11 Navigationsgeräte

test Navigationsgeräte 2 / 2012

www.test.de	Mittlerer Preis in Euro ca.	Navigation	Handhabung	Verarbeitung	Akku	Vielseitigkeit	test - QUALITÄTSURTEIL
Gewichtung		45 %	30 %	10 %	5 %	10 %	100 %
Bildschirmdiagonale 12,8 cm (5,0 Zoll)							
Falk Neo 550	213	+	+	O	O	+	GUT (2,2)
Garmin nüvi 2460LMT[1]	200	+	+	+	O	+	GUT (2,3)
Becker Active 50[2]	189	+	+	+	O	+	GUT (2,4)
Garmin nüvi 2595LMT	204	+	O	+	O	+	GUT (2,4)
TomTom Go Live 1015 Europe	288	+	O	+	O	+	GUT (2,4)
TomTom Go Live 825 Europe	221	+	O	+	O	+	GUT (2,5)
Mio Spirit 687 Europe Plus	170	+	O	+	O	+	BEFRIEDIGEND (2,6)
Navigon 72 Premium[1]	219	+	O	O	⊖	+	BEFRIEDIGEND (2,6)
TomTom Start 25 Europe Traffic	161	+	O	+	⊖	O	BEFRIEDIGEND (2,7)
Bildschirmdiagonale 10,9 cm (4,3 Zoll)							
Falk Neo 450	159	+	+	O	+	O	GUT (2,3)
Garmin nüLink! 2390[2]	215	+	O	+	O	O	GUT (2,4)
Garmin nüvi 2495LMT	190	+	O	+	O	+	GUT (2,4)
Garmin nüvi 3490LMT	293	+	+	+	⊖	+	GUT (2,4)
Navigon 42 Premium[1]	171	+	O	+	+	+	GUT (2,4)
Mio Spirit 485 Europe Plus	117	+	O	+	⊖	⊖	BEFRIEDIGEND (2,6)
TomTom Go Live 820 Europe	212	+	O	+	⊖	+	BEFRIEDIGEND (2,6)
TomTom Start 20 Europe Traffic	146	+	O	+	⊖	O	BEFRIEDIGEND (2,7)

Bewertungsschlüssel der Prüfergebnisse: ++ = Sehr gut (0,5–1,5). + = Gut (1,6–2,5). O = Befriedigend (2,6–3,5).
⊖ = Ausreichend (3,6–4,5). — = Mangelhaft (4,6–5,5). **Bei gleichem Qualitätsurteil Reihenfolge nach Alphabet.**
1) Laut Anbieter Auslaufmodell.
2) Laut Anbieter Software inzwischen geändert. **Einkauf der Prüfmuster:** Bis November 2011.

Navigieren durch ganz Europa

Beim Kartenmaterial sind die Anbieter großzügiger geworden als früher: Mit einer Ausnahme bieten sämtliche Navigationsgeräte bereits vorinstallierte Karten für ganz Europa. Garmin bietet eine kostenlose Aktualisierung für die Lebensdauer der Geräte seiner Modellreihe LMT an, Falk für sein Modell Neo 550 für zwei Jahre – sofern sich der Nutzer rechtzeitig auf der Internetseite der Anbieter registriert. Mio bietet keine Abos an und verlangt für eine einmalige Aktualisierung der europäischen Karten 60 Euro. Die Navigationsgeräte aus der TomTom-Go-Live-Serie und das Garmin nüLink! 2390 bieten Live-Dienste. Sie bringen aktuelle Stauwarnungen zeitnah übers Handynetz aufs Navi. Nach einer kostenlosen Probezeit kosten diese Verkehrsdienste im Abo immerhin 50 Euro pro Jahr. ■ **Anbieter Seite 270**

224 Verkehr | test Jahrbuch 2013

Navi und Navi-Apps 11

Unser Rat

Wer ein gutes Smartphone besitzt, kann sich das Navigationsgerät sparen. iPhone-Nutzer fahren am besten mit der App von **TomTom** (Westeuropa für 70 Euro). Nutzer eines Android-Smartphones kommen mit der App von **Navigon** (Europa für 60 Euro) gut ans Ziel. Bei Navigationsgeräten schneidet **Navigon 92 Premium** am besten ab. Mit 276 Euro ist es aber überdurchschnittlich teuer.

Smartphone überholt Navi

6/2012 Navi-Apps machen Smartphones zum Wegweiser. Manche lotsen sogar besser durch den Verkehr als reine Navigationsgeräte.

Wer ein gutes Smartphone besitzt, braucht kein separates Navi mehr. Navigations-Apps rüsten Smartphones zu Navigationsgeräten auf. Das Kuriose: Manche führen besser zum Ziel als reine Navigationsgeräte. Im Test vertreten sind neun Apps für die Betriebssysteme Android, iOS und Windows Phone sowie vier neue Navigationsgeräte. Die Apps haben wir auf besonders guten Smartphones getestet: auf dem iPhone 4S und auf dem Samsung Galaxy S II. Sie bieten kräftige Lautsprecher, die Fahrgeräusche und Kindergeschrei übertönen. Und sie verfügen über helle Bildschirme, auf denen auch bei Sonnenschein etwas zu erkennen ist. Nokia Navigation haben wir auf Nokia Lumia 800 getestet, auf dem es vorinstalliert ist. Auf billigen Handys beeindrucken die Apps weniger.

Bessere Prozessoren in Smartphones
Duos aus leistungsstarken Smartphones und App haben allerdings ihren Preis. Herkömmliche Navigationsgeräte sind für etwa 100 bis 300 Euro zu haben. Allein das iPhone kostet 615 Euro, das Samsung Galaxy 415 Euro, das Nokia Lumia 430 Euro. Dafür besitzen sie bessere Bildschirme und Prozessoren als die meisten Navis. Das wird schon bei der Routenberechnung deutlich: Die meisten Apps zeigen 100-Kilometer-Routen nach 2 bis 4 Sekunden an. Damit kann nur das Navigon 92 Premium mithalten. Die günstigen Navis von a-rival, Medion und Mio brauchen für die gleiche Route 11 bis 15 Sekunden. ▶

Apps senden persönliche Daten
Einige Navi-Apps senden zu Beginn der Routenführung Gerätekennung oder Standort – ohne Wissen des Nutzers. Für die Navigation ist das unnötig. Wir bewerten das kritisch. Sehr kritisch stufen wir den Datenschutz bei ALK und Sygic ein: Beide übertragen E-Mail-Adresse und Passwort unverschlüsselt. Nur bei Garmin, Google und TomTom stellten wir keine überflüssigen Datenströme fest.

11 Navi und Navi-Apps

test Navigations-Apps 6 / 2012

www.test.de	Preis in Euro ca.	Navi-gation	Hand-habung	Nutzungs-zeit mit Akku	Vielseitigkeit der Navi-App
iOS[1]					
TomTom Navigations App Westeuropa auf Apple iPhone 4S[2][3]	70,00	+	O	+	+
Garmin Streetpilot Westeuropa auf Apple iPhone 4S[2]	80,00	+	O	+	+
Navigon Mobile Navigator Europe auf Apple iPhone 4S[2]	90,00	+	O	O	+
Skobbler GPS Navigation 2 auf Apple iPhone 4S[2][4]	7,60	O	O	⊖	O
Android[5]					
Navigon Mobile Navigator Europe auf Samsung Galaxy SII[2]	60,00	+	O	+	+
Sygic GPS Navigation Western Europe auf Samsung Galaxy SII	40,00	+	O	++	+
Google Maps Navigation auf Samsung Galaxy SII	Kostenlos	O	O	++	⊖
ALK Copilot Live Premium Europe auf Samsung Galaxy SII	37,50	O	+	+	+
Windows Phone[6]					
Nokia Navigation auf Nokia Lumia 800[2]	Kostenlos	O	O	⊖	O

Bewertungsschlüssel der Prüfergebnisse: **++** = Sehr gut (0,5–1,5). **+** = Gut (1,6–2,5). O = Befriedigend (2,6–3,5).
⊖ = Ausreichend (3,6–4,5). **—** = Mangelhaft (4,6–5,5).
Reihenfolge nach dem Urteil für Navigation. Bei gleichem Urteil Reihenfolge nach Alphabet.
1) Geprüft mit Version 5.0.1. **2)** Laut Anbieter Softwareupdate verfügbar. **3)** Laut Anbieter durch Nachfolger TomTom Navigations App für iPhone/iPad ersetzt. **4)** Geprüft mit In-App für Onboard-Navigation. **5)** Geprüft mit Version 2.3.3.
6) Geprüft mit Version 7.5. **Einkauf der Prüfmuster:** Januar und Februar 2012.

An einer 1 000-Kilometer-Route rechnet Mio mehr als 50 Sekunden. Zudem reagieren Navi-Bildschirme meist schwerfälliger auf Berührungen.

Mit dem Preis sinkt der Komfort
Am besten lotst die TomTom-App durch den Verkehr. Die TomTom-App gibt es jedoch nur fürs iPhone. Ebenfalls gut navigieren die Apps von Garmin, Navigon und Sygic. Ans Ziel führen auch die Billig-App von Skobbler sowie die kostenlosen Anwendungen von Google und Nokia, allerdings weniger komfortabel. Sie haben keinen Spurassistenten. An kniffligen Abzweigungen nimmt der Fahrer leicht die falsche Ausfahrt. Nokia und Skobbler können auch keine Straßennamen vorlesen. Ihnen fehlt die Vorlesefunktion „Text to speech". Alle übrigen Apps und Geräte im Test sagen Straßennamen an: „Biegen Sie bei der nächsten Kreuzung links in den Lützowplatz." Das erleichtert die Orientierung. Google übertreibt das Vorlesen von Straßennamen wiederum: In Gegenden mit vielen Kreuzungen plappert die App ohne Unterlass.

Die Ansage tönt unverdrossen weiter
Klingelt unterwegs das Smartphone, sind bei den meisten Apps zwei Fingertipps erforderlich: einer, um den Anruf anzunehmen, ein zweiter, um den Lautsprecher einzuschalten.

226 Verkehr
test Jahrbuch 2013

Navi und Navi-Apps 11

test Navigationsgeräte							6 / 2012
www.test.de	Mittlerer Preis in Euro ca.	Navi-gation	Hand-ha-bung	Verar-bei-tung	Nutzungs-zeit mit Akku	Viel-seitig-keit	**test** - QUALITÄTSURTEIL
Gewichtung		45 %	35 %	5 %	5 %	10 %	100 %
Navigon 92 Premium[1]	276	+	+	++	⊖	+	GUT (2,2)
Medion GoPal E4460EU+	139[2]	O	+	O	O	+	BEFRIEDIGEND (2,7)
a-rival NAV-XEA50 Europa[3]	99	O	O	O	+	+	BEFRIEDIGEND (2,8)
Mio Moov M610 Westeuropa	97[4]	+	O	O	⊖	O	BEFRIEDIGEND (2,9)

Bewertungsschlüssel der Prüfergebnisse: **++** = Sehr gut (0,5–1,5). **+** = Gut (1,6–2,5). O = Befriedigend (2,6–3,5). ⊖ = Ausreichend (3,6–4,5). **—** = Mangelhaft (4,6–5,5). **Bei gleichem Qualitätsurteil Reihenfolge nach Alphabet.** 1) Laut Anbieter nicht mehr erhältlich. Aber verwandtes Modell Navigon 92 Plus weiter im Handel. Ohne Premium TMC und Freisprecheinrichtung. 2) Preis ohne Versandkosten laut Medionshop. 3) Laut Anbieter durch Nachfolger NAV-XEA503 Europa ersetzt. 4) Mittlerer Onlinepreis ohne Versandkosten, ermittelt durch idealo.de (Stand: 25. April 2012).
Einkauf der Prüfmuster: Januar und Februar 2012.

Schlecht für Ortsfremde: Fahranzeigen verschwinden meist beim Gespräch. Dafür laufen die Ansagen weiter – bei vielen Apps in leisem Ton. Doch bei den Android-Apps von Navigon und Sygic tönt die Ansage unverdrossen weiter. Das stört sowohl den Fahrer als auch den Anrufer, der alles mithört.

Navigation im Ausland kostet extra

Fast alle Apps speichern die Karten an Bord des Smartphones, das die Route berechnet. Das erfordert Speicherplatz: zwischen 2 und 4 Gigabyte. Google dagegen ruft die Karten für jede Route von Rechnern ab (offboard). Vorteil: Die Berechnung nutzt neueste Karten. Nachteil: Das Smartphone kann ohne Datenverbindung nicht navigieren. Auch Nokia braucht zur Routenberechnung eine Internetverbindung. Auf Testfahrten von 150 Kilometern verursachte die Offboardnavigation bis zu 1 Megabyte Datenverkehr.

Wer eine Offboardnavigation nutzt, braucht einen passenden Datentarif, erst recht im Ausland. Innerhalb der EU dürfen Datenverbindungen höchstens 84 Cent je Megabyte kosten. Doch wer in die Schweiz fährt, zahlt bei manchen Anbietern 15 Euro je Megabyte. Die Karten zuhause herunterladen und ohne Datenverbindung zu fahren ist auch keine Lösung. Die Google-Karte verschwimmt, zeigt kaum Details. Nokia bietet inzwischen ein Softwareupdate. Damit erfolgt die Navigation an Bord ohne nachzuladen.

Kostenpflichtiger Datenverkehr kann auch bei Onboard-Systemen entstehen – zum Beispiel durch optionale Live-Dienste, die vor Staus warnen. Außerdem unterstützen viele Smartphones die GPS-Ortung mit aktuellen Satellitenpositionen. Wer das nicht möchte, sollte alle Ortungsmethoden bis auf GPS ausschalten oder die Datenverbindungen komplett unterbinden *(siehe www. test.de/datenverkehr-ausschalten).*

iPhone-Nutzer zahlen mehr

Wer eine Navi-App kauft, sollte nur die Karten laden, die er braucht. Das spart Geld. Beispiel TomTom: Die Karten für Europa kosten 90 Euro, für Deutschland, Österreich, die Schweiz (DACH) 50 Euro. Weiterer Vorteil: Fast alle Apps liefern gratis Aktualisierungen. Nur bei den Apps von ALK und Navigon sowie bei den vier Navigationsgeräten im Test kosten neue Karten.

Happig ist der Preisunterschied zwischen den Betriebssystemen: In Apples App Store kostet Navigon Europe 90 Euro, bei Google Play 60 Euro. ■ **Anbieter Seite 270**

test Jahrbuch 2013

Verkehr 227

11 Sommerreifen

Unser Rat

165/70 R14 T: Testsieger ist der **Conti EcoContact 5** für 70 Euro mit sehr guten Noten auf trockener Straße, im Verschleiß und beim Verbrauch.
205/55 R16 V: Die Spitzengruppe besteht aus **Conti PremiumContact 5** für 98,50 Euro, **Dunlop SP Sport Fastresponse** für 92 Euro und **Goodyear OptiGrip** für 91 Euro. Der Conti ist besser auf Nässe, Dunlop und Goodyear sind noch verschleißfester.

Vier auf einen Streich

3/2012 Nur wenn er vierfach überzeugt, fährt ein Reifen mit einer guten Note aus dem Test. Doch das gelingt nur jedem dritten Pneu.

Von Ostern bis Oktober – so lautet die Formel – fährt das Auto mit Sommerreifen. Es reicht jedoch nicht, dass Sommerreifen Antriebs-, Lenk- und Bremskräfte des Autos nur bei trockener Fahrbahn gut übertragen. Erst auf regennasser Straße zeigt sich, was der Reifen draufhat. Eine ausgeklügelte Profilgestaltung vermeidet, dass der Wagen bei Nässe den Kontakt zur Fahrbahn verliert und sich wegen Aquaplaning nicht mehr lenken lässt. Die spezielle Gummimischung sorgt für gutes Handling beim Fahren und kurze Bremswege.

Damit nicht genug. Die Gesamtnote gut erreichen nur Reifen, die auf trockener und nasser Straße punkten, lange halten und Kraftstoff sparen. Ein guter Reifen kann den Verbrauch um etwa 5 Prozent senken. Das sind je nach Fahrzeug 0,3 bis 0,4 Liter Benzin oder Diesel je hundert Kilometer.

Fährt ein Reifen auf trockener und nasser Straße, im Verschleiß und Verbrauch ein Befriedigend oder eine schlechtere Note ein, führt das zu einer Abwertung im Qualitätsurteil. Wie sich der Reifen auf nasser und trockener Fahrbahn verhält, entscheidet über die Sicherheit. Verschleiß und Verbrauch gehen ins Geld. Deshalb sind diese vier Kriterien wichtiger als das Geräusch.

Davon profitiert der Apollo. Der rollt relativ laut ab, stellt aber ansonsten recht gute Eigenschaften unter Beweis. Leisetreter ist der neue Continental EcoContact 5, als einziger im Test erhält er das Urteil gut beim Geräusch. Er setzt auch sonst die Maßstäbe.

Nicht auf Schadstoffe getestet
Gummiproben aus der Lauffläche enthielten in vergangenen Tests oft zu viele krebserregende polyzyklische aromatische Kohlenwasserstoffe (PAK). Nachdem die Hersteller die Reifenproduktion auf Öle mit deutlich verringertem PAK-Gehalt umgestellt haben, fanden wir zuletzt jedoch immer weniger dieser Schadstoffe. Deshalb haben wir diesmal auf die Schadstoffprüfung verzichtet.

Sommerreifen 11

test — Sommerreifen 165/70 R14 T — 3 / 2012

www.test.de	Mittlerer Preis in Euro ca.	Nasse Fahr- bahn	Trockene Fahrbahn	Ver- schleiß- festigkeit	Kraft- stoffver- brauch	Ge- räusch	Schnell lauf- prüfung	test QUALITÄTS- URTEIL
Gewichtung		40 %	20 %	20 %	10 %	10 %	0 %	100 %
Kleinwagengröße 165/70 R14 T (maximal 190 km/h)								
Continental EcoContact 5	70,00	+	++	++	++	+		GUT (2,0)
Michelin Energy Saver[1]	59,00	+	+	+	+	O		GUT (2,1)
Pirelli Cinturato P1	60,50	+	++	+	+	O		GUT (2,2)
Apollo Amazer 3G Maxx	50,50	+	+	+	+	⊖		GUT (2,3)
Barum Brillantis 2	50,50	+	+	+	+	O		GUT (2,4)
Hankook Kinergy Eco K425[2]	51,50	O[*]	+	+	+	O	Alle Reifen haben die Schnelllaufprüfung ohne Einschränkungen bestanden.	BEFRIED. (2,6)
Dunlop SP Streetresponse	58,50	O[*]	+	+	+	O		BEFRIED. (2,7)
Firestone Multihawk	57,50	O[*]	+	+	+	O		BEFRIED. (2,7)
Goodyear DuraGrip	56,50	O[*]	++	++	+	O		BEFRIED. (2,8)
Yokohama BluEarth	57,50	+	++	O[*]	+	O		BEFRIED. (2,8)
Fulda EcoControl	51,50	O[*]	+	++	+	O		BEFRIED. (3,0)
Kumho Solus KH17	49,00	+	+	O[*]	+	O		BEFRIED. (3,0)
GT-Radial Champiro Eco	54,50	O[*]	+	+	+	O		BEFRIED. (3,2)
Semperit Comfort-Life 2	54,50	+	+	O[*]	+	O		BEFRIED. (3,3)
Infinity Inf-030[3]	45,50	—[*]	+	++	+	⊖		MANGELH. (5,2)

Bewertungsschlüssel der Prüfergebnisse: **++** = Sehr gut (0,5–1,5). **+** = Gut (1,6–2,5). O = Befriedigend (2,6–3,5).
⊖ = Ausreichend (3,6–4,5). — = Mangelhaft (4,6–5,5). **Bei gleichem Qualitätsurteil Reihenfolge nach Alphabet.**
*) Führt zur Abwertung.
1) Laut Anbieter durch Nachfolger Energy Saver + ersetzt. **2)** Laut Anbieter inzwischen geändert.
3) Laut Anbieter Auslaufmodell. Restbestände im Handel. **Einkauf der Prüfmuster:** Mai 2011.

Der Continental ist sehr gut auf trockener Fahrbahn, sehr verschleißfest, sehr gut beim Kraftstoffverbrauch, gut auf nasser Straße und leise noch dazu. All das sichert ihm den Spitzenplatz in der Kleinwagengröße. Mit knappem Abstand folgen der Michelin Energy Saver und der Pirelli Cinturato P1.

Kaum schlechter schlägt sich der preiswerte Apollo Amazer 3G Maxx. Preiswert und gut ist auch der Barum Brillantis 2. Ganz anders der Infinity. Sein Handling ist miserabel und der Bremsweg bei Nässe viel zu lang. Aus Tempo 80 braucht er 13 Meter mehr bis zum Stillstand als der Pirelli Cinturato P1, das sind rund drei Wagenlängen.

Spitzentrio der Kompakten
Die beliebte Reifengröße 205/55 R16 V, die auf viele Kompakt- und Mittelklasseautos passt, haben wir auf Skoda Octavia getestet. Drei Reifen teilen sich in dieser Kategorie den Spitzenplatz. Freilich hat jeder von ihnen seine speziellen Stärken: Der neue Continental PremiumContact 5 punktet vor allem auf nasser Straße. Der Dunlop SP Sport Fastresponse und der Goodyear Opti-Grip erweisen sich dagegen als besonders verschleißfest. Darauf folgen die ausgewogen guten Bridgestone Turanza T001 und Semperit Speed-Life. Die übrigen Reifen bieten zumindest eine befriedigende Quali-▶

test Jahrbuch 2013

11 Sommerreifen

test — Sommerreifen 205/55 R16 V — 3 / 2012

www.test.de

	Mittlerer Preis in Euro ca.	Nasse Fahr-bahn	Trockene Fahrbahn	Ver-schleiß-festigkeit	Kraft-stoffver-brauch	Ge-räusch	Schnell-lauf-prüfung	test-QUALITÄTS-URTEIL
Gewichtung		40 %	20 %	20 %	10 %	10 %	0 %	100 %
Kompakt- und Mittelklassewagengröße 205/55 R16 V (maximal 240 km/h)								
Continental PremiumContact 5	98,50	+	++	+	+	O		GUT (2,1)
Dunlop SP Sport Fastresponse	92,00	+	++	++	+	O		GUT (2,1)
Goodyear OptiGrip[1]	91,00	+	+	++	+	O		GUT (2,1)
Bridgestone Turanza T001	97,50	+	++	+	+	O		GUT (2,2)
Semperit Speed-Life	81,50	+	+	+	+	O		GUT (2,3)
Maloya Lugano[1]	85,00	O*)	+	+	+	O		BEFRIED. (2,6)
Hankook Kinergy Eco K425[2]	73,00	O*)	+	+	+	O		BEFRIED. (2,7)
Pirelli Cinturato P7	95,00	O*)	+	++	+	O		BEFRIED. (2,7)
C Formula	77,50	O*)	+	++	+	O		BEFRIED. (2,8)
Kumho Ecsta HM KH31	69,00	O	++	O*)	+	O		BEFRIED. (3,0)
Nokian V[2]	91,00	+	++	O*)	+	O		BEFRIED. (3,0)
Uniroyal RainExpert	83,00	+	+	O*)	+	O		BEFRIED. (3,0)
Yokohama C.drive 2	92,50	+	++	O*)	+	O		BEFRIED. (3,0)
Fulda EcoControl HP	82,50	O*)	++	+	+	O		BEFRIED. (3,2)
Nexen N8000	75,00	+	+	O*)	O	O		BEFRIED. (3,5)

Alle Reifen haben die Schnelllaufprüfung ohne Einschränkungen bestanden.

Bewertungsschlüssel der Prüfergebnisse: ++ = Sehr gut (0,5–1,5). + = Gut (1,6–2,5). O = Befriedigend (2,6–3,5). ⊖ = Ausreichend (3,6–4,5). — = Mangelhaft (4,6–5,5). **Bei gleichem Qualitätsurteil Reihenfolge nach Alphabet.**
*) Führt zur Abwertung.
1) Laut Anbieter nicht mehr erhältlich. 2) Laut Anbieter inzwischen geändert.   Einkauf der Prüfmuster: Mai 2011.

---

tät. Zur Abwertung führten bei einigen leichte Schwächen auf nasser Straße, andere erwiesen sich im Abrieb als wenig haltbar. Unter Testbedingungen läuft ein besonders verschleißfester Reifen oft doppelt so weit wie einer der schlechten.

Wieder einmal zeigt sich aber der Effekt, dass besonders haltbare Gummimischungen manchmal etwas wasserscheu sind. So zeigte der Marathonläufer unter den Kompaktwagenreifen, der C Formula, Schwächen beim Aquaplaning. Umgekehrt lief es beim Nexen N8000: Er sammelt gute Noten auf nasser und trockener Fahrbahn, fährt sich aber doppelt so schnell ab wie die C Formu-

la. Die Tabelle zeigt aber ebenso, dass man auch ausgewogen gute Reifen bauen kann.

Sagenhafte Preisunterschiede

Ein Satz Reifen kostet beim teuersten befragten Händler fast 300 Euro mehr als beim billigsten. Die Nebenkosten lagen zwischen 8,50 Euro und 35 Euro pro Rad. Sie werden für die Montage, das Auswuchten einschließlich der Ausgleichsgewichte sowie ein Ventil und gegebenenfalls die Altreifenentsorgung fällig. Sind die Reifen auf Alufelgen montiert, liegen die Montagekosten in der Regel etwas höher als bei Reifen auf Stahlfelgen. ■ **Anbieter Seite 270**

Starterbatterien 11

ⓘ Unser Rat

Die insgesamt beste Batterie des Tests ist **Moll 82070 EFB**. Sie kostet 175 Euro und gehört zu den im Schnitt billigeren EFB-Batterien. Von den AGM-Batterien ist die **JCI/Varta Start Stop Plus E39** die beste. Sie ist mit 245 Euro die teuerste der AGM-Modelle. Von den herkömmliche Starterbatterien erreichte die **Banner Power Bull P7209** für 130 Euro die besten Noten.

Die Billigeren starten durch

12/2012 Motor aus bei jedem Stopp spart Sprit, erfordert aber Spezialbatterien. Die haben wir geprüft, mit guten Ergebnissen.

Das Start-Stopp-System im Auto lässt die Motoren nach dem Halt verstummen. Erst der Tritt auf die Kupplung oder das Lösen der Bremse startet den Motor zur Weiterfahrt. Das spart Sprit. Doch das wiederholte Anlassen des Motors belastet die Autobatterie beträchtlich, insbesondere wenn das Auto auch Bremsenergie in Strom umwandelt und für das wiederholte Starten in der Batterie speichert. Deshalb ist die Lebensdauer von Start-Stopp-Batterien begrenzt. Im Schnitt wird alle vier bis fünf Jahre eine neue fällig. Wir haben exemplarisch eine Auswahl Batterien geprüft, die zum Austausch in Frage kommen.

Viele Autobauer rüsten Start-Stopp-Neufahrzeuge mit hochwertigen AGM-Batterien (Absorbent Glass Mat) aus. Doch kosten AGM-Batterien relativ viel: Für ein Mittelklasseauto sind (70 Amperestunden) beim Tausch bis weit über 200 Euro fällig.

EFB ist die bessere Wahl
Weniger als 200 Euro kosten „Enhanced Flooded Batteries" (EFB). EFB sind verbesserte herkömmliche Starterbatterien. Im Test bieten die ausgewählten EFB-Batterien eine vergleichbare Qualität wie die AGM-Typen. Beste im Gesamturteil ist sogar eine EFB, die Moll 82070 EFB für 175 Euro. Die Batterie erreichte im Start-Stopp-Betrieb sogar fast die Noten der besten AGM, der JCI/Varta Start Stop Plus für 245 Euro.

Der Vollständigkeit halber wurden noch drei herkömmliche Starterbatterien geprüft ▶

Gefahr mit Standardbatterien
Selbst sehr gute Standardbatterien eignen sich nur im Notfall für Start-Stopp-Betrieb, für das Rückgewinnen der Bremsenergie gar nicht. Im Test korrodierten dabei die Plattenkontakte ab. Das heißt: plötzlicher Ausfall der Batterie. Im Extremfall bildet sich Knallgas. Das ist hochbrisant und kann explodieren. Aus diesem Grund haben wir nur die Prüfergebnisse als Starterbatterien bewertet.

11 Starterbatterien

✛ test Start-Stopp-Autobatterien — 12 / 2012

www.test.de	Preis-spanne in Euro ca.	Mittlerer Preis in Euro ca.	Eignung für Start-Stopp	Überla-dungs-festigkeit	Gebrauchs-eigen-schaften	Erfüllen der Leistungs-angaben	✛ test-QUALITÄTS-URTEIL
Gewichtung			45 %	15 %	10 %	30 %	100 %
AGM-Batterien							
JCI/Varta Start Stop Plus E39	212 bis 269	245	++	⊖	++	++	GUT (1,6)
Banner Running Bull AGM 57001		230	+	++	○	++	GUT (1,7)
Exide Micro Hybrid AGM EK700	172 bis 192	182	+	+	++	+	GUT (1,8)
EFB-Batterien							
Moll 82070 EFB[1]	170 bis 190	175	++	+	+	++	SEHR GUT (1,3)
Banner Running Bull EFB 57000		175	+	++	+	+	GUT (1,6)
JCI/Varta Start Stop E45	159 bis 204	181	++	++	+	+	GUT (1,7)
Exide Micro Hybrid ECM EL700	146 bis 166	156	○	++	⊖	++	GUT (2,5)

Bewertungsschlüssel der Prüfergebnisse: ++ = Sehr gut (0,5–1,5). + = Gut (1,6–2,5). ○ = Befriedigend (2,6–3,5).
⊖ = Ausreichend (3,6–4,5). — = Mangelhaft (4,6–5,5).
1) Laut Anbieter Produktkennzeichnung inzwischen geändert. Einkauf der Prüfmuster: April 2012.

✛ test Starterbatterien — 12 / 2012

www.test.de	Preisspanne in Euro ca.	Mittlerer Preis in Euro ca.	Halt-barkeit	Gebrauchs-eigen-schaften	Erfüllen der Leistungs-angaben	✛ test-QUALITÄTS-URTEIL
Gewichtung			45 %	15 %	40 %	100 %
Starterbatterien						
Banner Power Bull P7209		130	++	+	+	SEHR GUT (1,4)
Bosch Silver S4	126 bis 149	136	++	+	+	SEHR GUT (1,5)
Exide Premium EA722	95 bis 129	120	++	+	○	GUT (2,2)

Bewertungsschlüssel der Prüfergebnisse: ++ = Sehr gut (0,5–1,5). + = Gut (1,6–2,5). ○ = Befriedigend (2,6–3,5).
⊖ = Ausreichend (3,6–4,5). — = Mangelhaft (4,6–5,5).
Einkauf der Prüfmuster: April 2012.

– auch im Start-Stopp-Betrieb und zum Speichern der rückgewonnenen Energie. Die Rückgewinnung geht mit den Akkus gar nicht. Nur die beste der Starterbatterien, die Banner Power Bull für 130 Euro, eignet sich eingeschränkt für Start-Stopp-Betrieb. Aber nur für den Notfall. Solche Batterien sind eben nicht für diese Betriebsbedingungen ausgelegt. Sie wurden nur als Starterbatterien bewertet. ■ **Anbieter Seite 270**

232 Verkehr test Jahrbuch 2013

Winterreifen

Unser Rat

Größe 165/70 R14: Der **Michelin Alpin A4** siegt knapp vor den Winterreifen **Continental WinterContact TS 800** und dem **Pirelli Winter 190 Snowcontrol Serie 3**.
Größe 205/55 R16: **Continental WinterContact TS 850** und **Michelin Alpin A4** liegen punktgleich an der Spitze. Danach folgen **Dunlop SP Wintersport 4 D**, **Goodyear UltraGrip 8** und der **Nokian WR 3D**.

Schwarz auf weiß

10/2012 Lamellenprofil und weiche Gummimischung verschaffen den Winterpneus den Vorsprung vor den Sommerreifen.

Schnee und Eis, Kälte und Nässe: Was ist das Geheimnis der Winterreifen, dass sie das Auto sicher auf der Straße halten? Das Plus an Sicherheit erreichen sie durch ihr feingezacktes Lamellenprofil. Es sorgt für eine bessere Verzahnung des Reifens mit dem Untergrund. Die Gummimischung von Winterreifen ist weicher und bleibt auch bei niedrigen Temperaturen noch elastisch.

Der Gesetzgeber fordert seit 2010: „Bei Kraftfahrzeugen ist die Ausrüstung an die Witterungsverhältnisse anzupassen. Hierzu gehört insbesondere eine geeignete Bereifung." Wer bei Glatteis, Schneeglätte, Schneematsch, Eis- oder Reifglätte fährt, braucht Winterreifen. Verstößt ein Autofahrer gegen diese Vorschrift, riskiert er bei Kontrollen ein Bußgeld von mindestens 40 Euro und einen Punkt im Flensburger Zentralregister.

Im Oktober ist die richtige Zeit, Winterreifen zu montieren. Haben die alten noch wenigstens 4 Millimeter Profiltiefe? Wenn nicht, steht ein Neukauf an. Aber nicht jeder Reifen ist gut. Die Testergebnisse reichen von gut bis mangelhaft.

Die Besten für Kleinwagen

In der Kleinwagengröße präsentieren sich drei gute Winterreifen. Der Testsieger Michelin Alpin A4 ist zwar teurer als die anderen, hält dafür aber doppelt so lange wie zum Beispiel der befriedigende Dunlop. Der Continental WinterContact TS 800 auf Rang zwei überzeugt besonders auf Schnee. Der dritte im Bunde, der Pirelli Winter 190 Snowcontrol Serie 3, dreht beim Anfahren auf Schnee et-▶

Reifenlabel ab November 2012

Das Label bietet dem Verbraucher eine schnelle Information über drei wichtige Eigenschaften. In Kategorien von A bis G eingeordnet werden der Kraftstoffverbrauch und der Nassgriff des Reifens. Außerdem wird das Abrollgeräusch in drei Stufen bewertet und der Lärmpegel in Dezibel angegeben. Andere Eigenschaften wie Verschleißfestigkeit und Wintereignung werden vom Label nicht erfasst.

test Jahrbuch 2013 — Verkehr 233

11 Winterreifen

⊕ test — Winterreifen 165/70 R14 T — 10 / 2012

www.test.de	Mittlerer Preis in Euro ca.	Nasse Fahrbahn	Schnee	Trockene Fahrbahn	Eis	Verschleißfestigkeit	Kraftstoffverbrauch	Geräusch	Schnelllaufprüfung	⊕ test-QUALITÄTS-URTEIL
Gewichtung		30%	20%	15%	10%	10%	10%	5%	0%	100%
Kleinwagengröße 165/70 R14 T (maximal 190 km/h)										
Michelin Alpin A4	70,50	+	+	+	+	++	+	O		GUT (2,1)
Continental WinterContact TS 800	70,00	+	+	+	+	+	+	⊖		GUT (2,2)
Pirelli Winter 190 Snowcontrol Serie 3	66,00	+	+	+	+	+	+	⊖		GUT (2,3)
Barum Polaris 3	54,50	+	+	O*)	+	+	+	O	Alle Reifen haben die Schnelllaufprüfung ohne Einschränkungen bestanden.	BEFRIED. (2,6)
Sava Eskimo S3+	50,50	+	+	O*)	+	+	+	O		BEFRIED. (2,6)
Marshal I'zen MW 15	55,00	+	+	O*)	+	+	+	O		BEFRIED. (2,7)
Goodyear UltraGrip 8	69,00	+	O*)	+	+	+	+	O		BEFRIED. (2,8)
Semperit Master-Grip	57,50	+	+	+	+	O*)	+	O		BEFRIED. (2,8)
Vredestein Snowtrac 3	59,00	+	+	O*)	+	+	+	O		BEFRIED. (2,8)
Firestone Winterhawk 2 Evo	60,00	O	O*)	+	O	+	+	O		BEFRIED. (2,9)
Dunlop SP Winterresponse	67,00	+	O	O	+	O*)	+	O		BEFRIED. (3,0)
Hankook Winter i*cept RS W442	58,50	O	O*)	+	+	+	+	O		BEFRIED. (3,1)
GTRadial ChampiroWinterPro	56,00	O	⊖*)	+	O	+	++	O		AUSREICH. (3,6)
Effiplus Epluto I	56,00	—*)	O	+	O	+	+	O		MANGELH. (4,9)
Premiorri ViaMaggiore[1]	47,00	—*)	+	⊖	O	+	+	⊖		MANGELH. (5,5)

Bewertungsschlüssel der Prüfergebnisse: ++ = Sehr gut (0,5–1,5). + = Gut (1,6–2,5). O = Befriedigend (2,6–3,5).
⊖ = Ausreichend (3,6–4,5). — = Mangelhaft (4,6–5,5). **Bei gleichem Qualitätsurteil Reihenfolge nach Alphabet.**
*) Führt zur Abwertung.
[1] Laut Anbieter seit Dezember 2011 geändert. **Einkauf der Prüfmuster:** Winter 2011/2012.

was eher durch und bremst auf nasser Straße etwas schlechter als die beiden vor ihm. Auch preiswerte Reifen, wie Barum und Sava, verpassten die Note gut nur knapp. Schlusslicht unter den Kleinwagenreifen ist der Premiorri ViaMaggiore. Bei Nässe ist er mangelhaft und auch auf trockener Straße nur ausreichend. Auf dem Handlingkurs war er schwer in der Spur zu halten. Kaum besser ist der Effiplus Epluto 1. Er kommt beim Bremsen auf Nässe zwei bis drei Wagenlängen später zum Stehen

als die besten Reifen. Ausreichend ist der sparsame GTRadial Champiro WinterPro. Er kommt auf Schnee nur schwer vom Fleck.

Die Besten für Mittelklassewagen

Fünf gute Winterreifen stehen in der Kompakt- und Mittelklassewagengröße zur Auswahl. Continental und Michelin bilden die Doppelspitze mit zwei sehr verschleißfesten Reifen. Die Laufleistung liegt um bis zu 65 Prozent über der Konkurrenz. Nach 15 000 Kilo-

234 Verkehr

Winterreifen 11

test · Winterreifen 205/55 R16 H — 10 / 2012

www.test.de	Mittlerer Preis in Euro ca.	Nasse Fahrbahn	Schnee	Trockene Fahrbahn	Eis	Verschleißfestigkeit	Kraftstoffverbrauch	Geräusch	Schnelllaufprüfung	test-QUALITÄTSURTEIL
Gewichtung		30 %	20 %	15 %	10 %	10 %	10 %	5 %	0 %	100 %
Kompakt- und Mittelklassewagengröße 205/55 R16 H (maximal 210 km/h)										
Continental WinterContact TS 850	126,00	+	+	+	+	++	++	O		GUT (2,1)
Michelin Alpin A4	128,00	+	+	+	+	++	+	⊖		GUT (2,1)
Dunlop SP Wintersport 4 D	123,00	+	+	+	+	+	+	O		GUT (2,3)
Goodyear UltraGrip 8	122,00	+	+	+	+	+	+	⊖		GUT (2,3)
Nokian WR D3	99,50	+	+	+	+	+	+	⊖		GUT (2,5)
Bridgestone LM-32	118,00	O*)	+	+	+	+	+	⊖	Alle Reifen haben die Schnelllaufprüfung ohne Einschränkungen bestanden.	BEFRIED. (2,6)
Semperit Speed-Grip 2	103,00	+	+	O	O*)	+	+	+		BEFRIED. (2,7)
Vredestein Snowtrac 3	104,00	O	O*)	O	+	+	+	O		BEFRIED. (2,7)
Tecar Super Grip 7+[1]	91,00	O	+	O*)	+	+	+	O		BEFRIED. (2,8)
Yokohama W.drive V903A	108,00	O*)	O	+	+	++	+	O		BEFRIED. (2,9)
Fulda Kristall Control HP	106,00	O*)	+	O	O	+	+	O		BEFRIED. (3,0)
Pirelli Winter 210 Snowcontrol Serie 3	118,00	O	O	O*)	+	+	+	⊖		BEFRIED. (3,0)
Falken Eurowinter HS449	86,50	+	O*)	+	+	+	+	O		BEFRIED. (3,1)
Hankook Winter i*cept RS W442	101,00	O	O*)	+	+	+	+	⊖		BEFRIED. (3,3)
Uniroyal MS plus 66	103,00	+	O*)	+	+	+	+	O		BEFRIED. (3,3)
Syron Everest 1[2]	78,00	—*)	O	O	O	+	O	⊖		MANGELH. (5,5)

Bewertungsschlüssel der Prüfergebnisse: ++ = Sehr gut (0,5–1,5). + = Gut (1,6–2,5). O = Befriedigend (2,6–3,5).
⊖ = Ausreichend (3,6–4,5). — = Mangelhaft (4,6–5,5). **Bei gleichem Qualitätsurteil Reihenfolge nach Alphabet.**
*) Führt zur Abwertung. 1) Wird regional auch als Esa-Tecar angeboten.
2) Laut Anbieter seit Juni 2012 geändert. Einkauf der Prüfmuster: Winter 2011/2012.

---

metern im Konvoi messen die Tester die restliche Profiltiefe und rechnen sie auf die Gesamtlebensdauer hoch. Einen kleinen Vorsprung fährt der neue Continental WinterContact TS 850 beim Kraftstoffverbrauch heraus. Der wird durch den Rollwiderstand mitbestimmt. Als einziger Reifen dieser Größe schafft er die Bestnote sehr gut. Er rollt aber nicht nur leichter, sondern auch etwas leiser als sein Kontrahent Michelin Alpin A4. Auf Schnee, Eis und auf trockener Straße unterscheiden sich die weiteren drei guten 205er Reifen kaum. Bei nasser Straße ist der Goodyear UltraGrip 8 jedoch etwas besser als der leiser rollende Dunlop SP Wintersport 4 D und der im Verschleiß nur knapp gute Nokian WR D3. Der einzige mangelhafte Reifen dieser Größe ist der Syron Everest 1. Bei nasser Fahrbahn ist sein Fahrverhalten kritisch, vor allem die Seitenführung und das Handling. Der Reifen reagiert nichtsehr präzise auf die Lenkbefehle. ■ **Anbieter Seite 270**

12 Augenentzündungen

> **Unser Rat**
>
> Gegen rote Augen, etwa bei leichter Bindehautentzündung, eignen sich Alpha-Sympathomimetika, auch „Weißmacher" genannt. Künstliche Tränen können die Beschwerden trockener Augen lindern. Verwenden Sie vorzugsweise Präparate ohne Konservierungsmittel, etwa in Einzeldosispipetten. Denn Konservierungsmittel können die Augen schädigen, gerade bei langfristiger Anwendung.

Balsam für die Augen

2/2012 Wer trockene oder leicht entzündete Augen hat, kann sie kurzfristig auch ohne ärztliche Hilfe behandeln – mit geeigneten Tropfen.

Wenn die Augen brennen, jucken oder sich röten, stecken oft Bindehautentzündungen oder „trockene Augen" dahinter. Diese entstehen durch einen gestörten Tränenfilm. Reizfaktoren wie Rauch, Staub oder Zugluft können sie fördern und eine Bindehautentzündung auslösen.

Weißmacher und künstliche Tränen
Beide Leiden lassen sie sich mit rezeptfreien Medikamenten behandeln. Allerdings ist in einigen Fällen ein Arztbesuch nötig *(siehe Kasten rechts)*. Bei geröteten Augen eignen sich Alpha-Sympathomimetika, auch „Weißmacher" genannt. Sie bewirken, dass sich die Blutgefäße verengen. Betroffene sollten sie aber nicht länger als fünf bis sieben Tage anwenden, auch wenn der Beipackzettel darauf nicht hinweist. Sonst können sie die Augenschleimhaut schädigen.

Bei trockenen Augen dürfen diese Mittel nicht zum Einsatz kommen. Dann lindert künstliche Tränenflüssigkeit die Beschwerden. Sie verringert die Reibung zwischen Hornhaut und Lid und stellt den natürlichen Aufbau des Tränenfilms wieder her. Da die Mittel die Ursache trockener Augen nicht beheben, müssen Betroffene sie oft wochen-, manchmal sogar jahrelang anwenden. Dabei können die Konservierungsmittel, mit denen viele Augenmittel versetzt sind, die Hornhaut schädigen oder Allergien hervorrufen. Daher sind unkonservierte Mittel vorzuziehen. Das gilt übrigens auch bei einer Bindehautentzündung. ■

> **Wann ein Arztbesuch nötig ist**
>
> Bei verringerter Sehkraft, Augenschmerzen, „fliegenden" schwarzen Punkten vor Augen und eitrigem Sekret ist ein Arztbesuch fällig. Das gilt auch bei Bindehautentzündung über mehr als zwei bis drei Tage. Auch wer glaubt, an trockenen Augen zu leiden, sollte zum Arzt. Dieser kann ernste Schäden oder Ursachen wie Diabetes erkennen. Ist das geklärt, sind Augentropfen ohne ärztliches Zutun nutzbar.

Barrierefrei wohnen 12

✚ Unser Rat

Der Bedarf an **barrierefreien Wohnungen** ist groß. Um die eigene Wohnung möglichst sicher und komfortabel umzugestalten, gibt es Unterstützung: **Wohnberater** bieten professionelle Hilfe an. Wir haben sechs Beratungen exemplarisch geprüft. Nicht alle konnten uns überzeugen. Wie sich Ratsuchende am besten auf eine Beratung vorbereiten, zeigt die Checkliste rechts.

Stolperfallen entdecken

8/2012 Barrierefrei wohnen heißt nicht zwangsläufig umbauen. Auch kleine Veränderungen bewirken viel. Wohnberater können helfen.

Von elf Millionen Seniorenhaushalten hierzulande sind gerade mal rund fünf Prozent barrierefrei. Neubauten allein können diesen großen Bedarf nicht decken. Die Lösung: Wohnungen müssen umgestaltet werden, möglichst barrierefrei und sicher. Fachleute nennen das Wohnungsanpassung und bieten dafür professionelle Unterstützung. Sogenannte Wohnberater helfen Stolperfallen in Wohnung oder Haus zu entdecken und zu beseitigen.

Lohnt es sich, Wohnberater um Tipps zu bitten? Das haben wir am Beispiel einer Mietwohnung und eines Eigenheims exemplarisch geprüft. Zwei Testhaushalte ließen sich je dreimal beraten, von einem Mitarbeiter eines Wohlfahrtverbandes, einem Vertreter einer kommunalen Beratungsstelle und einem selbständigen Architekten.

Kleine Maßnahme, große Wirkung

Zwei Erkenntnisse unseres exemplarischen Tests: Die Berater konnten den Testern zwar die Augen für Barrieren öffnen, gingen aber eher auf bauliche Probleme ein. Dabei machen bauliche Maßnahmen in der Praxis nur etwa ein Drittel aus. Auchrecht einfache Veränderungen in der Ausstattung oder simple Hilfsmittel wie Haltegriffe, Rampen oder Duschhocker wirken: Erhöhte Sitzmöbel erleichtern das Aufstehen, Bewegungsmelder steigern die Sicherheit im Dunkeln. Mehr Platz in der Wohnung verbessert die Lebensqualität, denn zu voll gestellte Räume schränken die Bewegungsfreiheit ein. ▶

So finanzieren Sie den Umbau

Ist ein Umbau notwendig, gibt es Fördermöglichkeiten. Die staatliche KfW-Bankengruppe vergibt zinsgünstige Darlehen an private Eigentümer und Mieter. Bei anerkannter Pflegestufe zahlt die Pflegekasse bis zu 2 557 Euro. Auch einige Bundesländer und Gemeinden geben Darlehen oder zahlen Zuschüsse. Pflegebedürftige oder behinderte Menschen können sich auch an ihr Sozialamt wenden.

12 Barrierefrei wohnen

Persönliches kam oft zu kurz

In unserer Stichprobe enttäuschten zwei der sechs Wohnberater. Eine Beraterin hielt einen Umzug für das Beste und gab wenig Hinweise zu kleinen Maßnahmen. Eine weitere Beratung fand quasi nur am Küchentisch statt. Die anderen Wohnberater konnten die Tester durchaus motivieren, etwas in der Wohnung zu ändern. Bei allen Beratungen kamen aber einfach umsetzbare Maßnahmen und die persönliche Situation der Ratsuchenden oft zu kurz. In einer Wohnberatung geht es aber vor allem darum, individuelle Lösungen gemeinsam zu finden.

Viele beraten kostenlos

Auch wenn die professionellen Berater in unserem Test nicht vollends überzeugt haben: Muss akut umgebaut werden, ist es sinnvoll, sich Hilfe zu holen. Praktische Tipps für den konkreten Fall sind viel wert. Bundesweit gibt es mehr als 250 Beratungsstellen. Träger sind Städte und Gemeinden, Wohlfahrtsverbände und Vereine. Die Mitarbeiter von Wohnberatungsstellen oder von Pflegeberatungsstellen helfen gratis und unabhängig. Die Erstberatung ist auch beim Architekten teilweise kostenlos.

Der Rat eines Außenstehenden hat meist mehr Gewicht als der von Freunden oder der Familie. Außerdem haben Wohnberater obendrein das Wissen, auch die gut versteckten Stolperfallen zu entdecken.

Tipp: Über Wohnberatungsstellen in Ihrer Region können Sie sich bei der Bundesarbeitsgemeinschaft Wohnungsanpassung unter www.wohnungsanpassung-bag.de informieren, beim Sozialamt, bei Bürgerämtern oder auch Behindertenverbänden.

Checkliste für Ratsuchende

Damit die eigenen Bedürfnisse und Vorstellungen nicht auf der Strecke bleiben, sollten sich Ratsuchende auf eine Wohnberatung vorbereiten und hartnäckig nachfragen:

Machen Sie sich schon vor der Beratung klar, welche Wünsche Sie haben.

- Stellen Sie sich dazu selbst Fragen. Was sind die typischen Abläufe in der Wohnung? Welcher Raum wird wie genutzt? Wo ist Ihr Lieblingsplatz? Auf welches Möbelstück wollen Sie auf keinen Fall verzichten?
- Überlegen Sie, welche finanziellen Mittel Ihnen zur Verfügung stehen.
- Gehen Sie gemeinsam mit dem Wohnberater durch alle Räume, auch in den Keller, auf den Dachboden oder in den Garten.
- Sprechen Sie in jedem Raum Probleme an, die Sie bereits erkannt haben.
- Bitten Sie um Hinweise zu Maßnahmen, die kostengünstig sind und einfach umgesetzt werden können.
- Gibt es keine schriftliche Zusammenfassung, notieren Sie sich die Empfehlungen.
- Sprechen Sie mit Ihrem Vermieter. Möglicherweise beteiligt er sich an den Umbaukosten, weil Barrierefreiheit den Wert der Wohnung steigert.
- Mieter müssen auch die Frage des Rückbaus bedenken. Klären Sie das schriftlich mit dem Vermieter.
- Erkundigen Sie sich bei Ihrer Kranken- oder Pflegekasse, welche Hilfsmittel übernommen werden.
- Holen Sie sich Hilfe für kleine Veränderungen wie Möbelerhöhung.
- Gibt es neue Schwierigkeiten oder verändert sich die Gesundheitssituation, kontaktieren Sie die Wohnberatung erneut.

Nicht auf die Notsituation warten

Generell gilt: Wer jetzt eine Immobilie kauft, sollte schon beim Kauf darauf achten, dass er auch im Alter bequem darin leben kann. Oder: Steht die Renovierung des Badezimmers an, kann der Raum gleich barrierefrei gestaltet werden. Auch in jungen Jahren ist jede abgebaute Barriere eine Erleichterung. Und Unfälle oder Krankheiten können Menschen jeden Alters zeitweilig oder gar dauerhaft einschränken. Veränderungen in Haus und Wohnung fallen in jüngeren Jahren leichter. Denn mit dem Alter steigt die Bindung an das Vertraute deutlich an. ■

238 Journal Gesundheit   test Jahrbuch 2013

Blutzuckermessgeräte

Unser Rat

12 der 16 Geräte im Test bewiesen, dass sie genau messen: Nutzer können sich auf die Werte verlassen. Auch viele sogenannte „B-Geräte" mit den preisgünstigeren Teststreifen schnitten gut ab. Etliche Modelle bieten Extras. Achten Sie vor allem darauf, dass Sie die Messwerte vor und nach der Mahlzeit markieren können. Und: Fragen Sie bei jedem neuen Gerät nach persönlicher Einweisung.

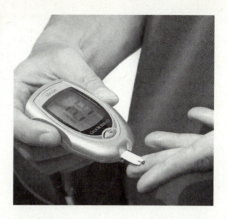

Bestechend genau

7/2012 Die meisten der 16 Blutzuckermessgeräte im Test lieferten verlässliche Werte. Eins jedoch war nur mangelhaft.

Vor dem Essen, vorm Schlafen, vorm Sport – viele Diabetiker müssen mehrfach täglich ihren Blutzucker messen. Sie brauchen genaue Kontrollen. Erfreulich: 12 der 16 Geräte, die wir mit mehr als 50 Diabetikern getestet haben, boten eine gute oder sogar sehr gute Messgenauigkeit. Zudem ließen sich alle Geräte im Test einfach bedienen. Und keine der mitgelieferten Stechhilfe tat beim Piksen unnötig weh. Aber drei Modelle maßen nur befriedigend und eins sogar nur mangelhaft: Mit dem Aktivmed GlucoCheck XL schwankten die Messwerte sehr stark.

Auch viele B-Geräte gut

Auch wenn sich drei „A-Geräte" den ersten Platz teilten: Unter den guten waren viele „B-Geräte". Die Einteilung bezieht sich auf die Teststreifen. Sie kosten bei B-Geräten meist weniger als bei A-Geräten. Viele Krankenkassen haben Verträge geschlossen, nach denen Apotheken möglichst viele B-Geräte abgeben sollen. Es kann also passieren, dass Diabetiker den Wechsel auf ein B-Gerät vorgeschlagen bekommen.

Werte automatisch gespeichert

Die Minilabore im Test arbeiten alle ähnlich: Teststreifen einschieben, in den Finger piksen, Blutstropfen an den Streifen halten. Eine chemische Reaktion startet. Das Gerät berechnet den Blutzucker. Nach wenigen Sekunden leuchtet der Wert im Display auf. Alle getesteten Geräte speichern die Werte automatisch mit Datum und Uhrzeit, zeigen sie nacheinander und als Durchschnittswert ▶

Wichtig für Selbstzahler

Seit 2011 bekommen Diabetiker, die kein Insulin spritzen, die Teststreifen nur in Ausnahmefällen erstattet: bei akuten Krankheiten, häufigem Unterzuckern oder neuen Medikamenten. Manche fühlen sich sicherer, wenn sie regelmäßig messen. Zum Kennenlernen des Stoffwechsels reicht alle zwei Wochen ein großes Blutzuckerprofil: Man misst vor und 90 Minuten nach der Mahlzeit und vorm Schlafen.

12 Blutzuckermessgeräte

test | Blutzuckermessgeräte — 7 / 2012

www.test.de	Preis-grup-pe[1]	Mittlerer Preis in Euro ca.	Preisspanne für 50 Test-streifen in Euro ca.	Genauig-keit der Messung	Hand-ha-bung	Kon-struk-tion	test - QUALITÄTS-URTEIL
Gewichtung				60 %	30 %	10 %	100 %
Accu-Chek Aviva	A	46,00	22,50 – 36,50	+	+	+	GUT (1,7)
FreeStyle Freedom Lite	A	51,00	25,50 – 37,50	++	+	+	GUT (1,7)
OneTouch Verio Pro	A	50,00	26,00 – 37,50	+	+	++	GUT (1,7)
Stada Gluco Result	B	29,90	20,00 – 30,00	++	+	O	GUT (1,8)
Bayer Contour	A	40,00	24,90 – 45,00	+	+	++	GUT (1,9)
Mylife Pura	A[2]	35,50	24,40 – 36,00	+	+	++	GUT (1,9)
Omnitest 3 Set	B	34,00[3]	21,50 – 44,00	+	+	+	GUT (2,0)
GlucoMen GM	B	44,00	20,50 – 33,50	+	+	+	GUT (2,1)
GlucoSmart Swing[4]	B	30,00	19,40 – 31,00	+	+	O	GUT (2,1)
Beurer GL44	B	40,00	17,80 – 31,00	+	+	O	GUT (2,2)
Wellion Calla Dialog	B	47,00	23,80 – 31,50	+	+	+	GUT (2,3)
IME-DC iDia	B	40,50	20,00 – 32,50	+	+	⊖	GUT (2,4)
Testamed GlucoCheck Plus	B	7,95[3]	13,70 – 30,50	O*)	+	O	BEFRIED. (2,6)
Medisana MediTouch	B[5]	10,00[3]	11,40 – 23,90	O*)	+	+	BEFRIED. (3,1)
SmartLab sprint	A	29,00	21,60 – 30,00	O*)	+	O	BEFRIED. (3,2)
Aktivmed GlucoCheck XL	B	20,00	18,60 – 25,60	—*)	+	+	MANGELH. (4,9)

Bewertungsschlüssel der Prüfergebnisse: ++ = Sehr gut (0,5–1,5). + = Gut (1,6–2,5). O = Befriedigend (2,6–3,5).
⊖ = Ausreichend (3,6–4,5). — = Mangelhaft (4,6–5,5). **Bei gleichem Qualitätsurteil Reihenfolge nach Alphabet.**
*) Führt zur Abwertung.
1) Die Einteilung ist kassen- und bundeslandspezifisch. Angabe gemäß dem bundesweiten Versorgungsvertrag zwischen dem Verband der Ersatzkassen (vdek) und dem Deutschen Apothekerverband (DAV). Anlage 4 vom 1. April 2012.
2) Laut Anbieter seit Juli 2012 Preisgruppe B. 3) Preis laut Anbieter. 4) Laut Anbieter inzwischen geändert.
5) Laut Anbieter. **Einkauf der Prüfmuster:** Februar/März 2012

an. Meist gibt es vom Anbieter Auswerteprogramme für den PC, aber nicht im Lieferumfang. Manche Geräte bieten Extras. Wichtig: Dass Nutzer markieren können, ob sie vor oder nach dem Essen gemessen haben.

Noch ein Pluspunkt: Viele Geräte beugen Anwendungsfehlern vor. So müssen Nutzer beim Öffnen neuer Teststreifendosen meist nicht mehr kodieren, also das Gerät auf herstellungsbedingte Unterschiede der Streifen einstellen. Und Verwechslungsgefahren fallen weg, weil Anwender die Blutzucker-Maßeinheit – mg/dl oder mmol/l – meist nicht mehr selbst umstellen können.

Persönliche Einweisung wichtig

Trotz all dieser Vereinfachungen – beim Bedienen kann einiges schiefgehen. Und das wiederum kann Patienten gefährden, wenn sie etwa Insulin falsch dosieren oder riskanten Unterzucker nicht erkennen. Diabetiker sollten darum die Gebrauchsanleitung genau beachten und sich außerdem um eine persönliche Einweisung ins neue Gerät bemühen. Die gibt es bei Diabetologen und in spezialisierten Apotheken. Hier können sich Patienten erkundigen, wenn sie ihr Modell wechseln wollen und oft auch Geräte ausprobieren. ■ **Anbieter Seite 272**

Diagnosenportal im Internet **12**

✚ Unser Rat

Das Portal www.washabich.de bietet die Übersetzung ärztlicher Befunde an. Es ist ein nützliches Angebot für alle, die ihre Krankheit besser verstehen wollen. Patienten sollten aber auch ihren Arzt bitten, ihnen wichtige Aspekte ihrer Erkrankung genau zu erläutern. Auf der Internetseite www.patienten-universitaet.de zum Beispiel gibt es Checklisten für die Vorbereitung auf einen Arztbesuch.

Ärztelatein übersetzen

1/2012 Medizinstudenten hatten eine Idee, die bei Patienten gut ankommt: Sie erklären den Arztbefund. Wir haben das Angebot getestet.

Hat sich bei einer Untersuchung der Verdacht auf eine Erkrankung bestätigt, wirft das oft Fragen auf: Was bedeutet die Krankheit? Welche Folgen ergeben sich daraus? Was ist zu tun? Der Arztbrief ist voller medizinischer Fachausdrücke, die für den Laien schwer zu verstehen sind. Betroffene fragen darum im Internet nach: „Wer kann mir meinen Befund erklären?"

Medizinstudenten erklären Arztbefund
Kostenlose Antwort bekommen sie unter anderem im Internetportal „Was hab' ich?". Dort engagieren sich Medizinstudenten höherer Semester ehrenamtlich und übertragen komplizierte Befunde in verständliches Alltagsdeutsch. Dieser Übersetzungsservice kommt bei Patienten so gut an, dass Interessenten sich erst einmal auf einer Warteliste eintragen müssen. Unsere Tester warteten teilweise mehrere Wochen, bis ihre Arztbriefe angenommen wurden. Mit den ausführlichen Erläuterungen zu den Befunden waren sie dann aber zufrieden – die fachliche Qualität war insgesamt in Ordnung und die Texte waren gut verständlich, auch wenn nicht alle Übersetzungen klar aufgebaut waren. Unsere Tester hatten fünf Befunde aus den Fachgebieten Innere Medizin, Krebsmedizin, Neurologie, Psychiatrie und auch Rehabilitationsmedizin übersetzen lassen.

Den Arzt ersetzen kann ein Kontakt mit www.washabich.de nicht. Doch Patienten, die ihre Krankheit verstehen wollen, nützt es. Und die fachliche Qualität stimmte. ■

Verlässliche Hilfe aus dem Netz
Nicht jede Gesundheitsseite im Netz zieht vor der Veröffentlichung Experten zu Rate. Hier eine Auswahl qualitätsgesicherter Gesundheitsseiten:
www.gesundheitsinformation.de
www.krebsinformation.de
www.patienten-information.de
www.unabhaenige-patienten-beratung.de
Die Stiftung Warentest informiert auf: www.medikamente-im-test.de.

12 Hautkrebsvorsorge

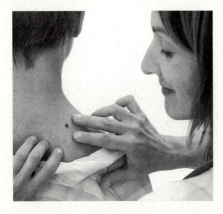

Unser Rat

Die beste Vorsorge gegen Hautkrebs ist Schutz vor der Sonne. Dazu gehören Kleidung, Hut und Sonnenbrille, vor allem aber Sonnencremes mit hohem Lichtschutzfaktor, die sowohl UV-A- als auch UV-B-Strahlen abhalten. Vorsicht bei Medikamenten: Johanniskraut, bestimmte Antibiotika oder Rheumamittel machen die Haut lichtempfindlicher. Wer sie einnimmt, sollte die Sonne besser ganz meiden.

Ganz genau hinsehen

4/2012 Sommer, Sonne, Hautkrebs – das muss nicht sein. Wie Sie Ihre Haut schützen, gegen Hautkrebs vorsorgen und Warnzeichen erkennen.

Die Haut schützt uns vor äußeren Einflüssen und Krankheitserregern, aber auch sie selbst kann krank werden. Für Ängste sorgt Hautkrebs. Sehr häufig kommen die hellen Arten Basaliom und Spinaliom vor. Sie sind relativ ungefährlich und gut zu behandeln. Der schwarze Hautkrebs, das maligne Melanom, ist gefährlich und im fortgeschrittenen Stadium schwer behandelbar. Unabhängig von der Hautkrebsart gilt: Je früher der Krebs erkannt wird, umso besser sind die Chancen auf Heilung.

Den Körper absuchen

Am besten sollte jeder einmal im Monat seine Haut selbst aufmerksam betrachten, um Warnzeichen des gefährlichen schwarzen Hautkrebs rechtzeitig zu entdecken – zum Beispiel unregelmäßig geformte oder dunkle Pigmentmale. Eine regelmäßige Untersuchung beim Arzt dient ebenfalls der Früherkennung. Ab dem 35. Geburtstag haben gesetzlich Versicherte sogar alle zwei Jahre Anspruch auf solch ein kostenloses Hautkrebsscreening beim Arzt.

Als wichtigster Auslöser von Hautkrebs gelten Sonnenlicht und UV-Strahlen – auch aus Solarien. Besonders anfällig sind blonde, rothaarige, hellhäutige oder sommersprossige Menschen, die kaum bräunen und schnell Sonnenbrand bekommen. Wer viele Muttermale oder Leberflecke hat, ist ebenfalls gefährdet. Sonnenbrände im Kindes- und Jugendalter erhöhen das Risiko, als Erwachsener an Hautkrebs zu erkranken. ■

Von Kopf bis Fuß

Bei der Untersuchung sollte der Arzt den ganzen Körper inspizieren und die komplette Hautfläche genau betrachten. Wichtig sind vor allem auch solche Hautpartien, an denen man keinen Hautkrebs erwarten würde – zum Beispiel auf der Kopfhaut, im Mund, am After, zwischen den Fußzehen oder an den Fußsohlen. In seltenen Fällen kann dort auch der schwarze Hautkrebs auftreten.

Hörgeräteakustiker 12

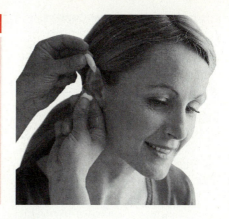

✚ Unser Rat

Fielmann, der Neuling im Geschäft mit Hörgeräten, setzte sich mit der Note gut an die Spitze der Hörgeräteakustiker: Mit der besten Kundenorientierung ließ er die anderen Filialisten hinter sich. Gutes Hören nach der Erstanpassung ermöglichten auch die befriedigenden **Amplifon** und **Seifert**. Nehmen Sie sich auf jeden Fall Zeit, mehrere Hörhilfen im Alltag auszuprobieren und zu vergleichen.

Der große Hörtest

6/2012 Wie gut sind Kunden bei den großen Hörgeräteakustikern aufgehoben? Wir haben die sechs größten Ketten geprüft.

Wer ein Hörgerät braucht, ist auf die Expertise eines Hörgeräteakustikers angewiesen. Er passt die technische Hörhilfe an die individuellen Bedürfnisse des Nutzers an. Vor der endgültigen Kaufentscheidung sollten Interessenten auf jeden Fall verschiedene Hörgeräte ausprobieren und vergleichen. Das ist ein langwieriger Prozess, der sich über Wochen, manchmal sogar Monate hinziehen kann.

Schwerhörige Testpersonen
Wir wollten wissen, wie gut sich die Spezialisten der sechs größten Hörgeräteakustiker auf die individuelle Hörstörung sowie die beruflichen und persönlichen Erfordernisse der Kunden einstellten, entsprechende Hörgeräte auswählten und anpassten, und natürlich, ob die Geräte das Hörvermögen verbesserten. 18 schwerhörige Männer und Frauen zwischen 50 und 75 Jahren – beruflich, familiär oder ehrenamtlich aktiv – nahmen daher als Testpersonen für uns die Dienste der größten Filialisten in unterschiedlichen Städten in Anspruch.

Das Ergebnis: Fielmann, der Neuling im Geschäft mit Hörgeräten, setzte sich an die Spitze des Testfelds und zeigte den etablierten Anbietern, wie man mit Service punkten kann. Gutes Hören nach der Erstanpassung der Hörgeräte ermöglichten aber auch die befriedigenden Amplifon und Seifert. Geers, Kind – der Anbieter mit den meisten Filialbetrieben – und Iffland erzielten ebenfalls ein befriedigendes test-Qualitätsurteil. ▶

Schwerhörigkeit erkennen
Jeder Dritte über 65 leidet an einer Hörminderung. Auch immer mehr Jugendliche und junge Erwachsene haben Hörschäden. Zu den Warnzeichen gehören: häufiges Nachfragen, Schwierigkeiten, ein Gespräch in größeren Runden zu verstehen oder der Eindruck, dass andere undeutlich sprechen. Gehen Sie zum Ohrenarzt, oder machen Sie einen kostenlosen Hörtest beim Hörgeräteakustiker.

12 Hörgeräteakustiker

test | Hörgeräteakustiker | 6 / 2012

www.test.de	Hören nach Erstanpassung	Beratung	Kundenorientierung	Mängel in den AGB	test - QUALITÄTSURTEIL
Gewichtung	60 %	30 %	10 %	0 %	100 %
Fielmann	+	○	+	keine	GUT (2,2)
Geers	○	○	○	keine	BEFRIEDIGEND (2,8)
Kind	○	○	○	keine	BEFRIEDIGEND (2,8)
Amplifon	+	○	○	deutlich*)	BEFRIEDIGEND (2,9)
Seifert	+	○	○	deutlich*)	BEFRIEDIGEND (3,0)
Iffland	○	○	○	deutlich*)	BEFRIEDIGEND (3,3)

Bewertungsschlüssel der Prüfergebnisse: ++ = Sehr gut (0,5–1,5). + = Gut (1,6–2,5). ○ = Befriedigend (2,6–3,5).
⊖ = Ausreichend (3,6–4,5). — = Mangelhaft (4,6–5,5).

Mängel in den AGB (allgemeine Geschäftsbedingungen): keine, sehr gering, gering, deutlich, sehr deutlich.
Bei gleichem Qualitätsurteil Reihenfolge nach Alphabet.
*) Führt zur Abwertung.   Erhebungszeitraum: Oktober 2011 bis Januar 2012.

Beratung nicht immer optimal

Insgesamt zeigten die Hörgeräteakustiker, dass sie ihr Handwerk verstehen. Die Chancen stehen also gut, dass schwerhörige Kunden zufrieden das Geschäft verlassen. Dennoch: Die Spezialisten sollten nachbessern, Beratung und Kundenorientierung waren nicht immer optimal. Manchmal klappte die Terminabstimmung nicht und viele Akustiker übten Preisdruck aus. Amplifon, Seifert und Iffland mussten sogar einen Punktabzug in der Wertung wegen deutlicher Mängel in den allgemeinen Geschäftsbedingungen hinnehmen. Seifert und Iffland verkürzen beispielsweise die gesetzlich vorgeschriebene Verjährungsfrist für Mängelansprüche von zwei Jahren auf ein Jahr.

In der Beratung Hörziele definieren

Fast alle Spezialisten fragten nach, in welchen Situationen den Kunden eine Verbesserung des Hörens besonders wichtig ist, wie etwa bei der Arbeit oder beim Fernsehen. Positiv ist, wenn der Akustiker gemeinsam mit dem Kunden Ziele definiert: „Mithilfe der Hörgeräte möchte ich wieder Gespräche in Gruppen führen können" oder „Ich will wieder die Vögel zwitschern hören".

Je früher, umso einfacher

Die Überprüfung des Gehörs sollte nicht auf die lange Bank geschoben werden. Denn je früher ein Hörverlust erkannt und mit Hörhilfen ausgeglichen wird, umso besser gewöhnen sich Gehör und Gehirn an die technische Unterstützung. Hörgeräteakustiker bieten übrigens auch kostenlose Hörtests für jedermann an. Wer befürchtet, dass sein Gehör nachgelassen hat, kann das so überprüfen lassen. Wer einen ersten Eindruck seines Hörvermögens gewinnen will, findet auch im Internet diverse Selbsttests.

Hörgeräte steigern Lebensqualität

Es kann ein halbes Jahr oder länger dauern, ehe man sich an ein Hörgerät gewöhnt hat und mit dessen Finessen klarkommt. Ein Hörtraining hilft, die Technik optimal einzusetzen. Wenn es dem Akustiker gelingt, die Hörhilfe an die persönlichen Bedürfnisse seiner Kunden anzupassen, kann sie das Leben der Betroffenen beträchtlich erleichtern. Manchen Schwerhörigen ermöglichen die Geräte überhaupt erst, weiterhin im Beruf arbeiten zu können und an gemeinsamen Aktivitäten mit Freunden und Familie teilzunehmen. ■ **Anbieter Seite 272**

Hospizdienste 12

✚ Unser Rat

Hospiz- und Palliativangebote für unheilbar kranke Menschen, die nicht mehr lange zu leben haben, gibt es heute fast überall. Wer eines in seiner Nähe sucht, kann sich auf www.wegweiser-hospiz-palliativmedizin.de. umsehen. Tipps zur Inanspruchnahme der Angebote gibt der Deutsche Hospiz-und Palliativverband. Für einige Patienten ist es sinnvoll, Angebote zu wechseln oder zu kombinieren.

Nähe bis zum letzten Tag

11/2012 Zu Hause sterben – das wünschen sich viele unheilbar Kranke. Mithilfe ambulanter Dienste ist das möglich. Wir geben einen Überblick.

Etwa 70 Prozent der Deutschen sterben in Krankenhäusern und Pflegeheimen, obwohl die meisten lieber zu Hause sterben würden. Dieser Wunsch lässt sich mithilfe von Hospiz- und Palliativangeboten immer öfter erfüllen. Sie sind meist kostenlos. Ihre Zahl wächst, reicht aber noch nicht aus.

Am einfachsten für unheilbar kranke Menschen und ihre Angehörigen ist es, einen der bundesweit etwa 1500 ambulanten Hospizdienste einzuschalten. Dabei besuchen Ehrenamtliche regelmäßig die Betroffenen und stehen bereit für Gespräche.

Spezialisten kommen nach Hause
Wenn Patienten schwerstkrank sind und zu Hause eine aufwendige medizinische Betreuung benötigen, kommt die spezialisierte ambulante Palliativversorgung (SAPV) in Frage. Die Teams aus Ärzten und Pflegekräften sind 24 Stunden erreichbar. Sie lindern Beschwerden, beschaffen Hilfsmittel, bieten Beistand. Seit 2007 haben gesetzlich Versicherte bei Bedarf Anspruch darauf. Doch es gibt Lücken, vor allem auf dem Land.

Wenn die ambulante Versorgung nicht mehr ausreicht, etwa bei akuten medizinischen Krisen, gibt es spezialisierte Krankenhausstationen. Diese „Palliativstationen" haben wohnlich eingerichtete Zimmer, das Personal ist besonders zugewandt. Einige Patienten sterben dort, die anderen ziehen nach Hause zurück oder in ein stationäres Hospiz. Auch dort können Menschen mit begrenzter Lebenszeit würdevoll sterben. ∎

Nicht heilen um jeden Preis
Der Begriff palliativ leitet sich vom lateinischen Wort pallium für Mantel ab. Die Palliativversorgung will dem Sterbenden Geborgenheit und Schutz bieten. Für die Palliativ- und Hospizangebote arbeiten Ehrenamtliche, Ärzte, Pfleger und Therapeuten. Sie engagieren sich dafür – oft im Team –, die Lebensqualität am Lebensende zu verbessern. Aber sie heilen nicht oder verlängern Leben um jeden Preis.

12 Impfen

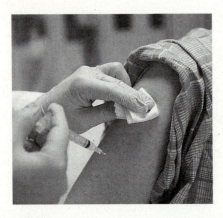

✚ Unser Rat

Kindern und Erwachsenen werden viele Impfungen offiziell empfohlen und von den Krankenkassen erstattet. Die meisten sind nach Einschätzung der Stiftung Warentest sinnvoll. Das gilt auch für die acht Impfungen, die deutsche Reisende je nach Infektionsrisiko bekommen können. Krankenkassen müssen Reiseimpfungen nicht erstatten – aber viele tun es freiwillig. Nachfragen lohnt sich also.

Schutz für Groß und Klein

3 + 5 + 10/2010 Welche Impfungen sind sinnvoll – und welche nicht? test gibt Entscheidungshilfen für Kinder, Erwachsene und die Urlaubsreise.

Mit der ersten Impfung kamen die ersten Kontroversen. Der englische Arzt Edward Jenner hatte 1796 bewiesen, dass die harmlosen Kuhpocken Menschen vor den lebensbedrohlichen echten Pocken schützen. Er hatte einem Jungen erst die einen und dann die anderen Erreger per Hautritz verabreicht. Die Methode verbreitete sich rasch. Sie erhitzte die Gemüter. Befürworter feierten sie als Waffe gegen die Pockenseuche, die damals in Europa wütete. Aber immer mehr Gegner bezweifelten die Wirksamkeit und Verträglichkeit und gaben kräftig Kontra – mit Demonstrationen und Petitionen, in Büchern, Zeitschriften und Pamphleten.

Die Debatte läuft bis heute. Und verunsichert Verbraucher. Sie können frei entscheiden, ob sie sich oder ihre Kinder impfen lassen oder nicht. In Deutschland gibt es keine Impfpflicht – und vieles abzuwägen. Allein für Kinder und Jugendliche empfiehlt die verantwortliche Ständige Impfkommission, kurz Stiko, 13 Standardimpfungen. Die Krankenkassen erstatten die Kosten. Doch viele fragen sich: Sind sie alle sinnvoll?

Einschätzungen von Experten

Die Stiftung Warentest wollte Klarheit schaffen. Deshalb hat ein Expertenkreis aktuelle Daten ausgewertet und daraus abgeleitet, welche Impfungen für Kinder, Erwachsene und Reisende sinnvoll sind. Dabei nahmen die Experten zum einen die Wirksamkeit und Sicherheit der Impfungen in den Blick – und bezogen andererseits auch die Risiken der zugehörigen Krankheiten mit ein.

Mit Expertise beurteilt

Dem Expertenkreis gehörten diese Fachleute an: Prof. Dr. Michael M. Kochen (Allgemeinmediziner), Prof. Dr. Dietrich Hofmann (Kinderarzt), Dr. Maria Beckermann (Gynäkologin), Prof. Dr. Winfried Kern (Infektiologe und Reisemediziner), Prof. Dr. Stefan Kaufmann (Infektionsbiologe). Leiter war Prof. Dr. Gerd Glaeske, der langjährige Schlussgutachter unserer Arzneimittelbewertungen.

Impfen 12

test | Impfkalender für Kinder

		Alter in Monaten					Alter in Jahren	
		2	3	4	11 bis 14	15 bis 23	5 bis 6	9 bis 17
Kombi-Impfung möglich	Wundstarrkrampf (Tetanus)	✓	✓	✓	✓		A	A
	Diphtherie	✓	✓	✓	✓		A	A
	Keuchhusten (Pertussis)	✓	✓	✓	✓		A	A
	Haemophilus influenzae B (Hib)	✓	✓	✓	✓			
	Kinderlähmung (Polio)	✓	✓	✓	✓			A
	Hepatitis B	✓	✓	✓	✓			G
	Pneumokokken	✓	✓	✓	✓			
	Rotaviren	✓	✓	✓1)				
Kombi-Impfung möglich	Meningokokken				✓			✓
	Masern				✓	✓		
	Mumps				✓	✓		
	Röteln				✓	✓		
	Humane Papillomaviren (HPV) für Mädchen							✓2)
	Windpocken (Varizellen)	Nicht generell für alle Kinder.						

A = Auffrischimpfung. **G** = Grundimmunisierung für bisher nicht Geimpfte.
1) Je nach Impfstoff zwei oder drei Impfungen im Abstand von je vier Wochen. Erste Impfung nach der sechsten Lebenswoche. **2)** Impfung in drei Dosen im Alter zwischen 12 und 17 Jahren.

Wichtig: Betrachten Sie die Einschätzungen als grundsätzliche Hilfe. Ihre individuelle Entscheidung hängt von Ihrem Gesundheitszustand ab. Treffen Sie sie mit dem Arzt – besonders sorgsam bei Immungeschwächten, Schwangeren und Stillenden.

Sinnvolle Impfungen für Kinder
Für die meisten Impfungen für Kinder bekräftigt die Stiftung Warentest die üblichen Empfehlungen *(siehe Impfkalender oben links)*. Das gilt auch für recht neue, etwa gegen Pneumokokken und humane Papillomaviren (HPV). Auch die Impfstoffe in der „Sechsfach-Impfung" – gegen Tetanus, Diphtherie, Keuchhusten, Polio, Haemophilus influenzae B und Hepatitis B – sind sinnvoll, da sie bewährtermaßen vor schweren Krankheiten schützen, auch in Kombination. Anzuraten ist ferner der ebenfalls in einer einzigen Spritze mögliche Piks gegen Masern, Mumps und Röteln, die oft als „Kinderkram" gelten. Diese Krankheiten sind deutlich riskanter als ihr Ruf. Zu den möglichen Folgen zählen lebensbedrohliche Gehirnentzündungen durch Masern. Daher sind Masern-Partys, auf denen Kinder sich anstecken sollen, strikt abzulehnen.

Von Windpocken-Impfung abzuraten
An drei Stellen weichen unsere Einschätzungen von den gängigen Impfkalendern ab:
Rotaviren-Impfung: Sie wird derzeit nicht als Standardimpfung für alle Säuglinge empfohlen. Doch die Stiftung Warentest hält sie für sinnvoll. Rotaviren verursachen bei Säuglingen und Kleinkindern besonders häufig und besonders schwere Darminfektionen – oft ist sogar eine Behandlung im Krankenhaus nötig. ▶

test Jahrbuch 2013   **Journal Gesundheit 247**

12 Impfen

test Impfkalender für Erwachsene

		Regel- und Auffrischimpfung: für jeden sinnvoll		Nachholimpfung: für manche sinnvoll[1]		
		Alle 10 Jahre	Einmalig	1. Termin	2. Termin 1 Monat später[2]	3. Termin 6 Monate später[2]
Kombi-impfung möglich	Wundstarrkrampf (Tetanus)	✓		✓	✓	✓
	Diphtherie	✓		✓	✓	✓
	Keuchhusten (Pertussis)		✓	✓		
	Kinderlähmung (Polio)			✓	✓	✓
Kombi-impfung möglich	Masern			✓		
	Mumps			✓		
	Röteln			✓	✓[3]	
	Grippe (Influenza)	Gängige Impfempfehlung wenig sinnvoll.				
	Pneumokokken					
	Gürtelrose (Zoster)	Impfung wenig sinnvoll und derzeit nicht verfügbar.				

1) Für Menschen ohne Grundimpfung oder mit unklarem Impfstatus. Selbst Personen, die annehmen, die Krankheit durchgemacht zu haben, sollten sich impfen lassen.
2) Mindestabstand zur vorangegangenen Impfung.
3) Frauen im gebärfähigen Alter benötigen zwei Impfungen, derzeit nur mit Masern-Mumps-Röteln-Impfstoff möglich.

Meningokokken-Impfung: Sie wird Kleinkindern offiziell empfohlen. Zusätzlich hält die Stiftung Warentest eine zweite Impfung zwischen dem 11. und 15. Geburtstag für sinnvoll. Denn wie lange der Schutz der ersten Impfung anhält, ist noch unklar. Zudem erkranken zwar Kinder unter fünf Jahren am häufigsten, doch auch 15- bis 19-Jährige sind noch einmal stärker gefährdet.

Windpocken-Impfung: Sie wird Kindern ab elf Monaten als Standardimpfung empfohlen. Doch die Stiftung Warentest rät davon ab. Denn die Impfung bietet zwar einen wirksamen Schutz. Der hält aber wohl nicht unbegrenzt an. Somit könnten Windpocken dann vermehrt bei Erwachsenen auftreten – bei denen sie oft schwerer verlaufen. Zudem könnte sich die Häufigkeit und Schwere von Gürtelrose, einer Windpocken-Spätfolge, erhöhen, wenn Erwachsene aufgrund hoher Impfraten selten mit erkrankten Kindern in Kontakt kommen. Denn durch diesen Kontakt wird das Immunsystem erneut zum Schutz vor Gürtelrose angeregt.

Sinnvolle Impfungen für Erwachsene

Viele der genannten Impfungen schützen auch jenseits der Kindheit, weil die zugehörigen Krankheiten in jedem Alter zuschlagen können. Drei Impfungen sind für jeden Erwachsenen sinnvoll: gegen Tetanus und Diphtherie, zwei lebensbedrohliche Krankheiten, sowie gegen Keuchhusten. Dieser tritt derzeit vermehrt bei Erwachsenen auf; frühere Erkrankungen und Impfungen schützen nicht dauerhaft. Keuchhusten kann zu langen quälenden Hustenattacken führen. Bei Neugeborenen drohen Komplikationen bis zum Atemstillstand. Geimpft werden dürfen die Kleinen erst mit zwei Monaten.

248 Journal Gesundheit

Impfen 12

Manche Erwachsenen brauchen außerdem Nachholimpfungen gegen Polio, Masern, Mumps und Röteln – wenn sie keinen vollständigen Schutz aus der Kindheit haben. Hier gilt wie beim Keuchhusten: Hohe Impfraten in der Bevölkerung schützen auch die Menschen, die nicht geimpft werden dürfen.

Hingegen ist es aus Sicht der Stiftung Warentest wenig sinnvoll, ältere Menschen generell gegen Grippe, Pneumokokken und Gürtelrose zu impfen. Die Wirksamkeit ist hier nicht gut belegt beziehungsweise bei der Grippeimpfung sinkt sie nachweislich im höheren Alter. Die Impfung gegen Gürtelrose ist derzeit nicht verfügbar. Ob Impfungen gegen Grippe und Pneumokokken individuell in Frage kommen, sollten ältere Menschen und andere Risikogruppen, etwa Immungeschwächte und chronisch Kranke, mit dem Arzt klären.
Tipp: Vielen Erwachsenen fehlen Impfungen. Wer Lücken schließen möchte, kann seinen Allgemeinmediziner fragen. Nehmen Sie dazu den Impfpass mit.

Reiseimpfungen vom Ziel abhängig

Manche Infektionskrankheiten lauern in Deutschland nur selten – aber in vielen anderen Winkeln der Welt. Gegen einige gibt es Impfungen. Diese acht können deutsche Reisende je nach Infektionsrisiko bekommen: gegen Typhus, Hepatitis A und B, FSME, Gelbfieber, Tollwut, Meningokokken, Japanische Enzephalitis. FSME betrifft als einzige auch deutsche Reiseziele. Die Stiftung Warentest hält alle acht grundsätzlich für sinnvoll. Eine neunte, gegen Cholera, ist für Touristen in der Regel nicht nötig.

Der persönliche Impfbedarf richtet sich nach den individuellen Bedingungen: dem Gesundheitszustand sowie Reiseziel, -dauer und -aktivitäten. Um das auszuloten, ist eine reisemedizinische Beratung gut – vor Fernreisen, selbst ans Mittelmeer und nach Osteuropa, vor Langzeitaufenthalten und bei ungewöhnlichen Reisebedingungen. Die Beratung sollte sechs Wochen vor Reiseantritt stattfinden. Adresslisten gibts etwa unter www.crm.de oder www.fit-for-travel.de.

Aber Nutzer sollten bei der reisemedizinischen Beratung auf Qualität achten. Bei einer exemplarischen Untersuchung fand die Stiftung Warentest Schwächen.
Tipp: Informieren Sie sich eigenständig über Nahrungs- und Trinkwasserhygiene, Mücken-, Zecken- und Sonnenschutz, Reiseapotheke und -krankenversicherung, etwa auf www.test.de. Geben Sie bei der reisemedizinischen Beratung wenn nötig aktiv Auskunft zur Art der Reise und Ihrer Gesundheit, etwa zu chronischen Krankheiten und regelmäßig eingenommenen Medikamenten. Bei erhöhtem Risiko – etwa bei Tropen-, Langzeit- oder Rucksackreisen – wenden Sie sich am besten an ein Tropeninstitut. ■

Impfschäden melden

Impfstoffe kommen in Deutschland nur auf den Markt, wenn klinische Studien ihre Wirksamkeit und Sicherheit beweisen. Dennoch: Keiner schützt 100 Prozent der Geimpften. Und es können Nebenwirkungen auftreten, besonders an der Impfstelle und Allgemeinbeschwerden wie Fieber – Zeichen, dass das Immunsystem reagiert. Lebendimpfstoffe wie gegen Masern, Mumps und Röteln, können zudem ähnliche, aber schwächere Symptome auslösen wie die Krankheit selbst. Auch allergische Reaktionen sind möglich, vereinzelt sogar ein lebensbedrohlicher allergischer Schock. Andere schwere Nebenwirkungen sind wohl sehr selten – aber auch nur schwer zu belegen. Für besseren Patientenschutz richteten die Behörden nun ein Internetportal ein, wo Verbraucher mögliche Impfschäden melden können: https://verbraucher-uaw.pei.de.

12 Online-Praxis DrEd

Unser Rat

Wir raten von der Online-Arztpraxis ab. Das Risiko einer Fehlbehandlung ist immens, wie unser exemplarischer Test zeigt. In beiden Testfällen bekamen die Tester ein Antibiotikum angeboten – obwohl die angegebenen Symptome nur teilweise zum Krankheitsbild passten und ohne dass DrEd die Durchführung nötiger Urintests sicherstellte. Die Medikamente trafen erst nach mehreren Tagen ein.

Vom Besuch ist abzuraten

9/2012 Deutsche Ärzte betreiben seit 2011 von London aus eine Online-Praxis. Wir haben sie ausprobiert – und raten davon ab.

Wer DrEds Dienste nutzt, nimmt ein hohes Fehlbehandlungsrisiko in Kauf. Das stellte die Stiftung Warentest fest. Die Tester hatten sich mit zwei Krankheiten, an denen sie vermeintlich litten, an DrEd gewandt. Bei der Sprechstunde „Blasenentzündung" klickte eine Testerin die Symptome „Blasenschmerzen" und „andere Symptome" an. Nach wenigen Minuten bekam sie ein Rezept für ein Antibiotikum angeboten, ohne dass die Online-Ärzte nähere Auskunft über die „anderen Symptome" verlangten. Die Angaben hätten auch auf Nierensteine oder sogar einen Tumor hindeuten können. Die Testerin bräuchte also eine Untersuchung, zumindest einen Urintest. Stattdessen bekam sie ein Antibiotikum, das ihr vielleicht gar nicht hilft – mit den verbundenen Wirkungen und Nebenwirkungen.

Angeblicher Heimtest reicht aus

Beim zweiten Fall ging es um die Chlamydien-Infektion, eine häufige Geschlechtskrankheit. Hier verließ sich DrEd auf die erfundene Aussage der Testperson, sie habe einen positiven Selbsttest durchgeführt, und stellte ein Rezept für ein Antibiotikum aus. Dabei liefern nicht alle Tests auf Chlamydien ein richtiges Ergebnis. Zudem könnten auch andere Infektionen wie Gonorrhoe hinter den Symptomen stecken. Die Rezepte trafen nach drei beziehungsweise fünf Werktagen ein – spät für die brennenden Probleme. Das Fazit der Tester: Reale Patienten gehören nicht in eine virtuelle Arztpraxis. ∎

Virtuelle Arztpraxis

Arztbesuche ohne Termin, Parkplatzsuche oder Wartezimmer – so lautet das Werbeversprechen von DrEd, einer Online-Praxis mit Sitz in London. Sie bietet seit 2011 ausgewählte „Sprechstunden" an, etwa zu Haarausfall oder Impotenz, und zwar auch für deutsche Patienten. Kunden müssen DrEds Dienste – 9 bis 29 Euro pro Behandlung – und die verordneten Medikamente selbst bezahlen.

Pillendosen 12

☦ Unser Rat

Medikamentendosierer sollten gut schließen und Tabletten sicher aufbewahren. Drei von zehn im Test erfüllten diese Kriterien gut: Der **Medi-7 Medikamentendosierer** hat keine scharfen Ecken oder Kanten; die **Anabox 7 Tage** bietet pro Tag ein Extrafach für Pillen nach Bedarf. Und der **Tiga-Med Medikamenten-Wochen-Dispenser** hat auch handliche Tagesdosierer – praktisch zum Mitnehmen.

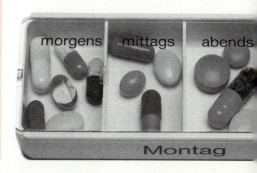

Die Dose für jeden Tag

10/2012 Pillenboxen sollen helfen, die Tabletten für den Tag oder für die ganze Woche zu sortieren. Im Test waren vier von zehn mangelhaft.

Gut jeder Vierte der über 65-Jährigen nimmt laut einer Umfrage des Wissenschaftlichen Instituts der AOK fünf oder mehr ärztlich verordnete Arzneimittel ein. Da den Überblick zu behalten, ist schwierig. Medikamentendosierer sollen helfen, die Tabletten für den Tag oder für die ganze Woche zu sortieren. Zehn Wochendosierer haben wir getestet. Erstaunlich: Gleich vier wurden als mangelhaft bewertet.

Chaos statt Ordnung

Das Problem: Die Boxen sorgen für Chaos. Aus ein Meter Höhe ließen die Tester jeden Behälter fallen. Bei den vier mangelhaften öffneten sich mehrere Fächer, Tabletten fielen heraus, verteilten sich über den Boden. Werden sie nicht mehr korrekt zugeordnet und darum falsch eingenommen, kann das gefährliche Folgen haben.

250 Mal geöffnet und geschlossen

Versehentliches Drauftreten hielten dagegen fast alle getesteten Produkte aus. Eine spezielle Vorrichtung half den Testern, das herauszufinden: Mit einer Kraft von bis zu 1 000 Newton drückte ein Prüfstempel auf die Tablettendosierer. Nur die Tagesdosierer der Jes Collection Tablettenbox ließen sich dadurch eindrücken, Schaden nahmen die Medikamente dabei jedoch nicht.

Das Verschlusssystem überzeugte bei allen Tablettendosen: 250 Mal öffneten und schlossen die Tester jeden einzelnen Behälter. Alle Verschlüsse hielten weiter dicht. ▶

Richtig reinigen und gut trocknen
Für Tablettendosierer ist es in der Spülmaschine oft zu heiß, das Material kann sich verziehen. Macht der Hersteller zur Reinigung keine Angabe, sollte man den Dosierer einmal wöchentlich mit warmem Wasser und Spülmittel auswaschen. Damit die Tabletten sich nicht verändern, muss der Dosierer absolut trocken sein. Auch entnehmen sollte man Pillen nur mit trockenen Fingern.

12 Pillendosen

✛ test Medikamentendosierer 10 / 2012

www.test.de	Mittlerer Preis in Euro ca.	Gekauft bei	Handhabung	Gehäusequalität	Einnahmesicherheit	✛ test-QUALITÄTSURTEIL
Gewichtung			45 %	40 %	15 %	100 %
Medi-7 Medikamentendosierer für 7 Tage[1]	13,20	Apotheke	+	+	++	GUT (2,0)
Anabox 7 Tage Regenbogen	11,00	Apotheke	+	+	++	GUT (2,1)
Tiga-Med Medikamenten-Wochen-Dispenser	6,60	Internethandel	O	+	+	GUT (2,4)
Dosett S Arzneikassette	13,50	Apotheke	O	O	O	BEFRIED. (3,0)
Jes Collection Tablettenbox	1,00	Sonderpostenmarkt	O	⊖[*]	+	AUSREICH. (3,7)
Careliv Tablettenbox Buchform[2]	13,00	Apotheke	O	⊖[*]	+	AUSREICH. (4,0)
Comfort Aid 7-Tage Pillendose	2,19	Apotheke	⊖	⊖	—[*]	MANGELH. (5,0)
Dr. Junghans Medikamenten Dispenser 7 Tage	11,20	Apotheke	+	⊖	—[*]	MANGELH. (5,0)
Rossmann / Ideen Welt Pillendose	4,00	Drogeriemarkt	O	O	—[*]	MANGELH. (5,0)
Russka Medikamenten-Spender	19,00	Apotheke	+	O	—[*]	MANGELH. (5,0)

Bewertungsschlüssel der Prüfergebnisse: ++ = Sehr gut (0,5–1,5). + = Gut (1,6–2,5). O = Befriedigend (2,6–3,5).
⊖ = Ausreichend (3,6–4,5). — = Mangelhaft (4,6–5,5). **Bei gleichem Qualitätsurteil Reihenfolge nach Alphabet.**
[*] Führt zur Abwertung. **1)** Laut Anbieter Gebrauchsinformation geändert.
2) Wurde mit der Bezeichnung Shantys Pillmate geliefert. **Einkauf der Prüfmuster:** April/Mai 2012.

Kritik an scharfen Kanten

Ob flacher Kasten oder hoher Zylinder, reine Wochendosierer oder abtrennbare Behälter für den Tag – beim Kauf einer Tablettendose sind verschiedene Kriterien zu beachten. Wer viel reist, wird einen handlichen Dosierer bevorzugen. Für Menschen, die weniger unterwegs sind, ist es beispielsweise wichtig, dass der Dosierer gut steht.

Vor allem sollte man leicht an die Tabletten kommen. Die meisten Probanden im Test fanden es praktischer, die Medikamente aus den Behältern in die Hand zu kippen. Sind die Öffnungen zu klein, können sich große Pillen verkanten. Drei Boxen hatten zudem unangenehm scharfe Kanten, an denen man sich verletzen könnte.

Auch die Beschriftung ist wichtig. Bei zwei der getesteten Produkte ließ sich die Schrift auf den Dosierern nur schwer entziffern.

Preis sagt nichts über die Qualität

Wie gut eine Tablettenbox durchdacht und verarbeitet ist, lässt sich am Preis nicht erkennen. Als mangelhaft bewertet wurde sowohl einer der billigsten Dosierer für etwa 2 Euro als auch der teuerste für 19 Euro. Wir besorgten die Boxen in Apotheken, im Drogeriemarkt und im Sonderpostenmarkt, es gibt sie aber auch im Internetversand.

Design verbesserungswürdig

Bei den meisten Dosierern fiel auf: Die Gestaltung lässt sich verbessern, Weiß und Blautöne überwogen. Die Anabox ist farbenfroh, die Careliv Tablettenbox präsentiert sich in Buchform. Mehr interessante Designs und hochwertige Materialen könnten vielleicht etwas Wichtiges bewirken, indem sie die tägliche Tabletteneinnahme ein wenig verschönern. ■ **Anbieter Seite 272**

252 Journal Gesundheit

Schwindel 12

✚ Unser Rat

Schwindel ist keine eigenständige Krankheit, sondern kann eine Folge verschiedener Störungen sein. Die richtige Therapie hängt von der genauen Ergründung der Ursache ab. Grundlegende Untersuchungen kann der Hausarzt machen. Für weiterführende Tests sollte er Patienten aber an einen Hals-Nasen-Ohren-Arzt, Neurologen oder gleich an eine Schwindelambulanz überweisen.

Das Karussell im Kopf

8/2012 Die Beschwerden des Schwindels lassen sich meist gut behandeln. Doch davor muss unbedingt die Ursache geklärt werden.

Fast jeder dritte Erwachsene muss damit rechnen, einmal oder mehrmals im Leben unter starkem Dreh- oder Schwankschwindel zu leiden. Gleichgewichtsstörungen und Schwindel gehören neben Kopf- und Rückenschmerzen zu den häufigsten Gründen für einen Arztbesuch. Patienten schildern ganz unterschiedliche Symptome: Sie glauben zu schwanken oder sich zu drehen, haben einen holprigen Gang, sind benommen, befürchten umzufallen und leben somit in Angst vor jeder Attacke.

Viele Ursachen sind möglich

Schwindel ist keine eigenständige Krankheit. Vielmehr stecken hinter den verschiedenen Formen ganz unterschiedliche Störungen. Sie bringen im Zusammenspiel von Gleichgewichtsorganen, Augen, Körpergefühl und Gehirn etwas durcheinander. Die häufigste Form ist der gutartige Lagerungsschwindel, der beim Umdrehen im Liegen auftritt. Verantwortlich sind verrutschte Ohrsteinchen im Gleichgewichtsorgan. Abhilfe schaffen kann das sogenannte „Befreiungsmanöver": Der Arzt kippt den Patienten zur Seite und befördert so die Ohrsteinchen aus ihrer störenden Position. Es gibt viele weitere Schwindelformen, die unterschiedlich behandelt werden *(siehe Tabelle)*.

Bei manchen Formen können Patienten aber auch Medikamente zur Vorbeugung oder zur Akutbehandlung einnehmen. Auch Gleichgewichtstraining, Sport und andere Therapien kommen zum Einsatz. ▶

Was tun bei Reisekrankheit?

Schlingernde Schiffe, turbulente Flüge oder kurvenreiche Autofahrten können empfindliche Menschen aus dem Gleichgewicht bringen und Übelkeit und Brechreiz auslösen. Als Medikamente bei Reisekrankheit eignen sich etwa Emesan-Tabletten oder -Zäpfchen (Wirkstoff Diphenhydramin). Doch sie machen müde, kommen also für Autofahrer, Segler und andere Bootskapitäne nicht infrage.

12 Schwindel

✚ test | Schwindel: Ursachen erkennen und gezielt behandeln

Symptome	Mögliche Erkrankung	Behandlungsmöglichkeit
Störungen des Gleichgewichtsorgans im Innenohr		
Drehschwindel beim Hinlegen, Aufrichten oder Umdrehen im Bett	Gutartiger Lagerungsschwindel – verrutschte „Ohrsteinchen" bilden einen Pfropf im Gleichgewichtsorgan und erzeugen die Illusion von Bewegung. Häufigste Schwindelform	„Befreiungsmanöver": Kopf- und Körperdrehungen befördern den Pfropf aus seiner störenden Position
Dauerdrehschwindel (mehrere Tage, manchmal Wochen), eventuell Gangabweichung zu einer Seite	Neuritis vestibularis – Infektion des Gleichgewichtsnervs und einseitiger Ausfall des Gleichgewichtsorgans	Akut: Kortisonbehandlung, eventuell stationär, später Gleichgewichtstraining
Schwindelattacke mit Ohrgeräusch und Hörminderung	Menière-Krankheit – erhöhter Druck im Innenohr aufgrund von Flüssigkeitsansammlung	Akut: schwindeldämpfende Medikamente, Medikamente zur Vorbeugung gegen Attacken
Schwankschwindel mit Unsicherheit beim Gehen	Beidseitiger Ausfall der Gleichgewichtsorgane infolge unterschiedlicher Schädigungen	Ausfall meist nicht rückgängig zu machen; Gleichgewichtstraining, sportliche Aktivität sorgen für Ausgleich
Störungen im Gehirn		
Schwindel mit häufigen Kopfschmerzen	Schwindel-Migräne	Akut: medikamentöse Behandlung der Migräne. Vorbeugende Medikamente und Stressbewältigung
Plötzlicher Schwindel plus Doppelbilder, Gefühlsstörungen oder Lähmungen	Durchblutungsstörung im Gehirn, Schlaganfall	Notarzt- oder Klinikbehandlung
Andere Ursachen von Schwindel		
Schwindel in unangenehmen Situationen (Menschenansammlungen, leere Räume, Bus, Aufzug)	Phobischer Schwankschwindel, Angsterkrankung mit Schwindelgefühlen ohne organische Ursache	Aufklärung über Zusammenhänge zur psychischen Entlastung, sportliche Aktivität, eventuell Antidepressiva oder Verhaltenstherapie
Schwindel beim Aufstehen, nichtdrehend, schwarz vor den Augen, eventuell Ohnmacht	Kreislaufproblem – meist Folge von niedrigem Blutdruck und kurzer Minderdurchblutung des Gehirns	Viel Flüssigkeit, bei niedrigem Blutdruck eventuell salzreiche Kost und sportliche Aktivität
Kurze Benommenheit, eventuell Ohnmacht	Herzrhythmusstörungen	Medikamente, Herzschrittmacher

Patientenangaben sehr wichtig

Viele Behandlungsmethoden sind sehr erfolgreich – allerdings kommt es auf die richtige Diagnose an. Dabei spielen die Empfindungen und Beobachtungen der Patienten eine wichtige Rolle und werden in der Regel vom Arzt genau erfragt. Es ist nützlich, sich schon vor dem Arztbesuch Gedanken zu machen, wie sich die Schwindelanfälle am besten beschreiben lassen: Handelt es sich um ein Dreh-, Schwank-, Unsicherheits- oder ein Schwächegefühl, eine plötzliche Attacke oder ein dauerhaftes Problem?

Grundlegende Untersuchungen kann der Hausarzt machen. Für weiterführende Tests sollte er Patienten an einen Hals-Nasen-Ohren-Arzt, Neurologen oder eine Schwindelambulanz überweisen. Diese gibt es zum Beispiel in Berlin, Essen, München und anderen Städten, oft an Unikliniken. ■

254 Journal Gesundheit

test Jahrbuch 2013

Verhaltenssüchte **12**

Unser Rat

Diese Therapiekniffe können helfen, zum Beispiel einer PC-Spiel-Sucht vorzubeugen: Setzen Sie sich ein Limit für die Zeit, die Sie vorm Computer verbringen wollen. Achten Sie darauf, dass Sie das Limit nicht überschreiten. Auch hilfreich: Verändern Sie Routinen. Frühstücken Sie ausgiebig vor dem ersten Gang zum Computer. Lassen Sie Hobbys aufleben, die Sie vernachlässigt haben.

Den letzten Cent verspielt

9/2012 Glücksspielsucht gilt als psychische Erkrankung, die Therapie wird bezahlt. Immer mehr Jüngere verfallen der PC-Spiel-Sucht.

Alkohol, Zigaretten oder Cannabis: Dass diese Drogen süchtig machen können, ist bekannt. Doch Menschen können auch einer Tätigkeit verfallen, wie Sport, Einkaufen oder Spielen – in der Spielhalle wie am Computer. So gibt es in Deutschland 260 000 Glücksspielsüchtige. Drei Prozent von über 44 000 befragten Jugendlichen erfüllen die Kriterien für eine PC-Spiel-Sucht. In ihrer zerstörerischen Wirkung stehen diese Süchte klassischen Drogenkarrieren in nichts nach: Die Betroffenen riskieren Beziehung, Arbeitsplatz und Freunde. Das Spiel wird zum einzigen Lebensinhalt.

Kasse zahlt bei Glücksspielsucht
Ein Teufelskreis, der sich ohne professionelle Hilfe kaum durchbrechen lässt. Wohl auch deshalb erkennen die gesetzlichen Kassen das pathologische Glücksspiel als psychische Erkrankung an und kommen für die Behandlungskosten auf. Andere Verhaltenssüchte gelten den Kassen offiziell noch nicht als behandlungsbedürftige Krankheiten – obwohl immer mehr betroffen sind.

Die Grenzen zwischen einem leidenschaftlich betriebenen Hobby und einer krankhaften Abhängigkeit sind fließend. Doch wenn der Betroffene depressiv oder aggressiv wird, sobald er nicht spielt, immer mehr Geld setzt oder Zeit vor dem PC verbringt, wird es kritisch. Weitere Symptome für eine Sucht: Schulden, Probleme im Job, immer weniger Freunde, Konflikte in der Familie und Rückfälle nach spielfreien Tagen. ∎

Hilfe suchen beim Profi
Spielsüchtige können sich an ihren Hausarzt oder eine Beratungsstelle wenden. Die hilft bei der Suche nach Selbsthilfegruppen, Schuldnerberatung und einem Therapieplatz. Angehörigen von Glücksspielsüchtigen rät die Landesstelle Glücksspielsucht Bayern, den Spieler offen auf sein Problem anzusprechen. Familien und Freunde sollten ihn ermutigen, professionelle Hilfe anzunehmen.

Anbieter

Tarife für Anrufe aus dem deutschen Festnetz: **0 800** Kostenfrei; **0 180 1** 3,9 Cent/Min.; **0 180 2** 6,0 Cent/Anruf; **0 180 3** 9,0 Cent/Min.; **0 180 5** 14 Cent/Min.; **0 900 1** Kosten von 49 –124 Cent/Min.; Kosten aus dem Mobilfunknetz dürfen 0,42 Cent/Min. oder 0,60 Cent/Anruf nicht überschreiten.

Ernährung

Abraham
Brookdamm 21
21217 Seevetal
Tel. 0 40/7 68 00 50
Fax 0 40/7 68 00 53 01
www.abraham.de

Albi
89180 Berghülen
Tel. 0 73 44/95 00
Fax 0 73 44/95 01 20
www.albi.de

Aldi (Nord)/
a la carte/Brendolan/
Butella/Casa Morando/
Champs d' Or/
Confifrucht/Goldähren/
Golden Seafood/
GutBio/Lemar/Mama
Mancini/Ofterdinger/
Quellbrunn/Sonniger/
Sternberger Pfanntas-
tico/Tamara/Wein
Postfach 13 01 10
45291 Essen
Tel. 02 01/8 59 30
Fax 02 01/8 59 33 18
www.aldi-nord.de

Aldi (Süd)/
Adler/Almare Seafood/
Aqua Culinaris/
Belasan/Bio/Cucina/
Feines aus Spanien/
Gartenkrone/Gourmet/
Grandessa/Le Gusto/
Mühlengold/Primana/
Rio d'oro/Wonnemeyer
Feinkost
Postfach 10 01 52
45401 Mülheim a.d.R.
Tel. 02 08/9 92 70
Fax 02 08/99 27 36 10
www.aldi-sued.de

Alnatura
Darmstadter Str. 63
64404 Bickenbach
Tel. 0 62 57/9 32 20
Fax 0 62 57/9 32 26 88
www.alnatura.de

Amecke
Fröndenberger Str. 150
58706 Menden
Tel. 0 23 73/9 05 02
Fax 0 23 73/90 51 90
www.amecke.de

Annes Feinste
Maintal Konfitüren
Industriestr. 11
97437 Haßfurt
Tel. 0 95 21/9 49 50
Fax 0 95 21/94 95 30
www.maintal-konfitue
ren.de

Apetito
Bonifatiusstr. 305
48432 Rheine
Tel. 0 59 71/79 90
Fax 0 59 71/7 99 93 50
www.apetito.info

Baktat
BAK Kardesler
Lebensmittel
Wattstr. 2–10
68199 Mannheim
Tel. 06 21/83 38 80
Fax 06 21/8 33 88 99
www.baktat.com.tr

Bari
Schopenhauer Weg 2
67346 Speyer
Tel. 0 62 32/6 52 20
Fax 0 62 32/65 22 30
www.bari-purefruit.de

Barilla
Barilla Wasa
Ettore-Bugatti-Str. 6–14
51149 Köln
Tel. 0 22 03/3 70 00
Fax 0 22 03/3 70 03 81
www.barillagroup.com

Basic
Richard-Strauss-Str. 48
81677 München
Tel. 0 89/30 66 89 60
Fax 0 89/30 66 89 66 90
www.basic-bio-genuss-
fuer-alle.de

Bauer
Am Brunnenpark 5 – 6
04924 Bad Liebenwerda
Tel. 03 53 41/4 98 90
Fax 03 53 41/49 89 19
www.bauer-fruchtsaft.de

Bernbacher
Josef Bernbacher
& Sohn
Tassiloplatz 5
81541 München
Tel. 0 89/45 91 00

Fax 0 89/45 91 02 70
www.bernbacher.de

Bio
VPV-Vereinigte
Pflanzenoel-Vertriebs-
gesellschaft
Bodelschwinghstr. 20
53175 Bonn
Tel. 02 28/37 78 94 97
www.rapsgold.com

Bio Company
Rheinstr. 45–46
12161 Berlin
Tel. 0 30/32 51 42 20
Fax 0 30/3 25 14 22 30
www.biocompany.de

BioGourmet
Ochsenweg 1
71729 Erdmannhausen
Tel. 0 71 44/7 06 05 67
Fax 0 71 44/3 38 44
www.bio-gourmet.com

Bio Gut & Gerne
Bio-Zentrale
Naturprodukte
Windhag 3
94166 Stubenberg
Tel. 0 85 74/9 61 00
Fax 0 85 74/96 10 55
www.biozentrale.de

Bio Planète
Ölmühle Moog
Rue de Limoux
11150 Bram/Frankreich
Tel. 00 33/4 68/76 70 60
Fax 00 33/4 68/76 70 69
www.bioplanete.com

Biopolar
Ökofrost
Bregenzer Str. 5
10707 Berlin
Tel. 0 30/78 77 66 66
Fax 0 30/78 77 66 10
www.biopolar.de

Birkel
Franzosenstr. 9
68169 Mannheim
Tel. 0 62 01/3 23 50
Fax 0 62 01/3 23 51 39
www.birkel.de

Black Forest
Peterstaler
Mineralquellen
Renchtalstr. 36
77740 Bad Peterstal

Tel. 0 78 06/98 70
Fax 0 78 06/98 71 16
www.blackforest-still.de

Bofrost
An der Oelmühle 6
47638 Straelen
Tel. 0 28 34/70 71 80
Fax 0 28 34/70 73 66
www.bofrost.de

Bonne Maman
Odenwald-Früchte
Bahnhofstr.31
64747 Breuberg
Tel. 0 61 65/30 10
Fax 0 61 65/30 13 00
www.odenwald-frue
chte.com

Bösinger
Riedstr. 9
78662 Bösingen
Tel. 0 74 04/9 20 60
Fax 0 74 04/70 45
www.boesinger.de

Bruno Fischer
Alpenstr. 15
87751 Heimertingen
Tel. 0 83 35/9 94 32
Fax 0 83 35/98 21 19

Campofrío
CFG
Im Teelbruch 67
45219 Essen
Tel. 0 20 54/8 78 70
Fax 0 20 54/8 78 71 00
www.campofrio.de

Carat
Gehring-Bunte
Getränke-Industrie
Brockhagener Str. 200
33649 Bielefeld
Tel. 05 21/55 61 40
Fax 05 21/55 61 41 00
www.christinen.de

Citterio
Corso Europa,206
20017 Rho (Milan)
Italien
Tel. 00 39/02 93 51 61
Fax 00 39/0 29 30 15 40
www.citterio.com

Contrex
Nestlé Waters
Wilhelm-Theodor-
Römheld-Str. 22
55130 Mainz

Tel. 0 69/66 71 88 88
Fax 0 69/66 71 43 85
www.nestle-waters.de

Costa
Stedinger Str. 25
26723 Emden
Tel. 0 49 21/9 61 30
Fax 0 49 21/96 13 20
www.costa.de

d'arbo Naturrein
Adolf Darbo
Aktiengesellschaft
Dornau 18
6135 Stans
Österreich
Tel. 00 43/52 42/6 95 10
Fax 00 43/52 42/69 51 33
www.darbo.at

Danone Hayat
Türk-Tad
Bessemerstr. 13–19
12103 Berlin
Tel. 0 30/75 76 50 94
Fax 0 30/75 76 50 97

Das Backhaus
Steinslieth 2
37130 Gleichen
Tel. 0 55 08/92 34 44
Fax 0 55 08/92 34 45
www.dasbackhaus.de

Den Gamle Fabrik
Den Gamle Fabrik A/S
Hørsvinget 1 – 3
2630 Taastrup
Dänemark
Tel. 00 45/43 58/93 00
Fax 00 45/43 58/93 93
www.dengamlefabrik.de

Deutsche See
Postfach 10 12 47
27512 Bremerhaven
Tel. 04 71/13 30 00
Fax 04 71/13 14 00
www.deutschesee.de

Dittmeyer's Valensina
c/o sportfit Fruchtsaft
Ruckes 90
41238 Mönchen-
gladbach
Tel. 0 21 66/9 83 70
Fax 0 21 66/8 67 10
www.valensina.de

Dr. Doerr
Postfach 27 01 02
01171 Dresden

256 Anbieter

Anbieter

Tel. 0351/4230120
Fax 0351/4230199
www.dr-doerr.de

Dreesen
Rosenweiherweg 20
53332 Bornheim
Tel. 02227/91870
Fax 02227/918713
www.dreesen.de

Du darfst
Popp Feinkost
Carl-Benz-Str. 3
24568 Kaltenkirchen
Tel. 04191/5010
Fax 04191/501216
www.popp-feinkost.de

è Aqua
Michael-Kometer-
Ring 11
85653 Aying
Tel. 08095/87280
Fax 08095/872820
www.e-aqua.de

**Edeka/Bio Wertkost/
Edeka Bio/Edeka
España/Günstig & Günstig**
22291 Hamburg
Tel. 040/63770
Fax 040/63774275
www.edeka.de

Eismann
Seibelstr. 36
40822 Mettmann
Tel. 02104/2190
Fax 02104/219650
www.eismann.de

Escal bio
Nutrana
Postfach 1805
77678 Kehl
Tel. 07851/9569589
Fax 0033/3/886078 50
www.escal.fr

Espuña
C.Mestre Turina, 39 – 41
17800 Olot – Girona
Spanien
Tel. 0034/972270650
Fax 0034/972270660
www.espuna.de

Eurogida
Beusselstr. 44n-q
10553 Berlin
Tel. 030/39494009
Fax 030/39494166
www.eurogida.de

Evian
Danone Waters
Solmsstr. 18

60486 Frankfurt/M
Tel. 069/719135 0
Fax 069/71913 51 40
www.danone-waters.de

Femeg
Gletzower Landstr. 6
19217 Rehna
Tel. 038872/5210
Fax 038872/521900
www.femeg.de

Followfish
Allmandstr. 8
88045 Friedrichshafen
Tel. 07541/28900
Fax 07541/289033
www.followfish.de

Frischeparadies
Lärchenstr. 80
65933 Frankfurt/M.
Tel. 069/38032 30
Fax 069/38032333
www.frischeparadies.de

Frosta (Tiefkühlnudeln)
Albert-Einstein-Ring 4
22761 Hamburg
Tel. 040/85414060
Fax 040/85414088
www.frosta.de

Frosta
Postfach 290364
27533 Bremerhaven
Tel. 0471/97360
Fax 0471/973607 5163
www.frosta.de

Galeria Kaufhof
Leonhard-Tietz-Str. 1
50676 Köln
Tel. 0221/2230
Fax 0221/22232800
www.galeria-kaufhof.de

**Gartenbauzentrale
Papenburg/
Küchenkräuter Aroma
Selection**
Schulze-Delitzsch-
Str. 10
26871 Papenburg
Tel. 04961/8010
Fax 04961/801909
www.gbz-papenburg.de

Gerolsteiner
Vulkanring
54567 Gerolstein
Tel. 01805/333366
Fax 01805/108822
www.gerolsteiner.de

Gloria
Hamker
Bahnhofstr. 4

49201 Dissen
Tel. 05421/31416
Fax 05421/31 8124 16
www.hamker.de

Göbber
Bahnhofstr. 40
27324 Eystrup
Tel. 04254/370
Fax 04254/37299
www.goebber.de

Golden Toast
Prinzenallee 11
40549 Düsseldorf
Tel. 0211/5306340
Fax 0211/530634 34
www.goldentoast.de

Grüntjens
Hellweg
Borussiastr. 112
44149 Dortmund
Tel. 0231/96960
Fax 0231/9696100
www.hellweg.de

**Gutes aus der
Bäckerei**
Brotland
Kiebitzweg 19
22869 Schenefeld
Tel. 0700/27685263

Harry
Postfach 1280
22859 Schenefeld
Tel. 040/830350
Fax 040/8303510353
www.harry-brot.de

Herzberger
Herzberger Bäckerei
Hermann-Muth-Str.
36039 Fulda
Tel. 0661/104301
Fax 0661/104303
www.herzberger-bae
ckerei.com

Hohes C
Eckes Granini
Postfach 1150
55264 Nieder-Olm
Tel. 06136/350
Fax 06136/351400
www.eckes-granini.de

Homann
Bahnhofstr. 4
49201 Dissen
Tel. 05421/31416
Fax 05421/318124 16
www.homann.de

Hopf
Thüringer Fischfeinkost
Gebr. Hopf

Gartenstr. 43
98593 Floh-Seligenthal
Tel. 01802/4673 35
www.hopf-feinkost.com

Iceland Seafood
Großer Grasbrook 9
20457 Hamburg
Tel. 040/45022 70
Fax 040/45022750
www.iceland-seafood.de

Iglo
Osterbekstr. 90c
22083 Hamburg
Tel. 040/18024 90
Fax 040/180249130
www.iglo.de

Jütro
Alte Wittenberger
Str. 21
06917 Jessen
Tel. 035 37/27590
Fax 035 37/275915
www.juetro-tkk.de

**Kaiser's Tengelmann/
A&P/Mein Gärtner/
Naturkind**
Wissollstr. 5 – 43
45478 Mülheim a.d.R.
Tel. 0208/37770
Fax 0208/37774200
www.kaisers-tengel
mann.de

**Kaiser's Tengelmann/
Star Marke**
Landsberger Str. 350
80687 München
Tel. 089/546510
Fax 089/5465184 44
www.kaisers-tengel
mann.de

Karstadt Feinkost
Stolberger Str. 92
50933 Köln
Tel. 0221/1490
Fax 0221/1499512
www.perfetto.de

Kaufland/K-Classic
Rötelstr. 35
74172 Neckarsulm
Tel. 01802/0100 80
Fax 07132/946124
www.kaufland.de

Knorr
Unilever
Strandkai 1
20457 Hamburg
Tel. 040/34930
Fax 040/34933520
www.unilever.de

Korpi
Nestlé Hellas S.A.
Patroklou 4, Paradissos
15125 Maroussi Athens
Griechenland
Tel. 0030/210/6884141
Fax 0030/210/6843402
www.nestle-waters.com

Kühlmann
Heinrich Kühlmann
Im Thüle 26
33397 Rietberg
Tel. 05244/40090
Fax 05244/400999
www.kuehlmann.de

Kumpf
Industriestr. 22
71706 Markgröningen
Tel. 07147/9700
Fax 07147/970210

Kunella Feinkost
Postfach 100633
03006 Cottbus
Tel. 0355/23151
Fax 0355/23152
www.kunella-fein
kost.com

Landliebe
Zentis
Jülicher Str. 177
52070 Aachen
Tel. 0241/47600
Fax 0241/4760369
www.zentis.de

**Lidl/Combino/Deluxe/
Grafschafter/Kania/
Linessa/Maribel/
Parma/Saskia/Schwarz-
waldrauch/Trawlic/
Vita D'or/Vitafit/
Vitakrone/Vitasia**
Stiftsbergstr. 1
74167 Neckarsulm
Tel. 0800/4353361
Fax 07132/942236
www.lidl.de

Maggi
Lyoner Str. 23
60528 Frankfurt/M.
Tel. 069/66712841
Fax 069/66714804
www.maggi.de

Montorsi
Negroni
Bonner Str. 39b
53842 Troisdorf
Tel. 02241/165300
Fax 02241/1653015
www.negroni.de

Anbieter 257

Anbieter

**Mövenpick
(Fleischsalat)**
siehe Kühlmann

Mövenpick
siehe Schwartau

Mühlhäuser
Boettgerstr. 5
41066 Mönchen-
gladbach
Tel. 02161/6870
Fax 02161/687201
www.muehlhaeuser.biz

Nadler
Nadler Feinkost
Scharnhölzstr. 330
46240 Bottrop
Tel. 05421/31416
Fax 05421/31812416
www.nadler.de

**Netto Marken-
Discount/Bio Bio/
Fruchtstern/Fürsten-
krone/Kornmühle/
Las Cuarenta/Mamma
Gina/Premium/Vegola/
Vitalitasia**
Postfach 1180
93139 Maxhütte-
Haidhof
Tel. 09471/3200
Fax 09471/320149
www.netto-online.de

Netto Supermarkt
Preetzer Str. 22
17153 Stavenhagen,
Reuterstadt
Tel. 039954/3600
Fax 039954/21033
www.netto.de

Nordsee
Postfach 101248
27512 Bremerhaven
Tel. 0471/1302
Fax 0471/131400
www.nordsee.com

**Norma/Frisan/
Tante Klara/Surf/
Trimm**
Ilansastr. 20
90766 Fürth
Tel. 0911/97390
Fax 0911/7593590
www.norma-online.de

Ökoland
Georgstr. 3–5
31515 Wunstorf
Tel. 05031/96070
Fax 05031/96 07 19
www.oekoland.de

Orient Master
Kantstr. 101
10627 Berlin
Tel. 030/8958 06 00
Fax 030/8958 60 29
www.orientmaster.de

Original Selters
Selters Mineralquelle
Aug. Victoria
Seltersweg
35792 Löhnberg
Tel. 06471/6090
Fax 06471/60949
www.selters.de

Paulus
Blättelbornweg 6
66663 Merzig
Tel. 06861/77080
Fax 06861/770840
www.bpaulus.de

**Penny/3-Ähren-Brot/
Berida/Bio/Bonita/
Dôme/Don Camillo/
Elitess/Merry/
Mühlenhof/Prima-
kost/Sancho España/
Summerhill**
50603 Köln
Tel. 01803/331010
Fax 0221/1499000
www.penny.de

Pfennigs
Pfennigs Feinkost
Ringbahnstr. 22–30
12099 Berlin
Tel. 01802/733664
www.pfennigs-fein
kost.de

Pflanzen Kölle
Im Neckargarten 6
74078 Heilbronn
Tel. 07131/595160
Fax 07131/1595 61 60
www.pflanzen-koelle.de

Popp
siehe Du darfst

Prima Vera
Salumificio Pedrazzoli
Pedrazzoli Via
San Giovanni,16a
46020 San Giovanni
del Dosso
Italien
Tel. 0039/0386/757332
Fax 0039/0386/757438
www.salumificiopedraz
zoli.it

Rabenhorst
Rabenhorststr. 1
53572 Unkel

Tel. 02224/18050
Fax 02224/180570
www.rabenhorst.de

Rapunzel
Rapunzelstr. 1
87764 Legau
Tel. 08330/5290
Fax 08330/5291188
www.rapunzel.de

Rauch
Langgasse 1
6830 Rankweil
Österreich
Tel. 0043/5522/4010
Fax 0043/5522/4013
www.rauch.cc

**Real/Real Bio/
Real Quality/Tip**
Schlüterstr. 5
40235 Düsseldorf
Tel. 0800/5035418
Fax 0211/9692140
www.real.de

**Rewe/ja!/Rewe Bio/
Rewe Kräuterbeet**
50603 Köln
Tel. 0221/1490
Fax 0221/1499000
www.rewe-group.com

Rhönsprudel
Egon Schindel
Weikardstr. 2
36157 Ebersburg
Tel. 06656/580
Fax 06656/58159
www.rhoensprudel.de

**Rossmann/
EnerBio**
Isernhägener Str. 16
30938 Burgwedel
Tel. 05139/8980
Fax 05139/8984999
www.rossmann.de

Saka
Özmunzur
Westhafenstr. 1
13353 Berlin
Tel. 030/39877740
Fax 030/3940 81 54

Schloss Küche
Füngers Feinkost
Einsteinstr. 132–140
06785 Oranienbaum
Tel. 034904/4080
Fax 034904/408834
www.fuengers.de

Schwartau
Schwartauer Werke
Lübecker Str. 49–55
23611 Bad Schwartau

Tel. 0451/2040
Fax 0451/204385
www.schwartauer-wer
ke.de

Schwartau extra
siehe Schwartau

**Siam Herbs/
Thai Veggi**
Asia-Mekong
Supermarket
Henriette-Herz-Platz 1
10178 Berlin
Tel. 030/2478282
Fax 030/2478281
www.asia-mekong.de

Steinhaus
Postfach 110709
42867 Remscheid
Tel. 02191/6950
Fax 02191/695270
www.steinhaus.net

Svansø
Scandic Food A/S
Store Grundet Allé 71A
7100 Vejle
Dänemark
Tel. 0045/7571/1800
Fax 0045/7571/1866
www.scandic-food.dk

Symphonie
siehe Netto Marken-
Discount

**Tannenhof/
Tannenhof Bio**
Gewerbestr. 4
78078 Niedereschach
Tel. 07728/9 26 30
Fax 07728/926377
www.tannenhof-schin
ken.de

**Teutoburger
Ölmühle**
Gutenbergstr. 16a
49477 Ibbenbüren
Tel. 05451/9590
Fax 05451/959510
www.teutoburger-oel
muehle.de

Thomy
Nestlé
Lyoner Str. 23
60523 Frankfurt/M.
Tel. 069/66713071
Fax 069/66714385
www.nestle.de

Veroni
Correggio (RE)
Viale Saltini, 15/17
42015 Reggio Emilia
Italien

Tel. 0039/0522/6353 11
Fax 0039/0522/642397
www.veroni.it

Vio
Coca-Cola
Friedrichstr. 68
10117 Berlin
Tel. 030/920401
Fax 030/920 411 02
www.vio.de

Vinh-Loi
Truong
Klosterwall 2a
20095 Hamburg
Tel. 040/3258890
Fax 040/32588999

Vitaquell
Fauser Vitaquell
Postfach 540629
22506 Hamburg
Tel. 040/572020
Fax 040/57202200
www.vitaquell.de

Vittel
siehe Contrex

Viva Fiesta
Hans Kremers
Dieselstr. 27–33
41189 Mönchen-
glabach
Tel. 02166/55070
Fax 02166/550740
www.kremers-wurst.de

Volvic
siehe evian

Vöslauer
Paitzriegelgasse 2
2540 Bad Vöslau
Österreich
Tel. 0800/100234
Fax
0043/2252/4014600
www.voeslauer.at

Weight Watchers
siehe Kühlmann

Yeni Bolu
Kottbusser Damm 75
10967 Berlin
Tel. 030/6913081

Zentis
siehe Landliebe

Zwergenwiese
Langacker 1
24887 Silberstedt
Tel. 04626/18310
Fax 04626/183131
www.zwergenwiese.de

Anbieter

Kosmetik

Acquarella
Pure Nature Products
Versand
Zur Rothenheck 14
55743 Idar-Oberstein
Tel. 0 180 3/80 85 85
Fax 0 800/5 80 85 85
www.purenature.de

Alessandro
Hans-Böckler-Str. 3
40764 Langenfeld
Tel. 0 21 73/9 74 60
Fax 0 21 73/97 46 68
www.alessandro-inter
national.de

Aldi (Nord)/
Biocura
Postfach 13 01 10
45291 Essen
Tel. 02 01/8 59 30
Fax 02 01/8 59 33 18
www.aldi-nord.de

Aldi Süd/Kür Profi Line/
Ombia Sun
Postfach 10 01 52
45401 Mülheim a.d.R.
Tel. 02 08/9 92 70
Fax 02 08/99 27 36 10
www.aldi-sued.de

Annemarie Börlind
Lindenstr. 15
75365 Calw
Tel. 0 70 51/6 00 00
Fax 0 70 51/6 00 00 60
www.boerlind.com

Anny
ICB innovative
cosmetic brands
Gaußstr. 13
85757 Karlsfeld
Tel. 0 81 31/3 90 01
Fax 0 81 31/3 90 1 79
www.anny-cosmetic.
com

Artdeco
Gaußstr. 13
85757 Karlsfeld
Tel. 0 81 31/3 90 01
Fax 0 81 31/3 90 1 10
www.artdeco.de

Astor
Coty Beauty
Rheinstr. 4e
55116 Mainz
Tel. 0 61 31/30 60
Fax 0 61 31/30 67 45
www.coty.com
www.astorcosmetics.de

Avon
Postfach 23 17 01
85326 München-
Flughafen
Tel. 0 81 65/7 20
Fax 0 81 65/72 12 26
www.avon.de

Biotherm
siehe L'Oréal
www.biotherm.de

Catrice
Cosnova
Am Limespark 2
65843 Sulzbach
Tel. 0 61 96/76 15 60
Fax 0 61 96/7 61 56 11 99
www.cosnova.com

Chanel
Brandstücken 23
22549 Hamburg
Tel. 0 40/8 00 91 02
Fax 0 40/80 28 87
www.chanel.de

Christian Dior
LVMH Parfums &
Kosmetik
Divisions Parfums
Christian Dior
Postfach 30 08 16
40408 Düsseldorf
Tel. 02 11/4 38 40
Fax 02 11/4 38 41 25
www.dior.com

Clarins
Postfach 15 62
82317 Starnberg
Tel. 0 81 51/2 60 30
Fax 0 81 51/26 03 45
www.clarins.de

Clinique
Estée Lauder Companies
Division Clinique
Postfach 03 40
80911 München
Tel. 0 89/23 68 60
Fax 0 89/23 68 61 11
www.clinique.de

Croma
Feintechnik GmbH
Eisfeld
Seeweg 4
98673 Eisfeld
Tel. 0 36 86/36 20
Fax 0 36 86/36 22 00
www.feintechnik.com

Curaprox
Curaden (Schweiz)
Industriestr. 4
76297 Stutensee

Tel. 0 72 49/95 25 73
Fax 0 72 49/10 77
www.curaprox.com

dm/alverde/Balea/Don-
toDent/P2/Sun Dance/
Sun Dance Winter
Carl-Metz-Str. 1
76185 Karlsruhe
Tel. 07 21/5 59 20
Fax 07 21/55 22 13
www.dm.de

Dove
Unilever
Strandkai 1
20457 Hamburg
Tel. 0 40/3 49 30
Fax 0 40/35 47 42
www.unilever.de

Dr. Hauschka
Wala
Postfach 11 91
73085 Bad Boll/
Eckwälden
Tel. 0 71 64/93 00
Fax 0 71 64/93 02 97
www.wala.de

Eco
Hildesheimer Str. 353
30880 Laatzen
Tel. 0 51 02/91 39 84
Fax 0 51 02/91 39 83
www.eco-naturkosme
tik.de

Edeka/Elkos Body
22291 Hamburg
Tel. 0 40/6 37 70
Fax 0 40/63 77 42 75
www.edeka.de

Elmex
Gaba
Postfach 25 20
79515 Lörrach
Tel. 0 76 21/90 70
Fax 0 76 21/90 74 99
www.gaba-dent.de

Essence
siehe Catrice
www.essence.eu

Franck Provost
siehe L'Oréal
www.franckprovost-ex
pert.de

Garnier Ambre Solaire
siehe L'Oréal
www.garnier.de

Garnier Ambre Solaire:
Wintersonnenschutz
L'Oréal Österreich
Am Europlatz 3 b

1120 Wien/Österreich
Tel. 0 800/23 02 40
Fax 00 43/1/53 65 11 79
www.garnier.at

Garnier Fructis
Georg-Glock-Str. 18
40474 Düsseldorf
Tel. 0 180 1/00 20 70
Fax 0 180 1/00 20 90
www.garnier.de

Gilette
Procter & Gamble
65824 Schwalbach am
Taunus
Tel. 0 61 96/89 01
Fax 0 61 96/89 49 29
www.pg.com

Guhl
Kao Brands Europe
Guhl Ikebana
Im Leuschnerpark 3
64347 Griesheim
Tel. 0 61 55/60 44
Fax 0 61 55/60 47 77
www.kaobrands.com

Helena Rubinstein
siehe L'Oréal
www.helenarubin
stein.com

Ilrido
Dr. Ritsert Pharma
Postfach 12 54
69402 Eberbach
Tel. 0 62 71/9 22 10
Fax 0 62 71/92 21 55
www.ritsert.de

Kiko
Friedrichstr. 191
10117 Berlin
Tel. 0 30/20 65 91 83
www.kikocosmetics.com

Ladival
Stada
61116 Bad Vilbel
Tel. 0 61 01/60 30
Fax 0 61 01/60 32 59
www.stada.de

Lancaster
Coty Beauty
Rheinstr. 4 e
55116 Mainz
Tel. 0 61 31/30 60
Fax 0 61 31/30 67 45
www.coty.com

La Roche-Posay
siehe L'Oréal
www.laroche-posay.de

Lidl/Cien/Cien haircare
Stiftsbergstr. 1
74167 Neckarsulm
Tel. 0 800/4 35 33 61
Fax 0 71 32/94 22 36
www.lidl.de

L'Oréal/L'Oréal
Elvital/L'Oréal Paris
Georg-Glock-Str. 18
40474 Düsseldorf
Tel. 0 180 1/00 20 10
Fax 0 180 1/00 20 40
www.loreal-paris.de

Mac
Estée Lauder
Mac Division
Leopoldstr. 256
80807 München
Tel. 0 89/23 68 60
Fax 0 89/23 68 61 11
www.esteelauder.de
www.maccosmetics.de

Manhattan
siehe Astor
www.manhattan.de
www.coty.com

MaxFactor
Procter & Gamble
65824 Schwalbach,
Taunus
Tel. 0 61 96/89 01
Fax 0 61 96/89 49 29
www.pg.com

Maybelline
siehe L'Oréal
www.maybelline.de

Mawaii
Kiefholzstr. 15
12435 Berlin
Tel. 0 30/86 38 50 79
Fax 0 30/61 29 37 98
www.mawaii-suncare.com

Miradent
Hager & Werken
Postfach 10 06 54
47006 Duisburg
Tel. 02 03/99 26 90
Fax 02 03/29 92 83
www.miradent.de

MNY
siehe L'Oréal
www.mny.com/de

Müller/Lavozon/
M-Lady/SensiDent
Albstr. 92
89081 Ulm-Jungingen
Tel. 07 31/17 40
Fax 07 31/17 41 74
www.mueller.de

Anbieter 259

Anbieter

Nivea
Beiersdorf
20245 Hamburg
Tel. 0 40/4 90 90
Fax 0 40/49 09 34 34
www.nivea.de
www.beiersdorf.de

Oral B
Procter & Gamble
65824 Schwalbach, Ts.
Tel. 0 61 96/89 01
Fax 0 61 96/89 49 29
www.pg.com

Piz Buin
Johnson&Johnson
Postfach 21 04 65
41430 Neuss
Tel. 0 180 3/03 04 84
Fax 0 21 37/9 36 23 33
www.jnjgermany.de

Priti Nyc
Zalando
Sonnenburger Str. 73
10437 Berlin
Tel. 0 800/2 40 10 20
Fax 0 30/27 59 46 93
www.zalando.de

**Real/
Real Quality**
Schlüterstr. 5
40235 Düsseldorf
Tel. 0 800/5 03 54 18
Fax 02 11/9 69 21 40
www.real.de

Redken
siehe L'Oréal
www.redken.de

Rewe/Dento
50603 Köln
Tel. 02 21/14 90
Fax 02 21/1 49 90 00
www.rewe-group.com

Rimmel London
siehe Astor
www.coty.com

**Rossmann/Isana/
Isana Hair/Perlodent
med/Rival de Loop/
Sun Ozon**
Isernhägener Str. 16
30938 Burgwedel
Tel. 0 51 39/89 80
Fax 0 51 39/8 98 49 99
www.rossmann.de

Sanotint
Walther Schoenenber-
ger Pflanzensaftwerk
Hutweisenstr. 14
71106 Magstadt
Tel. 0 71 59/40 30

www.schoenen
berger.com

Sante
Zur Kräuterwiese
31020 Salzhemmendorf
Tel. 0 51 53/8 09 06
Fax 0 51 53/8 09 88
www.sante.de

Schauma
siehe Schwarzkopf
Gliss Kur
www.schauma.
schwarzkopf.de

Schwarzkopf Gliss Kur
Henkel
40191 Düsseldorf
Tel. 02 11/79 70
Fax 02 11/7 98 40 08
www.glisskur.schwarz
kopf.de
www.henkel.de

**Schwarzkopf
Professional Bonacure
hairtherapy**
siehe Schwarzkopf
Gliss Kur
www.schwarzkopf-pro
fessional.de

Sunstar GUM
Gutenbergstr. 5
65830 Kriftel
Tel. 0 69/1 29 51 08 12
Fax 0 69/1 29 51 08 44

Syncare
Synpart
Eduard-Rhein-Str. 6
53639 Königswinter
Tel. 0 22 44/87 76 0
Fax 0 22 44/87 76 99
www.synpart.com

Syoss
siehe Schwarzkopf
Gliss Kur
www.syoss.de

Tiroler Nussöl
6370 Kitzbühel
Österreich
Tel. 00 43/1/31 93 00 10
www.tiroler-nussoel.com

Uma
Interco Cosmetics
Postfach 34 45
65024 Wiesbaden
Tel. 06 11/45 00 90
Fax 06 11/4 50 09 33
www.interco.de

Vichy
siehe L'Oréal
www.vichy.com

Wilkinson Sword
Schützenstr. 110
42659 Solingen
Tel. 02 12/40 50
Fax 02 12/40 53 06
www.wilkinson.de

Yves Rocher
Albstadtweg 10
70567 Stuttgart
Tel. 07 11/7 83 40
Fax 07 11/7 83 42 32
www.yves-rocher.de

Computer

Acer
Kornkamp 4
22926 Ahrensburg
Tel. 0 800/2 24 49 99
Fax 0 800/2 24 49 98
www.acer.de

AgfaPhoto
swiss ink
Bösch 80 a
6331 Hünenberg
Schweiz
Tel. 00 41/6 15 00 09 60
Fax 00 41/6 15 00 09 69
www.swissinkpaper.ch
www.agfaphoto.com

Apple
Arnulfstr. 19
80335 München
Tel. 0 800/2 00 01 36
Fax 0 89/99 64 01 80
www.apple.de

Archos
Konrad-Zuse-Str. 22
41516 Grevenbroich
Tel. 0 21 82/57 04 10
Fax 0 21 82/5 70 41 70
www.archos.com

Armor
Feldbachacker 10
44149 Dortmund
Tel. 02 31/65 60 08 01
Fax 02 31/65 60 08 05
www.armor-print.com

Asus
Harkortstr. 21–23
40880 Ratingen
Tel. 0 180 5/01 09 20
Fax 0 21 02/95 99 31
www.asus.de

Avast!
Procello
Oskar-Erbslöh-Str. 60
42799 Leichlingen
Tel. 0 21 75/16 60 14 00
Fax 0 21 75/16 60 14 09
www.avast.de

AVG
Dorfstr. 38
6340 Baar
Schweiz
www.avg.com

Avira
Kaplaneiweg 1
88069 Tettnang
Tel. 0 75 42/50 00
Fax 0 75 42/5 00 30 00
www.avira.de

AVM
Alt-Moabit 95
10559 Berlin
Tel. 0 30/39 97 60
Fax 0 30/39 97 62 99
www.avm.de

Belkin
Otto-Hahn-Str. 20
85609 Aschheim-
Dornach
Tel. 0 89/1 43 40 50
Fax 0 89/1 43 40 51 00
www.belkin.de

Bitdefender
Robert-Bosch-Str. 2
59439 Holzwickede
Tel. 0 23 01/9 18 40
Fax 0 23 01/9 18 44 99
www.bitdefender.de

Brother
Im Rosengarten 14
61118 Bad Vilbel
Tel. 0 61 01/80 50
Fax 0 61 01/8 05 13 33
www.brother.de

Bullguard
Njalsgade 21
2300 Kopenhagen S
Dänemark
www.bullguard.com

Canon
Europark
Fichtenhain A 10
47807 Krefeld
Tel. 0 21 51/34 50
Fax 0 21 51/34 51 02
www.canon.de

Check Point
800 Bridge Parkway
Rodwood City CA 94065
Vereinigte Staaten
von Amerika
www.zonealarm.com

Compedo
Corunnastr. 14
58636 Iserlohn
Tel. 0 23 71/82 88 0
Fax 0 23 71/82 88 55
www.compedo.de

D-Link
Schwalbacher Str. 74
65760 Eschborn
Tel. 0 61 96/7 79 90
Fax 0 61 96/7 79 93 00
www.dlink.de

Dell
Unterschweinstiege 10
Main Airport Center
60549 Frankfurt/M.
Tel. 0 800/3 35 56 61
Fax 0 69/3 48 24 80 00
www.dell.com

Digitale Revolution
Internetmarketing
Bielefeld
Westend-Tower
Stapenhorststr. 1
33615 Bielefeld
Tel. 0 800/2 27 00 00
Fax 0 800/2 28 00 00
www.druckerzubehoer.de

DrayTek
Pirnaer Str. 9
68309 Mannheim
Tel. 06 21/7 17 66 70
Fax 06 21/71 76 67 29
www.draytek.de

Epson
Otto-Hahn-Str. 4
40670 Meerbusch
Tel. 0 21 59/53 80
Fax 0 21 59/5 38 30 00
www.epson.de

Eset
Datsec
Talstr. 84
07743 Jena
Tel. 0 36 41/3 11 41 00
Fax 0 36 41/3 11 42 99
www.eset.de

F-Secure
Zielstattstr. 44
81379 München
Tel. 0 89/78 46 7 00
Fax 0 89/78 46 7 99
www.f-secure.de

Fujitsu
Mies-van-der-Rohe-Str. 8
80807 München
Tel. 0 180 5/37 21 00
Fax 0 180 5/37 22 00
www.fujitsu.de

G Data
Königsallee 178b
44799 Bochum
Tel. 02 34/9 76 20
Fax 02 34/9 76 22 99
www.gdata.de

260 Anbieter

Anbieter

HP
Herrenberger Str. 140
71034 Böblingen
Tel. 0 70 31/1 40
Fax 0 70 31/14 29 99
www.hp.com/de

Ink Swiss
siehe Digitale
Revolution
www.inkswiss.ch

Intenso
Diepholzer Str. 15
49377 Vechta
Tel. 0 44 41/9 99 10
Fax 0 44 41/99 91 20
www.intenso.de

Jet Tec
Siemensstr. 20–22
76275 Ettlingen
Tel. 0 72 43/7 27 70
Fax 0 72 43/72 77 10
www.jettec.de

Kabel Deutschland
Betastr. 6–8
85774 Unterföhring
Tel. 0 800/6 64 93 81
www.kabeldeutsch
land.de

Kaspersky
Despag-Str. 3
85055 Ingolstadt
Tel. 08 41/98 18 90
Fax 08 41/98 18 91 00
www.kaspersky.de

KMP
Postfach 12 50
84302 Eggenfelden
Tel. 0 87 21/7 73 0
Fax 0 87 21/7 73 33
www.kmp.com

Kodak
Kodak Holding
70323 Stuttgart
Tel. 07 11/40 60
Fax 07 11/4 06 54 34
www.kodak.de

Kyocera Mita
Postfach 22 52
40645 Meerbusch
Tel. 0 21 59/91 80
Fax 0 21 59/91 81 06
www.kyocera.de

Lenovo
Gropiusplatz 10
70563 Stuttgart
Tel. 0 800/5 51 13 30
www.lenovo.com

Lexmark
Max-Planck-Str. 2
63128 Dietzenbach

Tel. 0 60 74/48 80
Fax 0 60 74/48 83 17
www.lexmark.de

McAfee
Ohmstr. 1
85716 Unterschleißheim
Tel. 0 89/3 70 70
Fax 0 89/37 07 11 99
www.mcafee.de

Medion
Am Zehnthof 77
45307 Essen
Tel. 02 01/8 38 30
Fax 02 01/83 83 11 12
www.medion.de

Microsoft
Konrad-Zuse-Str. 1
85716 Unterschleiß-
heim
Tel. 0 89/3 17 60
Fax 0 89/31 76 10 00
www.microsoft.com

Netgear
Konrad-Zuse-Platz 1
81829 München
Tel. 0 89/9 27 93 25 00
Fax 0 89/9 27 93 25 10
www.netgear.de

O2/Alice
Georg-Brauchle-Ring
23–25
80992 München
Tel. 0 800/4 22 04 21
www.o2online.de.de

Odys
Formerweg 9
47877 Willich
Tel. 0 21 54/8 82 60
Fax 0 21 54/8 82 61 00
www.odys.de

Oki
Hansaallee 187
40549 Düsseldorf
Tel. 02 11/5 26 60
Fax 02 11/59 33 45
www.oki.de

Packard Bell
Kornkamp 4
22926 Ahrensburg
Tel. 0 800/2 24 49 99
Fax 0 800/2 24 49 98
www.packardbell.de

Panda Security
Dr.-Alfred-
Herrhausen-Allee 26
47228 Duisburg
Tel. 0 20 65/96 10
Fax 0 20 65/96 11 99
www.panda
security.com

Peach
3T Supplies
Chaltenbodenstr. 6
8834 Schindellegi
Schweiz
Tel. 00 41/44/7 87 68 30
Fax 00 41/44/7 87 68 50
www.3ppp3.ch

Pelikan
Werftstr. 9
30163 Hannover
Tel. 05 11/6 96 90
Fax 05 11/6 96 92 12
www.pelikan.com

Q-Ink
K.U.R.T.
Internettrading
Erfurter Str. 23
44143 Dortmund
Tel. 0 180 5/14 10 83
Fax 0 180 2/14 10 83
www.q-ink.de

Samsung
Am Kronberger Hang 6
65824 Schwalbach/Ts.
Tel. 0 180 5/7 26 78 64
Fax 0 180 5/12 12 14
www.samsung.de

Sitecom
Linatebaan 101
3045 AH Rotterdam
Niederlande
Tel. 00 31/1 02 38 33 22
Fax 00 31/1 02 38 33 23
www.sitecom.com

Sony
Kemperplatz 1
10785 Berlin
Tel. 0 180 5/25 25 86
Fax 0 180 5/25 25 87
www.sony.de

Symantec
Konrad-Zuse-Platz 2–5
81829 München
Tel. 0 89/94 30 20
Fax 0 89/94 30 29 50
www.norton.de

Telekom
Landgrabenweg 151
53227 Bonn
Tel. 0 800/3 30 10 00
Fax 0 800/3 30 10 09
www.telekom.de

Toshiba
Hammfelddamm 8
41460 Neuss
Tel. 0 180 5/96 90 10
Fax 0 21 31/15 83 41
www.toshiba.de

Trend Micro
Zeppelinstr. 1
85399 Hallbergmoos
Tel. 08 11/88 99 07 00
Fax 08 11/88 99 17 99
www.trendmicro.de

Vodafone
Am Seestern 1
40547 Düsseldorf
Tel. 0 800/1 72 12 12
www.vodafone.de

Telefon

Aldi (Nord)/Medion
Postfach 13 01 10
45291 Essen
Tel. 02 01/8 59 30
Fax 02 01/8 59 33 18
www.aldi-nord.de

Amazon
Amazon.de
Marcel-Breuer-Str. 12
80807 München
Tel. 0 800/3 63 84 69
www.amazon.de

Apple
Arnulfstr. 19
80335 München
Tel. 0 800/2 00 01 36
www.apple.de

Audioline
Hellersbergstr. 2a
41460 Neuss
Tel. 0 21 31/7 99 00
Fax 0 21 31/27 69 90
www.audioline.de

AVM
Alt-Moabit 95
10559 Berlin
Tel. 0 30/39 97 60
Fax 0 30/39 97 62 99
www.avm.de

Blackberry
Research in Motion
Frankfurter Str. 63–69
65760 Eschborn
Tel. 0 61 96/9 98 30
Fax 0 61 96/9 98 32 22
http://de.blackberry.com

Buch.de
buch.de Internetstores
An den Speichern 8
48157 Münster
Tel. 0 180 5/30 91 80
Fax 0 180 5/30 91 99
www.buch.de

Cineplex
Hofaue 37

42103 Wuppertal
Tel. 02 02/51 57 01 00
Fax 02 02/51 57 01 11
www.cineplex.de

DB/Navigator
DB Vertrieb
Frankenallee 2–4
60327 Frankfurt/M.
Tel. 0 180 5/99 66 33
www.bahn.de

Douglas
Parfümerie Douglas
Kabeler Str. 4
58099 Hagen
Tel. 0 800/6 90 69 05
Fax 0 23 31/6 90 71 78
www.douglas.de

Ebay/csi
Helvetiastr. 15/17
3005 Bern
Schweiz
Tel. 0 800/6 66 57 22
www.ebay.de

Gigaset
Postfach 70 07 40
81307 München
Tel. 0 89/4 44 45 60
Fax 0 89/4 44 45 65 57
www.gigaset.com

Grundig
Sagemcom
Mergenthalerallee
55–59
65760 Eschborn
Tel. 0 61 96/9 54 50
Fax 0 61 96/9 54 53 30
www.sagemcom.com

HTC
Tel. 0 69/2 22 73 34
www.htc.com/de

Huawei
Mergenthalerallee
45–47
65760 Eschborn
Tel. 0 61 96/96 97 61 90
Fax 0 61 96/9 69 76 25
www.huawei.com/de

LG
Berliner Str. 93
40880 Ratingen
Tel. 0 21 02/7 00 80
Fax 0 21 02/7 00 87 77
www.lge.de

Mango
Mercarders 9–11
P. Riera de Calles
Apartado de Correos
8181 Palau-solita
Plegamans

Anbieter 261

Anbieter

Barcelona
Spanien
Tel. 0 180 1/00 39 34
Fax 00 34/93/8 60 22 07
www.mango.com

Motorola
Telco Kreisel 1
65510 Idstein
Tel. 0 180 3/50 50
www.motorola.com/
mobility

Nokia
Balcke-Dürr-Allee 2
40882 Ratingen
Tel. 0 180 5/01 50 20
Fax 0 21 02/89 28 75 83
www.nokia.de

Otto
Wandsbeker Str. 3–7
22172 Hamburg
Tel. 0 180 5/30 30
www.otto.de

Panasonic
Winsbergring 15
22525 Hamburg
Tel. 0 180 5/01 51 40
Fax 0 180 5/01 51 45
www.panasonic.de

Philips
Lübeckertordamm 5
20099 Hamburg
Tel. 0 40/28 99 0
Fax 0 40/28 99 28 29
www.philips.de

Samsung
Am Kronberger Hang 6
65824 Schwalbach
Tel. 0 180 5/7 26 78 64
Fax 0 180 5/12 12 14
www.samsung.de

Sony
Bennigsen-Platz 1
40474 Düsseldorf
Tel. 0 180 5/34 20 20
Fax 0 180 5/34 20 21
www.sonymobile.com

Sony Ericsson
Fritz-Vomfelde-
Straße 26
40547 Düsseldorf
Tol. 0 180 5/34 20 20
Fax 0 180 5/34 20 21
www.sonymobile.de

SportScheck
Biberger Str. 37
82008 München
Tel. 0 89/6 65 40
Fax 0 89/66 54 31 59
www.sportscheck.com

Telekom
Deutsche Telekom
Landgrabenweg 151
53227 Bonn
Tel. 0 800/3 30 10 00
Fax 0 800/3 30 10 09
www.telekom.de

Thalia.de
textunes
Mehringdamm 55
10961 Berlin
Tel. 0 180 5/84 15 41
Fax 0 180 5/30 91 99
www.thalia.de

UCI
United Cinemas Inter-
national Multiplex
Oskar-Hoffmann-
Str. 156
44789 Bochum
Tel. 02 34/93 71 90
Fax 02 34/9 37 19 13
www.uci-kinowelt.de

Voelkner
Re-in Retail
International
Nordring 98a
90409 Nürnberg
Tel. 0 180 5/71 22 71
Fax 0 180 5/71 22 72
www.voelkner.de

Bild

Acetrax
Beethovenstr. 11
8002 Zürich
Schweiz
Tel. 0 800/1 80 25 85
Fax 00 41/43/2 04 20 88
www.acetrax.com

Aldi
Am Zehnthof 77
45307 Essen
Tel. 0 180 5/99 93 32
www.aldifotos.de

Apple iTunes
Arnulfstr. 19
80335 München
Tel. 0 180 5/00 94 33
www.apple.com/de/
itunes

Avanit
Smart
Industriestr. 29
78112 St. Georgen im
Schwarzwald
Tel. 0 77 24/94 78 30
Fax 0 77 24/9 47 83 33
www.smart-electronic.de

Canon
Europark Fichtenhain
A10
47807 Krefeld
Tel. 0 180 5/00 60 22
www.canon.de

Casio
Bornbarch 10
22848 Norderstedt
Tel. 0 40/52 86 50
www.casio-europe.de

Comag
Zillenhardtstr. 41
73037 Göppingen
Tel. 0 71 61/50 30 60
Fax 0 71 61/5 03 06 11
www.comag.de

**Deutsche Telekom
Videoload**
T-Online-Allee 1
64295 Darmstadt
Tel. 0 800/5 44 60 60
Fax 0 61 51/6 80
www.videoload.de

Digitalbox
Sandstr. 65
40878 Ratingen
Tel. 0 21 02/1 33 83 00
Fax 0 21 02/1 33 83 60
www.digitalbox.de

dm-Drogeriemarkt
Postfach 10 02 33
76232 Karlsruhe
Tel. 0 800/3 65 86 33
Fax 07 21/55 22 13
www.fotoparadies.de

Easyone
SetOne
Rebgartenweg 27
79576 Weil am Rhein
Tel. 0 76 21/98 68 60
Fax 0 76 21/9 86 86 99
www.setone.eu

Everpixx
Bünting E-Commerce
Georg-Bölts-Str. 6/8
26135 Oldenburg
Tel. 04 41/9 99 03 37
Fax 04 41/9 99 01 11
www.everpixx.de

FotoInsight
9 Moore Close
Cambridge,
CB4 1ZP
United Kingdom
Tel. 00 44/9 20 55 03
Fax
00 44/87 15/60 16 75
http://fotoinsight.de

Fujifilm
Benzstr. 2
47533 Kleve
Tel. 0 180 5/89 89 80
www.fujifilm.de

Grundig
Beuthener Str. 41
90471 Nürnberg
Tel. 0 180 5/23 18 80
Fax 09 11/7 03 84 67
www.grundig.de

Humax
Karl-Hermann-Flach-
Straße 36
61440 Oberursel,Ts.
Tel. 0 61 71/62 08 30
Fax 0 61 71/62 08 39
www.humax-digital.de

Ikea/Uppleva
Am Wandersmann 2–4
65719 Hofheim am Ts.
Tel. 0 180 5/35 34 35
Fax 0 180 5/35 34 36
www.ikea.de

JVC
Grüner Weg 12
61169 Friedberg
Tel. 0 60 31/93 90
Fax 0 60 31/93 91 00
www.jvc.de

Kathrein
Postfach 10 04 44
83004 Rosenheim
Tel. 0 80 31/18 40
Fax 0 80 31/18 43 06
www.kathrein.de

LG
Berliner Str. 93
40880 Ratingen
Tel. 0 21 02/7 00 80
Fax 0 21 02/7 00 87 77
www.lg.de

Lidl
Lange Wende 41
59494 Soest
Tel. 00 800/08 27 42 72
Fax 0 29 21/99 36 79
www.lidl-fotos.de

Loewe
Industriestr. 11
96317 Kronach
Tel. 0 92 61/9 90
Fax 0 180 1/22 25 00
www.loewe.de

Logisat
Sky Vision
Dorfstr. 3–8
38179 Schwülper
Tel. 0 53 03/93 00 00

Fax 0 53 03//93 00 25
www.sky-vision.de

Lovefilm
Elsenheimerstr. 55a
80687 München
Tel. 0 180 5/7 78 43
Fax 0 89/12 44 51 14
www.lovefilm.de

maxdome
Medienallee 7
85774 Unterföhring
Tel. 0 180 5/57 76 33
Fax 0 89/87 80 65 90
www.maxdome.de

**Media Markt
Videodownloadshop**
204 Route de
Luxemburg
7241 Bereldange
Luxemburg
Tel. 0 180 5/00 28 13
Fax
0 0 52/3 45/4 70 13 48
http://video-downlo-
ad.mediamarkt.de

meinfotoalbum.de
Picanova
Hohenzollernring 25
50672 Köln
Tel. 0 800 5/22 68 28
Fax 0 180 5/74 22 69
www.meinfotoalbum.de

Metz
Postfach 12 67
90506 Zirndorf
Tel. 09 11/9 70 62 39
Fax 09 11/9 70 63 40
www.metz.de

Microsoft Zune
Microsoft
Konrad-Zuse-Str. 1
85716 Unter-
schleißheim
Tel. 0 180 5/67 22 55
Fax 0 180 5/25 11 91
http://social.zune.net/
movies

Nikon
Tiefenbroicher Weg 25
40472 Düsseldorf
Tel. 02 11/9 41 40
www.nikon.de

Olympus
Wendenstr. 14 –18
20097 Hamburg
Tel. 0 40/23 77 30
www.olympus.de

OnlineFotoservice
Cewe Color

262 Anbieter

Anbieter

Meerweg 30–32
26133 Oldenburg
Tel. 04 41/40 40
Fax 04 41/40 44 21
www.onlinefoto
service.de

Panasonic
Winsbergring 15
22525 Hamburg
Tel. 0 18 05/01 51 40
Fax 0 18 05/01 51 45
www.panasonic.de

Pentax
Julius-Vosseler-Str. 104
22527 Hamburg
Tel. 0 40/56 19 20
www.pentax.de

Philips
Lübeckertordamm 5
20099 Hamburg
Tel. 0 40/2 89 90
Fax 0 40/28 99 28 29
www.philips.de

Photographerbook
Friedmann Print Data
Soultions
Industrieweg 5
72766 Reutlingen
Tel. 0 71 21/14 47 97 10
Fax 0 71 21/14 47 97 16
www.photographer
book.de

Pioneer
Postfach 50 04 47
47871 Willich
Tel. 0 21 54/91 30
Fax 0 21 54/42 96 70
www.pioneer.de

Praktica
Enderstr. 92
01277 Dresden
Tel. 03 51/2 58 92 50
www.praktica.de

Printeria
United Shop Services
Postfach 91 05 40
90263 Nürnberg
Tel. 09 11/37 76 60
Fax 09 11/3 77 66 12
www.printeria.de

ProMarkt
Humboldtstr. 138 – 144
51149 Köln
Tel. 0 900/1 10 13 34
www.promarkt.de/foto
service

Ricoh
Oberrather Str. 6
40472 Düsseldorf

Tel. 02 11/6 54 60
www.ricohpmmc.com

Rossmann
Isernhägener Str. 16
30938 Burgwedel
Tel. 0 800/3 68 36 93 58
Fax 0 51 39/8 98 49 99
www.rossmann-foto
welt.de

Samsung
Am Kronberger Hang 6
65824 Schwalbach
Tel. 0 18 05/7 26 78 64
Fax 0 18 05/12 12 14
www.samsung.de

Saturn
Wankelstr. 5
85046 Ingolstadt
Tel. 0 18 05/01 53 65
www.fotoservice.sa
turn.de

Sharp
Postfach 10 55 04
20038 Hamburg
Tel. 0 18 05/29 59 29
Fax 0 40/23 76 25 10
www.sharp.de

Sky
Medienallee 26
85774 Unterföhring
Tel. 0 89/99 58 02
Fax 0 89/9 95 62 39
www.sky.de

Skymaster
SM Electronic
Waldweg 2
22145 Stapelfeld/
Braak
Tel. 0 40/67 50 90
Fax 0 40/67 50 92 90
www.sm-electronic.de

Smart
siehe Avanit

Sony
Kemperplatz 1
10785 Berlin
Tel. 0 18 05/25 25 86
Fax 0 18 05/25 25 87
www.sony.de

Sony Video Unlimited
Sony Network
Entertainment
Europe Ltd.
10 Great Marlborough
Street
London W1F 7LP
Großbritannien
Tel. 0 30/5 85 81 23 45
www.sonyentertain

mentnetwork.com/de-
de/video-unlimited

Strong
Franz-Josefs-Kai 1
1010 Wien
Österreich
Tel. 00 43/1/5 81 02 32
Fax 00 43/1/5 81 02 32 40
www.strong.tv

Technisat
Julius-Saxler-Str. 3
54550 Daun
Tel. 0 65 92/71 26 00
Fax 0 65 92/49 10
www.technisat.de

Technotrend
Betastr. 10 G
85774 Unterföhring
Tel. 0 89/2 55 51 52 21
Fax 0 89/2 55 51 52 29
www.ttgoerler.de

Telestar
Julius-Saxler-Str. 3
54550 Daun
Tel. 0 65 92/2 03 84 60
Fax 0 65 92/2 03 84 29
www.telestar.de

Toshiba
Postfach 10 14 62
41414 Neuss
Tel. 0 21 31/15 83 41
www.toshiba.de

Trekstor
Kastanienallee 8–10
64653 Lorsch
Tel. 0 62 51/55 04 00
Fax 0 62 51/5 50 40 20
www.trekstor.de

videociety
Esplanade 38
20354 Hamburg
Tel. 0 40/46 00 18 90
Fax 0 40/46 00 18 18
www.videociety.de

Wisi
Wilhelm-Sihn-Str. 5–7
75223 Niefern-Öschel-
bronn
Tel. 0 72 33/6 60
Fax 0 72 33/6 63 09
www.wisi.de

Xoro
MAS Elektronik
Pollhornbogen 19
21107 Hamburg
Tel. 0 40/7 67 33 50
Fax 0 40/76 73 35 15
www.mas.de

Yamaha
Siemensstr. 22–34
25462 Rellingen
Tel. 0 41 01/30 30
Fax 0 41 01/30 33 33
www.yamaha.de

Zehnder
Postfach 40
78142 Tennenbronn
Tel. 0 77 29/88 10
Fax 0 77 29/88 1 72
www.zehnder-sat.de

Ton

AKG
Harman
Postfach 19 20
74009 Heilbronn
Tel. 0 71 31/48 00
Fax 0 71 31/48 02 54
www.harman-deutsch
land.de

Creative
Creative Labs
Unit 1, Block 4B,
Blanchardstown
Corporate Park
Dublin 15
Irland
Tel. 0 03 53/8 20/64 44
Fax 0 03 53/8 20/95 57
www.creative.com

Hama
Postfach 80
86651 Monheim
Tel. 0 90 91/50 20
Fax 0 90 91/50 22 79
www.hama.de

Ikey
GCI Technologies
Lerchenstr. 14
80995 München
Tel. 0 89/31 90 19 80
Fax 0 89/3 19 01 98 19
www.ikey-audio.com

Jabra
GN Netcom a/s
Lautrupbjerg 7
2750 Ballerup
Dänemark
Tel. 00 45/45 75/88 88
Fax 00 45/45 75/88 89
www.jabra.com

LG
Berliner Str. 93
40880 Ratingen
Tel. 0 21 02/7 00 80
Fax 0 21 02/7 00 87 77
www.lg.com/de

Logitech
Clarita-Bernhard-
Str. 18
81249 München
Tel. 0 89/89 46 70
Fax 0 89/89 46 72 00
www.logitech.de

Nokia
Balcke-Dürr-Allee 2
40882 Ratingen
Tel. 0 18 05/01 50 20
Fax 0 21 02/89 28 75 83
www.nokia.de

Olympus
Wendenstr. 14–18
20097 Hamburg
Tel. 0 40/23 77 30
Fax 0 40/23 08 17
www.olympus.de

Panasonic
Winsbergring 15
22525 Hamburg
Tel. 0 18 05/01 51 40
Fax 0 18 05/01 51 45
www.panasonic.de

Philips
Lübeckertordamm 5
20099 Hamburg
Tel. 0 40/2 89 90
Fax 0 40/28 99 28 29
www.philips.de

Pioneer
Hanns-Martin-
Schleyer-Str. 35
47877 Willich
Tel. 0 21 54/91 30
Fax 0 21 54/42 96 70
www.pioneer.de

Plantronics
Agrippinawerft 26 – 30
50678 Köln
Tel. 02 21/29 25 22 00
Fax 02 21/29 25 22 99
www.plantronics.com

Roland
Adam-Opel-Str. 4
64569 Nauheim
Tel. 0 61 52/9 55 46 00
Fax 0 61 52/9 55 46 10
www.rolandmusik.de

Samsung
Am Kronberger Hang 6
65824 Schwalbach
Tel. 0 18 05/7 26 78 64
Fax 0 18 05/12 12 14
www.samsung.de

Sennheiser
Karl-Wiechert-Allee 76a
30625 Hannover

Anbieter 263

Anbieter

Tel. 05 11/54 26 70
www.sennheiser.de

Sony (Headsets)
Bennigsen-Platz 1
40474 Düsseldorf
Tel. 02 11/52 28 60
Fax 02 11/52 28 63 71
www.sonymobile.de

Sony
Kemperplatz 1
10785 Berlin
Tel. 0 180 5/25 25 86
Fax 0 180 5/25 25 87
www.sony.de

Tascam
siehe Teac
www.tascam.de

Teac
Bahnstr. 12
65205 Wiesbaden
Tel. 06 11/7 15 80
Fax 06 11/7 15 83 93
www.teac.eu/de

Yamaha
Siemensstr. 22–34
25462 Rellingen
Tel. 0 41 01/30 33 43
Fax 0 41 01/30 33 33
www.yamaha.de

Zoom
Sound Service
Am Spitzberg 3
15834 Rangsdorf
Tel. 03 37 08/93 30
Fax 03 37 08/93 31 89
www.sound-service.de

Haushalt

16east
Seitz Smart
Technologies
Wattgasse 48
1170 Wien
Österreich
Tel. 00 43/17 18 05 95
Fax 00 43/17 18 05 97
www.16east.com

Ace
siehe Ariel

AEG
Electrolux Hausgeräte
Fürther Str. 246
90429 Nürnberg
Tel. 0 180 5/55 45 55
www.aeg.de

**Aldi (Nord)/
Quigg/Una**
Postfach 13 01 10
45291 Essen, Ruhr

Tel. 02 01/8 59 30
Fax 02 01/8 59 33 18
www.aldi-nord.de

**Aldi (Süd)/Studio/
Tandil**
Postfach 10 01 52
45401 Mülheim a.d.R.
Tel. 02 08/9 92 70
Fax 02 08/99 27 36 10
www.aldi-sued.de

Alligator
Markstr. 203
32130 Enger
Tel. 0 52 24/93 00
Fax 0 52 24/78 81
www.alligator.de

Alpina
Postfach 12 20
64369 Ober-Ramstadt
Tel. 0 61 54/7 10
Fax 0 61 54/71 14 73
www.alpina-farben.de

Amica
Lüdinghauser Str. 52
59387 Ascheberg
Tel. 0 25 93/95 6 70
Fax 0 25 93/95 67 11
www.amica-internatio
nal.de

Ariel
Procter & Gamble
Sulzbacher Str. 40
65824 Schwalbach, Ts.
Tel. 0 61 96/89 01
Fax 0 61 96/89 47 08
www.de.pg.com

Badenia
Niederschopfheimer
Str. 1
77948 Friesenheim-
Oberschopfheim
Tel. 0 78 08/8 90
Fax 0 78 08/8 91 89
www.badenia-bettcom
fort.de

Bauknecht
Postfach 80 08 08
70508 Stuttgart
Tel. 0 180 3/25 23 25
Fax 0 180 3/25 23 26
www.bauknecht.de

BayWa/Avania
Arabellastr. 4
81925 München
Tel. 0 89/9 22 20
Fax 0 89/92 22 34 48
www.baywa.de

Baufan
Ludwig-Hupfeld-Str. 19
04178 Leipzig

Tel. 03 41/44 65 50
Fax 03 41/4 46 55 18
www.baufan.de

Baufix
Tullastr. 16–18
69126 Heidelberg
Tel. 0 62 21/3 42 10
Fax 0 62 21/30 35 46
www.baufix-online.com

Beko
Postfach 14 53
63234 Neu-Isenburg
Tel. 0 61 02/7 18 20
Fax 0 61 02/7 18 29 22
www.beko-hausgerae
te.de

Bioledex
Del-Ko
Werner-von-Siemens-
Straße 6
Sigma Technopark,
Gebäude 31 o
86159 Augsburg
Tel. 08 21/2 27 56 52
Fax 08 21/2 62 86 51
www.bioledex.de

Blomberg
siehe Beko
www.blomberg.de

Bodum
Peter Bodum
Roseggerstr. 35
21079 Hamburg
Tel. 0 41 91/9 98 30
Fax 0 41 91/29 69
www.bodum.com

Bomann
Postfach 10 01 50
47878 Kempen
Tel. 0 21 52/8 99 80
Fax 0 21 52/8 99 89 11
www.bomann.de

Bona Med
SB-Möbel Boss
Bakenweg 16–20
32457 Porta Westfalica
Tel. 0 57 31/60 96 00
Fax 0 57 31/60 95 88
www.moebel-boss.de

Bosch
Robert Bosch
Hausgeräte
Carl-Wery-Str. 34
81739 München
Tel. 0 89/45 90 02
www.bosch-home.com

Braun
Frankfurter Str. 145
61476 Kronberg/Ts.
Tel. 0 800/27 28 64 63

Fax 0 61 73/30 28 75
www.braun.de

Breckle/Wellness
Postfach 11 63
37141 Northeim
Tel. 0 55 51/6 09 70
Fax 0 55 51/60 97 60
www.breckle.de

Candy
Postfach 10 13 62
40833 Ratingen
Tel. 0 21 02/45 90
Fax 0 21 02/45 95 40
www.candy.de

Clatronic
Postfach 10 02 40
47897 Kempen
Tel. 0 21 52/2 00 60
Fax 0 21 52/20 06 19 99
www.clatronic.de

Conrad
Klaus-Conrad-Str. 1
92240 Hirschau
Tel. 0 180 5/31 21 11
Fax 0 180 5/31 21 10
www.conrad.de

Constructa
siehe Bosch

**Dänisches
Bettenlager/Ergomaxx**
Stadtweg 2
24976 Handewitt
Tel. 0 46 30/97 53 00
Fax 0 46 30/97 53 49
www.daenischesbet
tenlager.de

Dash
siehe Ariel

De Dietrich
Fagor Hausgeräte
Max-Planck-Str. 25
63303 Dreieich
Tel. 0 61 03/70 39 00
Fax 0 61 03/9 88 36 40
www.de-dietrichhaus
geraete.com

De Longhi
Am Reitpfad 20
63500 Seligenstadt
Tel. 0 180 5/22 55 21
Fax 0 61 82/9 20 61 11
www.delonghi.com

dm/Denkmit
Postfach 10 02 33
76232 Karlsruhe
Tel. 07 21/5 59 20
Fax 07 21/55 22 13
www.dm-drogerie
markt.de

Diamona
Hermann Koch
Daimlerstr. 19
38446 Wolfsburg
Tel. 0 53 61/8 50 20
Fax 0 53 61/5 48 88
www.diamona.de

Domal Triks
Domal Wittol
Ilmenauer Str. 12
99326 Stadtilm
Tel. 0 36 29/6 69 30
Fax 0 36 29/66 93 60
www.domal-wittol.com

Dr. Beckmann
Delta Pronatura
Kurt-Schumacher-
Ring 15–17
63329 Egelsbach
Tel. 0 61 03/4 04 50
Fax 0 61 03/4 04 51 91
www.delta-pronatura.de

Dualit
GL-International
Lehmbergstr. 25
25548 Kellinghusen
Tel. 0 48 22/36 55 00
Fax 0 48 22/3 65 50 55
www.gl-international.de

Düfa
Meffert Farbwerke
Sandweg 15
55543 Bad Kreuznach
Tel. 06 71/87 00
Fax 06 71/87 03 97
www.meffert.com

Dunlopillo
Postfach 13 42
63403 Hanau
Tel. 0 61 81/9 39 40
Fax 0 61 81/9 39 43 91
www.dunlopillo.de

Edeka/Gut & Günstig
22291 Hamburg
Tel. 0 40/6 37 70
Fax 0 40/63 77 42 75
www.edeka.de

Eio
Glen Dimplex Eio
Otto-Bergner-Str. 28
96515 Sonneberg
Tel. 0 36 75/87 92 75
Fax 0 36 75/87 92 81
www.glendimplex.de

Electrolux
siehe AEG
www.electrolux.de

EMV Profi Farben
Triftenstr. 115
32791 Lage

264 Anbieter

Anbieter

Tel. 0 52 32/9 49 70
Fax 0 52 32/94 97 19
www.emv-profi.de

Energiegut
Alfonsstr. 44
52070 Aachen
Fax 02 41/51 00 08 89
www.energiegut.de

energiehoch3
Ostring 28
44787 Bochum
Tel. 0 800/1 33 23 31
Fax 02 34/7 77 33 33 18
www.energiehoch3.de

Energieversorgung Halle
Bornknechtstr. 5
06108 Halle
Tel. 03 45/58 10
Fax 03 45/5 81 17 17
www.evh.de

Entega
Frankfurter Str. 100
64293 Darmstadt
Tel. 0 800/7 80 07 77
www.entega.de

Eprimo
Postfach 40 01 44
63246 Neu-Isenburg
Tel. 0 800/6 06 01 10
www.eprimo.de

Evita
Elwertstr. 3
70372 Stuttgart
Tel. 07 11/9 54 14 50
Fax 07 11/9 54 14 48
www.evita-energie.de

EWS Schönau
Friedrichstr. 53/55
79677 Schönau im Schwarzwald
Tel. 0 76 73/8 88 50
Fax 0 76 73/88 85 19
www.ews-schoenau.de

Fakir
Postfach 14 80
71657 Vaihingen
Tel. 0 70 42/91 20
Fax 0 70 42/91 23 51
www.fakir.de

f.a.n.
frankenstolz schlafkomfort
Postfach 10 06 07
63704 Aschaffenburg
Tel. 0 60 21/70 80
Fax 0 60 21/7 64 79
www.frankenstolz.de

Farbturm
Rühl Farben

Postfach 12 42
64369 Ober-Ramstadt
Tel. 0 61 54/7 10
Fax 0 61 54/7 13 28

Feidal
Postfach 12 02 29
47122 Duisburg
Tel. 02 03/45 00 20
Fax 02 03/4 50 02 20
www.feidal.de

Frosch
Werner & Mertz
Postfach 43 40
55033 Mainz
Tel. 0 61 31/9 64 01
Fax 0 61 31/9 64 24 94
www.werner-mertz.de

Gastroback
Gewerbestr. 20
21279 Hollenstedt
Tel. 0 41 65/2 22 50
Fax 0 41 65/2 22 5 29
www.gastroback.de

GE
Eisenstr. 5
65428 Rüsselsheim
Tel. 0 61 42/60 11 63
Fax 0 61 42/60 11 64
www.gelighting.com/eu

Glasurit
Akzo Nobel
Postfach 32 01 20
50795 Köln
Tel. 02 21/5 88 10
Fax 02 21/5 88 13 35
www.akzonobel.de

Globus/Primaster/ Super-Wandfarbe
Zechenstr. 8
66333 Völklingen
Tel. 0 68 98/5 60
Fax 0 68 98/51 53 80
www.globus-baumarkt.de

Goldkuhle/Fabrina
Frick für Wand & Boden
Bahnhofstr. 1
40883 Ratingen
Tel. 0 21 02/96 60
Fax 0 21 02/96 62 77
www.frick-fachmarkt.de

Gorenje
Postfach 20 09 53
80009 München
Tel. 0 89/50 20 70
Fax 0 89/50 20 71 00
www.gorenje.de

Greenpeace Energy
Schulterblatt 120
20357 Hamburg

Tel. 0 40/8 08 11 06 00
Fax 0 40/8 08 11 06 66
www.greenpeace-energy.de

Grundig
Beuthener Str. 41
90471 Nürnberg
Tel. 0 180 5/23 18 80
Fax 09 11/7 03 61 50
www.grundig.de

Haier
Hewlett-Packard-Str. 4
61352 Bad Homburg
Tel. 0 61 72/9 45 40
Fax 0 61 72/9 45 44 99
www.haiereurope.de

Hammer/Baufan Malerweiß
Hammer Heimtex
Oehrkstr. 1
32457 Porta Westfalica
Tel. 0 57 31/76 50
Fax 0 57 31/76 51 50
www.hammer-heimtex.de

HCK
Haase-Christiansen-Knutzen
Parkallee 16
24782 Büdelsdorf
Tel. 0 43 31/33 79 80
Fax 0 43 31/3 37 98 41
www.hckeg.de

Heitmann
Brauns-Heitmann
Postfach 11 63
34401 Warburg
Tel. 0 56 41/9 50
Fax 0 56 41/9 51 41
www.brauns-heitmann.de

Hellweg
Zeche Oespel 15
44149 Dortmund
Tel. 02 31/9 69 90
Fax 02 31/9 69 61 00
www.hellweg.de

Hoover
Candy Hoover
Postfach 10 13 62
40833 Ratingen
Tel. 0 21 02/45 90
Fax 0 21 02/45 95 40
www.candy-hoover.de

Hornbach/Meister Polarweiss
Hornbachstr.
76878 Bornheim
Tel. 0 63 48/60 00
Fax 0 63 48/60 40 00
www.hornbach.com

Hukla
Postfach 12 84
77718 Gengenbach
Tel. 0 78 03/93 10
Fax 0 78 03/93 14 08
www.hukla.de

Hülsta
Karl-Hüls-Str. 1
48703 Stadtlohn
Tel. 0 25 63/8 60
Fax 0 25 63/86 14 17
www.huelsta.de

Ikea
Am Wandersmann 2-4
65719 Hofheim/Ts.
Tel. 0 180 5/35 34 35
Fax 0 180 5/35 34 36
www.ikea.de

Juno
Elektrolux Hausgeräte
Markenvertrieb
Juno-Electrolux
Muggenhofer Str. 135
90429 Nürnberg
Tel. 0 180 5/22 27 22
Fax 09 11/3 23 17 70
www.juno-electrolux.de

Jura
Postfach 99 01 44
90268 Nürnberg
Tel. 09 11/2 52 50
Fax 09 11/2 52 52 50
www.de.jura.com

K2R
Omegin
Dr.Schmidgall
Industriepark 210
78244 Gottmadingen
Tel. 0 77 31/9 82 50
Fax 0 77 31/98 25 13
www.k2r.de

Kaufland/K-Classic
Rötelstr. 35
74172 Neckarsulm
Tel. 0 180 2/01 00 80
Fax 0 71 32/9 46 1 24
www.kaufland.de

Kenwood
De Longhi
Am Reitpfad 20
63500 Seligenstadt
Tel. 0 180 5/22 55 21
Fax 0 61 82/9 20 61 11
www.kenwoodworld.de

Knauber
Endenicher Str.120–140
53115 Bonn
Tel. 02 28/51 20
Fax 02 28/51 21 20
www.knauber-freizeit.de

Krautol
Roßdörfer Str. 50
64372 Ober-Ramstadt
Tel. 0 61 54/71 63 10
Fax 0 61 54/71 63 11
www.krautol.de

Krups
Groupe SEB
Postfach 10 16 64
63016 Offenbach a.M.
Tel. 0 69/8 50 40
Fax 0 69/8 50 45 30
www.krups.de

Küppersbusch
Küppersbuschstr. 16
45883 Gelsenkirchen
Tel. 02 09/40 10
Fax 02 09/40 13 03
www.kueppersbusch.de

Laurastar
Richmodstr. 6
50667 Köln
Tel. 0 180/3/23 24 00
Fax 02 21/92 04 22 00
www.laurastar.com

Ledon
Höchster Str. 8
6850 Dornbirn
Österreich
Tel. 00 43/55 72/
50 95 30 00
Fax 00 43/55 72/
5 09 95 30 00
www.ledon-lamp.com

LG
Berliner Str. 93
40880 Ratingen
Tel. 0 21 02/7 00 80
Fax 0 21 02/7 00 87 77
www.lg.de

Lichtblick
Zirkusweg 6
20359 Hamburg
Tel. 0 40/6 36 00
Fax 0 40/63 60 20
www.lichtblick.de

Liebherr
Memminger Str. 77
88416 Ochsenhausen
Tel. 0 73 52/92 80
Fax 0 73 52/92 84 08
www.liebherr.com

Lidl/Formil/ Silvercrest/W5
Stiftsbergstr. 1
74167 Neckarsulm
Tel. 0 800/4 35 33 61
Fax 0 71 32/94 22 36
www.lidl.de

Anbieter 265

Anbieter

LightMe
siehe Megaman

Luhns
Schwarzbach 91–137
42277 Wuppertal
Tel. 02 02/6 47 10 00
Fax 02 02/6 47 14 29
www.luhns.de

Mark E
Körnerstr. 40
58095 Hagen
Tel. 0 800/12 31 00 00
Fax 0 800/1 23 10 01
www.mark-e.de

Matraflex
Gehrenkampstr. 6
32760 Detmold
Tel. 0 52 31/9 55 60
Fax 0 52 31/5 07 86
www.matraflex.de

Matratzen Concord/
medical/Vitalis Star
Horbeller Str. 19
50858 Köln
Tel. 0 22 34/9 64 41 00
Fax 0 22 34/9 64 41 11
www.matratzen-con
cord.de

Max Bahr
Wandsbeker Zollstr. 91
22041 Hamburg
Tel. 0 40/65 66 62 78
Fax 0 40/65 66 66 92 78
www.maxbahr.de

Megaman
IDV
Birkenweiherstr. 2
63505 Langenselbold
Tel. 0 61 84/9 31 90
Fax 0 61 84/93 19 19
www.megaman.de

Meister Proper
siehe Ariel

Meisterweiß
Malerqualität
Wilckens
Schmiedestr. 10
25348 Glückstadt
Tel. 0 41 24/60 60
Fax 0 41 24/15 37
www.wilckens.com

Melitta
Postfach 12 26
32372 Minden
Tel. 05 71/8 60
Fax 05 71/86 18 10
www.melitta-caffeo.de

Metzeler
Postfach 16 53
87686 Memmingen

Tel. 0 83 31/83 00
Fax 0 83 31/83 03 97
www.metzelerschaum.de

MFO
Matratzen Factory
Outlet
Max-Planck-Str. 1
50189 Elsdorf
Tel. 0 22 74/9 22 90
Fax 0 22 74/92 29 38
www.mfo-matratzen.de

Mia
Prodomus
Landsberger Str. 439
81241 München
Tel. 0 89/3 00 08 80
Fax 0 89/30 00 88 11

Miele
Carl-Miele-Str. 29
33332 Gütersloh
Tel. 0 52 41/8 90
Fax 0 52 41/89 20 90
www.miele.de

Morphy Richards
Glen Dimplex
Nordostpark 3–5
90411 Nürnberg
Tel. 09 11/65 71 19 90
Fax 09 11/65 71 96 88
www.morphyrichards.de

Müller-Licht
Göbelstr. 50
28865 Lilienthal
Tel. 0 42 98/9 37 00
Fax 0 42 98/93 70 55
www.mueller-licht.de

Musterring
Josef Höner
Postfach 20 40
33348 Rheda-
Wiedenbrück
Tel. 0 52 42/5 92 01
Fax 0 52 42/59 21 49
www.musterring.de

NaturenergiePlus
Schönebergerstr. 10
79618 Rheinfelden
Tel. 0 800/9 99 98 69
Fax 0 180 2/93 55 68
www.naturenergie
plus.de

Naturstrom
Achenbachstr. 43
40237 Düsseldorf
Tel. 02 11/77 90 03 00
Fax 02 11/77 90 05 99
www.naturstrom.de

NBB/Bauspezi
NBB Bau- und Heim-
werkermärkte

Im Seefeld 9
31552 Rodenberg
Tel. 0 57 23/94 44 48
Fax 0 57 23/24 19
www.bauspezi.de

Neff
Constructra-Neff
Carl-Wery-Str. 34
81739 München
Tel. 0 89/45 90 04
www.neff.de

Netto Marken-
Discount/Bravil
Postfach 11 80
93139 Maxhütte-
Haidhof
Tel. 0 94 71/32 00
Fax 0 94 71/32 01 49
www.netto-online.de

Nivona
Nivona Apparate
Südwestpark 90
90449 Nürnberg
Tel. 09 11/2 52 66 30
Fax 09 11/25 26 63 63
www.nivona.de

Obi Classic
Postfach 12 70
42905 Wermelskirchen
Tel. 0 21 96/76 01
Fax 0 21 96/76 13 11
www.obi.de

Obi/CMI
Emil Lux
Emil-Lux-Str. 1
42929 Wermels-
kirchen
Tel. 0 21 96/76 40 00
Fax 0 21 96/76 40 02
www.lux-tools.de

Oechslegel/ELO
L. Oechslegel
Metthingstr. 32
90480 Nürnberg
Tel. 09 11/40 40 81
Fax 09 11/4 01 10 59
www.oechslegel-far
ben.de

Oranier
Weidenhäuser
Straße 1–7
35075 Gladenbach
Tel. 0 64 62/92 00
Fax 0 64 62/92 33 49
www.oranier-kuechen
technik.com

Osram
Hellabrunner Str. 1
81543 München
Tel. 0 89/6 21 30

Fax 0 89/62 13 20 20
www.osram.de

Panasonic
Winsbergring 15
22525 Hamburg
Tel. 0 180 5/01 51 40
Fax 0 180 5/01 51 45
www.panasonic.de

Panther
Königsallee 106
40215 Düsseldorf
Tel. 02 11/4 17 40 36 10
Fax 02 11/4 17 40 36 19
www.panther-schlaf
systeme.de

Paulmann
Quezinger Feld 2
31832 Springe-Völksen
Tel. 0 50 41/99 80
Fax 0 50 41/99 81 19
www.paulmann.de

Penny/Pallor/
Shetlan
50603 Köln
Tel. 0 180 3/33 10 10
Fax 02 21/1 49 90 00
www.penny.de

Persil
Henkel
40191 Düsseldorf
Tel. 02 11/79 70
Fax 02 11/7 98 40 08
www.henkel.de

Philips/Philips Saeco
Lübeckertordamm 5
20099 Hamburg
Tel. 0 800/0 00 75 20
www.philips.de

Piador
Schladitz Milwa
Bahnhofstr. 2
06925 Annaburg
Tel. 03 53 86/2 23 33
Fax 03 53 86/2 23 36
www.milwa-piador.de

Praktiker/Faust
Wandsbeker
Zullstraße 91
22041 Hamburg
Tel. 0 40/66 66 60
Fax 0 40/66 66 67 68
www.praktiker.de

Prisma
siehe Düfa

Progress
Electrolux Service
Fürther Str. 246
90429 Nürnberg

Tel. 0 180 5/22 27 22
Fax 09 11/3 23 49 26 00
www.progress-hausge
raete.de

Real/Alaska/
Real Quality/Tip
Schlüterstr. 5
40235 Düsseldorf
Tel. 0 800/5 03 54 18
Fax 02 11/9 69 21 40
www.real.de

Relius
Donnerschweer Str. 372
26123 Oldenburg
Tel. 04 41/3 40 20
Fax 04 41/3 40 23 50
www.relius.de

Rewe/Ja!
50603 Köln
Tel. 02 21/14 90
Fax 02 21/14 99 00 00
www.rewe-group.com

Rommelsbacher
Rudolf-Schmidt-Str. 18
91550 Dinkelsbühl
Tel. 0 98 51/5 75 80
Fax 0 98 51/57 58 59
www.rommelsbacher.de

Rossmann/Domol
Isernhägener Str. 16
30938 Burgwedel
Tel. 0 51 39/89 80
Fax 0 51 39/8 98 49 99
www.dm-drogerie
markt.de

Röwa
Rössle & Wanner
Postfach 11 60
72109 Mössingen
Tel. 0 74 73/7 01 20
Fax 0 74 73/27 10 38
www.roewa.de

Rowenta
Groupe SEB
Markenbereich Rowenta
Postfach 10 16 64
63016 Offenbach am M.
Tel. 0 69/8 50 40
Fax 0 69/8 50 45 30
www.rowenta.de

Ruf
Im Wöhr 1
76437 Rastatt
Tel. 0 72 22/50 70
Fax 0 72 22/50 72 07
www.ruf-betten.de

Samsung
Am Kronberger Hang 6
65824 Schwalbach/Ts.

Anbieter

Tel. 0 180 5/7 26 78 64
Fax 0 180 5/5 12 12 14
www.samsung.de

Schlaraffia
Recticel Schlafkomfort
Schlaraffiastr. 1–10
44867 Bochum
Tel. 0 23 27/32 50
Fax 0 23 27/32 52 08
www.schlaraffia.de

Schöner Wohnen
J. D. Flügger
Bredowstr. 12
22113 Hamburg
Tel. 0 180 5/35 83 44 37
www.schoener-woh
nen-farbe.de

Schulz Raumweiß
Schulz Farben- und
Lackfabrik
Postfach 2 44
55446 Langenlonsheim
Tel. 0 67 04/93 88 40
Fax 0 67 04/93 88 50
www.schulz-farben.de

Severin
Röhre 27
59846 Sundern
Tel. 0 29 33/98 20
Fax 0 29 33/98 23 33
www.severin.de

Siemens
Siemens-Electrogeräte
Carl-Wery-Str. 34
81739 München
Tel. 0 89/45 90 09
www.siemens-home.de

Sil
Henkel
40191 Düsseldorf
Tel. 02 11/79 70
Fax 02 11/7 98 40 08
www.henkel.de

Sleeptex
BDSK Handels GmbH
Mergentheimer
Straße 59
97084 Würzburg
Tel. 09 31/6 10 60
Fax 09 31/61 06 16 59 33
www.xxxlgroup.com

Spee
siehe Persil

Stadtwerke Flensburg
Batteriestr. 48
24939 Flensburg
Tel. 04 61/4 87 44 55
Fax 04 61/4 87 16 99
www.stadtwerke-flens
burg.de

Stadtwerke München
Emmy-Noether-Str. 2
80992 München
Tel. 0 800/7 96 79 60
Fax 0 800/7 96 79 69
www.swm.de

Stadtwerke Soest
Aldegreverwall 12
59494 Soest
Tel. 0 29 21/39 21 50
Fax 0 29 21/39 21 53
www.stadtwerke-so
est.de

Stadtwerke Trier
Ostallee 7–13
54290 Trier
Tel. 0 800/7 17 12 34
Fax 06 51/7 17 12 99
www.roemerstrom.de

Strasserauf
Ronsdorfer Str. 74
Halle 14
40233 Düsseldorf
Tel.
0 800/7 87 27 73 72 83
Fax
02 11/73 28 88 72
www.strasserauf.de

Super Nova
siehe Düfa

Superior
Aera
Hanns-Martin-Schleyer-
Straße 2
77656 Offenburg
Tel. 07 81/61 60
www.markant.de

Sylvania
Havells Sylvania
Graf-Zeppelin-Str. 12
91056 Erlangen
Tel. 0 91 31/79 35 00
Fax 0 91 31/79 32 03
www.sylvania-lamps.
com

t+t christiansen
Christiansen Heimtex
Max-Planck-Str. 28
21423 Winsen
Tel. 0 41 71/78 77 24
Fax 0 41 71/78 77 23
www.ttmarkt.de

Taverpack
Zum Heizwerk 8
14478 Potsdam
Tel. 03 31/86 99 50
Fax 03 31/8 69 95 24
www.taverpack-pots
dam.de

Tchibo
Überseering 18
22297 Hamburg
Tel. 0 40/63 87 00
Fax 0 40/63 87 26 00
www.tchibo.de

Tefal
Groupe SEB
Markenbereich Tefal
Postfach 10 16 64
63016 Offenbach
am Main
Tel. 0 69/8 50 40
Fax 0 69/8 50 45 30
www.tefal.de

Teka
Sechsheldener
Straße 122
35708 Haiger
Tel. 0 27 71/8 14 10
Fax 0 27 71/8 14 110
www.teka.com

Terra
siehe Persil

Thomas
Postfach 18 20
57279 Neunkirchen
Tel. 0 27 35/78 80
Fax 0 27 35/78 85 19
www.robert-thomas.de

Thor
Teka Küchentechnik
Sechsheldener Str. 122
35708 Haiger
Tel. 0 27 71/8 14 10
Fax 0 27 71/81 41 10
www.teka.com

Toom/Genius Pro
Humboldtstr. 140 – 144
51149 Köln
Tel. 02 21/1 49 60 00
Fax 02 21/1 49 96 40
www.toom-baumarkt.de

Toshiba
Hammfelddamm 8
41460 Neuss
Tel. 0 21 31/15 80 1
Fax 0 21 31/15 83 90
www.toshiba.eu

TTL TTM
TTL Zentrale Hallstadt
Emil-Kemmer-Str. 3
96103 Hallstadt
Tel. 09 51/96 23 20
Fax 09 51/9 62 32 33
www.ttl-ttm.de

Vaillant
Berghauser Str. 40
42859 Remscheid

Tel. 0 21 91/1 80
Fax 0 21 91/18 28 10
www.vaillant.de

Vattenfall
Postfach 44 05 60
12005 Berlin
Tel. 0 800/2 55 11 55
Fax 0 30/2 67 11 94 14 10
www.vattenfall.de

Vanish
Reckitt Benckiser
Postfach 10 04 48
68004 Mannheim
Tel. 06 21/3 24 60
Fax 06 21/3 24 65 00
www.reckittbenckiser.de

Vectra
J.W.Ostendorf
Postfach 16 45
48636 Coesfeld
Tel. 0 25 41/7 4 40
Fax 0 25 41/7 44 33
www.vectra-farben.de

Weißer Riese
siehe Persil

Wemag
Obotritenring 40
19053 Schwerin
Tel. 03 85/7 55 27 55
www.wemio.de

Whirlpool
siehe Bauknecht
www.whirlpool.de

Whispergen
Efficient Home Energy
S.L.
Poligono Arzabalza,
Edif. 3, Planta 2,
Local 6
20400 Tolosa
(Gipuzkoa), Spanien
Tel. 00 34/9 43/65 24 90
Fax 00 34/9 43/65 01 83
www.whispergen-euro
pe.com

Wilckens
siehe Meisterweiß
Malerqualität

Zanker
siehe AEG
www.zanker.de

Zanussi
siehe AEG
www.zanussi.de

Garten

Al-Ko
Postfach 15 13
89305 Günzburg
Tel. 0 82 21/20 30
Fax 0 82 21/20 31 65
www.al-ko.de

Atika
Postfach 21 64
59209 Ahlen
Tel. 0 23 82/89 20
Fax 0 23 82/8 18 12
www.atika.de

**Bauhaus/Gardol/
Hurricane**
Bahag
Postfach 10 05 61
68005 Mannheim
Tel. 06 21/3 90 50
Fax 06 21/37 32 90
www.bauhaus.info

Black & Decker
Postfach 12 02
65502 Idstein
Tel. 0 61 26/2 10
Fax 0 61 26/21 29 80
www.blackand
decker.de

Bosch
Robert Bosch
Postfach 10 01 56
70745 Leinfelden-
Echterdingen
Tel. 0 180 3/33 57 99
Fax 07 11/7 58 28 30
www.bosch-pt.de

Brill
siehe Al-Ko
www.brill.de

Dolmar
Postfach 70 04 20
22004 Hamburg
Tel. 0 40/66 98 60
Fax 0 40/66 98 63 55
www.dolmar.com

Einhell
Wiesenweg 22
94405 Landau a. d. Isar
Tel. 0 99 51/94 20
Fax 0 99 51/17 02
www.einhell.de

Gardena
Hans-Lorenser-Str. 40
89079 Ulm
Tel. 07 31/49 00
Fax 07 31/49 02 19
www.gardena.de

Anbieter 267

Anbieter

Güde
Birkichstr. 6
74549 Wolpertshausen
Tel. 0 79 04/70 00
Fax 0 79 04/70 02 50
www.guede.de

Hellweg/Plantiflor
Borussiastr. 112
44149 Dortmund
Tel. 02 31/9 69 60
Fax 02 31/9 69 61 00
www.hellweg.de

Obi/Lux
Emil-Lux-Str. 1
42929 Wermels-
kirchen
Tel. 0 21 96/76 01
Fax 0 21 96/76 10 19
www.obi.de

**Otto/
Hanseatic**
Baumarkt direkt
Alter Teichweg 25
22081 Hamburg
Tel. 0 40/23 53 20
Fax 0 40/23 53 25 10
www.otto.de

**Praktiker/
Budget**
Am Tannenwald 2
66459 Kirkel
Tel. 0 68 49/95 00
Fax 0 68 49/95 45 59
www.praktiker.de

**Praktiker/
Fleurelle**
Wandsbeker Zollstr. 91
22041 Hamburg
Tel. 0 40/65 66 60
Fax 0 40/65 66 67 68
www.praktiker.de

Metabo
Metabo-Allee 1
72622 Nürtingen
Tel. 0 70 22/7 20
Fax 0 70 22/72 25 95
www.metabo.de

Sabo
Sabo-Maschinenfabrik
Postfach 31 03 93
51618 Gummersbach
Tel. 0 22 61/70 40
Fax 0 22 61/70 41 04
www.sabo-online.de

Stihl
Robert-Bosch-Str. 13
64807 Dieburg
Tel. 0 180 3/67 12 43
Fax 0 60 71/20 41 29
www.stihl.de

Viking
siehe Stihl
www.viking-garden.
com

Wolf
MTG Products AG
Industriestr. 23
66129 Saarbrücken
Tel. 0 68 05/79 0
Fax 0 68 05/7 94 42
www.wolf-garten.com

Freizeit

A weekend in London
Grubbe Media
Manzostr. 14
80997 München
Tel. 0 89/36 89 96 63
Fax 0 89/36 89 96 64
www.grubbemedia.de

Ab-in-den-Urlaub.de
Unister
Barfußgäßchen 11
04109 Leipzig
Tel. 0 180 5/70 11 00
Fax 0 180 5/70 11 99
www.ab-in-den-urlaub.de

Absolutely English
Wiener Spielkarten-
fabrik Ferd. Piatnik
& Söhne
Hütteldorfer Straße
229–231
1140 Wien
Österreich
Tel. 00 43/1/9 14 41 51
Fax 00 43 1/9 11 14 45
www.piatnik.com

Abus
Postfach 2 20
58290 Wetter
Tel. 0 23 35/63 40
Fax 0 23 35/63 43 00
www.abus.de

Adidas
Postfach 11 20
91062 Herzogenaurach
Tel. 0 91 32/8 40
Fax 0 91 32/84 22 41
www.adidas.de

**Agentur
Texter-Millott**
Hohenstaufenstr. 1
80801 München
Tel. 0 89/39 17 39
Fax 0 89/33 60 04
www.flugangst.de

Alpina
Alpina Sports
Äußere Industriestr. 8A

86316 Friedberg
Tel. 08 21/78 00 30
Fax 08 21/7 80 03 50
www.alpina-sports.de

American Tourister
Samsonite
Subbelrather Str. 15b
50823 Köln
Tel. 02 21/9 21 64 10
Fax 02 21/23 25 46
www.american
tourister.eu

**Aprender español
jugando**
Lingua Ludica
Helenenwallstr. 14
50679 Köln
Tel. 02 21/32 01 77 31
www.lingualudica.com

Atomic
Lackengasse 301
5541 Altenmark
Österreich
Tel. 00 43/64 52/3 90 00
Fax
00 43/64 52/3 90 01 20
www.atomicsnow.com

Bell
Grofa
Postfach 12 74
65517 Bad Camberg
Tel. 0 64 34/2 00 82 00
Fax 0 64 34/2 00 82 50
www.grofa.com

Berghaus
MOC, A 124
Lilienthalallee 40
80939 München
www.berghaus.com

Blizzard
Lowa
Hauptstr. 19
85305 Jetzendorf
Tel. 0 81 37/99 90
Fax 0 81 37/99 92 10
www.blizzard-ski.de

Bollé
Bushnell Performance
Optics
An der Alten Spinnerei 1
83059 Kolbermoor
Tel. 0 80 31/23 34 80
Fax 0 80 31/2 33 48 18
www.cebe.com

Booking.com
Rembrandt Square
Office
Herengracht 597
1017 CE Amsterdam
Niederlande

Tel. 00 31/2 07 12/56 00
Fax 00 31/2 07 12/56 09
www.booking.com

Brands4friends.de
Private Sale
Kommandantenstr. 22
10969 Berlin
Tel. 0 180 5/24 30 04
www.brands4friends.de

Buyvip.de
Karl-Liebknecht-Str. 5
10178 Berlin
Tel. 0 800/5 89 19 46
www.buyvip.de

Carrera
Safilo
Carrera Sport Division
Otto-Hahn-Str. 7
50997 Köln
Tel. 0 800/5 60 56 07
Fax 0 22 36/94 53 56
www.carreraworld.com

Casco
Gewerbering Süd 11
01900 Bretnig
Tel. 03 59 55/83 90
Fax 03 59 55/8 39 99
www.casco-helme.de

Columbia
Frankfurter Ring 162
80807 München
Tel. 0 89/89 98 98 75
Fax 0 89/89 98 98 85
www.columbia.com

Cratroni
Tannbachstr. 10 – 14
73635 Rudersberg
Tel. 0 71 83/93 93 00
Fax 0 71 83/9 39 30 30
www.cratoni.com

Decathlon/b'Twin
Filsallee 19
73207 Plochingen
Tel. 0 71 53/9 93 00 11
www.decathlon.de

Delsey
Oehleckerring 13
22419 Hamburg
Tel. 0 40/6 44 21 05 10
Fax 0 40/6 44 21 05 11
www.delsey.com

Dynastar
Skis Dynastar SAS
Zielstattstr. 11
81379 München
Tel. 0 89/74 80 86 90
Fax 0 89/7 48 08 69 69
www.dynastar.com

Eisenberg
Institut für Beratung &

Kommunikation
Sommermorgen 11
34471 Volkmarsen
Tel. 0 56 93/91 55 40
www.flugseminare.de

Elan
Aschheimer Str. 3
85622 Feldkirchen
Tel. 0 89/4 27 17 60
Fax 0 89/42 71 76 66
www.elanskis.de

Etto
Swiss Eye
Nord-West-Ring 14
32832 Augustdorf
Tel. 0 52 37/2 31 61 00
Fax 0 52 37/2 31 60
www.swisseye.de

Fischer
Fischer+Löffler
Donauweg 1
94034 Passau
Tel. 0 800/0 83 38 11
Fax 0 800/0 83 38 13
www.fischer-ski.com

Flugangst24.de
Brantropstr. 85
44795 Bochum
Tel. 02 34/35 77 25 32
http://flugangst24.de

Flugangst-Coaching
Kleinweingarten 1
91785 Pleinfeld
Tel. 0 91 44/60 82 99
www.flugangst-
coaching.de

Flugangst-Service
Auf Schmiden 22
72336 Balingen
Tel. 0 74 33/27 46 54
Fax 0 74 33/27 46 53
www.flugangst-ser
vice.de

Flugangstzentrum
390 AP
07210 Algaida
Tel. 09 11/30 84 40 77 17
Fax 09 11/30 84 40 77 17
www.flugangstzen
trum.de

**Galeria Kaufhof/
Eminent**
Leonhard-Tietz-Str. 1
50676 Köln
Tel. 02 21/22 30
Fax 02 21/22 33 28 00
www.galeria-kaufhof.de

Giro
siehe Bell

Anbieter

Google.de
ABC-Str. 19
20354 Hamburg
Tel. 0 40/8 08 17 90 00
Fax 0 40/49 21 91 94
http://maps.google.de

Haglöfs
Albert-Einstein-Str. 6
87437 Kempten
Tel. 08 31/51 28 00
Fax 08 31/5 12 80 29
www.haglofs.com

Head
Velaskostr. 8
85622 Feldkirchen
Tel. 0 89/9 09 99 50
Fax 0 89/90 99 95 55
www.head.com

Holidaycheck.de
Bahnweg 8
8598 Bottighofen
Schweiz
Tel. 0 180 5/60 04 10
Fax 0 180 5/60 04 20
www.holidaycheck.de

Hotel.de
Hugo-Junkers-Str. 15–17
90411 Nürnberg
Tel. 09 11/59 83 20
Fax 09 11/5 98 32 11
www.hotel.de

Hotelclub.com
HotelClub Pty
Level 29
680 George Street
Sydney NSW 2000
Australien
www.hotelclub.de

hotelreservierung.de
Unister
Barfußgäßchen 11
04109 Leipzig
www.hotelreservierung.
de

Hotels.com
c/o Publiclink
Albrechtstr.22
10117 Berlin
Tel. 0 30/44 31 88 11
Fax 0 30/44 31 88 10
http://de.hotels.com

hrs.de
Robert Ragge GmbH
Blaubach 32
50676 Köln
Tel. 02 21/2 07 76 00
Fax 02 21/2 07 76 66
www.hrs.de

Intersport/McKinley
Postfach 22 11

74012 Heilbronn
Tel. 0 71 31/28 80
Fax 0 71 31/2 12 57
www.intersport.de

Jack Wolfskin
Postfach 11 53
65501 Idstein
Tel. 0 61 26/95 40
Fax 0 61 26/95 41 59
www.jack-wolfskin.com

K2
K2 Ski Sports Europe
Seeshaupter Str. 60
82377 Penzberg
Tel. 0 88 56/90 10
Fax 0 88 56/90 11 01
www.k2sports.com

Kaufland/K-Classic
Rötelstr. 35
74172 Neckarsulm
Tel. 0 180 2/01 00 80
Fax 0 71 32/94 61 24
www.kaufland.de

KED
D-H-G Knauer
Kleines Wegle 2
71691 Freiberg am
Neckar
Tel. 0 71 41/79 19 20
Fax 0 71 41/7 91 92 92
www.ked-helm
systeme.de

Killtec
Zimmererstr. 5
21244 Buchholz in der
Nordheide
Tel. 0 41 81/2 00 80
Fax 0 41 81/20 08 22
www.killtec.de

**Learn English
by playing**
Lingua Ludica
Helenenwallstr. 14
50699 Köln
Tel. 02 21/32 01 77 31
www.lingualudica.com

Lidl/TopMove
Stiftsbergstr. 1
74160 Neckarsulm
Tel. 0 800/4 35 33 61
Fax 0 71 32/94 22 36
www.lidl.de

Limango.de
Landsberger Str. 6
80339 München
Tel. 0 89/9 97 42 60
www.limango.de

Limar
Sophienstr. 4
65189 Wiesbaden

Tel. 06 11/58 08 76 50
Fax 06 11/58 08 76 59
www.limar.com

Maier Sports
Nürtinger Str. 27
73257 Köngen
Tel. 0 70 24/8 00 00
Fax 0 70 24/80 00 29
www.maier-sports.com

Mammut
Anschützstr. 5
87700 Memmingen
Tel. 0 180 5/62 66 88
Fax 0 83 31/8 39 22 29
www.mammut.ch

Marmot
Gottfried-Stammler-
Str. 12
91220 Schnaittach
Tel. 0 91 53/92 05 90
Fax 0 91 53/9 20 59 99
www.marmot.de

MET
Hermann Hartje
Deichstr. 120–122
27318 Hoya
Tel. 0 42 51/8 11 20
Fax 0 42 51/81 11 59
www.hartje.de

New Amici
Abanico
Kettelerweg 2
57462 Olpe
Tel. 0 27 61/94 15 83
Fax 0 27 61/53 98 30
www.abanico-deutsch
land.de

Nordica
siehe Blizzard
www.nordica.com

Nutcase
intelligent mobility
Rellinghauser Str. 334h
45136 Essen
Tel. 02 01/17 67 49 21
Fax 02 01/17 67 49 10
www.nutcase-eu
rope.com

Patagonia
P.A.E. les Glaisins
23, rue du Prè Faucon
74940 Annecy-Levieux
Frankreich
Tel. 0 800/0 00 11 56
Fax
00 33/4 50/88 44 99
www.patagonia.com

Pauldirekt.de
Hofmannstr. 52
81379 München

Tel. 0 180 5/18 81 00
www.pauldirekt.de

Poc
Soxxa 1 02 81 04
Moosfeldstr. 1
5101 Bergheim
Österreich
Tel. 00 43/6 62/89 00 90
Fax
00 43/6 62/89 00 90 15

Profex
Inter-Union
Postfach 21 60
76811 Landau in der
Pfalz
Tel. 0 63 41/28 40
Fax 0 63 41/2 04 13
www.inter-union.de

Prophete
Postfach 21 24
33349 Rheda-Wieden-
brück
Tel. 0 52 42/4 10 80
Fax 0 52 42/4 92 57
www.prophete.net

Red
Burton Sportartikel
Hallerstr. 111
6020 Innsbruck
Österreich
Tel. 00 800/28 78 66 13
Fax 00 43/5 12/23 09 90
www.anonoptics.com

Regatta
Reichenberger Str. 1
84130 Dingolfing
Tel. 0 87 31/3 19 10
Fax 0 87 31/31 93 68
www.regatta.com

Rimowa
Mathias-Brüggen-
Str. 118
50829 Köln
Tel. 02 21/9 56 41 70
Fax 02 21/9 56 41 74
www.rimowa.de

Roncato
Via Pioga,91
35011 Campodarsego
Italien
Tel. 00 39/04 99 29 05 30
Fax 00 39/04 99 20 14 10
www.roncato.com

Rossignol
Zielstattstr. 11
81379 München
Tel. 0 89/7 24 48 50
Fax 0 89/7 24 48 51 85
www.rossignol.com

**Roundtrip of Britain
and Ireland**
ELI Publishing
PO Box 6
62019 Recanati (MC)
Italien
Tel. 00 39 71/75 07 01
Fax 00 39 71/97 78 51
www.elionline.com

**Roundtrip of Britain
and Ireland**
Ernst Klett Sprachen
Rotebühlstr. 77
70178 Stuttgart
Tel. 07 11/66 72 13 33
Fax 07 11/98 80 90 00 99
www.klett.de

Sagrada
Parland Spiele
Grolandstr. 72
90408 Nürnberg
Tel. 09 11/2 47 69 50
www.parland.de

Salewa
Postfach 12 62
85606 Aschheim
Tel. 0 89/90 99 30
Fax 0 89/90 99 31 90
www.salewa.com

Salomon
Amer Sports
Parkring 15
85748 Garching
Tel. 0 89/8 98 01 02
Fax 0 89/89 80 11 29
www.amersports.com

Samsonite
Subbelrather Str. 15b
50823 Köln
Tel. 02 21/9 21 64 10
Fax 02 21/23 25 46
www.samsonite.de

Saxoline
Navigator Lederwaren
Carl-Sasse-Str. 3
31867 Lauenau
Tel. 0 50 43/9 10 90
Fax 0 50 43/91 09 14

Schöffel
Ludwig-Schöffel-Str. 15
86830 Schwab-
münchen
Tel. 0 82 32/5 00 60
Fax 0 82 32/7 27 87
www.schoeffel.de

Scott
Scott Sports
Gutenbergstr. 27
85748 Garching
Tel. 0 89/89 87 83 60
Fax 0 89/8 98 78 36 50
www.scott-sports.com

Anbieter

SkyCair
Langenhorner
Chaussee 35
22335 Hamburg
Tel. 0 40/27 86 52 74
www.flugangst
seminar.com

Smith
Vista-Sport
Neubohlingen 1/1
78315 Radolfzell am
Bodensee
Tel. 0 77 32/82 32 80
Fax 0 77 32/82 32 81 11
www.smithoptics.com

SportScheck/OCK
Sendlinger Str. 6
80331 München
Tel. 0 180 5/50 50
Fax 0 180 5/50 51
www.sport
scheck.com

Stratic
Jacob Bonifer
Kasseler Str. 14
63110 Rodgau
Tel. 0 61 06/8 49 30
Fax 0 61 06/84 93 50
www.stratic.de

Tchibo/TCM
Überseering 18
22297 Hamburg
Tel. 0 40/6 38 70
Fax 0 40/63 87 26 00
www.tchibo.de

The North Face
VF Germany Textil-
Handels GmbH
Sendlinger Str. 11
80331 München
Tel. 0 89/23 23 97 80
Fax 0 89/2 32 39 78 28
www.thenorthface.com

Titan
Nonnenwald 1
82377 Penzberg
Tel. 0 88 56/9 29 20
Fax 0 88 56/9 29 22 00
www.titan-bags.com

Travelchannel.de
Travel Overland
Flugreisen
Leopoldstr. 252
80807 München
Tel. 0 800/1 01 45 14
Fax 0 89/30 79 86 33
www.travelchannel.de

Travelite
Merkurring 70–72
22143 Hamburg

Tel. 0 40/6 42 15 40
Fax 0 40/6 42 15 42 15
www.travelite.de

Travelpro
International Inc.
PO Box 81 07 55
Boca Raton Florida
USA
Tel. 0 01/80 07 41 74 71
http://travelpro.com

Travelscout24.de
Triplemind
Berliner Str. 2
63065 Offenbach am M.
Tel. 0 800/1 00 41 16
www.TravelScout24.de

Tripadvisor.de
Gaisbergstr. 7, RGB 1
81675 München
www.tripadvisor.de

Trivago.de
Bennigsen-Platz 1
40474 Düsseldorf
Tel. 02 11/54 06 50
Fax 02 11/54 06 51 15
www.trivago.de

TSG
24/7 Distribution
Kesslerweg 4
48155 Münster
Tel. 02 51/91 98 92 47
Fax 02 51/91 98 92 22
www.247dist.com

**Un fin de semana
en Madrid**
Grubbe Media
Manzostr. 4
80997 München
Tel. 0 89/36 89 96 63
Fax 0 89/36 89 96 64
www.grubbemedia.de

Uvex
Postfach 25 09
90715 Fürth
Tel. 09 11/9 77 40
Fax 09 11/9 77 43 50
www.uvex-sports.de

Wintex
Albrechtstr. 26
4614 Marchtrenk
Österreich
Tel. 00 43/7 2 43/5 28 00
Fax 00 43/72 43/5 30 00
www.wintex.at

Vaude
Vaudestr. 2
88069 Tettnang
Tel. 0 75 42/5 30 60
Fax 0 75 42/53 06 60
www.vaude.com

Venere.com
Venere Net S.r.l
Via della
Camilluccia, 693
00135 Rom
Italien
www.venere.com

Vente-privee.com
Spedition Str. 17
40221 Düsseldorf
Tel. 0 180 1/00 11 01
www.vente-privee.com

Viaje por España
ELI Publishing
PO Box 6
62019 Recanati (MC)
Italien
Tel. 00 39 71/75 07 01
Fax 00 39 71/97 78 51
www.elionline.com

Viaje por España
Ernst Klett Sprachen
Rotebühlstr. 77
70178 Stuttgart
Tel. 07 11/66 72 13 33
Fax 07 11/98 80 90 00 99
www.klett.de

Völkl
Marker Dalbello Völklski
Europaring 8
94315 Straubing
Tel. 0 94 21/32 00
Fax 0 94 21/32 01 86
www.voelkl.com

Weg.de
Comvel
Hanauer Str. 56
80992 München
Tel. 0 180 5/18 55 55
Fax 02 34/5 79 64 78
www.weg.de

Zalando-lounge.de
Sonnenburger Str. 73
10437 Berlin
Tel. 0 800/24 02 22
www.zalando-lou
nge.de

Zoover.de
Bonner Str. 484–486
50968 Köln
Tel. 02 21/3 36 06 29 10
Fax 02 21/3 36 06 29 10
www.zoover.de

Verkehr

a-rival
Baros
Kleine Düwelstr. 21
30171 Hannover
Tel. 05 11/9 88 71 85

Fax 05 11/9 88 74 58
www.a-rival.de

Alk
4 Bloomsbury Square
London, WC1A 2RP
Großbritannien
www.copilotlive.com

Apollo
Vredestein
Rheinstr. 103
56179 Vallendar
Tel. 02 61/8 07 66 00
Fax 02 61/8 07 66 99
www.vredestein.com

Banner
Banner Str. 1
4021 Linz
Österreich
Tel. 00 43/7 32/3 88 80
Fax
00 43/7 32/3 88 82 13 99
www.banner
batterien.com

Barum
siehe Continental

Bebecar
Utilidades para Crianca,
S.A.
Rua Domingos Oliveira
Santos 62
Apartado 8
4509 –903 Caladas de
S. Jorge
Portugal
Tel. 0 03 51/2 56/91 04 00
Fax
0 03 51/2 56/91 13 46
www.bebecar.com

Becker
United Navigation
Marco-Polo-Str. 1
73760 Ostfildern
Tel. 0 180 5/32 55 46
Fax 07 11/4 50 23 20
www.united-navigati
on.com

BeSafe
HTS BeSafe Safety AB
Postfach 12 01 55
30671 Pattensen
Tel. 0 180 5/32 76 27
Fax 0 180 5/48 74 87
www.besafe.eu

Bosch
Johnson Controls
Autobatterie
Am Leineufer 51
30419 Hannover
Tel. 05 11/9 75 01
Fax 05 11/9 75 10 10

Brevi
Via Lombardia, 15/17
24060 Telgate (BG)
Italien
Tel. 00 39/35/8 35 93 11
www.brevi.eu

Bridgestone
Justus-von-Liebig-Str. 1
61352 Bad Homburg
vor der Höhe
Tel. 0 61 72/4 08 01
Fax 0 61 72/40 84 90
www.bridgestone.de

C Formula
siehe Pirelli

Cam
Il Mondo del Bambino
S.P.A.
Via A. Noli Marenzi, 10
24060 Telgate
Italien
Tel. 00 39/35 83 11 71
Fax 00 39/35 83 28 22
www.camspa.it

Cambio Carsharing
Cambio Mobilitäts-
service
Humboldtstr. 131–137
28203 Bremen
Tel. 04 21/79 27 03 00
Fax 04 21/7 44 65
www.cambio-carsha
ring.de

Car2go
Hedelfinger Staße 4 –11
73734 Esslingen am
Neckar
Tel. 07 11/1 75 20 72
Fax 07 11/17 79 05 24 36
www.car2go.com

Casualplay
Play S.A.
Pol. Ind. Riera
de Caldes
Ronda Boada Vell, 6
Apartado de correos
132
08184 Palau-Solità I
Plegamans
Spanien
Tel. 00 34/9 30 04/80 27
Fax 00 34/9 38 64/84 91
www.casualplay.com

Chicco
Artsana
Borsigstr. 1
63126 Dietzenbach
Tel. 0 60 74/49 52 14
Fax 0 60 74/49 52 00
www.chicco.de

270 Anbieter

Anbieter

Concord
Postfach 11 62
95342 Stadtsteinach
Tel. 0 95 25/95 50 00
Fax 0 95 25/95 50 55
www.concord.de

Continental
Büttnerstr. 25
30165 Hannover
Tel. 05 11/9 38 01
Fax 05 11/9 38 81 77 70
www.conti.de

Cybex
Columbus
Trading-Partners
Riedinger Str. 18
95448 Bayreuth
Tel. 09 21/78 51 10
Fax 09 21/78 51 19 99
www.cybex-online.com

Drive Carsharing
Schorberger Str. 66
42699 Solingen
Tel. 02 12/64 58 40 80
Fax
02 12/6 45 84 08 63 30
www.drive-car
sharing.com

DriveNow
Barer Str. 1
80333 München
Tel. 0 180 4/29 29 29
www.drive-now.com

Dunlop
siehe Goodyear

Easycarseat
Ternion Court
264 – 268 Upper Fourth
Street
Central Milton Keynes
MK9 1DP
Grossbritannien
Tel. 00 44/20 71 93 74 81
Fax
00 44/0 13 92 69 03 80
http://easyseat.com

Effiplus
Techking Tire Ltd.
19F,
Bldg. 2 Tianbao
Int'l Mansion
No 61 Haier Rd
Quingdao 26 60 61
China
Tel.
00 86/5 32 55 58 88 88
www.techkingtires.com

Exide
GNB Industrial Power
Thiergarten

63654 Büdingen
Tel. 0 60 42/8 13 43
Fax 0 60 42/8 17 45
www.gnb.com

Falk
siehe Becker

Falken
Berliner Str. 74 – 76
63065 Offenbach am
Main
Tel. 0 69/24 75 25 20
Fax 0 69/2 47 52 52 14
www.falken-europe.de

Firestone
siehe Bridgestone
www.firestone.de

Flinkster
DB Rent
Mainzer Landstr. 169
60327 Frankfurt/M.
Tel. 0 69/26 54 05 00
Fax 0 69/26 54 05 01
www.flinkster.de

Fulda
siehe Goodyear

Garmin
Lochhamer Schlag 5a
82166 Gräfelfing
Tel. 0 89/8 58 36 40
Fax 0 89/8 58 36 41 44
www.garmin.de

Goodyear
Dunlopstr. 2
63450 Hanau
Tel. 0 61 81/68 01
Fax 0 61 81/68 12 83
www.gdtg.de

Google
ABC-Str. 19
20354 Hamburg
Tel. 0 40/8 08 17 90 00
Fax 0 40/49 21 91 94
http://maps.google.de

Graco
Postfach 14 18
32112 Hiddenhausen
Tel. 0 52 23/87 98 93
Fax 0 52 23/87 98 70
www.graco.de

Greenwheels
Postbus 4031
3006 AA Rotterdam
Niederlande
Tel.
00 31/0 180 3/33 23 32
Fax 00 31/0 21 31/
8 62 00 20 44
www.greenwheels.de

GTRadial
Giti Tire
Siegpark
Auf dem Seidenberg 5
53721 Siegburg
Tel. 0 22 41/12 39 40
Fax 0 22 41/1 23 94 76
www.gtradial.de

Hankook
Siemensstr.5 A
62263 Neu-Isenburg
Tel. 0 61 02/5 99 82 00
Fax 0 61 02/5 99 82 49
www.hankookreifen.de

Infinity
Kingsbury House
468 Church Lane
Kingsbury London
NW9 8 UA
Großbritannien
Tel. 00 44/20/82 00 23 67
Fax 00 44/20/82 00 23 68
www.infinity-tyres.com

Jane
siehe Concord

JCI/Varta
siehe Bosch

Kiddy
Schaumbergstr. 8
95032 Hof
Tel. 0 92 81/7 08 00
Fax 0 92 81/7 08 21
www.kiddy.de

Kiwy
Protexer Consulting
Holzhäuser Str. 11
61352 Bad Homburg
Tel. 0 61 72/6 82 68 43
www.protexer.de

Kumho
Brüsseler Platz 1
63067 Offenbach am
Main
Tel. 0 69/9 43 31 80
Fax 0 69/4 90 00 69
www.kumhotire.de

Maloya
siehe Apollo

Marshal
Kumho
Brüsseler Platz 1
63067 Offenbach
am Main
Tel. 0 69/9 43 31 80
Fax 0 69/4 90 00 69
www.kumhotire.de

Maxi Cosi
Dorel
Augustinusstr. 9 c
50226 Frechen

Tel. 0 22 34/9 64 30
Fax 0 22 34/96 43 33
www.maxi-cosi.de

Medion
Am Zehnthof 77
45307 Essen
Tel. 0 180 5/63 36 33
Fax 0 180 5/66 55 66
www.medion.com

Michelin
Postfach 21 09 51
76159 Karlsruhe
Tel. 07 21/53 00
Fax 07 21/5 30 12 90
www.michelin.de

Mio
Fürstenrieder Str. 279a
81377 München
Tel. 0 89/71 04 36 05
http://eu.mio.com/de

Moll
Akkumulatorenfabrik
Angerstr. 50
96231 Bad Staffelstein
Tel. 0 95 73/9 62 20
Fax 0 95 73/96 22 11
http://moll-batterien.de

Nania
Kids im Sitz
Postfach 11 54
78240 Gottmadingen
Tel. 0 77 31/97 00 77
Fax 0 77 31/97 00 55
www.kids-im-sitz.de

Navigon
Garmin
Beethovenstr. 1a-b
97080 Würzburg
Tel. 09 31/3 57 30
Fax 09 31/3 57 31 22
www.navigon.de

Nexen
Mergenthalerallee
79 – 81
65760 Eschborn, Ts.
Tel. 0 61 96/95 48 60
Fax 0 61 96/9 54 86 77
www.nexentire.com

Nokia
Balcke-Dürr-Allee 3
40882 Ratingen
Tel. 0 180 5/01 50 20
Fax 0 21 02/89 28 75 83
www.nokia.de

Nokian
Neuwieder Str. 14
90411 Nürnberg
Tel. 09 11/52 75 50
Fax 09 11/5 27 55 29
www.nokiantyres.de

Osann
siehe Nania

Peg Perego
Peg
Postfach 17 80
85201 Dachau
Tel. 0 81 31/5 18 50
Fax 0 81 31/51 85 40
www.peg.de

Phil & Teds
Ideavelop
Klavematen 37 C
7472 DD Hof van
Twente (Goor)
Niederlande
Tel.
00 31/05 47/35 27 27
Fax
00 31/05 47/35 27 77
http://philandteds.com

Pirelli
Postfach 40 14 80
80714 München
Tel. 0 89/14 90 80
Fax 0 89/14 90 85 81
www.pirelli.de

Premiorri
BaRo
Hans-Duncker-Str. 9
21035 Hamburg
Tel. 0 40/2 19 01 29 32
Fax 0 40/2 19 01 29 25
www.baro-reifen.de

Quicar
Volkswagen Leasing
Karmarschstr. 37–39
30159 Hannover
Tel. 0 800/1 19 10 00
Fax 0 800/8 89 43 53
www.quicar.de

Recaro
Guttenbergstr. 2
95352 Marktleugast
Tel. 0 92 55/7 70
Fax 0 92 55/77 13
www.recaro-cs.com

Römer
Britax Römer
Postfach 34 49
89024 Ulm
Tel. 07 31/9 34 50
Fax 07 31/9 34 52 10
www.britax-roemer.de

Safety 1st
siehe Maxi Cosi

Sava
siehe Goodyear

Semperit
siehe Continental

Anbieter 271

Anbieter

Skobbler
Luisenstr. 41
10117 Berlin
www.skobbler.de

Stadtmobil
Stadtmobil Berlin
Hagenauer Str. 14
10435 Berlin
Tel. 0 30/6 92 06 75 10
Fax 0 30/6 92 06 75 19
www.stadtmobil.de

Storchenmühle
siehe Recaro

Sygic
CBC IV. Karadžicova 14
82108 Bratislava
Slowakei
www.sygic.com

Syron
Keskin Tuning Europa
Carl-Benz-Str. 22–24
67227 Frankenthal
Tel. 0 62 33/3 27 60 60
Fax 0 62 33/3 27 60 61
www.keskin-tuning.de

Takata
Bahnweg 1
63743 Aschaffenburg
Tel. 0 60 21/6 50
Fax 0 60 21/65 11 78
www.takata-child
seats.com

Tecar
Techno-Einkauf
Aspelohe 27c
22848 Norderstedt
Tel. 0 40/5 26 09 90
Fax 0 40/5 26 09 91 00
www.tecar-reifen.de

Teilauto
Mobility Center
Scharrenstr. 10
06108 Halle
(Saale)
Tel. 03 45/4 45 00 15
Fax 03 45/4 45 00 11
www.teilauto.net

TomTom
Raiffeisenallee 1G
82041 Oberhaching
Tel. 0 180 5/00 38 42
Fax 0 89/67 80 49 10
www.tomtom.com

Uniroyal
siehe Continental

Vredestein
Rheinstr. 103
56179 Vallendar
Tel. 02 61/8 07 66 00

Fax 02 61/8 07 66 99
www.vredestein.com

Yokohama
Monschauer Str. 12
40549 Düsseldorf
Tel. 02 11/5 37 40 50
Fax 02 11/53 74 05 23
www.yokohama-on
line.com

Gesundheit

Accu-Chek
Roche Diagnostics
Sandhofer Straße 116
68305 Mannheim
Tel. 06 21/75 90
Fax 06 21/7 59 28 90
www.accu-check.de

Aktivmed
Prinzregentenplatz 1
86150 Augsburg
Tel. 08 21/34 76 10
Fax 08 21/3 47 61 55
www.aktivmed.eu

Amplifon
Normannenweg 30
20537 Hamburg
Tel. 0 40/6 94 54 00
Fax 0 40/6 94 54 40 90
www.amplifon.de

Anabox
Anmed
Gartenstr. 13
09456 Annaberg-
Buchholz
Tel. 0 37 33/59 63 00
Fax 0 37 33/59 63 01
www.anabox.de

Bayer
Bayer Healthcare
51368 Leverkusen
Tel. 02 14/3 00
Fax 02 14/3 06 63 28
www.bayerhealth
care.com

Beurer
Postfach 14 27
89004 Ulm
Tel. 07 31/3 98 90
Fax 07 31/3 98 91 39
www.beurer.de

Careliv
Str. der Deutschen
Einheit 8
04643 Geithain
Tel. 03 43 41/4 01 39
Fax 03 43 41/4 01 89
www.careliv.de

Comford Aid
Edco Eindhoven B.V.
Adriaan Mulder-
weg 9–11,
Eindhoven Airport
5657 EM Eindhoven
Niederlande
Tel. 00 31/40/2 50 11 11
Fax 00 31/40/2 51 79 17
www.edco.nl

Dosett
Temmler Pharma
Temmlerstr. 2
35039 Marburg
Tel. 0 64 21/49 40
Fax 0 64 21/49 42 00
www.temmler.de

Dr. Junghans
Dr. Junghans Medical
Käthe-Kollwitz-
Straße 34
04651 Bad Lausick
Tel. 03 43 45/5 60 10
Fax 03 43 45/56 01 99
www.dr-junghans.de

Fielmann
Weidestr. 118a
22083 Hamburg
Tel. 0 40/27 07 60
Fax 0 40/27 07 63 99
www.fielmann.de

FreeStyle
Abbott Diabetes Care
Max-Planck-Ring 2
65205 Wiesbaden
Tel. 0 800/5 19 95 19
Fax 0 61 22/58 12 44
www.Abbott-Diabetes-
Care.de

Geers
Postfach 10 13 63
44013 Dortmund
Tel. 02 31/9 76 00
Fax 02 31/9 76 01 00
www.geers.de

GlucoMen
A. Menarini
Diagnostics
Glienicker Weg
125–127
12489 Berlin
Tel. 0 30/6 70 70
Fax 0 30/67 07 30 00
www.menarinidiagnos
tics.de

GlucoSmart
MSP Bodmann
Ziegeleistr. 2
86399 Bobingen
Tel. 0 82 34/7 06 71 00

Fax 0 82 34/7 06 71 01
www.glucosmart.com

Iffland
Königstr. 35
70173 Stuttgart
Tel. 07 11/22 80 70
Fax 07 11/2 26 16 21
www.iffland-hoeren.de

IME-DC
Kautendorferstr. 24
95145 Oberkotzau
Tel. 0 92 86/96 46 90
Fax 0 92 86/96 46 91 00
www.imedc.de

Jes Collection
J. E. Schum
Am Stein 2
97080 Würzburg
Tel. 09 31/20 01 20
Fax 09 31/20 01 25 00
www.schum.de

Kind
Kokenhorststr. 3–5
30938 Großburg-
wedel
Tel. 0 51 39/8 08 50
Fax 0 51 39/8 08 52 99
www.kind.com/de

Medi-7
Hans-H. Hasbargen
Dittmannswiesen 3
76646 Bruchsal
Tel. 0 72 51/9 12 60
Fax 0 72 51/9 12 6 23
www.hasbargen.de

Medisana
Jagenbergstr. 19
41468 Neuss
Tel. 0 21 31/3 66 80
Fax 0 21 31/36 68 50 95
www.medisana.de

Mylife Pura
Ypsomed
Höchster Str. 70
65835 Liederbach
Tel. 0 61 96/7 00 70
Fax 0 61 96/7 00 71 00
www.mylife-diabetes
care.de

Omnitest
B. Braun Melsungen
Postfach 11 20
34201 Melsungen
Tel. 0 56 61/7 10
Fax 0 56 61/71 45 67
www.bbraun.de

OneTouch
LifeScan
Postfach 13 40

69141 Neckargemünd
Tel. 0 62 23/7 77 77
Fax 0 62 23/7 77 78
www.lifescan.de

Rossmann/Ideenwelt
Isernhägener Str. 16
30938 Burgwedel
Tel. 0 51 39/89 80
Fax 0 51 39/8 98 49 99
www.rossmann.de

Russka
Ludwig Bertram
Lübecker Str. 1
30880 Laatzen
Tel. 0 51 02/9 1 73
Fax 0 51 02/91 75 55
www.russka.de

Seifert
Schongauerstr. 36
81377 München
Tel. 0 89/71 09 90
Fax 0 89/7 10 99 90
www.hoergeraete-sei
fert.de

SmartLab
HMM Diagnostics
Friedrichstr. 89
69221 Dossenheim
Tel. 0 62 21/58 50 80
Fax 0 62 21/5 85 08 10
www.hmm.info

Stada
Hemopharm
Königsteiner Str. 2
61350 Bad Homburg
Tel. 0 800/4 47 72 00
Fax 0 800/4 47 73 00
www.hemopharm.de

Testamed
Trend Pharma
Eichendorffstr. 9
07318 Saalfeld/Saale
Tel. 0 36 71/5 26 75 50
Fax 0 36 71/5 26 75 51
www.trendpharma.de

Tiga-Med
Heidelbergweg 9
07580 Ronneburg
Tel. 0 36 602/50 96 45
Fax 0 36 602/51 19 81
www.tiga-med.de

Wellion Calla
Med Trust
Zur Wetterwarte 50
Haus 337C
01109 Dresden
Tel. 0 180 1/40 01 99
Fax 0 180 1/40 09 99
www.medtrust.de

Adressen

Tarife für Anrufe aus dem deutschen Festnetz: **0 800** Kostenfrei; **0 180 1** 3,9 Cent/Min.; **0 180 2** 6,0 Cent/Anruf;
0 180 3 9,0 Cent/Min.; **0 180 5** 14 Cent/Min.; **0 188** 14 Cent/Min.; **0 900 1** Kosten von 49 – 200 Cent/Min.;
Kosten aus dem Mobilfunknetz dürfen 42 Cent/Min. oder 60 Cent/Anruf nicht überschreiten.

Verbraucherinstitutionen

Stiftung Warentest
10785 Berlin, Lützowplatz 11–13,
www.test.de
test-Leserservice:
Tel. 0 900 1/58 37 81
test@stiftung-warentest.de
Finanztest-Leserservice:
Tel. 0 900 1/58 37 82
finanztest@stiftung-warentest.de

Aktion Bildungsinformation (ABI)
Verbraucherschutz in Bildungsfragen

70174 Stuttgart, Lange Str. 51,
Tel. 07 11/22 02 16 30,
info@abi-ev.de,
www.abi-ev.de

DHB – Netzwerk Haushalt.
Berufsverband der Haushaltsführenden

53111 Bonn, Oxfordstr. 10,
Tel. 02 28/23 77 18,
dhb-netzwerk-haushalt@t-online.de,
www.dhb-netzwerk-haushalt.de

Europäisches Verbraucherzentrum
Deutschland

77694 Kehl, Bahnhofplatz 3

Standort Kiel:
24103 Kiel, Andreas-Gayk-Str. 15

Tel. 0 78 51/99 14 80
Fax 0 78 51/9 91 48 11,
info@cec-zev.eu,
www.cec-zev.eu

VerbraucherService Bayern im KDFB

Landesgeschäftsstelle
80335 München, Dachauer Str. 5/V
Tel. 0 89/51 51 87 43
info@verbraucherservice-bayern.de,
www.verbraucherservice-bayern.de

Beratungsstellen:

E-Mail-Adressen der Beratungsstellen:
Ort(z.B. augsburg)@verbraucherservice-bayern.de

63739 Aschaffenburg, Dalbergstr. 15
(Rathaus, Sitzungsgebäude),
Tel. 0 60 21/3 30 12 18

91522 Ansbach, Nürnberger Str. 32/I
Tel. 09 81/97 78 97 93

86152 Augsburg, Ottmarsgässchen 8
Tel. 08 21/15 70 31

96047 Bamberg, Grüner Markt 14
Tel. 09 51/20 25 06

93413 Cham, Obere Regenstr. 15
Tel. 0 99 71/67 53

86609 Donauwörth, Münsterplatz 4
Tel. 09 06/82 14

91301 Forchheim, Sattlertorstr. 5
Tel. 0 91 91/6 46 89

85049 Ingolstadt, Kupferstr. 24,
Tel. 08 41/95 15 99 90

85375 Neufahrn, Bahnhofstr. 32
Tel. 0 81 65/6 07 48,
verbraucher@neufahrn.d

94032 Passau, Ludwigsplatz 4/I
Tel. 08 51/3 62 48

93047 Regensburg, Frauenbergl 4
Tel. 09 41/5 16 04

92421 Schwandorf, Spitalgarten 1
(neues Rathaus),
Tel. 0 94 31/4 52 90

83278 Traunstein, Bahnhofstr. 1
Tel. 08 61/6 09 08

97070 Würzburg, Bahnhofstr. 4–6
Tel. 09 31/30 50 80

VerbraucherService im Katholischen
Deutschen Frauenbund

Bundesgeschäftsstelle
50677 Köln, Kaesenstr. 18,
Tel. 02 21/86 09 20,
bundesverband@frauenbund.de,
www.frauenbund.de

Verbraucherzentrale
Bundesverband (vzbv)

10969 Berlin,
Markgrafenstr. 66,
Tel. 0 30/25 80 00,
info@vzbv.de,
www.vzbv.de

Verbraucherzentralen

Baden-Württemberg

70178 Stuttgart, Paulinenstr. 47,
Tel. 07 11/66 91 10,
info@vz-bw.de,
www.vz-bawue.de

Beratungstelefone

Telekommunikation, Freizeit, Haushalt:
Mo–Fr 9–12 Uhr, Mi 15–18 Uhr,
Tel. 0 900 1/77 44 41

Ernährung, Kosmetik, Hygiene:
Mo–Fr 9–12 Uhr, Mi 15–18 Uhr,
Tel. 0 900 1/77 44 42

Versicherungen:
Mi 15–18 Uhr, Fr 9–12 Uhr,
Tel. 0 900 1/77 44 43

Altersvorsorge, Banken, Kredite:
Mo–Fr 9–12 Uhr, Mi 15–18 Uhr,
Tel. 0 900 1/77 744 44

Bauen und Wohnen:
Mo–Fr 9–12 Uhr, Mi 15–18 Uhr,
Tel. 0 900 1/77 44 45

Energie:
Mo–Fr 9–12Uhr, Mi 15–18 Uhr,
Tel. 0 900 1/77 44 46

Info-Telefon:
Vereinbaren Sie Ihren individuellen
Termin in einer unserer Beratungsstellen:
Mo–Do 10–18 Uhr, Fr 10–14 Uhr
Tel. 07 11/66 91 10

Beratungsstellen:
79098 Freiburg, Kaiser-Joseph-Str. 271,
Di 10–13 Uhr, Do 15–18 Uhr

88045 Friedrichshafen, Riedleparkstr. 1,
Mo 14–17 Uhr, Mi 10–13 Uhr

69115 Heidelberg, Poststr. 15
(Stadtbücherei),
Mi 9–12 Uhr, Do 14–17 Uhr

89522 Heidenheim, Hintere Gasse 60,
Bürgerhaus (Altes Eichamt)
Mi 9–12 Uhr, Do 14–17 Uhr

76133 Karlsruhe, Kaiserstr. 167,
Mo 16–18 Uhr, Mi 10–12 Uhr

68161 Mannheim, Q 4, 10,
Di 14–16, Mi 13–17 Uhr

74172 Neckarsulm, Schindlerstr. 9,
Di 10–14 Uhr, Mi 13–17 Uhr

70178 Stuttgart, Paulinenstr. 47,
Mo und Fr 10–14 Uhr,
Di und Do 10–17 Uhr, Mi 10–19 Uhr

89073 Ulm, Frauengraben 2,
Di und Do 13–17 Uhr

79761 Waldshut-Tiengen, Parkhaus
Kornhaus, Di 15–17 Uhr

Terminvereinbarung Energie-Beratung:
Mo–Do 10–18 Uhr, Fr 10–14 Uhr,
Tel. 0 180 5/50 59 99

Adressen 273

Adressen

79098 Freiburg, Kaiser-Joseph-Str. 271

88045 Friedrichshafen, Riedleparkstr. 1

69115 Heidelberg, Poststr. 15
(Stadtbücherei)

89522 Heidenheim, Hintere Gasse 60 '
(Bürgerhaus, Altes Eichamt)

76144 Karlsruhe, Kaiserstr. 167

68161 Mannheim, Q4, 10

74172 Neckarsulm, Schindlerstr. 9

70178 Stuttgart, Paulinenstr. 47

89073 Ulm, Frauengraben 2

Energie-Beratungsstützpunkte:

73430 Aalen, Ostalbkreis, Marktplatz 30
(Rathaus)

74564 Crailsheim, Spitalstr. 2 a

69412 Eberbach, Güterbahnhof 4

74523 Schwäbisch-Hall, Neue Str. 5–7

79822 Titisee-Neustadt – OT Neustadt,
Pfauenstr. 4

78532 Tuttlingen, Rathausstr. 1

78054 Villingen-Schwenningen – OT
Schwenningen, Metzgergasse 8

79761 Waldshut-Tiengen, Friedrichstr. 3a

Kreis Horb:

72186 Empfingen, Mühlheimer Str. 2
(Rathaus)

721 Eutlingen im Gäu, Marktstr. 17
(Rathaus)

72160 Horb am Neckar, Neckarstr. 13

Kreis Konstanz:

78267 Aach, Hauptstr. 16

78476 Allensbach, Rathausplatz 1

78351 Bodman-Ludwigshafen,
Rathausstr. 2

78266 Büsingen/Hochrhein, Junkerstr. 86

78253 Eigeltingen, Krumestr. 1

78234 Engen, Marktplatz 4

78343 Gaienhofen/Bodensee,
Im Kohlgarten 1

78262 Gailingen am Hochrhein,
Hauptstr. 11

78244 Gottmadingen, J.-G.-Fahr-Str. 10

78247 Hilzingen, Hauptstr. 36

78355 Hohenfels/Bodens., Junkerstr. 86

78462 Konstanz, Untere Laube 24

78345 Moos, Bohlingerstr. 18

78259 Mühlhausen-Ehingen, Schloßstr. 46

78357 Mühlingen/Bodens.,
Im Göhren 2

78337 Öhningen, Klosterplatz 1

78359 Orsingen-Nenzingen,
Stockacher Str. 2

78315 Radolfzell, Fürstenbergstr. 1

78479 Reichenau, Münsterplatz 2

78239 Rielasingen-Worblingen,
Lessingstr. 2

78224 Singen, Hohgarten 2

78256 Steißlingen, Schulstr. 19

78333 Stockach, Adenauerstr. 4

78250 Tengen, Marktstr. 1

78269 Volkertshausen, Hauptstr. 27

Kreis Lörrach:

79400 Kandern, Hauptstr. 18

79677 Schönau i. Schw., Talstr. 22

79650 Schopfheim, Hauptstr. 29–31

79674 Todtnau, Meinrad-Thoma-Str. 7

Ostalbkreis:

73430 Aalen, Marktplatz 30

73453 Abtsgmünd, Rathausplatz 1

73560 Böbingen/Rems,
Dr.-Schneider-Str. 56

73441 Bopfingen, Marktplatz 1

73479 Ellwangen/Jagst, Spitalstr. 4

73547 Lorch, Hauptstr. 19

73450 Neresheim, Marktplatz 21

73450 Oberkochen, Aalener Str. 68

73525 Schwäbisch Gmünd, Bürgerstr. 5

Reutlingen:

72574 Bad Urach, Marktplatz 1

72581 Dettingen an der Erms,
Rathausplatz 1

72829 Engstingen-Hohenstein,
Graf-von-Moltke-Platz 1

72800 Eningen u. A., Rathausplatz 1

72532 Gomadingen, Marktplatz 2

72582 Grabenstetten, Böhringerstr. 10

72661 Grafenberg, Bergstr. 30

72534 Hayingen, Markstr. 1

72805 Lichtenstein, Rathausplatz 17

72537 Mehrstetten, Am Marktplatz 1

72555 Metzingen, Stuttgarter Str. 2–4

72525 Münsingen, Bachwiesenstr. 7

72539 Pfronstetten, Hauptstr. 25

72793 Pfullingen, Marktplatz 4

72124 Pliezhausen, Marktstr. 1

72760 Reutlingen, Marktplatz 22

72585 Riederich, Mittelstädter Str. 17

72587 Römerstein, Albstr. 2

72813 Sankt Johann, Schulstr. 1

72820 Sonnenbühl, Hauptstr. 2

72818 Trochtelfingen, Rathausplatz 9

72141 Walddorfhäslach, Dorfstr. 30

72827 Wannweil, Hauptstr. 11

88529 Zwiefalten, Marktplatz 3

Bayern

Alle Beratungsstellen sind per
E-Mail zu erreichen: stadt@vzbayern.de
(z. B. amberg@vzbayern.de)

80336 München, Mozartstr. 9
Tel. 0 89/53 98 70, info@vzbayern.de
www.verbraucherzentrale-bayern.de

Beratung:

Landesweites Beratungstelefon
0 900 1/89 22 93 76
Mo, Mi, und Do 9–11 und 15–17 Uhr
(Informationen zum Beratungsangebot
und Fragen zu Lebensmitteln und
Ernährung, Rechts- und Versicherungsberatung)

Beratung zu Verbraucherrecht,
Versicherungen, Altersvorsorge,
Geldanlage/Kredit und Energie in
allen 16 Beratungsstellen.

Energieberatungsstützpunkte in
13 weiteren Städten.

Beratungsstellen:

92224 Amberg, Herrnstr. 16,
Tel. 0 96 21/1 41 30

86150 Augsburg, Zeugplatz 3,
Tel. 08 21/3 78 66

96047 Bamberg, Theatergassen 4,
Tel. 09 51/2 82 00

94469 Deggendorf, Rosengasse 10,
Tel. 09 91/54 11

82110 Germering, Planegger Str. 9,
Tel. 0 89/84 67 75

82194 Gröbenzell, Rathausstr. 4,
Tel. 0 81 42/5 05 64

95028 Hof, Bürgerstr. 20,
Tel. 0 92 81/8 46 80

87435 Kempten, Vogtstr. 17,
Tel. 08 31/2 10 71

Adressen

84028 Landshut, Neustadt 516,
Tel. 08 71/2 13 38

87700 Memmingen, Ulmer Str. 9,
Tel. 0 83 31/8 99 44

80336 München, Mozartstr. 9,
Rechts- und Versicherungsberatung
nach Terminvereinbarung,
Tel. 0 89/5 39 87 21
Altersvorsorgeberatung nach
Terminvereinbarung,
Tel. 0 89/5 39 87 31
Geldanlage-/Kreditberatung nach
Terminvereinbarung,
Tel. 0 89/5 39 87 27
Energieberatung nach Termin-
vereinbarung,
Tel. 0 188 09/80 24 00

90403 Nürnberg, Albrecht-Dürer-Platz 6
Rechts- und Versicherungsberatung
nach Terminvereinbarung,
Tel. 09 11/2 42 65 12
Altersvorsorgeberatung nach
Terminvereinbarung,
Tel. 09 11/2 42 65 05
Geldanlage-/Kreditberatung nach
Terminvereinbarung,
Tel. 09 11/2 42 65 25
Energieberatung nach Termin-
vereinbarung,
Tel. 0 188 09/80 24 00

83022 Rosenheim, Münchener Str. 36,
Tel. 0 80 31/3 77 00

97421 Schweinfurt, Judengasse 10,
Tel. 0 97 21/2 17 17

92637 Weiden, Herzogstr. 14,
Tel. 0 9 61/3 61 00

97070 Würzburg, Domstr. 10,
Tel. 09 31/5 91 86

Energieberatungsstützpunkte:

86551 Aichach, Tandlmarkt 13,
(im Verwaltungsgebäude 1),
Tel. 0 82 51/9 02 32

97688 Bad Kissingen, Rathausplatz 1,
(im Rathaus), Tel. 09 71/80 70

96450 Coburg, Hintere Kreuzgasse 7,
Tel. 0 188 09/80 24 00

89407 Dillingen, Königstr. 37/38
(im Rathaus), Tel. 0 90 71/5 40

84130 Dingolfing, Obere Stadt 1,
(im Landratsamt), Tel. 0 87 31/8 74 98

84095 Furth b. Landshut, Am Rathaus 6
(im Rathaus), Tel. 0 87 04/91 19 25

89312 Günzburg, Schlossplatz 1,
(im Rathaus), Tel. 0 82 21/90 31 52

86438 Kissing, Pestalozzistr. 5,
(im Rathaus), Tel. 0 82 33/7 90 75 01

95111 Rehau, Martin-Luther-Str. 1,
(im Rathaus), Tel. 0 92 83/20 45

82319 Starnberg, Strandbadstr. 2,
(im Landratsamt), Tel. 0 81 51/14 84 42

84513 Töging a. Inn, Hauptstr. 26,
(im Rathaus), Tel. 0 86 31/90 04 44

83301 Traunreut, Rathausplatz 3,
(im Rathaus), Tel. 0 86 69/85 72 07

83278 Traunstein, Stadtplatz 39,
(im Rathaus), Tel. 0 8 61/6 52 76

Berlin

10623 Berlin, Hardenbergplatz 2,
Tel. 0 30/21 48 50
mail@verbraucherzentrale-berlin.de
www.vz-berlin.de

Brandenburg

14473 Potsdam, Templiner Str. 21
Landesgeschäftsstelle,
(Hier keine Beratung),
info@vzb.de, www.vzb.de

Beratungstelefone:

Verbraucherrecht:
Mo–Fr. 9–18 Uhr,
Tel. 0 900 1/77 57 70

Lebensmittel, Ernährung:
Mo+Do 10–16 Uhr,
Tel. 0 180 5/79 13 52

Unabhängige Patientenberatung
Mo–Fr 10–18 Uhr,
Tel. 0 800/0 11 77 22

Bundesweite Auskunft zur Energieeinsparung und Vermittlung von Terminen
zur Energieberatung
Mo–Do 8–18 Uhr, Fr 8–16 Uhr,
Tel. 0 900 1/3 63 74 43

**Beratungsstellen und
Beratungsstützpunkte:**

Landesweites Termintelefon,
Mo–Fr 9–16 Uhr,
Tel. 0 180 5/00 40 49

Beratungsstellen:

14776 Brandenburg, Kurstr. 7

03046 Cottbus, Am Turm 14

16225 Eberswalde, Heegermühler Str. 2

03238 Finsterwalde, Langer Damm 41

15230 Frankfurt/O., Karl-Marx-Str. 8

15711 Königs Wusterhausen,
Bahnhofstr. 3

14943 Luckenwalde, Markt 12 a

16515 Oranienburg,
Albert-Buchmann-Str. 17

19348 Perleberg, Bäckerstr. 21

14467 Potsdam, Friedrich-Engels-Str.
101 (Hauptbahnhof/Eingang links
neben dem Wasserturm, 3. Etage)

14712 Rathenow, Berliner Str. 15

16303 Schwedt/O., Handelsstr. 1

01968 Senftenberg, Fischreiherstr. 5

Beratungsstützpunkte:

14806 Bad Belzig, Wiesenburger Str. 6

16321 Bernau,
Rudolf-Breitscheid-Str. 43 A, Kulturhof

15890 Eisenhüttenstadt,
Str. der Republik 35

04910 Elsterwerda,
Rathaus in der Hauptstr.

15537 Erkner, Am Kurpark 15

14612 Falkensee, Poststr. 31
(Bürgeramt)

15517 Fürstenwalde/Spree,
Mühlenstr. 25

16866 Kyritz, Perleberger Str. 10,
Mehrgenerationenhaus

01979 Lauchhammer,
Kleinleipischer Str. 3

15901 Lübben, Ernst-v.-Houvald-
Damm 14 (Schloß)

03222 Lübbenau/Spreewald,
Güterbahnhofstr. 57

16928 Pritzwalk, Schönhagener Str. 16

15562 Rüdersdorf, Brückenstr. 93,
Bürgerzentrum „Brücke"

15344 Strausberg, Hegermühlenstr. 58,
Raum E 23 (Erdgeschoss der
Stadtverwaltung)

14513 Teltow, Neue Str. 3

19322 Wittenberge, Bürgermeister-
Jahn-Str. 21 (Bürgerzentrum)

**Deutsch-Polnisches
Verbraucherinformationszenrum (VIZ)**
15230 Frankfurt/O., Karl-Marx-Str. 7

Bremen

28195 Bremen, Altenweg 4
Tel. 04 21/16 07 77, Fax 04 21/1 60 77 80
info@verbraucherzentrale-bremen.de,
www.vz-hb.de

Adressen 275

Adressen

Beratungsstelle
27576 Bremerhaven, Hafenstr. 117,
Tel. 04 71/2 61 94, Fax 04 71/20 70 00
infobhv@vz-hb.de

Hamburg

20099 Hamburg, Kirchenallee 22,
Tel. 0 40/24 83 20, Fax 0 40/24 83 22 90
info@vzhh.de,
www.vzhh.de

Hessen

60313 Frankfurt/M.,
Große Friedberger Str. 13–17,
Tel. 0 18 05/9 72 01 0
vzh@verbraucher.de,
www.verbraucher.de

Telefonische Beratung:

Altersvorsorge: Do 10–14 Uhr
Tel. 0 900 1/97 20 11

Baufinanzierung: Di 10–14 Uhr
Tel. 0 900 1/97 20 11

Ernährung: Di 10–14 Uhr
Tel. 0 900 1/97 20 12

Gesundheitsdienstleistungen:
Mo 10–14 Uhr, Tel. 0 900 1/97 20 13

Schulden und Insolvenz: Mi 10–14 Uhr
Tel. 0 18 05/9 72 01 1

Verbraucherrecht und Telekommunikation:
Mo–Do 10–18 Uhr, Tel. 0 900 1/97 20 10

Beratungsstellen:

Alle Beratungsstellen sind per E-Mail zu
erreichen, z. B. borken@verbraucher.de

34582 Borken, Bahnhofstr. 36 b,
Tel. 0 56 82/73 02 30

64283 Darmstadt, Luisenplatz 6,
(Carreegalerie), Tel. 0 61 51/27 99 90

60313 Frankfurt/M.,
Große Friedberger Str. 13–17,
Tel. 0 18 05/9 72 01 0

36037 Fulda, Karlstr. 2,
Tel. 06 61/7 74 53

35390 Gießen, Südanlage 4,
Tel. 06 41/7 62 34

34117 Kassel, Rainer-Dierichs-Platz 1,
Tel. 05 61/77 29 34

65428 Rüsselsheim, Marktstr. 29,
Tel. 0 61 42/6 32 68

65185 Wiesbaden, Luisenstr. 19,
Tel. 06 11/37 80 81

Energiestützpunkte:

63674 Altenstadt, Frankfurter Str. 11

(Gemeindeverwaltung),
Tel. 0 60 47/80 00 75

34454 Bad Arolsen, Große Allee
(Rathaus), Tel. 0 56 91/80 11 60

36251 Bad Hersfeld, Klaustor 3
(Stadthaus Bad Hersfeld, E.Punkt),
Tel. 0 66 21/1 66 17

61348 Bad Homburg, Rathausplatz
(Energieladen „POWER"),
Tel. 0 61 72/1 00 61 43

34537 Bad Wildungen, Am Markt 1
(Stadtverwaltung), Tel. 0 56 21/17 13 19

64625 Bensheim, Hauptstr. 39,
(Bürgerbüro), Tel. 0 180 5/97 20 10
(Termine über Servicetelefon der
VZ Hessen)

34582 Borken, Bahnhofstr. 36 b,
Tel. 0 56 82/73 02 30

63486 Bruchköbel, Hauptstr. 53,
(Stadtbibliothek, 2. OG),
Tel. 0 61 81/97 52 18

63654 Büdingen, Eberhard-Bauner-
Allee 16 (Rathaus), Tel. 0 60 42/88 42 00

68642 Bürstadt, Rathausstr. 2
(Rathaus), Tel. 0 62 06/70 12 35

64283 Darmstadt, Luisenplatz 6
(Carree-Galerie, 1.OG),
Tel. 0 61 51/27 99 90

64807 Dieburg, Schlossgasse 17
(Landratsamt–TIZ),
Tel. 0 61 51/8 81 15 03

63303 Dreieich, Taunusstr. 3
(Alte Schule), Tel. 0 61 03/60 14 57

65343 Eltville am Rhein,
Gutenbergstr. 13 (Rathaus),
Tel. 0 61 23/69 74 21

60313 Frankfurt/M.,
Große Friedberger Str. 13–17,
Tel. 0 180 5/97 20 10

36037 Fulda, Karlstr. 2,
Tel. 06 61/7 74 53

63571 Gelnhausen, Am Steinbrunnen 2
(Sanierungsbüro), Tel. 0 60 51/83 02 38

64579 Gernsheim, Magdalenenstr. 37,
Tel. 0 62 58/10 81 66

35390 Gießen, Südanlage 4,
Tel. 0 180 5/97 20 10

64347 Griesheim, Georg-Schüler-Platz 6,
(Stadtbücherei), Tel. 0 61 55/70 12 41

36137 Großenlüder, Sankt-Georg-Str. 2,
Tel. 0 66 48/95 00 34

64251 Groß-Gerau, Am Marktplatz 1
(Stadtverwaltung), Tel. 0 61 52/71 60

63452 Hanau, Hessen-Homburg-Platz 7
(Technisches Rathaus),
Tel. 0 61 81/29 57 85

36266 Heringen/Werra,
Obere Goethestr. 17, Tel. 0 66 24/93 30

63150 Heusenstamm, Im Herrngarten 1,
(Rathaus), Tel. 0 61 04/6 07 13 02

34369 Hofgeismar, Am Markt 1,
(Rathaus), Tel. 0 56 71/99 90 11

35644 Hohenahr, Rathausplatz 6
(Gemeinderathaus), Tel. 0 64 46/92 30 22

61184 Karben, Rathausplatz 1,
Tel. 0 60 39/48 19 10

34117 Kassel, Rainer-Dierichs-Platz 1,
Tel. 05 61/77 29 34

61462 Königstein im Taunus, Burgweg 5
(im Rathaus), Tel. 0 188 09 80 24 00

61476 Kronberg, Katharinenstr. 7,
(Rathaus), Tel. 0 61 73/7 03 24 23

63505 Langenselbold, Schlosspark 2
(im Bürgerbüro der Stadtverwaltung),
Tel. 0 61 84/8 02 60

36341 Lauterbach, Hintergasse 3,
Bürgerbüro), Tel. 0 66 41/18 41 29

65549 Limburg, Schiede 43,
(Kreisverwaltung), Tel. 0 64 31/29 61 30

63533 Mainhausen, Humboldtstr. 46–48,
Tel. 0 61 82/89 00 65

63477 Maintal-Hochstadt,
Klosterhofstr. 4–6, (Stadtverwaltung),
Tel. 0 61 81/40 04 56

35039 Marburg/Lahn Kreisverwaltung,
Fachbereich Ländlicher Raum und
Verbraucherschutz, Hermann-Jacob-
sohn-Weg 1, Tel. 0 64 21/4 05 61 03

64839 Münster, Mozartstr. 8
(Gemeindeverwaltung),
Tel. 0 60 71/3 00 21 13

61267 Neu-Anspach, Bahnhofstr. 26,
Tel. 0 60 81/10 25 60 10

63263 Neu-Isenburg, Schulgasse 1
(im Bürgeramt), Tel. 0 61 02/24 17 03

36272 Niederaula, Schlitzer Str. 3,
Tel. 0 66 25/92 03 12

63179 Obertshausen, Schubertstr. 11,
(Rathaus Hausen), Tel. 0 61 04/7 03 11 01

61440 Oberursel (Rathaus, Raum A 111,
Umweltberatung), Tel. 0 61 71/50 23 10

64319 Pfungstadt, Kirchstr. 12–14,
(Rathaus), Tel. 0 61 57/9 88 11 81

36169 Rasdorf, Am Anger 32
(Gemeindeverwaltung),
Tel. 0 66 51/9 60 10

Adressen

64560 Riedstadt, Stadtteil Goddelau,
Rathausplatz 1 (Rathaus),
Tel. 0 61 58/18 13 20

63517 Rodenbach, Buchbergstr. 2,
(Rathaus), Tel. 0 61 84/5 99 38

63110 Rodgau-Jügesheim, Hintergasse 15
(Rathaus) bzw. Puisseauxplatz 2
(Sozialzentrum), Tel. 0 61 06/6 93 13 51

65428 Rüsselsheim, Marktstr. 29,
Tel. 0 6142/6 32 68

36277 Schenklengsfeld, Rathausstr. 2,
(Gemeindeverwaltung),
Tel. 0 66 29/92 02 20

36381 Schlüchtern, Krämerstr. 2,
(Rathaus), Tel. 0 66 61/8 53 10

61137 Schöneck, Herrnhofstr. 7,
Tel. 0 61 87/95 62 308

64342 Seeheim-Jugenheim, Schulstr. 12,
(Gemeindeverwaltung),
Tel. 0 62 57/99 00

35768 Siegbach, Austr. 23,
Tel. 0 27 78/9 13 30 oder 0 27 78/91 33 14

65232 Taunusstein, Aarstr. 150,
Tel. 0 61 28/24 12 67

65185 Wiesbaden, Luisenstr. 19,
Tel. 06 11/37 80 81

34508 Willingen/Upland, OT Usseln,
Sportstr. 7, (Lesesaal),
Tel. 0 56 32/40 11 24

Mecklenburg-Vorpommern

18055 Rostock, Strandstr. 98,
Tel. 0381/2 08 70 50,
info@nvzmv.de, www.nvzmv.de

Beratungsstellen:

18273 Güstrow, Mühlenstr. 17,
Tel. 0 38 43/46 53 97

17034 Neubrandenburg, Kranichstr. 4 a,
Tel. 03 95/5 68 34 10

18055 Rostock, Strandstr. 98,
Tel. 0381/2 08 70 50

19053 Schwerin, Dr.-Külz-Str. 18,
Tel. 03 85/5 91 81 10

18439 Stralsund, Frankenstr. 1–2,
Tel. 0 38 31/2 89 26 10,

23966 Wismar, Scheuerstr. 2,
Tel. 03 85/5 91 81 10

Niedersachsen

30159 Hannover, Herrenstr. 14,
Tel. 05 11/91 19 60,
info@vzniedersachsen.de,

www.verbraucherzentrale-nieder
sachsen.de
Termine, Öffnungszeiten:
Tel. 05 11/91 19 60

Verbrauchertelefon
Landeseinheitliche Service-Nummern:

Internetbetrug:
Mo 10–16 Uhr, Tel. 0 900 1/79 79 01

Reklamationen, Verbraucherrecht:
Mo–Do 10–16 Uhr, Tel. 0 900 1/79 79 02

Versicherungen:
Di+Mi 10–16 Uhr, Tel. 0 900 1/ 79 79 03

Banken, Baufinanzierung:
Di+Mi 10–16 Uhr, Tel. 0 900 1/ 79 79 04

Lebensmittel:
Mo 10–16 Uhr, Tel. 0 900 1/79 79 05

Telekommunikation:
Mo, Di, Do 10–16 Uhr,
Tel. 0 900 1/79 79 06

Krankenversicherungen:
Mo 10–12 Uhr, Tel. 0 900 1/79 79 07

E-Mail-Beratung:
(25,- Euro über Homepage)

Energieberatung Termine:
Termine: Tel. 05 11/9 11 96 32
(Anrufbeantworter für Terminwunsch)

Bestell-Hotline:
Mo–Do 9–17 Uhr, Fr 9–14 Uhr,
Tel. 05 11/91 19 60, www.verbraucher
zentrale-niedersachsen.de/ratgeber

Beratungsstellen:

Telefonisch nur Auskunft über
Öffnungszeiten für Besucherberatung:
Tel. 05 11/91 19 60

26603 Aurich, Hafenstr. 7

21614 Buxtehude, Ziegelkamp 8

29221 Celle, Schuhstr. 40

27472 Cuxhaven, Bahnhofstr. 11

27749 Delmenhorst, Lange Str. 1

26721 Emden, An der Berufsschule 3

37073 Göttingen, Papendiek 24–26

30159 Hannover, Herrenstr. 14

21335 Lüneburg, Wallstr. 4

49716 Meppen, Kirchstr. 29

26122 Oldenburg, Julius-Mosen-Platz 5

49074 Osnabrück, Große Str. 67

37520 Osterode, Rollberg 3

31224 Peine, Woltorferstr. 64

21682 Stade, Bahnhofstr. 2

27283 Verden, Holzmarkt 7,
(Stadtbibliothek),

26382 Wilhelmshaven, Grenzstr. 95

38440 Wolfsburg, Schillerstr. 42–44

Stützpunkte Energieberatung

www.verbraucherzentrale-energiebera
tung.de/web

28832 Achim, Obernstr. 38

19273 Amt Neuhaus, Sumter 1
(in der Sparkasse)

26603 Aurich, Hafenstr. 7

26160 Bad Zwischenahn, Auf dem hohen
Ufer 20 (Bibliothek Am Meer)

21354 Bleckede,
Lauenburgerstr. 15 (im Elbtalhaus)

26919 Brake, Schrabberdeich 1, (Rathaus)

27432 Bremervörde,
Rathausmarkt 1, (Stadtbücherei)

21614 Buxtehude,
Ziegelkamp 8, (Stadtwerke)

29221 Celle, Schuhstr. 40

49661 Cloppenburg, Pingel-Anton 10

27472 Cuxhaven,
Bahnhofstr. 11, (Wasserturm)

49401 Damme, Mühlenstr. 18

27749 Delmenhorst, Lange Str. 1

37115 Duderstadt, Worbiser Str. 9

26160 Edewecht, Hauptstr. 86
(im Haus der Begegnung)

26931 Elsfleth, Rathausplatz (Rathaus)

26721 Emden, An der Berufsschule 3

49124 Georgsmarienhütte,
Oeseder Str. 85 (Rathaus)

37073 Göttingen, Papendiek 24–26

31785 Hameln, Rathausplatz 1,
(Bürgeramt)

30159 Hannover, Herrenstr. 14

27798 Hude, Parkstr. 53 (im Rathaus)

30880 Laatzen, Marktplatz 13

26789 Leer, Wilhelminengang 2,
(Stadtbibliothek)

27809 Lemwerder, Stedinger Str. 1

49393 Lohne, Vogtstr. 26

29439 Lüchow, Kreishaus Lüchow

21335 Lüneburg, Wallstr. 4

49324 Melle, Weststr. 2

49716 Meppen, Kirchstr. 29

Adressen 277

Adressen

26954 Nordenham, An der Gate 11, (Stadtbücherei)

48529 Nordhorn, Bahnhofstr.

26122 Oldenburg, Julius-Mosen-Platz 5

49074 Osnabrück, Große Str. 67

37520 Osterode, Am Rollberg 3

26871 Papenburg,
Hauptkanal rechts 68/69

31224 Peine, Woltorfer Str. 64,
(Stadtwerke)

49610 Quakenbrück, Friedrichstr. 37 a
(Mehrgenerationshaus)

30952 Ronnenberg, Hansastr. 38

21682 Stade, Bahnhofstr. 2

29525 Uelzen, Achterstr. 8

37170 Uslar, Graftstr. 7

49377 Vechta, Burgstr. 6 (Rathaus)

27283 Verden, Holzmarkt 1

49134 Wallenhorst, Rathausallee 1,
(Rathaus)

26655 Westerstede, Am Markt 1
Rathaus, (Bauamt)

27793 Wildeshausen, Am Markt 1

26382 Wilhelmshaven, Grenzstr. 95

38440 Wolfsburg, Schillerstr. 42–44

27404 Zeven, Vitusplatz 1

Nordrhein-Westfalen

40215 Düsseldorf, Mintropstr. 27,
Tel. 02 11/3 80 90,
vz.nrw@vz-nrw.de,
www.vz-nrw.de

Beratungsstellen:

52064 Aachen, AachenMünchener-Platz 6, Tel. 02 41/4 47 60

59227 Ahlen, Westenmauer 10,
(Rathaus 1. OG), Tel. 0 23 82/8 44 86

52477 Alsdorf, Bahnhofstr. 36–38,
Tel. 0 24 04/9 39 01

59755 Arnsberg, Burgstr. 5,
Tel. 0 29 32/2 70 00

50126 Bergheim, Hauptstr. 108,
Tel. 0 22 71/4 46 42

51465 Bergisch Gladbach, Paffrather Str. 29, Tel. 0 22 02/4 14 15

33602 Bielefeld, Herforder Str. 33,
Tel. 05 21/6 69 36

44787 Bochum, Große Beckstr. 15,
Tel. 02 34/6 60 44

53111 Bonn, Thomas-Mann-Str. 2–4,
Tel. 02 28/9 76 69 34

46236 Bottrop, Ernst-Wilczok-Platz 2,
Tel. 0 20 41/2 91 26

50321 Brühl, Carl-Schurz-Str. 1,
Tel. 0 22 32/4 84 96

44575 Castrop-Rauxel, Mühlengasse 4,
Tel. 0 23 05/17 10

32756 Detmold, Lemgoer Str. 5,
Tel. 0 52 31/2 35 15

46535 Dinslaken, Duisburger Str. 21,
Tel. 0 20 64/1 53 79

41539 Dormagen, Unter den Hecken 1,
Tel. 0 21 33/4 30 74

46282 Dorsten, Julius-Ambrunn-Str. 10,
Tel. 0 23 62/4 40 38

44135 Dortmund, Gnadenort 3–5,
Tel. 02 31/14 10 73

47051 Duisburg, Friedrich-Wilhelm-Str. 5,
Tel. 02 03/36 22 49

52349 Düren, Markt 2,
Tel. 0 24 21/5 68 10

40227 Düsseldorf, Heinz-Schmöle-Str. 17,
Tel. 02 11/7 10 64 90

45127 Essen, Hollestr. 1,
Tel. 02 01/22 53 20

53879 Euskirchen, Wilhelmstr. 37,
Tel. 0 22 51/5 23 95

45879 Gelsenkirchen, Luitpoldstr. 17,
Tel. 02 09/20 48 70

48599 Gronau, Konrad-Adenauer-Str. 45,
Tel. 0 25 62/2 22 00

33330 Gütersloh, Blessenstätte 1,
(Stadtbibliothek) Tel. 0 52 41/1 39 74

58095 Hagen, Hohenzollernstr. 8,
Tel. 0 23 31/1 42 59

59065 Hamm, Nassauer Str. 33,
Tel. 0 23 81/2 18 98

44623 Herne, Freiligrathstr. 12,
Tel. 0 23 23/4 47 46

58636 Iserlohn, Theodor-Heuss-Ring 5,
Tel. 0 23 71/2 42 71

59174 Kamen, Kirchstr. 7,
Tel. 0 23 07/7 99 99

50676 Köln, Neue Weyerstr. 2,
Tel. 02 21/2 40 74 02 oder
Tel. 02 21/2 40 75 59

47798 Krefeld, Petersstr. 55–57,
Tel. 0 21 51/2 91 62

40764 Langenfeld, K.-Adenauer-Platz 1,
Tel. 0 21 73/39 29 69

57368 Lennestadt, Hundernstr. 29,
Tel. 0 27 23/71 95 70

51373 Leverkusen, Dönhoffstr. 27,
Tel. 02 14/4 04 75 10

59555 Lippstadt, Woldemei 36/38,
Tel. 0 29 41/94 88 20

58507 Lüdenscheid, Altenaer Str. 5,
Tel. 0 23 51/2 71 97

44532 Lünen, Kirchstr. 12,
Tel. 0 23 06/1 89 75

45768 Marl, Bergstr. 228–230,
Tel. 0 23 65/1 74 83

32423 Minden, Portastr. 9
(im Schinkelbau), Tel. 05 71/8 41 21

47441 Moers, Kirchstr. 42,
Tel. 0 28 41/2 22 01

41236 Mönchengladbach, Bahnhofstr. 21,
Tel. 0 21 66/4 90 00

45468 Mülheim, Leineweberstr. 54,
Tel. 02 08/3 20 25

48143 Münster, Aegidiistr. 46,
Tel. 02 51/4 42 99

46045 Oberhausen, Lothringer Str. 20,
Tel. 02 08/2 51 09

33102 Paderborn, Grunigerstr. 2,
Tel. 0 52 51/28 15 29

45657 Recklinghausen, Königswall 14,
Tel. 0 23 61/2 71 01

42853 Remscheid, Alleestr. 32,
Tel. 0 21 91/29 34 11

48431 Rheine, Auf dem Thie 34,
Tel. 0 59 71/1 01 00

58239 Schwerte, Westwall 4,
Tel. 0 23 04/94 22 60

53721 Siegburg, Nogenter Platz 10,
Tel. 0 22 41/6 75 45

57072 Siegen, Friedrichstr. 1,
Tel. 0 27 1/33 10 81

42651 Solingen, Werwolf 2,
Tel. 02 12/1 70 00

53840 Troisdorf, Kölner Platz 2,
Tel. 0 22 41/7 87 83

42551 Velbert, Friedrichstr. 107,
Tel. 0 20 51/5 68 06

46483 Wesel, Wilhelmstr. 5–7,
Tel. 02 81/2 56 07

42103 Wuppertal, Schloßbleiche 20,
Tel. 02 02/44 77 32

Abfall- und Umweltberatungsstelle:

59423 Unna, Rathausplatz 21,
Tel. 0 23 03/59 25 05

Adressen

Energieberatung:

33397 Rietberg, Rathausstr. 17,
Tel. 0 52 44/90 59 19

33415 Verl, Paderborner Str. 2
(Standesamt), Tel. 0 52 46/8 15 56

Rheinland-Pfalz

55116 Mainz,
Seppel-Glückert-Passage 10,
Tel. 0 61 31/2 84 80,
info@vz-rlp.de,
www.verbraucherzentrale-rlp.de

Landeseinheitliche Beratungstelefone:

Banken, Baufinanzierung, Geldanlage u.
private Altersvorsorge:
Mo+ Mi 10–16 Uhr, Tel. 0 900 1/7 78 08 03

Bauen + Wohnen: Mo+Do 10–13 Uhr
und 14–17 Uhr, Di 14–18 Uhr,
Tel. 0 180 5/60 75 60 20

Lebensmittel und Ernährung:
Mo 9–13 Uhr, Do 13–17 Uhr,
Tel. 0 180 5/60 75 60 30

Energiesparen: Mo+Do 10–13 und
14–17 Uhr, Di 9–13 Uhr u. 14–18 Uhr,
Tel. 0 180 5/60 75 60 20

Energieversorgung (rechtliche Fragen):
Mo 14–17 Uhr, Do 10–13 Uhr,
Tel. 0 180 5/60 75 60 25

Gesundheit: Di 10–13 Uhr,
Tel. 0 180 5/60 75 60 40
Pflege und Wohnen in Einrichtungen
(Informations- und Beschwerdetelefon):
Mo–Fr 10–13 Uhr, Do 14–17 Uhr,
Tel. 0 61 31/28 48 41

Telekommunikation und Medien
(Rechtsfragen): Mo, Di+Do 10–16 Uhr,
Tel. 0 900 1/7 78 08 04

Digitale Medien – von Fernsehen
bis Internettelefonie:
Di+Do 9–16 Uhr,
Tel. 0 180 5/60 75 60 60

Verbraucherfragen und Reklamationen:
Mo–Do 10–16 Uhr,
Tel. 0 900 1/7 78 08 01

Versicherungen und private Altersvorsorge:
Di+Mi 10–16 Uhr,
Tel. 0 900 1/7 78 08 02

Beratungsstellen:

Die angegebenen Telefonnummern
sind für Terminvereinbarungen und zur
direkten Kontaktaufnahme mit den
Beratungsstellen:

67655 Kaiserslautern, Fackelstr. 22,
Tel. 0 6 31/9 28 81, vb-kl@vz-rlp.de

56068 Koblenz, Entenpfuhl 37,
Tel. 02 61/1 27 27, vb-ko@vz-rlp.de

67059 Ludwigshafen, Bahnhofstr. 1,
Tel. 06 21/51 21 45, vb-lu@vz-rlp.de

55116 Mainz,
Seppel-Glückert-Passage 10,
Tel. 0 61 31/28 48 20, vb-mz@vz-rlp.de

66953 Pirmasens, Exerzierplatzstr. 1
Tel. 0 63 31/1 21 60, vb-ps@vz-rlp.de

54290 Trier, Fleischstr. 77,
Tel. 06 51/4 88 02, vb-tr@vz-rlp.de

Beratungsstützpunkte:

57581 Betzdorf, Hellerstr. 2, (Rathaus)
57627 Hachenburg, Perlengasse 2
(Rathaus)
56812 Cochem, Brückenstr. 2,
(Kreisverwaltung)
76726 Germersheim, Luitpoldplatz 1
(Kreisverwaltung)

Saarland

Landesgeschäfts- und Beratungsstelle:
66111 Saarbrücken, Trierer Str. 22,
(Haus der Beratung),
Tel. 06 81/50 08 90,
vz-saar@vz-saar.de,
www.vz-saar.de

Beratungsstellen:

66763 Dillingen, Merziger Str. 46,
Tel. 0 68 31/97 65 65

66663 Merzig, Bahnhofstr.1,
Tel. 0 68 61/54 44

66538 Neunkirchen,
Oberer Markt, Rathaus Zi. 407,
Tel. 0 68 21/2 77 00

**Unabhängige Patientenberatung
im Saarland:**

66111 Saarbrücken,
Dudweiler Str. 24 (Haus Zentral),
Tel. 06 81/9 27 36 79

Sachsen

04109 Leipzig, Katharinenstr. 17,
Tel. 03 41/69 62 90, vzs@vzs.de
www.verbraucherzentrale-sachsen.de

Zentrales Servicetelefon:
Tel. 0 180 5/79 77 77

Beratungstelefon:
Tel. 0 900 1/79 77 77

Beratungszentren:
09126 Chemnitz, Zschopauer Str. 107,
Tel. 03 71/4 31 5 00

01307 Dresden, Fetscherplatz 3,
Tel. 03 51/4 59 34 84

04109 Leipzig, Brühl 34–38,
Tel. 03 41/2 61 04 50

Beratungsstellen:

08280 Aue, Bockauer Talstr. 4,
Tel. 0 37 71/25 10 00

08209 Auerbach, Am Graben 12,
Tel. 0 37 44/21 96 41

02625 Bautzen, Martin-Hoop-Str. 1,
Tel. 0 35 91/49 10 36

02826 Görlitz, Demianiplatz 16/17,
Tel. 0 35 81/40 22 62

02977 Hoyerswerda,
Albert-Einstein-Str. 47, Haus D,
Tel. 0 35 71/40 64 92

08523 Plauen, Oberer Steinweg 5,
Tel. 0 37 41/22 47 43

01587 Riesa, Bahnhofstr. 30,
Tel. 0 35 25/73 01 68

04860 Torgau, Bäckerstr. 10,
Tel. 0 34 21/71 02 38

02943 Weißwasser,
Str. der Kraftwerker 11,
Tel. 0 35 76/24 21 00

08056 Zwickau, Hauptstr. 23,
Tel. 03 75/29 42 79

Sachsen-Anhalt

06108 Halle/Saale, Steinbockgasse 1
Tel. 03 45/2 98 03 29,
vzsa@vzsa.de, www.vzsa.de

Telefonberatung:

Ratgebertelefon Lebensmittel/Ernährung:
Tel. 0 180 5/70 66 00

Verbrauchertelefon Recht und Verträge:
Tel. 0 900 1/77 57 70

Bestellservice:

Bestellungen von Ratgebern, Broschüren,
Büchern: Tel. 02 11/3 80 95 55
Auskunftstelefon Hinweise zu den
Leistungen und Öffnungszeiten der VZ:
Tel. 03 45/2 98 03 17

Beratungsstellen:

06449 Aschersleben, Herrenbreite 9,
Tel. 0 34 73/80 52 96

39179 Barleben, Breiteweg 50, Telefon
über Beratungsstelle Magdeburg
Tel. 03 91/3 80 95755

06749 Bitterfeld-Wolfen, Markt 7,
(Rathaus), Telefon über Beratungsstelle
Dessau: Tel. 03 40/21 28 90

Adressen 279

Adressen

06844 Dessau-Roßlau, Johannisstr. 17,
Tel. 03 40/21 28 90

38820 Halberstadt, Dominikanerstr. 17,
Tel. 0 39 41/44 25 76

06108 Halle (Saale), Oleariusstr. 6 b,
Tel. 03 45/2 98 03 11

39104 Magdeburg, Breiter Weg 32,
Tel. 03 91/5 43 99 79

06217 Merseburg, Burgstr. 5,
(Merseburg-Information)
Telefon über Beratungsstelle Halle,
Tel. 03 45/2 98 03 11

06618 Naumburg , Neustr. 47,
(Familienbildungsstätte),
Telefon über Beratungsstelle Zeitz,
Tel. 0 34 41/25 11 16

29410 Salzwedel, An der Mönchskirche
7, Tel. 0 39 01/2 51 53

06526 Sangerhausen, Schützenplatz 8,
Tel. 0 34 64/27 08 64

39576 Stendal, Jacobikirchhof 2,
Tel. 0 39 31/71 54 57

06886 Lutherstadt Wittenberg,
Pfaffengasse 18, Tel. 0 34 91/40 21 08

06712 Zeitz, August-Bebel-Str. 45,
Tel. 0 34 41/25 11 16

Schuldner- und Insolvenzberatung:

06108 Halle (Saale), Steinbockgasse 1,
Tel. 03 45/2 98 03 73

Schleswig-Holstein

24103 Kiel, Andreas-Gayk-Str. 15,
Tel. 04 31/59 09 90, info@vzsh.de,
www.verbraucherzentrale-sh.de

Telefonische Beratung:

Finanzdienstleistungen:
Mo–Do 10–18 Uhr, Tel. 0 900 1/77 54 42

Produkte:
Mo–Fr 10–14 Uhr, Tel. 0 900 1/77 54 43

Verbraucherrecht:
Mo–Do 10–18 Uhr, Tel. 0 900 1/77 54 41

Beratungstellen:

24939 Flensburg, Schittbrücke 65,
Tel. 04 61/2 86 04

25746 Heide, Postelweg 4,
Tel. 04 81/6 17 74

24103 Kiel, Andreas-Gayk-Str. 15,
Tel. 04 31/59 09 90 40

23552 Lübeck, Fleischhauer Str. 45,
Tel. 04 51/7 22 48

22846 Norderstedt, Rathausallee 38,
Tel. 0 40/5 23 84 55

Schuldnerberatung:

23795 Bad Segeberg, Kirchplatz 1,
Tel. 0 45 51/90 84 40

24568 Kaltenkirchen, Flottkamp 13 b,
Tel. 0 41 91/72 27 40

Thüringen

99085 Erfurt, Eugen-Richter-Str. 45,
Tel. 03 61/55 51 40,
info@vzth.de, www.vzth.de

Beratungsstellen:

04600 Altenburg, Dostojewskistr. 6,
Tel. 0 34 47/50 79 16

36433 Bad Salzungen,
Langenfelder Str. 8,
Tel. 0 36 95/62 99 12

99084 Erfurt, Andreasstr. 37 c,
Tel./Fax 03 61/3 46 11 11

07545 Gera, Humboldtstr. 14,
Tel. 03 65/8 31 01 10

99867 Gotha, Eckhofplatz 24,
Tel. 0 36 21/22 20

37308 Heilbad Heiligenstadt,
Göttinger Str. 5, Tel. 0 36 06/60 28 67

07743 Jena, Unterlauengasse 5,
Tel. 0 36 41/82 09 55

37327 Leinefelde-Worbis, Jahnstr. 12,
Tel. 0 36 05/50 14 83

99974 Mühlhausen, Friedrich-Nau-
mann-Str. 26, Tel./Fax 0 36 01/44 00 40

99734 Nordhausen, August-Bebel-Pl. 6,
Tel. 0 36 31/98 22 19

07407 Rudolstadt, Stiftsgasse 21,
Tel. 0 36 72/41 30 69

98574 Schmalkalden, Altmarkt 9,
Tel. 0 36 83/60 63 26

98529 Suhl, Würzburger Str. 3,
Tel. 0 36 81/30 49 60

99423 Weimar, Schwanseestr.17

Schiedsstellen für Bergungs- und Abschleppdienste

Verband der Bergungs- und Abschleppunternehmen (VBA)

42279 Wuppertal,
Linderhauser Str. 141,
Tel. 02 02/2 66 56 0,
www.vba-service.de
pressestelle@vba-service.de

Abschleppunternehmer-Verband (ASV)

31535 Neustadt am Rübenberge,
Ernst-Abbe-Ring 22,
Tel. 0 50 32/6 30 61

Schiedsstellen für Textil- und Reinigungsreklamationen

10623 Berlin, Hardenbergplatz 2
(siehe Verbraucherzentrale Berlin,
www.vz-berlin.de)

14169 Berlin, Waltraudstr. 25,
Textilreiniger-Innung
Berlin-Brandenburg
Tel. 0 30/84 71 67 06
www.textilreiniger-bb.de

20355 Hamburg, Holstenwall 12,
Textilreiniger-Innung Hamburg,
Tel./Fax 0 40/35 27 94

56073 Koblenz, Hoevelstr. 19,
Textilreiniger-Innung Rheinland-Pfalz,
Tel. 02 61/4 06 30 16,
vb-ko@vz-rlp.de

50667 Köln, Frankenwerft 35,
Textilreiniger-Innung Köln-Bonn
Te. 02 21/2 07 04 19

weitere Adressen siehe unter
Deutscher Textilreinigungs-Verband,
www.dtv-bonn.de

Schiedsstellen des Kfz-Gewerbes/der Kfz-Innung

Die Schiedsstellen des Kfz-Gewerbes haben die Aufgabe, Streitigkeiten zwischen
Autofahrern und Kfz-Werkstätten möglichst gütlich beizulegen oder zu entscheiden. Die Betriebe, die sich dem Spruch der
neutralen Schiedsstellen unterwerfen, erkennt der Autofahrer am blauen Schild
„Meisterbetrieb der Kfz-Innung".

52062 Aachen Heinrichsallee 72,
Tel. 02 41/94 98 20,
www.aachenerhandwerk.de

99510 Apolda, Platz der Demokratie 1,
Tel. 0 36 44/55 48 90,
grimm@handwerk-mittelthueringen.de

86167 Augsburg, Robert-Bosch-Str. 1,
Tel. 08 21/74 94 60,
www.kfz-innung-schwaben.de

26603 Aurich, Str. des Handwerks 2,
Tel. 0 49 41/9 56 40,
www.handwerk-aurich.de

32545 Bad Oynhausen, Bahnhofstr. 21 A,
Tel. 0 57 31/2 22 31,
www.handwerk-wittekindsland.de

55545 Bad Kreuznach, Rüdesheimer Str. 34,
Tel. 06 71/83 60 80, info@khs-rhs.de

280 Adressen

Adressen

76532 Baden-Baden, Rheinstr. 146,
Tel. 0 72 21/5 38 30,
www.kfz-innung-bad.de

64625 Bensheim, Werner-von-Siemens-
Str. 30, Tel. 0 62 51/13 80
www.kh-bergstrasse.de

51467 Bergisch Gladbach, Altenberger-
Dom-Str. 200, Tel. 0 22 02/93 59 18,
www.handwerk-direkt.de

10963 Berlin, Obentrautstr. 16–18,
Tel. 0 30/25 90 51 59,
www.kfz-innung-berlin.de

33602 Bielefeld, Hans-Sachs-Str. 2,
Tel. 05 21/5 80 09 20,
www.cleverfahren-bielefeld.de

44795 Bochum, Springorumallee 10,
Tel. 02 34/3 24 00,
www.handwerk-ruhr.de

46399 Bocholt, Europaplatz 17,
Tel. 0 28 71/2 52 40
www.kfz-innung-borken-bocholt.de

46236 Bottrop, Gladbecker Str. 24,
Tel. 0 20 41/1 87 90
www.kh-emscher-lippe.de

28207 Bremen, Bennigsenstr. 2–6,
(ADAC-Haus), Tel. 04 21/4 99 42 00,
schiedsstelle-bremen@wem.adac.de

27570 Bremerhaven, Columbusstr. 2,
Tel. 04 71/1 85 2 15,
www.kfz-innung-bremerhaven.de

48653 Coesfeld, Borkener Str. 1,
Tel. 0 25 41/9 45 60,
www.kh-coesfeld.de

09111 Chemnitz, An der Markthalle 13,
Tel. 03 71/67 00 86,
www.kfz-sachsen-west.de

64295 Darmstadt,
Groß-Gerauer Weg 55,
Tel. 0 61 51/35 12 30,
www.kfz-innung-darmstadt.de

32756 Detmold, Paulinenstr. 36,
Tel. 0 52 31/97 01 19, www.khlippe.de

84130 Dingolfing, Mengkofener Str. 2,
Tel. 0 87 31/37 37 15,
www.innung-niederbayern.de

44143 Dortmund, Lange Reihe 62,
Tel. 02 31/5 17 71 52,
www.kfz.handwerk-dortmund.de

01219 Dresden, Tiergartenstr. 94,
Tel. 03 51/2 53 93 11,
www.kfz-dresden.de

47053 Duisburg, Düsseldorfer Str. 166,
Tel. 02 03/99 63 40,
www.kh-net.de/duisburg

40233 Düsseldorf, Mendelssohnstr. 16,
Tel. 02 11/66 34 34,
www.kfz-innung-duesseldorf.de

99817 Eisenach, Langensalzaer Str. 43,
Tel. 0 36 91/8 55 13 01,
www.kfz-th.de

64711 Erbach, Alfred-Kehrer-Str. 2,
Tel. 0 60 62/9 59 50,
www.kh-odw.de

99085 Erfurt, Am Kühlhaus 27,
Tel. 03 61/5 62 45 91,
www.kfz-innung-erfurt-ilmkreis.de

45141 Essen, Katzenbruchstr. 71,
Tel. 02 01/32 00 80
www.kh-essen.de

60488 Frankfurt/Main, Heerstr. 149,
Tel. 0 69/9 76 51 30,
www.kfz-innung-ffm.de

15230 Frankfurt/Oder, Bahnhofstr. 12,
Tel. 03 35/5 61 90,
www.hwk-ff.de

50226 Frechen, Kölner Str. 2,
Tel. 0 22 34/5 22 22,
www.handwerk-rhein-erft.de

79108 Freiburg-Hochdorf, Bebelstr. 11,
Tel. 07 61/38 43 93 60,
www.kfz-innung-freiburg.org

36037 Fulda, Rabanusstr. 33,
Tel. 06 61/90 22 40,
www.kh-fulda.de

52511 Geilenkirchen, Nikolaus-Becker-
Str. 18, Tel. 0 24 51/6 20 10,
www.kreishandwerkerschaft-heins
berg.de

63571 Gelnhausen, Brentanostr. 2–4,
Tel. 0 60 51/9 22 80,
www.kh-gelnhausen.de

07545 Gera, Puschkinplatz 4,
Tel. 03 65/83 98 50,
www.kfz-innung-oth.de

31180 Giesen, Emmerker Str. 23,
Tel. 0 51 21/93 79 30,
www.kfz-innung-sz.de

35390 Gießen, Goethestr. 10,
Tel. 06 41/97 49 00,
www.kh-giessen.de

37083 Göttingen,
Reinhäuser Landstr. 9,
Tel. 05 51/50 76 00,
www.kh-suedniedersachsen.de

99867 Gotha, Puschkinallee 3, Tel.
0 36 21/3 64 60,
www.handwerk-gotha.de

30938 Großburgwedel, Ehlbeek 15,
Tel 0 51 39/9 57 80,
www.kfz-nds.de

58135 Hagen, Handwerkerstr. 11,
Tel. 0 23 31/62 46 80,
www.kh-hagen.de

20539 Hamburg, Billstr. 41,
Tel. 0 40/78 95 20, www.kfz-hh.de

89518 Heidenheim, Heckentalstr. 84
Tel. 0 73 21/98 24 00,
www.khs-hdh.de

74076 Heilbronn, Kreuzenstr. 98,
Tel. 0 71 31/16 43 98,
www.kfz-innung-hn.de

15378 Hennickendorf, Rehfelder Str. 50,
Tel. 03 34 34/8 01 20,
kfz.innung.ffo-mitte@gmx.de

44623 Herne, Hermann-Löns-Str. 46,
Tel. 0 23 23/9 54 10,
www.kraftfahrzeughandwerk-herne.de

95030 Hof, Birkigtweg 22,
Tel. 0 92 81/7 34 00,
www.kfz-innung-oberfranken.de

58638 Iserlohn, Handwerkerstr. 2,
Tel. 0 23 71/95 81 28,
www.kh-mk.de

67657 Kaiserslautern,
Mannheimer Str. 132,
Tel. 06 31/3 40 34 67,
schiedsstelle@kfz-pfalz.de

76137 Karlsruhe, Ebertstr. 16 a,
Tel. 07 21/38 66 64,
www.kfz-innung-ka.de

34117 Kassel, Scheidemannplatz 2,
Tel. 05 61/7 84 84 85,
www.kfz-innung-kassel.de

ADAC Schleswig-Holstein,
Schiedsstelle des Kfz-Handwerks
für Reparaturstreitigkeiten,
24114 Kiel, Saarbrückenstr. 54,
Tel. 04 31/6 60 22 55,
verkehr@sho.adac.de

24109 Kiel, Faluner Weg 28,
Tel. 04 31/53 33 10,
www.kfz-sh.de

56073 Koblenz, Hoevelstr. 19,
Tel. 02 61/40 63 00,
www.kfz-innung.org

51065 Köln, Frankfurter Str. 200,
Tel. 02 21/9 69 37 80,
http://kfz-innungkoeln.de

Adressen 281

Adressen

52372 Kreuzau, Hauptstr. 15,
Tel. 0 24 22/50 23 90
www.kfz.innung-euskirchen.de

47798 Krefeld, Westwall 122,
Tel. 0 21 51/9 77 80,
fells@kh-niederrhein.de

37327 Leinefelde-Worbis, Lutherstr. 7,
Tel. 0 36 05/5 08 90,
www.kfz-nth.de

65549 Limburg, Schiede 32,
Tel. 0 64 31/9 14 60,
www.kh-limburg.de

79539 Lörrach, Palmstr. 6,
Tel. 0 76 21/42 23 66,
daeschle@kreishandwerkerschaft.de

15907 Lübben, Am Ostbahnhof 1,
Tel. 0 35 46/30 64,
kfz_innung.luebben@t-online.de

21355 Lüneburg, Stresemannstr. 2,
Tel. 0 41 31/71 21 36,
www.hwk-bls.de

55116 Mainz, Dagobertstr. 2,
Tel. 0 61 31/9 99 20,
www.hwk.de

68309 Mannheim, Chemnitzerstr. 10,
Tel. 06 21/4 96 73 13,
www.kfz-innung-rno.de

35043 Marburg, Umgehungsstr. 1,
Tel. 0 64 21/9 50 90,
www.kfzgewerbe-marburg.de

98617 Meiningen, Neu-Ulmer-Str. 19,
Tel. 0 36 93/4 21 26,
www.kfz-innung-meiningen.de

01662 Meißen, Goethestr. 33,
Tel. 0 35 21/7 37 2 56,
kfz-innungmeissen@t-online.de

59872 Meschede, Enster Str. 11,
Tel. 02 91/9 52 98 50,
www.kh-hochsauerland.de

40822 Mettmann, Emil-Beerli-Str. 10,
Tel. 0 21 04/9 55 30,
www.handwerk-me.de

39291 Möckern, Hohenziatzer
Chausssee 16, Tel. 03 92 21/9 55 55,
www.kfz-sachsen-anhalt.de

56410 Montabaur, Joseph-Kehrein-Str. 4
Tel. 0 26 02/10 05 10,
www.handwerk-rww.de

45468 Mülheim an der Ruhr,
Zunftmeisterstr. 26, Tel. 02 08/96 00 40,
www.kh-mo.de

80992 München, Gärtnerstr. 90,
Tel. 0 89/14 36 21 40,
kusemann@kfz-innung-oberbayern.de

48163 Münster, Ossenkampstiege 111,
Tel. 02 51/5 20 08 12,
www.kh-muenster.de

02906 Niesky, Muskauer Str. 51,
Tel. 0 35 88/26 16 78,
www.kfz-oberlausitz.de

90439 Nürnberg, Hermannstr. 21–25,
Tel. 09 11/65 70 90,
www.kfz-mfr.com

63073 Offenbach, Markwaldstr. 11,
Tel. 0 69/89 30 65,
www.kfz-innung-offenbach.de

77652 Offenburg, Wasserstr. 17,
Tel. 0 7 81/7 40 38,
www.kfzinnung-ortenau.de

26011 Oldenburg, Theaterwall 32,
Tel. 04 41/23 20,
www.hwk-oldenburg.de

33098 Paderborn, Waldenburger Str. 19,
Tel. 0 52 51/70 00,
www.kh-paderborn.de

26871 Papenburg, Borkumer Str. 20–24,
Tel. 0 49 61/8 39 30,
www.handwerk-papenburg.de

75179 Pforzheim, Wilferdinger Str. 6,
Tel. 0 72 31/31 31 40,
www.kh-pforzheim.de

14467 Potsdam, Berliner Str. 78,
Tel. 03 31/86 15 03,
www.potsdamerhandwerk.de

78315 Radolfzell, Karl-Bücheler-Str. 8,
Tel. 0 77 32/8 20 37 66,
www.kfz-innung-singen.de

45657 Recklinghausen, Große-Perde-
kamp-Str. 6, Tel. 0 23 61/93 94 70,
www.vestkfz.de

93055 Regensburg, Ditthornstr. 21,
Tel. 09 41/79 97 30,
www.kfz-opf.de

42853 Remscheid, Hindenburgstr. 60,
Tel. 0 21 91/2 20 05,
www.handwerk-remscheid.de

72762 Reutlingen, Hindenburgstr. 58,
Tel. 0 71 21/2 41 20,
www.hwk-reutlingen.de

48431 Rheine, Laugestr. 51,
Tel. 0 59 71/4 00 30,
www.kfzinnung-waf.de

18146 Rostock, Petridamm 2,
Tel. 03 81/6 00 90 20,
www.kfz-mv.de

07318 Saalfeld, Langenwiesenweg 21,
Tel. 0 36 71/53 10 50, kfz-innung-sue-
dostthueringen@t-online.de

66117 Saarbrücken, Untertürkheimer
Str. 2, Tel. 06 81/95 40 40,
www.kfz-saar.de

57072 Siegen, Löhrtor 10–12,
Tel. 02 71/2 35 00, www.kh-siegen.de

99610 Sömmerda, Lange Str. 16,
Tel. 0 36 34/3 21 70,
dr.raabe@kh-ws.de

59494 Soest, Am Handwerk 4,
Tel. 0 29 21/89 20,
www.kh-hellweg.de

42651 Solingen, Heinestr. 5,
Tel. 02 12/22 21 40,
www.kh-solingen.de

99706 Sondershausen, Jechaburger
Weg 6, Tel. 0 36 32/60 24 11,
info@handwerk-nordthürigen.de

21680 Stade, Im Neuwerk 19,
Tel. 0 41 41/5 21 20, www.kreishand
werkerschaft-stade.de

53757 St. Augustin, Grantham Allee 2–8,
Tel. 0 22 41/99 00,
khs.wittlich@t-online.de

70563 Stuttgart, Lombacher Str. 22,
Tel. 07 11/7 82 39 90,
www.kfz-innung-stuttgart.de

54292 Trier, Cläre-Prem-Str. 1,
Tel. 06 51/1 46 20 40,
www.das-handwerk.de

89081 Ulm, Herrlinger Str. 72,
Tel. 07 31/9 37 72 44,
kassner-kirchberg@t-online.de

68753 Waghäusel, Bahnhofstr. 144–150,
Tel. 0 72 54/2 03 19 18,
www.kfz-innung-bruchsal.de

99405 Weimar, Schillerstr. 10, Tel.
0 36 43/85 07 64,
kreishandwerkerschaft.weimar@ar-
cor.de

46485 Wesel, Handwerkerstr. 1,
Tel. 02 81/96 26 20,
www.khwesel.de

35576 Wetzlar, Seibertstr. 4,
Tel. 0 64 41/4 25 67,
www.kh-lahn-dill.de

65185 Wiesbaden, Rheinstr. 36,
Tel. 06 11/37 20 95,
www.khwiesbaden.de

58452 Witten, Kurt-Schumacher-Str. 18,
Tel. 0 23 02/28 27 30,
www.kh-ennepe.de

42103 Wupperthal, Hofkamp 148,
Tel. 02 02/28 09 00,
www.handwerk-wuppertal.de

Adressen

97076 Würzburg, Sandäcker 10,
Tel. 0931/279910,
www.kfz-innung-ufr.de

Hilfsdienste

Arbeiter-Samariter-Bund Deutschland

Bundesgeschäftsstelle
50937 Köln, Sülzburgstr. 140,
Tel. 0221/476050,
Fax 0221/4760 5288, www.asb.de

Deutsches Rotes Kreuz

Landesverband Berliner Rotes Kreuz,
12161 Berlin, Bachestr. 11,
Tel. 030/600300,
www.drk-berlin.de

Johanniter-Unfall-Hilfe

Bundesgeschäftsstelle
10785 Berlin, Lützowstr. 94,
Tel. 030/269970,
www.johanniter.de

Malteser Hilfsdienst

51103 Köln, Kalker Hauptstr. 22–24,
Tel. 0221/982201,
www.malteser.de

Schlichtungsstelle für Informationstechnik (Radio- und Fernsehhandwerk)

45141 Essen, Katzenbruchstr. 71,
Tel. 0201/320080, info@kh-essen.de

30175 Hannover, Berliner Allee 17
Tel. 0511/344141,
www.informationstechnik-hannover.de

41065 Mönchengladbach, Hannöversche
Str. 22, Tel. 0231/519850
www.kh-mg.de

48163 Münster, Ossenkampstiege 111,
Tel. 0251/520080,
www.it-innung-muenster.de

Alkohol und andere Suchtgefahren

Anonyme Alkoholiker Interessengemeinschaft

84122 Dingolfing, Postfach 1151,
Tel. 08731/325730,
www.anonyme-alkoholiker.de

Blaues Kreuz in Deutschland Bundeszentrale

42289 Wuppertal, Schubertstr. 41,
Tel. 0202/620030,
www.blaues-kreuz.de

Freundeskreise für Suchtkrankenhilfe – Bundesverband Selbsthilfeorganisation

34117 Kassel, Untere Königsstr. 86,
Tel. 0561/780413,
www.freundeskreise-sucht.de

Deutsche Hauptstelle für Suchtfragen

59065 Hamm, Westenwall 4,
Tel. 02381/90150,
www.dhs.de

Caritas Suchthilfe e.V. – Bundesverband der Suchthilfeeinrichtungen im Deutschen Caritasverband

79108 Freiburg, Karlstr. 40,
Tel. 0761/200363,
www.caritas-suchthilfe.de

Guttempler in Deutschland

20097 Hamburg, Adenauerallee 45,
Tel. 040/245880, www.guttempler.de

Kreuzbund-Selbsthilfe- und Helfergem. für Suchtkranke und Angehörige

59065 Hamm, Münsterstr. 25,
Tel. 02381/672720,
www.kreuzbund.de

Familienberatung

pro familia – Deutsche Gesellschaft für Familienplanung, Sexualpädagogik und Sexualberatung, Bundesverband

60596 Frankfurt/M., Stresemannallee 3,
Tel. 069/259577 90,
www.profamilia.de

Deutscher Caritasverband

79104 Freiburg, Karlstr. 40,
Tel. 0761/2000, www.caritas.de

Verband alleinerziehender Mütter und Väter (VAMV), Bundesverband Bundesvorstand

10967 Berlin, Hasenheide 70,
Tel. 030/695 9786,
www.vamv.de

Ernährungs-/und Lebensmittelberatung

aid infodienst Ernährung, Landwirtschaft, Verbraucherschutz

53123 Bonn, Heilsbachstr. 16,
Tel. 0228/84990,
www.aid.de

Gesundheit

Bundesinstitut für Arzneimittel und Medizinprodukte (BfArM)

53175 Bonn, Kurt-Georg-Kiesinger-
Allee 3, Tel. 0228/993 0730,
www.bfarm.de

Bundesärztekammer

10623 Berlin, Herbert-Lewin-Platz 1,
Tel. 030/4004560,
www.bundesaerztekammer.de

Bundesvereinigung Deutscher Apothekerverbände (ABDA)

10117 Berlin, Jägerstr. 49/50,
Tel. 030/400040,
www.abda.de, www.aponet.de

Bundeszentrale für gesundheitliche Aufklärung (BZgA)

51109 Köln, Ostmerheimer Str. 220,
Tel. 0221/89920, www.bzga.de

Deutsche Gesellschaft für Ernährung (DGE)

53175 Bonn, Godesberger Allee 18,
Tel. 0228/3776600, www.dge.de

Deutsche Gesundheitshilfe (DGH) – Bundesgeschäftsstelle

60489 Frankfurt/M., Hausener Weg 61,
Tel. 069/740042,
www.gesundheitshilfe.de

Nationale Kontakt- und Informationsstelle zur Anregung und Unterstützung von Selbsthilfegruppen (NAKOS)

10627 Berlin, Wilmersdorfer Str. 39,
Tel. 030/310189 60,
www.nakos.de

Arbeitskreis Frauengesundheit in Medizin, Psychotherapie und Gesellschaft (AKF)

10713 Berlin, Sigmaringer Str. 1,
Tel. 030/863933 16, www.akf-info.de

Bundeszahnärztekammer

10115 Berlin, Chausseestr. 13,
Tel. 030/400050, www.bzaek.de

Arbeitsgemeinschaft der Rechtsanwälte im Medizinrecht

71065 Sindelfingen, Posener Str. 1,
Tel. 07031/950550,
www.medrecht.de

Arbeitskreis Kunstfehler in der Geburtshilfe (AKG)

44135 Dortmund, Rosa-Buchthal-Str. 79,
Tel. 0231/525872,
www.arbeitskreis-kunstfehler-geburts
hilfe.de

Adressen

**Bundesinteressengemeinschaft
Geburtshilfegeschädigter (BIG)**

31655 Stadthagen, Enzer Str. 50,
Tel. 0 57 21/7 23 72,
www.big-ev.de

Robert Koch-Institut

13353 Berlin, Nordufer 20,
Tel. 0 30/18 75 40,
www.rki.de

Ärztliche Schlichtungsstellen/ Gutachterkommissionen

Baden-Württemberg
Gutachterkommission für Fragen
ärztlicher Haftpflicht bei der
Landesärztekammer
Baden-Württemberg
70597 Stuttgart, Jahnstr. 40,
Tel. 07 11/7 69 89 50
www.aerztekammer-bw.de

Bayern
Gutachterstelle für Arzthaftungsfragen
bei der Bayerischen Landesärztekammer
81677 München, Mühlbaurstr. 16,
Tel. 0 89/30 90 48 30,
www.gutachterstelle-bayern.de

Hessen
Gutachter- und Schlichtungsstelle
für ärztliche Behandlungen bei der
Landesärztekammer Hessen
60488 Frankfurt/M., Im Vogelgesang 3,
Tel. 0 69/97 67 21 61,
www.laekh.de
gutachterstelle@laekh.de

Norddeutschland
Schlichtungsstelle für Arzthaftpflicht-
fragen der Norddeutschen Ärztekammern
zuständig für Berlin, Brandenburg,
Bremen, Hamburg, Mecklenburg-Vorpommern, Niedersachsen, Sachsen-Anhalt, Schleswig-Holstein und Thüringen
30173 Hannover, Hans-Böckler-Allee 3,
Tel. 05 11/3 80 24-16 oder 20,
www.norddeutsche-schlichtungsstelle.de

Nordrhein
Gutachterkommission für
ärztliche Behandlungsfehler bei
der Ärztekammer Nordrhein
40474 Düsseldorf, Tersteegenstr. 9,
Tel. 02 11/43 02 12 14,
www.aekno.de

Rheinland-Pfalz
Schlichtungsausschuss zur Begutach-
tung ärztlicher Behandlungen
Landesärztekammer Rheinland-Pfalz
55116 Mainz, Deutschhausplatz 3,

Tel. 0 61 31/2 88 22 72,
www.laek-rlp.de

Saarland
Gutachterkommission für Fragen
ärztlicher Haftpflicht bei der
Ärztekammer des Saarlandes
66111 Saarbrücken, Faktoreistr. 4,
Tel. 06 81/4 00 32 85,
www.aerztekammer-saarland.de

Sachsen
Gutachterstelle für Arzthaftungsfragen
bei der Sächsische Landesärztekammer
01099 Dresden, Schützenhöhe 16,
Tel. 03 51/8 26 70, www.slaek.de

Westfalen-Lippe
Gutachterkommission für ärztliche
Haftpflichtfragen bei der Ärztekammer
Westfalen-Lippe, 48147 Münster,
Gartenstr. 210–214,
Tel. 02 51/9 29 23 50, www.aekwl.de

Sozialversicherung

Bundesversicherungsamt

53113 Bonn, Friedrich-Ebert-Allee 38,
Tel. 02 28/61 90,
www.bundesversicherungsamt.de

**Deutsche Rentenversicherung
Knappschaft-Bahn-See**

44789 Bochum, Pieperstr. 14–28,
Tel. 02 34/30 40,
www.kbs.de

Deutsche Rentenversicherung

Bund
10709 Berlin, Ruhrstr. 2, Tel. 0 30/86 50,
www.deutsche-rentenversicherung.de

Baden-Württemberg
76135 Karlsruhe, Gartenstr. 105,
Tel. 07 21/82 50,
70429 Stuttgart, Tel. 07 11/84 80
www.deutsche-rentenversicherung-bw.de

Bayern Süd
84028 Landshut, Am Alten Viehmarkt 2,
Tel. 08 71/8 10
81737 München, Thomas-Dehler-Str. 3,
Tel. 0 89/67 81 27 28
www.deutsche-rentenversicherung-
bayernsued.de

Berlin-Brandenburg
14059 Berlin, Knobelsdorffstr. 92,
Tel. 0 30/3 00 20
15236 Frankfurt/Oder,
Bertha-von-Suttner-Str. 1,
Tel. 03 35/5 51 22 20
www.deutsche-rentenversicherung-
berlin-brandenburg.de

Braunschweig-Hannover
30880 Laatzen, Lange Weihe 4,
Tel. 05 11/8 29 10 50,
www.deutsche-rentenversicherung-
braunschweig-hannover.de

Hessen
60313 Frankfurt/M., Stiftstr. 9–17,
Tel. 0 69/99 99 20 90,
www.deutsche-rentenversicherung-hes
sen.de

Mitteldeutschland
04159 Leipzig, Georg-Schumann-Str. 146,
Tel. 03 41/5 50 45 46,
www.deutsche-rentenversicherung-mit
teldeutschland.de

Nord
23544 Lübeck(Hauptsitz), Ziegelstr. 150,
Tel. 04 51/48 52 54 50
22159 Hamburg,
Friedrich-Ebert-Damm 245,
Tel. 0 40/53 00 20 68
17033 Neubrandenburg, Platanenstr. 43,
Tel. 03 95/37 02 42 50,
www.deutsche-rentenversicherung-
nord.de

Nordbayern
95444 Bayreuth, Wittelsbacherring 11,
Tel. 09 21/60 75 88,
www.deutsche-rentenversicherung-
nordbayern.de

Oldenburg-Bremen
26135 Oldenburg, Huntestr. 11,
Tel. 04 41/92 70,
www.drv-oldenburg-bremen.de

Rheinland
40215 Düsseldorf, Königsallee 71,
Tel. 02 11/93 70, www.deutsche-renten
versicherung-rheinland.de

Rheinland-Pfalz
67346 Speyer, Eichendorffstr. 4–6,
Tel. 0 62 32/17 28 81,
www.deutsche-rentenversicherung-rlp.de

Saarland
66111 Saarbrücken, Martin-Luther-
Str. 2–4, Tel. 06 81/3 09 30,
www.deutsche-rentenversicherung-
saarland.de

Schwaben
86154 Augsburg, Dieselstr. 9,
Tel. 08 21/5 00 21 21,
www.deutsche-rentenversicherung-
schwaben.de

Westfalen
48147 Münster, Gartenstr. 194
Tel. 02 51/23 80,
www.deutsche-rentenversicherung-
westfalen.de

Adressen

Handwerkskammern

52062 Aachen, Sandkaulbach 21,
Tel. 02 41/47 10,
www.hwk-aachen.de

59821 Arnsberg, Brückenplatz 1,
Tel. 0 29 31/87 70,
www.hwk-suedwestfalen.de

86161 Augsburg, Siebentischstr. 52–58,
Tel. 08 21/3 25 90,
www.hwk-schwaben.de

26603 Aurich, Str. des Handwerks 2,
Tel. 0 49 41/1 79 70,
www.hwk-aurich.de

95448 Bayreuth, Kerschensteinerstr. 7,
Tel. 09 21/91 00,
www.hwk-oberfranken.de

10961 Berlin, Blücherstr. 68,
Tel. 0 30/2 59 03 01,
www.hwk-berlin.de

33602 Bielefeld, Obernstr. 48,
Tel. 05 21/5 60 80,
www.handwerk-owl.de

38100 Braunschweig, Burgplatz 2+2 a,
Tel. 05 31/1 20 10,
www.hwk-bls.de

28195 Bremen, Ansgaritorstr. 24,
Tel. 04 21/30 50 00,
www.hwk-bremen.de

03046 Cottbus, Altmarkt 17,
Tel. 03 55/7 83 54 44,
www.hwk-cottbus.de

44135 Dortmund, Reinoldistr. 7–9,
Tel. 02 31/5 49 30,
www.hwk-do.de

01099 Dresden, Am Lagerplatz 8,
Tel. 03 51/46 40 30,
www.hwk-dresden.de

40221 Düsseldorf, Georg-Schulhoff-Pl. 1,
Tel. 02 11/8 79 50,
www.hwk-duesseldorf.de

24937 Flensburg, Johanniskirchhof 1–7,
Tel. 0 461/86 60,
www.hwk-flensburg.de

60325 Frankfurt/M., Bockenheimer
Landstr. 21, Tel. 0 69/97 17 20,
www.hwk-rhein-main.de

79098 Freiburg, Bismarckallee 6,
Tel. 07 61/21 80 00,
www.hwk-freiburg.de

07545 Gera, Handwerkstr. 5,
Tel. 03 65/8 22 50,
www.hwk-gera.de

06110 Halle, Graefestr. 24,
Tel. 03 45/2 99 90, www.hwkhalle.de

20355 Hamburg, Holstenwall 12,
Tel. 0 40/35 90 50,
www.hwk-hamburg.de

30175 Hannover, Berliner Allee 17,
Tel. 05 11/34 85 90,
www.hwk-hannover.de

74072 Heilbronn, Allee 76,
Tel. 0 71 31/79 10,
www.hwk-heilbronn.de

31134 Hildesheim, Braunschweiger Str. 53,
Tel. 0 51 21/16 20,
www.hwk-hildesheim.de

67655 Kaiserslautern, Am Altenhof 15,
Tel. 06 31/3 67 70,
www.hwk-pfalz.de

76133 Karlsruhe, Friedrichsplatz 4–5,
Tel. 07 21/1 60 00,
www.hwk-karlsruhe.de

34117 Kassel, Scheidemannplatz 2,
Tel. 05 61/7 88 80,
www.hwk-kassel.de

56068 Koblenz, Friedrich-Ebert-Ring 33,
Tel. 02 61/39 80,
www.hwk-koblenz.de

50667 Köln, Heumarkt 12,
Tel. 02 21/2 02 20,
www.hwk-koeln.de

78462 Konstanz, Webersteig 3, Tel.
0 75 31/20 50,
www.hwk-konstanz.de

04103 Leipzig, Dresdner Str. 11/13,
Tel. 03 41/2 18 80,
www.hwk-leipzig.de

23552 Lübeck, Breite Str. 10/12,
Tel. 04 51/1 50 60,
www.hwk-luebeck.de

39112 Magdeburg, Humboldtstr. 16,
Tel. 03 91/6 26 80,
www.hwk-magdeburg.de

68159 Mannheim, B1, 1–2,
Tel. 06 21/18 00 20,
www.hwk-mannheim.de

80333 München, Max-Joseph-Str. 4,
Tel. 0 89/5 11 90,
www.hwk-muenchen.de

48151 Münster, Bismarckallee 1,
Tel. 02 51/5 20 30,
www.hwk-muenster.de

90489 Nürnberg, Sulzbacher
Str. 11–15, Tel. 09 11/5 30 90,
www.hwk-mittelfranken.de

49088 Osnabrück, Bramscher Str.
134–136, Tel. 05 41/6 92 90,
www.hwk-os-el.de

14467 Potsdam, Charlottenstr. 34–36,
Tel. 03 31/3 70 30,
www.hwk-potsdam.de

93055 Regensburg, Ditthornstr. 10,
Tel. 09 41/7 96 50,
www.hwk-regensburg.de

18055 Rostock, Schwaaner Landstr. 8,
Tel. 03 81/4 54 90,
www.hwk-omv.de

66117 Saarbrücken, Hohenzollernstr.
47–49, Tel. 06 81/5 80 90,
www.hwk-saarland.de

19053 Schwerin, Friedensstr. 4 a,
Tel. 03 85/7 41 70,
www.hwk-schwerin.de

70191 Stuttgart, Heilbronner Str. 43,
Tel.07 11/1 65 70,
www.hwk-stuttgart.de

98527 Suhl, Rosa-Luxemburg-Str. 7–9,
Tel. 0 36 81/37 00,
www.hwk-suhl.de

89073 Ulm, Olgastr. 72,
Tel. 07 31/1 42 50,
www.hwk-ulm.de

65189 Wiesbaden, Bierstadter Str. 45,
Tel. 06 11/13 60,
www.hwk-wiesbaden.de

97070 Würzburg, Rennweger Ring 3,
Tel. 09 31/30 90 80,
www.hwk-ufr.de

Datenschutz, Informationsfreiheit

Der Bundesbeauftragte für den Datenschutz und die Informationsfreiheit
53117 Bonn, Husarenstr. 30,
Tel. 02 28/9 97 79 90,
www.bfdi.bund.de

Baden-Württemberg

Der Landesbeauftragte für den
Datenschutz Baden-Württemberg:
Jörg Klingbeil
70025 Stuttgart, Postfach 10 29 32,
Tel. 07 11/6 15 54 10,
www.baden-wuerttemberg.datenschutz.de

Bayern

Der Bayerische Landesbeauftragte
für den Datenschutz: Dr. Thomas Petri,
80502 München, Postfach 22 12 19,
Tel. 0 89/2 12 67 20,
www.datenschutz-bayern.de

Berlin

Berliner Beauftragter für Datenschutz
und Informationsfreiheit:
Dr. Alexander Dix,

Adressen 285

Adressen

10787 Berlin, An der Urania 4–10,
Tel. 0 30/13 88 90,
www.datenschutz-berlin.de

Brandenburg

Die Landesbeauftragte für den
Datenschutz und für das Recht auf
Akteneinsicht: Dagmar Hartge
14532 Kleinmachnow, Stahnsdorfer
Damm 77, Tel. 03 32 03/35 60,
www.lda.brandenburg.de

Bremen

Die Landesbeauftragte für Datenschutz
und Informationsfreiheit der Freien
Hansestadt Bremen: Dr. Imke Sommer,
27570 Bremerhaven, Arndtstr. 1,
Tel. 04 71/5 96 20 10,
www.datenschutz-bremen.de

Hamburg

Der Hamburgische Beauftragte für
Datenschutz und Informationsfreiheit:
Prof. Dr. Johannes Caspar,
20095 Hamburg, Klosterwall 6, Block C,
Tel. 0 40/4 28 54 40 40,
www.datenschutz-hamburg.de

Hessen

Der Hessische Datenschutzbeauftragte:
Prof. Dr. Michael Ronellenfitsch,
65021 Wiesbaden, Postfach 31 63
Tel. 06 11/1 40 80,
www.datenschutz.hessen.de

Mecklenburg-Vorpommern

Der Landesbeauftragte für den
Datenschutz Mecklenburg-Vorpommern:
Reinhard Dankert,
19053 Schwerin,
Lennéstr. 1, Schloß Schwerin,
Tel. 03 85/59 49 40,
www.datenschutz-mv.de

Niedersachsen

Der Landesbeauftragte für den
Datenschutz Niedersachsen:
Joachim Wahlbrink, 30169 Hannover,
Brühlstr. 9, Tel. 05 11/1 20 45 00,
www.lfd.niedersachsen.de

Nordrhein-Westfalen

Landesbeauftragte für
Datenschutz und Informationsfreiheit
Nordrhein-Westfalen,
40213 Düsseldorf, Kavalleriestr. 2–4,
Tel. 02 11/38 42 40,
www.ldi.nrw.de

Rheinland-Pfalz

Der Landesbeauftrage für den
Datenschutz Rheinland-Pfalz:
Edgar Wagner,

55116 Mainz, Hintere Bleiche 34,
Tel. 0 61 31/2 08 24 49,
www.datenschutz.rlp.de

Saarland

Die Landesbeauftragte für
Datenschutz und Informationsfreiheit:
Judith Thieser,
66111 Saarbrücken,
Fritz-Dobisch-Str. 12,
Tel. 06 81/94 78 10,
www.datenschutz.saarland.de

Sachsen

Der Sächsische
Datenschutzbeauftragte:
Andreas Schurig,
01067 Dresden,
Bernhard-von-Lindenau-Platz 1,
Tel. 03 51/4 93 54 01,
www.saechsdsb.de

Sachsen-Anhalt

Landesbeauftragter für den
Datenschutz Sachsen-Anhalt:
Dr. Harald von Bose,
39104 Magdeburg, Leiterstr. 9,
Tel. 03 91/81 80 30,
www.datenschutz.sachsen-anhalt.de

Schleswig-Holstein

Unabhängiges Landeszentrum
für Datenschutz Schleswig-Holstein:
Dr. Thilo Weichert,
24171 Kiel, Postfach 71 16,
Tel. 04 31/9 88 12 00,
www.datenschutzzentrum.de

Thüringen

Thüringer Landesbeauftragter
für den Datenschutz:
Dr. Lutz Hasse,
99107 Erfurt, Postfach 90 04 55,
Tel. 03 61/3 77 19 00,
www.thueringen.de/datenschutz

Umwelt und Energie

Umweltbundesamt

06813 Dessau Roßlau, Postfach 14 06,
Tel. 03 40/2 10 30,
www.umweltbundesamt.de

Bürgerberatung Energie und Umwelt

14057 Berlin, Kaiserdamm 80,
Tel. 0 30/3 01 60 90

Die Verbraucher Initiative

12435 Berlin, Elsenstr. 106,
Tel. 0 30/5 36 07 33,
www.verbraucher.org

Bundesverband Bürgerinitiativen Umweltschutz (BBU)

53113 Bonn, Prinz-Albert-Str. 55,
Tel. 02 28/21 40 32,
www.bbu-online.de

Bund für Umwelt und Naturschutz Deutschland (BUND)

Friends of the Earth Germany,
10179 Berlin, Am Köllnischen Park 1,
Tel. 0 30/2 75 86 40, www.bund.net

Naturschutzbund Deutschland (NABU)

10117 Berlin, Charitéstr. 3,
Tel. 0 30/2 84 98 40,
www.nabu.de

Greenpeace

22767 Hamburg, Große Elbstr. 39,
Tel. 0 40/30 61 80,
www.greenpeace.de

Institut für Energie- und Umweltforschung Heidelberg (IFEU)

69120 Heidelberg, Wilckensstr. 3,
Tel. 0 62 21/4 76 70,
www.ifeu.org

Öko-Institut

79017 Freiburg, Postfach 17 71,
Tel. 07 61/45 29 50,
www.oeko.de

WWF Deutschland-Zentrale

10117 Berlin, Reinhardtstr. 14,
Tel. 0 30/3 11 77 70,
www.wwf.de

Verkehrsclub Deutschland

10969 Berlin, Rudi-Dutschke-Str. 9,
Tel. 0 30/2 80 35 10,
www.vcd.org

Pestizid Aktions-Netzwerk (PAN Germany)

22765 Hamburg, Nernstweg 32,
Tel. 0 40/39 91 91 00,
www.pan-germany.org

Robin Wood

(Bundesgeschäftsstelle),
28199 Bremen, Langemarckstr. 210,
Tel. 04 21/59 82 88,
www.robinwood.de

VCD Umwelt & Verkehr Service

53113 Bonn, Niebuhrstr. 16 b,
Tel. 02 28/9 85 85 85,
www.vcd-service.de

Adressen

Bundesverband der Energie- und Wasserwirtschaft (BDEW)

10117 Berlin, Reinhardtstr. 32,
Tel. 0 30/3 00 19 90,
www.bdew.de

Darüber hinaus berät Sie jedes Wasser- und Elektrizitätswerk bei Energiefragen. Außerdem geben die meisten Verbraucherzentralen Auskunft über Energieeinsparungsmöglichkeiten.

Institut für Fenstertechnik

83026 Rosenheim,
Theodor-Gietl-Str. 7–9, Tel. 0 80 31/26 10,
www.ift-rosenheim.de

Forschungsinstitut für Wärmeschutz München

82166 Gräfelfing, Lochhamer Schlag 4,
Tel.0 89/85 80 00,
www.fiw-muenchen.de

Gesamtverband Dämmstoffindustrie (GDI)

10117 Berlin, Friedrichstr. 95 (PB 1 38),
Tel. 0 30/27 59 44 51,
www.gdi-daemmstoffe.de

Deutsche Gesellschaft für Sonnenenergie

10997 Berlin, Wrangelstr. 100,
Tel. 0 30/29 38 12 60,
www.dgs.de

Bundesvereinigung der Firmen im Gas- und Wasserfach (figawa)

50968 Köln, Marienburger Str. 15,
Tel. 02 21/3 76 68 20,
www.figawa.org

Mietfragen

Deutscher Mieterbund (DMB)

10179 Berlin, Littenstr. 10,
Tel. 0 30/22 32 30, www.mieterbund.de

Haus & Grund Deutschland, Zentralverband der Deutschen Haus-, Wohnungs- und Grundeigentümer

10117 Berlin, Mohrenstr. 33,
Tel.0 30/20 21 60,
www.hausundgrund.de

Hilfe gegen Schwindelfirmen

Zentrale zur Bekämpfung unlauteren Wettbewerbs

61348 Bad Homburg vor der Höhe, Landgrafenstr. 24 B, Tel. 0 61 72/1 21 50,
www.wettbewerbszentrale.de

Deutscher Schutzverband gegen Wirtschaftskriminalität

61348 Bad Homburg vor der Höhe,
Landgrafenstr. 24 B, Tel. 0 61 72/1 21 50,
www.dsw-schutzverband.de

Hilfe bei Spenden

Deutsches Zentralinstitut für soziale Fragen (DZI)

14195 Berlin, Bernadottestr. 94,
Tel. 0 30/8 39 00 10,
www.dzi.de

Kreditfragen

Bundesanstalt für Finanzdienstleistungsaufsicht (BaFin)

Dienstsitz Bonn: 53117 Bonn,
Graurheindorfer Str. 108,
Tel. 02 28/41 0 80,
www.bafin.de

Dienstsitz Frankfurt/M.:
60439 Frankfurt/M.,
Marie-Curie-Str. 24–28,
Tel. 02 28/41 0 80,
www.bafin.de

Schufa Holding

65201 Wiesbaden, Kormoranweg 5,
Tel. 06 11/9 27 80,
www.schufa.de

Bundesarbeitsgemeinschaft Schuldnerberatung

34117 Kassel, Friedrichsplatz 10,
Tel. 05 61/77 10 93
(Di+Do 9–14 Uhr),
www.bag-sb.de

Giftnotruf-Zentralen

Achtung bundesweit: Es gibt zur Vereinfachung eine 24-Stunden-Notfall-Zentralnummer, allerdings mit der Vorwahl der nächstgelegenen Großstadt mit einem Giftinformations-zentrum (s. u.); zum Beispiel Berlin: Tel. 0 30/1 92 40

Berliner Betrieb für Zentrale Gesundheitliche Aufgaben, Institut für Toxikologie und Giftnotruf Berlin (BBGes)

14050 Berlin, Spandauer Damm 130,
Haus 10, Tel. 0 30/1 92 40 oder
Tel. 0 30/3 00 24 44 50,
www.bbges.de

Informationszentrale gegen Vergiftungen, Zentrum für Kinderheilkunde Universitätsklinikum Bonn

53113 Bonn, Adenauerallee 119,
Tel. 02 28/1 92 40 oder
Tel. 02 28/28 73 32 11,
www.gizbonn.de

Giftnotruf Erfurt, Gemeinsames Giftinformationszentrum der Länder Mecklenburg-Vorpommern, Sachsen, Sachsen-Anhalt und Thüringen

c/o Helios Klinikum Erfurt,
99089 Erfurt, Nordhäuserstr. 74,
Tel. 03 61/73 07 30, www.ggiz-erfurt.de

Universitätsklinikum Freiburg Vergiftungs-Informations-Zentrale, Zentrum für Kinder- und Jugendmedizin

79106 Freiburg, Hugstetter Str. 49,
Tel. 07 61/1 92 40,
www.uniklinik-freiburg.de

Giftinformationszentrum-Nord der Länder Bremen, Hamburg, Niedersachsen und Schleswig-Holstein (GIZ-Nord), Universitätsmedizin Göttingen – Georg-August-Universität

37075 Göttingen, Robert-Koch-Str. 40,
Tel. 05 51/1 92 40,
www.giz-nord.de

Informations- und Behandlungszentrum für Vergiftungen des Saarlandes Universitätsklinikum des Saarlandes

66421 Homburg, Tel. 0 68 41/1 92 40,
www.uniklinikum-saarland.de/giftzentrale

Giftinformationszentrum der Länder Rheinland-Pfalz und Hessen Universitätsmedizin

55131 Mainz, Langenbeckstr. 1,
Tel. 0 61 31/1 92 40,
www.giftinfo.uni-mainz.de

Giftnotruf München, Toxikologische Abteilung der II. Med. Klinik und Poliklinik rechts der Isar der TU

81675 München, Ismaninger Str. 22,
Tel. 0 89/1 92 40,
www.toxinfo.org

Giftinformationszentrale Nürnberg, Med. Klinik 1, Klinikum Nürnberg, Lehrstuhl Innere Medizin-Gerontologie, Universität Erlangen-Nürnberg

90419 Nürnberg, Prof.-Ernst-Nathan-
Str. 1, Tel. 09 11/3 98 24 51 (Giftnotruf),
www.klinikum-nuernberg.de

Adressen 287

Impressum

Herausgeber und Verlag	Stiftung Warentest, Lützowplatz 11–13, 10785 Berlin, Postfach 30 41 41, 10724 Berlin. Telefon: 0 30/2 63 10, Telefax: 0 30/26 31 27 27 Internet: www.test.de Postbank Berlin, Konto: 306 02 100/BLZ 100 100 10
Vorstand	Hubertus Primus Weiteres Mitglied der Geschäftsleitung Dr. Holger Brackemann
Untersuchungen	Dr. Holger Brackemann (Bereichsleiter)

test Jahrbuch 2013

Chefredakteurin	Anita Stocker (verantwortlich)
Stellvertretender Chefredakteur und Schlussredaktion	Peter Gurr
Textredaktion	Lothar Beckmann, Michael Beumer, Isabella Eigner, Susanne Meunier, Henning Withöft
Geld, Recht, Weiterbildung	Michael Bruns, Ruth Bohnenkamp, Christina Engel, Daniela Englert, Andrea Frey, Hans Walter Fröhlich, Aline Klett, Ariane Lauenburg, Sophie Mecchia, Kirsten Schiekiera
Computer, Telefon, Bild, Ton	Henning Withöft (Leitung), Ronald Dammschneider, Peter Knaak, Stephan Scherfenberg, Christian Schlüter, Michael Wolf
Haushalt, Garten, Freizeit, Verkehr	Lothar Beckmann (Leitung), Brigitte Kluth-Kosnik, Michael Koswig, Cecilia Meusel, Thomas Müller, Falk J. Murko, Herbert Noll, Jürgen Tewes
Ernährung, Kosmetik, Gesundheit	Isabella Eigner (Leitung), Ina Bockholt-Lippe, Ursula Falkenstein, Ursula Lüders, Nicole Merbach, Dr. Bettina Sauer, Sara Waldau, Swantje Waterstraat
Redaktionsassistenz	Britta Ossig-Moll
Grafik	Nina Mascher, Katja Späth
Produktion	Catrin Knaak, Yuen Men Cheung, Martin Schmidt
Bildredaktion	Kerstin Babrikowski, Magrit Porzelt
Verlagsherstellung	Rita Brosius, Susanne Beeh
Vertrieb	Vertrieb Zeitschriften: Frank Beich (Ltg.) ZENIT Pressevertrieb GmbH, Julius-Hölder-Straße 47, 70597 Stuttgart, Tel. 07 11/7 25 21 90, Fax 07 11/7 25 23 40
Litho	tiff.any, Berlin
Druck und Verarbeitung	C. H. Beck, 86720 Nördlingen

Alle in test veröffentlichten Beiträge sind urheberrechtlich geschützt. Das gilt auch gegenüber Datenbanken und ähnlichen Einrichtungen. Die Reproduktion – ganz oder in Teilen – durch Nachdruck, fototechnische Vervielfältigung oder andere Verfahren – auch Auszüge, Bearbeitungen sowie Abbildungen – oder die Übertragung in eine von Maschinen, insbesondere Datenverarbeitungsanlagen verwendbare Sprache, oder die Einspeisung in elektronische Systeme bedarf der vorherigen schriftlichen Zustimmung des Verlages. Alle übrigen Rechte bleiben vorbehalten.

Titel	Stiftung Warentest / Ralph Kaiser
Rücktitel	Fotolia / Saiva, Fotogestoeber; Ralph Kaiser; Thinkstock; Fujifilm
Fotos	Ralph Kaiser; Michael Haase; Anke Jakob (S. 3); Getty/Pando Hall (S. 4, 57); A. Bradshaw (S. 8), Tetra Images (S. 15), Image Source (S. 139), D. Kitwood (S. 219), A.B. Wallis (S. 245); Henglein & Steets (S. 9); LOOK/Rötting, Pollex (S. 10); Fotolia/Kara (S. 11), E. Ozkan (S. 30), wavebreakmedia Micro (S. 105); J. Engel (S. 207); Thinkstock (S. 6, 7, 13, 37, 242, 253); Cinetext/Concorda (S. 14); Plainpicture/Johner (S. 26), Amanaimages (S. 52), PhotoAlto (S. 106, 246), Dammert (S. 173), Yes (S. 202); iStockphoto (S. 57); Antje Plewinski (S. 34, 144); Stockfood/Foocollektion (S. 38), J. Holz (S. 27); foodanddrinkphotos.com (S. 42); Samsung (S. 74, 100, 121); Compaq (S. 84); Gigaset (S. 107); LG (S. 110); Panasonic (S. 112); Nikon (S. 114); Samsung, NDR Presse (S. 121); Masterfile (S. 127); Ikoo (S. 129); Grundig, „Johnny English – Jetzt erst recht" – auf DVD & Blu-ray erhältlich (Universal Pictures) (S. 130); Kathrein (S. 132); R.H. Lox/ C.L. Bergmann (S. 12, 140); Intro/P. Himsel (S. 148); f10nline/Fancy (S. 160), AGE (S. 255); Siemens (S. 165); www.ktgrafix.de/K. Hammling (S. 170); Vaillant (S. 171); Look/N. Eisele-Hein (S. 190); Sebastian Burgold (S. 192); Colourbox (S. 203); dpa/R. Jensen (S. 208); Greenwheels (S. 220); Falk (S. 223); Goodyear (S. 228); Your Photo Today/B.S.I.P. (S. 236), Burger (S. 244); Barrierefrei Leben e.V./Caplio (S. 237); Agentur Focus/SPL/Paterson (S. 242); Vario Images (S. 251)
ISSN 0 937–1273	ISBN: 978–3–86851–054-6 (HC) 12,80 Euro ISBN: 978–3–86851–055-3 (SC) 9,80 Euro

Erschienen im November 2012